大连理工大学管理论丛

面向产品生命周期的知识协调管理理论与方法

党延忠　郭崇慧　吴江宁　等　著

本书得到国家自然科学基金重点项目"面向产品生命周期的知识协调管理若干理论与方法研究"（71031002）的资助

科学出版社

北　京

内 容 简 介

本书从知识管理的角度，针对产品生命周期的知识协调管理问题，基于复杂适应系统理论，从组织、行为、认知和共性技术四个方面论述了知识协调管理的相关理论和方法。在组织方面，论述知识型工作团队、企业联盟和非正式组织的知识协调管理作用；在行为方面，讨论问题处理和运作管理等共同活动的知识协调管理作用；在认知方面，提出多维本体作为知识协调的共享概念以及在知识协调管理中的基础作用；在共性技术方面，给出以数据挖掘和大数据分析方法及其在知识协调管理中的作用。最后以制造业为背景，介绍了三个应用实例。本书是针对产品生命周期进行知识协调管理研究的第一本专著。

本书可作为产品生命周期管理和知识管理相关人员阅读和深入研究的基础资料，也可作为相关学科研究生学习的参考资料。

图书在版编目（CIP）数据

面向产品生命周期的知识协调管理理论与方法 / 党延忠等著 . 一北京：科学出版社，2015

（大连理工大学管理论丛）

ISBN 978-7-03-045902-2

Ⅰ.①面… Ⅱ.①党… Ⅲ.①生产管理－知识管理 Ⅳ.①F273

中国版本图书馆 CIP 数据核字（2015）第 236300 号

责任编辑：马 跃 徐 倩 / 责任校对：冯红彩
责任印制：霍 兵 / 封面设计：黄华斌

科学出版社 出版

北京东黄城根北街 16 号
邮政编码：100717
http://www.sciencep.com

中国科学院印刷厂 印刷

科学出版社发行 各地新华书店经销

*

2016 年 1 月第 一 版 开本：720×1000 1/16
2016 年 1 月第一次印刷 印张：42 1/2
字数：856 000

定价：180.00 元

（如有印装质量问题，我社负责调换）

丛书编委会

总　序

　　编写一批能够反映大连理工大学管理学科科学研究成果的专著，是几年前的事情了。这是因为大连理工大学作为国内最早开展现代管理教育的高校，早在1980年就在国内率先开展了引进西方现代管理教育的工作，被学界誉为"中国现代管理教育的先驱，中国MBA教育的发祥地，中国管理案例教学法的先锋"。大连理工大学管理教育不仅在人才培养方面取得了丰硕的成果，在科学研究方面同样取得了令同行瞩目的成绩。例如，2010年时的管理学院，获得的科研经费达到2 000万元的水平，获得的国家级项目达到20多项，发表在国家自然科学基金委管理科学部的论文达到200篇以上，还有两位数的国际SCI、SSCI论文发表，在国内高校中处于领先地位。在第二轮教育部学科评估中，大连理工大学的管理科学与工程一级学科获得全国第三名的成绩；在第三轮教育部学科评估中，大连理工大学的工商管理一级学科获得全国第八名的成绩。但是，一个非常奇怪的现象是，2000年之前的管理学院公开出版的专著很少，几年下来往往只有屈指可数的几部，不仅与兄弟院校距离明显，而且与自身的实力明显不符。

　　是什么原因导致这一现象的发生呢？在更多的管理学家看来，论文才是科学研究成果最直接、最有显示度的工作，而且论文时效性更强、含金量也更高，因此出现了不重视专著也不重视获奖的现象。无疑，论文是重要的科学研究成果的载体，甚至是最主要的载体，但是，管理作为自然科学与社会科学的交叉成果，其成果的载体存在方式一定会呈现出多元化的特点，其自然科学部分更多的会以论文等成果形态出现，而社会科学部分则既可以以论文的形态呈现，也可以以专著、获奖、咨政建议等形态出现，并且同样会呈现出生机和活力。

　　2010年，大连理工大学决定组建管理与经济学部，将原管理学院、经济系合并。重组后的管理与经济学部以学科群的方式组建下属单位，设立了管理科学与工程学院、工商管理学院、经济学院以及MBA/EMBA教育中心。重组后的管理与经济学部的自然科学与社会科学交叉的属性更加明显，全面体现学部研究成果的重要载体形式——专著的出版变得必要和紧迫了。本套论丛就是在这个背景下产生的。

　　本套论丛的出版主要考虑了以下几个因素：第一是先进性。要将学部教师的最新科学研究成果反映在专著中，目的是更好地传播教师最新的科学研究成果，为推进管理与经济学科的学术繁荣做贡献。第二是广泛性。管理与经济学部下设的实体科研机构有 12 个，分布在与国际主流接轨的各个领域，所以专著的选题具有广泛性。第三是纳入学术成果考评之中。我们认为，既然学术专著是科研成果的展示，本身就具有很强的学术性，属于科学研究成果，有必要将其纳入科学研究成果的考评之中，而这本身也必然会调动广大教师的积极性。第四是选题的自由探索性。我们认为，管理与经济学科在中国得到了迅速的发展，各种具有中国情境的理论与现实问题众多，可以研究和解决的现实问题也非常多，在这个方面，重要的是发动科学家按照自由探索的精神，自己寻找选题，自己开展科学研究并进而形成科学研究的成果，这样的一种机制一定会使得广大教师遵循科学探索精神，撰写出一批对于推动中国经济社会发展起到积极促进作用的专著。

　　本套论丛的出版得到了科学出版社的大力支持和帮助。马跃社长作为论丛的负责人，在选题的确定和出版发行等方面给予了自始至终的关心，帮助学部解决出版过程中的困难和问题。特别感谢学部的同行在论丛出版过程中表现出的极大热情，没有大家的支持，这套论丛的出版不可能如此顺利。

大连理工大学管理与经济学部

2014 年 3 月

序

当前，世界经济正在发生巨大变化。迅猛发展的知识经济改变了世界经济结构，新技术革命促进了不同产业间的联合，带动了传统产业的内部调整和新兴产业的迅速发展，对推动全球产业结构的调整发挥了重要作用。其中引人注意的是，美国和欧盟有些国家都提出"再工业化"战略，培养发展高端制造业。

20世纪中后期，一些率先完成工业化的发达国家，将一部分制造业转移到具有成本优势的发展中国家，而本国则专注于更有优势的新兴产业。这就使得制造业产值相对下降，就业人数和制造业贸易份额比重下降，整个经济出现衰退的现象。这一历史事实表明，制造业是经济增长的引擎，以制造业为核心的实体经济是保持一个国家竞争力和经济可持续发展的基石。忽视制造业将会造成经济衰落，失去本国在全球的领先地位。美国和欧盟有些国家提出"再工业化"，正是为了扭转这种颓势。

近来的事实表明，"再工业化"是发达国家针对其在国际市场上的竞争力相对下降、国家在工业上投资不足的状况而提出的一种回归战略。这当然不是恢复传统的制造业，而是以高新技术为依托，发展先进制造业，发展高技术密集型产业，引领产业革命与技术革命。

改革开放以来，中国的制造业长期快速发展，工业总体实力跃上新台阶，200多种工业品产量居世界第一，制造业规模与工业制成品出口规模居世界前列。但由于生产技术整体水平不高，生产效率和产品附加值较低，创新能力不足，高端制造业不发达，因此，中国的制造业大而不强。中国的工业化水平与发达国家相比，还有一定差距。发达国家的"再工业化"对中国形成了新的挑战。如何使中国的制造业从大变强，能够在全球化的宏观形势下立于不败之地呢？创新是不可或缺的重要因素。为此，中国提出"创新驱动"的国家战略，制造业的创新发展战略将推动中国从"制造大国"向"制造强国"转变。

创新包括技术创新、经营管理创新和体制创新。在知识经济时代，企业仅仅依靠内部的资源进行高成本的创新活动，已经难以适应快速发展的市场需求及日益激烈的企业间的竞争。在这种背景下，"开放式创新"正在逐渐成为企业创新的主导模式。开放式创新的最终目标是以更快的速度、更低的成本，获得更多的收益与更强的竞争力。它是各种创新要素互动、整合、协同的动态过程，这要求企业与所有的利益相关者之间建立紧密联系，以实现创新要素在不同企业、个体之间的共享，构建创新要素整合、共享和创新的网络体系。"开放式创新"的核心理念就在于不再区分创新是来自于企业内部还是外部、创新是应用于企业内部还是外部，而是以期以最小的成本和最短的时间实现创新价值，使收益最大化。

与传统的封闭式创新模式相比，"开放式创新"模式的核心在于如何对大量的有着多方面差异的创新主体进行协调，使产品生命周期成为一个协同创新的整体，这是这种新的创新模式带来的新问题。这个问题引起国内外企业界与学术界的高度关注，其一方面从实践上加以探索，另一方面则从理论上进行多学科的综合研究。

该书是大连理工大学系统工程研究所从事知识科学与知识管理研究的团队，在完成国家自然科学基金重点项目"面向产品生命周期的知识协调管理若干理论与方法研究"（71031002）并获得理论与应用成果的基础上撰写的学术专著。团队多年来从事知识管理与创新的理论和应用研究，有一定的积累。为了更好地结合我国的实际，团队组织多个专题领域的成员承担这一重点项目。考虑到知识管理在产品生命周期各阶段有着重要的作用，所以，项目以产品生命周期中的知识协调管理理论与方法为研究内容。

产品生命周期的理论和方法在制造业的管理中是应用已久且行之有效的方法，在当前企业信息化被广泛应用的形势下，产品生命周期的管理将以产品数据管理为基础，通过信息流打通产品从概念、规划、设计、制造、销售、售后服务，到退出市场的整个生命周期的全过程，实现以产品为中心的全过程管理。产品生命周期包含了越来越多的知识，有必要将知识管理融入产品生命周期管理之中，实现产品生命周期数据、信息、知识的协调流动，从而促进企业的发展和进步。

该课题把产品生命周期中由各种知识要素及其复杂关系所构成的知识系统称为知识协作系统。知识协作系统是一种以人为主的知识系统，其构成要素包括产品生命周期中的人员和组织（部门、企业等）；构成关系包括人与人、人与组织、组织与组织的关系，还包括人与物的关系（但不包括物与物的关系）。由于知识协作系统是产品生命周期系统中与知识相关的子系统，融汇了产品生命周期系统中的所有知识要素，所以，对知识协作系统的知识协调管理的目的在于，从系统整体高度对"以人为主的知识系统"中的众多复杂关系和知识冲突进行综合的全面协调，以提高系统整体创新能力。

从系统工程的视角看来，这显然是一类复杂系统，其特点包括以下几点。

（1）系统包括许多具有独立意志的主体。因为参加协同创新的主体并不属于同一行政隶属单位，所以各自都有独立的认知、判断和决策权。

（2）系统结构和行为是不可能从其组成部分的结构和行为推断出来的。因为这些主体是由具有自主权的人员构成的，分散的协同组织和个人的行为及其对全局的影响很难直接推断。

（3）系统是非确定性的，也就是说具有不可预测的行为，特别是人员的隐性知识和创造性思维发挥的作用具有很大的不确定性。

（4）复杂系统是自组织的，特别是一些由于自组织作用形成的非正式组织，在创新过程中起到了积极作用。

（5）系统具有非线性动态特性。在宏观层面上出现"涌现"，如果能够及时察觉、主动利用这些"涌现"，将会获得意想不到的积极创新效果，而对负面效果如果不能及时察觉与处理，不但会对当前的创新活动产生消极影响，而且会迁延到以后的创新活动之中。

面对复杂系统，有一种意见是，世界本质上是简单的，复杂的系统都可以简化为简单的系统。这种还原论的思想难以处理复杂的事物。而从事复杂性研究的学者认为，世界本质是复杂的，除了一小部分系统外，都无法简化为简单系统。面对复杂的创新活动，要尊重客观事物复杂性的存在，不能指望都用简单化的方法加以处理，而是需要用复杂性思维和方法论来处理复杂的创新问题。

该项目对知识协调管理进行研究的根本思路在于把知识管理和复杂系统的研究综合起来，从复杂社会系统的视角考察这类知识系统。这类系统的基本成员无论是个人，还是群体或团队，甚至是企业，彼此之间既有合作又可能产生竞争和冲突，从而使得组织的形成和演化、组织中的知识创造具有复杂适应性特点。该课题的研究以复杂适应系统理论为指导，从组织、行为、认知和共性技术四个方面探讨了知识协调管理的相关理论和方法。这是一次新的尝试。

知识管理是以人为中心的，该课题的研究突出了人的认知和组织行为的能动作用，在肯定德国工业 4.0 思想先进性的同时，也指出了其中信息物理空间（cyber physical system，CPS）对于第三个空间"社会空间"未加重视的局限性。对社会空间的重视以及信息物理社会三个空间（cyber physical social system，CPSS）的提出，应该说是我国学术界的一个独特的观点。

基金重点项目的研究工作经过四年奋战，取得了多方面的成果，这些成果在该书中做了初步总结。该书首先对产品生命周期和知识协调管理的相关理论进行论述。其次从产品生命周期及产品生命周期管理、知识管理及知识协作系统和知识协调管理两个方面构建基本理论框架。由于人是知识主体，是影响知识交流、知识管理和知识创新的主要因素，既是知识协调管理的对象，也是知识协调管理的主体，基于这一理念，该书分别从与人的因素密切相关的组织、活动、认知和共性技术四个方面论述知识协调管理，在此基础上论述了七种知识协调机制。最后列举了几个应用案例。全书贯穿了从理念到方法、工具，再到具体应用的逻辑顺序。为了便于更多的读者能够较快地认识上述内容，该书还在不同层次上介绍了作为预备知识的一些有关概念和方法。

现在基金重点项目已经结题，研究成果应该公之于世，以利于学术交流。而这些新的探索还需要进一步深化和发展，并接受实践的检验。希望该书的出版，能够引起企业界和学术界关注这一课题的进展，在理论和实践上使得这一新领域的研究和应用能够不断获得新的成果，从而推动制造业的创新驱动，这也是该书出版的用意和希望。

王众托

2014 年 12 月

前　言

近年来，在金融危机的巨大冲击下，全球各国都在深刻反思并逐渐认识到，以制造业为核心的实体经济才是保持国家竞争力和经济可持续发展的基石。

美国和欧盟有些国家都提出了"再工业化"战略，培养发展高端制造业。美国为此采取了一系列举措，综合利用联邦政府、学术界和企业界的资源，构建先进制造业创新网络，以确保下一轮制造业革命发生在美国。德国为了保持国际竞争力，支持工业领域新一代革命性技术的研发与创新，提出了工业4.0概念，德国认为这是第四次工业革命。德国把蒸汽机时代称为工业1.0，电力时代称为工业2.0，自动化时代称为工业3.0。工业4.0将封闭的生产工厂转变为一个开放的、智能的生产空间，构建资源、信息、物品和人相互关联的"信息物理系统"。信息物理系统通过传感网把现实世界紧密连接起来，采集生产制造过程中与设计、开发、生产有关的所有数据，并利用网络空间的高级计算能力进行分析，形成可自律操作的智能生产系统。在智能工业方面，德国西门子、博世等知名公司已经开始行动，不仅如此，就连大众汽车这样的传统制造企业也参加进来，这些现象表明信息技术与传统制造业融合是大势所趋。

改革开放以来，中国制造业虽然取得了快速发展，并于2010年成为世界制造业第一大国。但是，由于创新能力不足，高端制造业不发达，基本上处于制造业价值链的低端，主要利润流向国外。因此，中国的制造业长期在高成本、高污染、高能耗和低收益的所谓"三高一低"的状况中徘徊。如何使中国的制造业摆脱"三高一低"，降低成本、减少能耗、消除污染并提高利润，从而使中国从制造业大国变为制造业强国？显然，创新是不可或缺的重要因素，这也是世界范围内新一轮工业革命的主要特征。

无论是美国的"再工业化"、德国的"工业4.0"，还是中国制造业的转型升级，表面上看似乎是制造业的简单回归，但是在深层次上，这种回归则是由创新驱动的"螺旋式"上升过程。在物联网、云计算、大数据等新兴信息技术快速发展的今天，网络社交工具被广泛使用并激发着制造业从传统的封闭式创新模式向开放式创新（open innovation）、协同创新（collaborative innovation）模式"螺旋式"演进。这种开放式演进过程打破了制造业企业的封闭边界，企业可以利用网络平台广泛地吸收社会创新资源，使创新主体大量增加，除了企业自身的内部员工之外，还包括产品的最终用户、供应商、知识工作者甚至竞争对手等所有的利益相关者，他们都不同程度地、有意无意地为创新做着贡献。人与人的关联、人与物的关联、企业与社会的关联越来越密切，创新速度越来越快，越来越深地推动着制造业的螺旋式演进过程。

产品生命周期中的各个阶段分属于不同的"工艺"，同时又是一个不可割断的有机整体。沿着产品生命周期聚集的不同专业、不同领域的企业、部门、员工，用户、供应商等大量的异质性创新主体，都在各自为产品创新贡献着知识和智慧。与传统的封闭式创新模式相比，开放式创新模式如何对大量的异质性的创新主体进行协调，使产品生命周期成为一个协同创新的整体，将是开放式创新模式带来的新问题。由于创新是一种基于知识的智慧型活动，特别是在知识经济时代，知识已经成为企业获取竞争优势不可或缺的战略性资源。开放式创新中的大量创新主体，在丰富知识来源的同时，也增加了创新主体之间的差异，即异质性。大量的异质性创新主体具有双重特点：一方面，庞大的数量导致异质性增强，同时产生丰富的知识内容，从而有利于创新，因此异质性是推动创新的动力；另一方面，庞大的数量在产生异质性的同时，会催生出更多的矛盾和冲突，反而会影响和制约创新的发展，成为创新的阻力，这是开放式创新模式中包含的一个内在矛盾。

因此，本书立足知识管理的角度，从产品生命周期系统中抽象出以人为主的知识协作系统（knowledge collaboration system，KCS），针对创新主体之间存在的矛盾和冲突、异质性催生出的动力与阻力之间的矛盾等问题，阐述知识协调管理（knowledge coordination management，KCM）的相关理论和方法。知识协调管理的根本任务是协调异质性创新主体之间的矛盾和冲突，创新主体相互协作（collaboration），促使知识协作系统在整体上产生协同（synergy）状态，最大限度地发挥开放式创新的协同作用。这就是知识协调管理的目的，也是创新，特别是开放式创新所面临的知识管理新问题。

本书以复杂适应系统（complex adaptive system，CAS）理论为指导，从组织、行为、认知和共性技术四个方面论述知识协调管理的相关理论和方法。

在组织方面，本书界定的组织不仅包括企业组织，即与产品生命周期相关联的各个企业和部门，还包括研究型组织、中介组织和政府组织等与产品开放式创新相关的所有社会组织。本书重点讨论了三种类型组织的知识协调作用：第一种是知识型工作团队的知识协调作用；第二种是宏观层面的企业联盟的知识协调作用；第三种是正式组织中广泛存在的非正式组织的知识协调作用。在行为方面，本书讨论了共同活动中的知识协调管理问题，共同活动是指组织或员工所共同从事的与产品生命周期相关的各种业务或工作，涉及两种类型的共同活动，一种是问题处理活动，另一种是生产运作活动。在认知方面，本书讨论了作为知识协调共同语言的本体问题，共同语言的本质是共享概念，属于认知问题。知识是经过人类大脑对外部世界的认知并加工而产生的，不同的人对相同事物的认知会有不同的结果，即使是对相同认知的表述，也会由于语言和表达方式的差异而产生分歧。因此，对于在开放式创新和协同创新模式中的众多创新主体有必要提供一个共同的认知基础和标准，本书提出并研究了一种称为多维本体的共享概念模型。在技术方面，本书从产品生命周期的角度，重点介绍了数据挖掘技术，旨在对企业各个环节的数据进行分析和挖掘，发现隐含在大量数据背后的信息和知识，将基础数据转化为满足各部门和企业领导需要的信息和知识，支持他们的决策。本书最后介绍了部分理论成果的应用案例。

本书内容共分四个部分：第一部分为绪论，即第 1 章，对本书核心内容进行总体概述；第二部分是关于产品生命周期和知识协调管理的相关理论的论述，包括第 2 章和第 3 章，为本书的主题面向产品生命周期的知识协调管理作理论铺垫，分别从产品生命周期系统、产品生命周期管理和知识协作系统、知识协调管理几个方面介绍相关理论、概念和知识；第三部分是面向产品生命周期知识协调管理的协调方法，包括第 4~10 章，分别论述七种知识协调机制；第四部分是应用案例，包括第 11~13 章，由于产品生命周期的复杂性和实践的艰巨性，目前还没有完整的涵盖全生命周期的知识协调管理实例，本书只是根据理论研究所涉及的产品生命周期若干阶段中的部分问题，介绍了几个实际应用案例。

本书内容是作者所在的科研团队长期从事知识管理研究的成果，在成书过程中，党延忠教授主持了本书的策划及编写工作，提出了本书的基本思路、整体架构和主要学术观点，并撰写了第 1 章、第 7 章、第 9 章和第 11 章；郭崇慧教授撰写了第 2 章、第 10 章、第 12 章和第 13 章；吴江宁教授撰写了第 4 章，并对全部书稿进行了统筹和编辑；夏昊翔教授撰写了第 3 章；潘东华副教授撰写了第 5 章；荣莉莉教授撰写了第 6 章；王明征教授撰写了第 8 章；钱永胜和杨光飞老师对全书文字和格式进行了规范化处理及审校。本团队的博士生李丽双、于娟、李海林和硕士生雷凡、李博、刘洁、于文玉、丁雨蒙、张效衡、汉鑫、殷波锐、彭凡、邵长艳、贺悦等参加了项目的部分研究，他们的研究成果为本书的撰写提供了部分素材。杜灵育、库向杰硕士生为本书做了很多绘图的工作。

感谢国家自然科学基金委员会管理科学部给本书研究工作提供的"面向产品生命周期的知识协调管理若干理论与方法研究"（71031002）项目资助和相关支持。

本书针对产品生命周期管理与知识管理交叉领域的新问题，提出了的一些探索性的理论和方法，目前还不尽完善，加之作者水平有限，难免存在不足之处，敬请读者不吝赐教。

目　　录

第1章　绪论 ……………………………………………………… 1

  1.1　制造业的发展与创新 ………………………………………… 1

  1.2　产品生命周期中的知识协作系统 …………………………… 4

  1.3　知识协作系统中的知识协调管理 …………………………… 7

  1.4　本书内容结构 ………………………………………………… 14

  参考文献 …………………………………………………………… 15

第2章　产品生命周期与产品生命周期管理概述 ……………… 17

  2.1　经济与管理领域中的生命周期概念 ………………………… 17

  2.2　产品生命周期 ………………………………………………… 20

  2.3　产品生命周期管理 …………………………………………… 25

  2.4　产品生命周期中的数据与知识 ……………………………… 32

  2.5　本章小结 ……………………………………………………… 37

  参考文献 …………………………………………………………… 38

第3章　知识管理与知识协调管理 ……………………………… 39

  3.1　知识管理研究现状 …………………………………………… 39

  3.2　产品生命周期中的知识管理 ………………………………… 48

  3.3　从知识管理到知识协调管理 ………………………………… 54

  3.4　复杂适应系统视角下的知识协作系统 ……………………… 56

  3.5　知识协调管理的研究基点与思路 …………………………… 65

  3.6　本章小结 ……………………………………………………… 69

  参考文献 …………………………………………………………… 70

第4章　工作团队的知识协调管理 ……………………………… 73

  4.1　团队知识协调管理概念模型 ………………………………… 74

  4.2　团队成员知识互动过程与协调机制 ………………………… 83

  4.3　团队建模与计算实验方法 …………………………………… 112

  4.4　团队发展的计算实验 ………………………………………… 121

4.5 本章小结 ··· 161

参考文献 ··· 162

第 5 章 企业联盟的知识协调管理 ································· 164

5.1 企业联盟 ·· 165

5.2 联盟内的知识转移机理 ·· 170

5.3 联盟成员间的知识转移机制 ···································· 196

5.4 创新任务驱动的联盟成员选择与协调 ······················ 204

5.5 本章小结 ·· 217

参考文献 ··· 217

第 6 章 非正式组织的知识协调作用 ····························· 219

6.1 非正式组织 ··· 220

6.2 非正式组织的知识协调方式 ···································· 237

6.3 微观层面的知识协调模型 ······································· 250

6.4 宏观层面的知识协调模型 ······································· 263

6.5 本章小结 ·· 284

参考文献 ··· 285

第 7 章 问题驱动的知识协调管理 ································· 287

7.1 问题及特性 ··· 288

7.2 问题处理与问题处理知识 ······································· 297

7.3 问题处理知识表示模型 ··· 305

7.4 综合协调网络模型的生成与运用 ····························· 317

7.5 实例分析与原型系统 ·· 348

7.6 本章小结 ·· 364

参考文献 ··· 365

第 8 章 生产运作系统中知识与生产的协同优化管理 ······ 366

8.1 知识共享激励优化模型 ··· 366

8.2 生产计划中的优化调度方法 ···································· 379

8.3 敏感生产信息保护方法 ··· 395

8.4 本章小结 ·· 415

参考文献 ··· 415

第 9 章 知识协调管理的共享概念——多维本体 ············· 417

9.1 本体概述 ·· 418

9.2 多维本体 ·· 428

9.3 多维本体术语获取方法 ··· 440

9.4 多维本体领域概念获取方法 ···································· 457

9.5　多维本体关系获取方法 ‥‥‥‥‥‥‥‥‥‥‥‥‥‥‥‥‥‥‥ 473
9.6　实体关系抽取方法 ‥‥‥‥‥‥‥‥‥‥‥‥‥‥‥‥‥‥‥‥ 495
9.7　汽车制造领域本体构建实例 ‥‥‥‥‥‥‥‥‥‥‥‥‥‥‥ 509
9.8　本章小结 ‥‥‥‥‥‥‥‥‥‥‥‥‥‥‥‥‥‥‥‥‥‥‥‥ 519
参考文献 ‥‥‥‥‥‥‥‥‥‥‥‥‥‥‥‥‥‥‥‥‥‥‥‥‥‥ 519

第 10 章　知识协调管理的共性技术——数据挖掘 ‥‥‥‥‥‥‥‥ 522
10.1　制造业进入大数据时代 ‥‥‥‥‥‥‥‥‥‥‥‥‥‥‥‥‥ 523
10.2　面向产品生命周期的数据挖掘技术 ‥‥‥‥‥‥‥‥‥‥‥ 528
10.3　基于分段聚合时间弯曲距离的时间序列挖掘 ‥‥‥‥‥‥‥ 535
10.4　基于数据挖掘技术的客户细分 ‥‥‥‥‥‥‥‥‥‥‥‥‥ 542
10.5　本章小结 ‥‥‥‥‥‥‥‥‥‥‥‥‥‥‥‥‥‥‥‥‥‥‥ 548
参考文献 ‥‥‥‥‥‥‥‥‥‥‥‥‥‥‥‥‥‥‥‥‥‥‥‥‥‥ 548

第 11 章　汽车冲压生产管理中的知识协调管理应用系统 ‥‥‥‥‥ 550
11.1　冲压生产管理中的知识协调管理问题 ‥‥‥‥‥‥‥‥‥‥ 550
11.2　问题驱动的知识协调管理系统 ‥‥‥‥‥‥‥‥‥‥‥‥‥ 552
11.3　规范性知识的标签化管理系统 ‥‥‥‥‥‥‥‥‥‥‥‥‥ 572
11.4　外部知识获取分析与可视化系统 ‥‥‥‥‥‥‥‥‥‥‥‥ 587
11.5　集成系统——冲压车间生产管理系统 ‥‥‥‥‥‥‥‥‥‥ 598
11.6　本章小结 ‥‥‥‥‥‥‥‥‥‥‥‥‥‥‥‥‥‥‥‥‥‥‥ 620

第 12 章　面向发动机研发管理的数据挖掘系统及关键技术 ‥‥‥‥ 621
12.1　发动机设计知识分类与获取 ‥‥‥‥‥‥‥‥‥‥‥‥‥‥ 621
12.2　发动机试验数据挖掘系统需求分析 ‥‥‥‥‥‥‥‥‥‥‥ 624
12.3　发动机试验数据挖掘系统设计 ‥‥‥‥‥‥‥‥‥‥‥‥‥ 625
12.4　发动机试验数据挖掘系统实现的关键技术 ‥‥‥‥‥‥‥‥ 633
12.5　本章小结 ‥‥‥‥‥‥‥‥‥‥‥‥‥‥‥‥‥‥‥‥‥‥‥ 641
参考文献 ‥‥‥‥‥‥‥‥‥‥‥‥‥‥‥‥‥‥‥‥‥‥‥‥‥‥ 642

第 13 章　汽车 4S 店客户细分及变化挖掘 ‥‥‥‥‥‥‥‥‥‥‥‥ 644
13.1　汽车 4S 店客户细分的前期准备 ‥‥‥‥‥‥‥‥‥‥‥‥ 644
13.2　基于 SOM 神经网络聚类的 4S 店客户细分 ‥‥‥‥‥‥‥ 648
13.3　汽车 4S 店客户群变化挖掘 ‥‥‥‥‥‥‥‥‥‥‥‥‥‥ 655
13.4　本章小结 ‥‥‥‥‥‥‥‥‥‥‥‥‥‥‥‥‥‥‥‥‥‥‥ 659
参考文献 ‥‥‥‥‥‥‥‥‥‥‥‥‥‥‥‥‥‥‥‥‥‥‥‥‥‥ 660

第 1 章

绪　论

■ 1.1　制造业的发展与创新

以制造业为核心的实体经济是保持一个国家和地区的竞争力及经济可持续发展的基石[1]。在虚拟经济导致全球金融危机之后，美国、欧盟都提出"再工业化"战略，目的是大力发展先进制造业，促进本土经济健康、可持续发展。

2012年2月，美国国家科技委员会推出"先进制造业国家战略计划"，正式将先进制造业提升为国家战略，以抢占新一轮全球制造业竞争的优势地位，并确保下一轮制造业革命发生在美国[2]。为此美国采取了一系列举措，整合联邦政府、学术界和企业界的资源，构建先进制造业创新网络。美国总统奥巴马提议联邦政府一次性拨款10亿美元，建立15个制造业创新研究所，组成国家制造业创新网络，以缩小基础研究和产品开发的差距，加快科技成果转化和大规模商业化应用。这一创新网络有助于高校、企业、社区，以及联邦、州和地方政府等形成合力发展尖端科技和共性技术，加速创新步伐，共同解决制造业发展的相关问题。国家制造业创新网络的另一功能是协调作用，通过协调和推广手段来提升单个制造业创新研究所的影响力，以确保先进制造业成为美国经济的支柱产业，以及美国在全球制造业竞争中的领先地位。虽然制造业仅占美国国内生产总值（GDP）的12%，但制造业对美国国家创新体系的建设发挥着非常重要的作用。美国国内产业70%的研发活动和70%的企业专利都来自于制造业[2]。

2011年11月，德国政府在《高技术战略2020》报告中提出"工业4.0"的概念，其要义是大力支持工业领域新一代革命性技术的研发与创新。这是一项旨在保持德国国际竞争力的战略，在德国被认为是第四次工业革命。工业4.0的概念是在2011年德国汉诺威工业博览会上提出的，它将工业发展分为四个阶段，包括蒸汽机时代的工业1.0、电力时代的工业2.0、自动化时代的工业3.0，以及工业 4.0，其是指将实体物理世界和虚拟网络世界融合，构建资源、信息、物品和人类相互关联的"信息物理系统"(cyber physical system，CPS)，将封闭的生产工厂转变为一个开放的、智能的生产空间[3,4]。2013 年 4 月，德国三大工业协会——德国信息技术和通讯新媒体协会(BITKOM)、德国机械设备制造业联合会(VDMA)及德国电气和电子工业联合会(ZVEI)向德国政府提交了一份题为《保障德国制造业的未来——关于实施工业 4.0 战略的建议》的报告。报告中指出[3]：德国向工业 4.0 转变需要采取双重策略，既要成为智能制造技术的主要供应商，也要成为信息物理系统技术及产品的领先市场。信息物理系统是指通过传感网紧密连接现实世界，将网络空间的高级计算能力有效运用于现实世界。对于生产制造过程，则是将与设计、开发、生产有关的数据通过传感器采集并进行分析，形成可自律操作的智能生产系统。德国西门子、博世等知名公司已经在智能工业方面迈出了步伐。德国副总理兼经济和能源部部长加布里尔在 2014 年 8 月 20 日的新闻发布会上提到，像大众汽车这样的传统制造企业也来参加汉诺威国际信息和通讯技术博览会，这是一个信息技术与传统制造业融合的范例[5]。

中国改革开放三十多年来，制造业长期保持快速增长态势，并于 2010 年取代了保持多年世界第一制造业大国地位的美国而成为世界制造业第一大国。然而，由于创新能力不足，先进制造业不发达，中国的制造业大而不强。中国的制造业要想从大变强，创新是不可或缺的重要因素。美欧关于制造业的创新发展战略对于转型升级中的中国制造业具有重要的启示，特别是借鉴德国推进工业 4.0 的经验，可促进中国从"全球制造大国"向"全球智造强国"转变[4]。为此，工业和信息化部等相关部委正在酝酿编制《中国制造 2025》，力求促使中国在未来能够真正成为工业强国[3]。

无论是美国的"再工业化"、德国的"工业 4.0"，还是中国制造业的转型升级，都不是制造业的简单回归，而是"螺旋式"的上升过程，其本质都是创新，回归或升级能否成功完全取决于创新。在物联网、云计算、大数据等新兴信息技术快速发展的今天，企业创新模式也在改变。借助于网络社交工具，开放式创新模式正在激发各个领域的创新和发展[6]，制造业正在从封闭式创新模式向开放式创新(open innovation)[7,8]、协同创新(collaborative innovation)[9,10]模式转变。

传统制造业企业的创新模式是封闭式的。在封闭式创新模式中，企业自身对创新过程具有极强的控制力，产品生命周期中不同阶段(如技术研发、产品生产、产品销售、售后服务等)的创新活动几乎都在企业内部封闭式进行。当前，经济高度发达，社会分工日益细化，封闭模式严重制约着企业的创新，造成企业资源的极大浪费，特别是知识和智力资源受到企业自身边界的限制，使得企业外部知识资源(如社会、市场、客户及研究机构的知识资源)得不到充分的开发和利用。在知识经济时代，企业仅仅依靠内部的资源进行高成本的创新活动，已经难以适应快速发展的市场需求及日益激烈的行业内竞争。在这种背景下，开放式创新正在逐渐成为企业创新的主导模式。开放式创新模式的含义是，企业把外部创意和外部市场化渠道的作用上升到和封闭式创新模式下的内部创意及内部市场化渠道同样重要的地位，均衡协调内部和外部的资源进行创新，不仅仅把创新的目标寄托在传统的产品和经营模式上，还要积极寻找外部的合资、技术特许、委外研究、技术合伙、战略联盟或者风险投资等合适的商业模式尽快把外部知识资源和创新思想变为现实产品与利润。开放式创新是各种创新要素互动、整合、协同的动态过程，要求企业与所有的利益相关者之间建立紧密联系，以实现创新要素在不同企业、部门和个体之间的共享与协同，构建创新要素整合、共享和创新的网络体系。这样既能增加创新资源，又能降低企业成本并提高创新资源的利用率和效率。协同创新是以知识增值为核心，企业、政府、知识生产机构、中介机构和用户等为了实现重大创新而开展的大跨度整合的创新组织模式[11]。开放式创新和协同创新都强调更多的主体参与到创新过程中，但强调的视角有所不同，前者强调突破企业边界向社会开放，后者强调创新主体间的相互协作以产生创新系统的整体协同效应。

开放式创新是一个利益相关者全员参与的过程，每一个利益相关者都是创新主体，都不同程度地对创新有所贡献。首先，企业的全体员工是企业最基本的利益相关者，既包括研发设计人员，也包括生产一线人员，还包括销售和售后服务人员等，涵盖产品生命周期各个阶段的企业员工，所有员工在制造产品的同时也在生产知识。其次，除企业员工外，用户和顾客（尤其是苛刻的顾客）也是重要的利益相关者，他们能够给企业提供需求。用户和顾客的需求既包括产品功能和性能的需求，也包括外观和体验的需求，这些需求往往是新产品创意的重要来源。在汽车制造领域，已经有汽车制造商在实际造车之前，先使用模拟软件来探测顾客反应的例子。研究发现，企业大部分新产品的创意是来源于顾客提出的需求，而不是来源于企业内部的头脑风暴会议或者成熟的研发活动，因此有必要将顾客从一个纯粹的消费者转化为一个合作设计者（co-designer）[12]。再次，作为利益相关者，供应商的地位也不容忽视。在新产品推介过程中，越早让供应商参与其中，整个项目节省的资金也就越多。最后，在开放的市场条件下，资源提供者也是利益相关者。大专院校、科研部门及自由研究者都可为企业提供外部资源，尤其是知识资源，他们跟踪企业外部技术的发展动态，及时、准确地为企业提供与生产经营有关的信息和知识。在开放式创新模式下，竞争对手在某种程度上也是利益相关者，因为企业可以从竞争对手那里获得创新灵感，还可以与竞争对手进行基础研究合作[6]。目前，有效整合与利用企业外部资源的能力已成为提升企业创新能力的关键。

工业 4.0 正是一个包含众多利益相关者的创新模式。从工业 1.0 到工业

3.0，封闭式创新模式带来的是生产方式的转变，而工业 4.0 倡导的开放式创新模式所带来的变化则是多方面的，主要体现在：①开放性。工业 4.0 的创新不再仅仅限于工厂的边界以内，创新触角已经延伸到用户端，传统的行业界限将消失，产业链分工将重组，并会产生各种新的活动领域和合作形式，创造新价值的过程逐步发生改变。②协同性。在虚拟、移动技术的支撑下，企业生产环境和方式会有巨大改变，员工将拥有高度的管理自主权，有利于更多不同教育背景、社会环境的人参与，这种协同的工作进一步推动更多的创新；同时也有利于产品生命周期链条上的不同企业间的无缝合作。③用户参与性。信息物理系统可以将所有参与创新的人员、物体和系统联系起来，让用户参与产品的设计与服务的反馈过程，这有助于实现产品的个性化定制。工业 4.0 创新模式的开放性、协同性和用户参与性，其本质是强调用户的价值，关注用户个性化需求产品的设计，从而推动了工业创新从生产模式到服务模式的转变[4]。

在企业的开放式创新中，创新主体数量巨大、知识背景各不相同，这大大丰富了企业的知识来源，但同时也产生了创新体系中创新主体的异质性。大量的异质性创新主体对创新的影响具有双重作用。一方面，异质性是推动创新的动力，创新主体数量越多、异质性越强，知识内容就越丰富，越有利于创新；另一方面，异质性也是制约创新的阻力，创新主体数量越多、异质性越强，知识之间的矛盾和冲突越多，反而会影响和制约创新的发展。异质性的这种双重作用是开放式创新模式中所包含的一个内在矛盾，知识协调管理的核心任务就是对这一根本矛盾予以解除，使得创新主体能够在认知和行为上相互协调、共同创新。如何在创新的动力和阻力之间找到"平衡"，充分调动创新主体的积极性，是知识协调管理的目的，也是创新，特别是开放式创新所面临的知识管理的新问题。

1.2　产品生命周期中的知识协作系统

产品生命周期(product life cycle，PLC)的概念有狭义和广义之分，狭义的产品生命周期一般是指产品的生产制造阶段，广义的产品生命周期是从产品的市场需求分析开始直到产品退出应用领域，进入报废产品的拆解和回收环节。从广义的产品生命周期来看，产品在生命周期的不同阶段具有不同的形态，在需求分析阶段，产品是一种意识形态；在概念设计阶段，产品部分外化为概要的信息形态；在设计阶段，产品以清晰的信息形态存在于图纸和文档中；在工艺设计阶段，产品以信息和知识形态存在于工艺文件、信息系统和工艺设备中；在加工制造阶段，产品主要以物质形态存在；在市场销售、售后服务和回收重用等阶段，产品以物质形态为主附加信息形态。在整个生命周期中，产品不断地变换着自身的形态，从概念形态到信息形态，再到物质形态及信息形态。本书所提的产品是指包含意识、信息和物质三种形态的广义产品概念，因而产品生命周期也是广义的。产品生命周期是以产品为核心、生命周期为主线，包括人、组织、设备、工具和原材料等各种相关要素构成的复杂系统，具有不同于要素简单集合的整体特性，本书称其为产品生命周期系统(product lifecycle system，PLS)。

对产品生命周期的管理是在 20 世纪 80 年代出现的产品数据管理(product data management，PDM)基础上发展起来的。产品生命周期管理(product lifecycle management，PLM)将产品数据管理从单纯对工程数据的支持向产品全生命周期的支持扩展，强调对产品生命周期内的各类相关信息进行综合利用，将与产品相关的数据(信息)、人员、过程三方面综合起来加以管理，旨在跨越产品开发过程与企业经营业务过程之间的鸿沟。

从产品数据管理到产品信息管理(如供应链管理、客户关系管理、企业资源规划等中的信息管理)，产品生命周期管理的内容在不断丰富。进入 21 世纪，知识已经成为企业竞争优势的核心资源，这一新兴资源势必要纳入产品生命周期管理的范畴中。当前企业普遍的做法是在产品生命周期管理框架下对显性知识进行管理。显性知识是指规范的、可存储于计算机中的技术性知识，是可以用语言、数据、图表、规则、视频等各种符号表达的知识。然而在现实的产品生命周期中，还有大量的存在于企业员工头脑中和组织中的没有表述或难以表述的隐性知识。这些隐性知识在产品生命周期中远远多于显性知识，它所发挥的作用也远比显性知识重要。总结企业在知识管理实践方面存在的不足，主要包括以下三个方面：第一，忽视对隐性知识的管理，因此对知识的管理是片面的、不完整的；第二，不重视对知识创造过程的管理，知识具有实体和过程双重特性，大部分企业只注重静态知识的管理，对知识动态过程的管理重视不够，知识的动态过程实质上就是一个知识的创造过程；第三，没有对知识进行协调管理，知识的传递和使用在产品生命周期的不同阶段、不同专业、不同企业、不同部门及人与人之间都需要进行协调，消解冲突，调解矛盾。

那么，如何在产品生命周期中实现有效的知识管理呢？首先分析一下产品生命周期系统中存在的要素及其关系。在产品生命周期系统中，主要存在两种要素，即物和人，以及三种关系，分别是物与物的关系、人与物的关系和人与人的关系。物与物的关系是指依托于产品流的生产设备、生产线之间的关系，这种关系是按照物理规律和工艺规程形成的关系，是产品生命周期系统中最稳定的关系。人与物的关系是指人与物料、人与设备、人与生产线及人与产品等之间的关系，对于人而言是一种认识、使用和控制物的关系。由于人的主观能动作用和人员的流动，这种关系呈现出一定的不稳定性。人与人的关系是指产品生命周期中人与人之间、人与组织之间及组织与组织之间的关系。由于双方或多方都是具有主观能动性的主体，这种关系在产品生命周期系统中最不稳定。在这三种关系中，人与人的关系是影响产品质量、生产效率和创新的最重要的因素，人与物的关系次之，与其他两类关系比较而言，物与物的关系的影响相对稳定。在产品生命周期系统中，三种关系通过相互关联形成了系统中的产品流、信息流和知识流的通路。在产品价值链的形成过程中，产品从意识形态转变到信息形态，再到物质形态，不同形态的产品转换就形成了产品流。信息流是指关于产品、设备及其功能状态等的描述信息在产品生命周期各个阶段中的流动，它既可以伴随着产品流通过程中物与物的关系而流动，也可通过人与物的关系和人与人的关系而流动。知识流是指人际互动交流时产生的知识流动，知识流主要存在于人与人的关系中，如果生产过程是智能化的，知识也会以某种可编码的载体形式在人与物、物与物的关系中流动。人与人之间流动的知识以隐性知识为主，人与物之间流动的知识则以显性知识为主，在物与物之间流动的知识全部是显性知识。由此可看出，对信息流和知识流的有效管理是产品生命周期系统中知识管理的关键。知识是由人产生的，是在产品生命周期系统中由各种实践活动产生和创造出来的，因此，本书以此为出发点，开展对掌握和创造知识的人及其活动进行协调管理的研究。

本书将产品生命周期系统中的各种知识要素及其关系，以及人与人、人与组织、组织与组织通过信息流和知识流的相互协作而形成的系统称为知识协作系统（knowledge collaboration system，KCS）。知识协作系统是一种以人为主的知识系统，其构成要素包括产品生命周期中的人、组织（部门、企业等）；构成关系包括人与人、人与组织、组织与组织的协作关系，还包括人与物的认知与控制关系，但不包括物与物的关系。由于知识协作系统被界定为产品生命周期系统中所有与知识要素有关的子系统，因此对知识协作系统的知识协调管理就等价于对产品生命周期系统的知识协调管理。基于此，本书将知识协作系统直接作为面向产品生命周期知识协调管理的研究对象。

在知识协作系统中，知识交流是主要的知识活动之一，是促进知识流动的基本方式，也是企业创新的必要条件。如果没有知识交流就不能进行知识协调，特别是对于产品生命周期中的各个企业或部门来讲，由于产品各种形态的内在关联性，它们都有知识交流和协调的需求。例如，新产品的设计，设计人员需从销售人员处了解市场需求知识（know-what），工艺设计人员需从设计人员处了解产品设计意图（know-why），同时设计人员需知道和理解工艺知识（know-how），否则设计出来的产品有可能无法实现，售后服务人员则需理解产品设计和工艺设计两方面的知识（know-why），否则服务不会令客户满意。开放式创新、协同创新都需要知识在创新主体间进行广泛的和有目的的交流，形成川流不息的知识流。广泛的交流需要知识协作系统提供能够进行广泛互动沟通的知识交流渠道，在系统中形成一种柔性的、可变的、交叉的、非线性的"网状柔性结构"。然而，一方面，由于产品在生命周期各个阶段中的形态变换次序是串行的，相关的企业或部门之间也因此形成了一种串联型"横向"关系的组织结构。另一方面，企业内部的组织结构，特别是制造企业的组织结构，无论是直线制、职能制，还是直线—职能制，其基本结构形式都是一种"金字塔"形的"纵向"关系结构。这"一横一纵"的两种组织结构都是"线性"且"刚性"的，这种结构把产品生命周期中的相关企业、部门和个人硬性分割开来，并限定在刚性结构所划分的各个"巢穴"之中。在线性与刚性的结构中，创新主体间的知识交流除了纵横关系渠道外，别无他路。这种结构在企业之间、部门之间和人与人之间形成了无形的壁垒，严重阻碍了产品生命周期中各个阶段、各个专业、各个领域之间的知识流通，导致知识鸿沟（knowledge gap）频现。知识交流所需的"网状柔性结构"与现实的"线性刚性结构"形成了面向产品生命周期知识协调管理的基本矛盾。如何解决这个基本矛盾是面向产品生命周期知识协调管理的原始问题。

为解决这一基本矛盾，可以从两个方面提出解决思路。一方面，从"一横一纵"的现有组织结构入手改变现有企业组织的金字塔结构和产品生命周期的串联关系，使金字塔结构扁平化。但是从企业管理的其他方面来看，金字塔结构是效率型的结构，决策层、管理层和执行层这三层结构是不可能减少的，因此不可能真正做到纯粹的扁平。更重要的是，产品生命周期的串联关系是产品形成过程的内在规律，不可能被破坏。另一方面，在不破坏现有组织结构的前提下，突破产品生命周期不同阶段、不同专业、不同领域的边界，打破企业、部门之间的组织壁垒，在刚性的组织结构中搭建更多的知识交流柔性通道，使线性变为网络，刚性变为柔性。换言之，在"一横一纵"的刚性组织结构中建立网络化的知识交流渠道，使刚性组织柔性化，为知识交流提供更多、更柔性的渠道。然而，刚性组织的柔性化在增加了知识交流渠道使沟通更便利、更顺畅的同时，也增加了产品生命周期中不同企业或部门之间及人与人之间的接触和产生冲突的机会，接触越多，碰撞越多，关系越多，冲突越多，碰撞和冲突反过来又会对知识交流和创新形成新的制约。如何协调这个由解决基本矛盾而派生出来的新矛盾，则是面向产品生命周期知识协调管理的根本任务。

1.3　知识协作系统中的知识协调管理

知识协作系统是一个开放的、复杂的系统，具有复杂适应系统（complex adaptive system，CAS）的特性。在知识协作系统中，每一个企业、部门或员工都是一个适应性主体（adaptive agent），他们使得知识协作系统成为一个具有适应能力的、复杂的知识创新系统，正如霍兰所说：这种系统是"适应性造就（了）复杂性"[13]。系统中每一个适应性主体都在与其他适应性主体的互动、协作（collaboration）过程中调整自己、相互适应，互动过程是合作与竞争并存的非线性的协同作用过程，在互动和知识交流过程中产生协同效应(synergy effect)[14]，在整体上涌现出知识协作系统，亦即产品生命周期系统的整体创新能力。

知识协作系统还是一个既有自组织特性又有他组织特性的复杂系统。自组织是指这个系统中的创新主体相互自发地进行协作、互动和知识交流，是使系统产生新的整体创新特性的内在机理和互动模式；他组织是指通过管理制度、管理手段等外部力量提供互动和交流平台，促进系统中创新主体在协作中进行互动和知识交流，促使系统产生新的整体创新能力的外在机制。本书所指的"协调"(coordination)是一种他组织机制。知识协调管理是一种对知识协作系统从外部施加他组织的管理方法，但是他组织的管理方法需要借助于自组织机理才能产生有效的作用。因此，揭示知识协作系统内在的自组织机理是为实施知识协调管理制定协调管理机制的前提条件，基于这一观点，本书从复杂适应系统的角度研究和揭示产品生命周期系统中知识协作系统的内在知识协同机理，并提出相应的知识协调管理的思路与协调机制。

根据上述观点，并依据知识协作系统中的基本矛盾和派生矛盾，针对知识协调管理问题，本书提出的面向产品生命周期知识协调管理的研究思路，如图 1-1 所示。从产品生命周期系统中剥离出知识协作系统，进一步从知识协作系统的复杂适应性特点出发，建立与知识协作系统对应的模型(群)系统，并利用模型(群)系统中的模型分别从组织、行为、认知和共性技术四个视角对知识协作系统进行知识协调管理问题的研究。

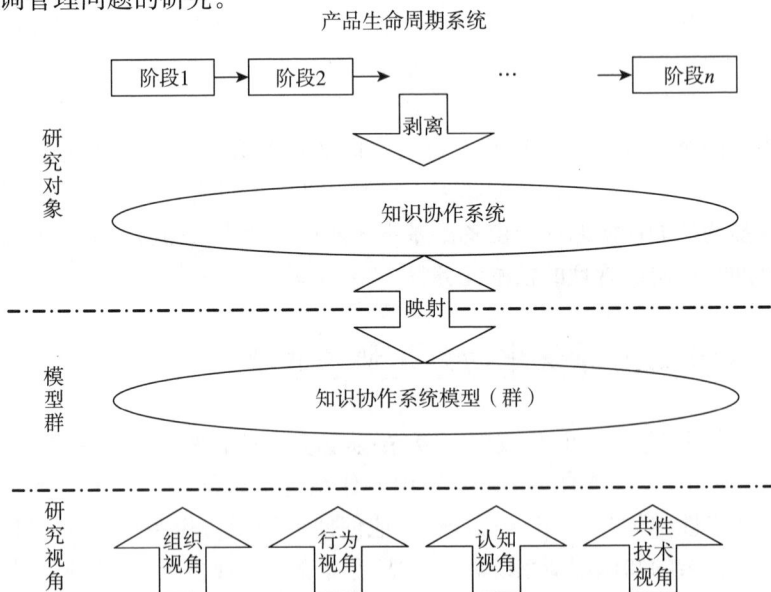

图 1-1　面向产品生命周期知识协调管理的研究思路

图 1-1 中每个研究视角对应的内容如图 1-2 所示。

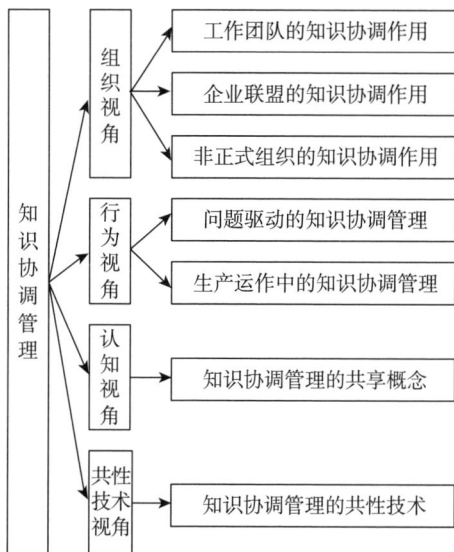

图 1-2　知识协调管理视角及内容

　　所谓组织视角是指从不同的组织和类型出发，研究知识协作系统中的各种知识协调问题。这里的组织既包括狭义的企业组织，即与产品生命周期相关联的各个企业和部门，也包括广义的社会组织，即与产品开放创新相关的研究型组织、中介组织和政府组织等。本书讨论了三种类型的组织协调作用：第一种是工作团队的知识协调作用；第二种是企业联盟的知识协调作用；第三种是非正式组织的知识协调作用。知识协作系统中的每一个组织都是一个适应性主体，每一个员工也是一个适应性主体，所有适应性主体都具有主观能动性，在知识协调过程中都是知识创造、知识交流、知识传递的行为主体。由于认知能力、行为过程的差别，各行为主体会产生各种矛盾和冲突，并在相互协调过程中开展工作。研究方法主要是基于多主体系统(multi-agents system)模型的计算实验方法、基于复杂网络模型的计算实验与分析方法等。

　　所谓行为视角是指从组织或员工在产品生命周期中共同从事的各种活动出发，研究知识协作系统中的各种知识协调问题。本书讨论了两种类型的共同活动：一种是问题处理活动中的知识协调；另一种是生产运作活动中的知识与生产的协调。无论组织或员工，其知识活动都是适应性主体的行为，其中既有自我适应、自我调整的自组织行为，又有组织外部知识协调管理的他组织行为。

　　如果说组织是知识协调管理的"体制"，活动是体制下的"行为"，那么认知则属于心理活动。知识是人类大脑的产物，是经过人对外界的认知和大脑加工而产生的，不同的人对相同事物的认知会有不同的结果，即使是对相同认知的表述，也会由于表达工具的不一致而产生分歧。因此，对众多创新主体提供一个共同的认知基础和标准是很有必要的，本书从认知视角，提出促进知识协调管理的共享概念——多维本体。

所谓共性技术是指对产品生命周期运行过程中形成的数据处理技术，在本书中主要是指数据挖掘技术，即通过对大范围、跨阶段、跨组织的数据挖掘来发现知识。

1.3.1　基于组织的知识协调管理

基于组织的知识协调管理机制，包括工作团队的知识协调管理、企业联盟的知识协调管理和非正式组织的知识协调管理。

近年兴起的知识型工作团队是知识协调管理的重要协调机制。知识型团队，如产品研发团队、问题处理团队、销售团队等是由具备不同专业知识的成员组成的，可以分为两种类型，一种是跨越组织边界组建的团队，另一种是组织内部组建的团队。前者打破了组织边界，拓展了组织间的沟通渠道，提供了更多的互动机会，起到了知识协调的作用。后者是在企业内部或部门内部组建的任务型团队，与正式的组织部门相比，这类团队的人际关系是平等的，除了需要对团队上级负责之外，成员之间能够充分地沟通，因此具有组织内部的知识协调作用。

知识型团队具有双重特性，既是上级根据需要组建的正式组织，又是具有扁平化的网络沟通渠道的非正式组织，因此团队除了具有正式组织的特点之外，还具有非正式组织的特点。知识型团队可以认为是利用非正式组织便于人与人之间或组织与组织之间沟通协调这一特点而组建的正式组织。从复杂系统的角度来看，知识型团队的运行既有受上级组织指挥的"他组织"特征，也有自我管理、自我发展、以情感和兴趣为交流纽带的"自组织"特征。如何在产品生命周期中利用团队这种组织形式发挥其知识协调作用，是知识协调管理的重要议题之一。

企业联盟是以企业为个体成员，为了一定的目的而结成的利益共同体。企业联盟类型众多，本书只讨论企业技术创新联盟。产品生命周期涉及的企业众多，既有在不同阶段上的企业，也有配套企业，它们都是利益相关者，既可以按照相同专业组成同质性联盟，也可以按照上下游关系组成异质性联盟。无论是同质联盟还是异质联盟，联盟中的成员企业都可以进行平等的知识交换，因此，在某种程度上企业联盟也是一种知识协调机制。现今技术创新复杂性和不确定性越来越高，产品生命周期不断缩短，市场竞争变得愈加激烈，单个企业的知识和技术往往不能满足自身发展的需要，通过外部合作组建创新联盟来获取外部知识是企业提高技术创新能力的重要途径。由于涉及自身利益，联盟成员主体之间的知识转移不可避免地会产生许多障碍、冲突和矛盾，因此必须加以协调和管理，这需要对企业联盟在产品创新过程中的知识转移和知识协调机理进行深入研究。

产品生命周期中的企业、部门等相关组织是按照产品的形成过程关联在一起的。产品生命周期中的不同阶段可能分属于不同的企业，也可能分属于企业的不同部门。例如，汽车零部件生产和整车生产就可能分属不同的企业或企业的不同部门。无论是企业还是企业内部的部门，都是按照某种制度设计而成立的正式组织。霍桑试验第一次揭示了在正式组织中还存在着大量非设计性的非正式组织。非正式组织不是企业制度安排的，也不是企业管理者指定的，而是在工作过程中自然形成的、以情感和信任为基础的、没有固定结构关系的松散群体。只要有人群存在的地方就有非正式组织的存在，它们对企业管理和运作具有非常重要的作用。非正式组织依靠各种人际关系把来自于不同组织的人员聚集在一起，根据各自兴趣组成不同的兴趣小组，依靠情感交流而不是利益交换维系成员间关系。非正式组织在正式组织中大量存在，其中的人员不受正式组织的行政部门和管理者的限制，其活动也具有非正式性。一般来讲，非正式组织是开放的、动态的，具有自组织特性。非正式组织广泛地存在于正式组织内部，也广泛地存在于正式组织之间，具有跨越正式组织边界的特点。在产品生命周期各个阶段的组织内和组织之间客观地存在着大量不同类型、起不同作用的非正式组织。不同性质的非正式组织相互交错、相互重叠，动态形成和重组，对正式组织及员工之间的沟通交流起到了重要的作用。非正式组织的知识协调作用具有两面性，它既有促进交流沟通的正面作用，也有传递"小道消息"、不良信息和错误知识的负面作用。

无论是微观层面的团队，还是宏观层面的企业联盟，它们的知识协调作用都是本书的重点研究内容。团队的知识协调作用主要产生于"人际知识交流"(interpersonal knowledge interaction)，企业联盟的知识协调作用主要产生于知识扩散(knowledge diffusion)。这两种机制虽然都能达到知识转移(knowledge transfer)的效果，但两者具有本质的区别。前者(即人际知识交流)不仅是将知识从一方转移到另一方，其中还伴随着参与者之间的相互认知和情感的产生，以及冲突的产生与化解，更重要的是人际知识交流还是一个知识创新的过程。人际知识交流中的利益不是最重要的，情感、认知和信任才是最重要的，它们可以促进或制约知识传递及知识创新的效果。企业联盟中的知识扩散是通过企业之间的联盟渠道使知识从一方转移到另一方或多方，虽然也会产生出新的知识，但是知识扩散的主要目的是知识转移，而且利益在企业联盟的知识扩散中起很重要的作用，它可以促进或制约知识转移。

1.3.2 基于共同活动的知识协调管理

所谓共同活动是指多个行为主体共同参与的活动，他们为了一个共同的目标，通过分工协作完成共同的任务。共同活动有两种类型：一种是跨越产品生命周期的不同阶段、不同企业、不同部门、不同专业的共同活动；另一种是产品生命周期阶段内部、组织内部的共同活动。共同活动中的行为主体既可以是企业员工个人，也可以是企业本身或企业部门。如果共同活动只限于企业部门内部，员工个人就是行为主体；如果共同活动是几个部门联合进行，部门就是行为主体；如果多个企业共同完成一项任务，企业则是行为主体。产品生命周期中各个阶段的任务是"分工"的产物，需各自独立完成，但产品的形成过程却是一个整体，需要进行"合作"，共同活动就是在"分工"基础之上通过"合作"方式来进行的。当多个行为主体共同完成一项任务时，除了进行信息交流和其他资源的交换外，更多的是进行知识的交流与共享。共同活动为行为主体提供了合作机制，在这一机制的作用下，行为主体在共同活动中完成任务并创新知识，因此，可以说共同活动也是一种知识协调机制。

本书重点关注问题处理和运作管理这两种共同活动的知识协调作用。

如果问题处理主体只涉及部门内部，那么只需对部门员工之间的知识交流进行协调管理。如果问题处理主体涉及不同企业，那么知识协调管理则涉及不同的企业，甚至在全球制造的当今，问题处理可能还需要涉及不同的国家。在产品生命周期中出现的各种问题，特别是与产品质量有关的问题，往往都与不同阶段、不同专业有关，对于这些跨阶段、跨专业的问题必然由跨部门、跨企业的人员来解决，所以对这类问题的处理活动都是共同活动。对于这种具有共同活动性质的问题处理有两种模式：第一种是独立模式。独立模式中各个主体之间没有协调独立地完成各自的任务，主体各自为战，各自根据自身对问题的认知、自身的利益和对目标的理解从自己的角度和偏好去处理问题，这种模式无法协调主体之间的冲突和矛盾，轻则拖延整体工期，重则使得问题无法有效解决。第二种是协同模式。协同模式中各个相关主体，在信息层面相互沟通，在知识层面相互交流、相互学习和共享，在利益和目标方面相互协调，可以高效且高质量地解决问题[15]。

运作管理也有两种方式：一种是跨越产品生命周期不同阶段、不同专业、不同组织边界的运作活动；另一种是在阶段、组织内部的运作活动。无论哪种方式都需要多个行为主体相互协调以完成共同的任务。为了生产的正常运作及机器平稳高效地运转，人与机器之间、人与人之间需时时进行交互。在交互过程中，人要不断适应机器、不断地操控机器、不断地驾驭机器，同时人与人之间还要进行大量的信息与知识交流，以达到人机协调的目的。这期间也会产生冲突或矛盾，为此，企业要建立相应的协调机制以消解冲突、化解矛盾。换句话说，企业要在生产过程中对人对机器的控制活动、人与人之间的沟通活动进行有效的协调和管理。协调管理可使企业达到某种优化目标，在变换的环境中，整合各种资源、协调人员、组织、生产活动各环节之间的匹配关系，产生协同效应，从而实现所有活动和过程的整合与优化。

1.3.3 知识协调管理中的共享概念

在开放式创新模式下，产品生命周期各个不同阶段除了企业内部员工之外，还拥有数量庞大的社会创新主体，他们是否能协调一致地进行知识创新、知识积累、知识交流与共享，取决于创新主体之间是否存在一种作为对话和交流基础的共同语言，并利用共同的关键术语平台进行知识交流和知识协调管理。共同语言的本质是共享概念，与共享概念对应的词汇或术语具有唯一性，其内涵是明确的、公认的、无歧义的。词汇或术语是共同语言的"形式"，共享概念是共同语言的"内容"。共同语言可以减少概念不同、用词不当、术语不统一而造成的交流障碍和冲突，还可以提高知识交流的效率和效益，减少由于沟通不畅而产生的创新成本。

本体具有承担共同语言的基本作用，领域本体则是对某一专业领域，如产品设计、工艺准备、技术开发、生产制造、运作管理、市场营销、售后服务等业务工作范围共享概念的形式化明确说明。一个领域本体描述了该领域的共享概念，提供了对该领域知识的共同理解，并确定了领域内共同认可的词汇，统一领域概念的术语并确定了概念之间的关系，捕获并形式化领域知识，澄清了领域的知识结构，在知识共享和重用方面有着广阔的应用前景和重要的应用意义。领域本体具有知识协调的作用，主要表现在以下三个方面[15]：第一，为人与人之间及组织与组织之间的知识交流和知识协调提供共同的词汇，帮助不同知识背景的组织或个人进行沟通和协调；第二，在不同的建模方法、模式、语言和软件工具之间进行翻译和映射，实现不同计算机系统之间的交互；第三，在软件系统工程领域中，规范化软件系统的需求描述，对领域知识的形式化描述使得系统组件可以重用，系统可以自检一致性以提高系统可靠性。

本书主要是在第一个方面作用的意义下为人与人之间、组织之间的交流构建本体。根据制造企业产品的特点，构建了面向产品生命周期的知识协调管理的多维本体模型，它为产品生命周期中的所有创新主体在知识积累、共享、交流和协调管理等活动中提供了"共同语言"。

1.3.4 知识协调管理中的共性技术

制造业的整个价值链、制造业产品的整个生命周期都涉及诸多的数据。制造业大数据包含制造企业在产品生命周期各阶段运营的各种数据，如果能及时有效地对产品生命周期各个阶段的数据进行整理、分析和挖掘，就可形成满足各部门和企业高层管理者需要的信息和知识，迅速有效地帮助企业进行业务决策，响应客户需求，提升竞争力。

本书中的知识协调管理中的共性技术是指对产品生命周期运行过程中形成的

数据的处理与分析技术，即数据挖掘技术。目前的数据挖掘研究主要是从企业的某个角度或某个层面上对一些问题进行分散和孤立的研究与应用，并没有深入思考如何与企业中产品生命周期的实际需求相结合，形成一个针对企业产品生命周期中不同阶段的或者集成的商业问题的整体解决方案。另外，企业的数据掌握者与数据挖掘结果需求者往往不是同一人，不是同一部门的人。于是造成了这样一种局面：掌握企业数据的人不知道该数据有什么用，束之高阁，白白浪费这些宝贵资源；需要数据挖掘结果的人不知道从何处可以得到这些结果，并且往往由于没有这些结果的支持，在决策中处于被动地位。因此，如何从产品生命周期的角度，对企业各个环节的数据进行分析和挖掘，发现隐含在大量数据背后的信息和知识，将基础数据转化为满足各部门和企业领导需要的信息和知识，支持他们的决策，同时针对很多不同的挖掘需求和挖掘方法，如何快速地找到合适的挖掘方法，得到想要的挖掘结果，这是制造企业数据挖掘的一个重要研究方向，也是数据挖掘技术在制造企业应用过程中所面对的一个重要问题。

数据挖掘与知识发现作为面向产品生命周期知识协调管理的重要共性技术，可以提高产品生命周期中知识的共享和集成，帮助不同部门的管理者集成其他部门挖掘出的知识进行决策，加大产品生命周期内各阶段的协调和优化。

1.4　本书内容结构

本书共分 13 章，第 1 章是全书内容的总体概述。其余 12 章分为三个部分：第一部分是关于产品生命周期和知识协调管理相关理论的概述，包括第 2 章和第 3 章，为本书的主题——面向产品生命周期的知识协调管理作理论铺垫，分别从产品生命周期与产品生命周期管理，以及知识管理与知识协调管理两个方面介绍相关的理论、概念和知识；第二部分是面向产品生命周期的知识协调管理机制，包括第 4~10 章，分别论述 7 种知识协调机制；第三部分是应用实例，包括第 11~13 章，由于产品生命周期的复杂性和实践的艰巨性，目前还没有完整的全生命周期的实例，本书仅就产品生命周期中几个阶段的知识协调管理应用进行案例描述。各章内容如图 1-3 所示。

在第二部分的 7 章中，还分为三个模块：第一个模块包括第 4~6 章，是介绍基于"组织"的知识协调管理机制，包括工作团队的知识协调管理、企业联盟的知识协调管理和非正式组织的知识协调作用三种。第二个模块包括第 7 章和第 8 章，是介绍基于"共同活动"的知识协调管理机制，包括问题驱动的知识协调管理和生产运作系统中知识与生产的协同优化管理两种机制。问题处理和生产运作都是与业务活动主体和知识活动主体相关联的共同活动，通过问题处理和生产运作的活动过程而相互关联、相互合作，通过知识协调共同解决问题和完成产品生命

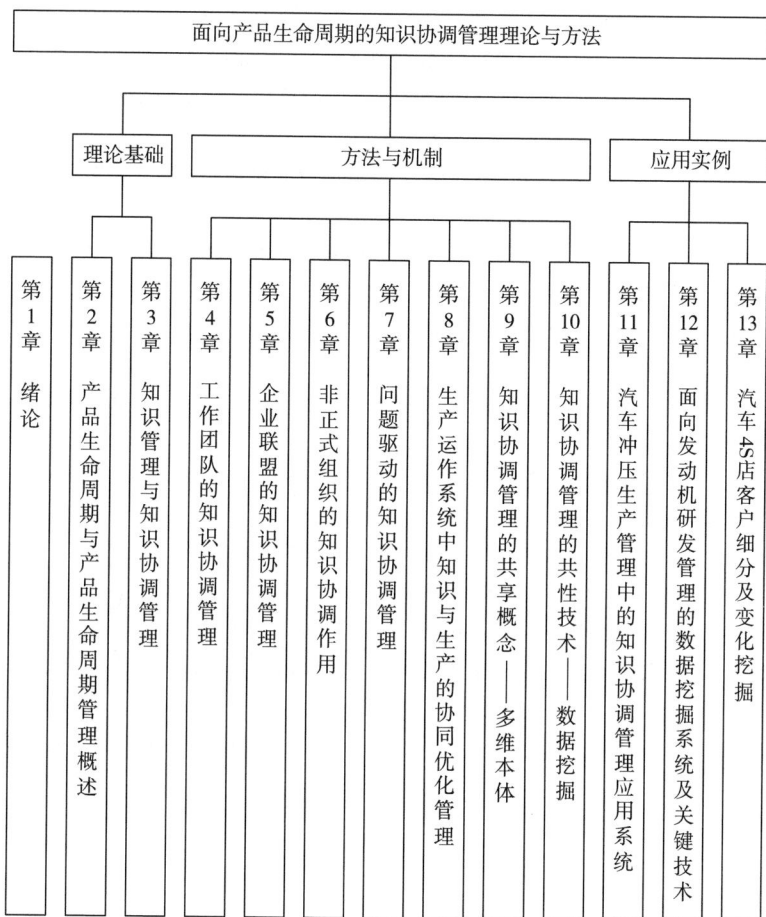

图 1-3　本书内容体系结构

周期的管理及生产运作。第三个模块包括第 9 章和第 10 章，是介绍知识协调管理的基本方法和技术，其中共享概念是知识主体认知的共同基础，其对应的标准术语则是知识交流和知识协调的共同语言，能起到协调各方无障碍互动和交流的作用。共享技术主要是数据挖掘技术和方法，是把数据作为处理对象的技术，无论数据代表的是什么主体。

参考文献

[1] 苏波. 创新是制造业由大到强的关键. 经济日报，2012-06-01.

[2] 高攀. 聚焦美国制造业创新研究所. 半月谈网，http://www. banyuetan. org/chcontent/sz/hqkd/2014317/96657. html，2014-03-17.

[3] 王喜文. 德国工业 4.0 的本质与目标. 中国信息产业网，http://www. cnii. com. cn/gy-hxxh/2014-07/28/content _ 1410986. htm，2014-07-28.

[4]朱慧．鉴德国工业 4.0 经验建设创新 2.0 时代的智造强国．人民网，http://scitech. people. com. cn/n/2014/0814/c1007-25463482. html，2014-08-14.

[5]郑红．德国打造工业 4.0 提速数字化建设．中国改革报，http://www. crd. net. cn/2014-08/27/content_12820765. htm，2014-08-27.

[6]切萨布鲁夫 H，范哈佛贝克 W，韦斯特 J. 开放创新的新模式．陈劲，李王芳，谢芳，等译．北京：科学出版社，2010.

[7]Chesbrough H W. Open Innovation：The New Imperative for Creating and Profiting from Technology. Boston：Harvard Business School Press，2003.

[8]Chesbrough H W. Open innovation：how companies actually do it? Harvard Business Review，2003，81(7)：12-14.

[9]Duin H，Jaskov J，Hesmer A，et al. Towards a Framework for Collaborative Innovation. Boston：Springer，2008.

[10]Baldwin C，von Hippel E. Modeling a paradigm shift：from producer innovation to user and open collaborative innovation. Organization Science，2011，22(6)：1399-1417.

[11]陈劲，阳银娟．协同创新的理论基础与内涵．科学学研究，2012，30(2)：161-164.

[12]Frank P，Christian S，Dominik W. Customers as co-designers：a framework for open innovation. Manufacturing Engineer-London，2003，82(4)：42-45.

[13]霍兰 J H. 隐秩序——适应性造就复杂性．周晓牧，韩晖译．上海：上海世纪出版集团，2011.

[14]Haken H. Synergetics：Introduction and Advanced Topics. Berlin：Springer-Verlag and Heidelberg，2011.

[15]王众托．知识管理．北京：科学出版社，2009.

第 2 章

产品生命周期与产品生命
周期管理概述

生命周期的概念被广泛应用于经济与管理等众多领域，包括企业生命周期、技术生命周期与产品生命周期等。产品生命周期的概念在很多工业领域已经存在了很长时间，但产品生命周期的含义并不是特别清楚，产品制造商与产品用户对产品生命周期的观点也各不相同，我们可以分别从市场营销、资源环境、产品制造和系统工程视角理解产品生命周期这一概念。

本书主要是从产品制造和系统工程视角来讨论产品生命周期这一概念，即产品生命周期是一个由产品在整个生命周期中的不同阶段作为系统单元组成的系统，相互之间基本上以顺序关系为主，但也存在着一定的反馈，其中包含业务流、产品流、信息流和知识流。业务流和产品流是顺序执行系统，信息流是既有顺序又有反馈的系统，而知识交流则是一个复杂的网络系统。

产品生命周期管理以产品数据管理为基础，试图通过信息流打通从产品概念、产品规划、设计、制造、销售、售后服务，到产品退出市场的整个生命周期中的壁垒，实现以产品为中心的全程管理。随着企业产品生命周期内包含了越来越多的数据、信息和知识，有必要将信息与知识管理融入产品生命周期，实现产品生命周期数据、信息、知识的获取和管理，促进企业的发展和进步。

■ 2.1 经济与管理领域中的生命周期概念

生命周期的概念应用很广泛，特别是在科学、技术、工程、经济、管理、环境、社会等诸多领域经常出现，其基本含义可以通俗地理解为"从摇篮到坟墓"的整个过程。生命周期的定义有广义和狭义之分。狭义的生命周期是生命科学术语，指生物体从出生、成长、成熟、衰退到死亡的全部过程。广义的生命周期泛指自然界和人类社会各种客观事物的阶段性变化及其规律。在经济与管理领域中，生命周期一般是指广义的生命周期概念，包括企业生命周期、技术生命周期与产品生命周期等。

2.1.1   企业生命周期

企业生命周期是指企业诞生、成长、壮大、衰退甚至"死亡"的过程。虽然不同企业的寿命有长有短，但各个企业在生命周期的不同阶段所表现出来的特征却具有某些共性。了解这些共性，便于企业了解自己所处的生命周期阶段，从而修正自己的状态，尽可能地延长自己的寿命。

爱迪思是关于企业生命周期理论研究中最具代表性的人物之一。他在《企业生命周期》一书中，把企业成长过程分为孕育期、婴儿期、学步期、青春期、盛年期、稳定期、贵族期、官僚初期、官僚期及死亡期共 10 个阶段，认为企业成长的每个阶段都可以通过灵活性和可控性两个指标来体现。当企业初建或年轻时，充满灵活性，做出变革相对容易，但可控性较差，行为难以预测；当企业进入老化期，企业对行为的控制力较强，但缺乏灵活性，直到最终走向"死亡"[1]。

企业在发展过程中，应针对不同的周期采取不同的战略，从而使企业的总体战略更具前瞻性、目标性和可操作性。依照企业偏离战略起点的程度，可将企业的总体战略划分为三种，即发展型、稳定型和紧缩型。

发展型战略，又称进攻型战略，它使企业在战略基础水平上向更高一级的目标发展，宜选择在企业生命周期变化阶段的上升期和高峰期实施该战略；稳定型战略，又称防御型战略，它使企业在战略期内所期望达到的经营状况基本保持在战略起点的范围和水平，宜选择在企业生命周期变化阶段的平稳期实施该战略；紧缩型战略，又称退却型战略，它是指企业从战略基础水平往后收缩和撤退，且偏离战略起点较大的战略，宜选择在企业生命周期变化阶段的低潮期实施该战略。

2.1.2   技术生命周期

Harvey 在《技术转移过程中技术生命周期的运用》一文中指出，先进国家之所以将技术转移至发展中国家，目的在于增加利润[2]。由于竞争激烈、反托拉斯法的限制、企业本身能力不足及技术生命周期等因素，先进国家不得不借助于技术转移来弥补技术创新时花费的研究开发成本。Harvey 强调跨国公司在国际技术转移中扮演了重要的角色。跨国公司应通过自我分析、竞争者分析和技术接受国分析等手段，选择技术生命周期的适当阶段进行有效的技术转移。

Harvey 从技术发展本身的内在扩张力出发，将技术生命周期划分为六个阶段。

(1)技术开发阶段。在此阶段只有新技术创意产生。

（2）技术验证阶段。在此阶段新技术在发达国家开发成功，厂商开始通过产品的预期销售量、技术授权及整厂输出的预期收益来评估技术潜力的大小，以决定技术转移的方式。

（3）技术应用启动阶段。技术在这一阶段还十分新颖，若以授权方式转移给发展中国家，则技术接受国很可能将该技术所生产的产品回销到发达国家市场，即产生"回镖效应"，使发达国家厂商的利益受到侵害。

（4）技术扩张阶段。在此阶段技术已被成功地应用，发达国家厂商可从新产品的销售中获取利益，并开始拓展新产品，这时可考虑是否将技术出售给发展中国家。

（5）技术成熟阶段。在此阶段发达国家厂商大量地将技术转让给发展中国家，但由于相关技术的介绍售给者众多，发展中国家获得选择购买的机会，使发达国家厂商在技术转让上的谈判力量被削弱。

（6）技术退化阶段。在此阶段发达国家厂商拥有的这项技术已失去领先的优势地位。

从上述技术生命周期来看，各阶段均存在不同的问题，跨国公司只有具有系统的评估模式，才能准确把握技术转让的最佳时机。

1957 年，爱荷华州立大学（Iowa State College）为分析玉米种子采购行为提出技术采用生命周期的观点。起初，该概念的提出并未获得许多反响，直到 1962 年 Rogers 出版 *Diffusion of Innovations* 一书后，才逐渐获得学术界和产业界的重视[3]。技术采用生命周期为典型的钟形曲线，该曲线将消费者采用新技术的过程分成五个阶段，分别是创新者（innovators）、早期采用者（early adopters）、早期大众（early majority）、晚期大众（late majority）与落后者（laggards）。五个阶段的消费者人数占整体使用人数的比重分别为 2.5%、13.5%、34.0%、34.0%与 16.0%，如图 2-1 所示。

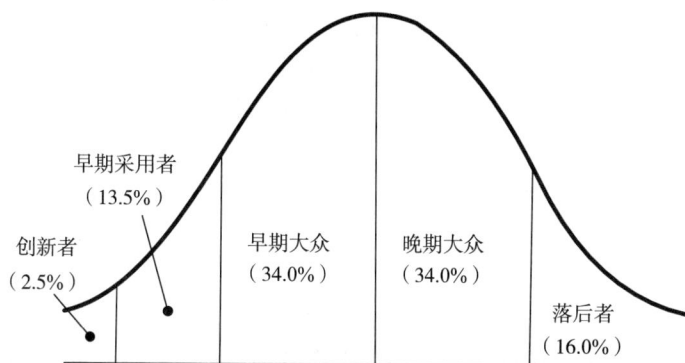

图 2-1　技术采用生命周期曲线

1991 年，Moore 在 *Crossing the Chasm* 一书中提出"死亡之谷"（chasm）的概念，使得技术采用生命周期进一步被完善[4]。这一理论指出，在早期采用者和早期大众间存在一个被称为"死亡之谷"的地带。也就是说，一个技术创新产品在获得早期采用者之后，能否得到早期大众的认可具有一定难度。由于早期使用者和创新者的需求和思维模式比较接近，而与早期大众的思维模式和需求很可能存在较大差异，因此可能导致早期采用者接受的事物，在早期大众中并没有市场。这种现象在以新技术为驱动的现代创新项目中，尤其容易产生。Moore 将新兴技术生命周期按市场占有率和技术采用生命周期曲线的斜率划分为创新阶段、峡谷断裂阶段、爆发阶段、平稳阶段、下降阶段和淘汰阶段六个阶段。

2.2 产品生命周期

产品具有生命周期的概念在工业领域已经存在了很长时间，特别是那些产品寿命比较长的行业，如飞机和发电站等。但是在其他许多行业，产品一旦出了工厂的大门，多数企业往往就不再关心这些产品了。有时产品生命周期的含义并不是特别清楚，产品制造商与产品用户对产品生命周期的观点也各不相同。下面分别从市场营销、资源环境、产品制造和系统工程视角讨论产品生命周期这一概念。

2.2.1 市场营销视角

1966 年，哈佛商学院的 Vernon 在 *International investment and international trade in the product cycle* 一文中首次提出产品生命周期理论[5]。产品生命周期理论从市场的观点来定义产品生命周期，所谓产品生命周期是指产品的市场生命周期，即一种新产品从开始进入市场到被市场淘汰的整个过程。Vernon 认为：产品生命是指产品在市场上的营销生命，产品和人的生命一样，要经历形成、成长、成熟、衰退这样的过程。就产品而言，也就是要经历一个引入、成长、成熟、衰退的阶段。而这个周期在不同技术水平的国家里发生的时间和过程是不一样的，期间存在一个较大的差距和时差，正是这一时差，表现为不同国家在技术上的差距，它反映了同一产品在不同国家市场上竞争地位的差异，从而决定了国际贸易和国际投资的变化。

引入期是指产品从设计投产直到投入市场进入测试的阶段。新产品投入市场，便进入了介绍期，此时产品品种少，顾客对产品还不了解，除少数追求新奇的顾客外，几乎无人实际购买该产品。生产者为了扩大销路，不得不投入大量的促销费用，对产品进行宣传推广。该阶段由于生产技术方面的限制，产品生产批量小，制造成本高，广告费用大，产品销售价格偏高，销售量极为有限，企业通常不能获利，反而可能亏损。

当产品进入引入期且销售取得成功之后，便进入成长期。成长期是产品通过试销效果良好，购买者逐渐接受该产品，产品在市场上站住脚并且打开了销路，这是需求增长阶段，需求量和销售额迅速上升，生产成本大幅度下降，利润迅速增长。与此同时，竞争者看到有利可图，将纷纷进入市场参与竞争，使同类产品供给量增加，价格随之下降，企业利润增长速度逐步减慢，最后达到生命周期利润的最高点。

成熟期是指产品被大批量生产并稳定地进入市场销售，经过成长期之后，随着购买产品人数的增多，市场需求趋于饱和。此时，产品普及并日趋标准化，成本低而产量大，销售增长速度缓慢直至转而下降。由于竞争的加剧，同类产品生产商之间不得不在产品质量、花色、规格、包装服务等方面加大投入，在一定程度上增加了成本。

衰退期是指产品进入淘汰阶段。随着科技的发展及消费习惯的改变，产品的销售量和利润持续下降，产品在市场上已经老化，不能适应市场需求，市场上已经有其他性能更好、价格更低的新产品，足以满足消费者的需求。此时成本较高的企业就会由于无利可图而陆续停止生产，该类产品的生命周期也就陆续结束，直至最后完全退出市场。

2.2.2　资源环境视角

从全球资源的角度来看，一个环境产品生命周期包括资源(如矿物和石油等)从自然界中的提取、资源的加工处理、资源在产品制造中的使用、资源在产品中的使用，以及当产品报废时资源及废物的管理(包括重用、再生和处理)。产品生命周期评价正是从资源环境视角来研究产品生命周期中的环境管理问题。作为新的环境管理工具和预防性的环境保护手段，生命周期评价主要应用于评估一种产品、工序和生产活动造成的环境负载，评价能源、材料利用和废弃物排放的影响，以及评价环境改善等。

生命周期评价起源于 1969 年美国中西部资源研究所受可口可乐公司委托对饮料容器从原材料采集到废弃物最终处理的全过程进行的跟踪与定量分析[6]。1993 年国际标准化组织(International Organization for Standardization，ISO)起草 ISO 14000 国际标准，正式将生命周期评价纳入该体系，生命周期评价的研究和应用进入一个全新的时代。生命周期评价是一种用于评估产品在其整个生命周期中，即从原材料的获取、产品的生产直至产品使用后处置的整个过程，对环境影响的技术和方法。国际标准化组织对生命周期评价的定义是：生命周期评价是对一个产品系统的生命周期中输入、输出及其潜在环境影响的汇编和评价[7]。这里的产品系统是指具有特定功能的、与物质和能量相关的操作过程单元的集合，在生命周期评价标准中，"产品"既可以指一般制造业的产品系统，也可以指服务业提供的服务系统。生命周期是指产品系统中连续的和相互联系的阶段，它从原材料的获得或者自然资源的产生一直到最终产品的废弃。

2.2.3 产品制造视角

从产品制造视角来看，产品生命周期的界定有狭义和广义之分，狭义的产品生命周期一般仅限定于企业内产品的生产制造生命周期，广义的产品生命周期则包括产品的需求分析、概念设计、产品设计、工艺设计、加工制造、市场营销、售后服务、回收重用等各个阶段，如图 2-2 所示。

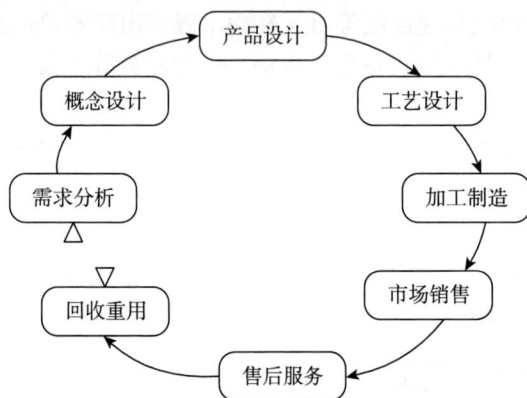

图 2-2　广义的产品生命周期

关于产品生命周期所包括的阶段、每个阶段的含义及内容，不同的组织和学者的观点略有差异。

全球著名的产品生命周期管理咨询与研究机构 CIMdata Inc. 认为，任何企业的产品生命周期都由产品定义、生产制造和运作支持这三个基本的相互交织的生命周期组成[8]。产品定义生命周期始于最初的客户需求和产品概念，结束于产品报废，以产品作为研究对象，定义产品是如何设计、制造、操作和服务的。生产制造生命周期主要包括与生产和销售产品相关的活动，包括生产、制造、管理库存和运输，其管理对象是物理意义上的产品。运作支持生命周期主要是对企业运作所需的基础设施、人力、财务和制造资源等进行统一的监控和调配。

PTC 公司从产品的演化过程来理解产品生命周期[9]。它将这一过程分为概念产生、设计、采购、生产、销售和售后服务六个阶段。每个阶段都有其特定的活动、产生的相应信息、涉及的相关人员和部门。在概念产生阶段，基于市场信息，企业获得新产品或产品设计改进的基本要求。设计阶段主要活动包括产品的概念设计、详细设计、设计评估、工程分析、文档管理及电子物料清单管理等。

采购阶段对产品制造所需的器件、材料、部件和设备进行分析，确定外购件和自制件计划。生产阶段根据产品设计与开发所建立的设计规格，利用所采购的零部件和原材料进行生产，通过质量检查、控制或其他过程控制方法，来检查生产是否与设计规格一致。销售阶段的主要活动包括市场推广、产品发布、销售战略制定、客户管理和订单管理等。售后服务阶段主要负责产品的维护、服务和维修等工作。

张和明和熊光楞认为，任何制造型企业的任何产品都要经过概念设计、详细设计、工艺编制、制造、装配、出厂、维修，以及循环再利用一直到淘汰的过程[10]。企业在产品设计、生产制造和交付使用的过程中，会有大量的产品设计及其反馈信息产生。例如，概念设计阶段涉及市场数据和概念数据，详细设计阶段涉及设计数据，工艺阶段有工艺数据和配套采购数据，装配阶段涉及检测质量的数据，出厂时涉及发货、出厂的数据，而在维修时涉及需要维修的数据。完整的产品信息应该包括产品从需求到概念、定义、采购、生产、服务、维护和报废各个生命周期阶段的相关数据、过程、资源分配、使用工具等信息及这些信息之间的关联。

斯达克认为，对于产品制造商来说，产品生命周期分为五个阶段，即构思、定义、实现、支持和退市[11]。以汽车制造为例，第一，需要汽车制造商产生汽车的整体构思与设想，在这一阶段，汽车仅仅是存在于头脑中的想象；第二，对汽车进行详细定义，即对汽车进行准确的描述，在这一阶段，物理实体的汽车仍然不存在，当然也不能够使用；第三，是产品的实现，如生产汽车的所有零部件，并将其装配成可以使用的形式；第四，将汽车销售给用户，同时制造商为汽车提供服务；第五，汽车退市、报废，一些零部件被回收、重用。

产品在生命周期的不同阶段具有不同的形态。产品在需求分析阶段是一种意识形态，在概念设计阶段已经部分外化为概要的信息形态，在产品设计阶段是以清晰的信息形态存在于图纸和文档中，在工艺设计阶段是存在于工艺文件、信息系统和工艺设备中的信息和知识形态，在加工制造阶段以物质形态存在，从市场销售、售后服务到回收重用这三个阶段以物质形态为主附加信息形态存在。在整个生命周期中，产品不断地变换着自己的形态，从模糊的意识状态到清晰的信息形态，再到物质形态附加信息形态。本书所指产品是包含意识、信息和物质三种形态的广义产品，不仅仅是物质形态的产品。

2.2.4　系统工程视角

从系统工程视角，产品生命周期系统的界定也有狭义和广义之分。狭义的产品生命周期系统是一个以产品生命周期不同阶段作为系统单元组成的系统，不同阶段相互之间基本上是顺序关系，但也存在着一定的反馈。广义的产品生命周期系统除了包括产品生命周期的不同阶段，还包括与产品生命周期不同阶段对应的部门和组织，以及不同阶段和不同部门组织相互之间错综复杂的关系。狭义和广义的产品生命周期系统都是以产品为核心、以生命周期为主线及相关的各种要素构成的有机整体，并且具有不同于要素简单集合的整体特性。

无论是狭义的产品生命周期系统还是广义的产品生命周期系统，系统中均存在三种关系，分别是物与物的关系、人与物的关系和人与人的关系，如图 2-3 所示。

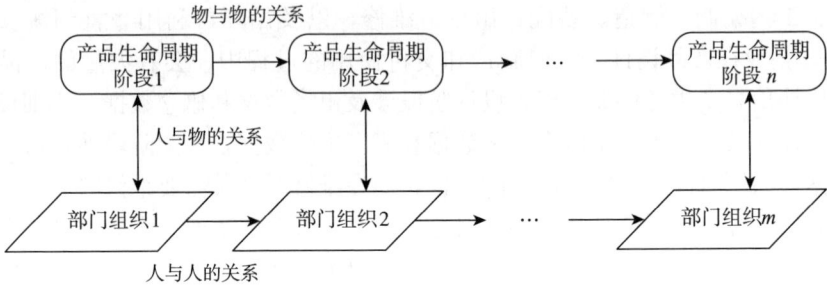

图 2-3　产品生命周期系统中的三种关系

物与物的关系是指依托于产品流的生产设备、生产线之间的关系。这种关系是按照物理规律而形成的关系，在产品生命周期系统中相对于人与物和人与人这两种关系而言，其是最稳定的关系。

人与物的关系是指人与设备、人与生产线、人与产品之间的关系，是一种认识、使用和控制的关系。由于人的主观能动作用和人员的流动，这种关系呈现出某种不稳定性，不稳定性产生于人员的流动或者人的心情和智力的差异，这种不稳定性可能造成产品质量的不稳定。

人与人的关系是指产品生命周期系统中人与人之间、人与部门组织之间及部门组织与部门组织之间的关系。双方或多方都是具有主观能动性的主体，使得这种关系成为产品生命周期系统中最不稳定的关系。在三种关系中，人与人的关系是影响产品质量、影响生产效率和产品创新的最不稳定因素，因而也是最重要的因素，人与物的关系次之，物与物的关系影响相对较小。

在三种关系中存在着三种不同性质的流，分别是产品流、信息流和知识流，如图 2-4 所示。

产品流是指在产品价值链的形成过程中不同形态产品产生的流动。信息流是指在产品生命周期中产生的各种信息的传播与流动，它既可随着产品流流动，也可在人与物的关系和人与人的关系中流动。知识流是人际交流时产生的知识流动，主要在人与人的关系中流动，同时也在人与物的关系中流动。

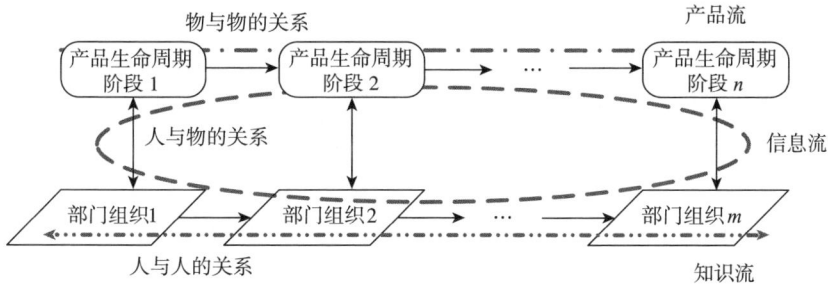

图 2-4 产品生命周期系统中的三种流

■ 2.3 产品生命周期管理

对产品生命周期的管理是在 20 世纪 80 年代出现的产品数据管理基础上发展起来的。产品生命周期管理把产品数据管理从单纯对工程数据的支持向产品全生命周期的支持扩展，强调对产品生命周期内的各类相关信息进行综合利用，把与产品相关的数据(信息)、人员、过程三方面综合起来加以管理，旨在跨越产品开发过程与企业经营业务过程之间的鸿沟。

2.3.1 产品数据管理

产品数据管理是产品生命周期管理的基础。在 20 世纪的六七十年代，企业在设计和生产过程中开始使用计算机辅助设计(computer aided design，CAD)、计算机辅助制造(computer aided manufacturing，CAM)等技术，新技术的应用在促进生产力发展的同时也带来了新的挑战。对于制造型企业而言，虽然各单元的计算机辅助技术已经日益成熟，但都自成体系，彼此之间缺少有效的信息共享和利用，形成所谓的"信息孤岛"。在这种情况下，许多企业已经意识到：实现信息的有序管理将成为在未来的竞争中保持领先的关键因素。产品数据管理正是在这一背景下产生的一项新的管理思想和技术。产品数据管理可以定义为以软件技术为基础，以产品为核心，实现对产品相关的数据、过程、资源一体化集成管理的技术。

产品数据管理技术的发展可以分为配合计算机辅助设计工具的产品数据管理系统、专业化的产品数据管理产品和产品数据管理的标准化阶段等三个阶段[12]。

(1)配合计算机辅助设计工具的产品数据管理系统。早期的产品数据管理产品诞生于 20 世纪 80 年代初。在当时，计算机辅助设计已经在企业中得到广泛的应用，工程师们在享受计算机辅助设计带来的好处的同时，却不得不将大量的时间浪费在查找设计所需信息上，对电子数据的存储和获取新方法的需求变得越来越迫切了。针对这种需求，各计算机辅助设计厂家配合自己计算机辅助设计软件推出第一代产品数据管理产品，这些产品的目标主要是解决大量电子数据的存储和管理问题，提供维护"电子绘图仓库"的功能。第一代产品数据管理产品仅在一定程度上缓解了"信息孤岛"问题，系统功能较弱、集成能力差和开放程度较低等问题仍然普遍存在。

(2)专业化的产品数据管理产品。通过对早期产品数据管理产品功能的不断扩展，最终出现了专业化的产品数据管理产品，如 SDRC(Structural Dynamics Research Corporation) 的 Metaphase 和 EDS (Electronic Data Systems Corporation)公司的 IMAN(information manager)等就是第二代产品数据管理产品的代表。与第一代产品数据管理产品相比，第二代产品数据管理产品中出现了许多新功能，如对产品生命周期内各种形式的产品数据的管理能力、对产品结构与配置和管理、对电子数据的发布和更改的控制，以及基于成组技术的零件分类管理与查询等，同时软件的集成能力和开放程度也有较大的提高，少数优秀产品数据管理产品可以真正实现企业级的信息集成和功能集成。第二代产品数据管理产品在取得巨大进步时，在商业上也获得了很大的成功。产品数据管理开始成为一个产业，出现了许多专业开发、销售和实施产品数据管理的公司。

(3)产品数据管理的标准化阶段。1997 年 2 月，对象管理组织(Object Management Group，OMG)公布了其产品数据管理 Enabier 标准草案。作为产品数据管理领域的第一个国际标准，该草案由许多产品数据管理领域的主导厂商参与制定，如 IBM(International Business Machines，即国际商业机器公司)、SDRC、PTC(Parametric Technology Corporation，即参数技术公司)等，产品数据管理 Enabier 的公布标志着产品数据管理技术标准化方面迈出了崭新的一步。产品数据管理 Enabier 基于 CORBA 技术就产品数据管理的系统功能、产品数据管理的逻辑模型和产品数据管理系统间的互操作提出一个标准。统一标准的制定为新一代标准化产品数据管理产品的发展奠定了基础。

随着计算机技术、网络技术、面向对象技术的发展和为了满足不断变化的企业需求，产品数据管理的体系结构也得到不断发展和完善。先进的产品数据管理系统普遍采用 Web 技术及大量业界标准，采用 C/B/S 结构和 J2EE 技术的产品数据管理系统已经成为主流。当前主流的产品数据管理系统体系结构可以分为五层，分别是底层平台层、核心服务层、应用组件层、应用工具层和实施理念层，如图 2-5 所示[10]。企业级的产品数据管理系统一般具有数据仓库和文档管理、工作流管理、项目管理、过程管理、产品结构与配置管理、零件分类管理、工程变更管理等基本功能。

产品数据管理的实施是一项复杂的系统工程，它涉及的知识面广、部门多，不仅涉及技术，而且涉及管理业务、组织和行为[13]。可以利用系统工程的思想

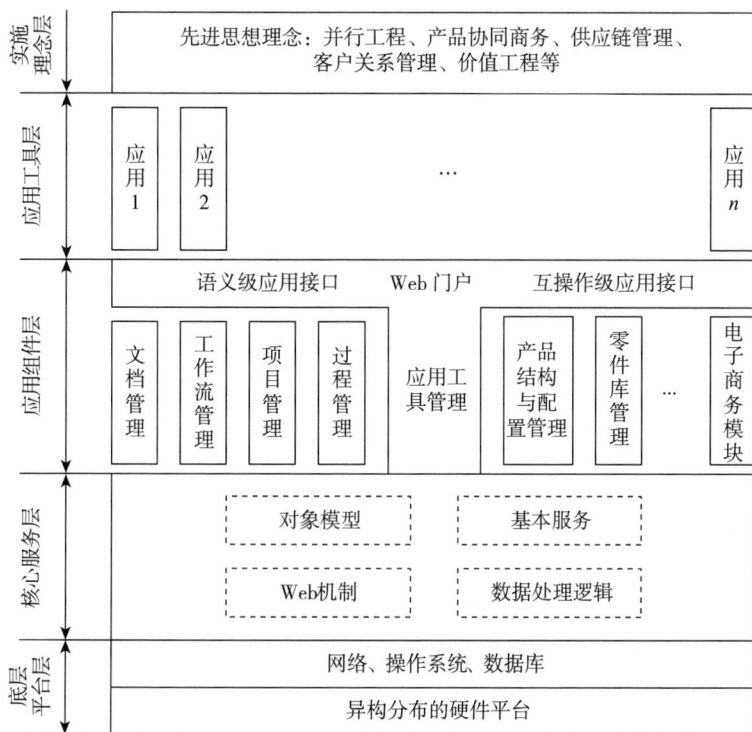

图 2-5　当前主流的产品数据管理系统体系结构

和工程化方法，按用户至上的原则，自顶向下地对系统进行分析与设计。具体来说，就是先将整个信息系统的开发过程划分为若干个相对独立的阶段，如系统分析、系统设计、系统实现和系统评价等，前三个阶段是自顶向下地对系统进行结构划分，在系统的实施阶段则是坚持自底向上地逐步实施。

2.3.2　产品生命周期管理的定义与特征

产品生命周期管理与产品数据管理相比，无论是时间跨度还是空间覆盖面都有了较大拓展。产品生命周期管理试图通过信息技术打通从产品概念、产品规划、设计、制造、销售、售后服务，到退出市场的整个生命周期中的壁垒，实现以产品为中心的全程管理；不仅涵盖产品的开发设计阶段，也包括产品的制造、销售、维护和回收等各个阶段；不仅涉及产品本身的管理，也涉及相关过程及资源等的管理[11,14]。产品生命周期管理的范围包括核心企业与上下游所有供应商企业的完整的供应链体系。

张和明和熊光楞[10]在总结一些著名的咨询公司对产品生命周期管理看法的基础上，给出产品生命周期管理的定义如下：产品生命周期管理是一项企业信息化战略，是为了满足制造型企业对产品生命周期信息管理的需求而产生的一种新的管理模式。它是指一类软件和服务，提供产品整个生命周期中，包括产品需求、设计开发、流程计划、生产制造、采购销售、质量保证、售后服务等信息的描述和管理，支持产品生命周期中企业内部和外部的资源共享，实现以产品为核心的协同开发、制造和管理。

制造型企业产品生命周期的不同阶段主要存在四种主要的管理类信息系统，即企业资源计划（enterprise resource planning，ERP）系统、供应链管理（supply chain management，SCM）系统、客户关系管理（customer relationship management，CRM）系统和产品生命周期管理系统。这四种管理类信息系统的有机结合应用，构成了企业信息化的重要组成部分。企业可以根据自身的情况，面向某类特定的业务问题，选用一种或几种系统来构建自己的企业信息化框架体系。在ERP、SCM、CRM及产品生命周期管理这四个系统中，产品生命周期管理与其他系统有着较大的区别。这是因为迄今为止，它是唯一面向产品创新的系统，也是最具互操作性的系统[15]。

产品生命周期管理并不是一种简单的"系统组合"。例如，有些企业将产品数据管理系统、计算机辅助设计系统、数字化装配系统、企业资源计划系统或者供应链系统简单组合连接起来，辅之以 Web 技术，形成所谓的"产品生命周期管理"系统。这样做，仅仅是一种技术的堆积和继承，只是完成了任务和过程自动化这样的功能，并没有体现出产品生命周期管理真正的思想和内涵。从生态系统的角度来看待产品生命周期管理，其是一个类似于自然生态系统的"产品生命周期管理生态系统"。产品生命周期管理生态系统是一个包含有外部过程（来自ERP、SCM 和 CRM 的数据交换）并形成产品生命周期内上下游充分利用产品知识的自循环体系结构。在这个系统里面，其自身的良性结构、不同系统的相互作用、信息的加工与流动、自学习的功能及知识的提炼，所有这些，构成了一个稳定的产品生命周期管理生态系统。

人们早就注意到产品生命周期管理系统的集成问题。但是，更多的集成工作内容是实现数据的传递和转换，且传递的数据是静态的而非动态的；传递的方式是迟滞的而非实时的；传递的数据是机械式的累积而非精炼后提升的信息和知识。最关键的问题是，在系统彼此连通的基础上，这些信息和知识没有能够有规律、有组织地在一个内涵更广泛的"产品生命周期管理生态系统"内畅通地循环流动、增值、再利用。例如，从产品生命周期下游获得的经验、知识，不能及时反馈到生命周期的上游，在一个更高的起点上，支持新的产品决策，为企业带来更大的效益。

产品生命周期管理可以最大限度地实现跨越时空、地域和供应链的信息和知识集成，在产品整个生命周期内，充分利用分布在 ERP、CRM、SCM 等系统中的产品数据和企业智力资产。因此，产品生命周期管理系统的价值取决于在企业内能否与 ERP、SCM、CRM 集成使用，组成产品生命周期管理生态系统。在产品生命周期管理的支持下，企业不仅可以管理不同阶段内部的信息，还可以实现不同阶段之间的信息整合，打通设计、制造、生产、销售之间的关系，实现 ERP、SCM、CRM 等系统的集成，使得产品生命周期的各种信息能完全共享和交互，并对其进行有效管理。

2.3.3　产品生命周期管理的技术体系

产品生命周期管理是一个企业级解决方案，不是一个单项技术或应用，而是一个技术和应用的复杂集合体[16]。因此，产品生命周期管理系统必须具备一个完备的技术框架，来规范和描述其包含的组成元素，以及如何组织这些组成元素，以使它们作为一个整体运行，协同完成系统的各项功能。CIMdata 在广泛调研用户和方案提供商，并且大量研究、评估商业化产品生命周期管理解决方案的基础上，总结出一个多层的产品生命周期管理技术体系，如图 2-6 所示[17]。该体系描述了产品生命周期管理解决方案中的基本组成元素及其关系，并根据不同的实现层次，将产品生命周期管理组成元素分为关键技术、核心功能、特定应用和商业解决方案四个层次。

下面按照关键技术、核心功能、特定应用和商业解决方案四个层次对产品生命周期管理的技术体系加以简要介绍[16]。

1. 产品生命周期管理关键技术

产品生命周期管理关键技术直接与底层的操作系统和运行环境打交道，将用户从复杂的底层系统操作中解脱出来。用户可以针对需求和环境对关键技术进行裁减。

产品生命周期管理主要关键技术包括以下几个方面。

(1)数据转换技术。实现数据格式的自动转换，使用户能够访问到正确的数据格式。

(2)数据迁移技术。实现数据从一个地方转移到另一个地方，或从应用到应用的数据迁移。

(3)系统管理技术。负责系统运行参数的配置及运行状态的监控，具体功能包括数据库和网络设置、权限管理、用户授权、数据备份和安全及数据存档等。

(4)通信/通知技术。实现关键事件的在线和自动化通知，使相关人员可以得知项目和计划的当前状态，得知什么时候产品定义信息可以被处理和使用，以及哪些数据是最新的。

(5)可视化技术。提供对产品定义数据的浏览和处理，标准的可视化功能包括对文档、二维/三维模型的查看和标注，以及产品模型的虚拟装配和拆卸。

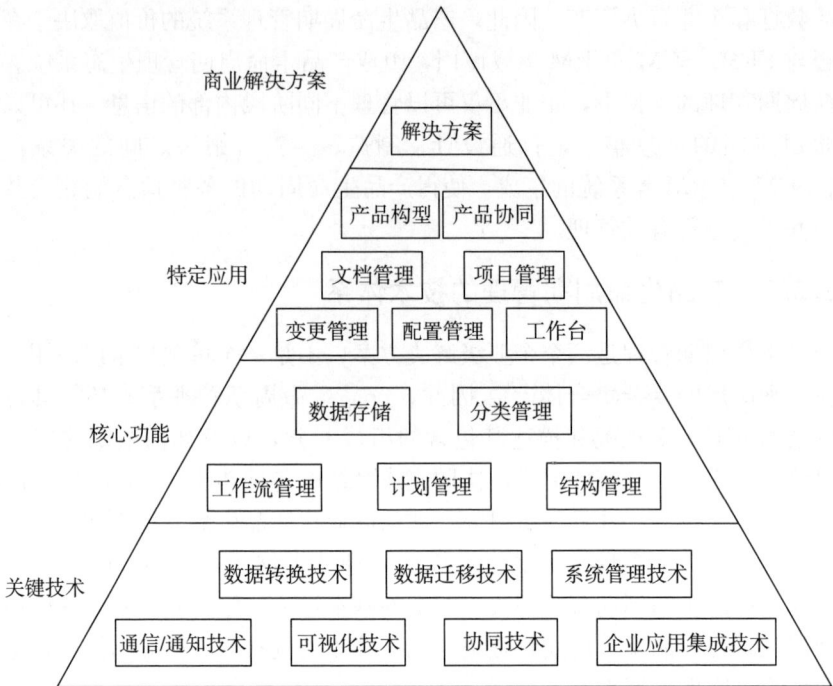

图 2-6　产品生命周期管理技术体系

（6）协同技术。协同技术允许团队共同进行实时和非实时的协作和交流，消除环境、地域和异构软件所带来的沟通障碍。

（7）企业应用集成技术。企业应用集成（enterprise application integration，EAI）技术将商业活动所涉及的大量数据、应用和过程集成起来，需要综合利用应用服务器、中间件技术、远程进程调用和分布式对象等计算机技术来实现。

2. 产品生命周期管理核心功能

产品生命周期管理核心功能可为用户提供数据存储、获取和管理的功能。不同的用户使用不同的功能集合。这些功能包括以下几个方面。

（1）数据存储。产品生命周期管理将通过建立一个单一的数据逻辑视图，提供一种安全、透明、一致的数据存取机制，而不管数据在物理上分布在什么地方。数据存储与管理将具备基本的数据检入/检出、发布管理、元数据管理和一致性维护等功能。

（2）分类管理。允许相似的或标准的零件、过程及其他设计信息，按照公共的属性进行分组和检索，提高数据的标准化程度，支持设计的重用。

（3）工作流管理。可以使设计人员跟踪整个产品的开发过程，包括设计活动、设计概念、设计思路和设计变更等，将数据和信息发送给商业过程执行中相关的用户、组或角色，支持业务流程的自动化。

(4)计划管理。通过项目工作分解结构(work breakdown structure，WBS)，定义项目所包含的活动和资源，进行规划、跟踪和管理。

(5)结构管理。支持产品配置和物料清单(bill of material，BOM)表的创建与管理，并能跟踪产品配置的变化，跟踪其版本和设计变形；同时，产品配置管理也需要按照不同的领域需求生成专门的产品定义视图。

3. 产品生命周期管理特定应用

产品生命周期管理特定应用是一个或多个产品生命周期管理核心功能的集合体，提供一套可满足产品生命周期具体需求的功能，代表了产品生命周期管理解决方案的某一视图。

典型的产品生命周期管理特定应用包括以下几种。

(1)产品构型。产品构型管理是应对系列化产品设计和生产的有效方法。通过构型管理避免产品发生局部修改，或更换选件时重新构造物料清单表和数据准备等繁重任务。

(2)产品协同。产品协同提供一类基于互联网的软件和服务，能让产品价值链上每个环节的每个相关人员在任何时候、任何地点都能够协同地对产品进行开发、制造和管理。

(3)文档管理。文档管理提供图档、文档、实体模型在安全存取、版本发布、自动迁移、归档、签审过程中的格式转换、浏览、圈阅和标注的功能，并有全文检索、打印、邮戳管理、网络发布等一套完整的管理方案，且提供多语言和多媒体的支持。

(4)项目管理。管理项目的计划、执行和控制等活动，以及与这些活动相关的资源，并将它们与产品数据和流程关联在一起，最终达到对项目的进度、成本和质量的管理。

(5)变更管理。变更管理使数据的修订过程可以被跟踪和管理，建立在产品生命周期管理核心功能之上，提供一个打包的方案来管理变更请求、变更通知、变更策略，最后到变更的执行和跟踪等一整套方案。

(6)配置管理。配置管理建立在产品结构管理功能之上，可以创建、记录和修改产品配置信息，允许按照特殊要求建造产品，创建可变形的产品配置模型，形成产品的结构。同时，也为产品周期中不同领域提供不同的产品结构表示。

(7)工作台。将完成特定任务必需的所有功能和工具集成到一个界面下的工作，使最终用户可以在一个统一的环境中完成诸如设计协同、数据样机、设计评阅和仿真等工作。

4. 产品生命周期管理解决方案

解决方案是在基础技术、核心功能和特定应用之上构筑的一个面向行业或职能领域的技术基础结构，它不仅包括一系列灵活、可配置的软件工具，而且包括以往相关实施的最佳实践经验、方法和资源，以及一些原则性的指导等。

在制造领域，比较优秀的产品生命周期管理解决方案包括 PTC 的 Windchill、EDS 的 Teamcenter 和 IBM/达索公司的 ENOVIA。

目前，产品生命周期管理的研究正在从基本概念、体系扩展到面向企业生命周期整体解决方案的技术和实施方法上，希望为企业提供支持产品整个生命周期协同运作的支撑环境和功能，以及提供标准化的实现技术和实施方法[16]。

■ 2.4　产品生命周期中的数据与知识

21 世纪是知识经济时代，企业产品生命周期内包含越来越多的知识，知识已成为企业创造价值的主要手段。目前，企业的核心竞争要素已经从过去的成本、质量、交货期、服务、环境演变为知识创新。以产品为核心的企业，其主要的知识资产存在于产品和开发产品的流程中；同时，产品的研发设计并非仅仅是产品设计和研发团队的责任，成功的产品应该被看成是营销、研发、采购、制造、销售和维护人员共同协作的结果。因此，将知识管理融入产品生命周期，实现产品生命周期数据、信息、知识的获取和管理，对企业的创新和发展起着举足轻重的作用，其相关研究具有极为重要的理论意义和实用价值。

2.4.1　产品生命周期中的数据

产品生命周期中的各个阶段都包含海量数据和信息，这些数据和信息的传递与流动，构成产品生命周期中的数据链和信息流。从数据链的角度来看，产品生命周期中的数据主要包括研发设计数据、生产制造数据、销售服务数据等[18]。

产品研发设计阶段的数据主要包括市场数据、专利数据、标准数据、设计数据和产品模型数据等。产品生产制造阶段的数据主要包括供应商数据、生产计划数据、生产过程数据和设备数据等，其中生产过程数据中涵盖产品完成数据和质量数据等。产品销售服务阶段的数据主要包括客户数据、销售订单数据、客户满意度的数据和维修服务数据等。

除了将数据按产品生命周期的不同阶段进行划分外，还可以按照数据来源和数据粒度进行分类。基于数据来源，可将产品生命周期中的数据分为外部数据和内部数据。外部数据包括来自外部数据库的数据，如专利库、文献库等；来自互联网的数据，如博客、社区网站中的文章、评论等；来自客户、供应商和合作伙伴的数据，如客户和供应商基本数据等。内部数据包括来自内部数据库的数据，如设计资源库、知识库、零件库等；来自内联网/外联网的数据，如企业内部的博客、社区网站中的文章、评论等；来自企业内不同信息系统中的数据，如产品数据管理、ERP、CRM 等系统中的生产数据、产品数据等。

　　数据粒度是指数据库的数据集中保存数据的细化或综合程度的级别。细化的程度越大，粒度的级别越低；相反，细化的程度越小，粒度的级别就越高。数据粒度影响存放在数据库中数据量的大小，同时影响数据库所能回答的查询类型。基于不同的维度都可以对数据进行粒度的划分和数据的汇总。但是在某一维度（时间维）粒度变粗的同时一般都伴随着其他维粒度的变粗或者舍弃，因此要定义与选择何种维度和何种程度的数据可以在数据库中永久保存。在产品生命周期管理中，可以对基础数据进行时间维度上的数据粒度划分，方便用户进行日、月和年等不同层次上的数据分析与挖掘，主要包括详细数据、按日汇总数据、按月汇总数据和按年汇总数据。以产品的质量情况（合格率）为例，详细数据是指一批同期的、同工序和同工人加工的零件的合格检测数据；按日汇总数据是指零件每天的合格率统计值；按月汇总数据是指零件在每一个月内的合格率统计值；按年汇总数据就是指零件在每一年内的合格率统计值。

　　制造业中各类信息系统的广泛应用，产生了大量数据。在这些数据的背后还隐藏着许多重要的信息和知识，而这些重要信息和知识可以很好地支持企业高层管理者的决策。因此，人们不再满足于数据库的简单查询功能，而是提出更深层次的问题：能不能有效地从已有的数据中提取信息或知识为决策服务。针对这个问题，传统的数据库技术已显得力不从心，传统的数据统计分析技术也面临着极大的挑战。此时急需有新的方法来处理这些数据。于是，人们结合统计学、数据库、机器学习等技术，提出数据挖掘技术。目前，数据挖掘作为一项共性技术，已经广泛应用于产品生命周期各个阶段之中，但面向产品生命周期管理各阶段、各部门的数据集成挖掘还有待进一步深入研究[18]。

2.4.2　产品生命周期中的知识

　　在时间、质量、成本、服务、环境和创新等约束条件下，制造业正由生产型向顾客主导型、服务型、知识型发展。尤其是全球化经济形势下的虚拟企业模式，正迫使企业向核心竞争力方向发展。核心竞争力融合了大量的企业个人和组织的价值观、经验和技能等有形内容。核心竞争力的最大特点是高难度模仿性和可扩展性。显然，以结构化为基础的信息管理技术，难以胜任新形势下的核心竞争力管理要求[19]。随着知识经济时代的来临，知识正在成为制造企业最重要的资产，成为制造企业之间竞争的利器。知识可以帮助企业提供增值的产品和服务，如新产品、新服务、新工艺、新销售模式等；知识也可以以知识产权、知识商品等形式单独提供有价值的资产[20]。

　　制造企业产品生命周期中的各个阶段都包含大量知识，这些知识的传播与流动，构成了产品生命周期中的知识流。制造企业在产品生命周期的不同阶段需要具备不同的知识。在需求分析阶段需要具备发现市场机会的知识，在设计阶段需要具备开发新产品满足市场需求的知识，在加工制造阶段需要具备产品生产管理方面的知识，在市场营销和销售阶段需要具备将企业产品推向市场的知识，在售后服务和回收重用阶段需要具备 CRM 方面的知识。

知识按照不同的分类法，可以分成不同的类型[21]。按照经济合作与发展组织(Organization for Economic Co-operation and Development，OECD)报告的分类法，为了有利于经济分析，我们把知识分成四类。

(1)"知道是什么"(know-what)的知识。其是指关于历史事实、经验总结、统计数据的知识，这类知识与通常所说的信息很难区分。

(2)"知道为什么"(know-why)的知识。其是指那些自然、社会和人的思维运动的法则和规律的科学知识。这些知识和经济活动的联系并不是直接的，但在多数产业中，需要它支持技术的发展和产品与工艺的进步。

(3)"知道怎么做"(know-how)的知识。其是关于技能与诀窍方面的知识，是指怎样做某件事情的能力。它与生产相关，但也与经济领域中诸如经营管理等其他很多活动相关。熟练工人操作复杂的机器也需要这类知识。应该提到的是，不仅从事实践工作的人需要这类知识，科学家也需要这类知识。

(4)"知道是谁"(know-who)的知识。其包括关于谁知道什么及谁知道怎样做与做什么的信息，并且还包括与有关专家形成的特殊社会关系，以便有可能获得并有效利用这些专家的知识。

前两种知识是可以用语言文字表达的，书籍、杂志、报纸、设计文件、图纸等载体中包含的就是这一类知识。后两种知识中相当一部分是无法或很难用语言文字表达的。

根据知识能否用语言文字表达，可以把知识分成显性知识或称"言传性知识"(explicit knowledge)和隐性知识或称"意会性知识"(tacit knowledge)两类。前一种知识是可以用语言文字表达的，书籍、杂志、报纸、设计文件、图纸等载体中包含的就是这一类知识。随着科学技术的发展，记录和表达的方式越来越多，如文字、语言、数据、图形、图像、视频等，除了书籍、杂志、图纸外，磁性材料、半导体和光电存储设备等都是新的物质载体。对一个企业或其他组织来说，上述知识都是宝贵的资源。这些资源可以用语言文字传递(所以称为言传性知识)、交流和保存，其作用和影响是比较明显的。由于这类知识可以通过编码输入计算机中，所以也有人称之为可编码的知识(codified knowledge)。后一种知识由于包含经验、技巧、诀窍，是靠实践摸索和体验获得的，可意会而不可言传(因此称其为意会性知识更能达意一些)。隐性(意会性)知识来源于个人在生活实践过程中通过形体动作或感官接受而获得的感觉与体验。例如，人们要想会骑自行车和游泳就得靠亲身实践，过去手工作坊中师傅带徒弟进行像打铁、绣花等工艺操作，徒弟也是在实际劳动中通过观察、模仿、体验而获得技艺的。另外一些是人们在处理实际问题时，通过直觉和感悟而获得的。这类知识具有很强的个人特性，包括人的价值观、眼界、洞察力和预见性，很难，甚至根本不能通过语言表达和传递。

隐性知识中有一些经过转化而能够独立表达和传授，从而成为显性知识。这包括人在工作中获得的经验和感受，但在转化过程中，一些富有个性的因素会遗失。另外一些是不能转化的，包括人的悟性、洞察力及价值取向，只有掌握这类知识的人才能亲自使用它。

知识又可分为个人知识和组织（群组、企业）知识两类。

由于知识的产生来自人的实践与认识，知识是由个人产生的，离开个人，组织无法产生知识。但在社会活动中，组织也具有自己的知识，特别是表现为企业所掌握的技术、专利、生产和管理规程，有的是已嵌入产品与服务之中的知识。组织知识是将个人产生的知识与其他人交流而形成并结晶于组织的知识网络之中的。个人只能获得与生成专门领域的知识，而在创新活动中，需要综合各种知识，转化为生产力，这就需要组织知识。

组织知识一般是指像企业、院所这样的组织所拥有的知识，在更大范围，还有一个国家、民族所积累的知识（当然还可以扩充到全人类的知识），这部分知识可以叫做社会知识。它反映了一个国家的文明程度和科技水平，是在不断地增加和发展的，其中既有本国创造的知识，也有从其他国家交流学习来的知识。

个人知识一部分是从社会知识中通过学习获得的，也有一部分是对已有的知识和实践经验经过加工获得的。这部分经过语言、文字或实践活动可以转化为社会知识，但是知识不像实物那样转化后就失去原来的存在，而是仍旧保存在个人身上。

正像个人在社会环境中工作和生活时，不断积累经验、增长阅历，并把它们保存在个人记忆中那样，组织在环境中生存也会积累经验，增长经历，并把它们保存在所谓"组织记忆"中。这些集体的经验、阅历就是组织知识。对组织来说，下次遇到一个新问题，其先在组织记忆中寻找过去有没有同样的情况，若有，是怎样解决的，并将解决方法作为处理当前问题的方法；如果没有，就在类似的经验基础上通过创新解决问题，从而创造出新的知识，加入记忆准备以后应用。

组织记忆包括文件、图纸、规程等，可以认为是组织的显性知识；此外还有组织的隐性知识，其存在于个人记忆和已形成的人与人之间的默契之中。在企业的生产、经营活动中，需要把个人的知识协调起来才能使组织知识起作用。

人们不但关注个人的显性知识与隐性知识，而且关注组织的显性知识与隐性知识。特别是组织的隐性知识，那是买不来、偷不走、难学到的，所以常被认为是企业的核心竞争力。

在人类的生产和生活中，除了"技术知识"外，还需要一种协调分工生产的

"制度知识"，也就是关于组织管理的知识。正像工具是物化了的关于某种专门生产的知识一样，"制度"就是物化了的关于协调分工的知识。

知识又有经验知识和理论知识之分。经验知识是人们在长期的劳动和生活中通过感官体验获得的有使用价值的知识，包括各种手工技艺、服务经验、生活经验、人际交往经验等。经验是人类在生产和生活中通过反复实践、逐渐感知和总结事物的形态与活动的技巧而获得的，大部分不是一学就会的，而是需要反复地慢慢体验。经验知识多半是隐性的，但有些可以转化为显性知识。

理论知识是实践获得的感性材料通过归纳整理、抽象而形成概念与公理，再进一步进行逻辑演绎而形成的假说和原理。它不是由人的感官直接获得的，而是通过人的大脑对客观现象的间接反映，寻找对这些现象的解释而获得的知识。

经验知识可以通过理性思维转化为理论知识，而理论知识应用于实践还得通过实践的检验和修正。在实际生活中，理论知识的应用经常是伴随着经验知识的，相对应的是，显性知识的应用经常是伴随着隐性知识的。在复杂的人类实践和认识过程中，两者的界限常常是无法绝对划清的。

2.4.3　基于本体的知识表示

知识要在企业产品生命周期的业务流程整合中发挥作用，必然会面对如何在各种异构的产品数据知识库中实现交互的问题。如何处理存储在不同知识库中的数据在结构和语义上的不一致性已经成为各类知识系统中一个需要解决的主要问题。在现代企业中，产品信息系统的交互问题不仅仅是信息的交换，更多的是知识的互换。而产品知识由于表达方式和语义的差异，给这种互换造成了很大的障碍。众多参与产品生命周期循环的社会主体和企业是否能协调一致地进行知识积累、知识创新、知识交流与共享，其根本问题是需要一个能够起到标准作用的"共同语言"，并利用共同的关键词语平台进行知识交流和知识管理。共同语言的本质是共享概念，即对于同一个词汇或术语而言，其内涵是明确的、公认的、无歧义的，这样一来，各方面都依据"共同语言"进行知识交流，减少由于概念不同、用词不当、术语不统一而造成的交流障碍；同时还可以提高知识交流的效率和效益，减少由于沟通不畅而产生的企业成本。为了解决这个问题，有必要引入本体的概念，利用领域本体来描述产品知识。

本体具有承担"共同语言"的基本作用，本体是对领域知识的概念化描述，它反映了领域专家对该领域内已有知识的看法，它不仅支持对底层数据内容的查询，而且通过对语义信息的声明性描述来反映数据之间的相关性，这种描述并不依赖于具体的数据组织方式。本体有多种表示形式，即本体描述语言，不同的本体在逻辑结构组织上也往往是不同的。

制造型企业使用的本体通常以产品结构树的形式表现。产品分解是制造业的基础工作，是企业产品管理的主要工作之一。产品管理中，产品对零件的需求量计算(即产品分解计算)广泛用于产品生产计划编制、物资采购计划编制和新产品开发中。企业生产多种系列产品，产品结构很复杂，编制生产作业计划时，产品分解是非常耗时的计算。若产品对零件独立需求，可采用产品零件汇总表的方式表示；若产品需求是相关需求，一般采用产品零件结构树来表示。产品零件结构树是描述某一产品的物料组成及各部分文件组成的具有层次结构的树状图。它是将产品数据管理中的产品信息，结合各个零部件之间的层级关系，组成一种有效的属性管理结构。

产品生命周期是围绕产品的诞生和消亡而展开的，在不同的阶段围绕产品的不同部分和不同侧面开展工作，所以产品结构树是基于本体知识管理的核心，不仅是物料计算、成本核算、工时预估等的基础，也是信息和知识集成的核心。因此对于面向产品生命周期的知识管理而言，需要依托产品结构树建立标准的产品知识术语本体，形成产品生命周期中的共享概念，以实现产品生命周期中不同阶段、不同部门、不同系统间的知识交换。

■2.5　本章小结

本章研究首先介绍了经济与管理领域中的生命周期概念，包括企业生命周期和技术生命周期；其次从市场营销、资源环境、产品制造和系统工程的角度讨论了产品生命周期这一概念；再次介绍了产品生命周期管理的基本概念，包括产品数据管理，产品生命周期管理的定义、特征与技术体系；最后介绍了产品生命周期中的数据与知识，以及基于本体的知识表示。

制造型企业在产品的整个生命周期中，对产品数据、技术信息进行有效的处理和控制极为重要，它直接关系到企业的产品设计、生产制造活动是否能够顺利开展。从技术角度上来说，产品生命周期管理是一种在产品整个生命周期内，对所有与其相关的数据进行管理的技术。产品生命周期管理包含产品数据管理的全部内容，产品数据管理功能是产品生命周期管理中的一个子集。但是产品生命周期管理又强调了对产品生命周期内跨越供应链各个环节的所有信息进行管理和利用的概念，这是与产品数据管理的本质区别。

产品数据管理和产品生命周期管理的研究对象主要以信息和信息流为主，研究工具则以信息技术为主。当前，关于产品生命周期中的数据分析挖掘及知识管理的研究还非常缺乏，迫切需要针对产品生命周期中的海量数据进行分析挖掘来发现新知识，通过产品生命周期各阶段、各部门之间知识的有效流动，推动企业实现创新发展。

参考文献

[1]爱迪思 I. 企业生命周期. 赵睿译. 北京：华夏出版社，2004.

[2]Harvey M G. Application of technology life cycles to technology transfers. Journal of Business Strategy，1984，5(2)：51-58.

[3]Rogers E. Diffusion of Innovations. 5th Edition. New York：Free Press，2003.

[4]Moore G. Crossing the Chasm. New York：Harper Business Essentials，1991.

[5]Vernon R. International investment and international trade in the product cycle. The Quarterly Journal of Economics，1966，80(2)：190-207.

[6]黄春林，张建强，沈淞涛. 生命周期评价综论. 环境技术，2004，(1)：29-32.

[7]ISO 14040. Environmental manage life cycle assessment principles and framework. ISO，1997.

[8]CIMdata Inc. The leader in PLM education，research，and strategic management consulting. http://www. cimdata. com/en/，2014-12-04.

[9]PTC 公司. Product & service advantage. http://ptc. icax. org/，2014-12-04.

[10]张和明，熊光楞. 制造企业的产品生命周期管理. 北京：清华大学出版社，2006.

[11]斯达克 J. 产品生命周期管理：21 世纪企业制胜之道. 杨青海，俞娜，李仁旺译. 北京：机械工业出版社，2008.

[12]百度百科. 产品数据管理. http://baike. baidu. com/view/1053534. htm，2014-12-04.

[13]范文慧，葛正宇，何山，等. 产品数据管理系统实施方法学. 系统工程理论实践，2003，23(3)：82-86.

[14]格里夫斯 M. 产品生命周期管理. 褚学宁译. 北京：中国财政经济出版社，2007.

[15]百度百科. 产品生命周期管理. http://baike. baidu. com/view/1428250. htm，2014-12-04.

[16]黄双喜，范玉顺. 产品生命周期管理研究综述. 计算机集成制造系——CIMS，2004，10(1)：1-9.

[17]CIMdata Inc. Collaborative product definition management(cPDm)：an overview，2002.

[18]徐河杭. 面向 PLM 的数据挖掘技术和应用研究. 浙江大学博士学位论文，2010.

[19]周杰韩，曾庆良，熊光楞，等. 制造业知识管理研究. 计算机集成制造系统——CIMS，2002，8(8)：669-672.

[20]谭建荣，顾新建，祁国宁，等. 制造企业知识工程理论、方法与工具. 北京：科学出版社，2008.

[21]王众托，吴江宁，郭崇慧. 信息与知识管理. 北京：电子工业出版社，2014.

第 3 章

知识管理与知识协调管理

面向产品生命周期的知识协调管理与一般意义上的知识管理有所不同。虽然从字面来看仅仅多了"协调"二字，但从内涵来分析，知识协调管理在概念、方法、工具等层面均与知识管理存在较大差别。为深入探讨产品生命周期中的知识协调管理问题，本章研究首先从知识管理入手，梳理知识管理的发展路线，介绍知识管理研究的新动向；其次介绍产品生命周期中的知识管理问题；最后，从知识协调管理视角，分析其内涵和研究发展现状。特别地，提出知识协作系统的概念。知识协作系统是一个以人为主的复杂适应性系统，它具备复杂适应性系统的基本特征。将知识协作系统作为知识协调管理的研究对象，可利用复杂适应性理论开展研究，但在研究内容和研究方法方面都需要有新的想法和新的做法。本章作为后续章节的引子，只对知识协调管理中的基本问题和主要研究范式进行概述，至于具体的模型与方法将在其他章节中详述。

■ 3.1 知识管理研究现状

知识管理是自 20 世纪 80 年代以来国际管理学界兴起的管理思潮，包含从个人到企业、社会团体再到公共管理机构业务的很多方面。本书所探讨的知识协调管理是基于知识管理的研究发展起来的。因此，本节先对知识管理的研究现状及进展进行简单回顾。

3.1.1 知识管理源流及发展主线

从 20 世纪五六十年代开始，人们就对知识在经济和社会发展中的作用展开很多讨论。例如，美国管理思想家彼得·德鲁克(Peter Drucker)在 20 世纪 50 年代就强调知识工作(knowledge work)及开展知识工作的人员，即知识工人(knowledge worker)对经济与社会发展的重要性；1962 年，马克卢普(Machlup)

提出"知识经济"的概念；1973 年，贝尔(Bell)讨论了围绕知识组织发展起来的后工业化社会，强调理论知识是创新之源，是经济增长的基础；1986 年，罗墨(Romer)提出新增长理论，认为知识已成为经济活动中最重要的生产要素，成为决定经济发展的关键变量[1]。

随着知识在企业经营管理中重要性的提升，两个方面的管理问题日益引起人们的广泛关注。一方面，知识本身是企业的重要资源，企业需要对知识资源进行有效管理，从而能够更好地保有并利用这类资源。知识的创造、存储、转移与转化及利用是通过知识工人的知识工作实现的，对此需要对相关的活动与过程进行协调与管理。20 世纪 80 年代以来，围绕企业知识资源和知识活动过程的知识管理问题逐渐进入管理学界和工业界的视野。另一方面，现代信息与通信技术(information and communication technologies，ICT)为知识资源及知识活动与过程的有效管理提供了技术基础。自 20 世纪 50 年代以来，信息技术逐步被引入企业经营管理实践中，引发了企业信息化的潮流。随着计算机信息技术的进一步发展，人们日益认识到：计算机信息技术对企业经营管理的支持应从"信息管理"进一步向"知识管理"发展，即通过计算机信息技术管理企业的知识资源，支持企业的知识活动，从而提升企业的"智能"。而如何利用信息与通信技术推进知识管理也日益成为管理信息系统学界的一个焦点课题。

知识资源是指人类通过智力劳动所发现和创造的成果，被人们用于物质产品和精神产品的生产中，创造新的价值。在当前，知识资源对组织(企业)的重要性日益增加，是组织创造价值、产生效益的重要资产，亦称为"知识资产"。当知识资产进入经济领域时，如果把它作为一种企业经济剩余分配的投资，就变成了知识资本[2]。围绕知识资源、知识资产、知识资本和知识审计(knowledge audit)等的一系列研究是知识管理学科发展的关键主线之一。

从根本上看，这条主线的形成源于人们对企业及企业管理认识的深化。传统的管理学通常从产品生产成本和生产效率的视角出发来考察企业和企业管理，其主流的组织理论所依托的是"交易成本"理论。该理论将企业看做以降低交易成本为关键内聚力的组织形态。自 20 世纪 80 年代以来，"基于资源的企业理论"(resource-based theory of firm)和企业"核心竞争力"(core competence)等管理理论引发了管理学界的广泛探讨。这些理论强调企业应在战略层面重视企业独有的、难以被竞争对手获得的关键资源，以及核心竞争力的培育和保有。企业的知识资源是企业战略性资源和核心竞争力最为关键的组成部分，正是在这一意义上，针对知识资源的研究自 20 世纪 80 年代以来日益兴起，并成为知识管理学科领域的关键子领域之一。

知识资源与知识资产不同于企业的实物和货币资产(及资本)，其关键特点在于知识资源与知识资产往往是不可见的、无形的。这样，围绕知识资源、知识资产与知识资本研究的根本课题是探讨对这类无形的知识与智力资本的管理、维护，以及将无形的知识资本和有形的资源结合起来创造价值的问题。

日本—桥大学的伊丹敬之于 1980 年开始的关于"不可见资产"(invisible assets)的研究是针对知识资本管理的早期的系统性工作[3]。知识资本管理的另一早期工作来自于瑞典学者 Sveiby 和 Lloyd，他们从企业知识战略及无形资产(intangible assets)计量与评估的角度开展的研究[4]。他们强调知识和员工的创造力对企业的重要作用，提出应从客户资本(customer capital)、个人资本(individual capital)和结构资本(structural capital)等方面对企业知识资本(knowledge capital)进行评估。

瑞典学者 Sveiby 和 Lloyd 的研究引发其他不少学者的相关研究。例如，Saint-Onge 在加拿大国际商业银行开展以客户资本为中心的研究，指出企业的长期效益取决于个人资本、结构资本和客户资本的融合。Petrash 为 Dow 化学公司建立"智力资产构想"(intellectual asset vision)，通过对智力资产的管理提升公司的价值。Stewart 提出"智力资本"(intellectual capital)的概念，并以"头脑权力"(brainpower)为题著书加以深入阐述。智力资本的提法很快得到学界的广泛认同。Leif Edvinsson 以瑞典的 Skandia 保险公司为例，研究企业智力资本的管理，以提升企业的"隐含价值"。这些工作逐步形成智力资本管理的研究潮流，智力资本的概念也获得了经济合作与发展组织的认同。智力资本管理的一个核心问题是智力资本的计量和评估问题。这引发了近年来学界对知识审计[5]问题的关注。知识审计是智力资本评价研究的直接扩展，其概念的出发点是：许多知识管理项目失败的根源在于企业没有充分理解自身的知识资源和知识需求，此需要对其进行深入的"审计"。近年来人们提出不少知识审计的方法和技术，并针对不同企业与团体进行了验证。

上述发端于伊丹敬之和 Sveiby 等的相关研究工作主要着眼于知识资本(智力资本)的来源、组成及其评价等问题，知识资本管理的另一关键问题是如何利用知识资本来创造企业价值与效益。1986 年 Teece 发表的论文[6]是这方面研究的先导性工作，该论文研究了由技术创新转化为企业盈利的机制与步骤等问题。另一项有影响的相关研究是 Aaker 和 Keller 建立的品牌权益模型(brand equity model)[7]，其对品牌延伸效益研究的实质在于利用客户资本创造效益。结合 Teece 的思路，Sullivan 主编的著作把对知识产权(intellectual property)管理、智力资产管理和智力资本管理等方面的研究加以综合整理，较为全面地总结了针对知识资本与智力资本管理的研究[8]。

上述针对知识(智力)资本的相关研究与前面提及的"基于资源的组织理论"及"核心竞争力"等管理理论呈现相互促进的态势。知识与智力资本管理在观念上源于"基于资源的组织理论"。而反过来，对于知识与智力资本的研究，特别是

Teece 等针对知识资本价值呈现的相关研究，又推动了"基于资源的组织理论"的进一步发展。人们日益深刻地认识到，知识与智力资本往往是企业最为关键的资源。Grant 明确提出"基于知识的组织理论"，认为知识是企业最重要的、不可模仿的资源，是企业具备可持续竞争优势的基础[9]。

在基于资源及基于知识的组织理论的基础上，不少学者从企业战略视角讨论了知识管理问题。Zack 提出企业应建立知识战略，通过知识资源和能力及外部机会与威胁寻求最有效的战略[10]；Sveiby 提出依据其所提的三类知识资本建立企业的知识战略[11]；Liebeskind 探讨了知识创造垄断利润的能力，并提出知识保护战略[12]；Hansen 等讨论了企业开展知识管理的战略问题，尤其是对两类基本战略，即代码化战略（codification strategy）与个人化战略（personalization strategy）进行深入分析和比较[13]；Choi 和 Lee 分析了这两种知识管理战略在知识创造过程中的不同作用[14]。按照顾基发和张玲玲的提法[15]，关于知识和知识管理战略的研究构成了知识管理的战略学派。

以上围绕知识资本（智力资本）、知识资源、知识战略等的研究是知识管理研究的重要组成部分。上述各项具体工作的着眼点彼此呈现很大的差异，但这些工作总体上提供了从知识资源的获取、保有到有效利用这一视角理解企业，从而建立企业战略，构筑企业管理方略的一种新的认知模式。

知识管理学科发展的第二条主线是围绕知识创造、共享、利用的活动与过程展开的。这一研究主线在思想观念上同 Drucker 关于知识工作和知识工人的论述，以及兴起于 20 世纪六七十年代的组织学习研究紧密相关。

如前所述，Drucker 是关于知识工作与知识工人研究的先驱。自 20 世纪 50 年代末以来，他对这方面的问题开展了持续的研究。Drucker 指出，随着人类社会的发展，知识在经济中的作用逐步经历一个"知识应用于工具"到"知识应用于人类工作"进而发展到"知识应用于知识本身"的过程。因此，21 世纪最大的管理挑战是提高知识工人的劳动生产率，以知识生产为核心工作所形成的"新型组织"的组织模型并非传统的层次化、分布式或者矩阵式的模型，而很可能是以部分专家为核心的新模型[16]。许多学者称 Drucker 所提的"新型组织"为"知识密集型组织"（knowledge-intensive organizations）。20 世纪 90 年代以来，围绕知识工作、知识工人及知识密集型组织，学界进行了大量的研究与讨论，这些工作已成为知识管理研究的重要组成部分。

另一系列相关工作是关于组织学习（organizational learning）和学习型组织（learning organization）的探讨。关于组织学习的论述出现于 20 世纪六七十年代。该理论从学习的角度考察企业（组织），研究企业如何从自身直接经验和其他机构的经验中学习，获取组织记忆，并形成企业运作的规程（routine）和解决问题的能力，以及企业在所在环境中适应与进化的过程。20 世纪 80 年代以后，学界围绕组织学习开展了持续的探讨[17]。Senge 关于学习型组织的论述引起组织学习领域广泛的关注[18]。这一工作借助系统动力学的思想和方法考察组织，提出组织通过五项修炼构建学习型组织。传统的"组织学习"主要是通过理论和实证考察现实的组织怎样进行学习、如何通过组织学习而适应环境，而"学习型组织"研究则更侧重回答"组织应该怎样进行学习"。Senge 的工作进一步引发针对组织学习和学习型组织的研究热潮。围绕组织学习和学习型组织开展的这些研究，与面向过程的知识管理研究密切相关。组织的学习过程通常同时伴随组织中知识的创造、转化、传递、利用过程，因此，对组织学习的管理往往也意味着对组织知识过程的管理。20 世纪 90 年代后期，组织学习和知识管理的研究呈现合流的趋势。

在知识工作、组织学习等观念的基础上，20 世纪 90 年代以后，学界围绕知识活动和知识过程的管理问题开展了很多研究。其中，Davenport 关于"知识工作改进"和 Novaka 关于"创造知识的企业"的研究是引发广泛关注的代表性工作。

Davenport 是企业业务过程改进（business process improvement）的主要倡导者之一，他与他的合作者主要从知识工作的过程改进问题入手开展对知识管理的研究。其工作始于 20 世纪 90 年代由安永公司（Ernst & Young）支持的"知识工作过程的管理与改进"研究项目。他们的工作分析了知识工作与通常的管理和操作工作的不同，在此基础上探讨改进知识工作的方法与手段，并在对实际知识管理项目分析的基础上探讨知识管理项目成功的关键因素。在 1998 年出版的著作中，Davenport 和 Prusak 对之前的工作进行了系统总结，对知识的生成（generation）、编码（codification）与协调（coordination）、传递（transfer）等知识活动与过程进行了更为全面的阐述，并从技术和管理结合的角度对知识活动与过程的管理问题进行了深入的探讨[19]。Davenport 等开展的系列工作对知识管理，尤其是知识过程管理的发展产生了很大影响。

日本学者 Nonaka 及其合作者关于"创造知识的企业"的系列研究在观念上与组织学习与学习型组织及创新管理密切相关。他们针对日本企业中的技术创新模式开展探讨，将隐性知识与显性知识转换及组织中个人知识和组织知识转换两个维度综合起来，提出组织知识转换的 SECI 模型[20]。在 SECI 模型的基础上，Nonaka 及其合作者又研究了组织知识创造与转移的组织条件与环境，如将"Ba"（场，即日语"場"）与"领导作用"（leadership）的概念引入 SECI 过程。2009 年，Nonaka 和 von Krogh 对他们的知识创造模型的理论发展进行了全面回顾[21]，综合知识构想、知识资产、场与 SECI 过程，进一步拓展了其理论模型。Nonaka 及其合作者与追随者的工作构成至今极具影响力的知识管理学术流派之一，在他们工作基础上的理论和实证研究近年来一直是知识管理的热点课题。另外，Nonaka 的模型从提出之日起便面临激烈的争论和质疑。一些学者对该模型提出较为尖锐的批评，例如，Cook 与 Brown[22]认为隐性知识与显性知识本质上不可相互转化，知识创造是知识与"识知"(knowing)之间的"生成之舞"，Gourlay[23]、Gueldenberg 和 Helting[24]等不少学者也对 Nonaka 模型的观念基础提出很多质疑。

Davenport 与 Nonaka 等的工作是围绕知识活动与知识过程开展的知识管理研究的代表性工作。除这些工作之外，人们围绕知识共享、传递、协调等知识活动与过程的具体环节开展的研究也对这一研究方向的发展起了很大的推动作用。对这些具体知识活动与过程的研究事实上成为 2000 年以后知识管理研究的重点方向。

围绕知识活动与知识过程开展的研究，与前面简述的知识资源与资本管理研究相互影响，彼此促进。知识资源与资本管理是从一个相对静态的视角探讨知识管理，而知识活动与知识过程则是从更为动态的视角开展研究。这两个方面研究的主要区别在于研究的侧重点有所不同，实际的研究工作并不是截然分开的。例如，前文中把 Teece 关于利用知识资源创造企业价值的工作作为知识资源管理的先导性研究来看待；该工作从另一角度也可以理解为对企业知识创造、扩散与运用过程开展的研究。围绕知识资源、知识活动(知识工作)及知识过程，二十多年来学术界和现实业界就其中很多问题开展了大量的研究与实践工作，这些工作共同构成了从人文与组织角度开展的知识管理研究的主体。

围绕知识内容和知识过程的研究主要是从人文、社会与管理的角度开展的。从信息技术与人工智能角度开展的研究是知识管理研究的另一个主要视角，这一方面的研究通常被称为"知识管理系统"[25]，即支持企业知识管理的计算机信息系统。"知识管理系统"是知识管理研究中以信息技术为主线的核心研究课题。

20 世纪五六十年代，信息技术在企业经营管理中的应用主要是电子业务处理系统和综合信息报告系统，即狭义的管理信息系统。到 20 世纪七八十年代，这方面的应用进一步向提供对企业中的知识与智能密集型活动的支持扩展。这一发展趋势引发了人们关于利用计算机管理企业"知识"的探索，特别是人们开始探讨人工智能与专家系统在经营管理中的应用，如 1980 年美国数字设备公司(Digital Equipment Corporation，DEC)开发的应用于工程与销售的专家系统——专家配置系统(expert configurer，XCON)[26]。专家系统的核心思想是利用计算机系统获取并存储专家"知识"进而利用这些知识解决实际问题。这类计算机系统对企业经营管理的知识工作起了一定的支持作用。但是，人们很快发现，人工智能与专家系统对企业知识工作的支持并不充分。企业中大量知识难以获取，专家系统的问题求解在实际应用中也有许多局限性；对学习、知识交流等人类知识活动的支持常常是企业对计算机系统更为现实的需求。因此，为克服人工智能的不足，一些学者开始从更广的范围探讨计算机对知识和知识过程的支持，尤其是探讨计算机对知识创造、学习、共享(传播)及利用的动态社会过程的支持。Wiig 是这方面工作的代表人物,其在 1986 年的一次报告中使用了"知识管理"这一概念。这类"知识管理"的研究主要集中于知识获取、知识库、专家系统,以及其他支持人类知识交流和创造的各类计算机技术与系统(如工作流系统、研讨系统、CRM 系统等)。这一报告于 1990 年正式发表。[27]。

在较为广义的理解下,"知识管理系统"是与"数据"处理系统和"信息"处理系统相对应的新一代信息与通信技术应用系统[28],支持由知识工人组成的网络中的知识创造、获取、选择、传递、维护、检索、利用等活动。根据这一理解,知识管理系统事实上涵盖了很多类型的系统。正如文献[28]所指出的,在"知识管理系统"或其他一些相关提法下,二十多年来人们综合运用信息资源存储与检索、群件技术、网络技术、基于计算机的培训工具及人工智能等技术手段,从知识检索、知识展示、知识联网、知识获取、知识通信与合作及远程学习等多方面为组织与团队中的知识活动与过程提供支持。正因如此,二十多年来,信息技术领域的很多研究与实践工作对知识管理系统的发展起到了推动作用。其中,以下几个方面的技术进展对知识管理的推动作用尤为明显。

(1)网络技术。计算机网络是知识管理系统发展的重要技术基础。计算机网络,尤其是互联网(包括内联网、外联网),提供了集成众多基于个人计算机的应用系统和信息资源的可能性,是当前支持大规模的知识交流和协作的基础技术。此外,当前互联网事实上已成为全球最大的、同时又是不断扩展的信息与知识资源库,如何有效利用互联网技术平台和互联网信息与知识资源日益成为知识管理的一个重要课题。

(2)群件技术。群件(groupware)即支持群体协同工作的计算机信息技术工具,是随着 20 世纪 80 年代以来计算机支持协同工作的开展而发展起来的,多年来一直是信息技术研究的一个重要研究方向。群件技术提供了人类群体在分布式计算环境下开展信息和知识交流、进行协同工作的技术基础,是支持群体知识活动与过程的关键技术之一。基于群件,人们对群体商讨(deliberation)与意义构建(sense-making)等知识管理工具开展了很多研究。此外,常常作为知识管理系统加以讨论的办公自动化(office automation,OA)系统、工作流管理(workflow management,WFM)系统、CRM 系统等通常都构建于群件平台之上。

(3)数据挖掘与知识发现(data mining and knowledge discovery)技术。各类数据系统的发展使人们不得不面临海量数据,数据挖掘与知识发现技术应运而生,并迅速引发广泛关注。人们使用数理统计和人工智能等方法从海量数据中获取有用的知识。数据挖掘技术最初主要针对的是数据库中的数据,后来针对非结构化的文本数据发展了文本挖掘方法、针对 Web 数据发展了 Web 挖掘方法、针对图像数据发展了图像挖掘方法、针对万维网的使用模式发展了 Web 使用挖掘

(Web usage mining)等。数据挖掘与知识发现是当前从信息技术视角开展的知识管理研究的关键课题之一。

(4)信息资源检索技术。信息资源检索一直是计算机信息技术的重要研究方向之一。近年来，计算机信息检索技术，特别是 Web 信息检索技术，取得了很大进展。这些技术进展对许多知识管理系统起到了很好的支撑作用。信息资源检索技术极大地方便了计算机系统用户搜集并加工整理所需的信息，从而对用户的知识工作提供了很好的支持。

(5)本体、知识库、智能 Agent 与语义 Web 技术。人工智能是知识管理系统发展的源流之一。人工智能技术的进展也对知识管理系统的发展起很大的推动作用。特别是自 20 世纪 90 年代以来，本体、知识库和智能 Agent 等技术的进展极大地促进了这些技术在知识管理系统中的应用。例如，这些智能技术与信息资源检索技术结合形成"智能检索"技术，对提高知识资源的利用率起很大作用。自 20 世纪 90 年代后期以来，计算机信息技术领域的一项新进展是综合 Ontology 和 Agent 等人工智能技术与 Web 技术而形成的语义 Web。基于语义 Web 的知识管理系统随即引起很大关注，成为知识管理研究的热点问题之一。

在上述技术与工具(及其他信息与通信技术与工具)的基础上，人们对支持知识工作的计算机应用系统开展了很多探讨。例如，许多学者着眼于对既有的办公自动化、工作流管理、CRM、ERP 等系统进行扩展，提供相应的知识支持。另有部分学者主要着眼于基于本体、Agent 等人工智能技术构建知识管理系统。人们还对诸如企业知识门户(enterprise knowledge portal)和知识泵(knowledge pump)等专门的支持知识管理的信息技术工具与系统开展了研究。此外，有学者试图构建知识管理系统的体系结构(architecture)，信息产业巨头，如 IBM 和微软等也各自推出基于企业知识门户的系统体系。

关于知识管理研究的上述三条主线实际上是分别从组织视角和信息技术视角开展的。进一步发展这一研究领域需要将这两个方面、三条主线下的研究加以综合，逐步形成对知识管理更为系统的认识。Wiig 是较早尝试将信息技术、知识资本、人员与管理诸方面研究加以综合的学者，在 1995 年的著作中，他从管理视角出发探讨"系统性的知识管理"(systematic KM)，指出知识管理的四个焦点领域分别是：对与知识相关活动的管理监控与支持；知识基础设施的创建与维护；知识资产的更新、组织与传递及利用知识资产创造价值。在此基础上，他深入探讨了信息技术对上述各个方面的支持[29]。其他学者，如 Alavi 和 Leidner 也从信息技术与管理结合的角度对知识管理和知识管理系统的问题展开探讨[25]。Wiig 等学者的思考是极具洞见性的，但他们关于技术与管理结合的探讨总体上是粗线条的。如何将知识管理研究的这些研究主线更为切实地加以综合，是知识管理研究下一步的关键课题之一。

3.1.2　知识管理研究新动向

进入 21 世纪以来，从上述各个角度开展的研究进一步深入进行，出现了一些新的动向。

从知识资本管理的视角看，近年来的一个现象是人们对知识资本和知识审计方面的关注焦点有所转移。在 20 世纪 90 年代关于知识资本的关注焦点是企业内部的个人资本与结构资本等。近年来，从外部视角对企业社会资本的关注持续升温。对社会资本问题的关注使得社会网络分析的思想和方法日益融入知识管理研究。进而，伴随着近年来复杂网络研究的兴起，从复杂社会网络的视角针对企业内和企业间知识网络演化和知识传递问题的研究日益增多。围绕社会资本问题、社会网络分析、知识资本、知识传播等方面的研究呈现融合的趋势。

在关于知识创造过程管理的主线，知识管理和社会学习理论的结合，尤其是实践社区（community of practice）理论的结合是这方面研究的另一个值得关注的方向。其主要倡导者之一 Wenger 认为，实践社区是新一代知识管理的核心概念，而实践社区的建设是知识管理从理念向实际应用发展的关键，为此，Wenger 及其合作者从实践社区思想出发对知识管理问题进行了深入探讨[30]。这方面的研究近年来获得了很大关注。此外，随着 SCM、CRM 等的发展，跨越组织边界，与企业的伙伴、客户，甚至竞争对手共同创造价值的跨企业知识管理问题日益引发关注。企业联盟、企业集群及供应链上下游企业背景下的知识共享、转移和跨企业知识创造等方面的问题日益成为知识管理领域的新兴研究方向。

近年来，信息技术的一些新进展也对知识管理和知识管理系统的发展产生了极大的影响。例如，移动计算技术的发展使得移动知识管理成为近年来的一个热点课题。Web 2.0 技术的兴起也对知识管理研究产生了很大影响。有学者提出基于 Web 2.0 技术的"企业 2.0"将成为下一代知识管理研究和核心主题[31,32]。进而，利用语义 Web 技术与 Web 2.0 技术的结合推进知识管理也是近年来得到关注的一个研究课题。随着物联网、移动互联网兴起的普适计算环境成为计算机信息系统的新兴运行环境，计算机信息世界和现实的物理世界更加深入地融合在一起。在整体上推动了计算机信息空间和物理空间及社会空间的深层次融合，为构建更为深入综合的知识管理系统提供了较好的信息技术支撑。云计算、大数据等技术的发展也有望对知识管理系统产生较大影响，近来已有学者开始讨论云计算环境中的知识管理系统问题[33]。

此外，近年来不少系统科学与系统工程领域的学者积极参与知识管理的研究。例如，一些系统工程学者尝试把系统方法论与 SECI 模型结合，对组织知识创造与知识转换模型等问题开展了很多探讨；进而，一些系统工程学者尝试从系统方法论出发构筑知识管理的体系[34~37]；等等。系统方法与知识管理的结合为知识管理的发展提供了一条值得进一步探索的新路线。

根据上文对知识管理部分研究工作的考察，可以看到，一方面，近20年来人们针对这一问题进行了很多研究，取得了不少成果；另一方面，知识管理这一学科领域还不成熟，仍然存在许多问题。首先，还缺少具有较强实践指导意义的知识管理方法与技术体系，以 Nonaka 的 SECI 模型为例，这一模型缺少相应的可操作的方法与技术手段，其模型本身距真正的企业实践还有较大距离；其次，目前针对知识管理存在多种观点、模型，它们彼此之间整合依然不足；最后，从以人的管理为基础开展的知识管理研究与从以计算机信息技术为出发点的知识管理系统研究存在着脱节现象。当前的知识管理系统主要提供与显性知识相关的知识内容管理和知识过程支持，对隐性知识管理没有很好的支持手段，有待于进一步研究。

这些问题在一定程度上反映了知识管理研究在当前的某种困境，即在现有理论和模型的基础上如何推进知识管理研究领域的进一步发展。总体来说，由于知识在现代企业各方面业务和决策中起到日益深入和重要的作用，知识管理的研究事实上涉及战略管理、创新管理、人力资源管理、CRM、SCM、信息管理等诸多管理领域。从目前的学科现状看，建立统一的知识管理理论还较为困难，推进知识管理的研究和有效应用的一条现实途径是：从具体行业的具体问题出发更进一步地结合企业实际开展知识管理研究。

一个值得一提的发展方向是知识管理和系统工程的结合方面。在根本上，知识管理面对的问题大多是一类社会技术系统问题，既包含人的因素，又包含技术的因素，还涉及人与技术的融合。其中，人的因素对这类系统的总体特性起关键作用，这类系统属于"以人为主的知识系统"。更进一步说，知识管理面对的不仅是系统工程问题，而且通常还是复杂系统工程问题，传统的系统工程方法不足以解决知识管理的问题，有必要从复杂系统的视角对知识管理加以深入考察。

■3.2　产品生命周期中的知识管理

前面对国内外学界在知识管理领域的研究状况和发展趋势进行了挂一漏万的简述。本节将知识管理与第2章介绍的产品生命周期的问题结合起来，来考察产品生命周期中的知识管理问题。

从第2章的讨论可以看到，产品生命周期管理是一个涉及面很宽的研究领域。其中，在产品生命周期的全过程中涉及大量的知识管理问题。本节从并行工程中的团队知识管理和新产品开发中的知识管理这两个具体方面入手，对产品生命周期中的知识管理问题加以说明，为本书主旨——产品生命周期中的知识协调管理提供实际问题依托。

3.2.1　并行工程中的团队知识管理

现代市场是动态多变的，产品生产正由少品种、大批量向多品种、小批量甚至单件生产转变。交货期、质量、价格、服务等因素已经成为一个企业竞争力的重要指标。但传统的串行产品开发模式已经不能适应企业生产模式的这种变化。在这一背景下，近年来人们越来越关注"并行工程"这种管理技术。

并行工程要求产品开发人员与其他人员一起工作，在设计一开始就考虑产品整个生命周期，并强调设计过程的系统性，打破组织机构内部各个单元的界限，建立团队工作的产品开发模式。在这种模式下，由于下游人员的提前介入，产品设计的结果能及时得到反馈，这不仅缩短了产品的开发时间，而且可以将错误消灭在"萌芽"状态，提高了设计的质量和效率[38]。

简单地将先进的技术、高素质的人才组合在一起，并不能保证高效的产品开发过程。这是因为，单纯追求技术上的先进而忽略了"人"的因素，必然不能带来实施并行工程所应带来的效果。所以，并行工程最终运行的效果如何，关键要看这种团队工作模式运行情况如何，是否能达到并行和集成的要求。这就涉及一个团队的组织管理问题，来保证团队高效地发挥作用，使并行的工作模式能顺利有效地进行[39]。

在传统的产品生命周期中，不同部门的人员按照开发过程的各个连续阶段相继进行工作。在并行工程中，团队一词应用到由若干人组成的项目组中，通常是来自不同专业的人员共同工作，在时间上是并行的，在空间上通常是在一起的，他们共享信息和知识，比串行模式下分别运作能够更快更好地产生工作结果。工作团队中的成员表现各不相同，他们进行着各不相同的决策，需要分别进行评价。另外，必须设定和控制团队的总体目标，并对团队进行统一管理，也可能需要对团队进行必要的培训。

在团队中，由于各个成员的分工不同或者对需求的理解不同，各个成员对同一种信息所强调的重点也就不同。例如，对于制造企业常用的物料清单表来说，设计部门的人员所要看的物料清单表视图就与工艺部门的物料清单表视图不同。而且并行工程强调设计过程的并行性，但开发过程的各个阶段并不是同时进行的，而是在时序上稍有滞后，后续工序基本上都是在信息不全的情况下进行的。为了尽量使过程并行，在过程的各个阶段要加入大量的推断和假设。正因为如此，团队中的各个成员间产生冲突是不可避免的。冲突的不断产生反映着设计的不断向前发展，冲突的消解又使设计从局部最优进化为全局最优或全局满意。要使冲突能尽快得到消解，缩短开发时间，就涉及一个冲突的协调问题。而团队管理的主要任务就是减少团队中的这些冲突，对整个团队的正常工作进行协调。并行工程中的团队管理主要内容包括以下几个方面[39]。

(1)建立全局的数据模型和接口，确定接口标准，使团队成员在开发过程中的信息共享和交换能顺利进行，减少冲突源。

(2)建立冲突协调管理机制。冲突协调的第一步是要能识别冲突。然后根据冲突的类型和性质，通知相关的一些成员来进行冲突的协调工作。这一过程需要方法库和数据库的协作，或者由团队领导干预完成。冲突协调的第二步是进行冲突的协调工作，可以采用以下方法：①投票法，即通过协同环境，各个成员根据自己的知识和经验及冲突的实质，对冲突进行投票，表示赞成或反对。然后根据投票的结果，确定消解冲突的方向。②可信度法，即各个成员对冲突的双方进行可信度评价，采用模糊数学方法表达可信，然后综合算出群体的可信度，根据结果来确定消解冲突的方向。③意见综合法，即各个成员自由地对冲突发表评论，然后由团队领导等权威根据评论的情况，确定消解冲突的方向。

(3)建立信息共享机制。为了提高团队内部的信息重用度，减少冗余数据和重复操作，团队内部还要建立信息的共享机制。一般来说，这一工作是通过共享数据库来完成的，各个成员将自己的设计成果保存在共享数据库中，当需要共享时，只需访问共享数据库；同时，存入共享数据库的数据应该遵守团队内部的协议和接口标准，保证数据的准确读出。

(4)建立约束机制。建立约束机制的目的是合理确定上下游的关系，保证开发过程的正确流程；同时根据各个成员在团队中的作用，对其权限进行约束，防止越权操作，保障团队内部的任务流和信息流的正确方向。

嵌入工作团队中的知识是现代组织最重要的价值源泉。随着组织对团队工作方式的认可和对知识资源的追求，并行工程中的知识型团队(knowledge-based team)得以逐渐形成并获得不断发展。知识型团队或者知识工作者团队(knowledge worker team)是指由知识工作者组成，可以整合多个领域的知识，能为组织解决复杂模糊问题的团队。作为知识型团队的关键特征，知识异质性是激发团队创造力的重要因素。将拥有不同领域专业知识的人员集中在一起，组建知识型团队，团队成员可以交叉利用他们通过正规教育、培训和工作经验所获得的独特知识和专长，在团队工作中获得更广泛的视角，并在任务执行过程中引发更多新的联想，进而创造新的知识。

团队成员专业化的个体知识是知识型团队的竞争优势，不同思想的碰撞为团队带来了更多创新的可能性。然而，知识型团队知识的这种专业性和分布性特征，也为团队成员在互动中有效识别、获取、转移知识造成了障碍。在知识型团队中，知识交流是团队互动的一个重要部分。如何在知识交流过程中协调好各方知识，提高团队整体效能和创造力，是产品生命周期中并行工程工作团队管理的重要内容。

3.2.2　新产品开发过程中的知识管理

成功的产品应该被看成是营销、研发、采购、制造、销售和维护人员共同协作的结果。将知识管理融入产品生命周期，实现产品生命周期中对知识的有效管理，对企业的发展和进步起着举足轻重的作用，具有重要的理论意义和实用价值。产品生命周期各阶段的知识类型和知识活动的主要特点各不相同，针对这些特点，各阶段知识管理的重心也应该有所不同。

新产品开发是一个复杂的知识运用过程。企业的新产品开发也是一个由若干阶段构成的完整过程，新产品开发过程中各个阶段与产品生命周期各个阶段具有一定的同构性，下面以新产品开发过程中不同阶段的知识管理为例[40]，来说明产品生命周期中不同阶段的知识特性和管理策略。

可以粗略地将企业新产品开发的流程分为三个阶段，即技术开发阶段、生产开发阶段和市场开发阶段；也可以将新产品开发的流程分为五个阶段，即概念设计(初步研究)、产品规划(细部研究)、产品设计、产品测试、批量生产。一般而言，企业新产品开发主要由四个阶段组成，即构思阶段、研发阶段、生产阶段，以及营销、销售与售后服务阶段。从本质上讲，企业新产品开发过程就是企业创造、获取、吸收、转移和应用知识的过程。新产品开发过程中的知识管理并不局限于企业的研发部门(团队)，也不局限于企业内部。换言之，只有弄清楚新产品开发流程中每一个阶段的知识运动规律，并有的放矢地采取相应的管理措施，才能使新产品开发工作取得好的绩效[40]。

1. 构思阶段的知识管理

构思阶段是整个新产品开发过程的出发点。能否产生好的构思决定着该阶段的成败。这个阶段主要考虑由各种资源所确定的产品开发机会，包括来自市场、研究部门、顾客、已有产品开发团队的建议及与对手的竞争。这一阶段将来自整个公司的各种投入整合到一起，综合来自于市场营销人员和销售人员、研究和技术人员、已有的开发团队、用户、第三方(如供应商、商业伙伴)等各方面的想法和思路形成新产品构思。

用户是产品构思最丰富的来源，为新产品开发提供事实型知识，但是用户的建议经常不是以明确的建议表达出来的，而是以他们对产品的不满、抱怨、疑问等反映出来。因此，与用户的交流贯穿于新产品开发流程的始终，营销人员通过对典型用户的拜访、调查和跟踪来了解其需求。企业要对用户信息进行甄别和整合，并结合已有的经验和技术能力将用户所描述的需求信息转化为团队知识，这些知识被团队成员共享并内化为成员的隐性知识，让更多的员工了解和把握客户需求，实现知识集成和共享，进而激发出更多更好的设想。在这一阶段，营销人员是连接客户和开发团队的桥梁，企业应加强对营销人员的培训和教育，提高其获取和转移知识的能力。员工头脑中的知识是最具有潜在价值的知识。员工为新产品开发提供的是技能知识。这些知识大多是"隐性知识"。例如，针对企业原有产品的技术改造或在原有产品基础上开发相关产品，或根据市场需求，在已有市场信息的基础上产生新的产品构思。

2. 研发阶段的知识管理

研发(research & development，R&D)就是使新产品开发的构思得以落实，并达到技术实现的水平。研究人员的创新活动离不开构思阶段所提供的必要知识准备。例如，及时充分的市场信息可以帮助研究者加深对市场的认识，准确把握市场动态，以便及时调整构思中的不足；现有的技术信息可以使研究者及时了解相关领域的发展状况，避免重复劳动，节省研发时间。

企业研发活动是包括知识创新、知识积累、知识共享等在内的复杂的知识过程，企业要想提高研发能力可从以下几个方面着手。

(1)推进知识创新。企业研发活动既需要利用原有积累的知识，也需要不断获取外部知识和主动创新知识。无论是进行产品功能改进还是开发新产品，知识创新都是企业研发目标实现的保证。产品功能改进多是渐进性知识创新，而开发新产品更多的是破坏性知识创新。Nonaka 和 Takeuchi 的知识创新理论指出，知识创造的过程从个人到群体再到组织的螺旋式发展，而个人知识是创新的基础。知识创新是企业积累知识和实现研发的重要知识活动[20]。

(2)增加隐性知识积累。隐性知识是指存在于人脑中的隐性的、非结构化的、不可编码的知识，是个人的思想、经验等。隐性知识既来自于个人学习和实践过程中的直接经验，也来自于有经验的人进行的接触和思想交流。企业应该完善组织文化、知识环境去激发员工的大脑和心智，促进隐性知识的积累。良好的企业环境会使员工产生一种归属感，促使隐性知识的显性化，并激励研发人员将掌握的核心技术和成果奉献出来，而这些往往决定了新产品开发的走向。

(3)保证现有知识的共享。很多企业重点关注知识的获取，而忽略了知识的共享。企业管理者应该建立有效的上传下达机制，使销售人员收集的市场信息及时传达给领导层，领导者的应对措施也能快速地到达基层各部门，并得以落实。同时，平行部门之间的知识共享必不可少。例如，销售部把客户需求信息传递给研发部，研发部把新产品开发成本传递给财务部等。同时，企业也要让员工参与知识的共享过程，让员工认识到知识共享并非对个人的发展有害，而是可以促进员工的成长，即通过对员工进行知识管理理念的培训与宣传，让员工明白并非其拥有的知识是个人的核心竞争力所在，只有不断创造和利用知识才是个人发展的根本。此外，知识共享同样受到企业文化的影响。

3. 生产阶段的知识管理

新产品的生产阶段主要包括试制、测试、批量生产三个方面内容。从知识管理的角度看，该阶段也进入知识的应用阶段。

首先，试制人员要深入理解新产品研发团队在构思阶段和研发阶段的意图与动机。因为试制不成功，在很多情况下与试制人员领会构思人员、研发人员的意图不够有关。如果试制人员感到原设计有问题，想改动一下设计，最好按原设想、原设计生产出一个试制品，再按试制人员的想法生产出另一个试制品，然后对其进行对比，从而选出令大家满意的试制品。在这一过程中，企业需要对技术人员克服技术难题的能力做出准确的评价。虽然这种试制会耗费一定的生产成本，但同时也降低了企业风险。具有风险意识的企业一般都会选择将新产品试制作为新产品开发的必经阶段，只有能顺利通过试制阶段的新产品，企业才会将生产线扩大到批量生产。

新产品试制出来后，往往要通过测试、访问的形式来了解用户的满意度。例如，选择有代表性的用户试用新产品，并与构思阶段的产品概念相比较：产品的竞争力是否得以体现？功能是否完备？这些功能的成本是否符合消费者的认知？哪些功能可适当增减？如果大部分的用户满意，就表明新产品开发成功，研发团队则要制定一个详细的设计规范，作为以后产品开发的知识储备；如果用户不发表任何意见，或发表失望意见，则说明新产品试制不成功，研发团队要让试制人员理解产品开发意图，掌握新产品开发的技术能力，从而为新一轮的产品试制做好准备。产品的测试是一个反馈的过程。研发团队通过收集、分析试制中出现的问题，更深入地了解产品的优点与缺点，然后再结合自身的学习能力和丰富的知识库，对新产品进行改进，从而生产出满足用户需求的正式产品。这一过程又是一个知识的收集、共享、创新的过程，充分体现了知识管理的动态性。

4. 营销、销售与售后服务阶段的知识管理

用户是新产品的最终使用者，因此，新产品是否符合用户口味决定了新产品开发成功与否。新产品上市后，企业必须正确对待用户的各种评价。例如，有的用户将产品买回家后可能有种"上当受骗"的感觉，这多半是由用户对新产品的期望太高、对新产品认识片面造成的。此时，企业应该正确、全面地宣传新产品；有的用户对新产品的不满和埋怨是由于对新产品的使用不当造成的，就此，企业可以在销售产品时详细介绍产品的使用方法，加强新产品的售前售后服务；另外，对于因假冒产品引起的用户不满，企业可以通过宣传改变公众的舆论。

在新产品的市场开发方面，企业应该进行产品市场测试。例如，对潜在用户进行新产品概念测试，或者组织潜在用户进行模拟采购活动。在测试过程中，企业能够收集到接近实际情况的一些重要数据，如用户接受度、用户关心度、使用频率和扩展速度等。企业可以根据这些数据制定合理恰当的营销和销售策略。这一阶段也需要同供应商、科研机构人员等进行交流，以获取他们在产品推向市场后对产品的意见。

知识管理在新产品开发中的应用使企业新产品开发呈现螺旋上升的动态连续性。因此，营销和销售阶段既是某一特定产品开发的终结，又是下一轮新产品开发的基础；同样，企业从外部知识源获取的知识，既是本轮新产品开发的最后一手知识，也是下一轮新产品开发的第一手知识。将这些知识消化为团队内部知识，在销售部、生产部、研发部和售后服务部等部门间共享，为知识的创新和应用奠定基础，为新一轮的产品开发提供知识储备。这样，企业新产品开发就在知识管理的推动下环环相扣、持续发展，不断为企业创造丰厚的利润和价值。

根据上文针对产品生命周期管理的两种问题情境中的知识管理问题的简单介绍，可以看到，面向产品生命周期的知识管理已成为提升产品生命周期管理的现实需求，产品生命周期反过来也为知识管理的理论、方法和工具研究提供了具有重要意义的问题情境。

在产品生命周期的问题情境下，人们对知识管理的需求有不同于通常的知识管理的显著特征，特别表现在：对产品生命周期的全过程、全阶段的管理需要打破部门乃至组织的界限，需要围绕产品构思、设计、开发、市场化的工作任务协调各方面的资源和技能，需要围绕产品生命周期提升系统创新能力。这需要在知识管理的实施中以人与人之间、部门与部门之间，乃至组织与组织之间的协调为中心。同时，在产品生命周期的各阶段，所需要的知识也是多方面、多形态的，这就需要对知识的内容进行协调管理。基于这一认识，本书提出产品生命周期中的知识管理应着眼于"知识协调管理"的观点。

■ 3.3　从知识管理到知识协调管理

推进知识管理的重要途径是结合具体问题情境开展有针对性的研究，从而逐步发现规律，提炼理论模型和管理方法并开发相应的技术与工具。第 2 章讨论的制造业中产品生命周期为开展知识管理的理论、方法、技术和工具的研究提供了问题情境，在这一情境下，一个十分关键的研究课题是产品生命周期中跨部门乃至跨组织的知识协调管理问题，它将是本书后续具体研究所聚焦的研究课题。鉴于产品生命周期中知识协调管理问题的复杂性，需从复杂系统科学与工程的视角开展研究。

3.3.1　知识协调管理相关研究

协调是知识管理的重要方面，特别是合作性知识活动更需要对个人或组织之间的协作关系进行协调。尽管国际学界针对知识协调管理业已展开研究，但总体上研究深度还不够。da Silva 和 Agusti-Cullell 的专著 *Knowledge Coordination* 对多 Agent 系统中的知识协调问题进行了细致的讨论[41]。该书的一个理论特色是对系统中的知识协调的评价问题开展了较为深入的研究。其他关于多 Agent 系统中协调问题的讨论还可见文献[42]。文献[43]讨论了使用多 Agent 系统解决现实中异地决策的协调问题。多 Agent 计算机系统中的知识协调与社会系统中的知识协调有相通之处,但由于人的心理和行为的内在复杂性,社会系统中的协调问题更为复杂。当前,针对社会系统中的知识协调问题的研究尤为不足。

在社会和管理领域,文献[44]对虚拟团队中的知识协调问题进行了较为全面的讨论,从虚拟团队知识协调的角度提出团队"工作记忆系统"模型,并研究了知识协调对团队效能的影响,是一项具有代表性的工作。文献[45]研究了知识管理系统采纳中的知识传递、协调与重用问题。而文献[46]则以跨国项目合作问题为背景研究知识共享、协调与人际交流问题。

总体而言,关于知识协调的研究工作还很不充分,大量的问题需要进一步的拓展和深化研究。鉴于此,有必要从知识协调管理的基本概念出发,对这一问题进行系统的梳理和深入的剖析。

3.3.2　知识协调管理的内涵

产品生命周期中的知识管理涉及不同阶段、不同部门和不同组织,与通常意义的知识管理不同,具有跨时空边界的特点,这使得边界间的知识协同成为知识协调管理的一个重要侧面;同时,在跨部门、跨组织的共同活动中,由于各方利益和意见不一致,常常引发各种冲突,消除冲突、化解矛盾则成为知识协调管理的另一个侧面。

关于知识协调管理的内涵,可从以下三个方面来深入理解。

第一,知识协调管理与冲突管理具有相关性。冲突是指人们由于某种抵触或对立状况而感知的不一致的差异。企业中的冲突既有部门组织间的冲突、群体间的冲突,也有员工个人之间的冲突;既有横向冲突,也有不同粒度、不同层次主体之间的纵向冲突。冲突管理是指在组织中对各种冲突的管理。知识协调管理与冲突管理的根本不同在于:知识协调管理不是从冲突本身入手加以管理,而是从企业的组织建设和共同的知识活动入手,不仅要消解冲突,还要利用适度的冲突促进知识创新。换言之,知识协调管理并非要消除所有的冲突,而是从整体上研究冲突,对各种关系中的冲突进行综合协调,维持系统整体性能最佳的冲突水平。

第二,知识协调管理与界面管理有所交叉。界面管理主要是从资源整合的角度来看待企业中(如研发、生产、营销等环节之间)或企业间(如供应链上下游企业间及企业和消费者之间)的连接界面,力图通过对这些连接界面的有效管理来聚合资源,推动创新能力、生产能力和市场营销能力等的提升。本书所探讨的知识协调管理,一方面具有界面管理的特征,注重知识创新主体在连接界面的协调；另一方面更加关注知识协调的跨界特性，着眼于将多个相关主体融合为系统，从系统整体层面进行综合管理。因此，与一般意义上的界面管理相比，知识协调管理更加注重系统性和整体性。知识协调管理与界面管理一样可在组织边界展开，如企业与企业之间的边界、团队与团队之间的边界，以及产品生命周期中不同阶段之间的边界。协调管理既是"边界管理"，也是"跨界管理"，可统称为"接口管理"。

第三，知识协调管理与知识管理的着眼点不同。知识协调管理将知识管理的重点从内部管理转向边界管理。以往的知识管理，注重的是组织内部的知识管理，尽管组织与外界也有知识的输入和输出，但其管理的重点在于组织知识的积累、组织内部的知识共享等。知识协调管理则不同，它将焦点从内部转向接口，注重组织间的互动与合作，如图 3-1 所示。

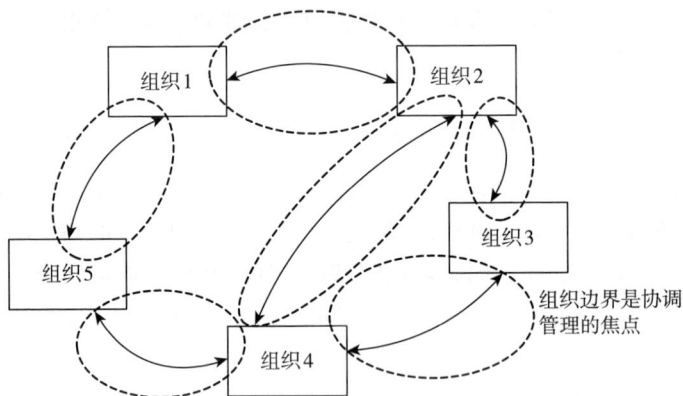

图 3-1　知识协调管理问题示意图

总之，知识协调管理就是通过对组织接口的管理实现知识协同的系统化过程，它是使组织整体创新能力趋向最佳的一种知识管理。

3.4　复杂适应系统视角下的知识协作系统

本书在绪论中将产品生命周期中由各种知识要素及其复杂关系所组成的知识系统定义为知识协作系统，并将知识协作系统作为面向产品生命周期的知识协调管理的对象。对知识协作系统的结构、行为和演化规律的深入理解是开展知识协调管理的基础。知识协作系统具有复杂适应系统的特征，应从复杂系统科学和工程的视角对之加以深入研究，本书后续的研究都将依托于复杂适应系统的基本观点，围绕"系统"展开。本节从复杂适应系统的视角出发，考察产品生命周期中的知识协作系统，分析这类系统的核心特征及工作机制。

3.4.1 复杂适应系统的基本理念

"复杂适应系统"是以美国圣塔菲研究所(Santa Fe Institute)为代表的一批学者基于"适应性产生复杂性"的思路提出的一个横断性的学科领域。圣塔菲学派的复杂适应性理论的基本理念在于：大量现实的复杂系统可以归结为复杂适应系统，这些系统由于成员系统之间相互的非线性作用及相互的适应性，在整体上涌现出介于有序和混沌之间的复杂的结构和行为特性。1994 年，圣塔菲学派的代表人物之一 Holland 教授在乌拉姆纪念讲座中正式提出"复杂适应系统"的概念，并在 1995 年出版的 *Hidden Order*：*How Adaptation Builds Complexity* 一书中对其核心理念加以系统总结[47]。

复杂适应系统理论将系统的成员看做具有自身目的、主动性的、适应性的主体(adaptive agent)，简称 Agent。Agent 的适应性主要体现在 Agent 的行为可以通过一定的规则加以描述，且这些规则具有一定的环境适应性。Agent 可以在持续不断的与环境及其他 Agent 的交互作用中"学习"和"积累经验"，并且根据学到的"经验"改变自身的结构和行为方式，正是这种主动性及 Agent 与环境和其他 Agent 的相互作用，使得 Agent 不断地改变着自身，同时也改变着环境，这是系统发展和进化的基本动因。可以说，复杂适应系统是用规则描述的、相互作用的 Agent 组成的系统。具有适应能力的 Agent 与系统中其他 Agent 的交互作用和相互适应，使得复杂适应系统在整体上会产生各种复杂的动态模式。从这一意义上说，"适应性造就了复杂性"。

基于复杂适应系统的基本理念，Holland 进一步分析了复杂适应系统的宏观特征及适应性机制。

复杂适应系统的四个特征分别是聚集(aggregation)、非线性(non-linearity)、"流"(flow)和多样性(diversity)。

(1)聚集是指个体通过"黏合"形成较大的多个体的聚集体。由于个体具有聚集的特性，它们可以在一定条件下，在双方彼此接受时，组成一个新的个体——聚集体。在复杂适应系统的演变过程中，较小的、较低层次的个体通过某种特定的方式结合起来，形成较大的、较高层次的个体，这往往是宏观状态发生变化的转折点，期间有可能涌现出复杂的大尺度行为。例如，微观经济体的聚集作用可涌现出宏观经济体的各种宏观经济现象，这些宏观经济现象需要新的宏观指标加以描述，包括 GDP、消费价格指数(consumer price index，CPI)等。正因如此，"聚集"是复杂适应系统中"涌现"(emergence)现象的基础。

(2)非线性是指个体在与系统的反复交互过程中，个体及它们的属性在发生变化，这些变化并非遵从简单的线性关系。复杂适应系统理论认为个体之间的相互影响不是简单的、被动的、单向的因果关系，而是主动的"适应"关系。主体行为的非线性特征是复杂性产生的内在根源。

（3）复杂适应系统的"流"特征反映了系统中广泛存在的物质、能量及信息的流动，这些流动对系统的动态行为模式和系统的演化特征产生十分重要的影响。越复杂的系统，其中的各种交换（物质、能量、信息）就越频繁，各种"流"也就越错综复杂。"流"通常通过乘数效应和再循环效应影响系统的宏观动态特性。

（4）多样性是复杂适应系统的另一个显著特征。在适应过程中，由于种种原因，个体之间的差别会发展与扩大，最终形成分化，这样，复杂适应系统中的 Agent 和元 Agent 在属性和行为上呈现出较大的差异性。正是这种内在的多样性使得复杂适应系统具有内生的结构和复杂的行为模式，多样性的消失必然意味着系统的退化。

上述四个宏观特征的出现有赖于复杂适应系统的三个适应性机制，即"标识"（tagging）、"内部模型"（internal model）及"积木"（building blocks）。

（1）标识是隐含在复杂适应系统中具有共性的层次组织机构背后的机制，是为了聚集和边界生成而普遍存在的，能够促进主体在无形力量的牵引下进行选择性的相互作用。例如，在人群中观点交流和观点聚簇的生成过程中，个体的观点就反映了这种标识，具有相似观点的个体往往在情感上和社会交互关系中出现聚集。标识在根本上是促进复杂适应系统演化中选择性相互作用产生的核心特征。

（2）内部模型反映了 Agent 行为的内生可预测性。换言之，Agent 具有一定的预知性，从而其行为在特定的环境中会汇聚到某种特定的行为模式。内部模型是 Agent 适应性的内在基础。在复杂适应系统中，当适应性 Agent 接收到大量涌入的输入时，就会选择相应的模式去响应这些输入，而这些模式最终会凝固成具有某项功能的结构，即内部模型。Agent 在一定程度上的预知性及其行为的可预测性，在整体上使得复杂适应系统的宏观行为机制的演化呈现出规律性。

（3）积木机制通过选择和学习，寻找那些已被检验过能够再使用的元素，人们运用垒积木的原理认识复杂世界的规律。它说明了基本的系统组元及基本行为规律（即"积木块"）通过组合可能形成巨大的系统结构形态和行为机制的演化可能性。通过积木的组合（搭建）而产生内部模型，是复杂适应系统中普遍存在的现象。

对复杂适应系统的基本认识为对复杂适应系统的具体研究提供了一个基本的思维框架，也为本书从复杂适应系统视角探究面向产品生命周期的知识协作系统及在此基础上的知识协调管理确定了基础理念。

3.4.2 知识协作系统的基本构成

知识协作系统是围绕产品生命周期中的知识交流和知识创新活动而形成的复杂社会系统。这类系统的基本组成单元是不同"粒度"的知识主体，简称主体，包括个人、群体或团队，也有部门、企业及企业联盟等。主体与主体通过共同任务或活动及日常交往，彼此之间形成情感上的、知识上的、工作上的乃至经济上的各种关系纽带。由于主体的粒度不同，在知识协作系统中主体间的关系既有人与人的关系，也有人与组织、组织与组织的关系。此外，还有人(组织)与物(产品生命周期中的各种设备、产品等)的关系。不同粒度的主体及多样性的关系使得知识协作系统呈现出复杂社会系统的特征，且这一社会系统的形态结构由于主体间的相互作用始终处于动态演化之中。

按知识的主客体来分，知识协作系统可分解为人员系统和知识内容系统。人员系统围绕产品生命周期中的各类任务，特别是知识密集型任务开展工作。从业务的视角看，人员系统推动了产品生命周期的运转；从知识管理的视角看，人员系统促进了知识的传播、共享与创造，以及知识在产品生命周期中的应用。人员系统通过共同工作模式实现了与产品生命周期相关的知识的进化，这是知识协作系统的核心功能。人员系统处理、创造和利用的知识构成了知识内容系统，人员系统与知识内容系统之间的相互作用关系如图 3-2 所示。

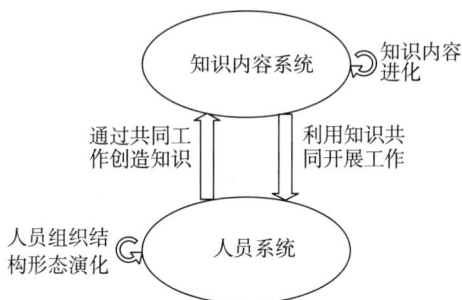

图 3-2　人员系统与知识内容系统之间的相互作用关系

知识协作系统的运转在根本上是通过人员系统和知识内容系统的互动而实现的。人员系统在不断创造知识的同时，使得知识内容系统中的知识得以更新及进化，两者互相促进，最终实现知识的增殖。在人员系统与知识内容系统的互动中，一方面人员系统中的人员组织结构形态在变化，另一方面知识内容系统中的知识体系在发展，两者呈现出动态的共同演化的特征。

知识体系的完善是人员集体知识进化的结果。有两类集体知识值得关注，一类是"共享心智模型"(shared mental model，SMM)，另一类是"交互记忆"(transactive memory，TM)。共享心智模型是指个体对集体目标、工作过程和工作内容等方面的共同知识，团队或组织通过共享心智模型促进个体形成对工作任务的准确描述和预测，使个体间能够更好地相互协同、相互适应，从而达到提高团队或组织效能的目标。换言之，共享心智模型是人员系统中的共有知识，通过提升系统内共有知识的水平可提高群体工作的协同程度。交互记忆是提高群体工作效能另一个关键的集体知识组件。在从事共同工作的团队或社群中，常常形成"交互记忆系统"（transactive memory system，TMS）。交互记忆系统是对共同工作的群体实现有效任务分工和协作的重要机制。交互记忆系统一方面可以根据人员的专业知识和技能进行任务分配；另一方面，可促进具有互补性知识和技能的人员合理组合，以高效地完成复杂任务。

在前述的"人员系统—知识内容系统"二元结构的基础上，可以进一步分析知识协作系统的构成。在产品生命周期中，现代信息与通信技术已经日益深入地融入产品研发、制造、销售、服务等过程中，为产品生命周期中人与人之间的交流通信及信息的加工处理提供支持。可以说，面向产品生命周期的知识协作系统还是一个计算机系统支持下复杂的知识系统。计算机系统一方面为人员系统中的交流与协作活动提供重要的工作平台；另一方面为流转的知识提供显性知识的存储、表达、传播和利用的支持环境。因此从更大范围来看，知识协作系统是由人员系统、知识内容系统及计算机系统共同组成的系统，如图 3-3 所示。

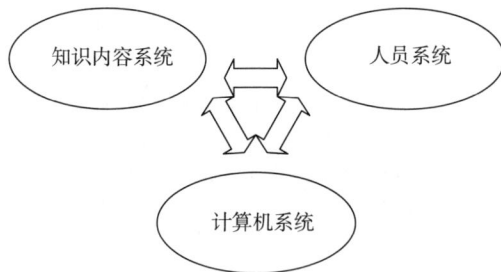

图 3-3　计算机系统支持下的知识协作系统

计算机系统的引入能显著提升知识协作系统的功能，但也增大了这类系统的内在复杂性。对知识协作系统的研究应该从计算机系统、人员系统及知识内容系统融合的视角加以研究。

3.4.3　知识协作系统中的自组织机制

知识协调管理是借助知识协作系统本身所具有的自组织机制而实施的自组织和他组织相结合的知识管理。为解释知识协作系统中的自组织机制，先介绍知识协作系统中的组织形态。

在人员系统中，既有正式组织形态，也有非正式组织形态。正式组织是按照组织制度经过精心设计、计划而建立起来的，反映了组织成员在正式组织中的个人地位、职务和权责关系。产品生命周期中所涉及的所有企业、部门和相关的社会组织都是正式组织，都是按照产品形成规律和生产管理效率原则设计的。正式组织的形成通常是通过他组织过程来完成的。非正式组织则不然，它是人与之间所形成的人际关系网络，这种网络不是在企业的正式规则要求下建立的，而是在人们的交往中自发形成的，这是一个自组织的过程。人们在企业的正式组织中共同工作，由于相互之间的联系而产生的共同情感，自然形成的一种无名群体，并产生一种不成文的非正式的行为准则或惯例，要求个人服从，但没有强制性。非正式组织是正式组织中自然存在的必然现象，是由于人员之间的相互交流而产生的认同关系的结果。非正式组织具有如下特性。

（1）自然性(naturalness)。非正式组织是人们自愿结合、自然形成的，无人强迫，也非人为故意安排、设计，完全由企业员工通过交流互动，彼此了解、认同，并产生情感之后自然结合而成的松散群体。

（2）情感性(empathy)。由于成员之间的互动行为而使人员彼此认识、了解，所以非正式组织中的成员之间具有较为亲密的情感基础。

（3）互动性(interaction)。成员在组织中彼此自由往来、沟通、互相交流、了解并熟悉。

（4）社会距离(social distance)的消失。在正式组织中由于阶层制约或业务功能的分工关系，人员间多少存在一些社会距离(权力距离)；但是在非正式组织中，成员的结合是由于相似的背景、共同的兴趣，故彼此之间的距离变短了，甚至消除了，因而几乎没有社会距离，权力距离几乎为零。换言之，相对于正式组织而言，非正式组织的结构是"扁平的"。

（5）民主取向(democratic orientation)。非正式组织中的成员是自由结合，无法律限制、无地位高低之分，成员之间以平等原则彼此来往，任何群体行为都是群体成员同意并支持而产生的。

（6）用影响力来领导(leadership through influence)。非正式组织中的威信是依靠个人的魅力和影响力，而不是社会地位或权力。

（7）群体压力(group pressure)。非正式组织有群体公认的"行为规范"，是群体成员达成的共识，存在于每个成员心中，这种共识无形中产生一种约束，即群体压力。

（8）附着力、统合力(cohesiveness and unity)。非正式组织的存在主要是由于成员之间有某种共同的认知，这种共同认知产生的"认同"感，将大家紧密地联系在一起。

（9）成员的重叠性(overlapping membership)。正式组织之中的非正式组织数量不止一个，每个成员都可以是多个非正式组织，即多个群体中的一员，这使得多个群体之间相互交叉、相互重叠，从而在正式组织中形成了非正式组织的"群落"。

（10）跨边界性(transboundary)。非正式组织不受正式组织边界的限制，因而可以跨越正式组织边界，突破正式组织壁垒，有利于正式组织间进行非正式的沟通和交流。

　　通常情况下，在企业的正式组织中会同时存在非正式组织，其中既有组织内部的非正式组织，也有跨越组织边界的非正式组织，如图 3-4 和图 3-5 所示。

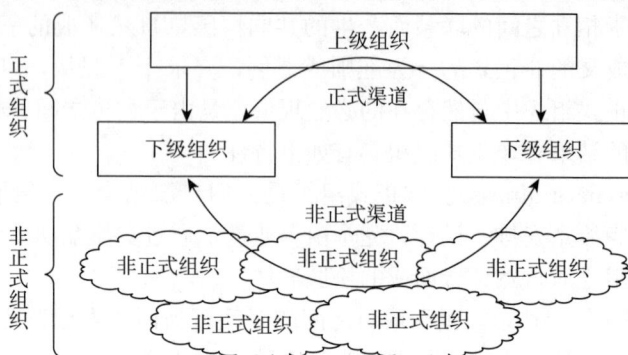

图 3-4　企业正式组织内部的非正式组织

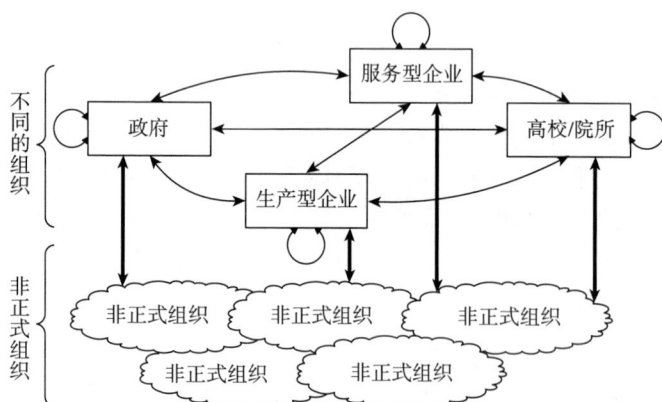

图 3-5　跨正式组织边界的非正式组织

　　对于知识交流、传播等活动而言，在正式组织内部，传播必须是正式的。第一，传播内容必须与工作相关，不得传播其他内容；第二，传播形式正规化，即所谓的正式传播或正式交流，强调可靠性和效率，反对亲密的人际关系；第三，传播流向以自上而下为主，遵循等级制原则，不鼓励超出正式的命令链之外的越级交流，也不鼓励跨部门的交流——如果确实必要，则需获得高层人员授权，即所谓的"法约尔之桥"。相对于正式组织，非正式组织具有自然的传播作用，成员在非正式组织中彼此之间形成了一种链接网络，并在其中进行着非正式传播和非正式交流。按照这种观点和思路，非正式组织所形成的非正式网络的传播对组织具有负面作用。组织中依靠非正式网络的传播被看做与正式组织目标和组织效率不相容的因素，需要通过各种制度和技术加以控制、排除。

　　然而，非正式组织所形成的网络并非正式的组织关系，它是一种以人际关系为基础的非正式网络，具有扁平化、柔性化、多渠道和动态性等特点。这些特点决定了非正式组织具有高效传播知识的功能，非正式组织这一功能使其在知识协调管理中能够发挥非常重要的作用。但非正式组织的知识传播功能具有双面性：一方面有利于信息和知识的传播，从而有利于协调并提高组织的创新能力和绩效；另一方面非正式组织是不良信息和错误知识的传播渠道，当这一作用过大时，会致使组织涣散甚至瓦解。

那么，能否利用非正式组织有利的一面同时抑制不利的一面，使其在面向产品生命周期的知识协调管理中发挥积极作用呢？回答是肯定的。可以采取两种途径：第一，对产品生命周期各阶段部门组织中的非正式组织进行适当的引导和管理，充分利用其中的有利因素为组织目标服务；第二，利用非正式组织的小群体特性、群落特性及传播学机理，人为地组建团队以形成第三种组织——介于正式组织和非正式组织之间的创新团队。类似地，也可以在企业等组织层面人为地组建各种企业联盟，如产品联盟、技术联盟、知识联盟、创新联盟等。

团队和企业联盟既具有正式组织的组织性、目标性，又具有非正式组织的情感性、扁平化的特点，是一种既能进行知识传播、知识交流、知识协调，又能体现正式组织效率的组织结构。因此，本书重点关注这两种组织形式，研究其上的知识传播与传递机理，旨在为制定知识协调管理的"他组织"策略和方法奠定基础。

3.4.4　知识协作系统的特征

前面分析了知识协作系统的基本构成及其自组织机制，本小节进一步分析知识协作系统的特征。从知识协作系统的组成可以看出，系统中任何知识主体都是具有主观能动性的"活的"主体，因此都具有 Holland 所说的适应性主体的特征。又因为这些适应性主体不仅具有认知和决策的能力，还具有情感和信任的因素，以及更为复杂的多种粒度和纷繁的结构，因此比 Holland 所说的适应性主体更为复杂。在此，本书结合 Holland 提出的复杂适应系统的七个基本特征来说明知识协作系统是一个复杂适应系统。

（1）聚集。"聚集"特性是复杂适应系统的第一个基本特性。知识协作系统存在显著的聚集特征，特别是其人员系统是很多知识主体通过聚集作用形成的整体。前面提到知识主体既可以是个人，也可以是由个人组成的非正式组织的群体，甚至是多个非正式组织相互交叉的重叠结构。其是在一定的目的、兴趣、情感、利益等主题的基础上自发形成"聚集"体，使得知识协作系统在系统组成上呈现出逐层聚集而形成的多层次结构：较低层次的知识主体（个人）聚集形成较高层次的知识主体（群体、团队），进而再形成更高层次的知识主体（部门组织、跨部门组织乃至整个企业），直至形成整个产品生命周期系统。与之相对应，低层次的知识主体通过聚集作用，使得系统在高层次产生了低层次所不具备的涌现特性,以此逐层上升,高一层都会涌现出低一层所没有的新特性。聚集的一个典型例子是,多个个体通过工作关系和情感纽带聚集形成实践社群,这种实践社群在宏观上涌现出整体的知识创新能力。

(2)非线性。复杂系统通过聚集产生宏观涌现特性的关键在于系统内在的非线性特性。知识协作系统具有显著的非线性特性。例如,在团队知识交流和创新活动中,共享心智模型和交互记忆系统对于整体的创新能力具有很大的提升作用。团队成员的不同知识组合(knowledge portfolio)有可能产生具有显著差异的团队整体创新能力。一种情况是团队成员之间的知识差异很小,这种情况缺少成员之间的知识互补,不利于创新;另一种情况是成员之间知识差异很大,这可能造成成员之间知识交流的障碍,也不利于创新。最有利于创新的团队组合是成员之间具有一定的知识差异度,从而能较好地在知识创新工作中实现优势互补;另外,成员之间还应具有较好的共享知识,从而有助于提升知识交流的效率,实现工作中配合的默契程度。共享心智模型和交互记忆的建立对形成具有良好知识差异度和互补性的工作团队具有十分重要的作用。在这种情况下,团队的整体创新能力不是团队成员个人创新能力的简单加和。正是团队成员之间的这种非线性作用使得团队整体创新能力的涌现成为可能。

(3)"流"。在知识协作系统中存在显著的"流"特征。在产品生命周期中,"资金流"、"产品及零部件流"、"数据流"和"知识流"等同时并存,并相互影响,共同推动产品生命周期的运转。其中,对于知识协作系统的运转而言,"知识流"的作用尤为显著。知识协作系统中的"知识流"通过知识主体之间的知识交流活动而产生。通过知识交流活动,知识在主体之间得以传播与扩散;与此同时,知识主体往往可能创造出新的知识,这些新知识会加入系统整体的知识流动中。对"知识流"的把握是深入理解知识协作系统机理的重要方面。

(4)多样性。多样性亦即异质性,是知识协作系统发挥其功能并推动系统演化的重要基础。在知识协作系统中,无论是产品生命周期的不同阶段,还是不同组织、不同专业的人员,都是异质的,即多样的。在形成人员协作网络时,不同的人员在网络中处于不同的位置;人员同时还在共同的知识工作中产生分工,各自担任不同的角色。这种人员之间差异性的存在,以及差异化人员之间的非线性相互作用,使得系统整体呈现出多样的结构和多种功能形态。

(5)标识。从复杂适应系统的视角看,标识机制隐含于知识协作系统的结构形成和演化、系统功能实现的各方面,对知识协作系统起十分重要的作用。以交互记忆系统为例,在团队交互记忆系统的形成过程中,标识机制起了决定性的作用。团队成员在合作过程中展现各自知识和技能的特长,从而形成各自的知识和技能的标识,这些标识在团队中反复强化可使交互记忆系统逐步形成。同时,团队内部知识和技能的标识的形成能促使团队成员在合作中产生选择性的相互作用，标识机制是团队整体涌现创新能力的基本实现机制。

(6)内部模型。知识协作系统是一类演化的复杂适应系统。内部模型是系统演化的内生动力。例如，人际知识交流机制和情感交流机制是非正式组织演化的两种内部模型，而两种模型的组合产生了非正式组织演化的多样性和复杂性。

(7)积木机制。如前所述，知识协作系统是由人员系统、知识内容系统和计算机系统组成的复杂系统。它的行为及规律可通过对各个子系统的分析来获得。

▋3.5　知识协调管理的研究基点与思路

3.5.1　知识协调管理的研究基点

知识协调管理的核心内容是促进人与人之间、部门与部门之间及企业组织与企业组织之间的互动和知识交流，或者说是促进产品生命周期不同阶段之间、不同专业之间的知识交流。知识交流是知识传播的基本活动，也是知识主体在知识协作系统中的基本行为，广泛而深入的知识交流可促进知识协作系统整体创新能力的提高。知识交流和创新需要知识主体能够在一种柔性的、可变的、动态的"网状的柔性结构"中进行，因此而形成的知识流才能在知识协作系统及产品生命周期系统中自由流动，如图 3-6 所示。

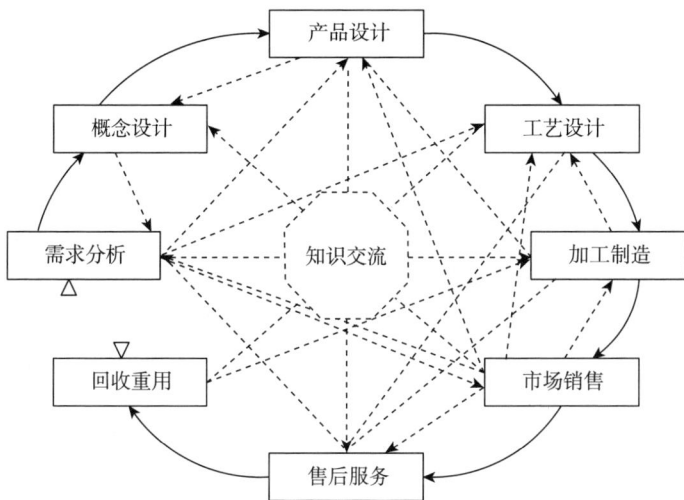

图 3-6　知识交流所依赖组织结构——网状的柔性组织结构

图中实线表示生命周期，虚线表示知识交流

然而，在产品生命周期中，企业或部门是按照产品生命周期的阶段次序组织的，形成的是一种横向的串行结构。对每个企业而言，其内部的组织结构，特别是制造型企业的组织结构，无论是直线制、职能制，还是直线—职能制，都是纵向的"金字塔"形结构。这一横一纵的两种结构都是企业组织中的线性刚性结构，如图 3-7 所示。

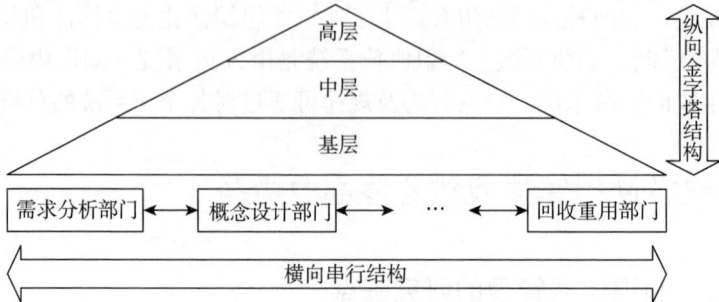

图 3-7 企业组织中的线性刚性结构

企业组织中的线性刚性结构将产品生命周期中的相关企业、部门和个人分割并限定在刚性结构所划定的各个"单元"之中，使企业之间、部门之间和人与人之间缺少可以进行有效沟通的渠道，因而限制了产品生命周期中各个阶段之间的知识流动，形成了知识鸿沟。而知识交流原本是消除知识鸿沟的一种有效手段，但线性的刚性组织结构严重制约了知识交流。

因此，面向产品生命周期的知识协调管理的基本矛盾就是"线性的刚性结构与网状的柔性结构"之间的矛盾，如图 3-8 所示。

为了在产品生命周期中实施知识协调管理，必须在不破坏现有组织结构的前提下，打破产品生命周期中不同企业、部门等组织之间的壁垒，在刚性的组织结构中建立更多的知识交流的柔性通道，使串行变为网络、刚性变为柔性，实现组织之间、人与人之间有效的知识交流与共享。

柔性化组织结构意味着增加了人与人之间的接触，加强了企业或部门之间的联系，然而接触越多则碰撞越多，关系越多则冲突越多，这就使得在解决上述基本矛盾的同时又会派生出许多新的矛盾，如图 3-9 所示，这些矛盾的解决有赖于知识协调机制的建立。通过解决派生矛盾来解决基本矛盾，将是面向产品生命周期知识协调管理的根本任务。

综上所述，一方面，可以看到在产品生命周期中存在两种组织结构形态——正式的刚性组织形态和相对非正式的柔性组织形态。产品生命周期中的知识创造、知识交流、知识运用等都是在刚性组织和柔性组织相互交互的情境下开展的。另一方面，通常的产品生命周期管理和知识管理基本上是针对企业组织的刚性形态而加以实施的，这与产品生命周期中知识交流和知识创新的内在要求存在差异。正是着眼于解决上述矛盾，本书提出应针对产品生命周期系统实施知识协调管理。知识协调管理的对象是面向产品生命周期的知识交流、知识创新等活动

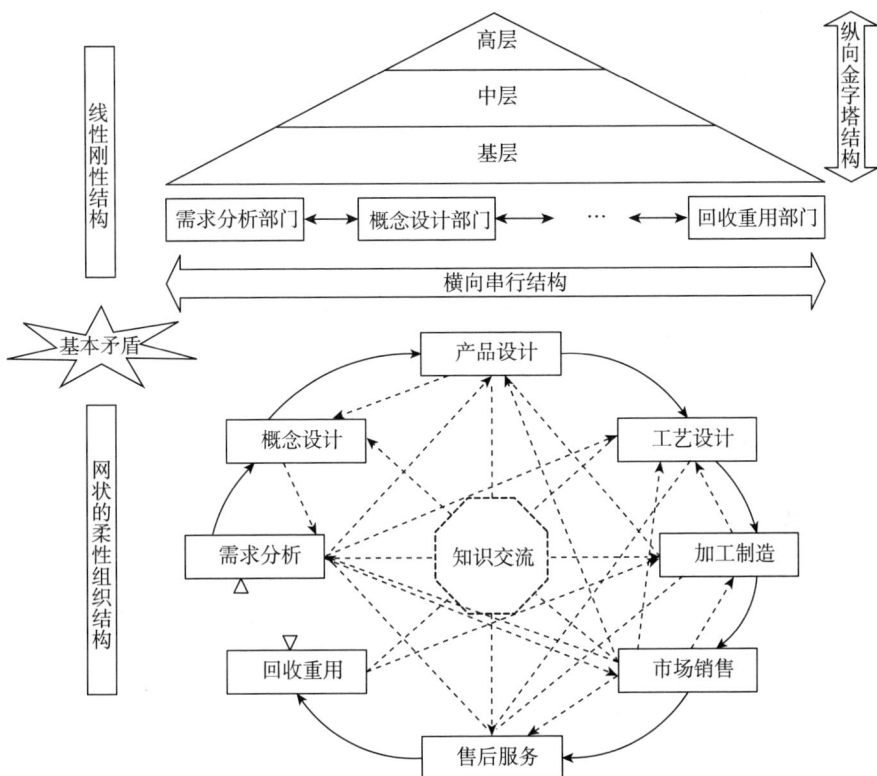

图 3-8　产品生命周期中知识管理的基本矛盾

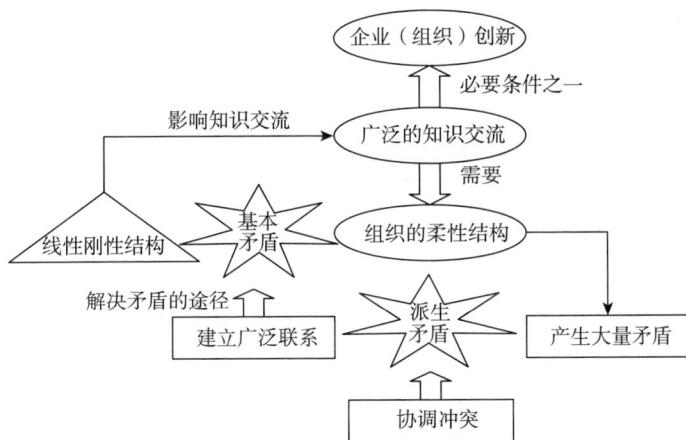

图 3-9　基本矛盾和派生矛盾的关系

形成的知识协作系统，核心任务是协调上述的企业刚性组织中的知识交流和创新活动对柔性组织形式的内在需求的矛盾。本书从"协作"、"协调"及"协同"三个概念展开研究，在对面向产品生命周期知识协作系统内在规律深入研究的基础上，研究对这类系统中的冲突，尤其是知识冲突进行协调的理论、方法与工具，以使得面向产品生命周期的知识协作系统达到"协同"的状态。

本书以知识协作系统为研究对象，解决面向产品生命周期的知识协调管理问题，尽管具体问题各有不同，但所针对的都是基于知识的"协作系统"。

第一，在这类系统中，系统的参与者(主体是人，同时还包括各种支持性的计算机信息技术应用)相互协作，形成一定的组织形式，并通过共同工作完成创新任务，在实现知识的创造、共享和传递的同时推动产品的开发、制造和营销。对知识协作系统的内在工作机理的研究是进一步对其加以管理、协调的基础。这一机理研究是本书第一个层面的焦点课题。

第二，对知识协作系统加以管理的根本目的在于使这类系统达到"协同"的状态。前面讲到，对知识协作系统的管理与协调主要是针对系统成员直接的冲突状态而开展的，对冲突，尤其是知识冲突协调管理的目的是使系统成员之间能够更好地相互协作，相得益彰，达到系统整体的"协同"，从而更好地实现系统的功能。

第三，推动知识协作系统达到"协同"状态的主要手段是"协调"，即"知识协调管理"。对此，需要从理念方法上、技术工具上进行深入研究。这方面的研究构成了本书另一层面的核心课题。

总之，对"协作机理"和"协调方法"的研究使系统整体达到"协同状态"，是贯穿本书后续部分各项具体研究的核心理念。

3.5.2 知识协调管理的研究思路

根据前面的论述，针对产品生命周期中的知识协调管理，应重点按照复杂适应系统的研究范式研究知识协作系统。对此，面向复杂系统的计算实验方法起到了十分关键的作用，是贯穿后面多章内容的主要研究范式。在此对这一研究范式进行简要概述。

自美国圣塔菲研究所于20世纪80年代提出研究复杂适应系统以来，关于复杂适应系统及"复杂性科学"的研究引发了国际学界的广泛关注。在针对复杂适应系统的研究中，基于Agent建模(agent-based modeling)，即面向复杂适应系统的计算实验(complex-system-oriented computational experiment)方法日益成为一种广泛采用的研究范式。

就其本质而言，计算实验方法是与传统的动态系统研究中基于微分或差分方程的分析建模方法相对应的研究方法。传统上人们使用微分方程或者差分方程来描述并分析动态系统的行为规律。但是，随着对复杂适应系统研究的深入，人们日益发现，对于复杂的多 Agent 系统，较为准确地反映现实系统的动力学方程往往很难建立，即使建立了这样的方程或方程组，对于它的求解和分析也往往十分困难。特别是复杂适应系统的涌现行为往往处于"混沌与秩序边缘"，表现出既有有序特性又有无序或混沌特性的复杂行为特征，这种行为特征很难通过基于微分（差分）方程的方法进行研究。对此，人们提出从 Agent 的局部微观行为规律出发进行建模的思路，在计算机世界中构造一个人工的实验环境，通过计算机仿真来考察微观机制作用下的系统宏观涌现行为。这种基于 Agent 建模与仿真分析的根本目的不在于对现实系统的完全复现和精准预测，而在于发现影响现实系统演化发展的基本因素及背后的影响机制，探索现实的复杂系统演化的可能模式。

上述基于 Agent 建模与仿真的方法目前已成为复杂适应系统研究的主流研究方法之一，在探索各类复杂适应系统背后的动态机制和复杂系统演化的可能模式上起到了十分重要的作用。但是，通常的多 Agent 模型是从 Agent 系统某一方面的属性和行为出发进行分析的，其分析方法具有一定的局限性。对此，本书后续部分的研究将对通常意义下的 Agent 建模方法进行扩展，围绕产品生命周期和知识协调管理的整体问题情境，综合个体的人格、情感、社会、知识等方面要素构筑 Agent 的基本行为机制。在此基础上构建基于 Agent 的计算实验基础平台，并在基础平台上研究多个 Agent 组成群体（如团队、非正式组织、企业联盟等）的知识互动过程及群体组织结构的演化过程。

根据绪论中关于知识协作系统的定义可知，知识协作系统是产品生命周期系统中的知识子系统，它反映了产品生命周期系统的知识属性，是一个客观的现实系统，在利用面向复杂适应系统的计算实验方法时，需要在计算机世界中为客观世界的知识协作系统建立一个对应的人工知识协作系统（artificial knowledge collaboration system，AKCS），知识协作系统中各种粒度的知识主体映射为人工知识协作系统中的 Agent，知识协作系统中的各种复杂的关系映射为多 Agent 之间的复杂互动关系，以此来研究产品生命周期中的知识协调管理问题。

■3.6　本章小结

本章先对知识管理的相关研究进行了回顾。自 20 世纪 80 年代以来，知识管理学界开展了很多卓有成效的研究工作，但知识管理学科领域也正面临"向何处去"的困惑。与企业的实际工作情境结合、从复杂的社会技术系统的视角对组织演化和共同活动开展研究，是深化知识管理研究的一条值得探索的研究路线。同时，如何将人在解决实际问题中的相关知识进行提炼，形成计算机化的形式化的知识表达，这种人机交互的知识过程也是值得深入探究的。基于这一认识，本章提出知识协调管理的概念，并提出应分别从组织建设、共同活动、共享概念、共性技术四个方面深入拓展知识协调管理的研究工作。进而，将研究对象定位为面向产品生命周期的知识协作系统，其核心研究问题界定为两个层面，即针对知识协作系统的机理研究及知识协调管理的方法与技术研究。在理论层面，本章针对提出的知识协作系统，立足于复杂适应系统的观点，将"人的系统（社会系统）—计算机技术系统—知识内容系统"这三个成员系统综合起来此研究知识协作系统的结构与演化。在研究方法方面，将主要基于计算实验的研究范式，自底向上，从 Agent 的微观属性和行为出发，考察 Agent 间的局部交流机制，从而探究系统的宏观涌现特性。理论层面的研究力图形成对以人为主的知识协作系统的规律性的深入认识，特别是系统组织形态（包括非正式组织、工作团队、企业联盟等）的演化规律，以及知识在整个系统中的创造、转化、转移的演化规律。在理论层面研究的基础上，进一步在方法层面探索知识协调管理的方法与技术。在这一层面，本章将管理学层面的面向问题领域的知识提取、协调与冲突管理、团队建设、非正式组织管理等方面的研究，与计算机信息技术层面的多维本体构筑与利用、问题求解知识的获取与基于问题求解知识的知识网络模型及推理方法等方面的工作加以综合。

至此，前面章节对本书所要研究的基本对象和基本问题及本书的核心研究理念进行了说明。本书以下部分将转入对知识协调机理和知识协调管理方法和工具的具体研究。研究将依据绪论中所提及的组织、行为、认知、共性技术四个视角依次展开。

参考文献

[1]王众托. 知识管理. 北京：科学出版社，2009.

[2]王众托，吴江宁，郭崇慧. 信息与知识管理. 北京：电子工业出版社，2010.

[3]伊丹敬之. 経営戦略の論理. 東京：日本経済新聞社，1980.

[4]Sveiby K E, Lloyd T. Managing Know-How. London：Bloomsbury，1987.

[5]Liebowitz J, Rubenstein-Montano B, McCaw D, et al. The knowledge audit. Knowledge and Process Management，2000，7(1)：3-10.

[6]Teece D. Profiting from technological innovation：implications for integration, collaboration, licensing and public policy. Research Policy，1986，15(6)：285-305.

[7]Aaker D A, Keller K L. Consumer evaluations of brand extensions. Journal of Marketing，1990，54(1)：27-41.

[8]Sullivan P. Profiting from Intellectual Capital：Extracting Value from Innovation. New York：John Wiley & Sons，1998.

[9]Grant R M. Toward a knowledge-based theory of the firm. Strategic Management Journal，1996，17：109-122.

[10]Zack M. Developing a knowledge strategy. California Management Review，1999，41(3)：

125-146.

[11]Sveiby K E. A knowledge-based theory of the firm to guide in strategy formulation. Journal of Intellectual Capital，2001，2(4)：344-358.

[12]Liebeskind J P. Knowledge strategy and the theory of the firm. Strategic Management Journal，1996，17：93-107.

[13]Hansen M T，Nohria N，Tierney T. What's your strategy for managing knowledge. Harvard Business Review，1999，77(2)：106-116.

[14]Choi B，Lee H. Knowledge management strategy and its link to knowledge creation process. Expert Systems with Applications，2002，23(3)：173-187.

[15]顾基发，张玲玲. 知识管理. 北京：科学出版社，2009.

[16]Drucker P. The coming of the new organization. Harvard Business Review，1988，1：3-11.

[17]Argote L. Organizational Learning：Creating，Retaining and Transferring Knowledge. Boston：Kluwer Academic Publishers，1999.

[18]Senge P. The Fifth Discipline：The Art and Practice of The Learning Organization. New York：Random House Business，2006.

[19]Davenport T，Prusak L. Working Knowledge：How Organizations Manage What They Know. Boston：Harvard Business School Press，1998.

[20]Nonaka I，Takeuchi H. The Knowledge Creating Organization：How Japanese Companies Create the Dynamics of Innovation. London：Oxford University Press，1995.

[21]Nonaka I，von Krogh G. Tacit knowledge and knowledge conversion：controversy and advancement in organizational knowledge creation theory. Organization Science，2009，20(3)：635-652.

[22]Cook S，Brown J. Bridging epistemologies：the generative dance between organizational knowledge and organizational knowing. Organizational Science，1999，10(4)：381-400.

[23]Gourlay S. Conceptualizing knowledge creation：a critique of Nonaka's theory. Journal of Management Studies，2006，43(7)：1415-1436.

[24]Gueldenber S，Helting H. Bridging "the great divide"：Nonaka's synthesis of "western" and "eastern" knowledge concepts reassessed. Organization，2007，14(1)：101-122.

[25]Alavi M，Leidner D E. Knowledge management and knowledge management systems：conceptual foundations and research issues. MIS Quarterly，2001，25(1)：107-136.

[26]Barker V E，O'Connor D E. Expert systems for configuration at digital：XCON and beyond. Communications of the ACM，1989，32(3)：298-318.

[27]Wiig K M. Knowledge management：an introduction in proceedings of IAKE. Second Annual International Conference. Washington：International Association of Knowledge Engineers，1990：13-41.

[28]Maier R. Knowledge Management Systems：Information and Communication Technologies for Knowledge Management. Berlin：Springer，2007.

[29] Wiig K M. Knowledge Management Methods: Practical Approaches to Managing Knowledge. Arlington: Schema Press, 1995.

[30] Wenger E, McDermott R, Snyder W M. Cultivating Communities of Practice. Boston: Harvard Business School Press, 2002.

[31] McAfee A P. Enterprise 2.0: the dawn of emergent collaboration. Sloan Management Review, 2006, 47(3): 21-28.

[32] Davenport T. Enterprise 2.0: the new knowledge management? Harvard Business Online, http://discussionleader.hbsp.com/davenport/2008/02/enterprise_20_the_new_new_know_1.html, 2008-02-19.

[33] Delic K A, Riley J A. Enterprise knowledge clouds: next generation KM systems? Proceedings of International Conference on Information, Process and Knowledge Management, 2009: 49-53.

[34] Rubenstein-Montano B, Liebowitz J, Buchwalter J, et al. The knowledge management methodology team at RWD technologies Inc.: a systems thinking framework for knowledge management. Decision Support Systems, 2001, 31(1): 5-16.

[35] 王众托. 知识系统工程. 北京: 科学出版社, 2004.

[36] Wierzbicki A P, Nakamori Y. Creative Space: Models of Creative Processes for the Knowledge Civilization Age. Berlin: Springer, 2005.

[37] Jackson M. Reflection on knowledge management from a critical systems perspective. Knowledge Management Research and Practice, 2005, 3(4): 187-196.

[38] 张根保, 王时龙, 徐宗俊. 先进制造技术. 重庆: 重庆大学出版社, 1996.

[39] 纪丰伟, 陈恳, 刘敏. 并行工程中团队的组织和管理. 机械, 2000, 27(5): 1-3.

[40] 尹娟, 彭灿. 新产品开发过程中的知识管理. 技术经济与管理研究, 2008, (6): 34-36.

[41] da Silva F S C, Agusti-Cullell J. Knowledge Coordination. Chichester: John Wiley & Sons, 2003.

[42] Schumacher M. Objective Coordination in Multi-Agent System Engineering: Design and Implementation. Berlin: Springer, 2001.

[43] Monteiro T, Roy D, Anciaux D. Multi-site coordination using a multi-agent system. Computers in Industry, 2007, 58(4): 367-377.

[44] Kanawattanachai P, Yoo Y. The impact of knowledge coordination on virtual team performance over time. MIS Quarterly, 2007, 31(4): 783-808.

[45] Hsiao R, Tsai S, Lee C. The problems of embeddedness: knowledge transfer, coordination and reuse in information systems. Organization Studies, 2006, 27(9): 1289-1317.

[46] Adenfelt M. Exploring the performance of transnational projects: shared knowledge coordination and communication. International Journal of Project Management, 2010, 28(6): 529-538.

[47] Holland J H. Hidden Order: How Adaptation Builds Complexity. New York: Basic Books, 1995.

第 4 章

工作团队的知识协调管理

多年来，企业的产品开发一直采用串行的方法，即从需求分析、产品结构设计、工艺设计一直到加工制造和装配，一步步在各部门之间顺序进行。串行的产品开发过程存在诸多弊端，如产品设计人员在设计过程中难以考虑到顾客的需求、制造工程、质量控制等约束因素，易造成设计与制造的脱节，其主要原因是以部门为基础的组织机构严重地妨碍了产品开发的速度和质量。为摆脱串行的产品设计方法的弊端，人们提出了并行工程的产品设计方法。这种一体化设计的系统方法要求产品开发人员从一开始就要考虑产品全生命周期（从概念形成到产品报废）内各阶段的因素（如功能、制造、装配、作业调度、质量、成本、维护与用户需求等），并强调各部门的协同工作，通过建立各决策者之间的有效的信息交流与通信机制，后续环节中可能出现的问题在设计的早期阶段就被发现，并得到解决。

工作团队这种组织形式以沟通协调容易、信息传递和决策速度快等特点现已成为企业中重要的学习单元和绩效单元。有调查表明：美国 70% 以上的企业中都拥有一个以上的工作团队[1]。

企业任务能否完成、目标是否达到，在很大程度上取决于团队的工作绩效高低。团队成员在工作过程中，需利用各种资源，相互沟通合作才能协同完成各自分派的任务。当资源被错误配置时，团队将无法有效地运作，也就不能达到自然的和谐。

团队可利用的资源有很多，其中嵌入工作团队内的知识是现代企业中最重要的价值源泉。正如管理学大师 Drucker 所说："知识已经成为关键的经济资源，而且是竞争优势的主导性来源，甚至可能是唯一的来源。"

随着企业对团队工作方式的认可和对知识资源的追求，知识型团队得以逐渐形成并获得不断发展。团队成员差异化的专业知识是知识型团队的竞争优势，不同思想的碰撞为团队带来更多创新的可能性。然而，正是由于知识的这种专业性和分布性特征，知识型团队成员在识别、获取和共享知识等过程中矛盾重重、冲突不断。虽然差异性知识在执行复杂任务时起着非常关键的作用，但这一作用能否实现还取决于知识的沟通方式[1]。

因此，本章重点关注在知识交流活动中，由团队成员在认知以及人际关系方面的不协调所引发的冲突，针对各种类型的冲突，建立相应的协调机制，以实现对团队成员间投入的知识资源进行有效的管理，最终达到提高团队整体效能和创造力的目的。

4.1　团队知识协调管理概念模型

所谓团队是指一种为了实现某一目标而由相互协作的个体所组成的正式群体。团队和群体是两个不同的概念，两者在领导、目标、协作、责任、技能、结果等诸多方面存在差别，群体可以向团队过渡。

4.1.1　知识型团队及其特征

知识型团队是现代团队概念的延伸。知识型团队通常由通过正式教育、培训或工作经历而拥有独特知识或专长的成员组成[2]，如咨询团队、研发团队及各种项目团队等。与其他类型团队相比，知识型团队在成员特征、团队任务及团队互动模式方面均具有较为显著的特点，其最主要的特征是知识异质性。知识异质性能够为团队提供更加广泛的任务知识、技能和能力，使得团队资源之间各自具有独特性，不会重叠。由于知识型团队成员之间的关系有别于传统团队，通常情况下由成员共同分担风险或分享利益，并没有特别表现为上下级关系，其在某一知识领域的专业性决定了其在团队中的"发言权"，传统意义上的"权威人物"在团队中就很少存在。正因如此，知识型团队中的知识异质性能够为成员解决团队任务带来不一样的看法及观点，可以刺激团队中新颖想法的产生，进而创造新的知识。

由于"知识"这个概念内涵丰富外延广泛，所以不同学者对知识型团队的解释也有所不同。最一般的理解是知识型团队是由拥有独特专业技术能力的成员构成的，这些团队成员通过动态的、协作的和适应性的资源交换，共同完成团队任务。Ainger 等认为，知识型团队是拥有共同的目标和动机的工作团队，并且团队成员在完成团队任务过程中贡献各自的资源、技术和知识以形成特定的团队专业化能力[3]。Parker 则从团队任务的角度出发，认为知识型团队的成员属于不同职能部门，并拥有不同的工作经验和技能，面对的是组织所赋予的特殊团队任务[4]。孙锐等对知识型团队做了详细的说明，认为知识和技能是知识型团队的关键资源，并认为团队创造价值的关键在于知识资源的获取、应用和传导，同时知识型团队的任务得以最终完成和解决则依赖于多个(种)智力构件的集合、异质性和互补性知识的集成和转换、个人知识向集体知识的转化等知识创造行为[5]。罗瑾琏等将知识型工作团队定义为由知识工作者构成的、以推出某种新产品或新服务为基本目的的团队,它是由两个或两个以上知识工作者构成,以项目团队的方式存在,共同完成具有一定创新性或复杂性的目标,是共同学习、相互协作、共担责任的小群体,研发团队、文化创意团队、管理咨询团队等都属于知识型团队[6]。

因此,知识型团队(简称知识团队)可界定为由两个或者两个以上具有自身特定的知识、技术等资源的知识工作者组成的,拥有共同的目标和动机,并为完成组织所赋予的特殊任务而进行相互的协作、资源的共享和知识的交换等活动的团队。知识团队是现代组织的一种主导的工作形式,有利于团队成员识别新的想法和创造新的知识。知识团队在解决复杂的认知任务,以及制订创造性的或最优的问题解决方案时起着非常重要的作用。

知识团队是现代管理团队的延伸,它既有团队的基本特征,又有其自身的特点。

在知识团队的成员特征方面,团队成员的知识资源存在较大的差异性。知识团队的成员是具有专业技术知识的工作者,他们多数在各自领域内具有扎实的理论基础,属于领域的专业人才,其他人很难涉足其工作领域和职能范围,因此,知识团队成员所拥有的知识资源存在很大的差异性,典型的知识团队,如新产品开发团队,其成员涵盖了组织内部的研发、制造、营销、财务,以及来自组织外部的顾客、供应商等各类人员。另外,在知识团队中,并没有传统意义上的领导的概念,知识团队成员之间的关系一般不特别表现为上下级关系,大家共同分担风险、分享利益;成员在团队中的"发言权"主要是由其自身知识在该领域的专业性决定的。

在知识团队任务方面,知识团队的任务需求通常是模糊的,这种模糊性加大了知识团队任务的复杂性,团队成员在执行这种复杂任务时,难以找到普遍适用的工作程序和操作规范。因此,知识团队需要多样化的智力资源去完成这种具有不确定性、不可预测性、跨学科性及不可重复性的复杂团队任务。

在知识团队互动方面,由于知识团队成员所拥有知识资源具有很大的差异性,且面临复杂的团队任务,需要成员进行良好的交流和互动才能使团队任务得以完成。因此,知识团队成员间的互动和合作成为团队成功的关键。知识团队的互动和合作主要是团队成员所拥有的知识资源的交流和共享,在知识的交流和共享过程中,个人知识上升为团队知识,从而提高整个团队的核心竞争力。

4.1.2　知识协调管理

协调是一种通过角色、规则及结构(物理的或组织的)等途径对不同工作领域之间的交流进行规范化的结果。协调的核心是在任务相互依存而结果不确定的情况下,整合个体工作。由于各个工作者的专长背景各不相同,因而在整合过程中的矛盾冲突及不和谐在所难免,所以会导致工作效率下降乃至破坏目标的实现。协调的目的就是要减少矛盾,把内耗降到最低的程度。

协调策略是帮助个体实现整合目标的具体行动方案,包括常规的和应急的各类方法、工具和技术。

协调策略主要有以下五类。

(1)计划和规则(plans and rules)是组织协调的基本形式。管理者通过计划制订、执行、监督和评价来对组织活动进行协调。规则是计划的辅助要素,表现为组织单元间的联系及发生冲突时的评价原则,其协调过程包括以下几个方面:①明确任务责任,其实质是团队活动或任务的授权与控制程度;②资源分配,通过进度表、日程计划等方法确保资源的有效利用,避免资源冲突和混乱;③取得共识,任何战略规划在实施过程中都会遇到意外和发生变化,企业高层管理团队成员需要反复讨论,提前就可能的问题和困难进行商议并达成共识。

(2)对象和表述(objects and representations)是协调的工具平台,可以作为组织成员活动开展的参照系来调整其工作,并提供共享的交流语言,其过程包括以下几个方面:①信息共享,如建立术语库和流程库从而在开发、测试、维护团队间建立交流平台;②脚手架(scaffolding),其原意是建筑工人在建造房屋时使用的支架,等任务完成后随之拆除,工作团队也需要类似的脚手架,作为资料收集和分析的工具及工作的提醒;③确认和调整工作,如通过公开设计规范,对其他合作公司进行设计援助,使得产品不同模块的开发实现同步;④达成共识,如跨部门人员针对攻关任务进行讨论,在不同部门间达成共识。

(3)角色(roles)是组织对个体拥有的与社会地位有关属性的期望,它是一种由角色期望构成的行为模式。协调过程包括以下几个方面:①角色监测与角色更新,如在急诊室的医疗团队中,主治医生、高级实习医生和学生间的层级关系就代表了很多监控、汇报、命令等工作联系;②角色替代,如电影制作者在职业生涯早期会选择在不同岗位上轮换工作,建立他们对不同角色的理解;③达成共识,组织中的一些特殊角色(如联络人、协调人)的职责就在于消除误解、增强凝聚力。

(4)例行程序(routines)是受规则和习惯约束并重复进行的行为模式。协调过程包括以下几个方面:①任务分配和稳定性,起初的组织活动基本是设计和计划工作,但随着时间的推移,一些活动逐渐被固化,后来的员工只需要应用工作模板来处理例行问题而不需要反复讨论；②工作交接，如公司逐渐摸索和建立起一个例行程序来确定任务如何在部门间转移并跟踪该转移过程；③凝聚团队，例行程序使部门间发生相互联系，从而清晰认识到彼此面临的困难，增加信任感和凝聚力；④达成共识，如小组培训练习，通过场景模拟不断固化任务执行过程，建立成员间的行动默契。

（5）邻近性（proximity）是指组织成员间的物理距离，会对他们产生心理、认知和文化方面的影响，其影响过程包括以下几个方面：①可见度，邻近成员可以看到同一任务下的其他成员在做什么，得到工作进展的直接线索，帮助自身调整进度，更进一步，组织也可建立正式的监控体系来增加可见度；②熟悉感，邻近性带来更紧密的关系，个体更加熟悉相互依存的伙伴，并愿意分享彼此的隐性知识。

以上是一般意义下的协调策略，在具体应用中应结合协调对象和问题予以调整。

团队知识协调是指为了实现团队共同目标而整合团队成员各自知识和行动的过程。根据协调机制的不同，团队协调可分为外显协调和内隐协调两种类型[7]。外显协调是指通过沟通、交流、监督、反馈及制订工作计划等公开方式来协调成员之间的多重互依关系。随着团队任务复杂性和紧迫性的提高，外显协调所产生的沟通成本会制约创造力的提升。内隐协调是指团队成员之间不需要直接沟通就可以预测到任务要求和彼此需求，并能相应调整自身行为的过程。

与外显协调相比，内隐协调更能提升团队创造力，因为它是一种由认知驱动的动态协调方式，其认知基础是团队层面的知识结构，如交互记忆系统和共享心智模型，具有不同技能和专长的员工必须借助共享知识结构才能在团队层面产生创造性想法。

团队知识交互包括团队成员个人记忆系统有组织的知识存储（认知）及成员之间发生的相关知识的交互过程（行为）两个层面。

团队是由具有异质性特征的成员组成的，这种多样性既表现在性别、年龄、工作年限、教育背景等人口统计学特征上，也表现在价值观、态度、信念等深层特征上。异质性特征决定了团队成员对团队内外环境、团队面临的问题、如何改善团队运行状况等基本问题看法的差异，而这些差异则可能会影响团队互动过程及成员的互动行为，使得诸如协调困难、决策时间长、团队冲突等问题不断涌现出来，导致难以产生协同效应，因此，必须采取有效的协调机制进行管理才能提高团队效能。

近半个世纪关于团队效能的研究已取得大量成果，其中最有影响的模型是McGrath 提出 IPO（input-process-outcome，即输入—过程—输出）模型。在 IPO 模型中，团队过程是核心内容，团队过程是指以团队任务为核心，团队成员之间及团队成员与外部成员之间的互动行为。

本书基于IPO模型，针对团队成员在知识互动过程中产生的沟通、协作、冲突等行为，建立过程模型，并分析产生这些行为的微观机理及它们对团队效能的影响，建立的概念模型如图4-1所示。其中知识协调机制和团队冲突协调机制是本章关注的重点，将在4.2.2小节和4.2.3小节中详细介绍。

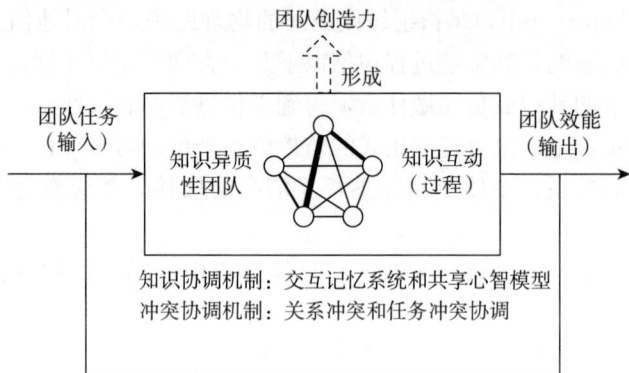

图 4-1　团队知识协调概念模型
图中五边形中的线越粗表示关系越紧密

4.1.3　知识团队模型

由于组成团队的个体不同，团队异质性或多样性必然存在。异质性是影响团队效能和团队创造力的重要因素之一，其中知识异质性的作用更为突出。

知识异质性团队是指为了完成特定任务，由具有不同教育背景、专业知识和职业经验的个体相互协作而组成的团队。由于知识异质性团队中的成员具备不同但互补的知识和能力，而这些知识和能力是完成复杂而具有变化性任务所不可或缺的，因此这类团队在企业研发、生产、营销等各个部门中广泛存在。

1. 个体模型

团队成员的知识异质性是团队创造力的核心动力来源之一。团队成员的异质性不仅表现在个体初始属性的异质性上，同时也表现在个体交互规则的异质性上，以及在交互结束之后形成的关于他人的独特记忆上。团队成员这些"不一样"的地方，造就了各种资源在整体上的分布不均，同时也成为系统产生整体涌现的基础之一。因此，每个个体并不是完全将自身属性封闭起来的刚性物体，而是深刻融入管理"流体"环境中同时具有各类多层次的"连接、半连接"关系的自适应智慧生物，具有很强的社会属性。

团队成员可以看成是一个由多种属性描述的个体，可用一个 n 元组形式化地表示为

$$Agent = <I, S_s, P_s, K_s>$$

其中，I，S_s，P_s，K_s 分别表示个体标识、社会属性、心理属性、知识属性。

1）社会属性

人是"社会化了"的人，团队成员间的交互也是一种社会性交互。每个个体都被深深嵌入在团队这个社会系统之中。每个处在团队中的个体都具有多种社会属性。当一个人被提及，人们往往会想到其社会属性。

社会资本造就了人的某些社会属性。例如，职称就是社会属性之一。当提到某个人是"副教授"的时候，就意味着其在所处团队中的研究地位略低于教授，但又优于讲师，其所能发挥的功能被限定在"副教授"的范围内。

团队成员个体的社会属性是指由个体所处的社会关系网络结构造成的其在团队内的潜在社会影响力。可以简单地认为社会属性是诸如社会地位、职位、职务等维度的一个整合，是除心理属性、知识属性之外的集合。

2）心理属性

这里所指的心理属性限于影响个体之间进行除了基本的社会属性之外的更深层次的心理交流的基础。人格或性格，都会对交流过程及交流可行性产生深刻的影响。

主流的人格研究中广泛采用"大五人格"和"九型人格"（enneagram）两种。"大五人格"模型用五个维度及各自细分出来的若干子维度来对人的特质进行描述。"大五人格"模型是依据"词汇学假设"，通过对英文人格特质形容词的分析建立起来的，被认为对不同地区的人们不具有普适性。相比之下，从理论和应用来看，九型人格的比较优势则体现在实践中。当前很多流行的管理学、心理学读物是用九型人格来描述的。九型人格为我们展现的是一幅动态的图景，根据三种"中心"的划分，并进一步细化，人的性格、人格可分为：以"腹中心"为导向的完美型、和平型、领袖型，以"脑中心"为代表的思考型、忠诚型、活跃型，以及以"心中心"为主的助人型、成就型和感觉型共九种类型人格。人格具有动态性，是因为在顺境和逆境的不同作用下，一种人格会表现出另一种特定人格好的方面或坏的方面。这是一种环境观，并且转移规则明晰。

诸如人格等心理属性对个体的认知也会造成影响，从而影响个体对其他成员的判断和与行动相关的决策。多样性的人格是个体异质性在行为层面的重要体现。

3）知识属性

知识团队是由具有一定特长知识的个体构成的。个体的知识是指其用以完成任务所需且保持的知识存量。这里既包含个人知识，也包含任务知识和团队知识，三者之间的关系如图 4-2 所示。

关于团队成员的知识可用"知识向量"表示。知识向量的每一维度的值表示成

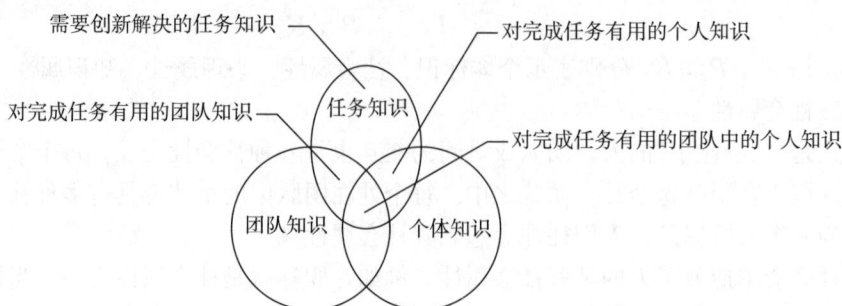

图 4-2　个体知识与团队知识和任务知识之间的关系

员个体在该维度知识上的存量。其取值范围是[0, 1]。这里需要指出的是，这种表示方法主要表示隐性知识的掌握程度和能力。因为显性知识的表示可以采取离散取值，即 0 或 1、−1。例如，个体针对"能量守恒定律"这种"知道是什么"的知识，只有如下三种情况，即没听过（不知道）能量守恒定律、知道能量守恒定律和知道"能量不守恒"定律，而没有任何人会说"有 0.3 的程度知道知识守恒定律"。

知识向量的表示方法为 $\boldsymbol{K}_s = \{K_1, K_2, \cdots, K_i, \cdots, K_n\}$。如果 $K_i \in \mathrm{TK}$，则取值范围为[0, 1]；否则取值范围为(−1, 0, 1)。

此外，个体的知识会随着时间的变化而发生改变，即

$$\boldsymbol{K}_s = F(t) \tag{4-1}$$

如果某一维知识长期不用，其会发生知识衰减。这里给出的衰减规则是指在该批次任务中没有使用过（包括共享和获取）的知识发生衰减。

最后，个体知识的"质（分布）和量"的不同可归结为专长异质性。

2. 知识异质性团队模型

1）知识异质性

异质性是指团队成员在个体特质上的差异性，如性别、年龄、民族、学历、专长、观念等方面的差异。

有的异质性是与生俱来、不易改变的，如年龄、性别、种族等；有的异质性是可改变或控制的，如教育背景、收入、工作经历及认知观念等。有的异质性是客观的，有的异质性是主观的；有的异质性是表面的，有的异质性是深层的。

可见，异质性是由多种特质构成的，因此可从不同的维度进行划分。

第一，异质性的二分法。异质性可分为任务相关异质性（task-related diversity）和关系导向异质性（relation-oriented diversity）[8]。任务相关异质性反映的是与工作中所需要的知识、技能的概念能力相关的特质，如工作年限、专业知识、工作经验等，与任务相关的异质性还可细分为高工作相关异质性和低工作相关异质性两类。关系导向异质性主要包括人口统计学的变量，如年龄、性别和种族等，它们主要影响人际关系的形成，但通常不直接对团队绩效产生影响。

从可观察的角度，异质性可分为易观察的异质性（readily detectable diversity）和不易观察的异质性（less observable diversity）两类。前者属浅层异质性（surface-level diversity），为个体在年龄、种族、国籍、性别等传记式属性上的差别，后者属深层异质性（deep-level diversity），为个体在能力、认知资源、个性特征与经验等内在的差异性。虽然浅层异质性更易观察，并且广受关注，然而，一些实证研究发现，随着团队的发展和互动的深入，浅层异质性对团队绩效的影响变得越来越微小，而深层异质性的影响则愈发凸显。

Maznevski 将团队异质性分为两方面[9]：一方面是相关角色的异质性，包括专业知识和技能、职业背景、职务及家庭角色等方面的差异；另一方面则是个体内在维度上的异质性，包括年龄、性别、国籍、文化价值观念、个性等方面的差异。这两类异质性通常具有相关性，如年龄、性格特质及信息处理方式类似的人，往往会选择相似的职业成向组织中相似的职位发展。

第二，异质性的三分法。Jehn 在研究异质性与冲突对团队绩效的影响时，将团队异质性分为信息异质性（informational diversity）、社会类别异质性（social category diversity）和价值观异质性（value diversity）[10]。信息异质性是指团队成员的知识背景和工作背景的差异，包括任期、教育背景、经验等；社会类别异质性是指人口统计学方面特征的差异，包括种族、性别、民族等；价值观异质性是指团队成员在任务执行过程中或日常生活中表现的不同观点或态度。还有学者将异质性划分为三个维度：人口统计学异质性（demographic diversity），如性别、种族、年龄等；心理学异质性（psychological diversity），如价值观、信仰等；组织异质性（organizational diversity），如任期、任职和级别等。

第三，异质性的多分法。异质性的多维划分方式包括四分法、五分法等。

四分法将团队异质性分为四类，即人口统计学特征的异质性、个性特征异质性、认知能力特征异质性和领导经验特征异质性。五分法是将众多因素考虑进来对团队异质性进行分类。这些类型包括：①社会类别异质性，如性别、年龄和种族差异等；②知识和技能异质性，如教育、职能知识、信息、经验和能力差异等；③价值观异质性，如文化背景和观念上差异等；④个性特征异质性，如认知方式、性情和激励因素差异等；⑤组织地位异质性，包括任期和头衔差异等；⑥社交和网络关系异质性，如工作相关关系、人际关系和团队内部关系差异等。

在各种异质性中，信息与知识异质性对团队创造力的影响最为显著。

知识异质性涉及团队成员在学历、技能、经验或专长等知识属性方面的差异性，属于信息/职能异质性或者深层异质性的范畴。而团队完成既定目标需要的就是成员经验和技能的异质性，这种差异性只有以团队为载体才能体现清楚，因为成员之间只有通过比较才能看出差异；同时，在实现团队目标的过程中，知识异质性对团队任务的实现具有很重要的作用。如果使知识、技能和能力之间的差异最大化，并且使工作相关的信念、态度和价值观之间的差异最小化，就可以创建非常有效的团队。

团队异质性最突出的表现就是知识异质性，团队成员现有的知识技能和相关职业经历会形成既定的思维模式，工作中一旦出现难题，就会对问题的解决带来较大的影响。因此，可以认为团队中认知的差异化本质上来源于知识的异质性。内在的主观因素(如智商、知识基础、兴趣爱好、学历背景)与外在的客观要素(如个人所处的自然和社会环境等)的结合形成了知识的异质性。

Jehn 等指出团队成员间存在信息异质性，信息异质性是指成员获得信息的数量、质量和渠道的差异比较大。这些差异来自于教育背景、经验和专业知识的异质性，他认为专业知识、职业经验可以体现个体的知识构成，而知识构成通常会影响个体观点和思想的形成[10]。此处"信息"说的是个体经过加工且易于理解的知识化信息。

异质性知识在团队中具有双重作用。一方面，团队成员在知识背景方面的差异使得在完成任务过程中产生认知冲突。不同的成员可能提出差异性的看法，甚至在某个任务上形成相互对立的视角，进而陷于认知冲突的状态。另一方面，异质性的观点或看法对团队的创造力是有益的。这是因为知识异质性是创造与创新的一种可识别的来源，它可以创造学习机会，使团队成员增加可获得的知识与观点，进而提高其在解决问题过程中的创造力，为竞争优势提供基础。

知识异质性的价值在于增加了一个团队可获得的知识、技能和观点，而这些正是团队工作中发展创造力的重要资源。

2)团队网络模型

网络是各种行为主体之间在交换资源、传递资源活动过程中发生联系时建立的各种关系总和。知识网络主要强调知识和信息的提供、知识节点的活动及其所构成的关系，并可以用网络规模、关系强弱、网络中心性等加以描述。

知识团队是一种典型的知识组织，团队成员之间交流异质性知识时的大量人际沟通或关系会形成特定的知识网络，这些网络对团队任务的有效执行非常重要。

团队网络中的节点为团队成员，边为成员间的人际关系，一般用边数表示人际关系的紧密程度。考虑到团队成员具有个体差异性，可以用个体的个性特征和知识特征对团队成员进行区分。个性特征 P 表示成员性格方面的差异性，可用"大五人格"或"九型人格"理论进行描述。"大五人格"理论中用五种特质来涵盖人格描述的所有方面，该五种特质分别为外倾性、神经质、开放性、随和性和尽责性，每个个体在五种特质中的表现不同描述了不同的个性特征。知识特征 K 可用个体的知识存量或知识种类进行表示，知识存量是指个体在某类知识上积累的深度。

4.2　团队成员知识互动过程与协调机制

团队互动是团队成员相互依赖的表现形式，是团队成员在协调完成任务的过程中所进行的认知、语言、行为等方面的活动，如团队成员的彼此信任、对承担任务的相互交流、对工作任务的协调处理、对人际关系的冲突管理等活动。团队互动是将团队的投入转化为产出，从而完成共同的目标。团队互动对团队的工作成效至关重要。

为了完成任务，每个团队成员都必须依靠他人获取信息、资源及支持，这使得知识团队的任务进程需要成员间更多的协作，从而导致知识团队成员更频繁地处于互动状态中。

团队互动过程的最一般行为要素包括沟通与协调、相互支持与冲突、团队领导行为与目标行为。团队互动的人际维度主要包括人际沟通、信息共享、相互信任、协调合作、冲突处理等。团队沟通、团队信任（指团队成员之间的信任）、知识共享、团队冲突、团队协作等构成团队互动的要素又可以分为两类：一类要素对创新绩效产生直接影响，主要包括团队沟通、知识共享、团队冲突、团队协作；另一类要素对绩效不产生直接影响，主要包括团队信任等。

在知识团队的创造过程中，团队成员需要通过一系列的互动过程来理解各自的独特知识，以及沟通不同的想法。因而，知识团队的创造力可能取决于团队成员之间的具体互动过程，这些团队过程在知识异质性与团队创造力的结果之间起着重要的作用。团队中异质性知识要素之间的互动不仅内嵌于团队成员之间的人际互动过程中，也实时反映了团队成员之间的认知互动过程，这些过程都可能直接影响知识异质性的作用发挥，进而影响团队绩效。因此，在异质性的知识环境中，知识交流和协调是反映团队成员之间认知互动的主要事件。

4.2.1　知识互动过程

1. 知识交流方式

团队成员所交流的知识并不是单维的，通常涉及多个不同的知识领域。为了交流这些异质性的任务知识，团队成员必须向其他成员说明和提供他们的特有知识。知识团队要建立一个有效的交互记忆系统，首先要求团队成员能够准确地感知或理解彼此的专长。如果团队成员能够了解"谁拥有所需的知识与专长"、"知识和专长分布在哪里"等问题，那么团队中的知识网络是有效的。团队成员对他人专长了解的准确程度决定了他们将如何利用异质性专长，进而影响团队知识互动的结果。图 4-3 给出某一成员（以实心圆圈表示）能够准确理解团队中的其他四位成员专长背景的情形，箭头由感知方指向被感知方。

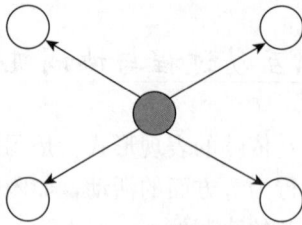

图 4-3　准确的知识感知关系示例

一些研究者以团队成员间的差异化资源交换来解释不同类型知识之间的关联方式。由于交换是双方的行为，一位团队成员向另一位成员提供专门的知识资源的同时，也可能会接收来自对方的知识或信息，因而表现出互惠性的关系特征，如图 4-4 所示。其中，双方之间所交流的知识可能为相同领域的，也可能是不同领域的。

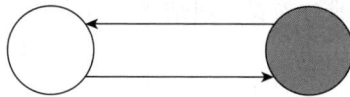

图 4-4　互惠的知识互动关系

两位团队成员之间有可能同时保持多种知识交流关系，具有多重性的特征。关系的多重性所刻画的是不同的事物之间如何关联及彼此影响。与互惠性不同，知识互动关系的多重性强调的是关系的内容方面，如图 4-5 所示，团队成员可能会卷入多种知识类型的交流关系中，多重性只考察知识关系的存在性，而不考虑箭头的指向。

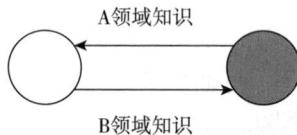

图 4-5　多重的知识互动关系

团队成员间知识交流有多种方式，互惠性交流关注于团队成员双方是否相互提供或获取知识的问题；共享性交流表明同一种知识的流动问题；而互补性交流则说明成员彼此交流不同的知识内容；多重性则涉及成员之间保持基于一种知识的交流关系（即单一性）或基于多种知识的交流关系（即多元性）的问题。

2. 交流对象选择

团队成员选择知识交流对象时可以采取不同的策略。

1) 基于知识的选择策略

选择某一维度的知识进行交流，是知识互动过程的开始。要完成一项任务，成员必须拥有足够的知识，来应对解决该任务所需的知识量。故某一（些）子任务的某一维度知识存量的不足而产生的需要，导致了成员进行知识获取的主动行为。

从众多维度的知识中选择一种知识的策略和机制主要包括以下几个方面。

(1)随机搜寻(FTK_{Ran})。随机搜寻是最简单的方式。之所以不采用"搜索"，是因为在现实世界中，个体有时会采取随机寻找的形式，这是因为某些性格的人做事情的随机性很强。这种随机不是"外部"强加的，而是个体主动采取的策略。

(2)任务的重要程度、难度结合知识差距(FTK_{Pri})。有的个体喜欢"攻坚"，从复杂的子任务开始展开工作；有的个体则习惯于由浅入深；还有的个体采用从中间到两边的方式。在选定了任务之后，个体还会针对任务中某一维度存在知识差的知识进行学习，而对知识维度的选择也按照知识差距的大小分为如上三种情形。这些都与自身的个性特征和经历经验有关。

(3)影响最多任务的知识维度(FKT_{Weight})。有些维度的知识起着"牵一发而动全身"的作用，那么很可能就从这个在众多子任务中都存在知识差的知识维度着手进行。

(4)综合自适应方式(FK_{Adp})。这既是一种方式，更可以被看做是一种"自适应"的结果。每一种策略都有一定的初始权重，并随着交流过程中的反馈而不断增大或缩小。

$$FK_{Adp} = \max(\alpha \times Ini(FTK_{Ran}), \beta \times Ini(FTK_{Pri}), \gamma \times Ini(FKT_{Weight})) \quad (4\text{-}2)$$

其中，$Ini(\ )$代表初始的权重；系数α、β、γ表示逐次积累的反馈结果。此时采取的方式即为权重与FK_{Adp}数值对应的那种策略。

2)交流对象选择机制

选择一个对象进行交流包括以下策略和机制。

(1)随机(FA_{Ran})。"随机选人"既是一种策略，同时也源于实际情况。在团队组建初期，个体成员彼此之间还不熟悉，因此交流很可能以随机的形式进行。

(2)根据信任、认知信任(FA_{Con})。根据认知信任的大小或是对方某一个或几个属性的认知大小，来决定向谁进行知识询问，一般都是按照FA_{Con}的值从大到小找人。如果是"领导者"类型的成员，很可能为了交流更广泛，而向彼此之间的FA_{Con}值趋近于0的团队成员询问知识。这样做虽不一定能解决问题，但总能增加双方的FA_{Con}，或提高自己在团队中的"地位"。

(3)根据情感、情感信任(FA_{Aff})。与根据信任、认知信任类似，只是通过情感和情感信任来进行判断。

(4)根据对其知识水平认知的判断(FA_{Kno})。知识交流对象在自己需要解决问题所需知识维度上的知识和技巧水平十分重要。知识需求者倾向于向在自己需要的知识方面具有专长的团队成员请教。

(5)综合自适应(FA_{Adp})。综合前四种情况如式(4-3)所示。

$$FA_{Adp} = \max(\alpha \times Ini(FA_{Ran}), \beta \times Ini(FA_{Con}), \gamma \times Ini(FA_{Aff}), \xi \times Ini(FA_{Kno}))$$

$$(4-3)$$

其中，$Ini(\ )$代表初始的权重；系数α、β、γ、ξ表示逐次积累的反馈结果。一般来说，当团队处于组建初期时，$Ini(FA_{Ran})$的值总是很大的。此时采取的方式即为权重与FA_{Adp}数值对应的那种策略。

3. 知识交流过程

依据任务找出需要学习的知识并确定合适的人选之后，就可进行人际互动交流。

1)交流过程中基本属性的判定

第一，社会属性的判定。团队网络中经常发生的知识流通往往发生于强联结之间。强联结包含着某种信任、合作与稳定，而且较易获得，能传递高质量的、复杂的或隐性的知识。且强联结通常发生在相似的个体之间。因此，假设社会属性的判断存在如下的规则：如果对方（知识供给方或需求方）的社会属性值（S_j）与自己的社会属性值（S_i）之差的绝对值在一定的范围内（δ_i），则认为是可以进一步交流的。可否交流用S_{ij}表示，即

$$S_{ij}\begin{cases}0, & |S_i - S_j| > \delta_i \\ 1, & |S_i - S_j| \leqslant \delta_i\end{cases}$$

$$(4-4)$$

此外，如果社会属性的差距总是可以"容忍的"，那么，就可以通过度量社会属性差距的大小来判断交流的可能性。更何况，实际中未必是社会属性完全吻合的人之间交流最好。可将交流的可能性S_{ij}形式化为

$$S_{ij} = \alpha \times |S_i - S_j|^{\beta}$$

$$(4-5)$$

第二，心理属性的判定。通过分析"九型人格"的各种人格之间的交流可能性，可以给出"九型人格交流布尔矩阵"，用"0"表示无法交流，用"1"表示可以交流。如果认为不同的人格只是影响交流过程和结果的程度，那么，则可以给出"九型人格交流程度矩阵E"，此时[0,1]或[-1,1]之间的实数表示的是交流的程度/深度，该矩阵为方阵（9×9阶）。

如表4-1所示，如果是九型人格交流布尔矩阵，那么$E(2,2)$的值就是0或1；否则取值可能为诸如0.78这样的实数。

表4-1　九型人格交流程度矩阵

人格类型	E-1	E-2	…
E-1	$E(1,1)$	$E(1,2)$	…
E-2	$E(2,1)$	$E(2,2)$	…
⋮	⋮	⋮	…

当然在团队成员的交互过程中，不仅人格会对沟通造成影响，其他心理因素

和非正式组织等也会对交流的可能性造成突变式的影响。因此，另一种心理属性的判断方式就更为具体和准确，但这需要对团队进行深入的调研分析，并建立真实团队成员之间相互交流的"实际"矩(方)阵：横向和纵向维度都是团队成员的编号序列，如表 4-2 所示。

表 4-2　团队成员心理属性交流判断方阵

心理属性	**P**-1	**P**-2	⋯
P-1	—	**P**(1, 2)	⋯
P-2	**P**(2, 1)	—	⋯
⋮	⋮	⋮	—

由于成员自己不用与自己进行知识交流，因此对角线上的值不适用，其余的值反映的是成员与其他成员心理距离的大小或心理层面交流的可能。

第三，知识属性的判定。知识属性的判定，即对某维知识存量的判定。知识的需求方不一定总能正确把握对方在该维度上有多少知识。因此造成的结果是对于"谁知道什么"并不一定是精确的。但如果团队成员认为对方的知识量没有自身在该维度上的存量大，那么则会寻找其他的成员进行交换，但并不一定不给予对方帮助，虽然这种帮助总是带有某种预期的补偿。

2)知识交流策略与任务完成策略

这里所说的知识交流，存在三种交流成功的情况，即只有主动方是知识的接收者、只有被动方是知识的接收者、双方都是知识的接收者。

根据社会交换理论及其扩展，团队中的个体并非只可以同时进行知识的互惠。由于交互的重复性和理性预期等的存在，一个团队中的知识交流中可能包含多种形式，并且交换的可能是知识，也可能是情感等更感性的层面。

知识互惠是最直接的一种方式。而情感换知识则可以从"关系"视角加以研究。

总结起来，针对提供或获得的一方，至少可以列出如表 4-3 所示的交换矩阵(情感、知识、任务)。

表 4-3　知识交流策略矩阵

提供/获得	知识(K)	任务(T)	情感(A)
知识(K)	Matrix(1, 1) K-K	Matrix(1, 2) K-T	Matrix(1, 3) K-A
任务(T)	Matrix(2, 1) T-K	Matrix(2, 2) T-T	Matrix(2, 3) T-A
情感(A)	Matrix(3, 1) A-K	Matrix(3, 2) A-T	—

在双方都接受的情况下，究竟个体是选择 Matrix(1，1)还是 Matrix(2，1)，这取决于个体对完成任务策略的判定。一般认为，如果自身与任务的知识差很

小，则可以通过"自学知识"来完成；如果差距很大，则需要通过任务内包完成；如果差值在能够通过向他人学习来提高的范围内，则通过他人学习知识。其流程的判断树（decision tree）如图 4-6 所示，其中 $\xi > \delta$。

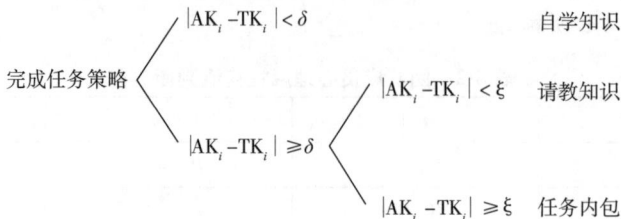

完成任务策略
$$|AK_i - TK_i| < \delta \quad \text{自学知识}$$
$$|AK_i - TK_i| < \xi \quad \text{请教知识}$$
$$|AK_i - TK_i| \geq \delta$$
$$|AK_i - TK_i| \geq \xi \quad \text{任务内包}$$

图 4-6　任务完成策略判断树

在表 4-3 中，Matrix(1，1)表示知识互惠，是一种 K-K（"知识换知识"）的知识互换；Matrix(1，2)表示自己传授给对方知识，同时对方给自身减轻某一子任务承担的压力（"知识换任务"），即发生了团队内"任务内包"。Matrix(1，3)表示自身传授给对方知识，同时对方给予自己正向的情感（"知识换情感"），这种"亏欠"使得对方会在将来的某个时刻进行回报的可能性大大增加。这种情感"投资"具体体现为 Matrix(3，1)和 Matrix(3，2)。Matrix(2，2)、Matrix(2，3)和 Matrix(3，2)这三种形式由于没有流量过程，因此没有知识存量的增加。除了 Matrix(3，3)不涉及知识（任务也隐含知识）之外，其他都属于广义的知识交流。

下面以两个代表性的交换形式探讨一下（广义）交流的策略。

(1)Matrix(1，1)。K-K（"知识换知识"），这是最基本的情况。这属于个体与个体之间的知识互惠，不涉及组织知识个体化等问题。个体之间的知识互惠至少包括以下两种方式。

第一，等价、溢价和折价互惠。这种方式理解起来较为简单。个体 i 给个体 j 第 m 维知识 0.3 的流量，个体 j 同时给个体 i 第 n 维知识 0.3 的流量就是等价互惠；若个体 j 给个体 i 第 n 维知识的流量为 0.5，那么个体 j 就是折价互惠方，个体 i 就是溢价互惠方。当然，在第二种情况下很可能会形成（根据情感产生"能力"因人而异，如果情感函数相同，那么就一定会产生）个体 i 对个体 j 的情感"亏欠"，用于日后的知识交流。Matrix(1，1)亦可衍生出 Matrix(1，3)或 Matrix(3，1)的增值。

第二，博弈。在彼此不信任的情况下，往往需要进行博弈。博弈有关于策略环境中的策略性决策。除了博弈论，当然还有诸如遗传算法等的演化算法方式。

(2)Matrix(1，2)。K-T（"知识换任务"），这是 K-K 的一种变体。当个体 i 将知识传授给个体 j 的时候，个体 i 同时获得了个体 j 对其所承担的某一个子任务的"援助"，即个体 j 会将该子任务接手，并尝试将其完成。一般来看，一项子任务包含若干维度的知识，这很可能造成个体 i 对个体 j 的情感"亏欠"，衍生出

Matrix(3，2)的增值。

当然，这一切的进行需要组织、团队提供一个良好的、灵活的(允许知识内包)互动环境。

3)关于策略的策略

具有适应能力的主体不断地"学习"或"积累经验"，并根据学到的经验改变自身的结构和行为方式，这是对 Holland 的复杂适应系统理论深刻概念的理解。学习不仅限于"工作"知识，对于"关于如何交流、怎样学知识的知识"的学习更能直接影响到个体的后续行为，这种经验的积累是个体进行自适应的原动力之一。个体不断地对策略的结果进行评价，之后又采取"预期效用"最大的一种策略进行行动，使得整个系统在宏观层面上不断涌现出新的结构。

关于策略的策略，即对策略的改变，可以说是对"适应性"的最深刻体现。总结来看，对策略的评判涉及效用的概念。在经济学中，效用是指满足欲望能力的评价。选择反馈之后效用最大的那个对策，就是关于策略的策略。

4)交互流程

第一，主动方的整合交互流程。与复杂自适应系统的层次性概念相对应，个体对对方各种属性的判断是有层次性的，并且由浅入深地依次为社会属性、心理属性、知识属性。在对某一维属性进行判断之前，其实个体已经了解对方的该属性，所以交互流程总是基于"先记忆，后判断"的原则进行。主动方的整合交互流程如图 4-7 所示。

之所以每次交流都重新对对方的各个属性进行认知或再记忆，是因为对方的属性都具有可变的特性。社会属性可能由"讲师"晋升到"教授"，心理属性也可能由于顺境、逆境而朝不同的方向转变，知识属性当然会由于个体的不断学习或遗忘而发生变化。

如果知识交流不畅，就会形成知识缺口。个体知识缺口的形成可以来自认知信任、情感信任的缺失，以及知识本身的缺失。

第二，被动方的整合交互流程。被动方与主动方的行为流程极其相似，只是增加了"收到交流请求"的触发机制。在被主动方请求交流后，被动方会依据自身的繁忙状态进行判断：如果繁忙(与第三方进行知识交流过程中)则回绝主动方的请求，否则进行知识交流尝试，如图 4-8 所示。值得指出的是，该事件可以在个体的任何状态下被触发，图 4-8中仅标示了其中的一种情况。

5)交互周期

可以认为，从个体进入团队中，其交互生命周期就已经开始，即使与其他成员的交互尚未开始。经过一段时间的团队生活，如果个体的知识结构不适应所在团队的要求，自身难以完成被分配的任务，那么就自行离队或被迫离队，此时个体的生命周期结束。此外，对于临时性团队，即根据特定的任务需求而跨部门临

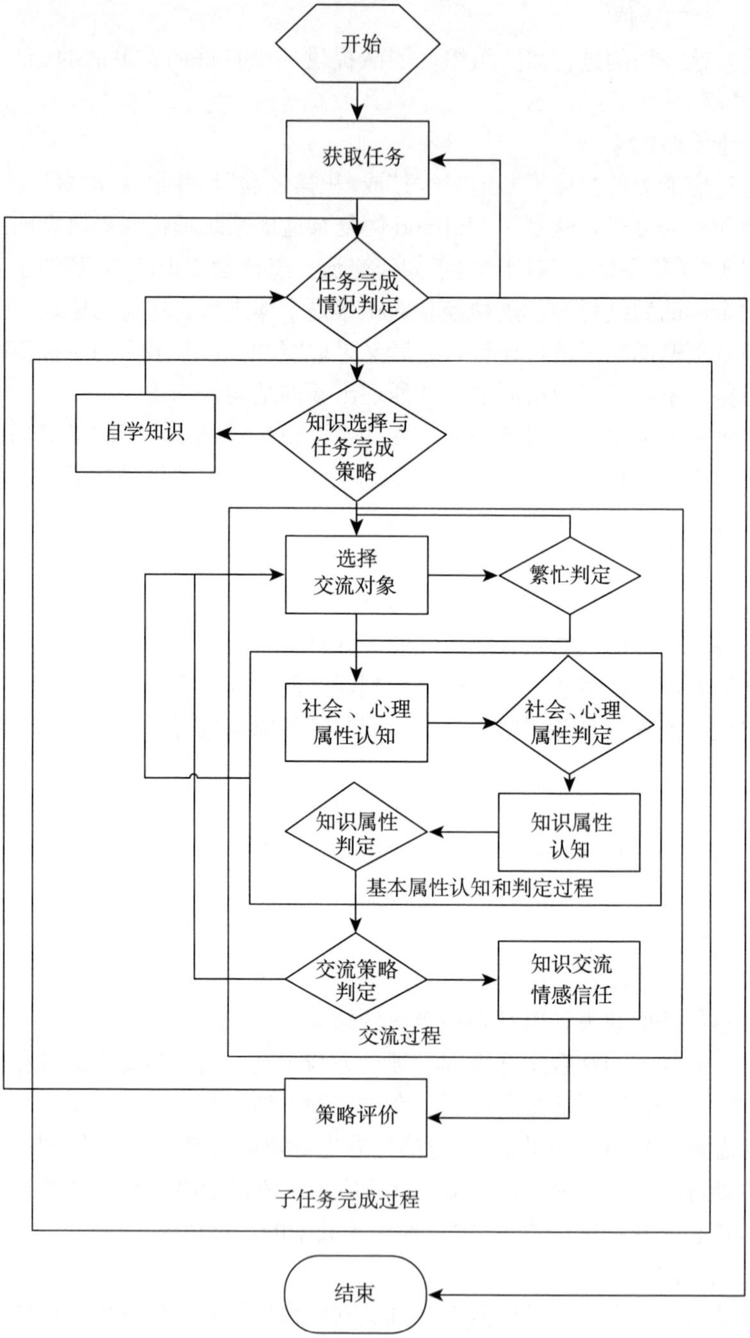

图 4-7　知识主动方交互流程

时组建的团队，其个体的生命周期与团队的生命周期基本一致。

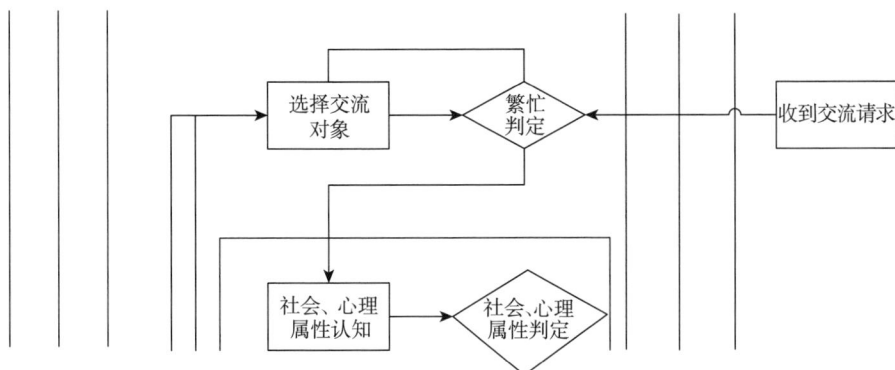

图 4-8　知识被动方交互流程

4. 知识交流结果

1) 个体知识存量的改变

团队任务的目标性决定了知识交流是以需求驱动为特征的。知识需求方在选择交流对象时表现出明显的偏好，通常在知识需求方判断其需求能够得到一定程度满足的情况下，知识交流行为才会发生。根据认知心理学理论，交流的知识只有在被重新建构、得到理解和解释，并与学习者头脑中的知识联系起来以后，才能够被掌握并在某种情况下加以运用；也只有在这种情况下，知识才是有用的，才可称为知识获得。这种理解和运用知识的能力被学界称为吸收能力 α。吸收能力是因人而异的。隐性知识的获得通常是基于知识交流且路径依赖，也是改善个体知识水平的基础。如果将知识供应方记为 j，知识需求方记为 i，个体在 t 时刻的知识水平记为 $v(t)$，在交流过程中，知识交流主体吸收消化新知识后其知识水平变化为 $v(t+1)$，则个体知识水平的变化为

$$v_i(t+1)=\begin{cases}v_i(t)+\alpha_i\{v_j(t)-v_i(t)\}, & v_j(t)>v_i(t)\\ v_i(t), & v_j(t)\leqslant v_i(t)\end{cases} \tag{4-6}$$

其中，α 为个体的吸收能力。可以看出，个体对知识的吸收能力越强，那么一次交流后，知识存量会提高得越多；个体选择的交流成员的知识越丰富，其自身知识提高得也越快。

2) 个体对他人的认知

关于他人的记忆，不仅包括每个对方个体都拥有的"自身属性"，也包括对自己和他人之间关系的认知。这里所说的"自己和他人之间的关系"，是一种多样化的关系。首先是"自己对他人的某种认知"；其次是"自己认为他人对自己的认知"。

另外，关于他人的记忆也不总是正确和精确的，并且不是双方对称的。可能因为"道听途说"或时间的作用使得记忆产生偏差，而不能反映个体的本来面貌。

关于他人的记忆，实际上是交互记忆的一部分（另一部分是自身拥有的"分

散"知识)。

第一，关于他人标识、社会属性、心理属性的记忆。对于其他成员的各个属性的记忆在自己"脑海"(交互记忆)中的存在形式与自身的对应属性一致，只是针对的对象不是自己而是他人。值得指出的是，在现实中，这些"记忆"可以来自亲历的二元接触，也可以来自第三方；并且这些记忆可以是模糊的，甚至是错误的、相反的。

第二，关于他人知识属性的记忆。关于他人知识属性记忆的情况比较复杂。因为基于"任务完成"理念类型的个体将他人的知识学到足够解决任务即止；相反地，对于"九型人格"中"思考型"的个体来说，就会尽可能多地将对方的知识学过来。可见，人格对知识的交互记忆也能产生深刻的影响。这是知识需求方自身对记忆的影响，同样，知识供给方的"保留"等行为也会影响到他人对自己知识量的认知。

第三，对他人的认知信任。信任(或不信任)是一个个体从主观可能性角度对其他成员或整个团队的实际行为进行估计，评估包括两个方面：一方面是该行为实施前的评估；另一方面是该行为实施后的评估。这说明信任既是行动之前为可能承担的风险而添加的"筹码"，也是一种针对已然的交流结果而对相对的交流对象产生的心理感受，这种感受又会成为下一次交流的"筹码"。

信任具有以下几个特性，即主观性、非对称性、环境依赖性和动态性等，并可以从多个维度进行划分。一种影响较大的划分方法是将信任划分为认知信任 (cognition-based trust，CT)和情感信任(affect-based trust，AT)。认知信任主要来源包括利益、能力、社会相似性及可预测性。认知信任是较为表层的信任机制，其取决于对交互对象的社会属性认知(社会相似性的程度)、心理属性认知和知识属性认知等。

认知信任的形式化表达如下：

$$CT_{ij} = FUNC_{ij}(S_{ij}, P_{ij}, K_{ijk}) \tag{4-7}$$

即 Agent$_i$ 对 Agent$_j$ 的认知信任 CT_{ij} 是 Agent$_i$ 对 Agent$_j$ 的社会属性、心理属性和知识属性记忆基础之上的认知(分别为 S_{ij}、P_{ij}、K_{ijk})的函数。FUNC$_{ij}$ 是指不同个体对不同个体的认知会有不同的情况，正所谓"因人而异"。

进一步，认知信任又是决定要不要信任对方的理性抉择，从而影响个体之间的交流。

第四，对他人的情绪、情感和情感信任。心理学对情绪和情感的探讨十分复杂。知识交流产生(人际知识)情感。这里所研究的情感是作为一种"资产"的、用于日后向他人"借贷"知识的能力。

相比认知信任，情感信任涉及更深一层次的人际知识交流。认知信任可能发生在无交流的情况下，如对"院士"一般具有学术上的认知信任；但情感信任必须发生在知识交流所引发的情感基础之上，是互动的结果。情感信任（AT_{ij}）是情感（A）的函数，与情感正相关，即

$$AT_{ij} = FUNC_{ij}(A) \quad 或 \quad AT_{ij} = \alpha \times A^n \tag{4-8}$$

因为情感存在正向和负向之分，所以情感信任同样存在正向和负向的区别。情感信任体现的是"为对方着想"的利他主义情怀，因此为基于情感信任的"知识借贷"建立了基础。

4.2.2　团队内部知识协调机制

随着团队成员交流的不断深入，其结果是会在团队层面形成整体认知，即交互记忆系统和共享心智模型。交互记忆系统和共享心智模型是整合和优化团队知识、提高知识协调管理效率的重要手段。

1. 两种协调机制

团队协调是为了达到团队目标管理成员间资源投入的过程，它有外显和内隐两种方式。所谓外显协调（explicit coordination）是指通过成员的直接交互或借助外在媒介而实现的调整，如相互沟通、直接监督、标准的工作流程或行为规范等；而内隐协调（implicit coordination）是指成员依据对任务和其他成员需求的预期（anticipation）来调整自身行为。许多有效的团队不通过外显协调就能默契地实现分工合作，正是内隐协调机制在起作用[11]。

外显协调和内隐协调无论是在内涵还是外延上，均存在很大的差别。首先，外显协调是可见的、外在的协调方式，很多外显协调是在管理制度、规范或管理者介入情况下产生的行为；而内隐协调是由深层认知驱动的调整行为。内隐协调通常是难以察觉的，在表象上很难看出成员之间协调的依据和过程。其次，外显协调是在有协调需要的情况下产生的，是团队成员有目的地管理互依性的活动。学者们认为，通过一系列的组织设计、计划、现场沟通和控制，团队成员能够规范和协调彼此的行动，实现有效的互动。按照能否提前将行动具体化，外显协调方式可分为程序化协调和非程序化协调两种。其中，程序化协调是指通过计划、预算、程序和人员配置实现的协调；而非程序化协调是现场协调，如沟通交流（包括召开会议、下达文件）和现场控制等。这两种外显协调方式对团队效能均具有积极影响。相对而言，内隐协调是由成员自发产生的一种行为。成员在内隐协调中可能并未意识到协调的目的和内容是什么。内隐协调主要依赖个体的主观预期和自我调整，是个体基于认知来预测队友的行动和任务的需求，并调整自身行为的过程，相关的研究有交互记忆系统、团队共享心智等。

团队内部协调机制的选择具有情境依赖性。只有识别出影响内部协调机制的情境因素，团队才能有效地运用两种协调方式。影响外显协调和内隐协调的情境因素包括以下三个。

（1）任务特征。不同任务特征对团队的协调方式有不同要求。首先，任务的变动性影响协调方式。当团队面临的任务情境变动时，外显协调的方式和内容会有所变化；但内隐协调可应用到相似的任务中。当成员对彼此的专长有所了解并能够找到分工合作的最佳方式时，这种内隐认知的作用是持续的。在以后的合作中，成员可以依据已有的内隐认知，快速有效地分工，并维持成员间的协作模式。其次，任务的正规性影响协调方式。在从事非正规性任务时，即使团队成员相互很了解，也应增加外显沟通的强度。因为任务的复杂性和新颖性使得团队无经验可循，这增加了成员间产生误解的可能性。外显沟通有助于团队获取较稳定的、可靠的协作信息，以确保分工合作的效果。

（2）团队构成。团队成员的熟悉性和异质性程度会影响团队协调的有效性。一方面，研究表明，以内隐协调作为主要手段更适合于熟人组成的团队。因为熟人之间的信任程度更高，而且相互熟悉的成员对彼此的专长有更准确和深入的了解，这降低了专长分布的模糊性和信息分享的不确定性，有助于团队成员更有效的互动。对于这样的团队来说，过多的外显协调会浪费时间，对完成任务的促进作用不大。另一方面，成员的异质性程度（如成员的经验、教育背景等）越高，团队内隐协调的难度越大。根据同性相吸理论，背景的相似性能够促进成员之间的理解和沟通，进而增加他们对彼此专长的识别。而异质性成员的价值观和观点差异较大，造成彼此交流少，相互理解难，相互协调需要花费更长的时间，这在一定程度上有碍于内隐协调的形成。因此，异质性团队首要的任务是强化成员之间的外显协调，以增进成员间的相互了解。

（3）组织文化。团队植根于组织之中，团队的协调方式必然受到组织文化的影响。如果组织是集权式的管理，有严格的管理制度和严密的监控措施，那么，团队很可能更多地依赖外显协调；如果组织的风格较民主，注重成员主动性的发挥，那么，成员有更多机会去了解队友的专长，因此也更有可能运用内隐协调来调整彼此的行动，提高团队协作的效率。

在对团队绩效的促进作用上，内隐协调和外显协调存在协同作用。一方面，在成员稳定的工作团队中，内隐协调可以减轻外显协调的负担，避免外显协调中的职务和等级造成的沟通障碍，使团队协调更为有效。但是在任务和团队成员发生变化时，以往建立的内隐协调机制可能需要做出调整，这需要通过一定程度的外显沟通来强化成员已有的正确认知，修正成员的认知偏差。另一方面，随着团队面临的任务日益紧迫，直接的外显协调将牵制员工在认知处理上的时间和精力，延误任务的完成时间。而内隐协调通过快速有效的分工合作，成功地弥补了外显协调的这一不足。因此，两种协调方式的互动促进了团队内部资源的整合，提高了团队合作的绩效。此外，研究表明，当内隐协调风险很大或绩效反馈的结果表明内隐协调效果不佳时，团队会显著增加外显协调。

外显协调和内隐协调在团队生命周期中出现的先后顺序不同。团队成立之初，外显协调比较活跃，这有利于增进成员间的相互了解；随着合作经验的增加，成员对彼此的了解加深，他们更倾向于利用自身的认知来协调各自的行动，内隐协调对团队绩效的贡献也相应增加；团队发展到后期，由于内隐协调机制不断完善，团队成员可以在尽量减少外显协调的情况下，实现相互调适，减少过程损失。当内隐协调发展到一定程度后，外显协调对团队绩效的作用将减弱。由于内隐协调的效率优势，成员间的协调主要依靠内隐协调方式来完成。

在团队管理中，要把握外显协调和内隐协调出现的不同时机，采取有效的措施推进两者的互动，充分发挥两种团队协调机制对绩效的促进作用。在团队成立初期，要引导成员经常地进行任务导向的沟通，促进成员之间的了解并增进彼此的信任。随着团队成员的不断熟悉，应将更多的精力转移到团队任务的监控和绩效反馈上，积极运用内隐协调提升团队成员的合作绩效。

2. 交互记忆系统的协调作用

交互记忆系统这一概念是在对完成任务过程中团队信息的整合途径和知识的协调方法研究中提出来的，属于社会心理学领域的范畴。它是一种嵌在团队成员、团队结构和过程中的知识。交互记忆系统之所以能够得以建立是基于完成任务过程中团队成员间不同的认知结构、彼此的相互信任及团队整体的协调合作关系，它使得编码、储备和提取成员知识技能成为可能。交互记忆系统有两个方面的含义，即每个成员所拥有的知识的总和、关于谁知道什么的集体意识[12]。

团队交互记忆系统的建立和维护涉及三个阶段：①目录更新（directory updating），即团队成员了解团队中"谁知道什么"并建立目录的过程；②信息分配（information allocation），即根据团队的知识分布，将需要处理的信息分配给相应成员负责的过程；③检索协调（retrieval coordination），即团队成员根据专长知识目录，向团队中的专家发出请求并获得帮助的协作过程。类似地，交互记忆系统可以用三个维度衡量：①专门化（specialization），即团队成员在处理知识过程中存在的区别化程度；②可信度（credibility），即在执行任务过程中，团队成员对彼此专长胜任力的信任程度；③协调性（coordination），即团队成员在执行任务过程中互助合作的程度。交互记忆系统的各维度相辅相成，三者的互动和并存是影响团队成员行为的重要条件。

交互记忆系统不仅包括团队成员个人的专业知识，也包括团队成员对其他成员专业领域的认知与专业知识的信任，在交互记忆系统中，成员间相互熟悉、相互信任，对他人专长知识给予肯定、不加怀疑，这样有助于避免试图获取来自多方的、重复的信息而造成信息浪费与精力浪费，并能有效保持合作中和谐的氛围，提高成员之间更高的合作效率，使得团队能够更迅速、更轻松地完成团队任务。

交互记忆系统的协调作用主要体现在以下两个方面。

(1)促进任务分配和协调。通过对彼此专长的认知，团队可以将任务分配给最适合的成员，将团队成员各自的专长配合得恰到好处。此外，对彼此专长的认知有助于团队成员准确地预测队友将采取的行动，这有助于他们协调安排自身的行动，大大提高其合作的效率。

(2)促进团队知识管理。知识管理既强调对知识存量的管理，又关注知识交流和知识转移。而交互记忆系统通过对团队内部成员专长和知识的梳理与整合，有效地实现了知识存储和交流的结合。可以说，交互记忆系统是一种知识管理系统，它尤其注重对分布式专长的利用和整合。交互记忆系统对团队知识管理的作用主要体现在两个方面：一方面，促进信息检索。成熟的交互记忆系统结构为成员提供了一个索引目录，能够确保成员在较短时间内搜寻到所需领域的知识。另一方面，影响团队决策及决策中的信息分享。已有研究表明，在具有分布性知识的团队中，成员在讨论过程中聚焦共有信息，这对整合团队的分布性知识、激发成员的创造力不利。当团队成员知道"谁知道什么"时，在讨论中涉及的信息量会增加，这优化了团队讨论中的信息整合过程。进一步地，只有当成员能够讨论独有信息时，交互记忆系统的有效性才得以发挥。

3. 共享心智模型的协调作用

共享心智模型是指团队成员共同拥有的知识结构，它使得团队成员形成对任务的准确解释和期望，从而协调自己的行为以适应任务和其他成员的需求。凭借这种共同的知识结构，在团队执行任务过程中，成员无需借助外部沟通即可一致理解和预测团队所处情境及其变化，以及队友的各自应对行为，并进而协调自己的行为以适应情境的要求及队友的需求，做到内隐协调，从而优化团队效能。

"共享"的含义分为四类，即重叠、相似或一致、协调或互补、分布。所谓重叠是指团队成员需要掌握某些共同的知识，但并不意味着成员知识都完全相同；所谓相似或一致是指成员拥有相似或一致的知识；所谓协调或互补是指团队成员并不一定要掌握共享或相似的知识，但他们所掌握的知识必须使其可以形成对绩效的相同期望；所谓分布是指某些情况下，虽然团队成员拥有不同知识，但这些知识适当的分布在团队之中，此时团队知识的覆盖程度才是影响绩效的关键因素。

共享心智模型的协调作用体现在为团队成员共同执行任务及相互间互动提供了共同的知识储备和认知框架，能够帮助成员就团队的当前状态、任务情境、策略及队友的行动和需求等形成一致的解释和预期。得益于此，团队可以大大提高成员间互动的效率，完成任务的效果也会更好。

一般说来，共享程度较高团队的团队作业会展现更高的质量和更高的效率，团队成员之间的关系也更紧密。

任务的复杂多变和团队协同要求成员具有多个层次的心智模型。首先，他们必须掌握工具或设备的操作及相应的技术，更为重要的是，理解自己的操作和团队其他成员的操作如何相互作用。其次，他们必须理解任务本身的特点，如完成任务的流程、所需要的信息和策略，此外，还要意识到工作环境中可能有哪些因素会影响任务的完成。再次，他们还要明确自己在任务完成过程中所担当的角色和所起到的作用，以及如何与其他队友相互配合和协作。最后，他们必须了解队友的知识、技能和能力、爱好及其他相关的个人特质。因为对队友的认识和评价会影响对队友的期望、对队友的期望进而会影响自己的行为。相应的，团队成员也必须在这四个层次上达成一致，共享心智模型具有多层次的特点。

共享心智模式与团队创造力和创新之间存在正相关关系，一方面，通过培训开发出来的共享心智模式能够促进团队产生和选择更多的创造性想法；另一方面，团队共享目标有利于提升团队创造力，以及使团队成员更投入地参与创造过程。此外，通过对团队任务本质和团队成员专长的全面掌握，内隐协调机制还促进了团队内部的信息交流。信息和知识交流是连接团队特性和团队创造力的一个重要过程。通过信息和知识交流，团队成员不仅能提升自身能力，还可以整合不同的知识和技能，这些都为团队创造力提供了认知资源，大大提升产品创新率。

4. 交互记忆系统与共享心智模型的交互作用

交互记忆系统是团队成员间建立起的一种相互信任、互为依存，并以此编码、存储和提取不同领域知识和专长技能的协作性分工系统。共享心智模型是团队成员共享的知识体系，是团队成员在完成团队任务过程中，提供给团队成员所需的统领性的知识构成。

交互记忆系统来源于共享心智模型，并为随之发展与衍生。后者在前者的形成过程中起到了奠定基础、指引方向的作用。共享心智模型中关于团队成员认知部分的内容就是交互记忆系统的原型。并且两者都认为，团队成员的协调一致在团队运作过程中有不可或缺的作用。这来源于交互记忆系统中关注彼此认知能力和专长与共享心智模型中团队成员模型的交叉。

共享心智模型和交互记忆系统在分布式知识的利用方式上有所不同。共享心智模型的核心理念是建立团队成员对与任务情境有关的知识的共同理解，团队应通过各种途径促进差异化知识在不同成员间的共享和转移，以使团队成员对团队中的关键要素拥有相似的认知。而交互记忆系统则强调团队知识的分布性，它更注重成员对知识的分工而非共享。若成员之间的知识过于专业化，则不利于成员间形成互助的期望和共享的理解。就这一角度来说，共享心智模型和交互记忆系统存在一定的对立。

4.2.3　知识团队冲突协调机制

知识团队的成员差异性很强，其差异性主要体现为成员目标或利益不一致、成员价值观的差异、成员认知的差异及成员信息的不对称。这些差异均有可能导致冲突的发生。

1. 团队冲突及其类型

冲突是当各方需求、价值观念和利益不兼容时产生的实际或者想象的反对表现，是一种广泛存在的社会现象，它不仅在正式组织的各项活动中存在，而且在人类社会活动的各种形式、各层面、各领域和所有主体之中均会发生。

所谓团队冲突是指团队成员思想上经历的各种各样的不一致，如对团队目标的理解不一致、对团队任务的解释不一致、对团队输出的期望不一致等，从而产生的争执、摩擦、沮丧情绪。团队成员参与某个项目团队时，都会对其他的团队成员或整个团队抱有某种期望，正是这种期望使得团队成员希望通过参加团队来达到此目标。然而，单个成员的目标与其他团队成员的目标，或者与整个团队的目标可能存在一定的差异。团队成员目标的差异性是团队冲突的根本来源。即使团队成员的目标一致并且愿意共同承担结果，在团队互动过程中仍然会出现冲突，这主要是因为各个成员都有其自身的利益需求，当成员的这种需求不一致时，就容易产生冲突。

团队成员的价值观会影响每个成员的态度和行为，然而不同团队成员之间价值观的差异是普遍存在的。这种差异将导致团队成员容易产生分歧和争议。与目标冲突或利益冲突的容易协商不同，价值观冲突比较难协调，因为它体现了团队成员基本世界观的不同。团队价值观的差异在团队互动过程中体现为团队成员对同一事件的看法存在不同，特别是在确定团队的任务、宗旨及目标应该是什么时，团队成员表现出不同的见解。

团队成员认知差异性是指认知基础的差异，这种差异将导致团队成员对同一问题存在不同的解释和观点，认知差异是导致冲突的直接原因。正因为认知差异才会使得团队成员从不同的角度去看待问题，提高问题解决的质量。但是，如果沟通不好，这种认知冲突就可能转变成情感冲突，从而使得知识团队整体冲突上升。

知识团队要求团队成员拥有的知识具有一定的互补性，这导致成员信息差异不对称贯穿于整个互动过程。信息的不对称将导致团队成员的认知差异，进而导致认知上的冲突。因此，在团队互动过程中，信息或知识共享和转移的顺畅性影响着团队效能，而信息或知识转移的过程就是团队成员的沟通过程。

在沟通过程中，低水平的沟通往往造成团队协同工作困难，从而产生交互过程冲突。知识团队成员在沟通过程中传递的信息分为工作信息和个人信息两种，工作信息是指有关团队任务及对团队目标了解等方面的信息，其畅通程度表示团队成员之间在工作方面的了解程度。个人信息是指团队成员知识交互过程中的信息，其畅通程度表示团队成员之间相互了解与信任的程度。知识团队信息或知识转移无效的原因可以归结为以下几种：①传递信息或知识的成员自己对相关信息和知识缺乏真正理解，或者是信息本身就存在不确定性，造成团队其他成员最初接收到的信息和知识是模糊不清的或者是被曲解的。②因互动过程中信息或知识传递工具出现障碍，或者信息发送者和接收者因思想、动机或认知方式等存在不同而对信息或知识的接受产生不一致。③在互动过程中因信息或知识传递者和成员接收者双方互不信任、存在怀疑而导致的信息歪曲，甚至是人为破坏，或者因信息传递者出现焦虑、紧张等情绪而造成信息的歪曲。因此，因沟通不畅引起的成员之间对信息或知识的误解常常会成为知识团队互动过程中出现冲突的重要原因。

可见，团队冲突是在团队互动过程中产生的，也会随着团队互动的深入而不断变化。早期对团队冲突的研究是在单一维度上进行的，认为团队冲突会降低团队绩效和团队成员间的满意度，因此应尽量避免团队冲突。然而，这种对冲突的类型未加区分的研究未能触及团队冲突的内在性质，得到的结论往往过于简单而片面。目前，学者们普遍接受对团队冲突两分法，即将团队冲突划分为关系（情感）冲突（relationship conflict）和任务（认知）冲突（task conflict）[13]。其中，关系冲突是指团队成员之间由于在与工作无关的、有关个性和社交事物有不一致的认知而产生的冲突。任务冲突是指团队成员由于对团队正在进行着的工作任务方面的不一致而产生的冲突，是一种建设性的冲突。此外，还有一类冲突被称为过程冲突，是指成员由于对任务实施策略和职责、资源分配方面意见的不一致而产生的冲突。过程冲突和任务冲突同属于任务冲突，因为过程冲突和任务冲突都是关乎团队任务本身的完成，而关系冲突则是关于团队任务完成过程中成员之间人际关系方面存在的摩擦和不一致。一般来说，团队成员都是通过人际投入和任务投入对团队做出贡献，这种任务-关系两分法更能体现组织行为中认知、情感维度的划分方式。

团队冲突是一个既有积极导向，又有消极导向，由潜在对立到产生矛盾，进而协调矛盾的过程。理论研究认为，关系冲突对团队的作用是消极的，关系冲突会降低团队成员满意度，并且触发成员消极的心理反应，如焦虑、烦躁、不配合等，将不再愿意与团队成员进行有效的知识交流，同时，关系冲突的发生使团队成员将更多的精力放在人际关系而非工作上，从而降低了团队绩效。而对任务冲突的研究则认为任务冲突是一把双刃剑，它既有积极的作用又有不利的一面。任务冲突的积极作用表现为：对任务的不同理解和认知促进了团队成员的交流和沟通，使之从更广的视角更好地完成任务。适度的任务冲突能够促进团队绩效，成员之间可以通过建设性的辩论及整合不同的观点产生一些创造性的想法，提高团队的创新绩效，甚至能够促进组织变革。消极作用则表现为：过多的任务冲突会分散成员的注意力，影响其能力的发挥，因此对绩效及个体的满意度等的负面影响也是存在的。

团队冲突是一个团队层面的概念，强调的是团队内部成员基于对团队过程的集体感知的一种冲突，它虽由个体间的人际冲突组成，但并不仅仅是团队内个体间冲突的简单叠加。

2. 团队冲突过程模型

团队冲突的产生是一个动态的过程，是一系列事件的序列。团队冲突过程模型采用了更为动态的视角，强调了人际互动过程的重要性。根据冲突的过程模型，冲突的产生是一步步推进的，首先，成员所处环境中存在一些容易引发冲突的条件，如相互依赖、目标相容、角色差异等，处于这种环境下的各方相互接触和互动，由此引发了一个意义构建过程，各方会去试图理解该事件的意义和重要性。这一意义创造的过程是对各方之间消极互动关系的一个评价，而这种消极互动在某些方面是由另一方造成的。因此，这种认知评价会使人们意识到冲突，进而引发对冲突认知的、情感的和行为的表现，如沮丧、生气、沉默、失意、纠正或报复的意图，以及一系列冲突管理行为。

最有影响力的冲突过程模型为 Pondy 提出的冲突五阶段模型。在该模型中，冲突分为以下五个阶段，即潜在的冲突（冲突发生的条件）、感知的冲突（认知）、感觉的冲突（情绪）、显现的冲突（行为）和冲突的结果（形成下一阶段冲突的条件），如图 4-9 所示[14]。

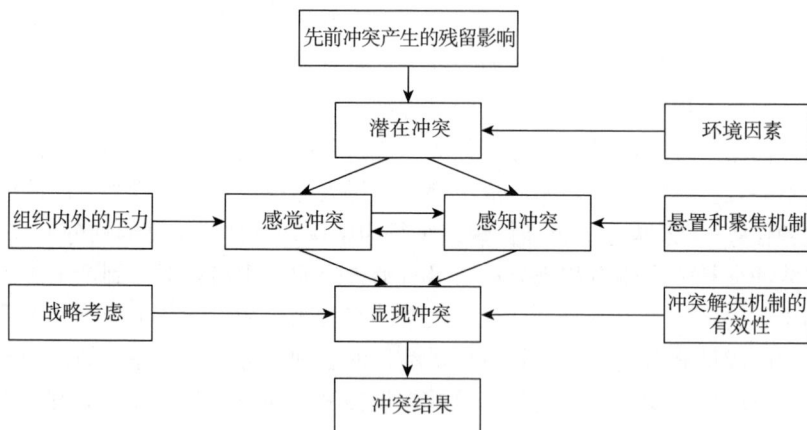

图 4-9　Pondy 的冲突过程模型

其中，潜在冲突是指冲突的前提条件，包括稀缺资源的竞争、自主权的竞争、目标的分歧；感知冲突，即个体对发生冲突情境的感知和意识，是冲突过程中情境定义的过程。Pondy 认为感知冲突中会存在这样两种情形：一种是不存在潜在冲突的条件但是却被感知到，此时，冲突来自于对实际情形的误解，各方增加交流就会化解冲突；另一种是存在潜在的冲突但没有被感知到，此时，当事人可能由于轻微地意识到了威胁进而选择抑制冲突或者是无暇顾及此冲突。感觉冲突是指在感知冲突的基础上卷入情感状态，也就是团队成员感觉到冲突引起的一些功能障碍，如焦虑、压力、敌对情绪等。显现冲突是指任何一种冲突所导致的行为显现，最明显的是公开的攻击。通常，在不同的情境下，成员会采取不同的冲突行为，而这些行为又会影响后续的冲突互动路径，进而构成冲突过程循环往复的影响机制。

罗宾斯也提出冲突的五阶段模型[15]，其基本上沿用了 Pondy 的动态模型，但在感知、感觉冲突和冲突行为之间加入了冲突的处理倾向这一阶段，其实就是将 Pondy 模型中的冲突显现阶段进一步细化为意图和行动。罗宾斯的冲突五阶段模型如图 4-10 所示。

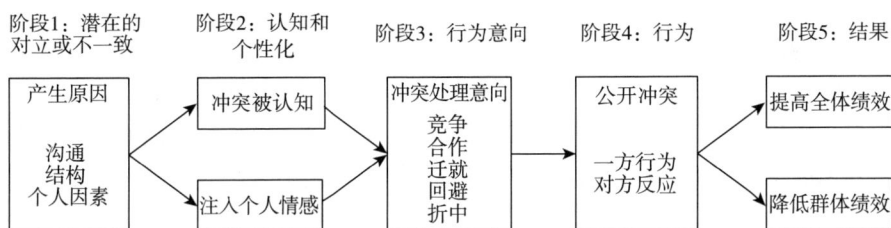

图 4-10　罗宾斯的冲突五阶段模型

总体而言，冲突过程模型强调感知过程和情感在冲突中的重要性。并不完备的感知程序及充斥在整个过程中的情感反应决定了人们对冲突的理解和反应是比较复杂的。冲突并不是由前因直接产生结果的简单过程，而是由一系列复杂的环节组成的。对于每一环节，个体对冲突的感知都至关重要。

3. 关系冲突

本书沿用团队冲突的关系——任务研究范式，将知识团队冲突分为关系冲突和任务冲突两类。在知识团队中，冲突产生于团队成员的知识交流过程，源于团队成员间知识的差异。在团队任务驱动下，知识团队成员为完成任务要进行知识交流，在交流中由于团队成员知识的差异及成员本身个性的不同而导致成员对交流结果的不满意情绪，进而引发团队冲突，此为关系冲突。而由于团队成员知识背景的不同，因此团队成员对团队任务的理解和认知有所差异，造成知识交流的障碍，此为任务冲突。

1）关系冲突产生的原因分析

关系冲突对团队绩效产生负面影响是学界对关系冲突研究达成的普遍共识，关系冲突的产生会使成员将主要精力从实质的工作转移到人际关系上，降低了团队的工作效率。与此同时，关系冲突的发生更会对团队成员间的和谐关系造成负面影响，进而影响团队成员间的顺利交流和合作。因此，避免和减少关系冲突是保持团队和谐的重要措施之一。为有效避免和减少关系冲突，需要对导致关系冲突的原因做深入分析，在此基础上提出规避团队关系冲突的方法和措施。

现有许多学者对关系冲突的产生因素，即关系冲突是如何产生的展开了研究。例如，前文综述中提到的 Pelled 和 Xin 认为个体间人口统计学特征和认知特征越相似，越不容易产生关系冲突[16]；类似地，Wall 和 Callister 通过研究得出，团队成员的背景、个性等差异越大，成员间越容易发生关系冲突[17]；Amason 通过研究认为对团队过去绩效消极的反馈会增加团队冲突，尤其是团队的关系冲突[18]；Sapienza 提出团队的共有性(mutuality)和开放性(openness)过低会使关系冲突增加[19]。在众多相关研究中，基于人口统计学理论视角对关系冲突产生原因的研究最为广泛且得到学界的接受和认可。

在以知识团队为研究对象时，要着重考虑知识团队自身的特点。在知识团队中，团队成员是具有专业知识的知识工作者，对知识资源的获取和利用是其保持自身核心竞争力的关键。同时，知识团队中团队成员为完成任务所进行的活动主要是知识的交流活动，团队成员都期望能在知识交流中获得自己所需要的知识以提高自身能力。但是，由于每个团队成员的知识有所不同，进行知识交流时并不一定都能达到自己的预期。而如果团队成员对知识交流结果不满意，就会在互动过程中出现不和谐、不一致现象，即团队成员间将产生关系冲突。

2)关系冲突产生的过程模型

如前所述，关系冲突是在团队成员互动过程中产生的。本书重点关注知识团队互动中的知识交流活动。团队接到有知识需求的任务并经分解后，每个成员会分配到一个或多个具有一定知识需求的子任务。在完成指定任务的过程中，当团队成员自身拥有的知识和能力有限而不足以完成自己所分配到的任务时，会选择与其他成员进行知识交流以期完成任务。在与选择的对象进行交流时，由于个体间在个性、知识水平等方面存在差异，交流结果并不一定能完全满足对方的需要或者达到自己对交流结果的期望。一旦双方对知识的交流结果不满意就会产生负面情绪，进而引发关系冲突。这种冲突的产生会影响冲突双方彼此间的人际关系，进而影响下一次的交流互动；如果交流结果达到预期，交流双方会对交流结果感到满意，即双方对彼此的满意度不断提升，这时成员间冲突的程度会减弱，彼此间的人际关系则会加强。关系冲突正是在这整个团队成员为完成任务进行交流的过程中产生并不断变化的[20]。

第一，知识交流过程模型。任务到达团队后，每个成员会得到一个或多个具有一定知识需求的子任务 tk，当团队成员自身拥有的知识存量不能满足完成任务的知识需求时，团队成员会有交流意愿。团队成员有了交流意愿后面临与谁交流的问题，一般来讲，成员只会与比自己知识存量大的成员进行交流，这样才能学到想要的知识。若满足该条件的团队成员不止一个时，就有交流对象的选择问题。根据知识存量和关系紧密程度可设计两种交流对象选择机制，一种是知识优先交流对象选择机制，另一种是关系优先交流对象选择机制。所谓知识优先交流对象选择机制是指需求方优先选择拥有知识存量最大的成员进行交流；而关系优先交流对象选择机制是指在众多满足知识存量比自身知识存量大的成员中，优先选择与自己关系最密切的成员进行交流。

现有的关于知识交流的研究对成员知识交流的动力机制进行了分析，包括完全利他的交流、社会交换交流动机(即用知识换取地位)，以及完全经济利益驱动的交流等。本书研究认为知识型团队成员有共同的团队目标，因此，在团队任务驱动下，团队成员间的知识交流富有积极性和主动性。也就是说，团队成员间的知识交流并不是以双方各自都获得知识收益为前提，而是只要一方具有知识需求，同时另一方有能力满足对方的知识需求，则他就有传播知识的意愿，双方间就可以发生知识交流行为，具体的是否能进行有效的知识交流则与成员的个性差异和知识差异有关，与双方的社会地位及经济利益等没有关系。

因此，对于团队成员 i，当他有交流意愿，并按上述两种交流机制选择了交流对象 j 后，成员 j 就会愿意与其进行知识交流。交流后，知识需求方 i 的知识存量可由其前一时刻的知识存量与该时刻从知识提供方 j 处获得的知识累加得到，即

$$k_i(t+1)=k_i(t)+\alpha_i \times (k_j(t)-k_i(t)) \tag{4-9}$$

其中，α_i 为团队成员 i 的知识吸收能力；$k_j(t)-k_i(t)$ 表示知识提供方与知识需求方的知识存量之差。

第二，关系冲突产生模型。关系冲突的产生会受到团队成员个性差异的影响，但更主要的是，在知识交流过程中对交流结果不满意而呈现出的交流双方间的一种不和谐状态。在为完成任务所进行的知识交流中，交流双方的不满意主要表现为知识交流的结果未能达到交流者所期望达到的交流效果，即需求方未能从交流提供方处得到其完成任务所需要的知识。具体地，交流双方产生关系冲突的条件可以表示如下：

$$k_i(t+1)-k_i(t)<w_{ij}(t) \times (\mathrm{tk}_i-k_i(t)) \tag{4-10}$$

式(4-10)表示当知识需求方交流后得到的知识未达到其期望得到的知识时，交流双方间将产生关系冲突。不等式左边是需求方 i 此次交流中的知识增量，也就是在此次交流中得到的知识量。不等式右边是需求方期望获得的知识量，其中 $\mathrm{tk}_i-k_i(t)$ 为成员 i 完成所承担的子任务需要的知识量与自身知识量的差值，即要完成该任务成员 i 还需要获得的知识量；$w_{ij}(t)$ 为知识需求方和提供方间的关系紧密程度。一般来说，知识需求方与提供方之间的关系越紧密，需求方对从提

供方处获得较多的知识的期望越高。

关系冲突产生时，其程度 rc_{ij} 与需求方的知识期望值和实际获得值的差 Δ_1 正相关，Δ_1 越大，即实际得到的知识与期望得到的知识差距越大，由对交流结果不满意引起的关系冲突越强烈。关系冲突程度的计算如下：

$$rc_{ij}(t) = e^{\Delta_1} \tag{4-11}$$

其中，e 为自然对数底数；$\Delta_1 = w_{ij}(t) \times (tk_i - k_i(t)) - (k_i(t+1) - k_i(t))$，$w_{ij}$ 为成员间关系的紧密程度，用团队网络中边权值度量，边权值 w_{ij} 越大表示关系越紧密，反之关系越疏远。

根据相似吸引范式，个性越相似的人越会相互吸引，反之，个性差距过大会导致个体间无法产生交集，简而言之，人们更倾向于与自己相似的人交往，因此，初始未有知识交流时，即 t_0 时刻团队成员间的关系紧密程度可由个体的个性差异确定，由式(4-12)计算得到。

$$w_{ij}(t_0) = 1 - \sqrt{\frac{1}{5} \times \sum_{x=1}^{5} (p_{ix} - p_{jx})^2} \tag{4-12}$$

其中，p_{ix} 表示个体 i 在人格方面的五种特质，值越大表示个体的该人格特质表现越明显。

当交流双方发生关系冲突时，双方间的关系紧密程度会按式(4-13)减弱，即

$$w_{ij}(t+1) = (w_{ij}(t))^{rc_{ij}(t)} \tag{4-13}$$

反之，如果交流双方在交流中未发生冲突，说明交流需求方实际获得的知识多于或等于他的期望，双方对交流结果满意，双方间的关系增强，增强的幅度为

$$w_{ij}(t+1) = \min\left[w_{ij}(t) \times \left(1 + (\Delta_2)^{\frac{1}{2}}\right), \ 0.99 \right] \tag{4-14}$$

其中，$\Delta_2 = (k_i(t+1) - k_i(t)) - w_{ij}(t) \times (tk_i - k_i(t))$，为成员 i 实际获得的知识与其期望得到的知识的差。当获得的知识超出期望值时，交流双方间的关系会变得更紧密，但关系紧密度最大只能接近 1，表示个体之间始终存在差异，双方间的关系不可能亲密无间，这里将关系紧密程度的最大值取为 0.99。

这一理论模型，一方面考虑了导致关系冲突产生的人口统计学特征因素，即团队成员的个性差异；另一方面反映了团队成员交流的动态过程，即团队成员是否对知识交流结果满意。基于该理论模型所进行的计算实验，将考察不同类型团队在两种交流机制下，团队中关系冲突情况及其对团队凝聚力的影响，并重点从团队成员个性和知识角度深入分析关系冲突产生的微观机理，实验结果及分析将在 4.6 节介绍。

4. 任务冲突产生的过程模型

个性多样化的团队中任务冲突较明显。不同个性特征的员工可能存在不同的态度和信念，因而存在个性差异的团队成员会从不同方面来思考完成任务的方

法，或是对同一任务有不同的理解方式，对同一解决方案有不同接受程度等，这使得团队成员间需要对任务进行更多的讨论和交流，增加了任务冲突。此外，由于团队成员往往因个性差异形成不同子群，相比成员个性较为相似的团队，异质性团队中不同子群之间关于任务的讨论和争辩更多，因而任务冲突水平也更高。

任务冲突是指团队成员对于如何完成团队任务有不同看法和见解时产生的冲突，与关系冲突不同，任务冲突是认知导向的，是一种实质性的冲突。在知识团队中，团队成员主要是应用自身所拥有的专业技能和知识以完成团队任务，团队成员存在知识差异时，就会对团队任务本身产生不同的看法，进而提出多种完成任务的观点，不同观点的碰撞势必会产生冲突，这种冲突直接指向任务内容和目标。

现有研究并未明确得出团队任务冲突与团队产出的关系。有关"建设性的冲突"的研究认为，任务冲突可以丰富团队成员间的信息资源，促进成员间关于团队任务进行争论和辩论，进而有利于团队决策和团队绩效。但是，这个结论并未得到实证证明，因为在某些情况下团队任务冲突对团队输出有积极的影响，而在某些情况下任务冲突可能对团队输出有消极的负面影响，甚至在其他一些情况下任务冲突对团队输出的影响是非线性的。一项元数据分析的研究结论表明，无论是任务冲突还是关系冲突，对于团队绩效主要显现的都是负面的影响。

知识团队有其自身的特点，即团队的关键资源是团队成员所拥有的独特的专业知识，而团队完成任务所进行的主要活动是团队成员间的知识交流和互动。知识型团队成员在知识交流中，由于知识的差异性，对团队任务有不同的认知，这种不同的认知导致任务冲突的产生。在知识团队中，任务冲突是一把双刃剑，一方面可以促进成员针对团队任务积极地进行知识交流和学习，减少"群体思维"的产生，提出更多的解决方案，进而更好地完成团队任务；另一方面，成员间的认知差异过大时，过于激烈的任务冲突可能会导致团队成员无法进行正常的知识交流，并由任务导向的冲突转化为情绪导向的冲突，对团队造成负面的影响。

1）任务冲突产生及作用过程描述

任务冲突是在团队成员为完成团队任务而进行的知识交流过程中由于成员知识差异造成对任务有不同看法时产生的，任务冲突发生后对团队有两条影响轨迹，良性的任务冲突可以促进成员的知识交流以更好地完成任务；而恶性的任务冲突可能阻碍知识的交流，转化为关系冲突，最终对团队凝聚力产生影响。具体地，在团队完成任务时，任务冲突产生及作用过程如图 4-11 所示。

如图 4-11 所示，当团队成员要完成具有知识需求的团队任务时，如果自身拥有的知识不足以完成该任务，则该成员就有与其他成员交流的需求。在选定交流对象后，交流双方会根据自身的知识对完成该任务提出自己的见解和意见，由于双方知识背景有差异，对如何完成任务会有不同的见解，我们把这种不同的见

团队任务（知识需求）

↓

交流需求

↓

知识差异

↓

认知差异

↓

任务冲突

促进 ← → 转化

知识交流　　　关系冲突

↓　　　　　　↓

团队凝聚力

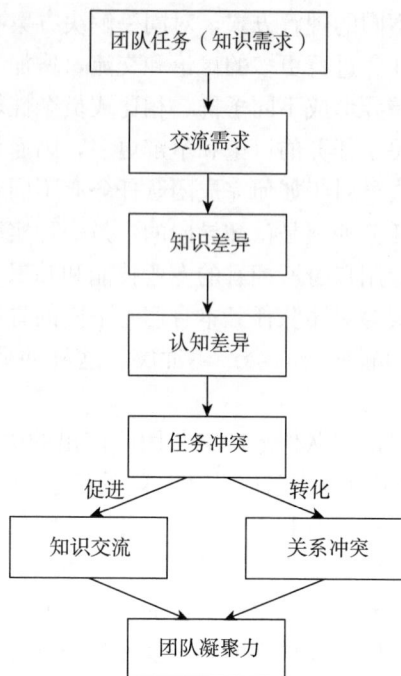

图 4-11　任务冲突对团队凝聚力作用过程

解称作认知差异。双方关于任务的认知差异会导致任务冲突的发生。任务冲突产生后，可能会沿着两个轨迹发展，良性的任务冲突可能带来不同思维模式的彼此启迪、不同知识结构的交叉共享，促进成员间的知识交流和共享；而任务冲突过大时也可能使团队成员紧张、不安、出现隔阂、恼怒等，即沿着恶性轨迹发展，转化为关系冲突。通过良性和恶性两条发展轨迹，任务冲突会对团队凝聚力造成影响。

2)任务冲突产生及作用模型

根据上述对任务冲突作用过程的描述，可构建任务冲突产生及作用模型，包括任务冲突产生模型、任务冲突作用机制及团队凝聚力的度量。

团队成员网络用图 $G(V, \Gamma, W)$ 来刻画。其中，$V=\{1, 2, \cdots, N\}$ 为节点集合，表示团队成员，N 为团队成员个数；$\Gamma=\{\gamma(i, j), i, j \in V\}$ 为边的集合，表示成员间的人际关系；$W=\{w(i, j), i, j \in V\}$ 为边的权重集合，表示人际关系的紧密程度。

团队成员的个性特征 P 依据"大五人格"理论进行描述，可分为外倾性、神经质、开放性、随和性和尽责性。知识特征 $K_i=\{k_{i1}, k_{i2}, \cdots, k_{ic}\}$ 表示个体 i 某类知识的知识存量，c 为知识种类；其中 k_{ic} 取值范围为 0~1，0 表示成员 i 没有 c 类知识，值越大表示成员的该类知识存量越大，相应的成员在该种知识领域的权威度越高；每个团队成员自身的知识都有一定的核心度，用 $\beta_i = \{\beta_{i1},$ $\beta_{i2}, \cdots, \beta_{ic}\}$ 表示，β_{ic} 表示成员 i 的 c 类知识的核心度，由该成员该类知识的拥有量决定，具体的可按式(4-15)计算得到。

$$\beta_{ic}(t) = \frac{k_{ic}(t)}{\sum_{x=1}^{n} k_{xc}(t)} \tag{4-15}$$

其中，分子 $k_{ic}(t)$ 为团队成员 i 在 t 时刻 c 类知识的知识存量；分母 $\sum_{x=1}^{n} k_{xc}(t)$ 为 t 时刻团队中 c 类知识的知识总量。比值越大，说明 i 占有了团队中绝大多数的 c 类知识，因此，成员 i 的 c 类知识在团队中的权威程度越大。

成员间关系紧密程度用团队网络中边权值度量，边权值 w_{ij} 越大表示关系越紧密，反之关系越疏远。初始时刻成员间的关系程度可由式(4-12)计算得到。

3)任务冲突产生模型

任务冲突是指团队成员由于知识背景的差异而导致对同一问题有不同的见解。在本书的研究中，进行知识交流的双方依据自身的知识产生各自的关于完成任务的意见，如果意见不同则双方间发生一次任务冲突，任务冲突大小由成员间意见的不同程度决定。

以团队成员 i 完成某项具有知识需求的任务 task_{ic} 为例，task_{ic} 的值表示该任务对 c 类知识的需求量，若成员 i 自身的知识 k_{ic} 不足以完成任务，则成员 i 会有交流的需求。假定团队成员会优先选择与知识最多的成员的进行交流。假设团队中 k_{jc} 最大，即团队成员 j 在 c 类知识的知识量最大，则成员 j 被成员 i 选择为交流对象。

选定交流对象后，交流双方 i 和 j 分别根据自身的知识产生一个完成团队任务的意见，分别表示为 o_{ic} 和 o_{jc}，o_{ic} 和 o_{jc} 的取值与团队成员知识存量 k_{ic} 和 k_{jc} 正相关，取值范围为 0～1。如果 o_{ic} 和 o_{jc} 相等或者几乎相等，则说明双方对于完成该任务的意见相同或者几乎相同，那么交流双方之间不发生任务冲突，同时也不会进行知识的交流和共享学习；如果 o_{ic} 和 o_{jc} 不相等，则说明双方对于完成该任务有不同意见，则交流双方之间发生一次任务冲突，任务冲突发生条件表示如下：

$$|o_{ic} - o_{jc}| > \sigma \tag{4-16}$$

其中，σ 为一个足够小的数，表示交流双方意见差距足够小，此时不会发生任务冲突。

若式(4-16)成立，说明交流双方间意见不同，则交流双方间发生一次任务冲突，任务冲突的程度通过式(4-17)计算得到。

$$\text{tc}_{ij}(t) = \text{e}^{|o_{ic} - o_{jc}|} \tag{4-17}$$

其中，$tc_{ij}(t)$ 表示成员 i 和成员 j 在 t 时刻发生任务冲突的程度，此次任务冲突的程度与交流双方意见的差异呈正相关，即双方关于任务的意见差异越大，则任务冲突程度越大。

4) 任务冲突的作用机制

在团队成员交流的过程中，交流双方发生任务冲突，可能会有两种截然不同的结果，一种是任务冲突的程度在可接受范围内，会促进团队成员的知识交流；而另一种是任务冲突过大，超过了团队成员的接受范围，在这种情况下，任务冲突不仅不能促进成员的知识交流，还会转化为关系冲突，对团队成员的关系紧密度产生负面影响。

给定一个任务冲突阈值 η，按照成员间的任务冲突是否超过这个给定阈值决定其作用路径，两种情况下任务冲突的作用路径分别如下。

第一，$tc_{ij}(t) \leqslant \eta$，交流双方间的任务冲突值小于等于给定的任务冲突阈值，即任务冲突在团队成员接受的范围内，则交流双方可以进行知识交流。

具体交流规则如下。

首先，交流需求方的知识量按式 (4-18) 增加，即

$$k_{ic}(t+1) = k_{ic}(t) + w_{ij}(t) \times (1 - \beta_{jc}(t)) \times (k_{jc}(t) - k_{ic}(t)) \quad (4\text{-}18)$$

其中，$w_{ij}(t)$ 为交流双方间的关系紧密程度，认为双方关系越紧密，知识交流的效果越好；$\beta_{jc}(t)$ 为知识提供方 j 所提供的 c 类知识的权威程度，j 在 c 类知识的权威度越高，出于对权威知识的保护，知识交流的效果越差。

其次，知识交流结束后，由于交流双方进行了积极的知识互动学习，双方间的关系会变得更加紧密，即

$$w_{ij}(t+1) = \min\left[w_{ij}(t) \times \left(1 + (\Delta_3)^{\frac{1}{2}}\right), \ 0.99 \right] \quad (4\text{-}19)$$

其中，$\Delta_3 = k_{ic}(t+1) - k_{ic}(t)$ 为成员在交流中实际获得的知识量。获得的知识越多，交流双方间的关系会变得越紧密，但关系紧密度最大只能接近 1，这里将关系紧密程度的最大值取为 0.99。

第二，$tc_{ij}(t) > \eta$，交流双方间的任务冲突值大于给定任务冲突阈值，即任务冲突程度超过了团队成员的接受范围，交流双方无法进行正常的知识交流，且任务冲突会转化为关系冲突，进而对团队成员间的关系紧密程度造成影响。

首先，任务冲突与关系冲突的转换规则为任务冲突超出阈值部分转换为关系冲突，即

$$rc_{ij}(t) = e^{tc_{ij}(t) - \eta} \quad (4\text{-}20)$$

其次，发生关系冲突后，团队成员间的关系紧密度会按照前文关系冲突对成员间的关系影响方式发生改变，即

$$w_{ij}(t+1) = (w_{ij}(t))^{tc_{ij}(t)} \quad (4\text{-}21)$$

目前针对任务冲突对团队凝聚力的影响，学者并未给出被广泛认可的结论。本书在对知识团队任务冲突的研究中，重点关注任务冲突对团队凝聚力的影响，充分考虑知识团队中任务冲突对团队作用的两面性，并构建任务冲突对团队凝聚力的作用模型，深入探讨任务冲突在何种情况下对团队凝聚力有积极影响，而在何种情况下对团队凝聚力有消极影响。相关的实验及结果将在 4.6 节给出。

4.2.4　知识协调对团队创造力的影响

团队成员的差异性和创造活动的复杂性无疑增加了团队协调的必要性。如果缺乏合理的分工与合作，团队就难以产生"1+1＞2"的合力。只有有效协调团队中不同成员的个体创造行为，才能使之形成创造力的协同效应。

1. 团队创造力

团队创造力是指在人与人之间的社会化过程及各种不同的行为活动中所产生的新事物或新想法。团队成员通过共同合作可以将各自的想法、观点与知识关联起来，进而形成创造性的系统。

Paulus[21]将团队创造力定义为团队的发散思维过程，反映在形成想法的流畅性方面，受到一系列联想过程和社会过程的影响。例如，新的联想、冲突、异质性或互补性和发散性风格等认知因素，以及竞争、比较、责任和目标等社会因素，都会影响团队的创造力。

团队创造力是团队层面的创造互动过程。团队创造力实质上是一种思维模式的转换，这种转换主要在于改变团队成员思考问题的方式，旨在强调顿悟的过程。团队创造力是创造产品、创造性个人、创造过程和创造性环境相结合并进行互动的过程。团队作为一个整体，其内部的激励机理与互动过程是导致团队创造力差异的最主要的原因，团队需要有特定的氛围、特定的作用机制才能体现其特性与作用。

团队创造力涌现于即兴的(improvisational)过程，其中个体成员通过合作以建立和关联其他成员的独特技能和想法，团队成员的这些联合行为构成了团队创造行为的整体系统。而且，团队成员的个人行为也可能引发创造性的集体行为。因此，团队创造力本质上是一个社会过程，它建立在个体创造过程的基础之上。

2. 知识协调与团队创造力

在知识团队中，知识分布于团队成员的个人头脑之中，团队需要对这些相互依赖的异质性知识进行有效管理。知识协调是决策制定团队中的一种社会化共享的元认知，即团队成员如何思考其加工与共享知识的方式。知识协调有助于团队成员形成有关任务和成员行为的准确解释和预期，而这些解释和预期反过来也有助于团队成员进行内隐协调。因而，基于认知互动视角的另一个重要的团队认知测量是，任务相关知识的动态提供与获取，即任务专长的协调过程。

知识协调是交互记忆系统的一个重要方面。由于团队成员具备一部分非共享信息，以及一部分共同信息，交互记忆系统的开发可以明确"谁负责哪些特定信息的获取、存储和检索"。作为一种认知架构形式，交互记忆系统包括团队的知识分工程度、专长协调能力和关于彼此知识可信度的信念这三个重要方面。其中，专长协调能力描述了团队成员之间如何利用彼此的独特知识和技能进行合作的能力，不仅确保成员认识其在特定信息方面的责任，也使其准确利用他人的专长。

因而，交互记忆系统理论是理解知识协调中沟通过程的一个重要基础，它存在两个关键假设：①团队能够感知和评估个体成员在相关知识领域中的专长；②团队能够发展和保持成员之间的沟通和专长共享机制。交互记忆系统描述了个体意识的网络，网络联结为原本分散的个体记忆系统提供了联系，如果没有网络联结，知识协调就不可能实现。根据互动认知的观点，这些知识交流也是团队水平的一种认知加工现象，团队成员在这些过程中逐渐形成的知识协调状态反映了他们社会化的认知共享过程。

交互记忆系统对团队创造力具有积极作用。从任务协调视角来看，团队需要平衡内部成员的知识和技能以保证团队知识的质量和数量，而这一工作过程的关键就是编码、储存和检索团队中的信息。

交互记忆系统对团队创造力的影响主要体现在以下两个方面。

一方面，交互记忆系统为激发团队创造力提供了知识积累。交互记忆系统强调分工合作，这既减轻了个体成员的认知负担，又减少了团队内部的信息重复，使整个团队能够获得远多于任何个人所能单独掌握的专业知识。团队创造力的实现离不开丰富的知识。因此，交互记忆系统为团队知识的创新提供了资源。

另一方面，交互记忆系统还有助于团队成员之间的协调分工。这是因为基于对他人专长的了解和信任，团队成员不仅能够更有效地分配任务，而且能够快速、准确地寻求并获得信息帮助。以往研究表明，具备不同专长的成员间的互动，能够激发更多的思想火花。在团队成员明确相互专长领域的情况下，他们之间的讨论更深入且具有建设性，因而能够提出更具创造力的解决方案。

3. 任务知识协调与团队创造力

任务知识协调是团队交互记忆系统的一个重要方面[11]。具有高度成熟交互记忆系统的团队表现出一种有效协调团队成员之间的任务和知识的能力。由于每个团队成员有着不同的知识背景及特定的认知风格，他们需要在团队合作过程中了解彼此的知识或专长，发展对他人知识的元认知，以便能在执行集体任务时主动利用这些元认知，发挥知识异质性的作用。在任务知识协调过程中，团队成员不仅需要关注"谁知道什么"的问题，还需要注意"为了有效执行复杂任务谁做了什么"的问题。知识团队需要发展一系列的任务知识表征，包括任务如何分解，以及为了实现总体目标谁需要执行哪些子任务。因此，尽管互知性（mutual knowledge）是理解团队绩效和发展的关键问题，但是，理解任务知识如何协调，以及这种协调如何影响知识异质性与团队创造力之间的关系等问题也同样重要。

已有研究结果表明，团队知识的利用效率与团队创造力之间正相关，因为对团队知识的有效利用能够提高团队成员对任务问题的理解，带来深度的信息加工，而且团队成员在有效利用他们的知识基础时，可以激发更加高级的思维形式，提高团队成员识别创造性解决方案的能力。任务知识协调是提高团队知识利用效率的一种有效手段，它能充分发挥成员专长并实现团队知识的价值。首先，知识协调可以简化信息搜索过程，使团队成员快速、准确地联系到彼此的特有专长，促进信息与知识的有效流动与交换。其次，由于团队成员可以获得和交叉利用更多、更广泛的视角，团队工作可以引致更多新的联想和创造成果。

因而，当任务知识协调水平高时，团队成员之间知识分工明确，信息交流顺畅，知识异质性与团队及其成员创造力之间的积极关系可能会得到加强。反之，当团队中任务知识协调水平低时，较小的知识异质性会使团队决策比较容易，却难以产生创造性的想法；随着知识异质性的逐渐增加，团队成员可以从多样化的知识或视角中获益，激发创造性思维。但是，当知识异质性达到一定程度后，由于团队成员的知识责任不清晰，难以分派及有效衔接各项任务要素，过高的知识异质性反而易导致他们之间形成知识鸿沟，不利于个人及团队创造力的发展。

此外，任务的结构方式也会影响团队成员的内在动机和创造性产出。当团队任务比较复杂时，人们就更能将所有注意力和精力都投入到思考不同的解决方法中去，从而可能激发出创造性结果；而当任务比较简单时，团队成员的积极性就难以充分调动起来，最终也会缺乏创造性绩效。

任务惯例化反映了团队成员以一种持续不变或重复的方式工作的程度，它可以被看做一个从高到低的连续区间，惯例化程度高意味着工作任务是可预测的，并能按照标准化流程加以解决（如生产线流水作业）；而惯例化程度低的工作特点是任务要求频繁改变，解决方式更为独特（如管理决策）。当任务惯例化程度较低时，团队内部工作（或信任）关系强度与团队绩效之间的倒 U 形曲线关系较强；而当任务惯例化程度较高时，二者之间的倒 U 形曲线关系较弱。当任务惯例化程度较低时，团队外部信息网络强度与团队绩效之间的正向关系较强；而当任务惯例化程度较高时，两者之间的正向关系较弱。任务惯例化对于内隐协调与团队创造力之间的关系起着负向调节作用。在日常工作中，当团队面临的任务高度惯例化时，所从事的活动都已设定好并且可预测，因此协调的必要性就不明显；与此同时，由于高惯例化任务具有重复性、简洁性和确定性等特点，团队成员只需按部就班就能完成目标，因此就缺乏动力去思考新的工作方法。

而当惯例化程度较低时，任务便呈现出模糊和不可预测等特点，为了应对这种不确定性，团队成员必须集思广益、群策群力，分享各自的专长和知识，寻求解决问题的最佳方案。在此过程中，团队层面的创造力得以提升。与简单化的任务相比，非惯例化的任务更具有挑战性并需要更多的思考，这随之促进了创造性思想的产生。

任务的互依性同样会影响团队的创造性产出。任务互依性是指团队成员在工作任务方面的相互关联程度，它反映了团队成员认为自己的工作在多大程度上需要依赖他人才能完成。任务互依性的存在使得团队成员的互动及合作行为成为团队运作的基本特征。在任务导向型团队中，基于对彼此能力和专长的了解，团队成员通过预测他人行为并相应调整自己行为来共同完成任务，无需讨论如何去做就能默契地协调各自行动。当团队内各种任务高度互依时，团队成员必须分享他们各自所掌握的信息和知识等资源才能成功完成团队工作，这时内隐协调就显得格外重要，借助它所形成的共享心智模式，团队成员才有可能迸发出更多的创造性灵感。可见，任务的互依性越强，内隐协调的必要性就越大，也就越有可能产生创造性的想法。此外，团队成员之间的相互依赖程度也决定了人际互动质量，而人际互动恰好是提升创造力的一个关键因素。

■ 4.3　团队建模与计算实验方法

团队工作过程具有典型的复杂性特征，主要表现在：①团队个体经过反复不断的交互过程，能够涌现出具有复杂性、适应性、非线性等特点的整体特征。②团队成员具有智能性，可以通过学习不断地调整自己的行为，使得团队协作的最终结果具有不可预知性。面对团队互动过程中个体行为产生适应性变化这一复杂问题，要求我们借鉴、吸收、集成、融合不同学科的理论、工具与技术，特别是综合自然科学、社会科学与人文科学的技术和方法，在已有研究方法的基础上，形成新的关于复杂系统管理问题研究的方法论与方法。

4.3.1　计算模型

知识团队是一类复杂的自适性系统，系统构成要素为团队成员及他们之间的关系。这一系统的复杂性体现在个体行为、组织结构、要素关联、环境等方面，尤其是团队中的知识个体，具有主动性和适应的特性，在进行知识交流的互动过程中能够不断学习新的知识，改变自身属性；同时，知识个体也能通过积累经验来不断调整自身的行为，以适应环境及其变化。这种"适应性"造就了系统的复杂性。

针对知识团队的建模，复杂自适应理论给我们提供了"自底向上"的建模方法，即首先从组成团队的最小单位"个体"出发，利用 Agent 仿真技术，对个体的属性进行描述；其次介绍团队整体模型。

1. 异质性个体

将团队中的每一个个体抽象为一个 Agent，然后分别赋予这些 Agent 不同的属性值以进行区分。这样，一个异质性团队系统要素基础就建立起来了。

1) Agent 自身属性

知识团队中 Agent 自身所表现出的特征[22]归纳如表 4-4 所示。

表 4-4　知识团队中 Agent 的特性

种类	Agent 的特性	表现
1	异质性	基本属性值不同、策略偏好不同、相同刺激效用不同
2	自适应性	反馈机制——策略的策略(策略改变)、适应环境中的各种规制
3	智能性	有情感、具有策略决策、学知识、(比较并)互惠
4	主动性	刺激—反应模型任务驱动
5	自主性	决策和判断过程不受外部控制
6	交互性	与其他 Agent、环境交互
7	协作性	知识互惠、任务相互内包
8	反应性	简单应答(如拒绝、不交流)
9	社会性	具有社会属性、对任务完成负有责任

2) Agent 关于他人的认知建模

关于他人的记忆，不仅包括对他人"自身属性"的认知，也包括了对自己和他人之间关系的认知，具体包括以下方面。

(1)关于他人标识、社会属性、心理属性的记忆。

(2)关于他人知识属性的记忆。

(3)对他人的认知信任。

(4)对他人的情感信任。

3) Agent 的交互设计

从社会关系的角度来研究知识的转移，可以大致分为两个视角，即二元关系层次和社会网络层次。需要指出的是，这两种视角从复杂适应系统的涌现观点来看其实并不矛盾。因为所谓的从"第三方"获得"谁知道什么"的信息，实际上也是两两交互的过程。二元关系所产生的知识互动结果，会反过来影响双方的认知，这种认知又会改变个体对所处的社会网络的整体认识，从而不断调整自身的行动策略，进一步又决定下一次的知识互动过程。

从社会网络视角来看，二元关系包含一对很重要的概念，即强联结和弱联结。

强联结是在性别、年龄、教育程度、职业身份、收入水平等社会经济特征相似的个体之间发展起来的,这更像是社会属性的相似性及心理属性的匹配;而弱联结则可以充当"信息的桥梁",这为后面创造"突变"的选择机制(寻找不熟悉的个体)提供了理论基础。

基于二元关系的视角,团队中两个个体进行交流的过程开始于主动方对知识的需求。之所以用主动方和被动方,而没有使用知识的需求者和供给者,是因为两个个体的知识互动过程并不总能保证交流的发起者或是主动方最终会获得知识,被动方也是一样。有时,主动方和被动方还可能同时互为某一维知识的需求者和供给者。但整个个体之间的交流过程会在何时结束是不能确定的,有很多情况会使得两者中一方或双双结束交流。这些情况至少包括社会属性、心理属性阻碍沟通、知识存量难以满足知识需求、博弈结果为不合作和知识互惠成功等。

Agent 之间的消息至少包括信息和知识。Agent 之间的交互机制实际上是一个收发消息(Message)的过程。由于每次交互都是一个潜在的"知识交互过程",消息可以通用且表示为

$$\text{Message}(\text{Agent}_i,\text{Agent}_j,\text{Msg}_{\text{Type}},\text{Msg}_{\text{Text}},\cdots)$$

具体来说,其表示 Agent_i 向 Agent_j 发出的内容为 Msg_{Text} 的 Msg_{Type} 类别的消息。此外,有些消息要求被回复,有些则不需要回复。例如,询问各种属性的消息需要得到对方的答复(F_T),而如果是提出结束交流过程的消息,则不需要对方进行回复(F_F)。

由主动方 Agent_i 向被动方 Agent_j 发出的、向其传授第 k_d 维度的知识的(包含知识的)消息就可以表达如下:

$$\text{Knowledge Message}(\text{Agent}_i,\text{Agent}_j,K_{i-j},K_{\text{Amount}},K_D,F_T)$$

其中,K_{i-j} 表示是主动方向被动方发出的包含知识的消息;K_{Amount} 表示知识传递的量(未损益的流量)。

2. 团队整体模型

1)团队属性

(1)团队知识结构。由 Agent 的知识涌现出团队知识结构。组织的知识结构是组织内部知识所依附和存在的载体的结构,是实现知识管理的关键。类似地,团队的知识结构是个体知识的总和。它既包括团队成员各个知识维度的知识存量总和,也包括这些成员在每个知识维度上的知识分布情况。

(2)认知信任关系网络(矩阵)。由前面的讨论可知,团队个体在交流之后会形成几个层次的网络,即社会属性(相容)网络、情感属性网络和知识属性网络。

(3)知识交流网络。发生了知识交流的一对个体之间存在一条边,用以表示知识交流关系,有向边表示知识传递的方向,双向边表示知识互惠。在团队层面,边的集合构成了知识交流网络。

(4)情感信任关系网络(矩阵)。前面已经介绍,知识交流产生(人际知识)情感。因此情感信任网络一般与知识交流网络相重合。

(5)交互记忆系统。交互记忆系统也可以看做团队成员之间形成的一种彼此依赖的,用以获得并编码、储存、检索及通过交流运用来自不同领域的团队知识的合作型分工系统,是一种集体记忆。基于彼此记忆基础之上的专业化分工可以减轻负担、提升效率。

(6)共享心智模型。对团队中的某一成员(全体或绝大部分成员)共同的一致的认知就是共享心智。

总结来看,上面这几种大都属于结构层面的"质"的部分。关于网络系统的结构,可以使用一些统计参数来进行度量。

为了比较不同规模的网络图中节点的程度中心度大小,可用相对程度中心度代替绝对程度中心度指标,前者是指节点的绝对程度中心度和网络中节点最大可能的度数之比,用公式表示为

$$C_{di} = \frac{\sum_{j}^{n} a_{ij}}{n-1}$$

其中,n 为网络节点数;等式右边分子为节点 i 和所有网络节点建立关系数的总和。

2)团队系统的环境

环境既包含整个团队策略的构成,又形成个体在资源及行动方面的限制和约束,更深层次的,涉及"团队氛围"等层面。

(1)环境提供的资源包括:团队形式的互动空间,允许成员之间相互交流,为 Agent 学习知识提供了交流的可能;形成交互记忆系统,专业化提高了个体的效率并减轻了记忆的负担等;团队氛围鼓励成员在不承担任务的时候进行自主学习。

(2)环境的约束表现为:对个体所采取的知识交流机制进行控制,如不让进行团队内的知识内包,对任务的完成进行时间上的约束,专业化的环境使得个体有时必须通过协作来完成任务等。

3)团队系统的输入

系统最为重要的输入就是任务。任务需求知识量可以组成任务—知识矩阵;而子任务与所承担的团队成员可以组成任务—成员(布尔)矩阵(每1行只有1个1)。两个矩阵进行一定的运算,就可得到个体完成全部子任务在每一维上所需的知识量矩阵,即成员—知识需求矩阵。

任务需要进行分解才能分配到个体。总体任务的分解是比较复杂的,有时候甚至是 NP 难题。简单的办法包括随机分配、根据比较优势分配等,或是团队成

员的主动选择等。

任务能否完成、完成得好坏实际上是由知识存量的多少来决定的。个体总是先学习知识，再完成任务。同时每个个体对于子任务的完成顺序是有偏好的。假设不考虑子任务之间复杂的顺序关系，则其可以分别单独被完成。此外，在前面对个体完成任务时选择内包的策略也隐含了对子任务的另一个假设：每个子任务必须作为整体去执行，必须当一个 Agent 满足子任务的各个维度的知识存量的要求，才视为该任务被完成，如任务完成所花费的时间，这里将其视作一个常量来处理。

类比人工社会的代表模型——糖域(sugar scape)模型来直观分析任务的驱动作用，如图 4-12 所示。

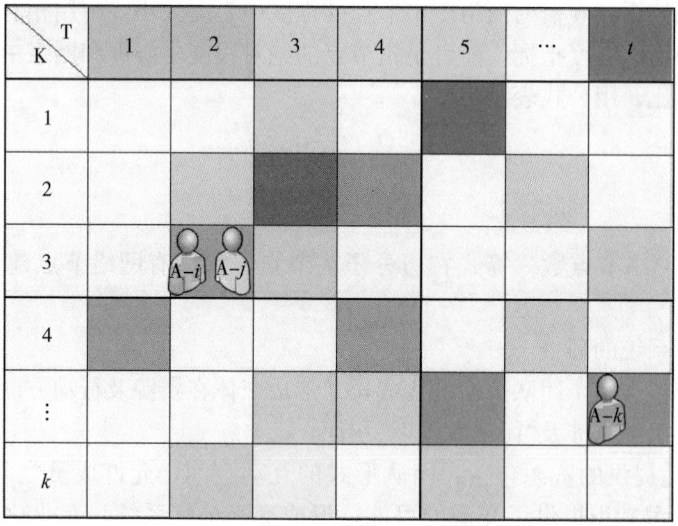

图 4-12　知识交流二维空间模型

用任务和所需知识形成一个二维空间：横向的坐标依次表示子任务的编号，纵向的坐标表示为了完成子任务在每一维度上所需的知识。每个 Agent 所需完成的若干子任务形成一个相邻的区域。根据不同的完成任务的策略和知识的选择策略，Agent 会进入某一个特定的单元格内[如图 4-12 中，$Agent_i$ 为了获取解决第 2 个任务的第 3 维知识所需的知识而进入 TK(3，2)中]，并请求 $Agent_j$ 协助自己学习知识，这时两个 Agent 处于同一个单元格内，子任务所属 Agent 为该维度知识的需求者，另一方则为潜在供给者。单元格的颜色深浅表示自身与完成任务所需知识量之差的绝对值大小。颜色变得透明表示 Agent 对该维度的知识已经掌握到所需的程度。知识交流的策略由两个 Agent 的内部状态、各自的决策机制和环境(制度层面等)决定。作为互惠等形式的交流，$Agent_i$ 在学习知识之后也可以将自己的知识专长传授给Agent$_j$。当每个单元格的颜色都变成透明时，该子任务也就全部被完成。完成了全部子任务的 Agent 就处于空闲状态。

虽然糖域模型这种基于二维网格形式的原始表示方式不能为我们展现多层次的复杂关系网络，但其所简明体现的知识交流过程能够比较容易地描述"团队中究竟发生了什么"，从而为我们观察"谁在跟谁做什么"提供了新的视角。

4）团队系统的输出

系统输出的既有有形的任务完成情况，又有无形的团队提高的创造力。前者可以通过判断 Agent 完成子任务的总数量来度量，后者不容易度量，但可以比较。对于两个初始完全一样的团队，如何判断哪个团队现在的系统能力大，需要令其"做功"，承担同样一批新任务，哪个团队现在能够又快又好地完成，哪个团队的团队效能或是团队创造力就高。

4.3.2　计算实验方法

团队成员具有高度的智能性、自主性、目的性及对外界的自适应能力，他们通过内部互动，以及与环境之间的交互产生认知与决策行为，并通过学习、模仿、尝试等手段改变自身行为以适应环境的变化。

随着计算机科学的迅猛发展，基于计算机技术的"可计算"在一些自然科学领域已经成为一种新的科学研究方法。从刻画组成系统的微观个体单元的行为或者特性出发，通过领域知识表达它们在一定环境背景下彼此之间的关联关系及其演化行为，揭示对于系统宏观（集结性）层次涌现出来的规律性认识。与传统的"自上向下"的建模思想相比，这种"自下向上"的建模思想给复杂管理问题研究提供了新的路径。这就是所谓的计算实验方法。

计算实验是以综合集成方法论为指导，融合计算技术、复杂系统理论和演化理论等，通过计算机再现管理活动的基本情景、微观主体的行为特征及相互关联，并在此基础上分析揭示管理复杂性与演化规律的一种研究方法[23]。它不仅为研究复杂管理系统自组织、动态演化及宏观与微观层次之间相互作用等问题提供了新的工具和手段，而且还可以和传统研究方法一起，在综合集成思想的指导下形成现代管理科学研究方法体系，即定性定量、科学实验、虚实结合、综合集成。该体系在充分发挥已有各种研究方法重要作用的基础上，能够形成更加综合、更加深刻的关于复杂管理科学问题的认识和分析能力。

计算实验是一种情景建模技术，通过规则建模方式将情景的定性描述与定量表达相结合，借助计算机再现管理与社会系统的基本情景。情景主要是指管理问题当中主体所处的环境背景（景），以及主体与主体间的行为交互的情节（情）。为了在计算机上再现管理问题的基本情景，计算实验模型需要关注主体行为的文化基因、主体与主体间的行为规则及管理问题所处的基本环境的描述。

计算实验方法所构建的模型能够有效融合博弈论、复杂自适应理论、计算技术等，将多种知识综合集成从而研究管理与社会问题的现象、行为和演化规律。

计算实验方法与其他研究方法相似，都是通过对现实管理问题简化，在简化的假设条件下开展管理学问题的研究。计算实验方法与实验管理学相比，两者都采用实验的方式开展管理问题的研究，并对研究结果进行分析，但是两者还是存在较大的差异。一方面，实验管理学实验的对象和主体是真实的、高智商的、情感复杂的人，而计算实验方法中的行为主体主要是指计算机程序所构建的Agent，Agent具有一定的行为规则、行为偏好、学习能力、自适应能力等，具有人工智能的主体智能性。另一方面，实验管理学对实验主体的阅历、能力等有较高、特定的要求，实验往往受到成本、周期、条件等因素的影响，实验过程也往往是不可逆的，因此复杂问题的研究很难进行有效实验。计算实验方法中的实验Agent，能够将管理问题中的定性模型与描述规则相结合，在计算机中构建管理问题所对应的人工组织系统、人工社会系统，能够对系统演化机制、与环境的交互作用、系统中各要素的动力学行为进行多次反复实验研究，这种实验方式的成本较低，实验过程也是可逆的。再者，实验管理学与计算实验方法的实验思路不同，实验管理学需要构建实验模拟的组织环境及相关的实验主体，通过实验主体在模拟环境中的表现分析问题；而计算实验方法则基于多代理建模过程，通过构建微观主体之间的交互规则与行为机制，观察系统演化过程中微观层面与宏观层面的双向交互与反馈。此外，两者的研究重心不同，实验管理学本质上是一种经验调研方法，主要是对特定剖面的管理问题进行研究；而计算实验方法则可以克服实验管理学所面临的诸多限制，如场地、成本控制等，根据研究者的研究思路和研究目的，设计相应的计算机情景模型，研究系统的演化行为，分析主体的行为特性。

计算实验方法与系统仿真也有着本质的区别。从广义上讲，计算实验方法与系统仿真都是通过模仿实际系统来进行研究，两者都是仿"真"技术。但真实系统过于复杂，任何仿"真"方法都无法与真实系统完全一致，完全仿"真"对于研究而言也是没有必要的，因此，计算实验方法和系统仿真方法在仿"真"的程度、级别、角度与侧重点之间存在一定的差别。系统仿真是以真实系统为标杆，计算机内所构建的系统要尽量"逼真"，系统仿真是通过计算机尽可能重现"一种"现实，多次调整后会使仿真结果越来越"逼真"。计算实验方法所构建的管理问题或情境，却并不是现实中的某"一种"现实，只需要其所构建的模型中主体的属性、规则、方法等符合现实状况，甚至实验模型所构建的情景是已经发生、未发生、可能发生的状况，因此计算实验方法能够在一定的基本法则下得到多种可能状态、轨迹和落地路径，一次实验所得到的结果只是这多种可能中一种。此外，计算实验方法重点关注Agent的智能性、自适应性和学习性的刻画，关注系统的演化行为并重点针对系统微观与宏观层面的交互反馈分析。通过计算实验分析能够解释曾经发生的意想不到的情景，预测未来可能发生的情景，分析现实状况中的问题，这些实验结果包括我们见过的，甚至包括可能是我们从来没有见过的所谓"怪异"情形。

现实管理世界具有难以进行实验的特性：人们可以轻易地配制两瓶浓度相同的稀盐酸，但无法找到两个配置相同的团队并进行实验；而且一经实验，管理的平衡甚至是不干扰管理客体的目的也被破坏了。现实世界中的管理是不能重来、不可复制的。而计算实验方法所使用的是一种可以称为"情景建模"的方法，其做法是基于现实的管理领域问题，尽可能逼真地抽象出整个管理系统的各个基本要素和各种基本联系，然后在计算机世界中"仿造"出一个可计算、可控的软件系统。

计算实验方法相比传统的实证研究方法在某些方面具有独特的优势。实证研究中广泛采用的 IPO 模型，其作为一个黑箱，屏蔽了对团队内部深入细致探究的可能。而计算实验方法可通过刻画微观个体的特征与行为，利用"情境建模"的方法，揭示团队层面的整体特征和涌现出的规律。

实证方法无法处理动态问题。面对团队工作过程中不断变化的条件，实证方法只能以时间切面研究为主，而且只能在"唯一的"初始条件下开展研究。而计算实验方法则能很好地展现团队工作过程中的复杂特性，因而能够对各种条件下的工作过程进行研究，并能够通过不同的参数设置模拟不同的情景，其可计算、可重复实验的优势明显。

因此，计算实验方法在复杂系统演变过程研究中，特别是在发展理论假设方面具有实证研究不可替代的作用。

计算实验的结果对团队中两类人具有指导意义。一类是企业中团队外部的管理者，他们可根据计算实验的结果进行深入的分析，并为团队的实践提供战略性的、全局性的指导；另一类是团队中的个体成员，其本身既是现实世界中的一个行动者（actor），又对应计算机系统里的一个 Agent，将计算机分析的结果向他们展示，可以让他们发现自己在团队这个整体中的作用，有利于团队成员站在更高的层面上进行"系统思考"。

尽管计算实验方法有其独特优势，但必须与其他传统研究方法集成才能发挥更大的作用。在综合集成思想的指导下，本书提出针对团队知识管理问题计算实验的"六角星—六边形"模型，如图 4-13 所示，处于核心的计算实验与其他理论和过程被六个小三角形紧密契合在一起形成更大的六边形。

从图 4-13 中可以看出，采用计算实验方法，并不是完全摒弃实证等其他研究方法。作为有力支持，实证研究结果可提供对计算实验方法进行改进的依据。现实世界中观察到的现象和文献成果中展示的理论都是计算实验的理论基础，可以对真实团队进行有针对性的计算实验，并经现实和理论的反馈不断完善理论模型，进而对团队发展做出预测。

如果是团队成员参考了计算实验的结果，其行为可能在很大程度上因此改

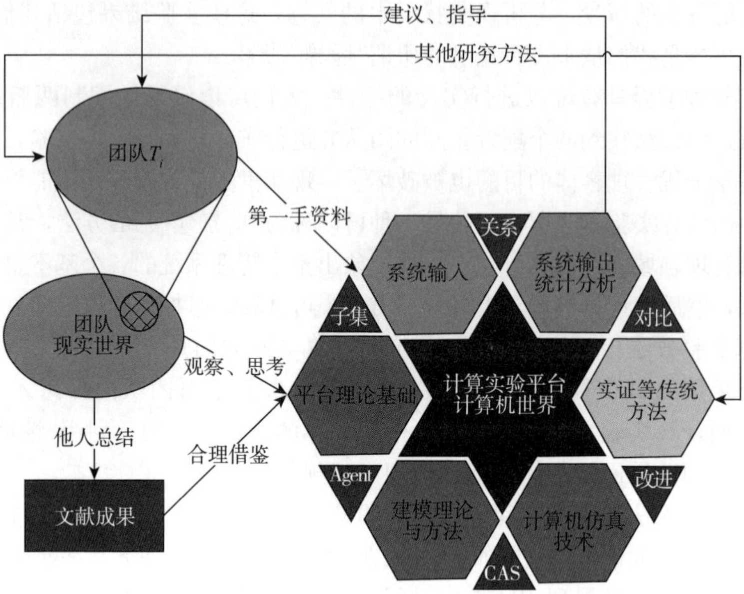

图 4-13   计算实验的"六角星—六边形"模型
CAS 为复杂适应系统

变，从而原来的系统运行"路径"就会发生"偏移"。这相当于间接改变了 Agent
对策略的选择。因此每当一个团队成员参考了计算实验的结果，就要将其可能的
行动改变体现在计算实验的运行之中。否则"计算机世界"将偏离"现实世界"，不
能继续准确提供管理咨询解决方案。因此，无论是团队外部的管理者还是团队成
员，如果需要查看系统的计算实验结果，就要保证"计算机世界"对"现实世界"的
一切反作用都已经体现在"计算机世界"之中。

　　前面已经论述了由于具有构成灵活，反应迅速，能够进行快速的组合、配
置、重新定位和解散等特点，知识团队越来越成为组织工作的主要方式。但知识
团队首先会遇到如何组合、配置成员等团队组建方面的问题；而且不同的激励和
控制条件下，团队会展现出复杂多变的运动形式；在出现问题时，团队的管理者
还要对其进行针对性的诊断并给予及时指导。而由于团队知识系统是一类复杂自
适应系统，诸多因素，如成员的各个属性及其在团队中的分布、团队外部环境和
控制、激励机制，都会对整个团队产生深刻的影响。更为重要的是，有一部分影
响因素是团队无法驾驭的，如成员的交流顺序等。这一切都给团队的绩效保障或
提高带来阻碍。虽然计算实验可以用来帮助更深刻地认识团队和探索性地改造团
队，但这也只是管理的决策支持手段，目前来看，计算实验或是更高级的人工
（智能）方法还无法取代人类智慧。

　　当然，这种辅助性手段也不是随意而为的，很难有一种（知识）管理方法适用

于所有的组织形式。计算实验的团队针对性是结论可靠性和适用性的必要保障。前面在分析团队知识系统模型和设计计算实验的计算机系统时，已经指出预留出各种调节机制的重要性，从而形成对一定范围内各种假设集合的支持。用户只需要根据团队的实际情况将初始情况"记录"在系统内，并选择所需的输出，系统就会进行针对性的实验。这一点在后文也有实例支撑。

在解释了团队的个体行为是如何涌现出整体现象之后，就要对问题进行诊断，并提供给管理人员或团队成员进行改进，改变整个团队知识系统的运行现状；或者提供给管理者团队的发展阶段和趋势，并及早对即将到来的衰退期做好充分准备。

4.4　团队发展的计算实验

团队作为组织的特殊形式，其成长过程类似于一个生命有机体，根据生命周期理论，团队的发展一般要经过成立期、动荡期、稳定期、高产期和调整期五个阶段。下面主要针对团队成立期的组建问题、稳定期的互动问题和调整期的评价问题进行计算实验，以期得到一些有意义的实验结果，为制定团队不同阶段的知识协调管理策略提供依据。

4.4.1　团队组建的计算实验

1. 团队成员选择

本实验考察某个个体加入团队后所带来的整体"影响"。传统的人员选择单纯从个体所完成的任务和知识量来考虑，而忽视了其对团队整体起的作用。本实验旨在度量一个个体对团队贡献的大小。

1）实验设计（只改变人格）

针对只改变人格的实验做出如下假设。

（1）$Agent_i$ 在团队中，只有交流顺序随机（符合现实），人格为 5。

（2）$Agent_j$ 在团队中，只有交流顺序随机（符合现实），人格为 4。

2）计算实验结果

每种条件下重复本实验 10 次，计算团队效能（任务完成数量）的平均值，结果如图 4-14 所示。

其中，$Agent_i$ 在团队中时，团队总体任务完成平均值为 $MEAN(T_{TOTAL,i}) = 15.3$，自身通过交流而完成的任务数量均值（$MEAN(T_{COM,i})$）为 3；$Agent_j$ 在团队中时，有 $MEAN(T_{TOTAL,j}) = 13.4$，$MEAN(T_{COM,j}) = 1.6$。

3）结论

传统的方法单纯依据知识量是否具有明显差距，$Agent_i$、$Agent_j$ 的知识水

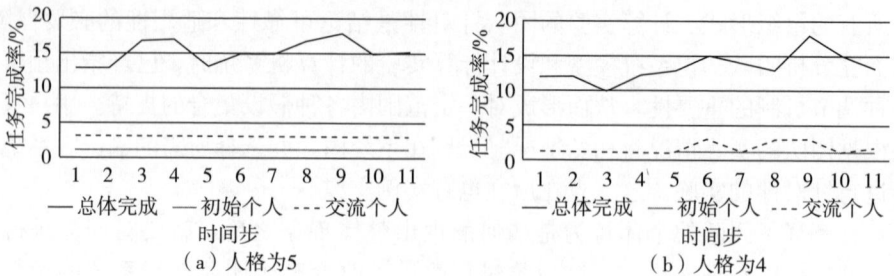

（a）人格为5　　　　　　　　　　　（b）人格为4

图 4-14　个体和团队任务完成情况对比图

平一致，两者皆可。然而经过计算实验的预测，由于人格的不同，在团队进行交互之后，个体任务完成率提高了 35%，团队整体的任务完成率提升了 7.6%，很明显应该选 $Agent_i$。这类似于乘数效应。

计算实验提供了一种看问题的整体视角，同时该实例也可以看做一种自底向上的"涌现"。值得指出，不仅是人格会影响团队整体交流的效果，其他诸如社会属性等也会因影响认知信任网络，进而对团队建设产生实质性影响。

2. 任务分配及内包

团队的任务分配有多种形式：根据比较优势进行分配，团队成员主动承担（分担）等，也可以通过规划问题的求解来进行（有时是 NP 问题）。本计算实验通过对任务的两个方面的制度——初始分配和是否允许内包，来讨论其对特定团队的影响。其中任务的"内包"可视为 Agent 之间自主发生的委托—代理模型。

1）实验目的

在组建了一个以人为要素的系统之后，就开始对任务进行分配并规定任务的完成策略。然而这些与团队的绩效是否有关呢？这需要进行针对性的计算实验。

此计算实验的研究问题是：着重探讨团队外部控制条件对团队的影响。控制包括内部环境层面的两种制度，即初始任务的分配（任务分配的机制）、任务是否可以内包（指任务是否可以在团队内部交由他人完成的制度）。而影响采用团队互动时长和团队任务完成总量来度量。此后的研究应该进行计算实验，并借此给予团队领导或者负责人针对性的管理建议。

2）实验条件

为了实现研究目的，假设一个需要进行知识管理咨询的 A 团队提出进行针对性的计算实验。接下来则可通过实地访谈或者调查问卷等形式收集整个团队与知识管理过程相关的各种数据，并依此将实验条件（部分）设置为如表 4-5 所示的情形。在这里需要指出的是，根据实际情况，团队成员彼此间的交流顺序是不可控的。

表 4-5　实验条件设置表

内容	值/选项
Agent 数量(给定团队 A)	10
团队知识维度(给定团队 A)	20
社会属性极差(给定团队 A)	4
人格属性判断(给定团队 A)	九型人格—匹配
交流形式(给定团队 A)	互惠
子任务数量(系统的输入)	15
任务完成策略(因素 1)	子任务是否可以内包
子任务分配方案(因素 2)	15 种子任务随机分配
输出 1(因变量)	团队互动时长
输出 2(因变量)	团队完成任务的数量

3)实验结果

以 10 种不同的任务初始分配方案和任务内包与否的两种情况组成 20 种因素的组合。为了排除不可控的团队成员彼此之间的交流顺序带来的影响，对每种组合进行 5 次重复实验。计算实验经过 100 次运行得到了不同子任务分配方案和任务是否可以内包的情况下团队的两个输出指标的数值结果。收集数据并绘制图形，如图 4-15(针对任务完成量)所示。

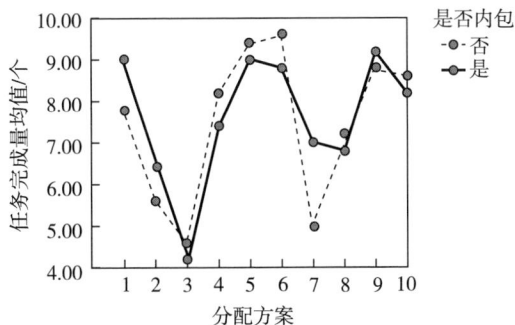

图 4-15　任务完成量均值图

可以从图 4-15 中直观地观察到，任务是否内包对于任务的完成量没有一致的很明显的影响，而不同任务分配方案下完成任务量的差异很明显。

4)结果分析与结论

使用 SPSS 软件进行方差分析，来确定哪些因素的影响是显著的，得到的结果如表 4-6 和表 4-7 所示。

表 4-6   互动时长的主体间效应检验

源	Ⅲ型平方和	df	均方值	F	Sig.
校正模型	286 788.160	19	15 094.114	1.207	0.274
截距	852 298.240	1	852 298.240	68.140	0.000
是否内包	2 171.560	1	2 171.560	0.174	0.678
初始分配	180 895.360	9	20 099.484	1.607	0.127
是否内包且初始分配	103 721.240	9	11 524.582	0.921	0.511
误差	1 000 617.600	80	12 507.720		
总计	2 139 704.000	100			
校正的总计	1 287 405.760	99			

注：df 表示方差，F 表示 F 检验，sig. 表示显著水平

表 4-7   任务完成量的主体间效应检验

源	Ⅲ型平方和	df	均方值	F	Sig.
校正模型	261.240	19	13.749	5.511	0.000
截距	5 685.160	1	5 685.160	2 278.62	0.000
是否内包	0.360	1	0.360	0.144	0.705
初始分配	240.840	9	26.760	10.725	0.000
是否内包且初始分配	20.040	9	2.227	0.892	0.536
误差	199.600	80	2.495		
总计	6 146.000	100			
校正的总计	460.840	99			

注：df 表示方差，F 表示 F 检验，sig. 表示显著水平

根据表 4-6 和表 4-7 可知，从对互动时长作为因变量的检验结果来看，结果都不显著（均大于 0.05）；而针对任务完成量，只有不同的任务初始分配会对任务的完成量造成显著的影响（小于 0.05）。将检验结果总结如下（针对团队 A，在无法控制团队成员交流顺序的前提下）。

(1)任务是否可以内包，任务初始分配的不同是不能显著改变团队互动总时长的。

(2)任务是否可以内包不能显著影响任务的完成，但是不同的任务初始分配对任务完成的总量具有显著影响，并且不存在显著的交互作用。

结论：针对给定的团队 A，在无法控制团队成员互动顺序的情况下，对于团队的管理者来说，应该将主要的精力放在任务的分配机制上，而不必过分干预团队内的任务是否可以内包（即任务由谁来完成）。

针对团队 A，还可以进一步研究任务复杂度和任务知识需求与成员知识结构间不同组合的具体关系。

分析任务初始分配对任务完成总量的影响，认知信任网络的结构在其中起着重要作用。由对他人基本属性的认知形成的认知网络，决定了知识交流的效果，如果较难完成的任务分配给在认知网络中难以与他人交流的个体 Agent，则会影响团队的整体绩效。当然，个体知识结构也会造成初始任务分配所带来的绩效不同。另外，知识水平在团队内的分布不均会促进知识交流，但也会由于"优势方"的存在导致在"互惠"条件下形成交流阻力，是否内包就可能因为后者作用更大而对结果没有显著的影响。

3. 不同团队的对比实验

对"知识同质成员"的团队进行计算实验，初始的设置与之前基本一致，只是团队成员之间的知识水平基本没有差异性（略带差异），是"同质的"。但对于互动时长的检验就产生了影响，如表 4-8 所示。

表 4-8　互动时长的主体间效应检验

源	Ⅲ型平方和	df	均方值	F	Sig.
校正模型	383 468.400	19	20 182.547	4.613	0.000
截距	662 596.000	1	662 596.000	151.458	0.000
内包	14 884.000	1	14 884.000	3.402	0.069
分配	263 946.200	9	29 327.356	6.704	0.000
内包且分配	104 638.200	9	11 626.467	2.658	0.009
误差	349 981.600	80	4 374.770		
总计	1 396 046.000	100			
校正的总计	733 450.000	99			

注：df 表示方差，F 表示 F 检验，sig. 表示是显著水平

不同的分配方案会影响到团队的互动时长，并且具有交互作用。

对比两次计算实验可以看出，两个团队只是知识的异质性程度不同，就会对团队产生不同的影响。

这再一次说明了团队知识系统是一类复杂适应系统，其系统行为具有多变性和不可预测性。这需要结合计算实验的相关理论进行针对性的探讨才能对某个团队提出合理可行的管理实践方案。

4.4.2　团队知识互动的计算实验

计算实验的一个优势在于不必完全拘泥于现实世界的情况，可以自由地进行探索性实验和尝试，并在此过程中发现一些我们不曾注意或关注的点，引发思

考、继续试验从而受到启发。根据团队生命周期理论，团队建设是在团队形成之后的过程，其目的是在团队达到成熟期之后继续保持高位运行。

团队互动和发展直至成熟的过程中会遇到很多问题，下面进行计算实验并分析。

1. 交流顺序对绩效的影响

由于异质性个体基本属性(多层次交互网络)的制约结果，交流的顺序很可能影响交流的结果。简化，不仅是系统测试的要求，也是对团队知识系统进行计算实验的方法之一。在将团队适当"简化"之后，我们更容易观察并分析下面结果的成因，如图 4-16 所示。

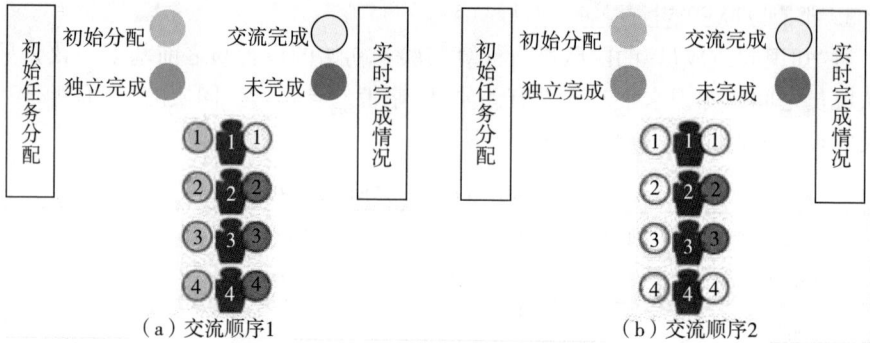

图 4-16　任务完成情况对比图

图 4-16 是一个对比结果，表示不同的实验产生了不同的团队绩效。而本次实验的初始条件只有交互的顺序不同，其他的，如成员的各个属性、任务需要的知识量等都完全一致。

根据这一现象进行分析(通过程序记录的交流顺序)会发现：交流顺序会影响交流的结果。具体影响过程如图 4-17 所示。

Agent 1 和 Agent 2 不能与 Agent 4 进行知识交流是因为心理属性网络的限制。因此，Agent 4 如果想学习某种知识，只能通过 Agent 3 进行。情况一：图 4-17(a)表示 Agent 3 的这种知识是跟 Agent 1 学习的，并且解决了任务，其就不会向 Agent 2 继续学习，但此时 Agent 3 的知识存量不满足 Agent 4 对完成任务的需求。情况二：Agent 3 从 Agent 2 那里学来了足够多的知识来帮助 Agent 4。这里有一个假设，就是每个 Agent 都是"好学的"。

通过以上的分析得出的管理启示为：对于一个"好学"的团队，不同的交流顺序对团队绩效(或产出)影响很大。因此要打破团队互动中的路径依赖，为提供创新、突变提供可能；并且适时打破由认知网络产生的知识交流障碍。

2. 任务完成策略控制

如同团队组建时那样，一般通过调节任务完成策略的制度限制来观测什么样

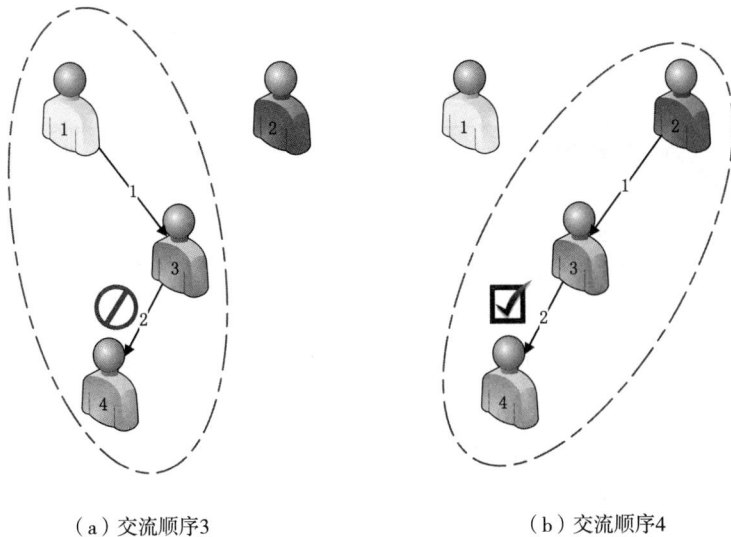

（a）交流顺序3　　　　　　　　　　　（b）交流顺序4

图 4-17　交流顺序演示

的外部激励对团队是有效的。

　　假设团队 A 的成员都已经分配到自己的子任务，则团队进入互动过程，那么如果该团队是被外部控制的，或是团队中的个体能够达成对任务完成策略的一致建议，则至少存在三种完成整个大任务的方案：只可以通过知识交流来完成任务、通过知识交流和任务内包相结合（阈值），或者以上两种方案轮换。第三种方案可以被理解为团的完成任务的策略总是在不断变化的。

　　对同一个团队进行三种情况下的计算实验，为了排除交流过程的随机性，每种情况做若干次仿真，并取平均数。由于不同仿真下完成任务的数量不同，因此取都能达到的完成 9 个任务为统计的截止任务完成时间，如图 4-18（a）所示；同时最终的任务完成量见图 4-18（b）。

　　从图 4-18（a）中可以观察到，在前 8 个任务中，轮换策略基本（除了任务 2）是最耗时的一种策略，从效率来讲，尽管任务量较小，采用轮换方式还是会造成一定的"转换成本"的。而相比之下，采取一贯的内包策略则会保持一个高效的运作效率。

　　进一步分析，知识交流可以增加自身的某一（些）维度的知识存量，从而提高完成相关（子）任务的能力，具有协同作用；而任务的内包则需要团队中存在一个对于该任务能够完全胜任的成员，这在任务复杂度相对简单的情况下是适用的；最后，采取轮换的策略在该团队中最无效率的原因可能在于这种"频繁转换"带来的任务没有在"来得及"（大于 0.6）的时刻内包出去和转换成本的存在。相比之

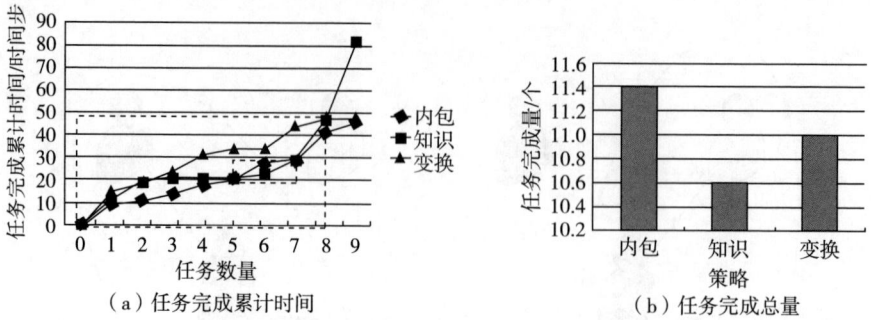

（a）任务完成累计时间　　　　　　（b）任务完成总量

图 4-18　任务完成累计时间与完成总量

下，内包的方式对于团队来说在最终完成任务的数量方面也是最好的一种[如图 4-18(b)]。所以，在对任务完成比较苛刻的情况下最好不选用单纯的知识交流方式。因此，采用激励成员进行任务内包的方式是比较好的(知识)管理策略。

3. 人际知识交流、知识借贷与溢出效应

团队之所以成为团队，是因为其本身具有复杂的多层次网络。其中，对成员之间重复多次的知识交流影响很重要的一个因素就是情感导致的人际知识交流。

1）人际知识交流

根据前面给出的知识交流策略矩阵，情感可以与知识或任务进行互换。这扩展了知识互惠的范围，情感的存在使得原本不可能发生的知识互惠在不同时间两次单向实现了。本计算实验结合 Matrix(3，1)中的情感换知识(A-K)来进行探讨。

实验设计：针对同一团队完成 5 组不同的一个批次任务的过程进行知识互惠和情感换知识的对比实验，因变量采用团队完成任务的数量。经多次计算，实验结果取平均值，得到如图 4-19 所示的计算实验结果。需要指出的是，情感换知识也包含同时交换，即知识互惠情况。

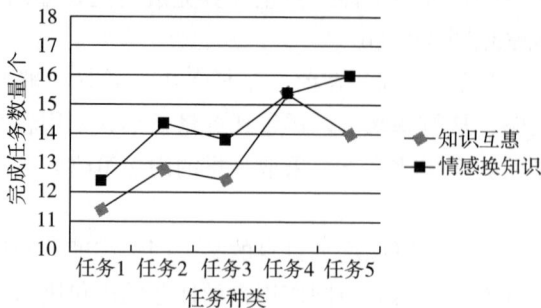

图 4-19　关于情感的任务完成量对比

从计算实验的结果可以看出，从平均的角度来看，情感换知识对于该团队不同任务下完成任务的影响是积极的。只有任务 4 在两种方式下完成任务数量的平均值相同。进一步分析，针对任务 4 或其他任务的单次计算实验结果中，"情感换知识"的方式完成任务数量并不总是高于"知识互惠"的。其主要原因，可以归结为某些成员由于通过情感换知识的方式完成了自身所有的任务后，处于等待下一批次任务的状态，此刻其知识交流意愿较小；而不是像互惠方式那样同时进入等待状态。但总体看来，促进情感换知识对于该团队来说还是有利的。

对人际知识交流的计算实验还可以研究针对不同团队的对比实验。

2) 知识借贷

上面讨论的人际知识交流发生在一对个体之间，将其扩展，可以探讨当这种基于情感的知识交流扩展到整个团队中三个及三个以上个体时的情况，即"知识借贷"的产生。此时，$Agent_i$ 向 $Agent_j$ 进行情感换知识，意味着 $Agent_i$ 有义务在将来的某个时刻对"赊借"知识在一定范围（α_{A-K}）内的 $Agent_x$ 进行知识"贷出"。$Agent_x$ 可以是团队中 $Agent_i$ 自身以外的任何个体。

假设给定团队 A（为了使得对比团队除了知识是否借贷外的其他条件均一致），进行知识借贷的团队 A 为 A_{KL}，不进行知识借贷的 A 团队为 A_{K-K}。假设给定 5 组不同的 5 个连续批次的任务，每个批次执行 100 个时间步，统计总的任务完成情况并取 5 次重复实验的平均值，结果如图 4-20 所示。

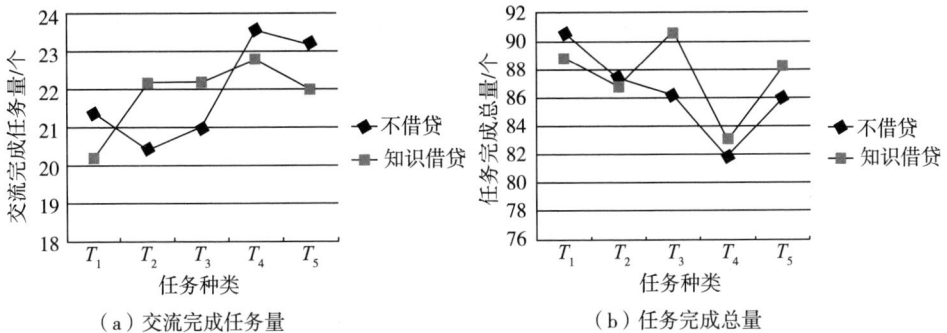

图 4-20　知识是否借贷的任务完成量对比

对计算实验的结果进行分析。对于任务序列 T_1、T_4、T_5 来说，不进行知识借贷的团队 A_{K-K} 由于知识交流完成的任务更多；但在团队 A_{KL} 发生了知识借贷的情况下，完成任务序列 T_3、T_4、T_5 的整体情况（初始完成与交流完成之和）却更好。这是因为，在有知识借贷的情况下，团队的交流更容易提前趋于平静，而团队个体的个人知识水平则在任务序列的前期迅速达到较高的水平。同时，α_{A-K} 值（代表着知识亏欠的团队层面容忍水平大小）的大小也影响到同一团队同一任务的交流情况。例如，在 α_{A-K} 值为 -1 时，在完成任务序列 T_8 的过程中，发生了知识借贷；在 α_{A-K} 值为 -0.1 时，未发生知识借贷，但完成任务的总量却多于前者。总结来看，知识借贷产生的效应对于完成一个批次的任务并不一定总是好的。设初始团队组建并完成第一个任务所带来的交流情况（交流完成任务量）作为自变量，并将团队执行包含 5 个任务的序列所完成的任务总数作为因变量。经过拟合来看，自变量的系数约为 2，表明在知识借贷环境中，良好的初始交流情况会提高团队绩效。这也体现了在团队整体中积累的人际情感对后续知识交流的作用。

人际知识交流将知识互惠理论进行了个体之间的时间扩展；而知识借贷则将其在时间和空间（不同二元关系）两个方面进行了拓展。这种通过全局情感引发的知识借贷如同金融中介机构在金融市场中所起到的作用，通过预期的重复交易形成团队内部知识市场。根据需求、团队特质和任务特征，团队的管理者可以通过适当的管理措施达到贡献（或索取）团队化的目的，使团队成员参与到知识借贷的过程中，在知识交流的同时增进情感纽带，创造出良好的团队知识交流氛围和团队文化。一般来说，非正式组织的存在更容易促使这种情感关系的维系。

3）溢出效应

不同于常规的物品，知识在交换的过程中会产生溢出效应（spillover effect），即在某一个成员将知识共享给团队中的另一个成员之后，得到该知识的成员又可以将其共享给团队内的其他成员，以此类推。而首先共享该知识的成员却得不到后续的收益（人际情感等），由此形成由于知识交流所带来的溢出效应。这是外部性的一种体现，溢出效应的存在会使得专家在该维度上的垄断优势迅速丧失。

溢出效应产生于个体之间知识交流的过程中，个体对溢出效应的大小有着不同的判断。该判断源于自身对该维知识重要程度的主观感受。通过与 $\xi_{K\text{-}S}$ 值大小的比较来判断，判断规则为

$$V_{K_i}/V_{K_j} \leqslant \xi_{K\text{-}S}$$

其中，第 i 维知识为对方向自身询问的知识；第 j 维知识为自身向对方询问的知识；V_{K_i} 表示个体基于交流过程中的经验对第 i 维知识价值的评价；V_{K_j} 表示个体基于交流过程中的经验对第 j 维知识的价值的评价；$\xi_{K\text{-}S}$ 表示在溢出情况下允许的最大知识价值比，更深入来讲，该比值大小因人而异。价值的评价与该维度知识被询问的次数和询问该维知识成员在该维度上知识存量的总和有关。

通过调整 $\xi_{K\text{-}S}$ 值的大小（0～10 之间的 11 个点），并观测同一团队完成任务序列 T_X 情况下的任务完成总量和交流完成量，每个 $\xi_{K\text{-}S}$ 值下重复多次实验取平均值，得到如图 4-21 所示的结果。

从图 4-21 的数值结果可以看出，无论是任务完成总量还是通过任务交流完成的任务量都呈现出波动上升的趋势。但相比同时测得的无溢出效应下的任务完成情况（任务完成总量的平均值为 265.2，任务交流完成量的平均值为 21.6），具有明显的差距。

进一步分析，在存在溢出效应的情况下，知识交流除了满足其他条件外，还

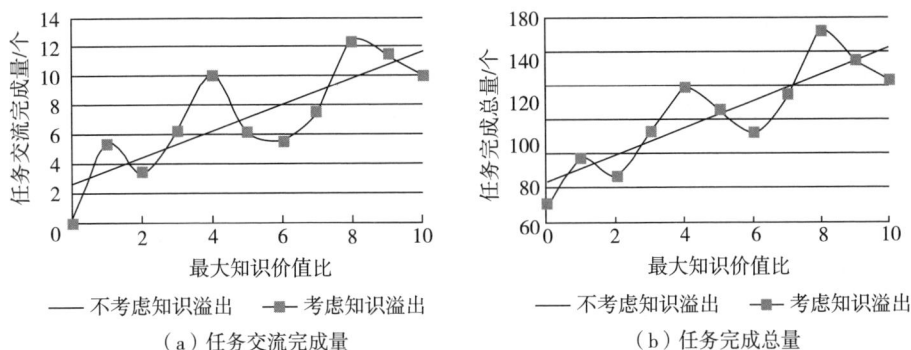

（a）任务交流完成量　　　　　　　　　　（b）任务完成总量

图 4-21　不同知识溢出情况下任务完成量对比

要使得双方在交流的时刻对互惠知识价值的判断在各自可接受的范围内。因此，在溢出效应存在的情况下，知识交流的成功率明显降低。这说明溢出效应阻碍了知识交流，团队的管理者需要通过管理实践来削弱溢出效应，并给出相应的知识共享措施。

在存在溢出效应的情况下，调整 ξ_{K-S} 值的大小，完成任务总量在局部呈现出波动趋势，而非显性递增。进一步分析，ξ_{K-S} 值越小，说明双方对于交换的条件越苛刻，但这很可能促进了"优势资源"互惠的发生，这种知识交易对于双方而言更加公平，很大程度上会提高接下来向别人传递该维度知识的能力。而 ξ_{K-S} 值在变化的过程中，两种或多种因素作用的大小交互占优，就发生了如图 4-21 所示的情况。

此外，在链式知识转移过程存在知识损失的情况下，感知到的溢出效应类似于存款派生过程。损失的知识类似于存款准备金。因此可以类比求得知识交流溢出乘数，该乘数是另一种对 V_K 进行度量的方法。

本计算实验从另一个方面说明了知识交流对完成任务的重要性。图 4-21（a）是由于知识交流完成的任务数量，其与图 4-21（b）任务完成总量基本是正向影响关系。知识交流到一定程度一方面直接促进任务的完成；另一方面，知识交流可带来个体知识的增加，在多次任务的过程中还会提高个体自身解决问题的能力，从而提高整体的任务完成率。

4.4.3　团队冲突的计算实验

1. 关系冲突的计算实验

基于 4.2.3 小节的关系冲突产生的过程模型，分别模拟三种不同类型的团队（A 型——知识存量匮乏团队、B 型——知识存量中等团队和 C 型——知识存量丰富团队）在知识优先和关系优先选择机制下的工作过程，用以探索关系冲突对团队凝聚力的影响并观察团队关系冲突的变化情况。其中，团队类型根据团队成员所拥有的知识存量的多少区分，A 型团队成员的知识存量都较少，而 C 型团队成员的知识存量都较多；选择机制中的知识优先选择机制表示成员在选择交流对象时优先选择知识存量最多的成员，而关系优先选择机制则表示成员会优先选择与自身关系最紧密的成员进行知识交流。实验目的在于，首先，在团队成员交流过程中，通过关系冲突的变化和团队凝聚力的变化探索关系冲突对团队凝聚力的影响关系；其次，在交流结束后，根据不同类型团队在不同选择机制下关系冲突发生的次数和程度构建团队成员关系冲突网络，以分析关系冲突产生的微观机理。

实验设定团队成员数 $N=10$。成员个性依据"大五人格"理论进行划分，并用 $[0,1]$ 之间的数值表示，值越大表示成员该种人格特征越明显。成员的知识特征用知识存量表示，A 型团队中多数成员知识存量少，C 型团队中多数成员知识存量多；所有团队成员的知识吸收能力均相同，这里不考虑团队成员学习能力的差异，设为 $\alpha=0.2$，取值较小的目的是提高关系冲突产生的概率，便于结果分析。此外，每个成员都被随机分配到一个知识需求为 $(0，1)$ 的任务。整个实验参数汇总如表 4-9 所示。

表 4-9　实验参数汇总

参数	取值	描述
N	10	团队成员个数
α	0.2	成员吸收能力
p_{ix}	$[0，1]$	成员 i 在 x 人格上的值，值大于 0.5 表示该成员 x 人格表现明显
k_i	$(0，1)$	成员 i 的知识存量：$(0，0.2]$——小；$(0.2，0.5)$——中等；$[0.5，1)$——大
tk_i	$(0，1)$	成员 i 的任务的知识需求：$(0，0.3]$——少；$(0.3，0.7)$——中等；$[0.7，1)$——多
w_{ij}	$(0，1)$	成员 i 和 j 的关系程度
rc_y	$(0，1)$	y 型团队交流结束后的关系冲突程度：$(0，0.1]$——低；$(0.1，0.3)$——较低；$(0.3，0.7)$——中等；$[0.7，0.9)$——较高；$[0.9，1)$——高

经过多次计算实验，观察到团队成员完成一次给定任务平均需交流 5~6 次。因此给定交流次数上限为 100，即团队内部交流总次数达到 100 时交流结束。重复实验 10 次，得到如下较稳定的实验结果。

1）关系冲突对团队凝聚力的影响

团队凝聚力表示团队成员间的协调程度，可以用团队成员间的关系紧密程度表示，成员间关系越好则表示该团队越协调，团队凝聚力越强。

因此，在团队交流过程中团队凝聚力 CoC 按式（4-22）计算可以得到。

$$\mathrm{CoC}(t)=\frac{\sum_{x=1}^{n}\sum_{y=1}^{n}w_{xy}(t)}{c_n^2} \tag{4-22}$$

其中，CoC(t)表示 t 时刻团队的凝聚力，用团队成员间的平均关系紧密程度计算。

图 4-22 是 A、B、C 三种类型的知识型团队分别在知识优先和关系优先选择策略下，团队成员知识交流过程中团队关系冲突程度、团队凝聚力的变化曲线。

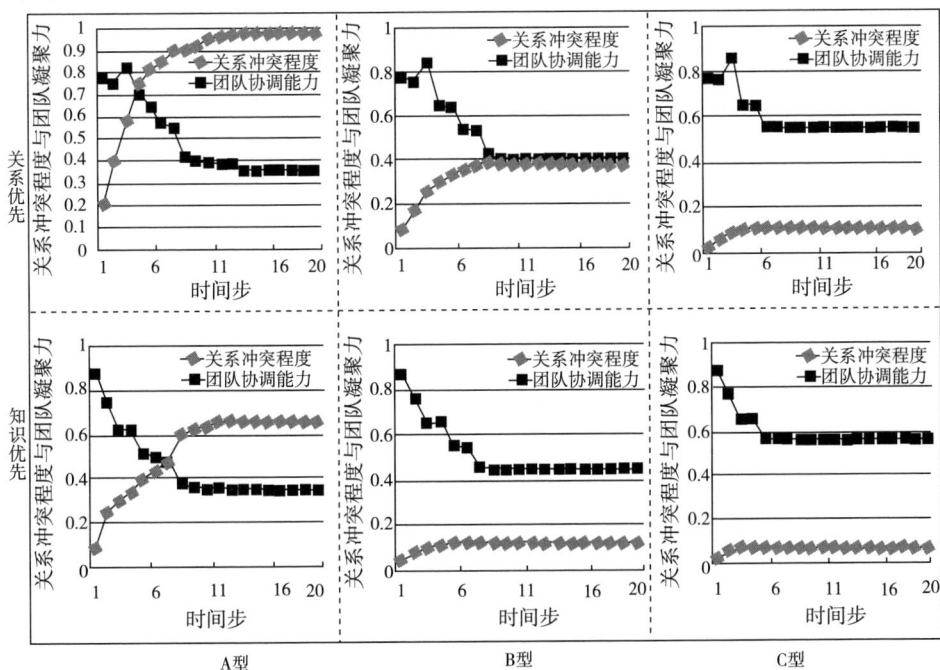

图 4-22　团队关系冲突程度、凝聚力变化曲线

由图 4-22 中曲线可以看出，在团队成员知识交流的过程中，团队中的关系冲突程度呈不断增加的趋势。同时，随着关系冲突的增加，团队的凝聚力急剧下降，即随着关系冲突的发生，团队成员间的关系迅速恶化，说明关系冲突对团队的凝聚力具有显著的负向影响。该结论与现有实证研究结论相吻合，证明了模型的正确性。

2）团队类型及交流对象选择机制对关系冲突的影响

图 4-23 中呈现的是 A、B、C 三种类型的知识型团队分别在知识优先和关系优先选择策略下成员交流结束后形成的关系冲突网络。图中圈形节点表示团队成员，数字为成员编号，节点间的连线表示成员在交流中发生过关系冲突，连线的粗细表示交流中发生关系冲突的程度大小。

表 4-10 是上述三种类型的知识型团队分别在两种选择机制下交流结束后关系冲突程度的平均值。

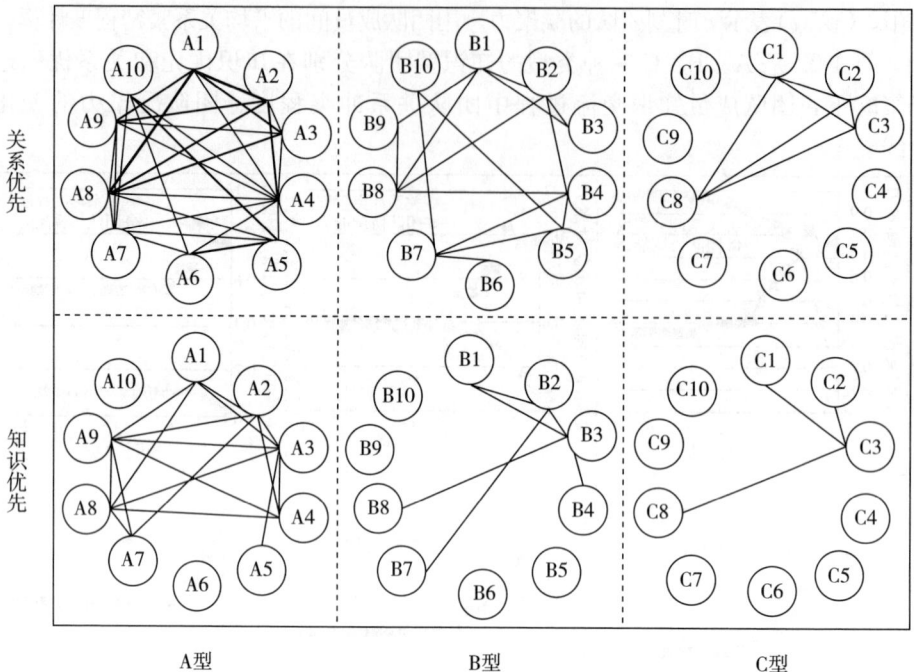

图 4-23　关系冲突网络

表 4-10　团队关系冲突程度

交流对象选择机制	A 型	B 型	C 型
关系优先	较高(0.88)	较低(0.3)	低(0.04)
知识优先	中等(0.64)	低(0.08)	低(0.03)

由图 4-23 和表 4-10 横向比较可以看出，无论采取何种选择机制，C 型团队（即知识存量丰富团队）比 A 型团队产生的关系冲突少且程度也相对较低。由前面的分析可知，关系冲突是在成员对交流结果不满意时产生的，当团队成员个体知识储备充裕时，大部分成员能独立完成自身的任务而不需要进行知识交流，因此彼此间的交流不频繁。交流次数的减少意味着关系冲突发生概率的降低。

由图 4-23 和表 4-10 纵向比较可以看出，三类团队在知识优先选择机制下，发生关系冲突的次数较少，关系冲突程度较低。这是由于团队成员会优先选择与知识存量最大的成员进行交流，因此容易得到满意的交流结果，进而减少了关系冲突次数。

综上，在 A 型团队（即知识存量匮乏团队）中成员间易发生关系冲突；相对于知识优先选择机制，关系优先选择机制下成员间易产生关系冲突。因此，组织在组建知识型团队时，首先应考虑团队成员所拥有的知识是否能满足任务的需求，应尽量选择知识比较多的成员组建团队；另外，组织应鼓励团队中的成员多向知识多的成员进行交流和学习，而不应仅仅局限于在跟自己关系好的小圈子里面进行交流，以减少关系冲突的发生。

3)关系冲突产生的微观原因分析

针对关系冲突网络中的特殊节点进行深入分析，可以发现关系冲突产生的微观原因。

图 4-24 中重点考察用椭圆标注的成员 A2、A3，B2、B3 及 C2、C3，发现他们在不同情形下，均发生了多次冲突。为探究其中原因，我们对其个性特征、知识水平和任务的知识需求等信息进行提取，发现 A2、B2、C2 的个性、初始知识存量及任务需求相同，A3、B3、C3 的特征也相同。因此，将前者归为一类，用 Ⅰ类表示，将后者归为一类，用 Ⅱ类表示，具体信息见表 4-11。

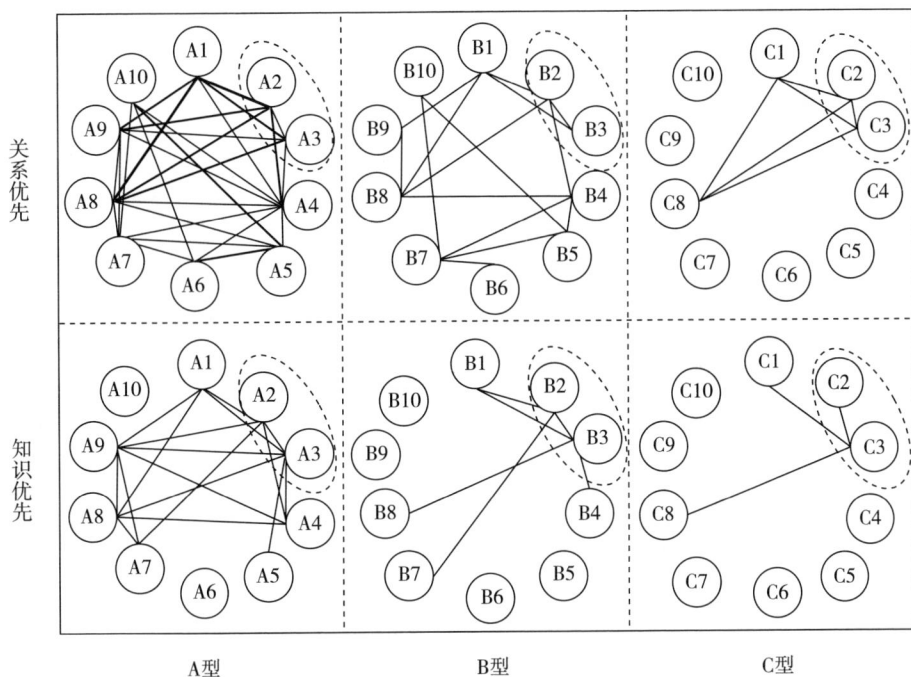

图 4-24　微观原因分析图(一)

表 4-11　Ⅰ、Ⅱ类成员个性、知识存量及任务的知识需求

类型	个性	知识存量	知识需求
Ⅰ类	外倾(0.6)尽责(0.7)	大(0.65)	多(0.8)
Ⅱ类	外倾(0.8)开放(0.55)	大(0.9)	中等(0.6)

经分析发现：第一，Ⅰ类成员分到了比较难的任务，知识需求多。实验统计，团队成员间平均交流次数为 5～6 次，而 Ⅰ类与 Ⅱ类成员进行了 8 次交流，大大超出平均交流次数，属于频繁交流；第二，Ⅰ类与 Ⅱ类成员个性相似，意味

着初始情况下，Ⅰ类与Ⅱ类成员关系紧密，Ⅰ类成员对从Ⅱ类成员处获得足够的知识有较高的期望；第三，初始时，Ⅰ类与Ⅱ类成员间的知识差较小，Ⅰ类成员并不能得到自己所预期的知识。因此得出，频繁的但是并未达到期望结果的交流是Ⅰ类与Ⅱ类成员之间发生冲突的主要原因。

如图 4-25 所示，在关系优先选择机制下，A 型团队中的成员 A3、A8 发生了关系冲突；C 型团队中 C3、C8 也有关系冲突发生，而在 B 型团队中 B3、B8 间却没有产生关系冲突。比较成员 A3、A8，B3、B8，C3、C8 的异同，发现他们之间只有知识存量不同，见表 4-12。

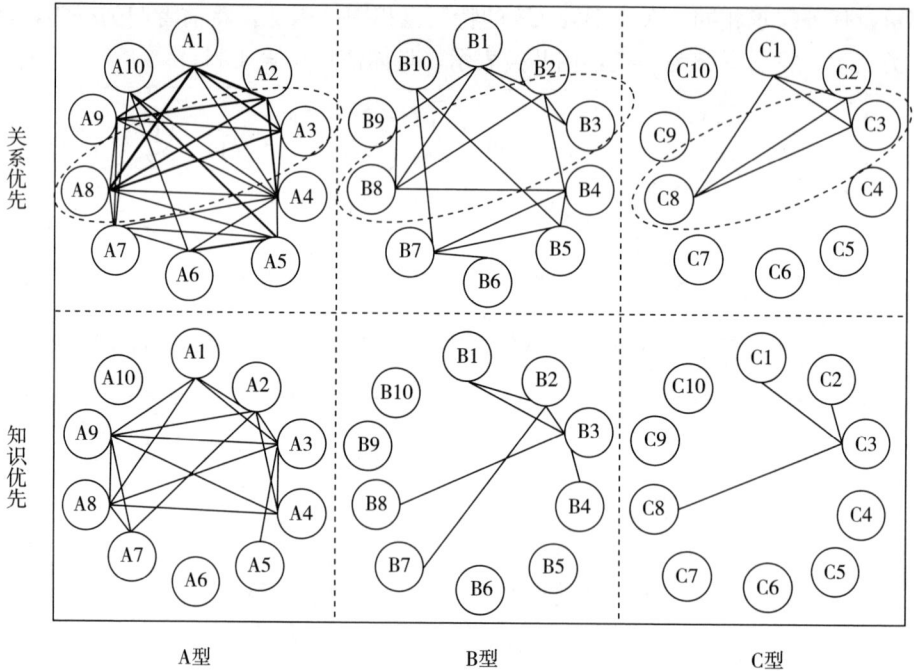

图 4-25　微观原因分析图（二）

表 4-12　成员 A3、A8，B3、B8，C3、C8 的个性、知识存量及任务的知识需求

成员	个性	知识存量	知识需求
A3	外倾(0.8)开放(0.55)	大(0.9)	中等(0.6)
A8	随和(0.6)	大(0.7)	多(0.78)
B3	外倾(0.8)开放(0.55)	大(0.9)	中等(0.6)
B8	随和(0.6)	中等(0.33)	多(0.78)
C3	外倾(0.8)开放(0.55)	大(0.9)	中等(0.6)
C8	随和(0.6)	大(0.75)	多(0.78)

对比分析发现，成员 A3 与 A8 及 C3 与 C8 的知识差都很小；而 B3 与 B8 的

知识差较大，说明知识差异的大小是导致关系冲突发生的重要因素。这是因为知识差异过小，交流结果常常不能令双方满意，最终导致关系冲突。

综上，个性相似、交流频繁和知识差异小是导致团队成员关系冲突产生的重要原因，其中知识差异小是最为重要的因素。由此可见，组织应避免选择个性和知识过于相似的个体组建知识团队，差异化的个性和知识能使团队成员更好地交流和学习，从而达到减小关系冲突发生、提高团队凝聚力的目的。

4）引起关系冲突的团队成员个体特征分析

实验中发现 A 型团队在知识优先选择机制下产生的冲突介于其他情形之间（图 4-26），针对这种情况，我们对 A 型团队成员的个体特征进行了深入的分析。

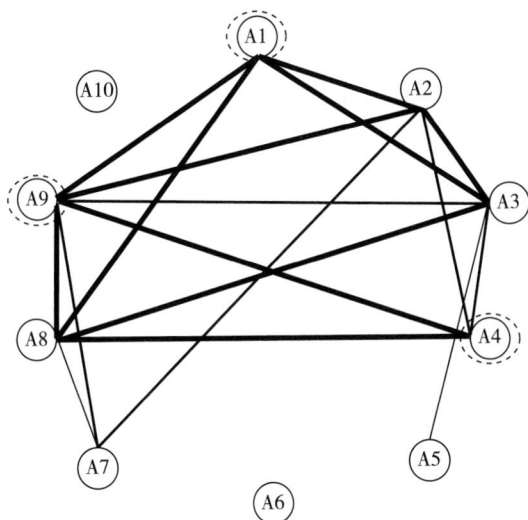

图 4-26　A 型团队成员的个体特征分析图

在易与其他成员发生冲突的成员中，除去前文已经分析过的成员 A2、A3、A8，还有图 4-26 中用椭圆标注的成员 A1、A4 和 A9，为找出易成为关系冲突中心的团队成员的个体特征，我们提取了成员 A1、A4 和 A9 的信息列于表 4-13 中。

表 4-13　成员 A1、A4 和 A9 的个性、知识存量及任务的知识需求

成员	个性	知识存量	知识需求
A1	随和(0.8)神经质(0.67)	小(0.14)	中等(0.5)
A4	随和(0.9)	中等(0.3)	多(0.7)
A9	随和(0.73)	中等(0.36)	中等(0.4)

由表 4-13 可明显看出成员 A1、A4 和 A9 有如下共同特征：第一，个性随和，比较大众。大众型的团队成员与其他成员的个性差异小，在团队组建初期，这类成员与多数成员关系不错，容易被选为进行知识交流的对象，增加了其与其

他成员发生冲突的机会。第二，知识存量少。由于拥有的知识较少，在交流中作为知识提供方时，不能使知识需求方得到期望的知识，从而导致双方发生冲突。

综上，个性随和、没有自身突出特点、拥有较少知识存量的团队成员会频繁与其他成员产生关系冲突，易成为关系冲突的中心，组织组建团队时应避免选择此类型个体。另外，如果发现团队中某些成员知识过低导致其频繁与其他成员产生关系冲突，组织应组织培训来提高其知识水平，或者将其调入更适合其发展的团队。

2. 任务冲突的计算实验

基于4.2.3小节的任务冲突产生的过程模型，设计100个不同的知识团队，并假设它们完成相同的团队任务。在团队完成任务的过程中，考察团队冲突，包括交流中产生的任务冲突及由过大的任务冲突导致的关系冲突情况，同时考察随着交流的深入及团队冲突的产生和变化，团队凝聚力的变化情况。在此基础上，一方面分析任务冲突对团队凝聚力的影响；另一方面，通过对不同团队变化情况的对比分析，从团队成员知识结构方面深入探索团队任务冲突对团队凝聚力带来不同影响的具体原因。

根据团队成员的知识属性，将100个不同的团队进行区分，即不同团队中成员的知识分布不同。具体的，每个团队的团队规模相同，均设定为10人；团队中每个成员具有个性和知识两种属性，其中团队成员的个性用"大五人格"描述，人格属性的各个维度分别为0~1的随机值，值越大表示成员在该人格属性上表现越明显。知识属性包括知识种类、知识存量及知识核心度，其中，知识种类数为5，每种知识的知识量为0~1的随机值，知识核心度按式(4-15)计算得到。

实验中，不同的团队所要完成的团队任务是相同的。团队任务数设为10个，每个任务需求的知识种类最多为5种，每种知识需求量为0~1的随机值；每个团队成员随机分配一个上述团队任务。

参数 σ 是一个足够小的数，只有当交流双方的意见差值大于 σ 时，才说明交流双方意见存在差异，实验中 σ 设定为0.01；另一个参数 η 表示任务冲突阈值，当任务冲突大于这个阈值 η 时，便转化为关系冲突，实验中 η 设定为0.5。

按照上述实验条件进行实验，每个团队交流次数上限为200。实验结束后，随机挑选10个团队，观察其交流过程中任务冲突、关系冲突和团队凝聚力的变化情况，并分析团队任务冲突和团队成员知识分布对团队凝聚力的影响。

1)任务冲突对团队凝聚力的影响分析

图4-27~图4-29分别为团队任务冲突、关系冲突及团队凝聚力随着交流的深入而变化的情况。

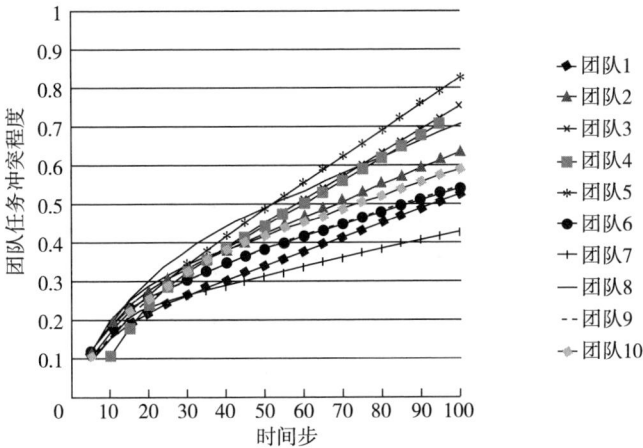

图 4-27 团队任务冲突变化图

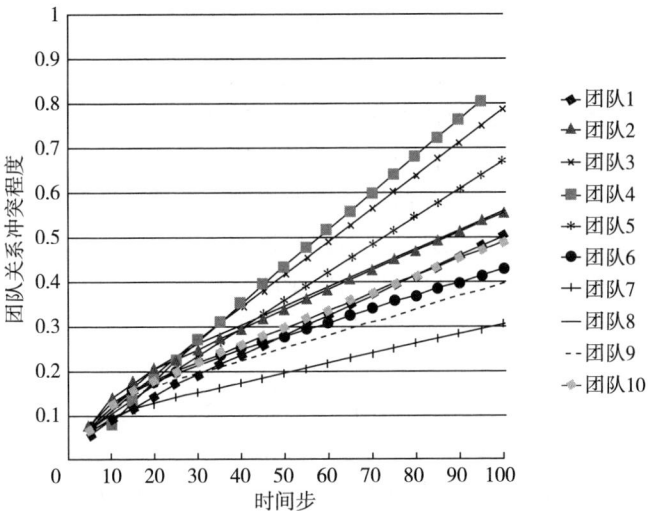

图 4-28 团队关系冲突变化图

由图 4-27～图 4-29 可以看出，在为完成任务进行知识交流和互动的过程中，团队中任务冲突会随着团队成员交流的深入和交流次数的增加不断增大，相应的，随着任务冲突的不断增大，过大的任务冲突会转化为关系冲突，因此关系冲突也会不断增大；在团队中，任务冲突和关系冲突不断增大的同时，团队的凝聚力会先升高然后降低。

团队中的任务冲突会对团队凝聚力产生先正向后负向的影响，较小的任务冲突能刺激团队成员间的知识交流和学习并改善团队成员间的关系，进而使得团队凝聚力有一定程度的提高；而过大的任务冲突则会转化为关系冲突，阻碍团队成

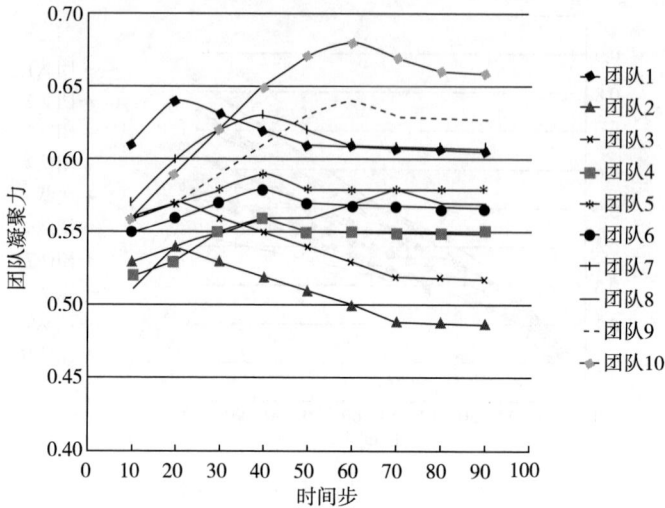

图 4-29　团队凝聚力变化图

员的知识交流，并影响成员间的关系，降低团队的凝聚力。

　　由此得出，团队成员间应该存在一定程度的任务冲突使得团队凝聚力保持在较高水平。由前文分析可知，任务冲突的产生原因是团队成员知识存在差异而导致其对完成任务有不同的看法和认知，因此组织在组建团队时，应考虑团队成员的知识差异性，适当选择知识具有一定差异性的员工组建团队。

　　2）团队成员知识分布对团队凝聚力的影响分析

　　根据上述结论可知，随着团队成员交流的深入，团队凝聚力有先提高后降低的趋势，然而不同的团队在完成相同任务时，其凝聚力增强和降低的快慢并不完全一致，且有较大区别，因此有必要根据团队凝聚力变化趋势的急缓对团队进行聚类和分类，以探索团队成员不同的知识分布对团队凝聚力的影响。具体的，根据团队凝聚力的变化趋势将团队分为图 4-30～图 4-32 中的甲、乙、丙三类，其中甲类团队的团队凝聚力上升过程和下降过程都比较缓慢；乙类团队的凝聚力有较缓慢但是持久的上升过程和比较短暂的下降过程；丙类团队与乙类团队相反，上升过程快速但是短暂，下降过程缓慢但是持久。

　　按照上述对团队的分类，分别计算三类团队的平均任务冲突程度、平均关系冲突程度、团队凝聚力，其变化的对比分析图如图 4-33～图 4-35 所示。

　　由图 4-33 和图 4-34 可以看出，甲类团队在交流初期任务冲突和关系冲突都较低，但是随着交流的深入任务冲突增加明显，因此更多的任务冲突转化为了关系冲突；乙类团队在交流初期任务冲突较高，而在交流过程中增加比较缓慢，较少的任务冲突转化成为关系冲突，乙类团队中关系冲突一直保持在较低水平；丙类团队中任务冲突和关系冲突一直处于最高水平。

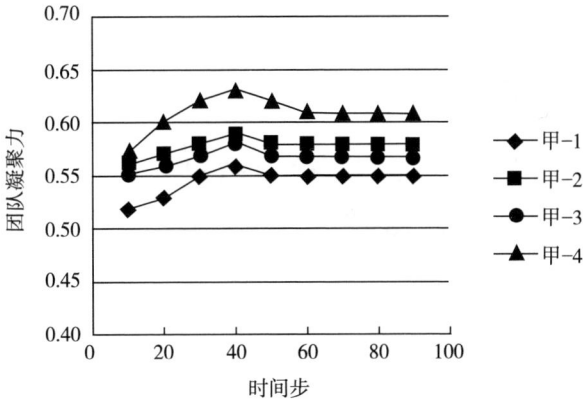

图 4-30　甲类团队团队凝聚力变化图

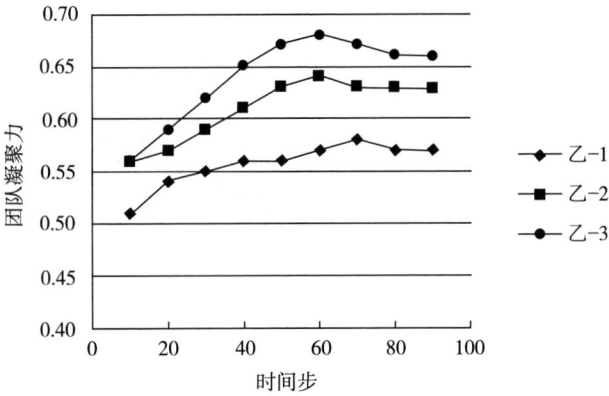

图 4-31　乙类团队团队凝聚力变化图

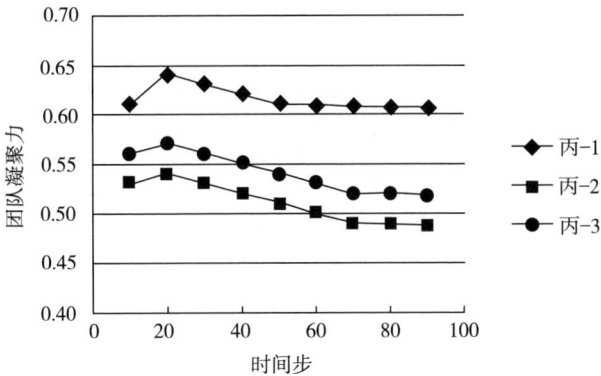

图 4-32　丙类团队团队凝聚力变化图

由图 4-35 可以看出甲类团队的凝聚力变化比较平缓，最终保持在较低水平；丙类团队的凝聚力有快速的增长过程，然而随着交流的进行，其凝聚力有更为快

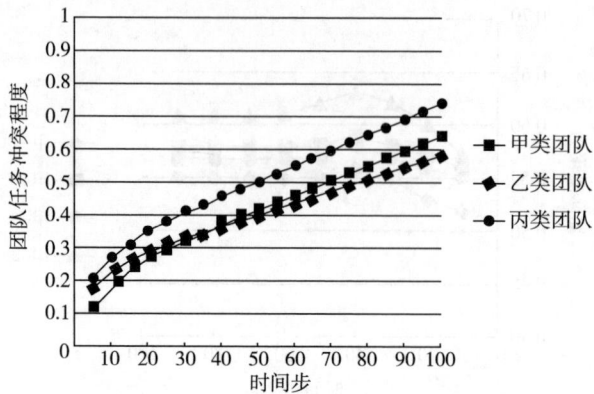

图 4-33　团队任务冲突对比分析图

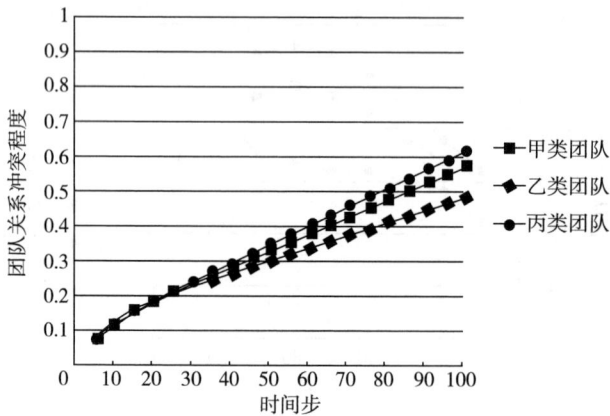

图 4-34　团队关系冲突对比分析图

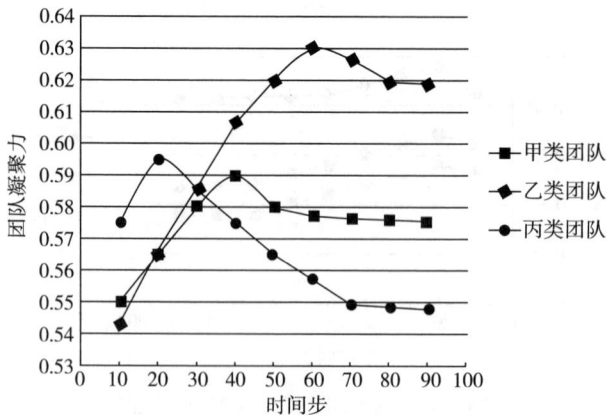

图 4-35　团队凝聚力对比分析图

速的下降过程，并最终保持在最低的水平；乙类团队的凝聚力增长较慢，但是有比较持久的增长，且最终保持在最高水平。因此，组织在组建团队时，更希望团队有与乙类团队相似的变化趋势，团队凝聚力能有较为稳定的提升。

通过上述对比分析发现，甲、乙、丙三类团队在完成任务的过程中，团队凝聚力的变化趋势是有差别的，因此有必要对造成这种差异背后的原因进行分析。而甲、乙、丙三类团队的区别仅在于团队成员知识属性的不同。图 4-36 显示的是三类团队中团队成员各类知识的核心度分布，按照前文对知识核心度的定义和描述，在由 10 人组成的团队中，如果团队成员知识结构完全相同，知识核心度为 0.1，因此将 0.1 作为团队成员知识核心度的平均水平。

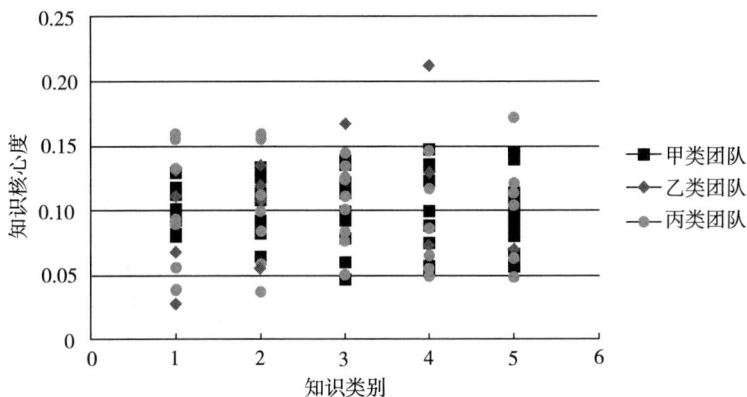

图 4-36　团队知识核心度分布图

如图 4-36 所示，三类团队的团队成员知识核心度大多数都在 0.1 ± 0.05 的范围内，只有少数几个成员在某类知识中的核心度比较高或者比较低。如果将在某类知识中核心度较高的成员称为专家，从图 4-36 可以看出甲类团队没有专家，乙类团队有两位或三位专家，丙类团队有四位或五位专家。根据前文分析可知，甲类团队的团队凝聚力上升和下降都比较缓慢；而丙类团队的团队凝聚力上升很快下降也很快，且最终保持在较低水平；只有乙类团队的团队凝聚力能较慢但长久地增长。由此对于组织组建团队有如下启示：团队成员知识差异过小，如甲类团队，不利于团队凝聚力的提升和增长；而团队中专家过多，如丙类团队，会导致团队冲突过多，不够和谐，影响团队协调；只有当团队成员有适当的知识差异，即团队中有适量的专家，如乙类团队专家所占比重为 20％～30％，团队凝聚力才能比较稳定地提升，团队才能稳定地成长。

4.4.4　团队成员情感的计算实验

情感是影响人际关系的重要因素，也必定对人际知识交流产生影响。目前在团队互动和人际知识交流研究中很少把情感作为重要影响因素来研究，主要原因或许是情感作为一个心理学概念很难被定义和量化。

　　情感是一种与交流和互动有着直接关系的心理活动，它产生于交流与互动，又反作用于交流与互动。有研究者指出，情感是人自身的需求，也是知识获取的必要条件，情感是将我们所思所想与行为连接起来的通道[24]。稍早期研究者认为情感对管理有负面影响，希望通过情感管理（emotion regulation）和情绪智商（emotional intelligence）调节来消除组织中的情感作用，以提高组织效率。随着管理学的发展，也有研究者提出情感并不完全是一种负面效应，更多的是基于情感产生对行为的影响。

　　在知识团队互动过程中，知识交流行为如何受情感因素影响，其作用程度如何？本小节将通过计算实验方法进行定量分析。

　　1. 个体建模

　　首先，对团队中的个体（Agent）进行建模。假设每个个体具有独立的知识属性和情感属性，并且能够根据自己的记忆和行为模式来进行知识交流。个体进行知识交流的动力来自于团队任务，个体间需通过知识交流来完成被分配的任务以实现绩效。

　　1）个体的知识属性

　　拥有知识是知识团队成员的基本属性，是成员能够存在于知识团队中的基本条件，也是成员和团队能够完成任务的前提，是知识交流的基础。在现实团队中每个成员可能掌握多种专业技能，了解多种知识。因此，团队成员的知识是包含知识（knowledge）本身、技术（skills）、能力（abilities）和其他特性（other characters）的综合体，是团队成员所需要的能够完成任务实现绩效应有的能力，简称为 KSAOs，以下简称知识。

　　一个团队拥有 m 种知识，每一个个体 i 即 $Agent_i$ 所拥有的知识可以用一个向量表示，即

$$[k_1^i, k_2^i, \cdots, k_m^i, \cdots, k_M^i]$$

其中，$k_m^i \in [0, 1]$ 表示 $Agent_i$ 第 m 种知识的拥有量。

　　知识不仅可以被记忆，而且还可以被遗忘。知识在两种情况下被记忆：①使用。$Agent_i$ 承担的任务中需要某种知识，这意味着该种知识在完成任务的过程中会被使用，因此不会被遗忘。②流动。其他成员从 $Agent_i$ 处获得了某种知识，则在交流过程中 $Agent_i$ 的这种知识也不会被遗忘。

　　如果 $Agent_i$ 的某种知识既没在其承担的任务中被使用，也没有与其他个体进行交流，则该种知识就会被遗忘。心理学已有的研究认为知识在记忆中的衰减满足艾宾浩斯遗忘曲线（the Ebbinghaus forgetting curve），如图 4-37 所示。

　　根据遗忘曲线，可以给出知识遗忘公式，即

$$K_m^i(t) = (1-\delta)^t K_m^i(t_0) \tag{4-23}$$

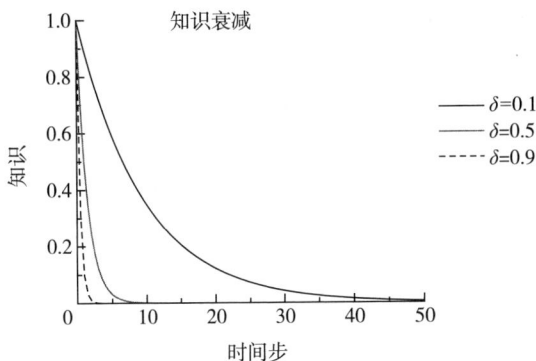

图 4-37　不同遗忘系数下的知识衰减曲线

其中，$\delta \in (0, 1)$ 为遗忘系数，表示知识的遗忘速度，δ 越大，说明知识被遗忘越快；反之说明知识被遗忘越慢。

对知识的记忆和遗忘因人而异，不同的个体具有不同的遗忘系数。

2) 个体的情感属性

个体除具有知识属性外还具有情感属性，情感是由情绪累积而成的。情绪是个体基于自身需求对外界刺激建立在认知与评价上的短期心理变化，是人对某种事物的直接心理反应。

对于同样的事物，有的人反应激烈，有的人反应平和，有的人反应迟钝，三种反应过程如图 4-38 所示。

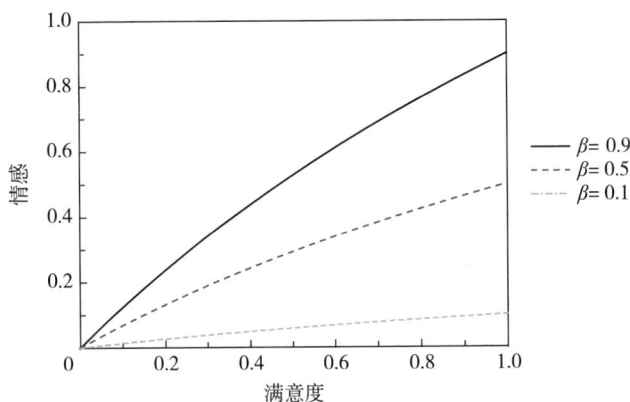

图 4-38　不同情绪反应系数下的满意度与情感关系

在图 4-38 中，最上面的曲线表示反应激烈的人，中间的曲线表示反应平和的人，下面的曲线表示反应迟钝的人。

情绪的产生与个体对某种事物是否满足自己的需要有关，即满意度(degree of satisfaction，DoS)。满意度是指个体对所需事物的实际获得与期望的相对关系。

假设 Agent$_i$ 实际获得的知识量为 $K_{m(\text{get})}^{j \to i}(t)$，期望获得的知识量为 $K_{m(\text{need})}^{i}(t)$，则满意度可定义为

$$\text{Dos} = \frac{K_{m(\text{get})}^{j \to i}(t)}{K_{m(\text{need})}^{i}(t)} \qquad (4\text{-}24)$$

情绪是对满意情况的应激反应，接近和达到满意就会产生良性情绪，如快乐；如果远离满意或者遭到对方的反驳可能产生恶性情绪，如愤怒、憎恶等。

根据情绪反应曲线和满意度的定义，定义情绪与满意度的关系为

$$E^{i \to j}(t) = \beta \log_2 \left[1 + \frac{K_{m(\text{get})}^{j \to i}(t)}{K_{m(\text{need})}^{i}(t)} \right] \qquad (4\text{-}25)$$

其中，$E^{i \to j}(t)$ 为 t 时刻 Agent$_i$ 对 Agent$_j$ 的情绪；$\beta \in (0, 1)$ 为情绪反应系数(emotional reaction coefficient)，β 表示在同样满意度的情况下不同个体的应激反应，β 越大反应越激烈，反之则反应越平和。不同的个体具有不同的情绪反应系数。

情绪具有指向性。由于知识交流总是在人与人之间进行，所以知识流是从一个体指向另一个个体，就是所谓的指向性。情绪是随着知识流产生的，所以情绪也是从一个个体指向另一个个体，即情绪也具有指向性，如图 4-39 所示。情绪的指向与知识流的指向相反，情绪的指向由知识的需求方指向供给方。由于情绪指向性的存在，情绪也同时具有不对称性，即 Agent$_i$ 对 Agent$_j$ 的情绪不等于 Agent$_j$ 对 Agent$_i$ 的情绪。

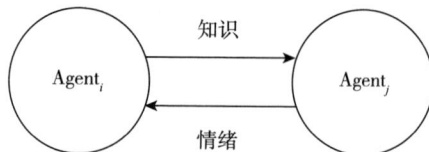

图 4-39   情绪的指向性

情感是个体所意识到的客观事物与其主观需要的关系在头脑中的反应，情感与情绪一样，也具有指向性。与情绪相比情感还具有持久性、稳定性。情感在现实中也具有良性和恶性之分，良性情感是良性情绪的积累，恶性情感是恶性情绪的积累。

在知识交流过程中，情感的变化不仅与当次交流所产生的情绪有关，还与之前的情感记忆有着直接关系，即每次交流的情感都是之前的情感及新产生的情绪积累的共同作用结果，即情感还具有累积特性。

情感在没有新情绪累积的情况下将会随着时间的推移而衰减，衰减的程度与个体本身对之前情感的重视程度有关，衰减情况是一种先快后慢无限趋近于 0 的趋势。

根据情感的衰减特性，给出情感的衰减公式，即

$$A^{i\to j}(t)=\alpha^t A^{i\to j}(t_0) \tag{4-26}$$

其中，$A^{i\to j}(t)$ 为 t 时刻 $Agent_i$ 对 $Agent_j$ 的情感；$A^{i\to j}(t_0)$ 为 t_0 时刻 $Agent_i$ 对 $Agent_j$ 的情感；$\alpha\in(0,1)$ 为怀旧系数。怀旧系数越大表示原来的情感遗留的越多，说明该个体比较怀旧；反之，原来的情感遗留得越少，说明该个体不太念旧情。不同的个体具有不同的怀旧系数。

不同怀旧系数下的情感衰减曲线如图 4-40 所示。

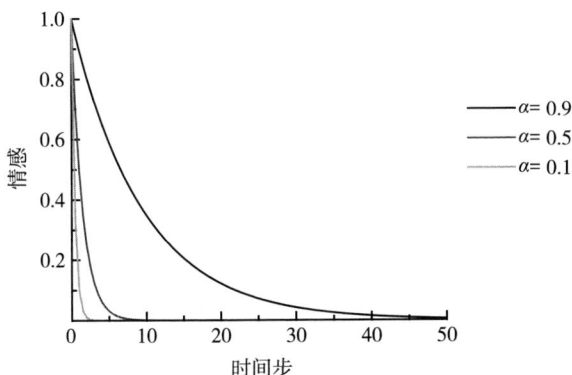

图 4-40　不同怀旧系数下的情感衰减曲线

根据情感的累积特性，其量化公式可设计为

$$A^{i\to j}(t)=\alpha A^{i\to j}(t-1)+(1-\alpha)E^{i\to j}(t) \tag{4-27}$$

其中，$A^{i\to j}(t)$ 为 t 时刻 $Agent_i$ 对 $Agent_j$ 的情感；$A^{i\to j}(t-1)$ 为 $t-1$ 时刻 $Agent_i$ 对 $Agent_j$ 的情感；$E^{i\to j}(t)$ 为 t 时刻 $Agent_i$ 对 $Agent_j$ 产生的情绪；α 为怀旧系数。

根据上述分析，给出 t 时刻 $Agent_i$ 对 $Agent_j$ 的情感 $A^{i\to j}(t)$ 的计算公式，即

$$A^{i\to j}(t)=\begin{cases}E^{i\to j}(t)=\beta\log_2\left[1+\dfrac{K_{m(\text{get})}^{j\to i}(t)}{K_{m(\text{need})}^{i}(t)}\right], & A^{i\to j}(t-1)=0\\[3mm]\alpha A^{i\to j}(t-1)+(1-\alpha)E^{i\to j}(t), & A^{i\to j}(t-1)\neq0\end{cases} \tag{4-28}$$

其中，$E^{i\to j}(t)$ 为 $Agent_i$ 在 t 时刻产生的情绪值；$K_{m(\text{need})}^{i}(t)$ 为 $Agent_i$ 所需要的第 m 种知识量；$K_{m(\text{get})}^{j\to i}(t)$ 为 t 时刻 $Agent_i$ 从 $Agent_j$ 处获取的第 m 种知识量；α 为怀旧系数；β 为情绪反应系数。当 $Agent_i$ 之前对 $Agent_j$ 没有情感时，情绪完全转化为情感，当 $Agent_i$ 之前存在对 $Agent_j$ 的情感时，新情感由之前的情感和情绪累积而成。

2. 情感对知识交流影响的计算实验

1）实验设置

为考察动态的知识交流过程，先对时间单位进行设定。本实验设定一个时间

步(时间单位)为自然时间中的一天,并假设在每个时间步内 Agent 只可以发起一次知识交流请求,但可响应多个知识交流请求。

由于本实验重点关注知识交流过程和交流效果,因此设定当团队成员知识量满足任务需求时则该任务完成,不考虑执行任务所耗费的真正时间。

本实验假定团队是同质性团队,即所有成员的怀旧系数、情绪反应系数、知识衰减系数都是相同的。在实验中设怀旧系数为 0.5、反应系数为 0.8、知识衰减系数为 0.95。

根据常识,情感相对于知识更不容易磨灭,所以实验中假设情感在满足衰退条件的情况下,每 10 个时间步衰退一次;知识在满足遗忘条件的情况下,每 5 个时间步遗忘一次。

2)知识交流效果的计算实验

在实验中,通过考察团队知识流量(team knowledge flow)、团队交流次数(team interaction count)、团队知识交流效率(efficiency)和团队任务完成率(team quest completion rates)来评价团队的知识交流效果。

团队知识流量是指在知识交流过程中,团队中所有 Agent 之间传递知识量的总和,可以通过式(4-29)进行计算。

$$F = \sum_{t=1}^{T} \sum_{i=1}^{N} \sum_{m=1}^{M} K_{m(\text{get})}^{i}(t) \tag{4-29}$$

其中,F 为团队知识流量;$K_{m(\text{get})}^{i}(t)$ 为在 t 时间步内 Agent_i 得到的 m 种知识量。

团队交流次数是指每个团队成员知识交流次数的总和。假设一次实验执行 Q 个任务,团队中有 N 个成员,则团队交流次数的计算公式为

$$C = \sum_{q=1}^{Q} \sum_{i=1}^{N} C_{q}^{i} \tag{4-30}$$

其中,C 为团队交流次数;C_{q}^{i} 为第 i 个成员执行第 q 个任务的交流次数。

团队知识交流效率是指整个团队每次知识交流能够传递的平均知识流量,即以团队知识流量除以团队交流次数。

团队知识交流效率 e 的计算公式为

$$e = F/C \tag{4-31}$$

团队知识交流效率越高,团队平均每次知识交流产生的知识流量就越大;团队知识交流效率越低,则团队平均每次知识交流产生的知识流量就越小。

团队任务完成率是指知识团队在执行任务时,完成的子任务数与子任务总数的比值。设一次执行 Q 个任务,每个任务的子任务数为 L,那么该批任务的完成率计算公式为

$$S_{q,l} = \begin{cases} 0, & \text{如果没完成任务} \\ 1, & \text{如果完成任务} \end{cases} \tag{4-32}$$

$$\sigma = \frac{\sum_{q=1}^{Q} \sum_{l=1}^{L} S_{q, l}}{Q \times L} \qquad (4-33)$$

其中，σ 为团队任务完成率；$S_{q, l}$ 为第 q 个任务中的第 l 个子任务的完成情况 (completing situation)。团队任务完成率代表团队执行任务的能力，团队任务完成率越高，说明团队任务完成得越多。

本实验设计建立两种类型的团队，一种是情感团队（成员间有感情基础），另一种是随机团队（成员随机挑选）。两种人工团队均由 10 个 Agent 组成，知识种类设为 10 种。一次实验包含 11 个任务，每个任务包含 6~12 个子任务，每个子任务只需一种知识。

第一组实验：使具有相同初始知识的情感团队和随机团队分别完成同样的 11 个任务，分别计算两个团队的知识交流次数、任务完成率、团队知识流量和团队知识交流效率，记为一次实验结果。随机改变任务的知识量，但不改变两个团队初始知识，重复上述实验 100 次，得到实验结果见表 4-14。

表 4-14 初始知识相同的情感团队与随机团队多任务对比实验

实验次数	情感团队				随机团队				备注
	团队交流次数	任务完成率	团队知识流量	团队知识交流效率	团队交流次数	任务完成率	团队知识流量	团队知识交流效率	
1	408	0.667	173.615	0.426	436	0.659	177.389	0.405	
2	328	0.689	148.302	0.452	328	0.667	144.881	0.442	
3	420	0.636	193.930	0.462	416	0.629	187.298	0.450	
4	368	0.697	135.866	0.369	370	0.712	139.406	0.377	*
5	332	0.727	160.460	0.483	340	0.735	159.282	0.468	
6	342	0.712	144.433	0.422	338	0.705	143.774	0.425	*
7	400	0.674	157.620	0.392	398	0.667	158.119	0.397	*
8	402	0.667	192.545	0.479	406	0.644	188.850	0.465	
9	332	0.705	151.044	0.455	368	0.697	149.396	0.406	
10	418	0.667	178.156	0.426	412	0.659	174.041	0.422	
11	362	0.742	201.343	0.556	370	0.742	163.070	0.441	
12	406	0.667	177.738	0.438	408	0.667	177.143	0.432	
13	378	0.659	170.908	0.452	428	0.667	168.549	0.394	
14	282	0.697	127.711	0.453	296	0.705	127.682	0.428	
15	354	0.705	137.235	0.388	358	0.720	139.325	0.389	*
16	380	0.712	168.774	0.444	386	0.712	165.846	0.430	
17	364	0.674	148.128	0.407	356	0.674	147.262	0.414	*

续表

实验次数	情感团队				随机团队				备注
	团队交流次数	任务完成率	团队知识流量	团队知识交流效率	团队交流次数	任务完成率	团队知识流量	团队知识交流效率	
18	360	0.750	170.339	0.473	366	0.712	167.867	0.459	
19	340	0.712	150.627	0.443	356	0.705	145.463	0.409	
20	384	0.667	159.582	0.416	372	0.652	157.739	0.424	*
21	354	0.674	155.243	0.439	356	0.659	152.258	0.428	
22	384	0.720	149.661	0.390	392	0.720	146.910	0.375	
23	440	0.636	179.822	0.409	448	0.667	182.382	0.407	
24	376	0.697	192.398	0.512	412	0.689	190.370	0.462	
25	406	0.667	194.695	0.480	414	0.652	197.439	0.474	
26	324	0.697	158.235	0.488	328	0.689	154.427	0.471	
27	352	0.697	158.908	0.451	330	0.697	158.012	0.479	*
28	308	0.765	152.167	0.494	320	0.765	151.357	0.473	
29	310	0.720	145.031	0.468	296	0.720	144.712	0.489	*
30	412	0.727	174.557	0.424	428	0.720	175.235	0.409	
31	414	0.697	182.225	0.440	428	0.689	178.607	0.417	
32	396	0.659	163.043	0.412	400	0.659	160.294	0.401	
33	374	0.705	143.017	0.382	358	0.712	146.931	0.410	*
34	396	0.659	152.146	0.384	366	0.659	150.430	0.411	*
35	376	0.682	137.510	0.366	358	0.697	143.647	0.401	*
36	374	0.750	153.767	0.411	380	0.742	154.657	0.407	
37	384	0.667	173.923	0.453	366	0.674	177.450	0.482	*
38	396	0.697	159.639	0.403	408	0.689	155.004	0.380	
39	368	0.705	128.943	0.350	380	0.697	127.835	0.336	
40	418	0.697	178.423	0.427	442	0.674	181.957	0.412	
41	308	0.689	153.735	0.499	328	0.682	153.493	0.468	
42	366	0.667	147.277	0.400	368	0.667	150.699	0.410	*
43	310	0.705	153.875	0.496	344	0.697	160.263	0.466	
44	416	0.629	175.365	0.422	422	0.644	181.107	0.429	*
45	368	0.697	159.167	0.433	376	0.689	154.683	0.411	
46	388	0.712	172.134	0.444	400	0.697	170.088	0.425	
47	320	0.758	144.025	0.450	368	0.735	139.670	0.380	
48	382	0.621	173.237	0.454	366	0.621	167.599	0.455	*
49	286	0.689	167.377	0.582	308	0.674	169.146	0.549	
50	382	0.689	143.802	0.376	392	0.689	142.379	0.363	

续表

实验次数	情感团队				随机团队				备注
	团队交流次数	任务完成率	团队知识流量	团队知识交流效率	团队交流次数	任务完成率	团队知识流量	团队知识交流效率	
51	360	0.705	161.244	0.448	370	0.712	160.848	0.435	
52	370	0.689	163.460	0.442	386	0.689	162.689	0.421	
53	316	0.735	147.207	0.466	330	0.742	147.105	0.443	
54	386	0.682	164.891	0.427	388	0.682	164.891	0.425	
55	348	0.697	169.012	0.486	366	0.689	167.372	0.455	
56	388	0.705	167.150	0.431	384	0.705	165.332	0.431	
57	422	0.674	177.871	0.421	422	0.667	177.694	0.421	
58	400	0.636	175.556	0.439	438	0.629	173.481	0.396	
59	442	0.652	169.027	0.382	428	0.652	168.045	0.393	*
60	308	0.742	132.986	0.432	314	0.735	133.022	0.424	
61	344	0.712	131.139	0.381	354	0.705	133.235	0.376	
62	420	0.667	174.584	0.416	418	0.674	173.085	0.414	
63	420	0.674	187.184	0.446	456	0.659	185.122	0.406	
64	358	0.727	145.397	0.406	354	0.742	149.008	0.421	*
65	364	0.697	161.906	0.445	386	0.697	169.156	0.438	
66	314	0.735	112.829	0.359	270	0.720	112.732	0.418	*
67	394	0.697	138.227	0.351	390	0.705	138.296	0.355	*
68	318	0.773	150.708	0.474	336	0.773	152.868	0.455	
69	416	0.689	177.050	0.426	434	0.667	175.466	0.404	
70	354	0.705	169.822	0.480	358	0.720	172.221	0.481	*
71	408	0.674	200.503	0.491	408	0.659	198.362	0.486	
72	398	0.697	163.903	0.412	392	0.712	167.615	0.428	*
73	302	0.697	143.728	0.476	304	0.697	141.835	0.467	
74	402	0.674	175.463	0.436	406	0.667	172.132	0.424	
75	380	0.682	147.201	0.387	350	0.689	149.273	0.426	*
76	320	0.689	154.843	0.484	368	0.667	151.221	0.411	
77	350	0.652	167.619	0.479	374	0.652	169.006	0.452	
78	382	0.682	157.284	0.409	386	0.689	155.333	0.402	
79	374	0.689	150.715	0.403	376	0.682	150.574	0.400	
80	388	0.712	159.936	0.412	394	0.705	157.635	0.398	
81	380	0.614	147.291	0.388	374	0.621	147.531	0.392	*
82	432	0.652	187.750	0.435	444	0.644	187.728	0.421	
83	400	0.682	174.501	0.436	412	0.667	173.744	0.422	

续表

实验次数	情感团队				随机团队				备注
	团队交流次数	任务完成率	团队知识流量	团队知识交流效率	团队交流次数	任务完成率	团队知识流量	团队知识交流效率	
84	374	0.720	178.168	0.476	386	0.727	180.164	0.467	
85	396	0.682	168.376	0.425	404	0.659	166.974	0.413	
86	408	0.712	175.703	0.431	412	0.705	174.641	0.424	
87	400	0.667	164.734	0.412	398	0.667	167.554	0.421	*
88	354	0.697	146.075	0.413	374	0.705	142.820	0.382	
89	314	0.689	154.836	0.493	336	0.689	154.016	0.458	
90	338	0.727	154.181	0.456	360	0.712	154.566	0.429	
91	382	0.689	113.372	0.297	390	0.697	112.745	0.289	
92	388	0.720	177.955	0.459	354	0.720	177.319	0.498	*
93	362	0.689	154.826	0.428	362	0.682	157.422	0.432	*
94	342	0.712	135.052	0.395	366	0.720	140.464	0.384	
95	374	0.697	172.552	0.461	380	0.712	171.669	0.452	
96	390	0.689	153.373	0.393	400	0.705	157.446	0.394	*
97	392	0.697	159.113	0.406	384	0.712	159.499	0.415	*
98	444	0.644	182.802	0.412	478	0.636	180.583	0.378	
99	374	0.705	147.197	0.394	390	0.705	145.233	0.372	
100	406	0.674	170.152	0.419	378	0.667	171.642	0.454	*

注：有 * 标记的记录是随机团队的知识交流效率优于情感团队的知识交流效率的实验结果

　　由实验结果可以看出，在 100 次实验中有 71 次情感团队的知识交流效率优于随机团队，但在团队任务完成率方面两者没有显著差别。

　　第二组实验：具有相同初始知识的情感团队和随机团队分别完成同样的 11 个任务，分别计算两类团队的知识交流次数、任务完成率、团队知识流量和团队知识交流效率，记为一次实验结果。在保证两类团队初始知识相同的情况下，随机改变团队初始知识但不改变任务的知识需求，重复上述实验 100 次，实验结果见表 4-15。

表 4-15　相同任务的情感团队与随机团队多初始知识对比实验

实验次数	情感团队				随机团队				备注
	团队交流次数	任务完成率	团队知识流量	团队知识交流效率	团队交流次数	任务完成率	团队知识流量	团队知识交流效率	
1	340	0.697	159.899	0.470	358	0.697	156.036	0.436	

续表

实验次数	情感团队				随机团队				备注
	团队交流次数	任务完成率	团队知识流量	团队知识交流效率	团队交流次数	任务完成率	团队知识流量	团队知识交流效率	
2	344	0.667	168.441	0.490	352	0.682	171.768	0.488	
3	374	0.674	173.270	0.463	392	0.674	175.192	0.447	
4	*364*	*0.712*	*129.404*	*0.356*	*322*	*0.720*	*132.392*	*0.411*	*
5	380	0.682	143.541	0.378	384	0.674	141.506	0.369	
6	326	0.705	163.592	0.502	336	0.720	167.952	0.500	
7	336	0.697	151.098	0.450	352	0.705	151.769	0.431	
8	312	0.682	155.661	0.499	334	0.674	157.468	0.468	
9	346	0.674	145.445	0.420	380	0.697	146.900	0.387	
10	328	0.674	134.801	0.411	330	0.674	132.271	0.401	
11	324	0.720	138.961	0.429	344	0.705	128.954	0.375	
12	*398*	*0.682*	*149.403*	*0.375*	*372*	*0.659*	*147.930*	*0.398*	*
13	338	0.712	162.876	0.482	338	0.705	162.016	0.479	
14	330	0.720	129.377	0.392	332	0.705	129.767	0.391	
15	348	0.697	182.569	0.525	372	0.667	177.870	0.478	
16	340	0.720	129.068	0.380	336	0.705	127.325	0.379	
17	344	0.705	148.309	0.431	350	0.682	147.115	0.417	
18	342	0.705	161.961	0.474	360	0.712	160.082	0.445	
19	*370*	*0.636*	*145.662*	*0.394*	*368*	*0.636*	*148.879*	*0.405*	*
20	*336*	*0.659*	*145.604*	*0.433*	*338*	*0.689*	*150.415*	*0.445*	*
21	*368*	*0.682*	*149.448*	*0.406*	*350*	*0.682*	*151.956*	*0.434*	*
22	*362*	*0.659*	*131.125*	*0.362*	*346*	*0.682*	*135.744*	*0.392*	*
23	358	0.682	144.835	0.405	368	0.682	140.179	0.381	
24	328	0.689	140.066	0.427	348	0.682	142.743	0.410	
25	*364*	*0.689*	*150.135*	*0.412*	*342*	*0.689*	*150.060*	*0.439*	*
26	348	0.659	161.171	0.463	366	0.652	161.116	0.440	
27	310	0.705	154.241	0.498	352	0.727	159.419	0.453	
28	*334*	*0.712*	*141.786*	*0.425*	*324*	*0.697*	*144.417*	*0.446*	*
29	320	0.682	143.980	0.450	326	0.682	144.566	0.443	

续表

实验次数	情感团队				随机团队				备注
	团队交流次数	任务完成率	团队知识流量	团队知识交流效率	团队交流次数	任务完成率	团队知识流量	团队知识交流效率	
30	328	0.689	148.135	0.452	354	0.659	144.930	0.409	
31	432	0.583	151.081	0.350	416	0.606	155.781	0.374	*
32	346	0.644	158.218	0.457	352	0.674	152.700	0.434	
33	344	0.682	149.390	0.434	346	0.674	149.849	0.433	
34	354	0.697	159.382	0.450	372	0.674	158.517	0.426	
35	366	0.682	158.575	0.433	384	0.682	158.386	0.412	
36	362	0.682	143.199	0.396	356	0.689	144.259	0.405	*
37	356	0.697	153.687	0.432	334	0.720	157.545	0.469	*
38	364	0.705	135.297	0.372	370	0.712	136.086	0.368	
39	318	0.689	154.172	0.485	334	0.705	154.678	0.463	
40	350	0.705	136.917	0.391	368	0.705	137.213	0.373	
41	344	0.682	135.297	0.393	378	0.674	135.470	0.358	
42	334	0.689	127.548	0.382	338	0.689	127.495	0.374	
43	324	0.697	133.165	0.411	330	0.689	135.147	0.410	
44	332	0.697	155.254	0.468	354	0.705	158.545	0.448	
45	370	0.644	130.201	0.352	360	0.659	133.841	0.372	*
46	352	0.659	145.339	0.413	396	0.644	147.603	0.370	
47	352	0.674	158.896	0.451	362	0.674	159.458	0.440	
48	342	0.689	138.825	0.406	346	0.697	145.553	0.421	*
49	388	0.682	172.769	0.445	374	0.682	169.045	0.452	*
50	340	0.674	154.869	0.455	360	0.689	159.966	0.444	
51	358	0.689	159.991	0.447	354	0.682	159.565	0.451	*
52	342	0.682	137.262	0.401	350	0.659	130.497	0.373	
53	332	0.712	153.050	0.461	332	0.705	151.511	0.456	
54	322	0.712	147.541	0.455	356	0.689	143.451	0.403	
55	346	0.674	169.607	0.490	376	0.682	171.511	0.456	
56	338	0.682	145.752	0.431	340	0.689	147.468	0.431	
57	364	0.659	149.776	0.411	354	0.682	152.375	0.430	*

续表

实验次数	情感团队				随机团队				备注
	团队交流次数	任务完成率	团队知识流量	团队知识交流效率	团队交流次数	任务完成率	团队知识流量	团队知识交流效率	
58	330	0.727	135.946	0.412	334	0.712	130.781	0.392	
59	366	0.674	140.866	0.385	400	0.682	143.745	0.359	
60	348	0.689	133.555	0.384	358	0.674	135.787	0.379	
61	346	0.674	162.635	0.470	360	0.682	162.589	0.452	
62	328	0.674	134.926	0.411	334	0.674	137.100	0.407	
63	352	0.659	147.647	0.419	356	0.667	151.703	0.426	*
64	354	0.674	141.670	0.400	362	0.659	137.163	0.376	
65	340	0.667	167.368	0.492	356	0.659	160.975	0.452	
66	328	0.712	157.903	0.481	330	0.720	157.414	0.477	
67	342	0.727	158.571	0.464	362	0.705	153.917	0.425	
68	362	0.697	150.160	0.415	358	0.705	148.997	0.416	*
69	340	0.674	148.297	0.436	356	0.667	151.573	0.426	
70	340	0.705	158.624	0.467	360	0.697	157.092	0.436	
71	376	0.636	138.038	0.367	388	0.636	135.188	0.348	
72	312	0.689	124.067	0.398	334	0.712	122.231	0.366	
73	342	0.689	157.871	0.462	340	0.682	154.938	0.456	
74	350	0.705	121.660	0.348	364	0.697	122.562	0.337	
75	324	0.697	123.341	0.381	330	0.697	120.566	0.365	
76	328	0.697	153.602	0.468	346	0.674	155.961	0.451	
77	318	0.667	113.992	0.358	330	0.674	111.993	0.339	
78	336	0.720	137.386	0.406	362	0.712	138.835	0.384	
79	346	0.674	176.011	0.509	336	0.689	170.035	0.506	
80	356	0.689	183.572	0.516	366	0.659	171.667	0.469	
81	362	0.636	124.495	0.344	376	0.636	123.359	0.328	
82	374	0.689	136.035	0.364	362	0.689	139.602	0.386	*
83	316	0.705	154.195	0.488	338	0.720	155.521	0.460	
84	352	0.705	141.015	0.401	350	0.689	139.850	0.400	
85	344	0.712	154.500	0.449	334	0.697	152.819	0.458	*

续表

实验次数	情感团队				随机团队				备注
	团队交流次数	任务完成率	团队知识流量	团队知识交流效率	团队交流次数	任务完成率	团队知识流量	团队知识交流效率	
86	*344*	*0.682*	*152.946*	*0.445*	*346*	*0.682*	*157.577*	*0.453*	*
87	368	0.644	155.369	0.422	392	0.636	154.383	0.394	
88	352	0.735	167.658	0.476	354	0.705	163.129	0.461	
89	*364*	*0.674*	*140.289*	*0.385*	*344*	*0.697*	*145.218*	*0.422*	*
90	328	0.689	133.773	0.408	346	0.659	129.611	0.375	
91	346	0.697	149.888	0.433	362	0.720	150.990	0.417	
92	366	0.697	145.590	0.398	378	0.697	144.306	0.382	
93	332	0.682	154.842	0.466	354	0.689	157.196	0.444	
94	350	0.705	138.133	0.395	352	0.705	138.993	0.395	
95	346	0.667	163.847	0.474	348	0.667	164.165	0.472	
96	*340*	*0.720*	*161.600*	*0.475*	*310*	*0.712*	*158.918*	*0.513*	*
97	*342*	*0.705*	*159.559*	*0.467*	*356*	*0.720*	*168.520*	*0.473*	*
98	356	0.659	147.426	0.411	370	0.659	142.729	0.386	
99	354	0.720	157.794	0.446	364	0.705	155.725	0.428	
100	336	0.720	137.549	0.409	340	0.697	137.505	0.401	

注：有＊标记的记录是随机团队的知识交流效率优于情感团队的知识交流效率的实验结果

从实验结果中发现，情感团队的知识交流效率在 76 次实验中优于随机团队。同样的，在团队任务完成率方面两者没有明显差别。

综合分析上述实验结果可知，总体来说情感团队在知识交流效率方面要优于随机团队，这说明基于情感选择交流对象相对于随机选择交流对象有一定的优势。但是在任务完成率方面基于情感的选择策略并没有明显优势，这说明情感对知识团队能否完成任务并不能起到决定性的作用。成员的初始知识水平和能否有效地减少遗忘、保持知识水平才是能够影响团队任务完成率的关键因素。情感因素可以使知识交流效率更高，节约交流的时间成本，且可更快地使团队达到较高的知识水平。

两组实验结果都验证了情感团队相较于随机团队的优越性。虽然在个别结果中，随机选择交流对象的策略优于基于情感的选择策略，但总体来看，让基于工作关系产生的情感在知识交流中发挥作用，必将提高知识交流效率。这一实验结果带给我们的管理启示为：团队管理者应该重视团队成员的正面情感，为成员之

间的情感建立良好的保持机制，通过情感对知识交流的正面作用来持续提高团队
知识交流效率，最终达到提高团队绩效的目的。

4.4.5　团队诊断与评价的计算实验

1. 潜在的知识交互网络

团队经过一定时间的运行，很可能会出现偏离其预期轨道的问题，而潜在知
识交互网络旨在排除认知信任带来的障碍。

知识交流网总是潜在知识交流网的子网络，参见图 4-41。潜在网络的获取
需要进行计算实验，因为它们是预测哪些 Agent 之间"能够"进行交流，但这种
交流并不一定是已然的。这就是计算实验对仿真的继承和超越之处。

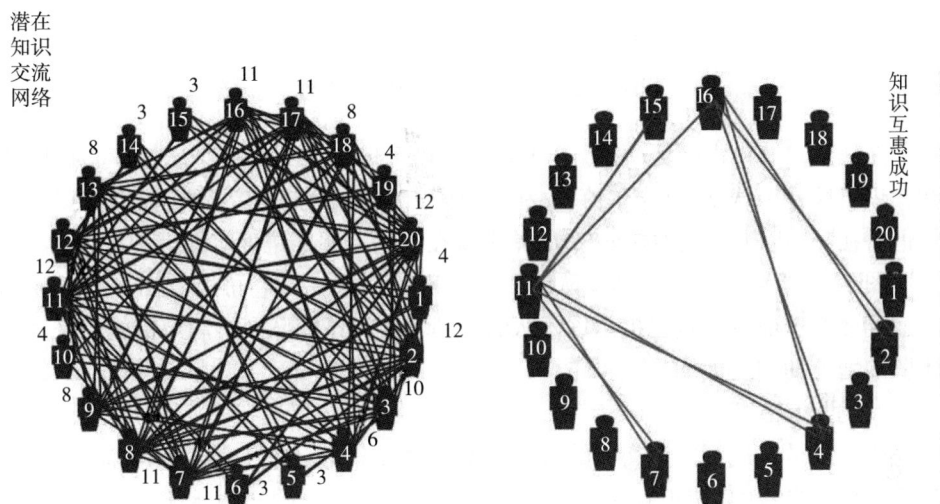

图 4-41　潜在知识交流网络与知识互惠网络

潜在知识网络可以告诉我们哪些人之间存在交流的可能。现实世界中发生的
知识交流总是潜在知识交流网络的子网络。如果潜在交流的两者之间尚未交流，
可以促使其提早进行知识交流；如果不能交流，再采取其他对策。

进一步，现有的交互与潜在知识交流网络之间的关系可以在一个侧面描述团
队的"绝对成熟度"，其度量公式为

$$\left[\sum_{i=1}^{n}\sum_{j=1}^{n}\mathrm{BS}_{ij} + \sum_{i=1}^{n}\sum_{j=1}^{n}\mathrm{BP}_{ij} + \sum_{i=1}^{n}\sum_{j=1}^{n}\mathrm{BK}_{ij}\right]/3n \times (n-1), \quad i \neq j \quad (4\text{-}34)$$

将式(4-34)变形，其中分母部分改成潜在知识交互网络下的总和，也可以观
测整个团队的"相对成熟度"，如式(4-35)所示。因为一个团队达到自身的成熟就
是达到了极限。图 4-42 展示了基于式(4-34)变体的团队相对成熟度增长曲线。

$$\left[\sum_{i=1}^{n} \sum_{j=1}^{n} \mathrm{BS}_{ij} + \sum_{i=1}^{n} \sum_{j=1}^{n} \mathrm{BP}_{ij} + \sum_{i=1}^{n} \sum_{j=1}^{n} \sum_{k=1}^{m} \mathrm{BK}_{ijk} \right] / (2+m) \times n \times (n-1), \quad i \neq j$$

(4-35)

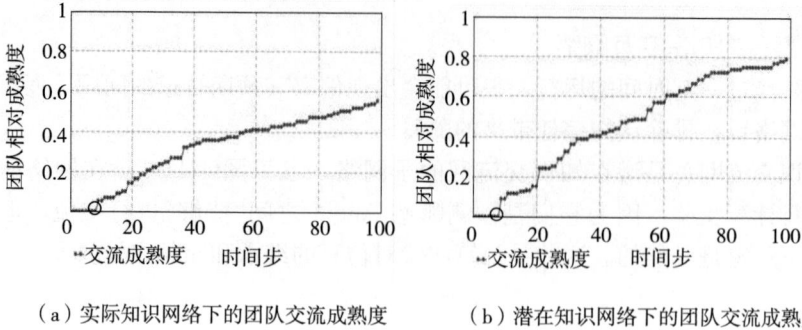

（a）实际知识网络下的团队交流成熟度　　（b）潜在知识网络下的团队交流成熟度

图 4-42　团队交流成熟度增长曲线

在式(4-34)和式(4-35)中，分子表示每个个体对他人的社会属性、心理属性和知识属性是否认知的(布尔值)总和(已然)；分母表示所有可能情况的总和(未然但潜在)。式(4-34)和式(4-35)的差别就在于是否逐个维度对知识进行统计。

图 4-42 给出了两个不同团队的相对成熟度增长曲线，可以看出，后者成熟的速度要快于前者。这也提示该团队的管理者要对该团队及早制定措施，来延长团队的增长期和发展期。

2. 团队成员知识评价

团队成员在进行知识交流的过程中不断学习知识，并且通过"知识流量"的交流不断扩大自身的"知识存量"。这一方面提高了自身的知识水平(质和量两方面)；另一方面也提高了团队总的知识存量。并且在多次的知识交流过程中，个体可能同时成为某一维知识的需求者和供给者。本计算实验旨在对团队的知识水平从横向(知识间)和纵向(成员间)两个维度进行计算和比较分析，运行结果如图 4-43 所示。

1) 纵向比较

受国际经济学领域大国贸易的启发，由于团队的个体数不是很多，团队中的成员自身知识存量增加的同时，也会带动整个团队知识存量的整体提高，因此，要把这种变化提前考虑在内。在图 4-43 中"知识圈"下面的数字就表示团队成员再"学"多少该维知识才能达到团队平均水平，假设其他成员的该维知识保持不变，则动态学习的知识量 ΔK_{Ik} 可表示为

$$\Delta K_{Ik} = \left[\sum_{i=1}^{n} K_{ik} - n_A \times K_{Ik} \right] / (n_A - 1)$$

(4-36)

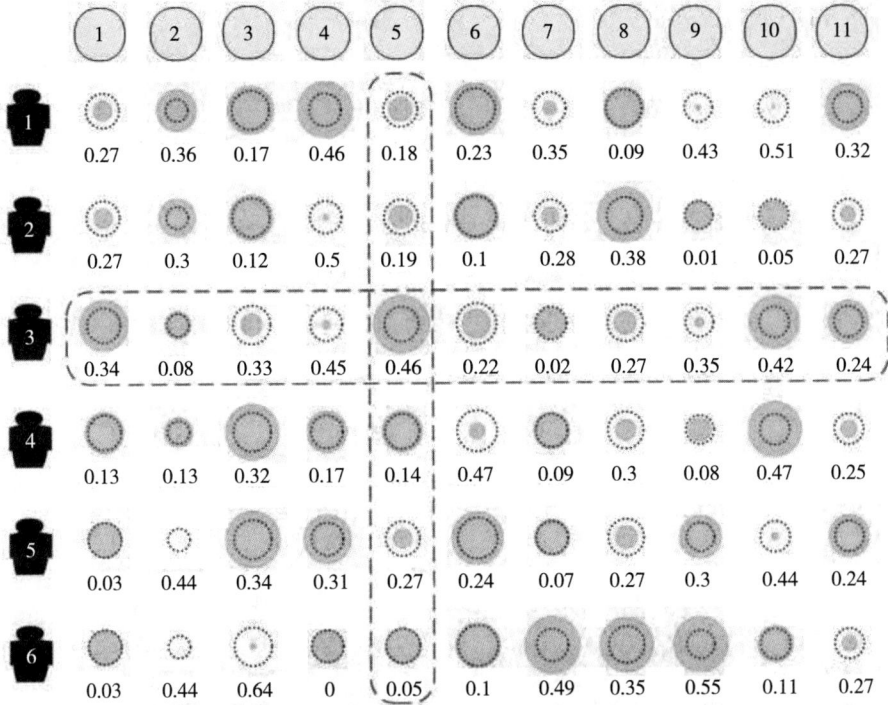

图 4-43　个体平均知识动态差值图

其中，n_A 表示 Agent 的数量；K_{ik} 表示第 i 个 Agent 第 k 维知识存量；K_{Ik} 为当前个体第 k 维知识存量。

通过计算每一维度下自身知识大于团队平均水平的成员个数可以从一个侧面度量整个团队的知识分布情况。

每一列的"虚线知识圈"大小一致，表示该知识的团队平均水平：圆圈越大，表明该团队在该维知识上平均知识存量越高。每一列如果不都为 0，则必有正数和负数的情况出现。并且随着团队整体知识水平在该维度上的变化，虚线知识圈的半径也会不断改变。

2）横向比较

根据个体成员自身有几个维度的知识大于团队平均水平就可以大致看出该成员的知识水平。如果某个成员有好多维度的知识都小于团队平均水平，那么就应该对其进行知识交流或学习的激励，使其在提升自己的同时，也提高团队整体的知识水平。当然，如果每个个体都不断地提高自身的知识存量，那么虚线知识圈的半径也会扩大，仍旧会有一部分成员达不到平均水平。这也是一种"合成谬误"的体现。

3. 团队业务能力评价

之前都是针对团队的一个侧面进行研究，本实验旨在通过对团队评价方法的探讨，一是评价一个团队经过不同任务"磨炼"之后所具有的不同能力情况；二是给出评价两个不同团队能力大小的方法。

1)评价方法

本计算实验主要针对的是团队任务完成绩效方面的评价，采用通过对不同任务完成情况的统计来对团队整体绩效进行比较分析。对团队的业务能力评价一般涉及多个整体任务，在这些任务进行的过程中，会产生情感等"痕迹"，并作用于下一次的知识交流过程。因此，团队单纯地执行一次任务与执行过若干次任务并在此基础上执行一次任务是不一样的。

2)同一团队经过不同的任务序列的计算实验

考察单个团队的任务完成情况，通过对单一团队进行一定时间间隔的任务赋予，得到了50个任务序列输入情况下，团队A的任务完成情况累计饼图，如图4-44所示。

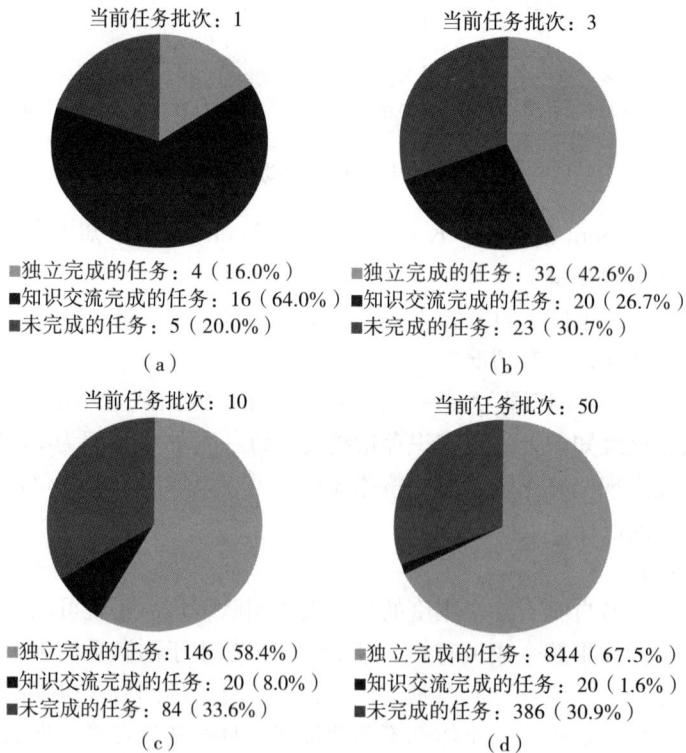

当前任务批次：1

■独立完成的任务：4（16.0%）
■知识交流完成的任务：16（64.0%）
■未完成的任务：5（20.0%）

（a）

当前任务批次：3

■独立完成的任务：32（42.6%）
■知识交流完成的任务：20（26.7%）
■未完成的任务：23（30.7%）

（b）

当前任务批次：10

■独立完成的任务：146（58.4%）
■知识交流完成的任务：20（8.0%）
■未完成的任务：84（33.6%）

（c）

当前任务批次：50

■独立完成的任务：844（67.5%）
■知识交流完成的任务：20（1.6%）
■未完成的任务：386（30.9%）

（d）

图 4-44　50个任务序列的完成情况

由图4-44可以看出，经过一段时间的知识交流，由于团队整体知识水平提高，完成任务的方式由初始的依赖知识交流转为后来的独立完成。这标志着团队的成熟，同时也预示着团队的知识交流的饱和，以及引入新成员或知识的必要性。

下面讨论不同任务序列对同一知识团队的能力影响。假设团队 A 分别经过任务序列 T_1 和 T_2（各自包含 9 个不同的整体任务）的"训练"，然后分别交给团队 A_{T_1} 和 A_{T_2} 1 个任务整体 t_{10}，观测哪个团队对 t_{10} 的完成情况较好。经计算实验得出 A_{T_1} 完成了 15 个子任务，10 个未完成；而 A_{T_2} 则完成了 18 个子任务，7 个未完成。对结果进行宏观层面的探究，可以认为，与 T_1 相比，任务序列 T_2 有效地对团队 A 进行了"磨炼"。如果进行微观过程分析，这种提高可能体现在团队整体知识水平的提高或是团队成员之间用于进一步知识交流的情感积累的提高等不同方面。

3）两个不同团队执行相同任务序列的对比实验

实验条件：针对两个相异的异质性团队，分别输入相同的 10 组整体任务序列。通过团队成员进行知识交流后任务的完成情况对比来评价两个团队孰优孰劣。假设两个团队分别为团队 A 和团队 B，计算实验结果如图 4-45 所示。

当前任务批次：10　　　　　　　　当前任务批次：10

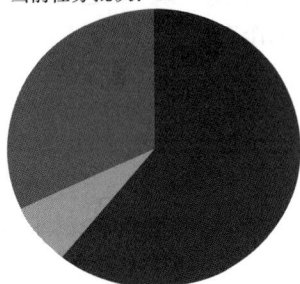

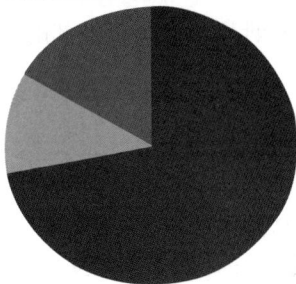

- 独立完成的任务：152（60.8%）　　　■ 独立完成的任务：180（72.0%）
- 知识交流完成的任务：18（7.2%）　　■ 知识交流完成的任务：29（11.6%）
- 未完成的任务：80（32.0%）　　　　■ 未完成的任务：41（16.4%）

（a）团队A　　　　　　　　　　　（b）团队B

图 4-45　两个不同团队任务完成情况对比图

从可视化结果中可以清晰地看出，团队 B 对于 10 组整体任务的完成情况要优于团队 A。在独立完成的任务百分比方面，团队 B 达到了 72.0%，而团队 A 则仅为 60.8%；同样，在通过知识交流完成的任务百分比方面，团队 B 也超出团队 A 4.4 百分点；团队 B 未完成的任务数量仅约为团队 A 的一半。

■ 4.5　本章小结

团队知识协调旨在通过整合团队成员各自的知识和行动来实现团队的共同目

标。本章从组织及过程角度，对不同类型的协调机制进行了详细的阐述。

团队互动是团队这种组织形式最显著的特征之一。团队成员通过知识交流与合作协同完成分派的任务。由于组成团队的成员具有不同的教育背景、专业知识和职业经验，尽管这些互补的知识和能力是完成复杂且具有变化性任务所必需的，但毋庸置疑的是，它也是团队成员间产生认知冲突和关系冲突的根本原因。针对这两种不同类型的冲突，其协调机制既可采取沟通、交流、监督、反馈及制订工作计划等外显方式，也可采取内隐的方式。内隐协调有助于团队创造力的提升。

本章以知识协调为目的，提出团队内部知识协调的概念模型，构建了异质性个体模型和团队网络模型，重点分析了团队成员的知识互动过程，深入研究了互动过程中产生团队认知冲突与关系冲突的微观原因，据此给出两种协调机制，即知识协调机制(以内隐协调为主)和冲突协调机制(以外显协调为主)。此外，还分析了知识协调机制对团队效能和团队创造力的影响作用。在此基础上，设计并开发了团队知识协调管理的技术平台，旨在利用计算实验对团队生命周期内的各种活动和过程，如团队组建、团队互动、冲突协调、情感产生、问题诊断与评价等开展计算实验研究，为团队内部的知识协调管理工作提供决策支持。

参考文献

[1]Okada T，Simon H A. Collaborative discovery in a scientific domain. Cognitive Science，1997，21：109-146.

[2]Janz B D，Colquitt J A，Noe R A. Knowledge worker team effectiveness：the role of autonomy，interdependence，team development，and contextual support variables. Personnel Psychology，1997，50：877-904.

[3]Ainger A，Ennals R，Kaura R，et al. Executive Guide to Business Success through Human-Centred Systems. New York：Springer，1995.

[4]Parker G M. Cross-Functional Teams：Working with Allies，Enemies，and Other Strangers. San Francisco：Jossey-Bass Publishers，1994.

[5]孙锐，李海刚，石金涛. 知识型团队动态能力构建：团队体系模型与创新运作模式研究. 南开管理评论，2007，10(4)：4-10.

[6]罗瑾琏，张波，钟竞. 团队创造力生成机制. 北京：科学出版社，2014.

[7]薛会娟. 团队协调的双重机制：外显协调和内隐协调. 科技管理研究，2010，14：172-174.

[8]Jackson S E，May K E，Whitney Y K. Understanding the dynamics of diversity in decision-making teams. In：Guzzo R A，Salas E，Associates，et al. Team Effectiveness and Decision Making in Organizations. San Francisco：Jossey-Bass Publishers，1995：204-261.

[9]Maznevski M L. Understanding our differences：performance in decision-making groups with diverse members. Human Relations，1994，47(5)：531-552.

[10]Jehn K A. Diversity，conflict，and team performances summary of program of research.

Performance Improvement Quarterly, 1999, 12(1): 6-19.

[11]张子源, 赵曙明, 周路路, 等. 内隐协调对团队创造力的影响研究——任务特征的调节作用. 科学学与科学技术管理, 2014, 35(1): 173-180.

[12]Wegner D M. Transactive Memory: A Contemporary Analysis of the Group Mind. New York: Springer, 1987.

[13]Jehn K A. A multi-method examination of the benefits and detriments of intragroup conflict. Administrative Science of Quarterly, 1995, 40: 256-282.

[14]Pondy L R. Organizational conflict: concepts and models. Administrative Science Quarterly, 1967, 12(2): 296-320.

[15]罗宾斯 S. 组织行为学. 第 12 版. 李源, 孙建敏译. 北京: 中国人民大学出版社, 2008.

[16]Pelled L, Xin K. Down and out: an investigation of the relationship between mood and employee withdrawal behavior. Journal of Management, 1999, 25(6): 875-895.

[17]Wall J A, Callister R R. Conflict and its management. Journal of Management, 1995, 21: 515-558.

[18]Amason A C. Distinguishing the effects of functional and dysfunctional conflict on strategic decision making: resolving a paradox for top management teams. Academy of Management Journal, 1996, 39: 123-148.

[19]Sapienza H J. The effects of top management team size and interaction norms on cognitive and affective conflict. Journal of Management, 1997, 23: 495-516.

[20]雷凡. 知识型团队冲突产生过程建模研究. 大连理工大学硕士学位论文, 2014.

[21]Paulus P B. Groups, teams, and creativity: the creative potential of idea-generating groups. Applied Psychology: An International Review, 2000, 49: 237-262.

[22]李博. 基于 Agent 的知识交流对团队建设影响的计算实验. 大连理工大学硕士学位论文, 2014.

[23]盛昭瀚, 张维. 管理科学研究中的计算实验方法. 管理科学学报, 2011, 14(5): 1-10.

[24]Jaggar A M. Love and knowledge: emotion in feminist epistemology. Inquiry, 1989, 32(2): 151-176.

第 5 章

企业联盟的知识协调管理

当今技术创新复杂性和不确定性越来越高，产品生命周期不断缩短，市场竞争愈加激烈，仅凭单个企业完成技术创新或产品创新已经变得愈发困难。通过外部合作组建企业联盟来获取外部知识已成为企业提高技术创新能力的重要途径之一。在众多的企业联盟形式中，从知识系统和知识管理视角来看，企业技术创新联盟无疑是最重要的联盟形式，这种联盟是实现企业目标和完成创新任务的基础。

在产品创新过程中，要求创新知识能够在联盟成员间有效传递和转移，当然还需要创新主体间的配合与协调。由于创新所需知识分属于联盟中的不同企业主体，主体间出现知识转移障碍、冲突、矛盾等现象不可避免，因此，消除知识转移的壁垒和不利因素，构造顺畅的知识转移渠道和方式是企业联盟实现产品创新的必要条件和保障，这个过程在客观上具有知识协调的作用。在微观层面，理清企业联盟中知识转移的影响因素、知识转移的本质，是进行知识协调管理的基础。

企业联盟一般由为数不少的企业（机构）构成，联盟总体的创新能力可以用联盟的创新能力加以度量，而联盟的创新能力在很大程度上取决于联盟主体间知识转移和吸收的能力，以及知识转移的意愿。如果联盟成员间能够实现顺畅而有效的知识转移，将会加快创新知识的积累进而促使联盟获得创新优势。这在本质上是知识协调机制在联盟整体内部作用的体现。

就技术创新联盟而言，成员会针对一些对联盟发展至关重要的共性技术、关键技术或某项专门技术进行联合研究与开发。这些共性技术、关键技术和专门技术都是具有创新性、挑战性的创新任务，如何在联盟内快速组建满足创新任务需求的任务团队是企业联盟经常面临的问题，解决这个问题的过程本质上就是在联盟范围内进行创新知识协调和创新资源优化的过程。

本章针对企业联盟成员在实现产品、技术创新过程中的三个主要问题，即成员间的知识转移、联盟整体创新能力形成及面向创新任务的资源配置，分别阐述知识协调机制在其中的作用。

5.1　企业联盟

5.1.1　企业联盟的理论解释

战略联盟这一概念最早是由美国 DEC 公司总裁简·霍普兰德(J. Hopland)和管理学家罗杰·尼杰尔(R. Nigel)提出的。他们认为，战略联盟是指由两个或两个以上有着共同战略利益和对等经营实力的企业，为达到共同拥有市场、共同使用资源等战略目标，通过各种协议、契约而结成的优势互补或优势相长、风险共担、生产要素水平式双向或多向流动的一种松散的合作模式。这个概念提出之后，在理论上人们并没有对其进行严格的定义。而实践中，由于企业联盟有着非常丰富的形式，因此在名称上就出现了许多在内涵和外延上都有一定差别的概念，如"企业联盟""战略联盟""企业战略联盟"等。对于企业联盟的理解，学术界有很大的分歧，但大致可从以下四个方面来理解：①两个或两个以上的企业；②目的是实现资源共享、风险和成本共担、优势互补等特定的战略目标；③通过股权参与或契约联合的方式建立合作伙伴关系；④特点是较为稳固的松散型组织。

在解释企业联盟这一问题上，国外学者建立了许多理论和模型，如交易成本理论、资源理论、市场组织理论、博弈论模型、战略缺口理论、战略决策模型、价值链理论、国家竞争优势理论和战略管理理论等。上述理论和模型都从某个侧面解释了企业联盟的现象，其中长期占主导地位的理论当属交易成本理论及最近发展起来的资源理论，这两个理论在解释企业联盟问题上各有侧重，总体上被证明是有效的，而且也已被国内外的学者广泛接受。

交易成本理论认为，企业联盟合成了内部化和市场交换的特征，因为它们部分地使交易内部化(如联合经营)，在联盟的两头，一边是企业，一边是市场，而企业联盟是介于企业和市场的中间组织。从市场出发，联盟节约了交易成本；从企业出发，联盟节约了管理(生产)成本。

资源理论是通过资源的特性来分析联盟行为的。资源理论的潜在假定是，企业的基本行为方式是对资源的操作。由于资源具有稀缺性、不完全可模仿性和不完全可替代性，市场在配置资源上就存在着障碍，甚至在某些资源(专用性很强的资源或者一些特殊资源，如企业的隐性知识等)的配置上失效，因此企业就采取了企业联盟这样一种组织安排。

市场组织理论认为，企业是截取整个价值链的某些阶段从事分工活动的实体，不可能拥有从事全部活动所必需的全部能力，同时由于成本高、制度限制、企业的灵活性较低、资源依赖的暂时性等，企业进行内部扩大或外部并购并不可取，因此建立企业间交换关系的网络结构，形成多样性契约安排就成为一种理想的选择。

战略缺口理论认为，企业在竞争所要取得的战略绩效目标与它们依靠自有资源和能力所能达到的目标之间存在一个战略缺口，而战略缺口的存在在一定程度上限制了企业走依靠自有资源和能力自我发展的道路，这就在客观上要求企业走联盟的道路。企业的战略缺口越大，其参加联盟的动力越大。

价值链理论表明，价值链中的每一个环节在实现最终产品的价值中的重要性均不同，这决定了价值链中各环节所依赖的生产要素也各不相同。不同的企业在价值链的每一个环节中都不可能具有相同的比较优势。为达到"强强"联合以求"双赢"的协同效应，合作各方在各自最具竞争优势的核心环节开展合作，就可以达到企业利益最大化的目的。

国家竞争优势理论认为，国家经济实力说到底是若干行业的竞争优势问题。在自然资源、地理位置等基本要素重要性下降的情况下，一个国家在某个行业的竞争优势很大程度上取决于一国所拥有的基础设施、科技人才等关键要素。这不仅因为关键要素是发展新产品、独家产品的必要条件，更因为关键要素的相对稀缺性。关键要素的开发不但需要大量投资，还需要有助于关键要素生成和发展的社会、经济、法律环境和相应的机构体系。关键要素的重要性还在于其难于通过公开市场获取，也很难通过跨国投资获得。因此，在竞争日趋激烈的今天，需要创新国际合作机制，联盟便应运而生。

战略管理理论认为，一个企业的竞争能力取决于以下因素：①应付新进入企业的能力；②与供应者和购买者讨价还价的能力；③应付替代品的能力。依此形成三种企业发展战略，即低成本战略、差异化战略和坚守主导产业战略。联盟可提高企业在这些方面的优势，如结盟后规模扩大所产生的低成本优势，结盟后开发出来的创新技术和专有技术带来的产品差异化优势，以及结盟后的市场细分所带来的销售增长优势。

5.1.2　企业联盟的形成动因

企业联盟这种组织形态的出现主要基于以下动因。

（1）市场开拓之需。在市场全球化的宏观背景下，企业间的竞争日益激烈，尤其是世界经济区域集团化及新贸易保护主义的盛行，更使企业在开拓新市场、巩固旧市场方面困难重重。一个企业要想在国际市场中占有一席之地，仅仅依靠自身的力量已远远不够，即使著名的单个跨国企业在现今世界经济区域化、一体化和全球化发展的格局下，也难以完全左右和垄断全球市场，只有利用其他企业已有销售网络的优势，才能不断开拓新的市场。

（2）技术获取之需。随着技术创新及其推广速度的加快，企业在充分利用和改进原有核心优势产品的同时，还必须拓展新的技术领域，而先进的技术是企业在国际竞争中的关键。在当今科学技术迅猛发展的情况下，没有哪个企业能长期垄断所有技术，而技术创新和开发本身带有很大的风险性。企业通过联盟，既可以避免风险，减少不必要的重复投资，又可以相互交流信息、传递技术，加快研究与开发的速度。

（3）规避风险之需。企业之间结成联盟可以通过以下方法减少一方或双方的经营风险：同合作伙伴共同分担风险、产品组合多元化、更快进入市场和获取收益、减少投资成本等。另外，如果企业进行跨国联盟，还可以减少政治风险。当地企业可能有足够的影响力使合资企业免受当地政府的干预，或者合资企业本身就是政府产业政策的结果。在后一种情况下，由于政府认为合资企业有助于当地经济的发展而支持它，从而使政治风险进一步降低。

（4）规模经济之需。企业实现战略联盟还可以很好地将同类产品的生产经营企业结合成一个整体，加深分工，强化技术进步，使不同企业之间的资本、技术、人力、信息资源得以有效、灵活组合，最大限度地降低产品成本，提高规模经济效益。

（5）知识学习与能力培养之需。当企业不具备某种研发能力，而从长远战略角度考虑，企业希望减少在这一方面对外部企业的依赖时，企业一般不愿意采用技术购买或者委托研究的形式，通常会先采用合作研发形式，在技术与产品的开发过程中不断地进行知识学习，提高其研究与开发能力，并逐步将技术研发知识内化，之后独立地进行这方面技术的研发与创新。

5.1.3　企业技术创新联盟

随着企业间竞争的日趋激烈及竞争环境不确定性的加剧，建立技术创新联盟成为企业开发新技术的一个重要途径。通过建立技术创新联盟，企业可以达到风险共担、知识共享、合作研发、降低交易成本等目的。企业技术创新联盟的价值和魅力正逐渐被人们认同和采纳。

从不同的角度看企业技术创新联盟，有不同的解释。

（1）合作竞争角度。企业技术创新联盟是由很强的、平时本是竞争对手的企业组成的竞争性联盟。这种观点强调企业技术创新联盟是实力强大且相当的企业间的一种合作性竞争，基于共同研究和开发高技术的目标而组成的一个互补性的联盟。联盟企业借助合作发挥企业各自核心的技术优势，实现技术优势互补，形成企业之间的既竞争又合作，通过竞争推动企业技术研发不断开拓发展，实现双赢或者多赢。

（2）资源集合体角度。企业技术创新联盟是参与企业根据各自已有资源的异质性，本着互惠互利的原则，结合资源的互补性，追求共同利益的行为。这种观点强调技术创新联盟参与企业资源的异质性，将企业技术创新联盟看成是企业间的一种资源整合行为。在技术更新换代较快的高技术领域，这种资源观主导的企业技术创新联盟较为普遍。

(3)战略管理角度。这种观点认为企业技术创新联盟是指两个或两个以上的企业出于对市场预期目标的考虑和各自总体战略目标的需要，通过各种协议形成的一种优势互补、风险共担的组织。

(4)组织学习角度。这种观点认为企业技术创新联盟是指企业为借助外部技术资源来增加企业核心知识，提高企业技术创新能力和竞争力，与其他企业建立的合作伙伴关系。

企业技术创新联盟是企业技术合作发展的高级阶段，通常具有以下特征。

(1)合作的长期性。一是企业间合作关系的长期性。企业技术创新联盟注重从战略的高度和企业长远发展的整体角度来规划企业间的合作关系，合作期限一般比较长，短则五至十年，长则几十年。二是企业技术创新联盟的结果对企业未来发展影响的长期性。由于建立技术创新联盟是企业从战略的高度和企业长远发展整体的角度经过深思熟虑之后做出的战略决定，其着眼点是从企业外部获得战略资源并与自身的战略资源耦合，形成持续的竞争优势。因此，企业技术创新联盟的成败必然会对参加联盟的企业未来发展产生深远的影响。

(2)关系的独立性。企业技术创新联盟成员之间是相互独立的，它们均为独立的法人实体，始终拥有自己的业务渠道、产品、目标市场和经济利益，对自身的经营业务始终拥有独立的决策权。

(3)合作的最优性。企业技术创新联盟强调的是强强合作，参加联盟的企业都是大型的且具有较强的实力。企业技术创新联盟是将各个企业独有的优势结合起来，建立一个"最优"的组织体系，其中每个环节都可能是世界一流的。

(4)关系的平等性。企业技术创新联盟成员之间实力相似，主要采取对等持股方式，因而它们在联盟中的关系是平等的。企业技术创新联盟成员之间的关系既不是组织内部的行政隶属关系，也不是组织与组织之间的市场交易关系，而是联盟成员之间平等的互惠互利关系，具体表现在资源投入的平等性、地位的平等性、收益分配的均等性等方面。

(5)合作的紧密性。企业技术创新联盟打破了以往企业经营行为的地理界限，对资产进行最优化配置，变外部竞争为内部协调，产生一种"你中有我，我中有你"的合作竞争局面，联盟成员之间依存度较高。

(6)合作的全面性。企业技术创新联盟是企业之间一种大规模且涉及技术创新全过程的全面合作。从研究开发、试制、大规模生产、销售到信息反馈，联盟成员都全程参与。

(7)管理的复杂性。管理的复杂性体现在两个方面，一是企业技术创新联盟组织形式的多样性。企业技术创新联盟的组织形式是多种多样的，包括非对等契约联盟、对等契约联盟、股权参与联盟和对等股权联盟等。联盟成员相互参与的程度不同，相互之间的关系密切程度不同，因而所要求的管理方式也不同。二是企业技术创新联盟成员之间的差异性。企业技术创新联盟成员的经济利益和企业制度的不同，致使企业技术创新联盟成员之间存在着差异。企业技术创新联盟组织形式的多样性和联盟成员之间的差异性产生了企业技术创新联盟管理的复杂性。

5.1.4　企业技术创新联盟中的知识协调

知识协调是一个企业在知识获取、共享、重用和创造的制度化过程中进一步创造价值的模式，当它被嵌入工作过程、组织文化、价值观和报酬系统中时，将帮助企业产生最大的价值[1]。知识的多主体性决定了知识协调是实现快速知识创新并产生知识增值的最有效方式。例如，企业在新产品研发过程中，让供应商、制造商、零售商及客户共同参与到产品设计和制造中来，可实现快速的协同知识创新。

对于技术创新联盟内的企业而言，需要对企业内外部的知识资源进行重构、整合和优化，使多时点、多主体的知识能够有效集成、互补及共享，以实现有效的知识重用和快速的知识创新。Anklam 指出，经济发展的需要，推动知识管理迈向以知识协调为标志的新的发展阶段，企业通过"协调"的方式进行知识创新，能够弥补知识缺口，有效地解决知识情景嵌入和路径依赖的问题，消除"知识孤岛"，并可获得多主体、多目标、多任务间的"1+1>2"的知识协调效应[2]。

在企业技术创新联盟内部，知识协调的作用主要表现在以下几个方面。

(1)提升技术创新能力。联盟内的知识协调机制是面向技术与产品创新的，其主要目的是协调联盟企业完成知识创新任务。所以说，知识协调过程本质上是一个协调知识创新的过程，在这个过程中，联盟成员企业通过参与协同创新活动可使自身的技术创新能力得以提高，这也是很多企业热衷加入联盟的重要原因之一。

(2)共享知识/技术溢出红利。联盟内的知识资源通常属于不同的企业，这些企业或为知识/技术的提供者，或为知识/技术的接受者，它们之间通过知识协调来弥补各自的知识缺口或欠缺的知识能力，从而减少知识学习和吸收的成本，获得超越自身技术所带来的收益。

(3)在知识协调中实现共赢。知识协调的重要前提是所有联盟企业的互利共赢。在知识协调过程中，每个企业个体不仅可以减少知识创新的运作成本，同时可以获得知识资产创造的价值。

（4）促进创新成果涌现。联盟企业在知识协调过程中，通过知识的关联、交互、共享、碰撞、整合和激活等一系列知识活动来创造新的知识成果，这些成果与单个企业的创新成果不同，具有"涌现性"，涌现出的创新成果一般远远大于单个企业的创新成果之和。

（5）共享协作平台。联盟内的信息网络、协同工作支持系统、专家网络、知识库等构成了一个协调环境或协作平台。参与创新活动的各个联盟企业可以借助该平台获得定制的知识服务或专家服务，最大限度地提升单个企业知识共享和传递的水平。

技术创新联盟一般存在于产品生命周期的前段，如产品创意的产生阶段、技术的开发阶段、产品试制阶段等，这一阶段知识转移和共享需求迫切、知识活动频繁，同时它也是产品生命周期中最为重要的阶段，因此，本书主要针对产品生命周期的前段，对企业技术创新联盟之间的知识转移机制、合作创新机制等进行深入研究，为进一步的知识协调管理奠定基础。

■5.2　联盟内的知识转移机理

企业技术创新联盟中参与创新活动的主体众多，不仅有企业，还有科研机构（大学、科研院所）、金融服务机构、政府等。为实现联盟的技术创新目标，要求支持创新活动的知识资源能够在不同的主体之间有效地转移并协调运用。可以说，知识转移是知识协调的前提与基础，因此，本节重点关注知识如何转移、转移效果怎样、转移障碍有哪些等问题，通过联盟成员间的知识转移模型及仿真实验来解释上述问题，为在联盟内建立合理有效的知识协调机制提供依据。

5.2.1　知识转移的系统分析

1. 联盟内的知识转移

技术创新联盟内跨企业的知识转移是一种知识共享活动，是知识从一个主体转移到另一个主体的行为，是一方从另一方获得知识的行为过程。知识在企业之间借助不同的渠道和方式进行转移或传播，而不仅仅是扩散，在该活动过程中，不同的企业可以实现有目的和有计划的知识共享[3]。具体而言，知识转移活动是知识在提供方和接受方之间相互作用的过程，这一过程不仅仅是知识的传输过程，更是知识的吸收过程，企业之间需相互交流并互相适应才能完成有效的知识转移，这有赖于良好的交互与协调机制的建立。

知识转移是一个动态的过程，当接受方意识到缺乏某种知识时，便会通过与提供方的互动获取所需知识，并对其加以吸收、利用、发展和创新，最终将知识融入日常的核心工作中[4]。知识转移是知识从提供方到接受方的传播过程，是在特定的情境或者环境中发生的，知识转移有着特定的目的，但最终的目的都是使知识提供方的知识成为知识接受方的知识，缩小二者之间的知识差距，进而促进企业和联盟的共同发展[5]。

转移的知识根据其编码化程度可以分为显性知识和隐性知识两种。显性知识可以凭借其载体加以传播，可以通过市场来交易，如出版物、软件、标准、专利等知识可以通过一定的交易费用获取。而隐性知识是指个人或企业所掌握的难以通过语言或其他编码形式表达出来的知识，如企业的品牌和声誉、企业文化。隐性知识比显性知识更为宝贵，其转移也更加困难，不能通过市场交易，只能通过人与人之间直接的接触获得。

联盟内知识转移成功与否与很多因素有关，如联盟成员对所需知识在知识源的存储位置的了解程度，成员拥有相似知识的程度，以及知识提供方与知识接受方为知识转移而进行交互的程度等。概括地说，知识转移效果受知识本身、关系情境、接受情境和活动情境四类因素影响[6]。其中，知识本身是指知识的属性和特点，关系情境是指成员间的互惠行为，接受情境是指联盟成员的知识吸收能力，活动情境是指联盟的种类等。

2. 联盟知识转移系统

1）系统构成

企业技术创新联盟的基本构成要素是企业。企业是独立的经济主体，拥有相对完善的管理制度和运作机制，通过人力、物力、财力等各种生产要素的投入，进行技术创新和产品创新，向市场提供商品和服务从而获得盈利。联盟内部的企业并不是孤立存在的，企业与企业之间存在着各种关系，在与技术创新和产品创新有关的知识活动中，企业间维系的主要关系是知识流动与传递的关系，简称知识转移关系。联盟内的企业及其知识转移关系构成了联盟知识转移系统，如图 5-1 所示。

从外部来看，联盟知识转移系统受市场需求、政府政策等因素的影响。市场需求是企业进行技术创新和开展其他各项活动的原动力，市场需求或者潜在市场需求比较大的技术，能够激发单个企业和联盟的学习及创新意愿，从而对整个联盟知识转移系统产生影响。政府的大力扶持，特别是在技术研发上提供的人员、技术和资金的支持，也会对联盟企业主体的行为产生影响，从而影响系统的整体输出。从内部来看，联盟企业之间存在着双向的知识转移关系，这表明一个企业既需要从其他企业获取所需知识，也需要向其他合作企业传递知识，以实现联盟内有目的、有计划的知识共享。

2）系统功能

联盟知识转移系统的功能主要体现在它的整体效应方面。一般而言，运行成功的联盟知识转移系统的整体功能要远远大于单个企业的功能之和。联盟知识转

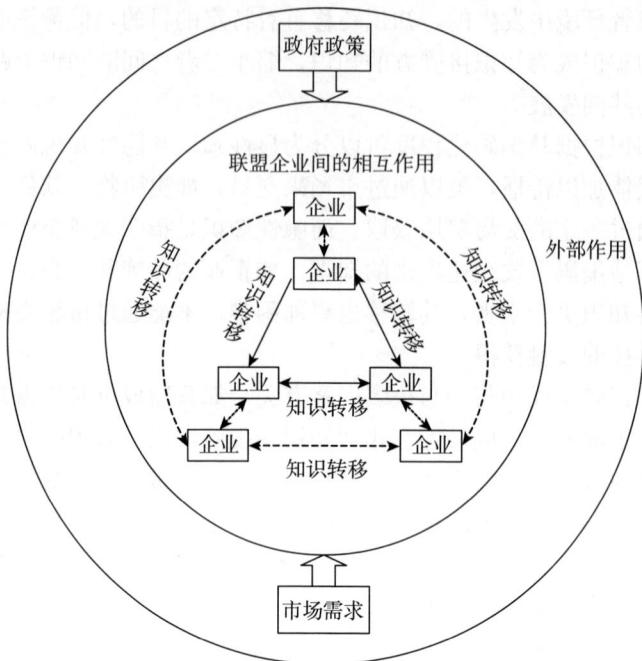

图 5-1　联盟知识转移系统的概念模型
虚线表示知识转移路径，实线表示系统边界

移系统的运作目标是通过设计合理的转移机制来实现联盟知识水平、技术创新能力、知识整合力、企业间合作能力的整体提升。

（1）提高联盟整体知识水平。单个企业由于内部知识资源有限，一般不具有进行技术创新所需的全部知识，为达到创新目的，一个有效的途径是加入联盟。联盟中的企业以项目合作、技术交流、共同研发、人员流动等多种方式共享知识资源，形成优势互补。通过企业间有效的知识传递，一方面可填补企业单独进行创新活动时所不具备的知识；另一方面可使联盟整体的知识水平得以提升。

（2）提高联盟企业的技术创新能力。企业为了在快速变化的市场上获得持续的竞争优势，需要进行技术创新活动，通过联盟内的知识转移活动，企业能够完成不能独立承担的技术创新任务，这意味着企业自身的技术创新能力在提升。

（3）提高联盟企业的知识整合力。知识整合力是指在学习过程中，对知识的重构与综合的能力。通过联盟知识转移，企业获得了单独进行创新活动所不具备的知识，同时也需要将新获得的知识与自己本身原有的知识整合、吸收，提高企业的知识整合力。

（4）提高联盟企业间合作能力。企业间合作能力是指联盟成员企业在知识转移过程中所需要的协调、协作能力。联盟成员企业在知识转移的过程中，加强了彼此间的了解与信任，使得联盟企业间合作能力得到提高。

3. 联盟知识转移系统的复杂性分析

企业技术创新联盟是由多个企业构成的具有组织形态的系统，从本质上看，它是一个以知识为纽带，通过知识的利用、转移和创造等活动构成的技术知识持续创新的协同系统。由于系统中涉及的主体众多，各种知识活动交织在一起，如项目共同研发、技术设备共享、企业之间人员交换、定期技术培训、技术咨询、专利相互转让等正式交互活动，以及企业员工私下的技术交流、信息沟通等非正式交互活动等，使得这一协同系统在知识转移主体（即联盟企业）、转移客体（所转移的知识、技术）、技术创新联盟网络结构和所处的外部环境等方面都表现出不同程度的复杂性[7]。

1）知识转移主体的复杂性

技术创新联盟知识转移主体的复杂性表现为联盟主体的智能性、联盟成员的差异性和联盟成员的相互依赖性。智能性是指联盟主体对环境变化的适应性，表现为决策、学习和自学习，以及对物资流、信息流、能源流的获取、加工处理、传递扩散的适时反应。联盟中的企业、政府机构等实体都会自动地根据环境的变化调整战略与环境以适应环境。正是这种对环境变化不断适应的智能性给联盟带来了活力，也使联盟呈现出复杂多样性。

联盟主体的差异性包括横向差异、纵向差异和空间分布差异。横向差异是指联盟成员之间的文化氛围、知识背景、价值取向、专业方向、技能、工作性质和任务等方面的区别，以及由此产生的内部管理机制、运作机制的差别；纵向差异是指各个成员中垂直管理层的层级数及其层级之间的差别，一般来说，层级越多，差异越大；空间分布差异是指联盟成员在地区分布上的差异，联盟中的企业可能处于不同国家、不同行业，具有不同的企业制度和组织文化及独特的企业知识。联盟中的企业分布越广，地区差异越大，企业间的协调和沟通就越困难。

联盟知识转移主体的复杂性还体现在联盟成员的相互依赖性上。联盟是指两个或两个以上的企业联合致力于某一知识或产品的研发行为，是为适应知识快速发展和市场竞争需要而产生的优势互补或加强型组织。联盟各个成员间是相互合作、相互促进、相互依赖的关系，一旦某一成员对其他成员没有利用价值，这种联盟关系将终止。

2）知识转移客体的复杂性

知识本身具有复杂性特征。由于知识大多嵌入某种载体中，载体的不同又决定了知识的复杂性，如嵌入个人和工具中的知识就不具有复杂性，而嵌入组织、任务、关系网络中的知识就比较复杂，因为与它们联系的事物太多，仅从一个角度很难全面理解这些知识。

知识的复杂性主要表现在以下三个方面。

第一，知识结构的复杂性。知识结构的复杂性是指知识系统内部的多层次、多成分且各个成分相互联系、相互耦合的特性。知识系统作为一个复杂的网络系统，这种复杂性特征不仅体现在个体形态中，也体现在集体属性中。

第二，知识的运动复杂性，知识是一个复杂的进化体。运动复杂性主要指进化过程的生长复杂性。联盟知识转移前，各主体的知识结构并不是一成不变的，而是处于不断的运动变化之中。

第三，知识的组分复杂性和知识的情境性。组分复杂性是指知识内部构成要素的异质性和多样性。知识构成要素的多样性与异质性使得知识呈现出功能多样性的特点。知识的情境性是指知识不再是独立、确定的，而是存在于一定的空间、时间、语言符号之中。离开特定的情境，就不可能存在任何知识。

3)联盟网络的复杂性特征

联盟网络的复杂性特征主要表现在自涌现性、动态性、非线性、自组织性、自学习性、开放性和不可逆性七个方面。

(1)联盟网络的自涌现性。在联盟网络中，由于企业之间耦合，产生联盟"结帮"和凝聚现象，它们相互作用必然会超出一个企业的效果，即联盟企业的属性、特征、行为等与单个企业的不同，从而在整体上体现出联盟网络的自涌现性。

(2)联盟网络的动态性。联盟网络总是处于不断发展变化的演化过程之中。首先，联盟网络赖以生存的环境是技术、需求和竞争对手等因素相互作用的结果，在这种动态变化的环境中，联盟网络也会受到来自外部环境无规则变化的扰动，从而使企业合作关系失稳。其次，知识、技术在联盟企业间的转移、吸收、创新，促进了企业主体知识结构和行为方式的改变，使得企业沿着"生存—发展—优化"的轨迹演进。与此同时，知识、技术的流动降低了盟友间的差异性，当合作目标达到时，联盟开始瓦解，从而使联盟网络成为不断有新的结点加入、旧的结点退出的动态合作网络。不稳定是技术联盟固有特征，合作伙伴的文化、组织等差异性，带来目标期望值、相互信任程度等的不同，使得机会主义行为、逆向选择、道德风险时有发生，并带来了各种形式的冲突，使联盟网络处于不稳定的动态变化之中。

(3)联盟网络的非线性。非线性是系统产生复杂性的主要根源所在，是连接简单性和复杂性的主要桥梁。非线性是系统本身所固有的、不断调节各子系统相互关系的一种内在机制。联盟通常由许多成员组成，每个成员具有相对独立的结构、功能和行为，每个成员都不能代替整体，每个层次的局部都不能说明整体。成员之间以某种或多种方式发生着非线性的相互作用。此外，联盟网络作为一种技术合作组织，需要将各种复杂的技术、知识进行整合，这种将跨领域的技术知识进行整合的模式就是非线性的重要表现。联盟不是单向传输的线性创新过程，而是诸多阶段交织在一起综合发生作用的复杂合作过程，这种复杂合作过程具有反馈回路，是一种非线性过程。再者，联盟的任务是基于知识转移的技术创新，知识转移是一项复杂的大脑思维活动，这种知识的加工生产过程完全不同于生产线将原材料加工成产品这种投入产出一一对应的关系，而是表现为一因多果、多因一果、多因多果等非线性的关系。各成员在企业文化融合、资源匹配、人员沟通、组织整合等方面都存在着复杂的关系，非线性相互作用普遍存在，并由此维系着技术联盟知识转移行为的持续性发展。因此，联盟知识转移行为的相互作用必定是非线性的。

(4)联盟网络的自组织性。自组织行为是联盟网络不断适应环境，在一定条件下通过自身的选择、环境改变，从而达到新的有序状态的行为，包括企业经营趋同、集体学习和理性选择等。此外，联盟网络内部非线性机制驱动从初始状态发展到有序结构，通过联盟成员共同遵守约定或协议，保证联盟网络的有序性，不会因为某个成员的变动，破坏联盟网络的结构。遵守约定是技术联盟网络的自组织表现之一。

(5)联盟网络的自学习性。技术创新联盟是一个学习型组织，学习是联盟生存发展的永恒主题。联盟适应环境、匹配环境、改造环境，以及主体之间交互作用、协作创新的过程就是联盟学习的过程。

(6)联盟网络的开放性。技术创新联盟是一个高度开放的系统，其开放性不仅体现为知识、技术、信息、物质、能量的获取与输入，还体现为知识、技术、信息、物质、能量的释放与输出。联盟借助于成员企业输入劳动力、资本和相关技术，根据掌握的市场信息，按预定目标将成员共享的各种资源有机结合起来，并向市场输出技术和信息，以满足用户和社会的需求，并从中获取收益。

(7)联盟网络的不可逆性。不可逆性首先表现为联盟网络的建立是一个不可逆的过程。通过搜索、选择、沟通等建立起的联盟网络，投入了大量的资源，花费了一定的成本，这是不可逆的。在联盟建立过程中，随着联盟成员之间的交流增加，一方面联盟成员企业向合作伙伴传授和转移自己的知识，另一方面也会从合作伙伴那里获得相应的知识和技术，从而改变自己的知识存量，这些过程都是不可逆的。联盟即使失败，也不可能恢复到原来的状态。此外，联盟一旦建成，知识就会在联盟之间进一步转移，知识是无法消除的，就像记忆一样。知识的这种特性也导致了联盟网络具有不可逆性。

4)联盟知识转移的环境复杂性

经济全球化、一体化的挑战，以及新兴技术的发展，使得企业环境由以前相对稳定的静态环境转向日益复杂多变、不稳定的动态环境。技术创新联盟只有通过联盟成员的协同创新，才能在不确定的复杂环境中求得生存与发展。技术创新联盟是以高新技术为基础，从事一种或多种高新技术的研究、开发、生产和技术服务的企业集合，是知识密集、技术密集的综合体。在联盟内部，技术、生产、销售等子系统之间相互作用，相互影响，构成了一个复杂的互动系统；而从它与所处的社会环境的沟通与交流而言，联盟企业与知识经济社会的耦合作用使其在外界环境、系统结构、系统要素、运作机制等诸多方面体现出比传统企业更高的复杂性和不确定性。

5.2.2 知识转移的影响因素

技术创新联盟是拥有不同知识优势的企业组成的利益共同体，联盟成员之间的知识转移是实现合作共赢的客观需要。在联盟内的知识转移活动中，企业扮演的角色大致分为两类：一类是拥有知识资源的企业，称为提供方；另一类是接受知识的企业，称为接受方。现实中，一个企业面对不同的任务，在不同的工作阶段扮演的角色不同，这取决于企业在某领域所拥有知识的优劣。在提供方向接受方转移知识时，有诸多因素会影响转移效果，包括组织距离、认知距离、地理距离、信任、沟通等内部情境因素，以及市场需求、政府政策等外部情境因素。图 5-2 为联盟企业间知识转移的影响因素。

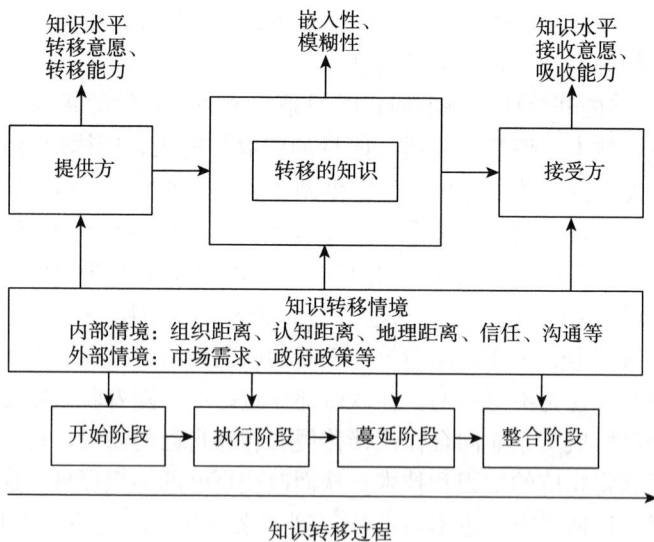

图 5-2 联盟企业间知识转移的影响因素

从内部看，知识转移效果除了受知识转移的输出方、知识特性、接受方的行为及其能力的影响以外，还取决于联盟的协调和整合能力；从外部看，知识转移主要受政府推进力度、市场牵引能力、法律规定及金融机构参与支撑状况的影响。

下面分别从知识特性、企业主体属性及内外部转移情境三个方面来详细分析各类因素的影响作用。

1. 知识特性

知识本身的特点，如知识的嵌入性、模糊性、可转移性等会对知识转移活动产生影响。

知识的嵌入性表现在知识可以嵌入实物资产、人力资产、专用资产和组织惯例等有形和无形的载体中。嵌入个体中的显性和隐性知识会随着个体的转移而自发地转移，知识也可以嵌入产品或技术中。相比嵌入组织其他要素中的知识，嵌入产品和技术中的知识转移起来相对容易。对于联盟内的企业而言，其核心技术通常以专利的形式存在，这类知识可以通过专利转让或有偿使用等方式转移到其他企业，这种形式的知识转移类似于市场交易的形式，转移相对容易但发挥的作用有限，嵌入人员和组织惯例中的知识的转移才是最有价值的。在现实世界中，知识总是嵌入在一定背景之下的，当知识所依存的背景情况发生改变时，知识的意义往往也会变化，知识的有效性和适用性也随之改变。知识所依赖的背景包含产生知识的具体条件、知识的载体、使用对象与环境等。知识的嵌入性是知识固有的属性，可以说，所有的知识都有嵌入性，只是嵌入的对象与程度不同。

知识的模糊性是指知识被语言表达、书写的程度。根据知识的可表达性和可编码性，可以将知识分为显性知识和隐性知识两类。显性知识是容易编码和表达的知识，通常以文字、图表、数学符号、工作手册、专利、数据库等形式存在；隐性知识是不易被表达的知识，通常存在于人的头脑中或者工作的惯例中。显性知识容易获得也更易于理解；而隐性知识只可意会不可言传，需要长期的交流沟通和共同实践，在潜移默化中获得。

2. 企业主体属性

1）知识提供方

知识提供方的知识水平、转移意愿、转移能力等因素对知识的转移效果有很大影响。

（1）知识水平。由于单个企业的技术水平有限，它们会选择加入联盟，与联盟内其他成员一起进行技术交流、知识共享等，从而加速知识和技术创新的过程，最终达到合作共赢的目的。加入联盟的企业在各自的领域中拥有自己的核心知识和技术，从而造成了联盟内知识的差异性，正是这种差异性使得联盟企业在共同研发新技术、创造新产品时产生了知识转移的需求。一般而言，知识或技术水平高的企业会充当提供方的角色，它们向有需求的企业转移相关知识。理论上讲，企业的知识水平越高，它们转移的知识越多，在联盟中的地位越重要，但前提是这类企业具有较强的转移意愿和转移能力。

（2）转移意愿。在合作开发、技术交流等知识转移活动中，联盟成员是否有知识转移意愿及转移意愿的强弱都会对知识转移活动及其效果产生影响。虽然企业结成联盟的目的是共同研发、优势互补、互相利用彼此的资源，但知识资源，尤其是隐性知识资源对企业而言是核心利益所在，因此在转移知识时必然顾虑重重，若需转移也多半附加非常严格的条件。因而，企业间的信任关系、之前的合作情况等都会对转移意愿产生影响。需要注意的一点是，知识转移意愿并不是一成不变的，而是会随着成员间关系的改善及内外部情境的变化发生改变。

（3）转移能力。有强烈的知识转移意愿还不够，知识提供方还必须具有知识转移能力，即能够清晰表达自身所使用的知识并能够有效传播知识的能力。关键是拥有较强的知识理解能力和知识使用能力，从而能够准确表达转移知识的内涵和示范转移知识的使用方式。知识转移能力的高低关系到知识能否以有效的、易于理解的形式被呈现，还会直接影响接受方对知识的理解和利用。联盟成员企业的知识转移能力，除了取决于其本身对知识掌握的程度以外，还取决于知识转移的投入和努力程度。

2）知识接受方

作为接收知识的一方，知识接受方的吸收能力、吸收意愿是需要重点关注的因素。

（1）吸收能力。吸收能力是指企业在创新活动中识别外部环境中新知识的价值并加以吸收和利用从而最终应用到实际中的能力。知识吸收能力表现为接受方具有一定的知识整合能力，能够将吸收消化的知识整合到已有的知识体系中，变成对自身有利的知识资源。这就要求知识接受方在知识存量上和知识体系上与转移方有一定的契合度，这样吸收成效才会更好。吸收能力与接受方的知识结构、吸收意愿及其所处的环境（组织模式、文化背景）等因素有关。企业对知识的吸收能力越强，就越能更好地对提供方传递的知识进行理解和消化，并最终实现有效的应用。吸收能力还表现在知识学习方面。一般来说，接受方的学习理解成效与其拥有的知识量的大小及知识结构有关，如果知识接受方积累了与转移知识有关的背景知识，则比较容易学习接受新的知识，从而能够顺利地进入吸收消化阶段。

（2）吸收意愿。吸收意愿是指接受方对于提供方传递出的知识进行吸收和理解的意愿，其取决于接受方对所转移的知识的需求程度和对提供方的信任程度。当具有较强烈的吸收意愿时，接受方会主动投入更多的资源和时间，积极参与到知识交流的各项活动中，从而在知识转移过程中吸收并利用更多的知识。

3. 内外部转移情境

转移情境可以理解为联盟内外的具体情境，包括内部情境和外部情境。内部情境是指联盟成员之间知识转移的关系情境，主要包括组织距离、认知距离、地理距离，以及信任程度和沟通程度等；外部情境是指影响联盟成员间知识转移的外部因素，如市场需求、政府政策等。

1）内部情境——情境距离

情境距离包括组织距离、认知距离、地理距离等。

(1)组织距离是指联盟内企业在组织结构、管理体制和企业文化等方面的差异，具体表现在价值观、企业精神、道德规范、行为准则等诸多方面的不同上，这些差异使得企业间难以相互理解和彼此认同，其后果是企业间的知识转移活动无法顺利进行。组织距离还表现在联盟成员之间的信息是否对称上。信息准确与否对联盟内知识转移过程能否顺利完成具有比较重要的影响。对于知识提供方来说，了解知识接受方的知识需求是非常重要的。如果信息对称，知识提供方知道其与接受方的知识层次和知识体系相配，则知识转移就较为容易，反之则会比较困难。从技术创新联盟的实际运行情况来看，凡是信息不对称较为严重的联盟，如联盟成员之间不够了解或相互故意隐瞒信息，联盟成员之间的各项知识和技术资源就难以整合，会直接影响成员之间的知识转移，甚至由于信息失误造成联盟成员之间的冲突，降低合作意愿，必然导致联盟实际运行的效果不好。

(2)认知距离被看做行为主体之间知识的差异程度。联盟内之所以会出现知识转移，是因为各成员企业拥有不同领域的知识背景，并且联盟成员的价值观、道德标准、文化氛围、语言习惯都不尽相同，在知识存量及知识体系方面存在差距。从创新的角度看，差异化知识给联盟企业成员提供了更多的观点碰撞的机会，这为企业利用外部知识实现创新创造了有利条件。但凡事都有两面性，如果联盟内各企业所拥有的知识差异过大，就会使得知识转移双方由于缺乏共同的知识背景而难以进行沟通和交流，从而阻碍知识转移活动的顺利进行。当联盟企业成员间知识差异过小时，由于知识水平太过接近，知识接受方不能在知识转移活动中获得收益或者收益太少，因而知识转移无法进行。因此，认知距离对联盟企业间的知识转移活动而言具有双重影响[8]。

(3)地理距离，也可称物理距离或地理邻近性。地理距离反映了行为主体间面对面沟通交流的困难程度、所需的时间以及花销的大小[6]。地理距离越大，知识转移的成本越高，包括时间成本和人力成本。

组织距离、认知距离和地理距离均会对内部情境距离产生影响，从而影响知识转移效果，如图 5-3 所示。

2)内部情境——信任

信任是联盟得以存在的基础，企业相互之间的充分信任能够更好地促进联盟的知识转移。企业最有价值的知识资源是隐性知识，而隐性知识资源的有效转移需要联盟成员企业间在合作中进行频繁的人员互动、经验交流，建立在相互信任的基础之上的企业合作关系是企业人员乐于分享知识的前提。与企业内部的知识转移活动相比，信任在企业间知识转移中的作用更强。信任能促进知识转移是因为信任能够增加一个企业帮助其合作伙伴理解外部知识的意愿。实证研究发现，信任能够促进成员间的知识交流和信息共享，减少对知识的保护，增加联盟成员的满意度。由此可以看出，联盟成员之间的信任能够降低交易成本，加强成员之

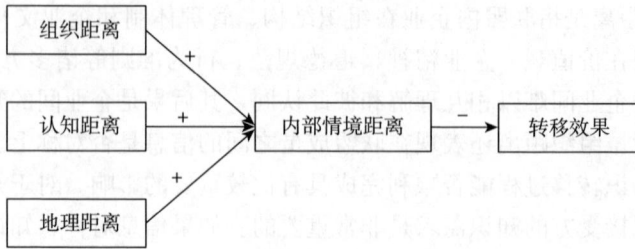

图 5-3　转移效果关系图(情境因素)

图中"＋"代表存在正因果关系,起促进作用,即地理距离越大,则内部情境距离越大;
"－"代表存在负因果关系,即内部情境距离越大,知识转移效果越不好

间的沟通和交流,从而降低机会主义行为的产生,同时也能够加强合作双方的投入意愿,从而推动合作的深入,并降低企业间知识的保护程度,增加技术、知识交流的开放程度,降低知识转移双方的竞争性。因此,信任可以通过改变知识转移意愿进一步对知识转移效果产生影响,如图 5-4 所示。另外,联盟成员之间的信任关系是随着成员间的重复交互而不断演化的[9]。

图 5-4　转移效果关系图(信任)

3)内部情境——沟通

频繁的沟通和交流能够促进知识转移双方明确自身所需的知识,也有利于知识转移方按照知识接受方容易理解的方式对知识进行表达。而对于知识接受方来说,通过交流和沟通可较容易地获得与自身知识水平相匹配的知识,同时也能获得知识源的隐性知识,并将其转化为自身知识的一部分。

4)外部情境——市场需求

市场需求与市场竞争是推动技术创新联盟内知识转移的重要因素。技术创新联盟本质上就是为了克服单个市场主体难以适应市场变化和应对市场竞争压力而结成的联盟,组建联盟的目的就是更好地实现知识转移、创新技术,提高产品或服务的竞争能力,更好地开拓市场并获得更大的盈利。

市场需求的压力是促进企业接受知识转移的重要因素,在市场条件相对稳定的情况下,企业的经营战略和产品格局可以维持相对稳定,但如果市场条件发生变化,市场对产品或服务提出更高更新的要求,企业则必须能够迅速调整战略,推出新的产品或服务,为此必须学习新的知识,开发新的技术、工艺、产品或服务,此时市场需求则转化为企业对于知识的迫切渴求,从而加快了联盟内知识转移与扩散的进程,市场需求会对转移意愿产生影响,从而影响知识转移效果,如图 5-5 所示。

图 5-5 转移效果关系图(市场需求)

5)外部情境——政府推动

政府政策的支持是推动技术创新联盟进行知识转移的重要外部动力。政府既可以通过立法立规解除对知识转移的束缚,也可以提供促进政策给予税收减免驱动知识转移,还可以运用政府信誉促成不同知识背景的联盟成员建立信任合作关系。为了加强联盟成员交流沟通促进知识转移,政府可以制订专项计划直接支持经费推动知识转移,可以通过适当的监管手段促进联盟成员加强知识转移和知识应用,提升联盟成员自身的创新能力和竞争力。显然,影响技术创新联盟内知识转移的重要因素之一是政府,主要体现在政府对技术创新联盟内知识转移的引导、监管和支持方面。政府在宏观政策上的指导,有利于增强企业和科研院所的创新决心和动力;在政府的监督下制定相关的法律法规,用法律来制约合作过程中的不良行为,为技术创新联盟的合作提供有力的法律保障,从而增强技术创新联盟成员之间合作的积极性;政府对技术创新联盟的合作创新项目的直接资金、设备的投入,可减少企业在共性技术或关键技术方面的研发成本,直接提升企业进行知识转移与接受新知识的动力和意愿。政府推动对知识转移效果的影响如图 5-6所示。

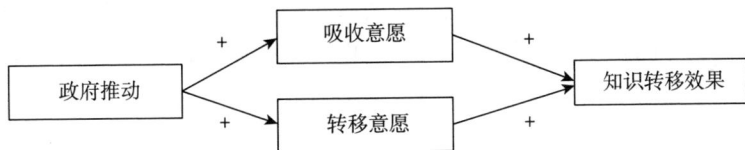

图 5-6 转移效果关系图(政府推动)

5.2.3 知识转移模型

1. 知识转移路径

技术创新联盟内的知识转移路径主要经过三个阶段,即知识输出阶段、知识吸收阶段和知识提供方与接受方的互动阶段。

在知识输出阶段,在政府政策支持和市场机制的引导下,联盟成员相互交流学习,知识提供方清晰表达新知识的内涵与特征,接受方通过学习思考和交流讨论,理解新的知识,实现知识转移。在这一阶段,知识差异、提供方的转移意愿、知识输出能力、政府政策、市场需求等是主要影响因素。

在知识吸收阶段,在市场需求和政府政策的促进下,通过与知识提供方的知识交流与互动,接受方产生吸收知识意愿,会投入人力、财力、物力学习、理解、吸收提供方的知识，并将其转化为新的产品、服务、工艺和技术，获取知识转移带来的收益。这一阶段的主要影响因素包括提供方的知识表达能力，接受方的学习意愿、吸收能力、知识层次、知识结构和投入人力、财力、物力的程度等。

在知识提供方与接受方互动阶段，知识转移的接受方将吸收消化的知识转化成新的技术、工艺、产品或服务能力，并将应用中遇到的问题或形成的新知识反馈给知识的提供方，作为下一次知识转移的基础，如此循环反复以完善联盟的知识体系，进而提升联盟的整体知识水平和创新能力。

在上述三个阶段中，存在大量的知识流动及信息的传递和反馈，其过程十分复杂，需要借助计算机模拟仿真予以分析进而揭示其中的规律。考虑到技术创新联盟是多个主体组成的复杂系统，联盟内部的知识转移涉及的要素众多，不但有知识提供方到接受方的知识传递，有接受方的知识理解和吸收消化，还有接受方对知识提供方的信息反馈，由于其要素众多，可采用系统动力学方法，通过因果关系和反馈回路的建立，进行复杂系统的逻辑分析，提出改善知识转移路径的方案，从而为决策者优化相关政策提供借鉴。

采用系统动力学研究问题，需要满足一定的条件：研究对象的构成系统，存在较为明确的边界；系统内部存在着动态变化的结构和反馈机制，使系统处在有序而非平衡的状态。在联盟内的知识转移系统中，知识从一个主体转移到另一个主体，具有明确的系统边界；知识转移的模式较为固定，其动态变化的规律取决于联盟内各主体的知识量及各影响因素的作用，存在信息反馈，系统内部的结构为有序而不平衡的结构。因此，运用系统动力学对联盟内部企业主体间的知识转移进行研究具有可行性。

利用系统动力学中的因果关系图刻画的各影响因素对知识转移活动的作用及作用路径，如图5-7所示。为简化起见，在具体的建模和仿真过程中，只以两个企业构成的联盟为研究对象，不再细分知识转移的三个阶段，影响因素也只保留较重要的一部分。两个企业构成的联盟可以看做多个企业构成的联盟的子系统，通过对该子系统的知识转移因果关系图和系统流图的分析，可构建联盟主体间知识转移的系统动力学模型，研究联盟中各影响因素对知识转移效果的影响。

图5-7中因果关系成立的基本假设包括以下两个。

(1)企业A是知识提供方，企业B是知识接受方。在某个知识领域，企业B的技术知识低于企业A的技术知识，双方存在知识距离与合作关系。企业A为了获得企业B的其他知识，或者为了获得声誉，在一定程度上愿意转移知识；企业B为了提高自身的技术知识水平，愿意学习并吸收企业A的技术知识。

(2)企业的创新能力与其所拥有的技术知识水平有关。企业A的知识量高于企业B的知识量，企业A的创新能力高于企业B的创新能力。

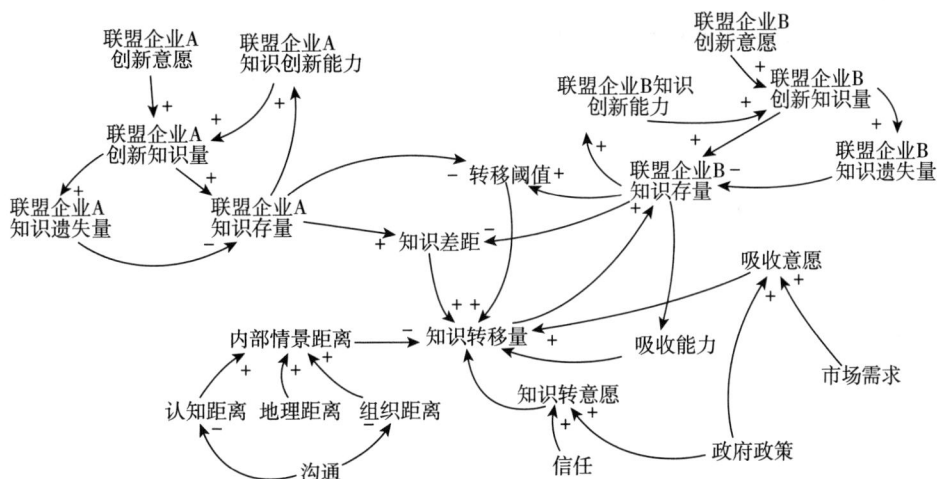

图 5-7　联盟内知识转移的影响因素及其作用路径

图 5-7 可看做一个因果图，其中带箭头的线表示联盟知识转移系统中各要素之间的因果关系。例如，图 5-7 中从市场需求指向吸收意愿的箭头线表示市场需求是原因，吸收意愿是结果，即当对于某种知识的市场需求增加时，吸收意愿也增加，它们之间存在正因果关系，用箭头旁边的"＋"表示。如果两者的关系是其中一个要素增加会导致另一个要素减少的负因果关系，则用"－"表示。两个以上的因果之间首尾相连形成环状，就构成了因果反馈环，即回路。图 5-7 中的主要回路如下。

(1)联盟企业 A 知识存量→企业 A 知识创新能力→企业 A 创新知识量→企业 A 知识遗失量→联盟企业 A 知识存量。

(2)联盟企业 A 知识存量→企业 A 知识创新能力→企业 A 创新知识量→联盟企业 A 知识存量。

(3)联盟企业 B 知识存量→吸收能力→知识转移量→联盟企业 B 知识存量。

(4)联盟企业 B 知识存量→转移阈值→知识转移量→联盟企业 B 知识存量。

(5)联盟企业 B 知识存量→知识差距→知识转移量→联盟企业 B 知识存量。

(6)联盟企业 B 知识存量→企业 B 创新能力→企业 B 创新知识量→企业 B 知识遗失量→联盟企业 B 知识存量。

(7)联盟企业 B 知识存量→企业 B 知识创新能力→企业 B 创新知识量→联盟企业 B 知识量。

以上回路构成的均是正反馈环，其中联盟企业 A(知识提供方)的知识增量取决于其自身的创新活动，与创新知识量及知识损失量有关；联盟企业 B(知识接受方)的知识量，受知识转移量、企业 B 的创新知识量及知识遗失量直接影响。

联盟内企业间的知识转移量受知识差距、转移阈值、内部情境距离(与邻近性概念相反)等因素共同作用。其中,内部情境距离包括组织距离、认知距离和地理距离。内部情境距离越大,意味着联盟成员双方在组织文化、价值倾向、情感认知等方面的冲突和矛盾越大,越不利于知识转移的进行。在联盟内部,企业之间由于合作的深入,联盟成员之间的信任会有一定程度的改善,从而会使知识转移意愿增加;成员之间积极的交流与沟通,能够促使双方人员相互理解,形成共同的价值文化和认知方式,从而在一定程度上减小双方的认知距离和组织距离,减小内部情境距离,促进知识转移活动的进行。在联盟外部,市场的需求会增加联盟成员的知识转移意愿,政府政策的推动能够对联盟双方提供一定的保障,促进双方合作的进行,从而增加知识的转移意愿和吸收意愿。在这些因素中,除了内部情境距离对联盟的知识转移是负向作用以外,其他因素的作用都是正向的。其中,转移阈值是指知识优势企业和知识劣势企业之间知识量的比值,它是知识优势企业能否进行知识输出的依据。

2. 系统流图

在因果关系图的基础上,经进一步分析可以得到联盟内企业知识转移系统流图,如图 5-8 所示。系统流图中的状态变量、流速变量、辅助变量及它们之间的动态关系,既能反映因果关系,又能反映流量和存量的关系。

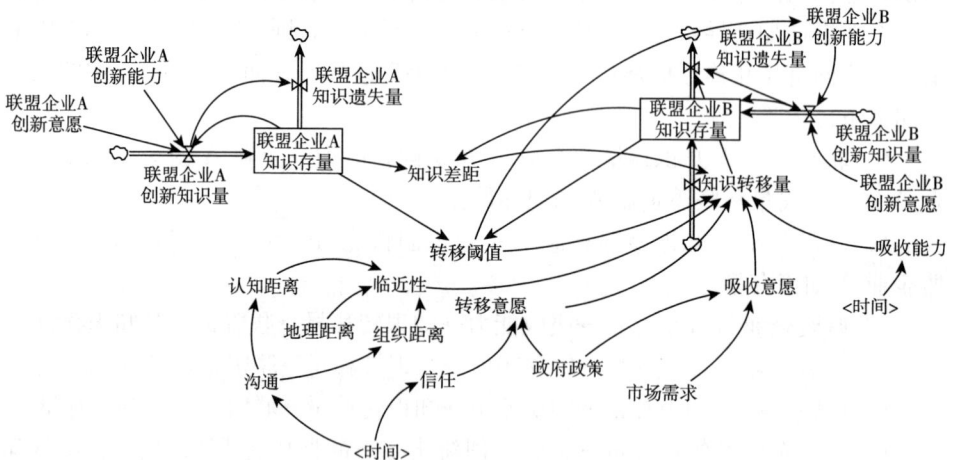

图 5-8　联盟内企业知识转移的系统流图

联盟内企业知识转移系统流图中的变量包括 2 个状态变量(用 L 表示)、5 个流速变量(用 R 表示)、10 个辅助变量(用 A 表示)和 7 个常量(用 C 表示),其详细信息见表 5-1。

表 5-1　模型的变量及其含义

变量	变量类型	测量单位	含义
企业 A/企业 B 知识存量	状态变量(L)	知识量	联盟企业对知识资源总的占有量,是知识的静态表征
企业 A/企业 B 创新知识量	流速变量(R)	知识量/月	企业通过创新活动所获得的知识量
企业 A/企业 B 知识遗失量	流速变量(R)	知识量/月	由于知识过时或失去价值等造成的知识失效量
企业 A/企业 B 创新能力	常量(C)	无量纲	企业的知识创新能力
企业 A/企业 B 创新意愿	常量(C)	无量纲	企业的知识创新意愿
知识差距	辅助变量(A)	知识量	企业间知识量的差值,即可转移的知识量
转移阈值	辅助变量(A)	无量纲	企业 B 与企业 A 知识量的比值,转移阈值表示知识提供方(企业 A)对自身核心知识的保护愿望,当该值超过一定的值,转移将停止
吸收能力	辅助变量(A)	无量纲	企业 B 的吸收能力,与其知识存量正相关,为了简化,设其与时间正相关
临近度	辅助变量(A)	无量纲	与内部情境距离相反的概念,由组织距离、认知距离和地理距离共同决定
认知距离	辅助变量(A)	无量纲	知识转移双方的认知程度差异
地理距离	常量(C)	无量纲	知识转移双方的地理位置差异
组织距离	辅助变量(A)	无量纲	知识转移双方的组织文化差异
吸收意愿	辅助变量(A)	无量纲	企业 B 的吸收意愿
转移意愿	辅助变量(A)	无量纲	企业 A 的转移意愿
信任	辅助变量(A)	无量纲	知识转移双方的信任程度
沟通	辅助变量(A)	无量纲	知识转移双方的沟通程度
政府政策	常量(C)	无量纲	政府对联盟的支持力度
市场需求	常量(C)	无量纲	市场对知识需求的程度
知识转移量	流速变量(R)	知识量/月	有效的转移知识量

3. 模型描述

变量确定后,需给出相应的方程表达式并赋初值,即设置系统的初始状态。系统动力学中一般采用实际数据进行赋值,但在数据不足、精度不高或者数据难以获得的情况下,可采用描述性数据赋值的方法。对于技术创新联盟的知识转移系统来说,知识资源的特殊性使得在现实中较难对其进行具体量化,难以获得实际数据,因此,采用描述性数据赋值的方法。

各变量的方程式为如下。

(1)企业 A 知识存量＝INTEG(企业 A 创新知识量－企业 A 知识流失量,80)。其含义为企业 A 的知识初始值为 80,单位时间内的增加速率为企业 A 单位时间创新知识量与企业 A 单位时间知识遗失量的差值。

（2）企业 A 创新知识量＝企业 A 创新能力×企业 A 创新意愿×企业 A 知识存量。

（3）企业 A 知识遗失量＝STEP(0.2×企业 A 创新知识量＋0.3，6)。用阶跃函数表示企业 A 知识的遗失量，具体的含义为在第 6 个时间步以后，每个单位时间内企业由于知识的过时或失去价值、技术人员的流失等造成的固有的知识损失量，以及创新活动产生的没能被企业利用的知识构成了企业 A 流失的知识。假设固有的知识损失量为 0.3，创新产生的知识中有 20% 不能被企业吸收利用。

（4）企业 A 创新能力＝0.3。企业 A 拥有较高的知识存量，其创新能力较强。

（5）企业 A 创新意愿＝0.25。

（6）企业 B 知识存量＝INTEG(企业 B 创新知识量＋知识转移量－企业 B 知识遗失量，30)。

（7）企业 B 创新知识量＝企业 B 创新意愿×企业 B 创新能力×企业 B 知识存量。企业 B 知识遗失量计算方法同企业 A。

（8）企业 B 创新能力＝0.25×转移阈值。

（9）企业 B 创新意愿＝0.2。

（10）知识差距＝企业 A 知识存量－企业 B 知识存量。

（11）转移阈值＝企业 B 知识存量/企业 A 知识存量。转移阈值为一个辅助变量，其含义为企业 A 与企业 B 知识量的相对大小。企业 A 向企业 B 转移知识时，企业 A 出于对自身利益的考虑，会对所拥有的知识进行一定程度的保护。假设转移阈值达到 0.8 后，企业 A 不再向企业 B 转移知识。

（12）吸收能力＝WITH LOOKUP(Time，(((0, 0)－(100, 1))，(0, 0.3)，(10, 0.33)，(20, 0.36)，(30, 0.4)，(40, 0.44)，(50, 0.52)，(55, 0.58)，(60, 0.64)，(70, 0.68)，(80, 0.72)，(90, 0.78)，(100, 0.8)))。吸收能力与企业已有的知识量正相关，为了简化，假设其与时间正相关，吸收能力的具体变化如图 5-9 所示。

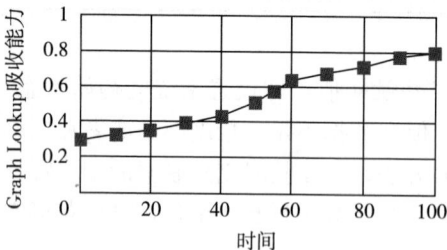

图 5-9　吸收能力变化曲线

（13）认知距离＝0.8×(1－沟通)＋0.1。在一定时间内随着沟通的深入，知识转移双方将拥有相似的知识背景，认知距离会减小。假设沟通与认知距离负相关，在没有沟通的情况下，认知距离最大为 0.9；随着沟通的深入，认知距离逐渐减小，但即使是完全沟通，也还会存在认知距离，将其设为 0.1。

（14）组织距离＝0.6×(1－沟通)＋0.1。随着合作的深入、沟通的加强，联盟内的企业能够理解彼此的文化和组织方面的差异，从而使得组织距离逐渐缩小。

(15)地理距离＝1。联盟企业可能分布在同一地理区域或者不同的地理区域内，地理距离取值范围为 0～1，0 表示在同一个地理位置上，1 表示地理空间上的距离很大。

(16)临近度＝0.2×(1－地理距离)＋0.4×(1－组织距离)＋0.4×认知距离×(1－认知距离)。认知距离与知识转移呈倒 U 形关系，即先增大后减小。为了简化，用开口向下的二次函数来表示这种关系。临近度由地理临近度、组织临近度和认知临近度构成，其值与情境距离负相关。

(17)吸收意愿＝0.7×市场需求＋0.3×政府政策。知识接受方的意愿取决于市场需求和政府政策，且市场需求影响更大。

(18)转移意愿＝0.5×信任＋0.5×政府政策。假设企业 A 的知识转移意愿受到其与企业 B 间信任程度的影响，以及政府政策作用的影响。

(19)信任＝ WITH LOOKUP(Time，(((0，0)－(100，1))，(0，0.4)，(100，0.7)))。信任会随着合作的不断深入而加强，为了简化，假设其与时间存在正相关关系。

(20)沟通＝WITH LOOKUP(Time，(((0，0)－(100，1))，(0，0.4)，(100，0.7)))。随着合作的深入，沟通进一步加强。

(21)政府政策＝0.5。在一定时期内，假设政府的推动力度不变，为常值。

(22)市场需求＝0.8。在一定的时期内，假设市场需求相对稳定，为常值。

(23)知识转移量＝DELAY1I(IF THEN ELSE(转移阈值＜0.8，知识差距×临近度×吸收意愿×知识转移意愿，0)，3，0)。用一阶延迟函数刻画知识转移量，前三个时间步可以看做企业 A 判断企业 B 知识需求的时间。三个时间步以后，如果转移阈值小于 0.8，则按照方程式(23)转移知识；如果转移阈值大于0.8，则不发生转移行为。

4.有效性检验

运用模型进行仿真实验之前，需对模型的有效性进行检验。有效性检验的目的在于检验模型与现实中系统的发展规律是否一致。检验步骤是首先为变量赋初值；其次运行模型 80 个时间步；最后取相关变量在几个时间点的值进行分析，检验其变化规律是否符合现实，检验结果见表 5-2。

表 5-2　不同时间点变量的值的变化

时间/月	0	10	20	30	40	50	60	70	80
企业 A 知识量	80	138.51	222.00	357.84	578.12	938.45	1 526.7	2 483.01	4 040.7
企业 B 知识量	30	49.95	90.90	166.30	302.84	547.94	997.18	1 780.42	3 039.8
知识转移量	0	2.99	5.47	9.72	16.694	28.37	51.72	78.09	118.35
转移阈值	0.37	0.36	0.41	0.46	0.52	0.58	0.65	0.72	0.75
临近度	0.48	0.52	0.56	0.59	0.62	0.64	0.65	0.65	0.65

基于表 5-2 和图 5-10 可以分析在 80 个时间步内联盟内知识转移主要变量的变化情况。

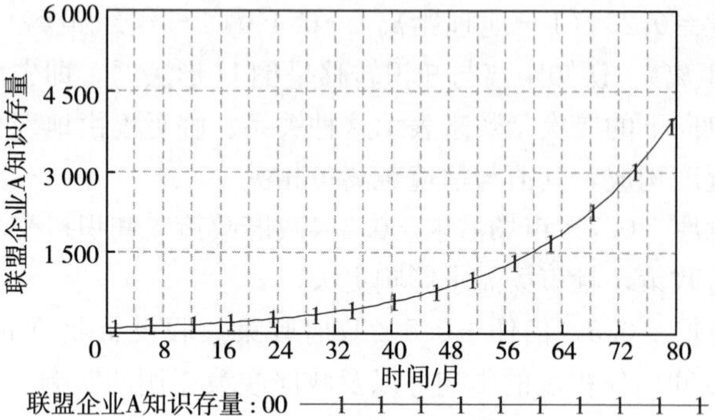

（a）联盟企业A知识存量

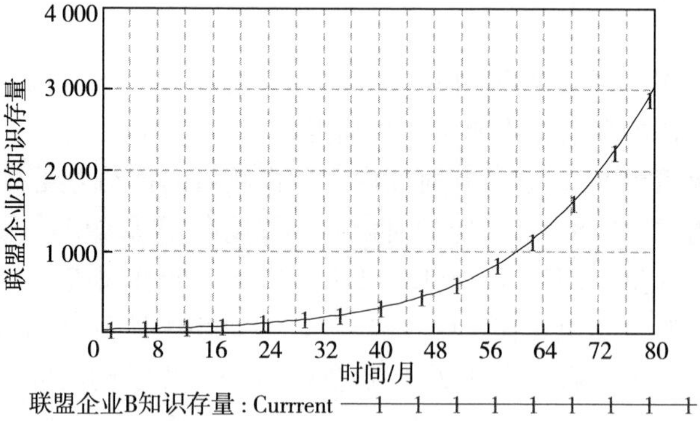

（b）联盟企业B知识存量

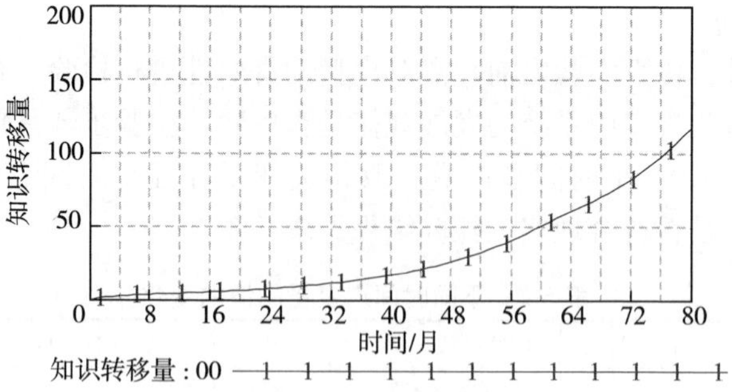

（c）知识转移量

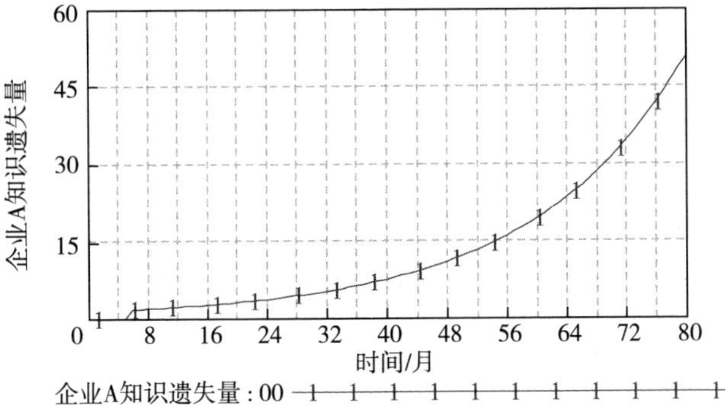

（d）联盟企业A知识遗失量

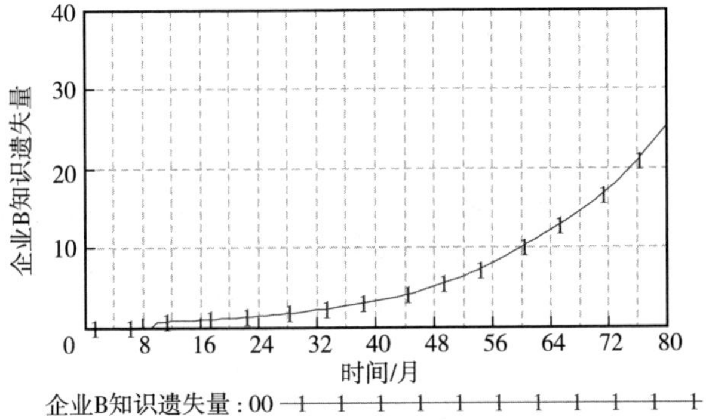

（e）联盟企业B知识遗失量

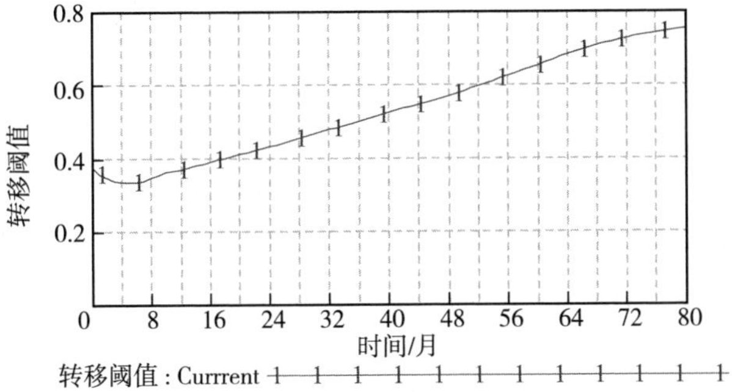

（f）转移阈值

图 5-10 模型检验结果

（1）发生知识转移的双方其知识量会随着时间的增长逐步增长，且增长速率也逐渐增加。企业 A 的知识增长是由企业 A 的知识创新活动引起的；企业 B 的知识增长是由知识转移活动和知识创新活动共同引起的。对于企业 B 来说，企业 A 向其转移的知识是企业 B 获得新知识的重要来源，如图 5-10（a）、图 5-10（b）和图 5-10（c）所示。

(2)企业 A 和企业 B 都存在知识的流失，随时间的增长呈上升趋势，但远小于知识量增加的速度，如图 5-10(d)和图 5-10(e)所示。

(3)企业 A 和企业 B 的转移阈值，呈现先减小后增大的趋势。这是因为在知识转移初期，企业 B 的知识量比较小，临近度也较小，企业 A 向企业 B 转移的知识也较少，企业 B 的知识增长速率低于企业 A；随着时间的推移，两企业之间了解和信任程度在不断加强，企业 A 会向企业 B 转移更多的知识，使得企业 B 的知识增长速率高于企业 A，转移阈值不断加大，如图 5-10(f)所示。

通过对上述变量随时间变化的分析可以看出，建立的知识转移模型能够较好地反映知识在联盟内企业间的流动情况，与现实的发展状况基本一致，因此该模型是合理的。

5.2.4　仿真实验结果分析

技术创新联盟知识转移系统是一个复杂系统。虽然传统的实证研究或案例研究方法可以揭示一些知识转移的规律，但不足以分析和把握其整体复杂性，无法解释联盟企业相互作用过程中的涌现行为对知识转移的影响；而且，由于联盟知识转移的演化历时较长，实证研究和案例研究往往很难获得充分的历史资料与数据。计算机仿真方法作为复杂系统的有效研究工具，能够有效地分析联盟知识转移系统的整体特征和涌现行为，很好地解决上述问题。

仿真实验在 Vensmi PLE 仿真平台上进行。实验目的在于分析联盟知识转移反馈系统中，联盟的外部作用(政府政策、市场需求)和内部因素(认知距离、地理距离、组织距离)对联盟内知识转移的影响和作用，从而为联盟的知识体系建设和发展提供一定的指导和建议。

在该仿真模型中，知识转移效果主要通过知识转移量和企业 B(知识接受方)的知识量来反映。知识量是指某时刻联盟成员各自拥有的知识总量，其依附于企业内部人员、设备和组织结构而存在，是人们在生产和生活实践中知识、经验的积累。知识转移量越多，意味着企业 B 获得的知识量越大，则知识转移效果越好。

1. 不同政府政策推动力度下的仿真实验

在其他变量取值不变的条件下，改变政府政策推动的力度，依次取值为 0.1、0.3、0.5、0.7 和 0.9，表示政府政策推动的力度从小变大，得出的仿真结果如图 5-11 所示。

政府政策的推动主要表现在为联盟企业间的合作提供资金支持、政策保障等方面，旨在提高企业间的合作意愿，即提高知识提供方的转移意愿和知识接受方的吸收意愿。图 5-11 中 GP _ 01～GP _ 09 表示从 0.1 到 0.9 不同的政府政策推动力度。从图 5-11 中可以看出，在政府政策的推动力度从 0.1 增长到 0.5 的过

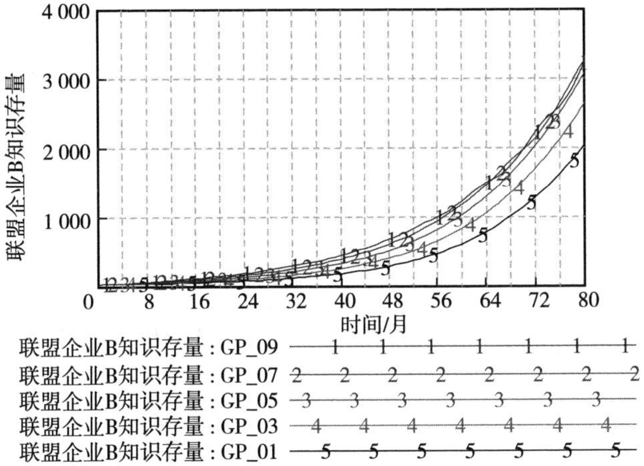

（a）不同政府政策推动力度下联盟企业B知识存量

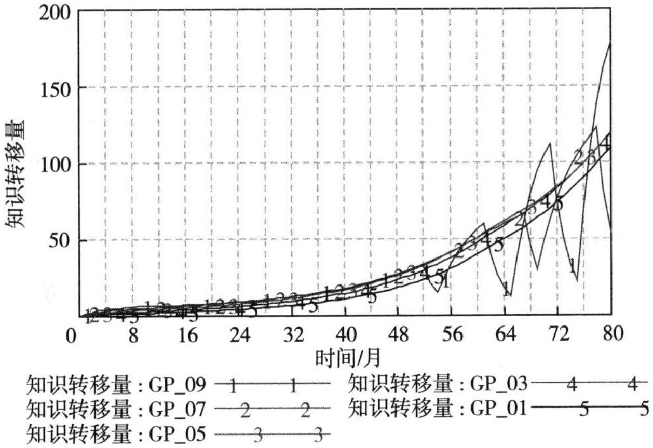

（b）不同政府政策推动力度下的知识转移量

图 5-11　政府政策推动力度对企业 B 知识转移效果的影响

程中，企业 A 向企业 B 转移的知识量明显增加，企业 B 的知识量存量也明显地提高，说明政府政策的推动力度对联盟企业间的知识转移有促进作用。但当政府政策的推动力度进一步增加到 0.7 和 0.9 的时候，企业 B 的知识存量并没有明显的增加，从图 5-11(b) 中可以看出在知识转移的后期，知识转移量出现了"锯齿形"的波动，这是因为在知识转移后期，企业 A 与企业 B 之间的转移阈值接近于 0.8（图 5-12），在此种情况下，企业 A 停止向企业 B 转移知识，但由于转移阈值在 0.8 上下浮动，转移的知识量也忽大忽小，因此出现了"锯齿形"的波动现象。相比政府政策推动力度为 0.5 的情况，政府政策的推动力度大于 0.7 时，企业 B 的知识存量并没有明显的增加。

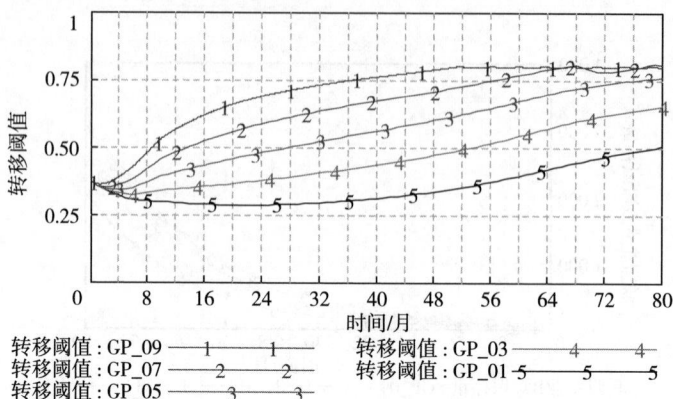

图例：
转移阈值：GP_09 ——1——1——
转移阈值：GP_07 ——2——2——
转移阈值：GP_05 ——3——3——
转移阈值：GP_03 ——4——4——
转移阈值：GP_01 —5——5——5——

图 5-12 转移阈值变化图

由此可以推断出，政府政策的推动可为联盟企业间的合作提供政策、资金支持及其他保障，这会在一定程度上推动企业间的知识交流与共享。因此，在其他条件不变的情况下，政府政策的推动，会明显地促进企业之间的知识转移。但是，政府政策的推动并不是影响联盟知识转移的唯一要素。构成联盟的企业都是独立的经济实体，它们常以自身的利益为出发点，在合作的过程中，会对自身的知识有所保护，当知识转移进行到一定程度，特别是涉及核心知识的时候，企业会出于对自身竞争优势的保护而停止转移知识。在这种情况下，即使再加大政策推动力度，知识转移效果也不会太明显。

2. 不同市场需求下的仿真实验

在其他变量取值不变的条件下，改变市场需求，取值依次为 0.1～0.9，表示市场需求逐步增大，分析市场需求对知识转移效果的影响，仿真结果如图 5-13 所示。其中，market_01～market_09 表示市场需求的取值为 0.1～0.9。

从图 5-13 中可以看出，随着市场需求的增大，联盟企业 B 知识存量和联盟企业间的知识转移量明显增大。这是因为市场对于某种技术的需求，会促使一个企业向另一个企业学习与之相关的知识，企业愿意投入更多的学习时间和成本，从而产生更高的接受意愿。企业接受意愿的提高，会使企业吸收更多从提供方转移出的知识，有利于企业进一步开展技术创新活动。

简言之，明确的市场目标导向，能够促使知识转移在企业间高效进行，促进知识接受方积极投入资源，通过各种渠道充分吸收和利用联盟伙伴转移出的知识，提高自身的知识水平和创新能力，以此来满足市场需求。

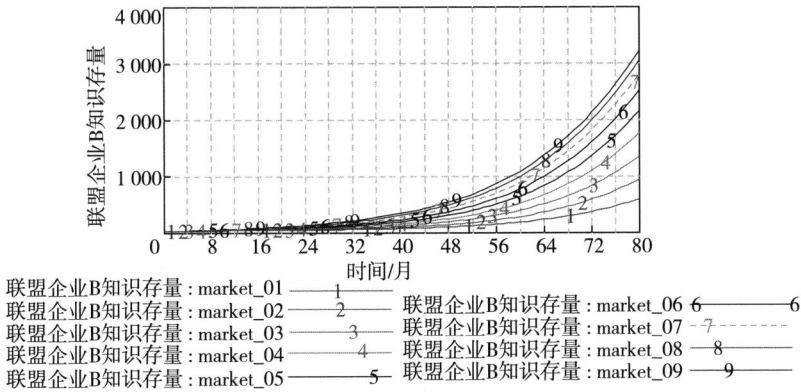

（a）不同市场需求下的联盟企业B知识存量

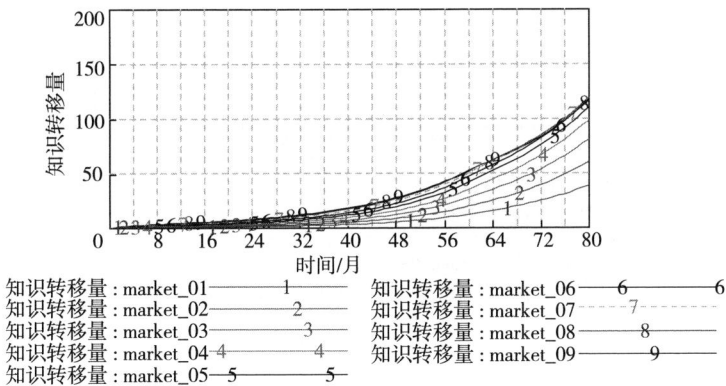

（b）不同市场需求下的知识转移量

图 5-13　市场需求对知识转移效果的影响

3. 不同临近度下的仿真实验

临近度的概念与内部情境距离相反，它与企业之间的组织距离、认知距离和地理距离有密切关系。

1）组织距离的影响

实验目的是通过调节沟通的强度，减小组织距离，分析组织距离的缩小对知识转移效果的影响。实验中，组织距离取值分别为 0.8、0.6、0.4 和 0.2（Com＿08、Com＿06、Com＿04 和 Com＿02），仿真结果如图 5-14 所示。

随着沟通程度的深入，企业之间的组织距离在逐步减小，企业 B 的知识存量同时得到了提升，说明沟通的加强有利于企业之间知识转移的进行。

组织距离通常反映在企业的文化和制度方面，在选择合作伙伴时，应尽量选择文化和管理制度类似的企业。如果转移双方组织距离过大，可以通过频繁、深

（a）组织距离的变化

（b）不同组织距离下联盟企业B的创新知识量

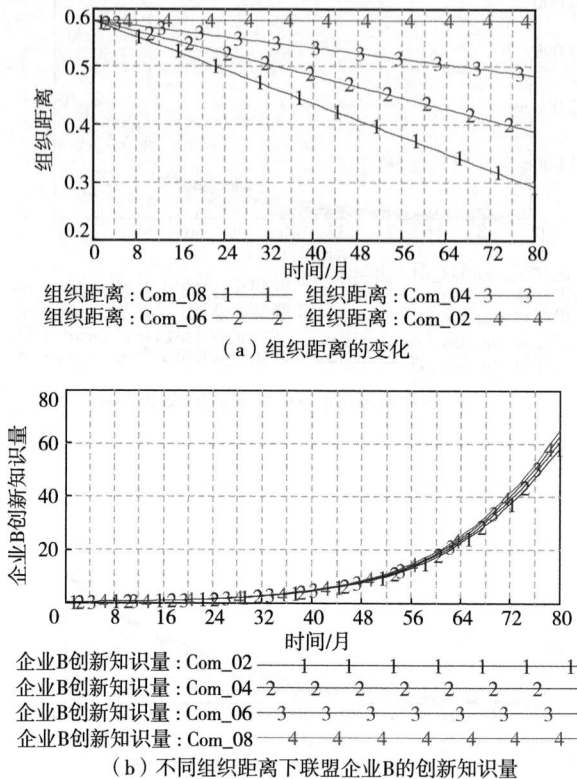

图 5-14　组织距离对知识转移效果的影响

入的沟通，来增进彼此间的相互了解和融合，从而缩小组织距离，达到知识转移的目的。

2）认知距离的影响

假设在一次仿真过程中，认知距离是不变的，取定值，分析不同的认知距离对知识转移效果的影响。认知距离的取值为 0.1～0.9(CD＿01～CD＿09)，仿真结果如图 5-15 所示。

从图 5-15 中可以看出，随着认知距离的加大，知识转移量先增后减，联盟企业 B 知识存量也是先增后减，转移的知识量与认知距离呈现倒 U 形的关系，从而证明模型的简化和设计具有一定的合理性。

3）地理距离的影响

将地理距离从 0.1 逐渐增加到 1.0，分析地理距离对知识转移效果的影响，仿真结果如图 5-16 所示，各取值对应的仿真结果用 GD＿01～GD＿10 表示。

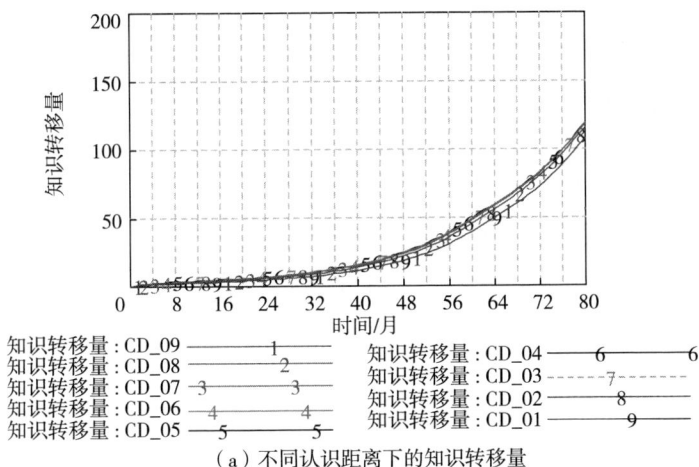

（a）不同认识距离下的知识转移量

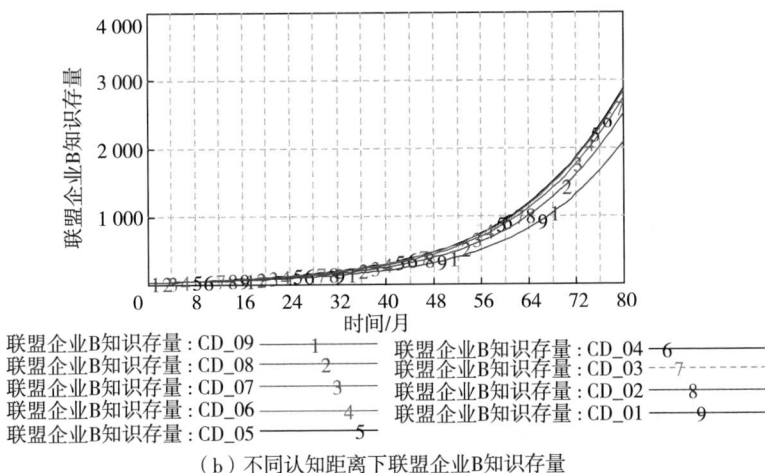

（b）不同认知距离下联盟企业B知识存量

图 5-15　认知距离对知识转移效果的影响

　　从图 5-16 中可以分析出，在其他影响因素的共同作用下，地理距离对知识转移的效果影响不大，地理距离越小引发的知识转移量的增加值也越小，使得联盟企业 B 知识存量的增加量也比较小。因此可以得出如下结论：地理距离对联盟企业间知识转移的影响有限。

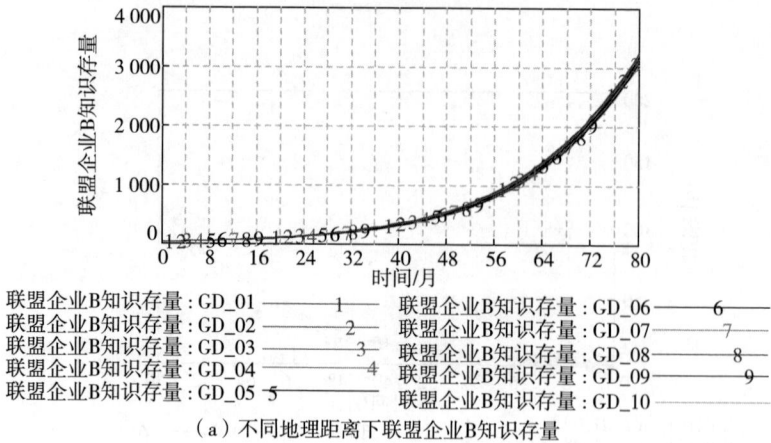

联盟企业B知识存量：GD_01 ——————1	联盟企业B知识存量：GD_06 ——————6
联盟企业B知识存量：GD_02 ——————2	联盟企业B知识存量：GD_07 ——————7
联盟企业B知识存量：GD_03 ——————3	联盟企业B知识存量：GD_08 ——————8
联盟企业B知识存量：GD_04 ——————4	联盟企业B知识存量：GD_09 ——————9
联盟企业B知识存量：GD_05 —5	联盟企业B知识存量：GD_10

（a）不同地理距离下联盟企业B知识存量

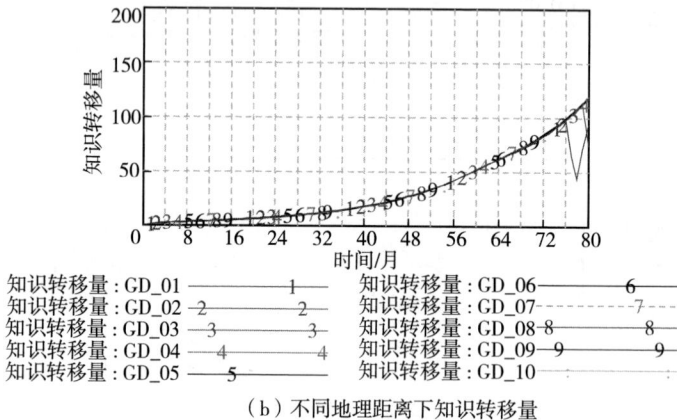

知识转移量：GD_01 ——————1	知识转移量：GD_06 ——————6
知识转移量：GD_02 —2————2	知识转移量：GD_07 ------7
知识转移量：GD_03 —3————3	知识转移量：GD_08 —8————8
知识转移量：GD_04 —4————4	知识转移量：GD_09 —9————9
知识转移量：GD_05 ——————5	知识转移量：GD_10

（b）不同地理距离下知识转移量

图 5-16   地理距离对知识转移效果的影响

5.3   联盟成员间的知识转移机制

企业联盟是一个复杂的系统，联盟企业之间存在大量的知识活动。一方面，企业在知识活动的交互过程中，会对环境中的各种刺激做出反应，调节自身的属性特征及行为，从而表现出对外部环境的适应性；另一方面，联盟主体行为的改变，反过来会对整个联盟系统的知识活动产生影响，从而展现出一定的涌现性和非线性特征。本节采用"自下而上"的多主体建模方法，以多个企业构成的联盟为研究对象，通过对主体、主体属性、行为规则及环境的抽象，以个体的微观交互为出发点，研究其引发的宏观系统特征，重点考察联盟成员主体属性的动态变化对联盟知识转移活动的影响。

5.3.1　多主体知识转移模型

在企业联盟系统中，影响知识转移的因素很多，本小节主要考虑主体属性对联盟知识转移效果的影响。从联盟个体成员的角度来看，成员都是具有利益驱动性的，其决策均以自身利益为中心，并且成员与成员之间存在竞争与合作的双重关系，联盟成员在知识转移过程中对自身拥有的技术知识存在选择性的保留，还可能存在个别的机会主义者，即主体间的知识并非按照最有利于联盟整体利益的方式完全转移。随着合作的不断进行，主体会根据知识收益改变其在合作创新中的知识转移意愿和积极性，以确保自身的利益和相对优势。主体行为策略的改变是知识转移效果的动态反馈，会进一步影响到后续的知识转移过程。

在模型构建中，引入可变的知识转移系数，用以反映联盟中主体的知识转移意愿及合作积极性等主观因素。转移系数的改变受联盟主体策略的控制，而主体策略在合作的过程中会根据收益情况动态调整，并且不同性质或类别的企业在策略的制定或策略的改变方式上也不相同。

联盟中的主体行为具有多样性、动态性、适应性等特征，因此采用多 Agent 建模方法对其进行刻画。多 Agent 建模方法是一种自底向上的建模方法，模型系统的基本元素为具有适应性的 Agent，Agent 之间通过交互最终形成一个复杂的适应系统。基于多 Agent 的建模方法是研究微观交互引起的宏观复杂性十分有效的方法。将联盟成员抽象为 Agent(主体)，主体根据自身的属性及其所处的环境，按照特定的规则，改变知识转移系数，形成联盟知识转移的动态调节系统。

建立的知识转移模型主要包括主体、环境和交互规则三个部分，用三元组 $M=\{A，E，R\}$ 表示。其中，A 表示创新主体，即 Agent 为参与联盟的企业；E 为影响知识转移活动的环境；$R=\{R_1，R_2\}$ 为知识转移的交互规则，包括知识转移规则 R_1 和知识转移系数改变规则 R_2。

1. 智能主体

Agent(主体)是联盟中的成员，每个成员具有多个属性，可定义为 $A=\{\boldsymbol{K}，\alpha，\beta，P\}$，定义中每个变量的含义如下。

(1)$\boldsymbol{K}$ 为向量，表示知识属性，且 $K_i=\{k_{i,c}\}$，表示主体 i 的知识，$k_{i,c}$ 表示主体 i 在领域 c 的知识量，$c\in 1，2，\cdots，m$。

(2)α 表示可变的知识转移系数，是知识转移意愿与合作积极性等主体属性的综合度量系数。联盟主体策略的改变，体现为知识转移系数的改变，最终形成对知识转移的反馈。为了简化模型且不失一般性，将主体的知识转移系数离散化，用集合 $\alpha=\{\alpha_1，\alpha_2，\alpha_3，\alpha_4，\alpha_5\}$ 表示，其中，α_1、α_2、α_3、α_4、α_5 分别表示低、较低、中等、较高、高的知识转移系数。

(3)β 表示吸收能力，$\beta_{ij,c}=\dfrac{k_{i,c}}{k_{j,c}}$ 为知识维度 c 上主体 i 相对主体 j 转移知识的吸收能力。吸收能力对知识转移效果具有重要影响，一般认为，主体拥有的知识越相似，主体间的知识重叠度越高，相应的，主体的吸收能力越强。

(4)P 表示主体的收益函数，是知识转移系数 α 的调节依据。联盟中主体的活动、行为和决策是相互影响的，主体对知识增量的满意度在很大程度上取决于自身知识的绝对增长量，但也受其他主体知识增长量的影响，即收益是相对的。

由于联盟成员的性质类别不同，获取知识的能力和偏好也不尽相同，主体会根据自身知识增量与联盟的平均知识增量或邻居的平均知识增量的相对值衡量自身知识增量的价值，这就体现了主体策略的不同。收益函数分为以下两种。

(1)收益函数为自身知识增量与联盟平均知识增量的比值，即

$$P=\Delta K_i(T)/\Delta K_{net}(T) \tag{5-1}$$

其中，$\Delta K_i(T)$ 表示主体 i 在周期 T 内的累计知识增长量；$\Delta K_{net}(T)$ 表示周期内联盟的平均知识增量。$\Delta K_i(T)$ 和 $\Delta K_{net}(T)$ 计算公式如下：

$$\Delta K_i(T)=\Delta K_i(t+T)-\Delta K_i(t) \tag{5-2}$$

$$\Delta K_{net}(T)=\Delta K_{net}(t+T)-\Delta K_{net}(t) \tag{5-3}$$

其中，$K_i(t)$ 为 t 时刻主体 i 在每个维度上知识量的平均值；$K_{net}(t)$ 为 t 时刻联盟中主体的平均知识量，$K_i(T)$ 和 $K_{net}(T)$ 的具体计算公式如下：

$$K_i(t)=\sum_{c=1}^m k_{i,c}(t)/m \tag{5-4}$$

$$K_{net}(t)=\sum_{i=1}^N K_i(t)/N \tag{5-5}$$

其中，$k_{i,c}$ 表示主体 i 在领域 c 的知识量；m 为知识维度数；N 为联盟中的主体数量，即联盟的规模。

(2)收益函数为自身知识增量与其邻居平均知识增量的比值，记为

$$P=\Delta K_i(T)/\Delta K_{i\_neighbors}(T) \tag{5-6}$$

$$\Delta K_{i\_neighbors}(T)=K_{i\_neighbors}(t+T)-K_{i\_neighbors}(t) \tag{5-7}$$

$$K_{i\_neighbors}(t)=\sum_{j=1}^{\#\Gamma_i} K_{j\in\Gamma_i}(t)/\#\Gamma_i \tag{5-8}$$

其中，$\Delta K_{i\_neighbors}(T)$ 为在周期 T 内主体 i 的邻居的平均知识增量；$K_{i\_neighbors}(t)$ 为 t 时刻主体 i 的邻居的平均知识增量，Γ_i 表示主体 i 的邻居，$\#\Gamma_i$ 为主体 i 的邻居的个数。

联盟主体虽然在形式上联结为一体，但由于利益驱动，主体的知识转移行为并不是一成不变的，而是根据在联盟中的收益改变其对知识转移活动的态度和积极性，形成对联盟知识转移效果的动态反馈。在知识转移模型中，通过改变 α，

来模拟主体对其知识转移策略的调节作用，动态反映主体对联盟知识转移效果的反馈情况，这体现了主体的自适应性。

2. 环境

联盟的存在为成员间的知识转移提供了平台，但是参与联盟的成员众多，并不是所有成员之间都存在着直接的合作关系。构建知识转移模型时，需在主体之间建立关系以确定知识转移的路径，这些路径的总体形成了联盟主体间进行交互的网络，即环境。联盟成员的交互网络用二维矩阵 $G=\{\Psi(i,j),i,j\in I\}$ 表示，其中，$\Psi(i,j)$ 表示主体 i 与主体 j 之间的联系，$\Psi(i,j)=\{0,1\}$，$\Psi(i,j)$ 表示两者存在联系，$\Psi(i,j)=0$ 表示两者不存在联系；I 为联盟主体的集合，与主体 i 有联系的主体集合为 $\Gamma_i=\{\Psi(i,j)=1,j\in I\}$。

技术创新联盟中主体最有价值的知识资源是隐性知识，由于其内化于组织内部，很难通过文档或者编码方式获得，所以主体间必须建立长期稳定的沟通交流渠道，隐性知识才能得到有效的转移。

3. 交互规则

交互规则体现了不同类型的企业在知识转移过程中的策略。策略是动态改变的，某一阶段的策略，由前一阶段的策略状态和交互结果决定，这就形成了一个简单的有限状态机，主体根据外部交互情况在不同的策略状态中改变转移策略。

知识转移规则 R_1 为：每一时刻，随机选择一个主体，向其邻居转移知识，当主体 i 向主体 $j\forall j\in\Gamma_i$ 进行知识转移时，如果 $k_{i,c}(t)>k_{j,c}(t)$，则主体 i 向主体 j 转移知识的规则为

$$k_{j,c}(t+1)=k_{j,c}(t)+\alpha_i(k_{i,c}(t)-k_{j,c}(t))\beta_{ji,c} \tag{5-9}$$

其中，$k_{i,c}(t)$ 表示 t 时刻主体 i 在维度 c 上的知识量；α_i 为主体 i 的知识转移系数；$\beta_{ji,c}$ 为知识维度 c 上主体 j 相对于主体 i 的吸收能力。

在知识转移规则基础上，引入有限状态机的策略变换机制 R_2，最终体现为知识转移系数的改变。考虑实际情况，并结合模型需要，引入如下假设。

(1)联盟中的主体是理性的，在注重自身利益(即获取的知识量)的同时，为了维持联盟的持续发展，从而收获长期利益，会根据策略转移知识给联盟其他成员。在模型中体现为当联盟主体的收益大于某一阈值时，会增大知识转移系数；当联盟主体的收益小于某一阈值时，会减小知识转移系数。

(2)联盟主体对收益的度量方式不相同，根据主体收益度量方式的不同，将联盟主体分为两类，即 A 类主体和 B 类主体。其中，A 类主体的收益函数为周期内自身知识增量与联盟平均知识增量比值，用 P_A 表示。B 类主体的收益函数为周期内自身知识增量与其邻居的平均知识增量的比值，用 P_B 表示。

在以上假设的基础上，得出知识转移系数的改变规则如表 5-3 所示。其中，λ、θ 为固定常数。λ 为知识转移系数的改变上限，其取值大于 1，当 P_A 或 P_B

大于 λ 时，主体增大知识转移系数。例如，某个主体当前的知识转移系数是 α_2，如果此时其收益 $P_A > \lambda$，则下一时刻的知识转移系数改变为 α_3。θ 为知识转移系数的改变下限，$\theta \in (0, 1)$，当 P_A 或 P_B 小于 θ 时，其状态发生改变。在表 5-3 的规则下，当主体的收益值小于阈值 θ 时，减小知识转移系数；当主体的收益值大于阈值 λ 时，增加知识转移系数。

表 5-3　知识转移系数改变规则

知识转移系数　　收益函数	α_1	α_2	α_3	α_4	α_5
$P_A < \theta$	不改变	α_1	α_2	α_3	α_4
$P_A > \lambda$	α_2	α_3	α_4	α_5	不改变
$P_B < \theta$	不改变	α_1	α_2	α_3	α_4
$P_B > \lambda$	α_2	α_3	α_4	α_5	不改变

5.3.2　仿真实验及管理启示

为了研究联盟成员主体属性（用知识转移系数表示）随知识转移活动的动态变化情况，以及知识转移系数对联盟知识转移效果的影响，针对以上目标设计并进行了仿真实验，探讨了知识转移系数的变化规律、不同的知识转移系数的调节周期及知识转移系数的调节依据对知识转移的影响。

1. 参数设置及仿真流程

仿真实验在 netlogo 仿真平台上进行。为了加快收敛速度，采用小世界网络表示联盟的知识转移路径。小世界网络具有聚集系数高，平均路径短的特点。已有研究表明小世界网络是知识转移效率最高的网络结构[10,11]。为体现主体关系的长期稳定性，本模型不考虑重连边现象。

在实际仿真中为了便于结果分析，将知识转移系数赋值为 $\alpha = \{0.1, 0.3, 0.5, 0.7, 0.9\}$，其中 0.1、0.3、0.5、0.7、0.9 分别表示低、较低、中等、较高、高的知识转移系数。知识转移模型的具体参数如表 5-4 所示。

表 5-4　初始参数设置

参数	取值
联盟网络结构	小世界网络
联盟规模（N）	100
A、B 两类主体的比例	50%、50%
知识的维度 m	5
每个维度的知识水平	0.0～10.0 的随机分布

续表

参数	取值
每个主体的知识转移系数初始值	{0.1, 0.3, 0.5, 0.7, 0.9}中随机取值
调节周期 T	10 个时间步（10t）
λ	1.1
θ	0.7
仿真时长	1 000 个时间步（1 000t）

具体的仿真流程如下。

（1）生成一个小世界网络，节点数为 100，重连概率为 $p=0.1$。

（2）每一个时间步，随机选择一个节点，向其邻居节点按照知识转移规则 R_1 进行知识转移。

（3）每隔周期 T，根据知识转移系数改变规则 R_2 进行知识转移系数调整。

（4）重复（2）和（3）直到达到指定的仿真时长。

2. 仿真结果分析

对每种参数下的模型进行 10 次仿真实验，最终结果取平均值，得到以下实验结果。

1）不同的知识转移系数对应的主体数量分布情况

初始时刻，主体的知识转移系数是随机选取的，选择每种转移系数的主体数量相差不大。随着合作的进行，每隔一个周期 T（10t），主体根据收益情况调节其知识转移系数，从而形成对知识转移的动态反馈。图 5-17 为不同知识转移系数下主体数量分布随时间变化的曲线。从图 5-17 中可以看出，每种知识转移系数下主体数量都是不断上下波动的，这与联盟内企业间的知识转移意愿是动态变化的实际相符。另外，前 10 个周期 T 内（100t），主体数量变化较大，60%左右的主体选择了较低的知识转移系数，为 0.1，20%左右的主体选择的知识转移系数是 0.3；8%左右的主体选择的知识转移系数是 0.5，其余的主体选择的知识转移系数是 0.7 或 0.9。其原因在于，合作初期，各主体会根据自身收益采取不同的知识转移系数，使得选择各知识转移系数的主体数量明显不同，但知识在主体之间流动的速率是基本不变的，在第一个周期内，知识的转移并不能覆盖整个网络，导致许多主体选择较低的知识转移系数，在 10 个周期以后，联盟整体对知识转移效果的反馈调节基本达到平衡，所以出现了不同知识转移系数下主体数量在一定范围内上下波动的现象。

联盟中隐性知识的转移必须通过长期的联系才能进行，要使更多的主体知识转移系数保持在较高水平，必须加强联盟主体间的业务往来和交流活动，从而在联盟内部构建多种长期稳定的知识交互渠道，提高知识在联盟主体之间的转移速

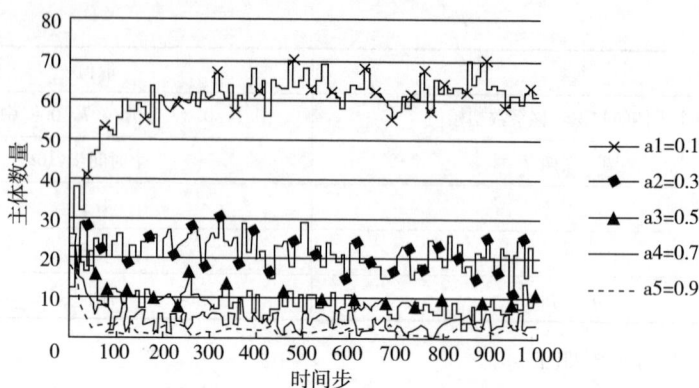

图 5-17　不同知识转移系数下主体分布数量随时间变化的曲线

率，使联盟合作创新活动保持活力。

2）知识转移系数调节周期对知识转移效果的影响

知识转移系数的调节周期越长，联盟主体对收益的期望越长期。联盟的平均知识量反映了联盟的整体知识水平，实验中采用联盟的平均知识量来度量联盟的知识转移效果。其他条件不变时，改变知识转移系数调节周期 $T_1 = 5t$、$T_2 = 10t$、$T_3 = 15t$、$T_4 = 20t$，网络中的平均知识量 $K_{net}(t)$ 随时间的变化曲线如图 5-18 所示。

各调节周期下，联盟成员的平均知识量不断增加，在接近 1 000t 时，联盟的平均知识量趋于平稳。很明显，知识转移系数调节周期 T 越大，联盟的平均知识量增加越快。在趋于稳定时，调节周期较大的网络的平均知识量高于调节周期较小的网络。这是由于当调节周期较短时，联盟的知识转移不充分，主体知识的增量很可能低于联盟的平均知识增加量，即知识转移收益低于平均值，此时，主体会减小其知识转移系数，导致整个联盟的平均知识量处于较低水平。可通过图 5-19 进一步解释，调节周期较长时，采取低知识转移系数的主体数量较低，相对地，更多主体的知识转移系数保持在较高的水平上，从而使联盟的知识增长量较大，最终达到一个较高的知识水平。

从实验结果可以分析出，联盟内企业的知识转移系数调节周期越长，越有利于知识的转移。但作为经济独立的实体，企业只有意识到在知识转移过程中能够受益，才能长期保持合作关系，使联盟得到可持续的发展。

3）知识转移系数调节依据对知识转移效果的影响

根据知识转移系数调节依据，即收益函数 P，将主体分为 A、B 两类。通过改变 A、B 两类主体在联盟中所占的比例来分析其对知识转移效果的影响。不同比例条件下，联盟的平均知识量变化情况，如图 5-20 所示。

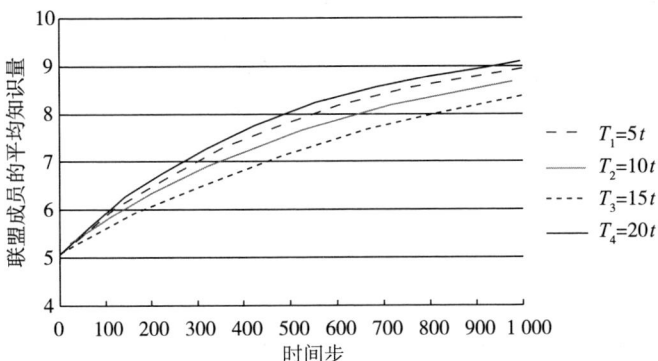

（a）不同知识转移系数调节下联盟成员的平均知识存量

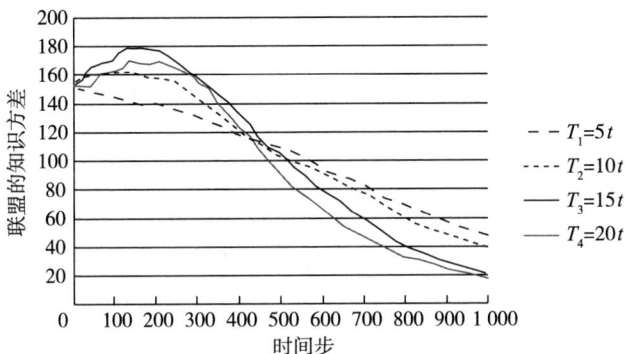

（b）不同知识转移系数调节周期下联盟的知识方差

图 5-18　知识转移系数调节周期对知识转移的影响

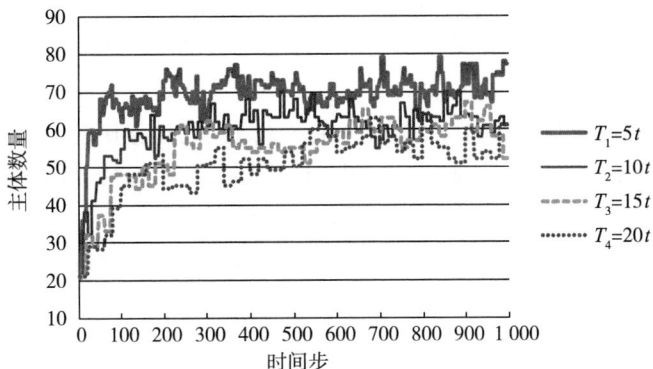

图 5-19　知识转移系数 $\alpha_1 = 0.1$ 对应的主体数量

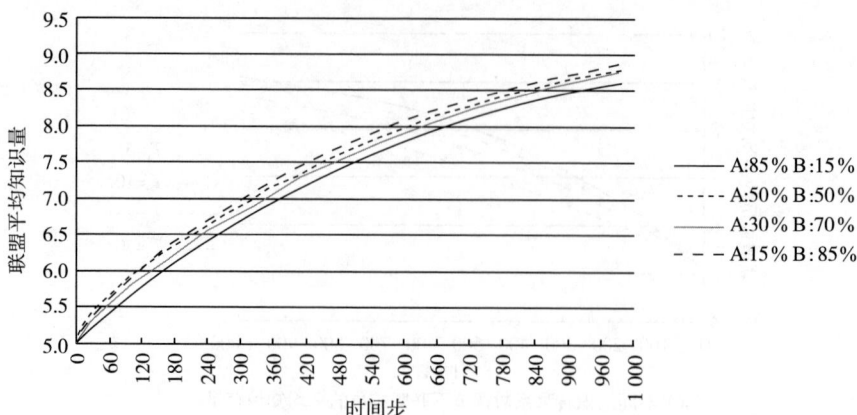

图 5-20　知识转移系数调节依据对知识转移效果的影响

如图 5-20 所示，A 类主体所占比重较大时，联盟的平均知识量较小；A 类主体的所占比重减小到 50％时，联盟的平均知识量有所增加；但当 A 类主体所占比重从 50％减少到 15％时，联盟中的平均知识量相差不大。

仿真结果表明，一般情况下，主体知识转移系数的不同调节依据对知识转移效果的影响不大，只有当某类型的主体所占比重过大或过小时，才会对联盟的知识转移有明显的作用。

3. 管理启示

企业联盟中知识转移是知识在联盟主体间流动的重要渠道，是联盟成败的关键因素之一。模型中引入可变的知识转移系数，用来反映主体对知识转移效果的动态反馈，通过多 Agent 仿真方法模拟企业联盟中的知识转移行为，仿真结果表明：①联盟内主体间的知识转移行为是动态变化的，主体对知识转移活动采取的策略，随着其收益的变化而发生变化。要使主体保持较高的知识转移系数，必须建立稳定的交流沟通渠道，加快知识在主体之间的转移速率，增加联盟主体的收益。②知识转移的长期性决定了联盟主体需要长期地保持合作的积极性，而不能只顾短期利益，这样创新联盟的创新效率才能真正地提高。这就要求联盟主体用长远的战略眼光看待主体之间的创新活动及由此带来的收益。

5.4　创新任务驱动的联盟成员选择与协调

技术创新联盟中最核心的工作是共同合作完成创新任务，如产业关键技术或产业共性技术的开发、复杂产品的创新等。由于是合作创新，联盟成员的选择将直接影响到完成创新任务所需的能力和资源，这是一个复杂的决策问题。本节首先分析影响联盟成员选择的因素；其次基于给定任务选择联盟成员，对联盟成员合作过程进行仿真；最后根据其创新绩效给出协调策略。

5.4.1　联盟成员选择的影响因素

联盟的快速发展，使联盟企业在实现共赢的同时失败率也很高。虽然联盟失败的原因可能有很多种，但联盟成员选择不当应是最重要的原因，不恰当地选择结盟成员可能比孤军奋战面临更高的成本和风险。联盟成员选择并非想象中那么简单，它是一个复杂的决策问题，需综合考虑各种因素，如资源互补性，企业文化、规模、目标的兼容性，以及核心知识的保护等。针对技术创新联盟的不同行业、区域或组织形式，合作伙伴选择标准及其重要程度都将不同，下面分别从任务导向和关系角度阐述联盟成员的选择问题。

1. 任务导向的联盟成员选择

影响联盟成员选择的"任务导向"因素包括联盟成功所需的资源与营运技巧，如专利或技术方面的知识、财务资源、有经验的管理人员，取得行销与配销的途径等。在以创新为首要目标的技术创新联盟中，知识资源是不可或缺的，它是最重要的一类资源。企业加入联盟的一个重要的原因是它可从其他合作伙伴那里吸收更多的知识，降低组织学习的成本，提高自身的竞争力。一般来说，企业选择与大学、科研院所通过建立产学研联盟可以获得更多的组织学习机会，同时它们之间通过建立"虚拟组织"相互为对方提供自己的优势。例如，大学可以向企业提供相关前沿的研究成果、学习的环境、有经验的理论专家，而企业可以向大学提供实际的应用经验、有挑战性的实际问题、有经验的理论实践者，从而减少研究与发展周期，加速理论市场化的进程。

2. 关系导向的联盟成员选择

影响联盟成员选择的"关系导向"因素是指与其他企业合作的效率与效能，包括成员的国家或公司文化、成员间过去关系的良好程度、成员间高阶管理团队的兼容性与信任、成员所属组织的大小与结构等。影响因素具体包括能力/资源的互补性、战略兼容性、目标兼容性、组织结构兼容性、信任、承诺、协调、声誉、组织文化、制度环境、技术/知识能力关联度、市场状况、企业规模和财务状况等。

3. 联盟成员选择的一些原则

无论是任务导向还是关系导向，联盟成员的选择应当遵循一些基本原则，如"3C"原则，即能力匹配原则（capability）、兼容性（compatibility）、投入（commitment）。Geringer提出技术与资源的互补、互相依赖、避免抛锚、相对规模、战略互补、伙伴间营运政策的兼容、潜在的沟通障碍、兼容的管理团队、信任与承诺9项选择准则，并认为"技术与资源的互补"是联盟成员最主要的选择准则[12]。此外，还有4C原则，即互补能力（complementary skills）、合作文化（cooperative cultures)、兼容目标(compatible goals)、相称的风险(commensurate levels of risk)。

5.4.2 创新任务导向的联盟组建与资源要素分析

在创新任务的刺激下，企业、科研机构、政府、金融机构等创新主体根据任务需求和"关系"优选合作伙伴，组成以提升技术创新能力为目标的联合开发、优势互补、利益共享、风险共担的技术创新合作组织。图 5-21 为面向创新任务的技术创新联盟的构成模型。

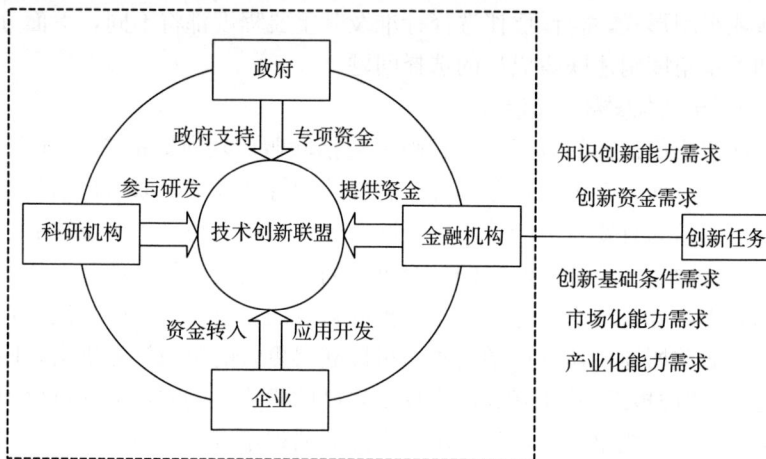

图 5-21　面向创新任务的技术创新联盟的构成模型

从知识转移的角度看联盟构成，其中的主体各具优势。科研机构的知识优势主要在科学实验、技术发明方面；企业的知识优势主要在把握市场信息、了解消费者心理方面；而政府部门则拥有管理与引导产业发展方向的知识优势，即在制定政策、规划和推进实施计划方面具有重要作用；金融机构的优势体现在服务和支撑联盟方面。从知识转移的互动过程来看，联盟主要是知识提供方与接受方的交流互动，通常以学术报告、专题培训、交流讨论等方式进行显性知识转移，隐性知识的转移则需要进一步相互合作共事，在共同研发过程中潜移默化地实现转移。在交流互动中还要注重反馈信息，联盟内知识转移接受方在知识转移应用方面遇到的问题、积累的经验和创造的技能，往往会成为技术创新联盟进行新知识生产和新技术发明的引导性信息，成为技术创新联盟新一轮知识转移的起点。因此，在知识转移过程中，知识体系、转移方式、反馈信息等因素需要得到应有的重视。

技术创新联盟中的四类创新主体及其主要功能见表 5-5。

表 5-5　四类创新主体及功能

创新主体	功能
企业	是联盟最主要的创新主体，是最重要、最活跃的因素。提供创新资源，如资金、技术人员、科研设施等；进行技术推广，实施创新技术产业化战略
科研机构(高等院校、科研院所)	包括高等院校和科研院所。高等院校是指大学、专门学院和高等专科学校的统称，主要功能是实施教育，培养符合社会需要的合格人才；科研院所是指专门从事某些领域科技研究工作的机构，其职能是满足经济建设和科学技术进步的需求，是实现科技转化为生产力的重要力量
政府	遴选产业与技术，一般是聚焦对国家、区域经济社会发展具有重要推动作用的战略产业；政策支持，即政府通过制定必要的经济政策、产业政策，起到支持、宏观调控作用，使各方均获得更高经济效益和社会效益，从而使各方有继续发展的良好势头和愿望；提供专项资金，促进联盟发展
金融机构	为联盟合作创新提供资金来源，如在创新运行过程中企业向银行申请贷款，向风险投资公司进行融资，向保险公司寻求风险保障

在完成创新任务的过程中，联盟需调动各种创新资源并予以协调。联盟内创新资源要素包括创新人才(知识创新能力)、创新资金、创新基础条件、市场化能力和产业化能力等。创新任务不同对创新资源要素的需求也不同。表 5-6 为最基础的五种创新资源含义及主要提供方。

表 5-6　最基础的五种创新资源含义及主要提供方

创新资源	含义	主要提供方
知识创新能力	成员能提供给联盟的对知识、技术进行创新的能力	科研机构(高等院校、科研院所)及企业
创新资金	成员能提供给联盟的用于创新任务的资金	企业、金融机构及政府
创新基础条件	成员能提供给联盟的用于创新任务的设施、场地等	科研机构及企业
市场化能力	成员能提供给联盟的对市场需求的把握能力及对创新产品的销售能力	企业及政府
产业化能力	成员能提供给联盟的用于将科技成果迅速而有效地转化为具有市场竞争力商品的能力	企业及政府

除了联盟创新主体及创新资源以外，还应考虑创新任务的资源需求。因为联盟合作创新活动是由创新任务来驱动的，因此创新任务的需求资源应与创新主体的创新资源相匹配，考虑到创新任务的创新程度有所不同，所带来的风险和收益也不同，因此在创新任务的需求资源中还应考虑创新任务的创新程度。

5.4.3　创新绩效评价仿真实验

联盟运行成功与否，不仅用是否完成创新任务来衡量，还需考察其创新绩效。创新绩效是指企业创新行为给企业自身及联盟带来的效益，包括经济效益、社会效益和科技效益等。好的创新绩效是低投入高产出，创新绩效不仅表现为创新产出，如新产品、新服务和专利等，还表现为企业创新活动对企业各个方面的影响。

联盟成员的选择对创新绩效有重要影响。只有正确地选择伙伴，联盟成员间才能维持稳定的合作关系，这是知识转移的前提与基础，知识转移成果越丰富，联盟整体的创新绩效越高。

为考察组建的联盟是否能够产生较高的创新绩效，需对联盟组建及运行进行建模并采用仿真方法模拟其完成创新任务的过程，进而对联盟的创新绩效进行评价。

1. 任务——盟员匹配模型

模型描述如下。

(1)联盟由 n 个创新主体组成，联盟所有主体的集合用 $A=\{A_1, A_2, \cdots, A_n\}$ 表示。

(2)联盟共有 m 个创新任务，创新任务的集合用 $T=\{T_1, T_2, \cdots, T_m\}$ 表示。

(3)联盟创新主体所投入的创新资源包括有形资源(创新资金、创新基础条件)和无形资源(知识创新能力、市场化能力、产业化能力)，创新主体 A_i 的创新资源用 $AR_i=(ar_{i1}, ar_{i2}, ar_{i3}, ar_{i4}, ar_{i5})$ 表示，其中 ar_{ij} 表示创新主体 A_i 的第 j 类创新资源，$ar_{ij} \geqslant 0$，$i=1, 2, \cdots, n$，且 $j=1$ 对应的是创新资金，$j=2$ 对应的是创新基础条件，$j=3$ 对应的是知识创新能力，$j=4$ 对应的是市场化能力，$j=5$ 对应的是产业化能力。各项创新资源的权重向量为 $w=(w_1, w_2, \cdots, w_5)$，其中 w_j 表示第 j 类创新资源的重要程度，且满足 $\sum_{j=1}^{5} w_j=5$，$j=1, 2, \cdots, 5$。

(4)创新任务的资源需求对应创新主体的五类创新资源，即知识创新能力需求、创新资金需求、创新基础条件需求、市场化能力需求和产业化能力需求。创新任务 T_k 的资源需求用 $TR_k=(tr_{k1}, tr_{k2}, tr_{k3}, tr_{k4}, tr_{k5})$ 表示，其中 tr_{kj} 表示创新任务 T_k 的第 j 类资源需求，$tr_{kj} \geqslant 0$，$=1, 2, \cdots 5$，且 $k=1, 2, \cdots, m$。

(5)为消除不同类型资源量纲的影响，需要对创新主体的初始创新资源进行规范化处理。用 $ar_{ij}^{(0)}$ 表示规范化后创新主体 A_i 的第 j 类初始创新资源，则有

$$ar_{ij}^{(0)} \frac{ar_{ij}}{\max_i ar_{ij}}, \quad i=1, 2, \cdots, n; j=1, 2, \cdots, 5 \qquad (5\text{-}10)$$

此时，$ar_{ij}^{(0)} \in [0, 1]$。那么，创新任务 T_k 的第 j 类资源需求相应地可表示为

$$\mathrm{tr}_j^{(k)} = \frac{\mathrm{tr}_{kj}}{\max_i \mathrm{ar}_{ij}}, \qquad k=1,2,\cdots,m;\ j=1,2,\cdots,5 \tag{5-11}$$

（6）联盟总创新资源 $V(R)$ 为联盟主体的各类创新资源的总和，即

$$V(R) = \sum_{i=1}^{n}\sum_{j=1}^{5} w_j \mathrm{ar}_{ij} \tag{5-12}$$

（7）完成创新任务 T_k 的成本为参与任务主体投入的创新资源的加总，即

$$C(k) = \sum_{i=1}^{n}\sum_{j=1}^{5} w_j \mathrm{ar}_{ij} B_{ik}, \qquad k=1,2,\cdots,m \tag{5-13}$$

其中，$B_{ik}\begin{cases}0, & \text{创新主体 } A_i \text{ 不参与创新任务 } T_k \\ 1, & \text{创新主体 } A_i \text{ 参与完成创新任务 } T_k\text{。}\end{cases}$

（8）P 为创新任务 T_k 成功完成时联盟的期望收益，它与创新任务的资源需求有关，期望收益可由式（5-14）计算，即

$$P(k) = \gamma \sum_{j=1}^{5} w_j \mathrm{tr}_j^{(k)}, \qquad k=1,2,\cdots,m \tag{5-14}$$

其中，γ 为可调参数，则联盟的收益等于期望收益减去完成创新任务 T_k 的成本。创新任务 T_k 完成后获得的收益为 $V(k)$，其计算公式为

$$V(k) = P(k)-C(k) = \gamma \sum_{j=1}^{5} w_j \mathrm{tr}_j^{(k)} - \sum_{i=1}^{n}\sum_{j=1}^{5} w_j \mathrm{ar}_{ij} B_{ik}, \qquad k=1,2,\cdots,m \tag{5-15}$$

当 $V(k)\leqslant 0$ 时，任务失败。

（9）通过对现有联盟的分析发现，绝大多数联盟协议规定根据投入比例大小来分配联盟的收益，此分配方式可以有效规避投机风险，降低联盟的总风险，且在这种方式下联盟成员创新投入的积极性大于其他分配方式。用 $\mathrm{ar}_{ij}^{(k)}$ 表示创新主体 A_i 参与创新任务 T_k 后所拥有的第 j 类创新资源，则有

当创新任务 T_k 成功，即 $V(K)\geqslant 0$，有

$$\mathrm{ar}_{ij}^{(k)} = \mathrm{ar}_{ij}^{(k-1)} + \frac{\mathrm{ar}_{ij}^{(k-1)} B_{ik}}{\sum\limits_{i=1}^{n}\mathrm{ar}_{ij}^{(k-1)} B_{ik}}\frac{w_j \mathrm{tr}_j^{(k)}}{\sum\limits_{i=1}^{5} w_l \mathrm{tr}_l^{(k)}} V(k), \qquad i=1,2,\cdots,n;\ j=1,2 \tag{5-16}$$

$$\mathrm{ar}_{ij}^{(k)} = \mathrm{ar}_{ij}^{(k-1)} + \beta_{ij}^{(k)} \frac{\mathrm{ar}_{ij}^{(k-1)} B_{ik}}{\sum\limits_{i=1}^{n}\mathrm{ar}_{ij}^{(k-1)} B_{ik}}\frac{w_j \mathrm{tr}_j^{(k)}}{\sum\limits_{i=1}^{5} w_l \mathrm{tr}_l^{(k)}} V(k), \qquad i=1,2,\cdots,n;\ j=3,4,5 \tag{5-17}$$

当创新任务 T_k 失败，即 $V(k)<0$ 时，有

$$\mathrm{ar}_{ij}^{(k)} = \mathrm{ar}_{ij}^{(k-1)} - \rho\, \mathrm{ar}_{ij}^{(k-1)} B_{ik}, \qquad i=1,2,\cdots,n;\ j=1,2 \tag{5-18}$$

$$\mathrm{ar}_{ij}^{(k)} = \mathrm{ar}_{ij}^{(k-1)} + \delta\beta_{ij}^{(k)} \mathrm{ar}_{ij}^{(k-1)} B_{ik}, \qquad i=1,2,\cdots,n;\ j=3,4,5 \tag{5-19}$$

其中，ρ 和 δ 为可变参数，其值为经验值，ρ、$\delta \in (0, 1)$，假定 $\rho = 0.2$，$\delta = 0.1$；$B_{ij}^{(k)}$ 表示创新主体 A_i 参与创新任务 T_k 的第 j 类创新资源的知识吸收速率，$i = 1, 2, \cdots, n$ 且 $j = 3, 4, 5$。对于无形资源，创新主体随着自身知识量的增多，对创新资源的知识吸收速率会减小，$B_{ij}^{(k)} = b^{ar_{ij}^{(k-1)}}$，其中 $0 < b < 1$。

2. 任务完成过程仿真流程

步骤 1　初始化联盟主体。联盟中有 n 个 Agent，每个 Agent 拥有五类创新资源。

步骤 2　推出创新任务。联盟中存在 m 个创新任务，每个创新任务有五类资源需求。

步骤 3　采用 0—1 整数规划方法组建创新任务联盟。

联盟成员的选择依据创新资源匹配原则，即候选主体的创新资源能够满足创新任务的需求资源。采用创新资源最佳匹配原则，即任务联盟的创新资源与任务的需求资源越匹配，其完成任务的收益越大。并且根据对现有联盟的调查可知，创新任务联盟成员不宜过多，越少越能节省开支，因此还采用组成创新联盟成员个数最少原则。

根据以上两个原则，对创新任务 T_k 建立如下 0—1 整数规划模型。

$$\min Z_k = \sum_{i=1}^n B_{ik}$$

$$\text{s. t.} \begin{cases} ar_{11}^{(k)} B_{1k} + ar_{21}^{(k)} B_{2k} + ar_{31}^{(k)} B_{3k} + \cdots + ar_{n1}^{(k)} B_{nk} \geqslant tr_1^{(k)} \\ ar_{12}^{(k)} B_{1k} + ar_{22}^{(k)} B_{2k} + ar_{32}^{(k)} B_{3k} + \cdots + ar_{n2}^{(k)} B_{nk} \geqslant tr_2^{(k)} \\ ar_{13}^{(k)} B_{1k} + ar_{23}^{(k)} B_{2k} + ar_{33}^{(k)} B_{3k} + \cdots + ar_{n3}^{(k)} B_{nk} \geqslant tr_3^{(k)} \\ ar_{14}^{(k)} B_{1k} + ar_{24}^{(k)} B_{2k} + ar_{34}^{(k)} B_{3k} + \cdots + ar_{n4}^{(k)} B_{nk} \geqslant tr_4^{(k)} \\ ar_{15}^{(k)} B_{1k} + ar_{25}^{(k)} B_{2k} + ar_{35}^{(k)} B_{3k} + \cdots + ar_{n5}^{(k)} B_{nk} \geqslant tr_5^{(k)} \\ B_{ik} \in \{0, 1\} \end{cases} \quad (5\text{-}20)$$

选取 B_{ik} 取值为 1 的 Agent 为参与创新任务 T_k 的联盟成员。

步骤 4　根据任务的成功率，判断创新任务是否成功。

步骤 5　任务完成后按照式(5-16)～式(5-19)进行利益分配。

步骤 6　解散联盟，推出下一个创新任务。在这里，创新任务是串联的，即前一个创新任务完成之后才会进行下一个创新任务。

3. 仿真实验

实验中设定联盟中 Agent 个数为 18 个，其中企业(I)10 个，大学(U)5 个，政府机构(G)1 个及金融机构(B)2 个，且为平行型联盟结构，即各企业拥有的各类资源相似，各大学拥有的各类资源也相似，联盟连续接受 20 次相同的创新任务。

创新主体各类创新资源如表 5-7 所示。

表 5-7　创新主体各类创新资源

创新主体	知识	资金	基础	市场	产业	创新主体	知识	资金	基础	市场	产业
I1	0.12	0.34	0.40	0.48	0.26	I10	0.12	0.36	0.27	0.49	0.32
I2	0.15	0.23	0.35	0.54	0.33	U1	0.42	0.02	0.29	0.00	0.00
I3	0.12	0.34	0.21	0.52	0.22	U2	0.44	0.05	0.57	0.00	0.00
I4	0.18	0.39	0.21	0.6	0.3	U3	0.46	0.09	0.32	0.00	0.00
I5	0.14	0.23	0.37	0.53	0.31	U4	0.60	0.05	0.56	0.00	0.00
I6	0.20	0.20	0.32	0.50	0.31	U5	0.53	0.04	0.42	0.00	0.00
I7	0.11	0.23	0.23	0.58	0.37	B1	0.00	0.54	0.00	0.00	0.00
I8	0.20	0.24	0.26	0.52	0.37	B2	0.00	0.73	0.00	0.00	0.00
I9	0.18	0.37	0.38	0.53	0.21	G1	0.04	0.22	0.40	0.57	0.64

实验中，先对各类创新资源按照式(5-10)进行处理，规范后的各类创新资源如表 5-8 所示。

表 5-8　规范后的各类创新资源

创新主体	知识	资金	基础	市场	产业	创新主体	知识	资金	基础	市场	产业
I1	0.200	0.466	0.702	0.800	0.406	I10	0.200	0.493	0.474	0.817	0.500
I2	0.250	0.315	0.614	0.900	0.516	U1	0.700	0.027	0.509	0.000	0.000
I3	0.200	0.466	0.368	0.867	0.344	U2	0.733	0.068	1.000	0.000	0.000
I4	0.300	0.534	0.368	1.000	0.469	U3	0.767	0.123	0.561	0.000	0.000
I5	0.233	0.315	0.649	0.883	0.484	U4	1.000	0.068	0.982	0.000	0.000
I6	0.333	0.274	0.561	0.833	0.484	U5	0.883	0.055	0.737	0.000	0.000
I7	0.183	0.315	0.404	0.967	0.578	B1	0.000	0.740	0.000	0.000	0.000
I8	0.333	0.329	0.456	0.867	0.578	B2	0.000	1.000	0.000	0.000	0.000
I9	0.300	0.507	0.667	0.883	0.328	G1	0.067	0.301	0.702	0.950	1.000

通过对现实联盟的调查，利益分配时对各可调参数设定为 $\gamma=1.5$，$\rho=0.2$，$\delta=0.1$，此种情况下比较符合现实。

1)无形资源的吸收能力对参与主体个数、联盟总创新资源的影响

假设联盟推出 20 次相同的创新任务，由联盟各 Agent 的创新资源可知，联

盟能承担的最大的任务资源需求为 TR＝(6.683，6.397，9.754，9.767，5.688)，实验中将任务的资源需求定为中等需求，即 20 次任务的资源需求为 TR＝(3.342，3.199，4.877，4.884，2.844)。图 5-22 表示不同无形资源吸收能力下任务参与主体的个数。

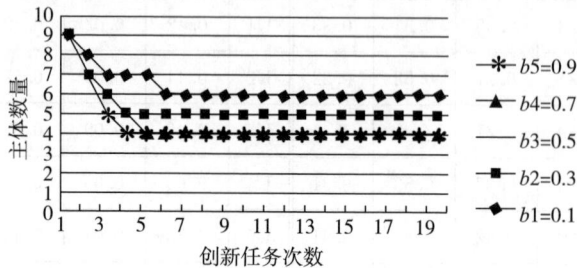

图 5-22　不同无形资源吸收能力下任务参与主体的个数

由图 5-22 可以看出，随着无形资源(知识创新能力、市场化能力、产业化能力)吸收能力的增加，参与创新任务的主体数越来越少。因为吸收能力越大，主体参加任务后获得的创新资源越多，参与下一个相同任务时主体就会越来越少，直到达到平衡。每次遇到相同的任务，都有这些主体参加，此时这些主体的创新资源要高于吸收能力低的联盟参与主体的创新资源。图 5-23 显示的是不同无形资源吸收能力下联盟总创新资源的变化。

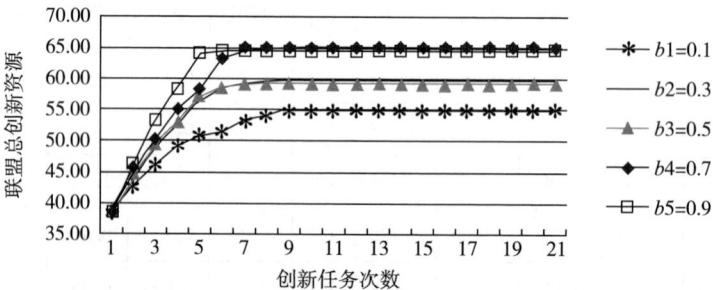

图 5-23　不同无形资源吸收能力下联盟总创新资源的变化

创新任务开始时，吸收能力越大的联盟总创新资源越大，形成固定的相同个数的参与主体后，联盟总创新资源与吸收能力的关系不大，如 b＝0.3 和 b＝0.5 时，均固定形成了 5 个创新主体，联盟总创新资源相差不大，b＝0.7 和 b＝0.9 时情况类似。随着任务的增多，联盟的总创新资源不会再发生变化，意味着后面进行的任务将不再产生收益。

2)联盟主体参与创新任务后创新资源的变化

参与创新任务的主体类型主要为企业和大学，对于企业而言，其最看重的是创新资金的变化；而对于大学而言，其对创新知识能力最为敏感。图 5-24 为参与创新任务后创新主体的创新资源变化。

图 5-24(a)为 10 个企业初始创新资金与完成任务后创新资金的对比，可以看出在任务需求下，完成 20 个相同任务后，企业的创新资金从原来的均匀分布变为若干企业的创新资金较多，这些企业也是固定参与创新任务的企业，由于其参与创新任务次数较多，因此创新资金会得到较大的提高。图 5-24(b)为 5 个大学初始创新知识能力与完成任务后创新知识能力的对比。同理，对大学来说，其对创新知识最为敏感，创新知识也由原来的均匀分布变为了分布不均匀，如 U4，其创新知识高于其他大学。

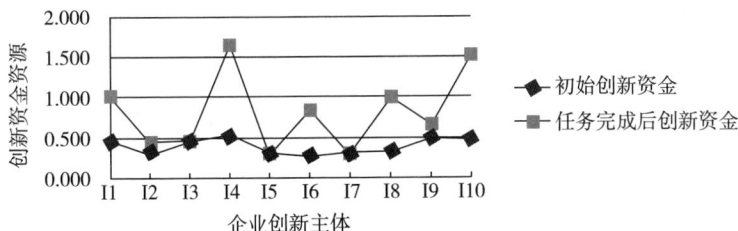

（a）企业创新资金变化

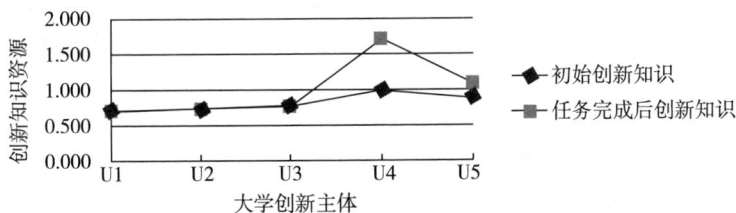

（b）大学创新知识变化

图 5-24　参与创新任务后创新主体的创新资源变化

3)不同创新任务需求对联盟总创新资源的影响

将联盟创新任务分为低任务需求、中任务需求、高任务需求，其中 TR＝(6.683，6.397，9.754，9.767，5.688)为高任务需求，TR＝(3.342，3.199，4.877，4.884，2.844)为中任务需求，TR＝(1.671，1.6，2.44，2.442，1.422)为低任务需求，完成相同的 20 个任务之后，联盟总创新资源如图 5-25 所示。

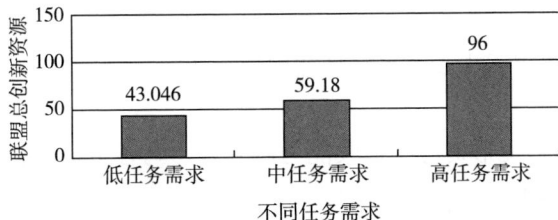

图 5-25　不同创新任务需求联盟总创新资源

随着创新任务需求的提高，联盟总创新资源也会提高。创新任务成功的前提是联盟成员能够满足创新任务的需求，创新任务需求越高，联盟成员投入的资源越多，获得的收益越大，创新任务成功后获得的创新资源越多，因此联盟总创新资源会增加。

4）不同创新资源权重对联盟总创新资源的影响

联盟目标不同，则联盟对收益的偏好也不同。一般将市场条件下技术创新联盟的合作目标分为两种，即获取资金和获取知识，则创新资源的权重将随创新目标不同而发生变化。假定推出 20 次相同的任务，实验中将任务的资源需求定为中等需求，即 20 次任务的资源需求 TR＝（3.342，3.199，4.877，4.884，2.844）。表 5-9 为市场条件下联盟的目标及创新资源权重。

表 5-9   市场条件下联盟的目标及创新资源权重

创新目标	权重
获取知识	$w_1＝2$；$w_2＝0.75$；$w_3＝0.75$；$w_4＝0.75$；$w_5＝0.75$
获取资金	$w_1＝0.75$；$w_2＝2$；$w_3＝0.75$；$w_4＝0.75$；$w_5＝0.75$

根据表 5-9 中权重的变化，经历 20 次任务之后，联盟总创新资源发生了变化，如图 5-26 所示。

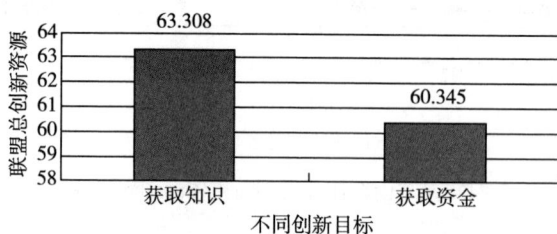

图 5-26   不同创新目标下联盟总创新资源

如果联盟以获取资金为主要目的，则在参与初始创新任务时，参与主体创新资金增加较快，导致其在以后的任务中，会造成严重的资源浪费，使得联盟所获得的收益小于付出的成本，参与任务的主体的创新资源将不再提高。

4. 管理与启示

由仿真实验可以看出，在平行型结构的企业联盟中，当连续推出相同任务时可以得到以下启示。

（1）联盟成员对无形资源的吸收能力越强，参与任务的主体数量越少，联盟的总创新资源就越大。

（2）连续推出相同任务之后，联盟内会出现稳定的活跃主体，联盟内创新主体的资源从平均分布变为不均匀分布，出现若干个创新资源较高的领头主体。

（3）创新任务的需求越高，联盟参与任务后总创新资源越大，因此对于联盟来说，在资源允许的情况下，尽量选择需求高的任务。

（4）以创新资金为主要目标的联盟，其资金资源权重较大，易造成资源浪费，导致任务失败，使联盟总创新资源减少，因此，对于联盟来说，不应以创新资金为主要目标，应该更看重创新知识，这有利于联盟的发展。

5. 任务联盟组建及运行可视化过程

基于多 Agent 建模方法，仿真实验采用 Anylogic 软件实现，仿真过程能够可视化地观察创新任务联盟组建及运行过程中创新任务的完成情况，以及联盟主体各类创新资源的变化。图 5-27 为创新任务联盟组建及运行过程。

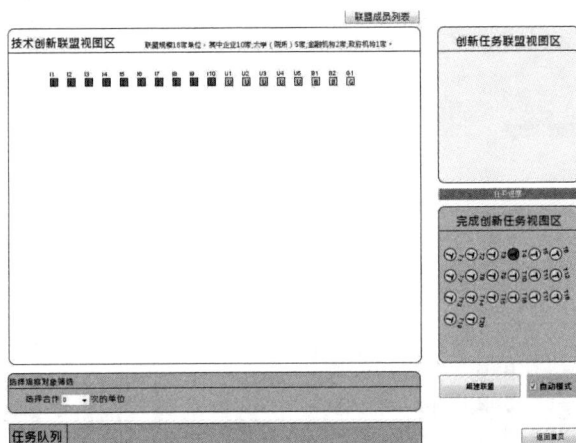

图 5-27　创新任务联盟组建及运行过程

在图 5-27 中，左图为联盟主体，任务按照顺序进入联盟视图区，根据组建原则选择出参与创新任务的联盟主体，即右上图，任务完成后，进入完成创新任务试图区，即右下图，其中，白色代表创新任务成功，黑色代表创新任务失败。

通过点击完成创新任务视图区的创新任务，可以看到创新任务的完成情况，如图 5-28 所示。

从图 5-28 中可以观察到已"完成"的创新任务的需求，参与创新任务的主体所提供的创新资源比例，以及创新主体参与创新任务所提供的创新资源总量，还可以直观地观察到联盟创新主体参与创新任务之后的创新资源的变化，如图 5-29 所示。

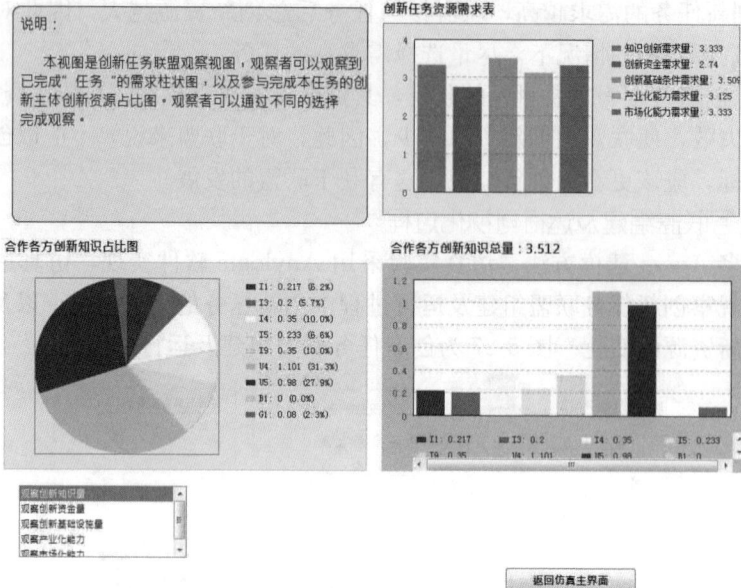

图 5-28 创新任务完成情况

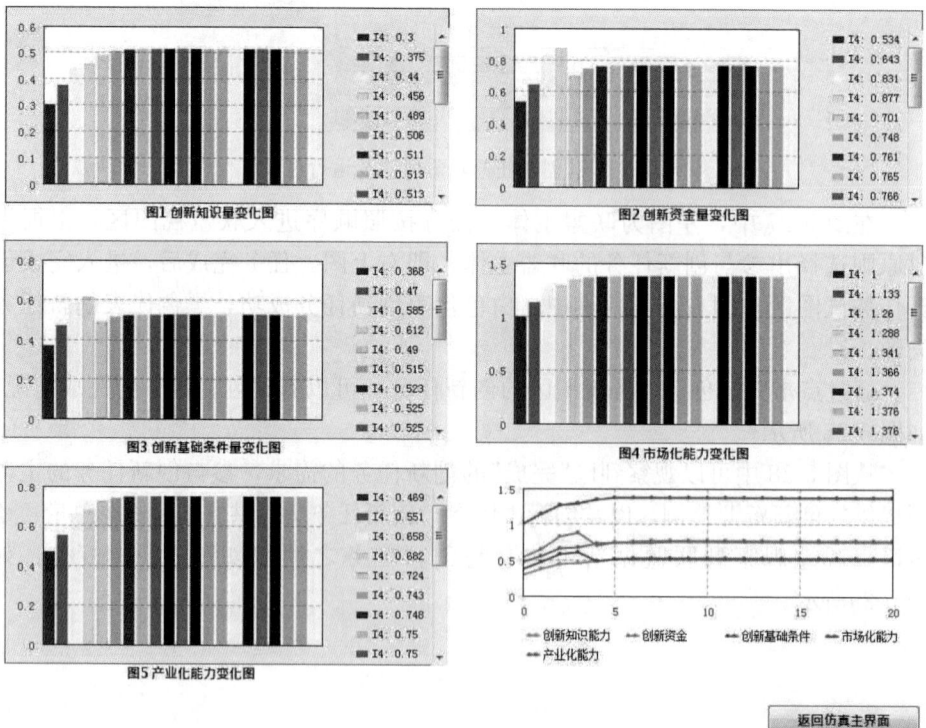

图 5-29 联盟主体创新资源变化图

5.5　本章小结

　　本章从企业联盟的基本概念入手，简述了企业联盟的基本概念、形成动因及联盟的基本类型，重点分析了技术创新联盟这一特殊的企业联盟形式，并在此基础上阐述了企业联盟中的知识协调的作用。首先，本章针对技术创新联盟中知识创新阶段知识需求迫切，更需要联盟企业之间的密切合作及知识协调的特点，尝试用计算实验方法从企业联盟不同层次揭示企业联盟知识机理，即基于系统动力学的企业联盟主体间知识转移机理，理清联盟内企业（主体）间知识转移的影响因素，为进一步实现联盟的知识协调目标找到依据；其次，在理清联盟主体间知识转移机制的基础上，从联盟总体的宏观层面，基于多主体建模方法研究了企业联盟知识转移总体效果与联盟个体知识转移能力、转移意愿的关系，揭示联盟总体知识协调效果的影响因素；最后，针对创新任务，创建任务联盟组建模型，通过仿真实验分析了创新任务完成后创新主体不同创新资源要素的变化情况，以期对创新主体的绩效进行评价。在此基础上，建立了创新资源匹配与优化模型及求解平台，为实现联盟内知识协调提供方法和平台支持。

参考文献

［1］ Karlenzig W. Tap into the power of knowledge collaboration. Customer Interaction Solutions，2002，20(11)：22-23.

［2］ Anklam P. Knowledge management：the collaboration thread. Bulletin of the American Society for Information Science and Technology，2002，28(6)：8-11.

［3］ Szulanski G. Exploring internal stickiness：impediments to the transfer of best practice within the firm. Strategic Management Journal，1996，17：27-43.

［4］ Myma G，Martyn C H. Understanding the process of knowledge transfer to achieve successful technological innovation. Technovation，1996，16：301-302.

［5］张建宁．论战略联盟的知识转移．山东大学博士学位论文，2008.

［6］Cummings J L，Teng B. Transferring R&D knowledge：the key factors affecting knowledge transfer success. Journal of Engineering and Technology Management，2003，20(1)：39-68.

［7］宋娟．基于复杂性理论的技术联盟知识转移影响因素研究．中南大学博士学位论文，2011.

［8］Almeida P. Knowledge sourcing by foreign multinationals：patent citation analysis in the US semiconductor industry. Strategic Management Journal，1996，17：155-165.

［9］Cowan R，Jonard N，Zimmermann J. Strategic alliances，innovation and emergence of organized proximity. Document de Travail du GREQAM，2004.

［10］Cowan R，Jonard N. Network structure and the diffusion of knowledge. Journal of Economic Dynamics and Control，2004，28(8)：1557-1575.

[11]Kim H，Park Y. Structural effects of R&D collaboration network on knowledge diffusion performance. Expert Systems with Applications，2009，36(5)：8986-8992.

[12]Geringer J. Selection of partners for international joint venture. Business Quarterly，1988，53(2)：31-36.

第 6 章

非正式组织的知识协调作用

知识是一种特殊的资源，是个人和组织的智力资本。然而，正式组织的横向边界和纵向层级严重制约着知识的传播与共享，因而制约了企业的知识整合与创新。知识协调管理关注组织内子系统间及人与人间的知识传播与共享，关注如何打破组织边界和人际知识交流的障碍，协调和整合专业化的知识，从而实现高效的产出。非正式组织作为知识协调管理的接口组织之一，在知识共享活动中扮演着重要的角色。由于非正式组织是基于共同的兴趣、爱好、志愿和思想而自发形成的小群体，非正式组织内的人际关系网更加具有灵活性、亲密性和群聚性，而知识交流是一个相互理解、多次沟通并不断攀升的互动过程，二者的内在特征决定了非正式组织对组织内的知识协调有着特殊的作用。

本章从组织与非正式组织的基本概念出发，对比正式组织与非正式组织的组织协调方式，分析正式组织的"刚性边界"与"命令式交流"存在的缺陷，总结非正式组织知识协调的优势，包括自发性、跨组织边界、基于情感、利于隐性知识传播等。因而企业需要合理借助非正式组织这个接口组织，对企业的内外部知识资源进行重构、整合和优化，使多时点、多主体的知识能够有效集成、互补及共享，以实现知识重用和知识创新。

在方法层面上，本章涉及社会网络分析、复杂网络和观点动力学等仿真方法。在研究内容上，首先，对组织、非正式组织的内涵和特点进行阐释和总结，分析非正式组织的成因及其与正式组织的对立统一关系，并介绍几种常见的非正式组织形式。其次，从正式沟通和非正式沟通两方面介绍组织内的知识交流过程，探索非正式组织的知识交流和意见传播机制，分析非正式组织的知识协调作用。在此基础上，通过仿真进行模型研究，包括基于人际关系网络的组织知识协调模型、实践社区知识协调模型和在线合作社区知识协调模型，探索非正式组织内知识传播与组织协同演化的动态机理，指导非正式组织内的知识协调管理。最后，对本章的内容进行回顾和总结。

■ 6.1　非正式组织

本节从一般非正式组织说起，对组织、正式组织、非正式组织的基本理论进行简单回顾，然后辨析组织、正式组织、非正式组织的相关概念、特点和种类，并以人际关系网络、实践社区、在线科技合作社区等非正式组织为例，分析非正式组织的构成形式与特点。

6.1.1　组织

"组织"二字既可作为动词，又可作为名词，这里讨论的是名词"组织"的概念和内涵。一般来说，组织是按照一定的宗旨和目标建立起来的集体，如工厂、机关、学校、医院等，这是大众对组织最直观的认识。组织内的非正式组织依附正式组织，为了深入认识非正式组织的内涵和特点，有必要对组织及非正式组织的概念进行回顾和阐述。

1. 组织的定义

组织有着丰富的内涵和外延，对于组织的概念，学者们从不同的角度出发有着不同的认识。

(1)"组织理论之父"韦伯将组织定义为"一种通过规则对外来者进入的封闭而又限制的社会关系"[1]。韦伯强调的是一个特定组织中的规则，这种规则是理解组织内部社会关系的基础，也是将一个组织与另一个组织区别开来的依据。他把这种由一定规则决定的社会关系的本质归结为一种权力或秩序，这种权力或秩序的基础是社会关系的社会化和共同体化。

(2)"现代管理理论之父"Barnard 认为组织是一个有意识地协调两个以上的人的活动的系统，认为组织本质上是一种包含着物、人、社会的构成要素的开放性社会协作系统，这一系统主要包含三个要素，即协作的意愿、共同的目标和信息交流[2]。他认为这个定义适用于各种形式的组织，从公司的各个部门或子系统直到由许多系统组成的整个社会。

(3)西蒙在《管理行为》一书中给组织下的定义是："组织一词，指的是一个人类群体当中信息沟通与相互关系的复杂模式。"他认为决策是组织的本质特征，并贯穿于组织的各个方面[3]。

(4)系统管理学家卡斯特和罗森茨韦克在其论著《组织与管理——系统方法与权变方法》中将组织定义为"一个由多个分系统组成的开放的社会技术系统"[4]。

(5)美国著名社会学家、结构功能主义学派的创始人之一帕森斯认为"组织是一个被组织起来以实现特殊类型目标的社会系统，这个系统具有任何一个社会系统都有的基本性质，而组织又是一个更大社会系统中的功能分化的子系统"，因此组织的大小一定程度上取决于界定组织的粒度。同时"组织的特性由决定组织在其中运行的某种情境来界定，这种情境将构成一种关系，这种关系是在组织与它所在的更大系统的其他专门化的子系统之间达成的"[5]。总体来说，组织是指为了实现既定的目标，按一定规则和程序设置的多层次岗位及有相应人员隶属关系的权责角色结构，根据其产生依据主要分为正式组织和非正式组织。

（6）德鲁克认为组织的一个重要特性是任务的分工与协调[6]。组织是由相当数目的个体所组成的，而且组织所担负的职能任务通常由多项不同的任务或多个流程构成，需要多个个体共同协作完成。在多个主体实施同一项或多项任务时，相互之间如何进行分工与协调是组织架构设计的重中之重。组织架构设计的目的就是合理安排相应的流程和任务，针对不同个体的特性实现有效分工，并形成协作。事实上，正是分工才导致了组织的存在。

（7）组织行为学家罗宾斯认为组织是人们为实现一定目标而进行合理的组织和协调，并具有一个相对可以识别的有边界的社会实体[7]。

（8）著名组织理论学者达夫特将组织定义为：组织是目标驱动，拥有特定结构和协调机制并与外部环境联系的社会实体[8]。从开放系统的角度来说，组织是参与者之间不断变化的相互联系、相互依赖的活动体系。存在于组织之外并对组织产生一定影响的外部事物和现象构成了组织环境，而组织环境是指所有潜在影响组织运行和组织绩效的因素或力量（政治、经济、文化、技术、自然等环境）。组织和环境相互作用，不断进行物质、能量、信息的交换。组织环境对组织的生存和发展起着决定性作用。

因而，组织的一般性定义为：组织是一个目标驱动下由两个或两个以上的人组成的拥有特定分工与协调机制的社会实体。该定义中包含组织的三层要素。

（1）组织是拥有共同规范的人组成的社会性群体，即组织是由人群构成的，是由两个或两个以上的个体组成的。组织最本质的特点就是由个体或群体集合而成，没有集合就无所谓组织。

（2）组织适应于目标的需要。只有当一群人有一个共同的目标，且此目标无法由个人来完成时，组织才有产生和继续存在的价值和理由。同时，每个组织都具有特定的使命和目标，如企业为社会提供产品或服务、学校培养人才、研究院研究相关课题等，组织若不能履行其职责和使命，无法适应其目标的需求，便失去了存在的理由。

（3）组织通过专业分工和协调来实现目标。明确的分工是指组织成员分工专门从事某项职能工作。由于组织存在的理由主要是个人无法完成所有的功能，而这些功能是组织实现其目标和使命的必要步骤，或者，通过个人的力量也可以完成目标，但通过分工协作可以提高生产效率，此时组织的出现是有意义的。

2. 组织的变革回顾

组织伴随着人类社会的形成而形成，从为了生存的需要而形成的原始部落开始，演变到为了满足人类文明的发展需要而形成如今的各种各样的组织形式。

组织演变在近代加速，工业化、信息化，尤其是知识经济时代的到来，极大地刺激了组织对自身结构调整的需要。在管理理论界和具体的社会实践中，先后存在并流行以下组织类型。

(1)科层结构(hierarchy)。这是一种历史悠久的组织形式，曾被早期的埃及人、罗马人和天主教会加以利用，由韦伯最先提出。科层结构是权力依据职能和职位进行分工和分层，以规则为管理主体的组织体系和管理方式。这种结构有一套完整的原则，确保自上而下的权威，形成了一套权威性的体制，在这套体制下，总是由上级控制下级。

(2)矩阵结构(matrix)。这种结构出现于20世纪五六十年代，主要是为了促进横向的协作，是一种把按职能划分的部门和按产品(或项目、服务等)划分的部门结合起来组成一个矩阵，使同一名员工既同原职能部门保持组织与业务上的联系，又参加产品或项目小组的工作的结构。矩阵结构在实践中不断被改良，很多公司修改了矩阵式组织来更有效地协调复杂项目[9]。

(3)多部门形式(multi-division form)。这种结构也称为"事业部制"，它提供了一种便于管理不同生产线的大组合形式，最早于20世纪20年代被通用公司采用。在这种形式下，每个部门管理一种产品的生产，而在部门内部又有不同的职能小组，可作为一个盈利的单位进行运转，因此每个部门也像一个单独的公司。一个多部门公司就好比是一家控股公司，它将那些管理不同生产线的半独立部门组合成一个整体。

(4)网络结构(networks)。网络始于20世纪70年代，当时出现一种战略联盟的概念，试图将一些独立的公司联合在一起。如今，大多数公司都与供应商、经销商、政府，甚至与自己的竞争对手也常常建立某种形式的联盟。合并和接管是要将企业单位并进一个更大的联合公司，而网络关系的特点是在自愿组成合资企业的前提下，在享有自治权的合伙人之间，建立临时性的业务关系。信息网络促进了组织网络，这一发展使网络形式看上去成为以知识为基础的经济社会所需要的一种结构模式。

(5)灵活组织结构(adhocracy)。管理学大师明茨伯格在其著作《卓有成效的组织》中提出灵活组织结构，灵活组织结构作为官僚主义的反面，致力于适应环境的需要[10]。他认为企业应该废除传统的界线和职能上的分工，等级制度已经过时了，如今最有效的组织形式就是非正规的、不定型的团队，这些团队有频繁的人员更替，而且当旧的问题渐渐隐退，新的问题浮出水面时，团队的工作方式也会发生相应的变化。

（6）重置型结构（reengineering）。重置型结构通常被称为"更新业务流程"、"重新设计组织机构"和"再造工程"。这样做的目的是要将某些分散的业务流程整合成一个具有"交叉功能"的协作组织，使企业能以快捷、有效的方式提供产品或服务，这当然还需要有自动信息系统作为保障。重新设置机构的目标是要将机构改组成能集中精力为顾客提供服务的各种类型的协作小组。

（7）虚拟结构（virtual organization）。自从 Davidow 和 Malone 提出虚拟组织结构以来[11]，这一想法近年来已得到越来越多人的青睐。由于信息革命已使任何员工可以在任何地方与别人合作，因此，这种合作就不一定非要在机构上进行合并，它可以采用电子手段进行合作，以建立一种全球性的协作网络，使为了吸引最好的人才、资源和知识而不得不经常变化的协作成为可能。从某种意义上讲，这种虚拟结构已不再是"真正的机构"，而只是个"影子"，它只存在于一种有组织的体系之中，通过电子手段这一媒介，建立某种工作关系。

从以上的组织变迁路径可以看到，随着人类社会逐渐进入动态的知识经济时代，人的社会性特征越来越受到重视，组织从过去以正式协调关系为主的刚性模式，渐渐转向了以人为本、以适应环境为主要特征的柔性模式。组织的社会性特征逐渐得到重视并加以利用，人在组织中具有更多的自由空间，组织的子系统边界越来越模糊，组织内的非正式关系得到越来越多的关注。

6.1.2　非正式组织

组织是正规设立的，但并不意味着其成员的所有活动和相互影响都会严格遵循正式的规范。可以这么说，只要有人的地方就会存在着非正式组织，每个正式组织中都会出现非正式组织。20 世纪 30 年代美国管理学家 Mayo 主持了"霍桑实验"，发现了工厂内的人区别于普通工具的重要特征——社会性需求，研究学者们开始对非正式组织现象进行广泛的研究[12]。随着知识经济时代的到来，切合知识的内隐化特点，非正式组织越来越受到研究者和管理者的重视。

1. 组织内非正式组织的提出

组织由人构成，组织个体的行为特征对组织的效率有深刻的影响。现代管理理论的社会系统学派创始人巴纳德于 1938 年提出一套协作和组织的理论。巴纳德（Barnard）认为正式组织是有意识地协调两个以上的人的活动的一个体系，组织作为一个社会系统，组织内的非正式组织也扮演了重要角色[2]。

巴纳德认为信息沟通是组织的基本属性之一（当时知识没有被单独提出来研究，知识很多时候被归纳在信息的大类里面），信息交流和信息传递有正式和非正式、书面与口头等不同的方式。很多情况下，信息往往要经过若干环节才能到达最终需要者手中，在这个传递的过程中，不管是有意还是无意，都可能产生信息的失真和误导。管理者必须采用各种手段纠正信息失真，如让信息表达得清楚明了、缩短信息传递路线、采用先进的科学技术等。

巴纳德也非常重视非正式组织的作用。非正式组织没有正式的结构，成员常常不能自觉地意识到共同的目的，他们之间的联系非常松散，是通过同工作有关的接触或者是共同的兴趣爱好产生的，并因而确立了一定的习惯和规范。非正式组织常常为正式组织创造条件，反之亦然，二者相互嵌合。企业的管理者如果也可以是非正式组织的领导者，那么这个管理是非常成功的。

巴纳德发现，非正式组织起着以下三种作用：①信息交流；②通过对协作意愿的调节，维持正式组织内部的团结；③维护个人品德和自尊。

非正式组织的这些功能是普遍存在的，能使组织更有效率，并提高正式组织的效力，因而非正式组织是正式组织不可缺少的一部分。

2. 非正式组织的定义

非正式组织最早由美国管理学家梅奥通过"霍桑实验"提出，是人们在共同的工作过程中自然形成的以感情、喜好等情绪为基础的松散的没有正式规定的群体。其一般性定义为：非正式组织是指由于某种共同的兴趣、爱好、志愿和思想而自发形成的小群体。人们在共同劳动、共同生活中，由于相互之间的联系而产生共同感情，自然形成一种无名集体，没有成文的准则或惯例，也没有强制性。

过往的研究者对非正式组织有各自的认识，这里主要介绍两位组织理论研究者的观点。

（1）Mayo 将非正式组织定义为"因满足员工的社会需要而产生和存在的，并形成具有某种传统习惯、规矩、职能甚至特定的礼仪的群体"。他在霍桑实验的基础上，提出人是社会环境里的高等动物，而企业职工是"社会人"，人们在共同的工作过程中，相互之间会因为一定的关系而形成小群体或小集团。在这种群体中，又因为人们有共同的感情基础进而形成了一个没有正规组织结构的组织，即"非正式组织"。从梅奥的观点来看，非正式组织是基于员工彼此之间的"合得来"而形成的，因满足员工的社会需要而产生和存在的，是个人、社会关系的网络，在人际交往中自发而生，其实质是一群人的"情感组合"，它是一个能够自我组织、自我适应、自我完善的自组织系统。

（2）巴纳德在其著作《经理人员的职能》中提到：正式组织中的部分成员，会因为在生活环境中的接触、相互间的情感交流、共同的情趣爱好及利益关系的趋向性，不经过固定模式而自然地产生相互行为和相同的意识形态，并由此形成自然的人际关系，这种关系既没有特定的目的，也不带有任何政治色彩，更多的是出于感情需要。联系这种人际关系的纽带包括人们的价值观、兴趣爱好、个人成长经历以及个人理想志向等因素[2]。从巴纳德的观点可以看出，他所认为的非正式组织就是指人与人之间的相互接触、相互作用和相互聚集的总和。

通过上述的定义，可以发现非正式组织的一些特点：①非正式组织是以感情为纽带，在自愿基础上结合起来的，是一种自发的组织形式；②非正式组织的权力来自于组织内部成员的授予，且权力实施没有强制性和稳定性；③非正式组织具有自然形成的核心人物，其对非正式组织的影响极大；④非正式组织的结构一般比较松散，没有正式的组织结构，人员不固定；⑤非正式组织具有不成文的行为准则。

3. 非正式组织的成因

关于非正式组织的成因，很多学者做了研究，归纳如下。

（1）Mayo 认为，非正式组织是因满足员工的社会需要和维护员工的共同利益而产生和存在的，正式组织在满足社会需求时遵循的是效率逻辑，而非正式组织在满足社会需求时遵循的是情感逻辑。在正式组织中，人们的心理需要、情感需要往往难以得到满足，因而组织成员要加入非正式组织以获得心理和情感需要的满足。

（2）鲁森斯认为，非正式组织是出于政治、友谊或共同兴趣而形成的[13]。出于政治原因，非正式组织的形成可能是为了获得分享报酬或占有资源的权力。友谊群体可能在工作中形成，并延伸到工作场所之外的领域。对于运动等方面的共同兴趣也可以使成员形成非正式组织。该研究认为，非正式组织产生的原因为正式组织的不完全性，即正式组织在权力安排、信息传递、社会交往、成就感和安全感等方面的不完全性。

与正式组织的目的性和强制性相反，非正式组织是由个体作为社会人的内在需求自发产生的。有学者总结出非正式组织的形成源于内在的生理和心理需求，主要涵盖以下几点。

（1）满足友谊（friendship）。人类会因对友情的需求而去寻找友谊，建立社会关系是人的通性，人们属于一个组织，其生活圈、社交活动范围自然让他们相互来往，最后就形成非正式组织。

（2）追求认同（identification）。通过非正式组织人们可取得社会地位、得到认同、扮演角色，让人们产生归属感。

（3）取得保护（protection）。个人的力量是有限的，人们必须借助团体的力量以维持自身的利益，这种寻求集体力量防护自我的心理，是促成非正式组织的产生因素，但是此动机是消极的、防卫的。

（4）谋求发展（exploitation）。人们在组织之中要谋求发展，提升地位，扩张影响力，但是如果孤立无援就会难有发展，于是人们就要结合成团体，互相援助以达到发展的目的，此动机为积极的。

（5）彼此协助（assistance）。人类是群居动物，也只有靠组织的力量才可达成人们的愿望，因而人在组织中需要互助，非正式组织应运而生。

另外，还有学者总结非正式组织产生的直接原因有：①暂时利益的一致。当面临共同的压力或危机时，可能产生非正式组织。②受管理方式的影响。有机的组织结构更易产生非正式组织。③兴趣爱好的一致，如钓鱼协会、桥牌协会。④经历背景的一致，如知青会、校友会。⑤亲属关系，典型的如家庭。⑥地理位置的一致，如同乡会。

总而言之，非正式组织是基于人们有互相结合的社会性需要而形成的，倘若不能从正式组织或领导措施上获得需要的满足，则非正式的结合就会增多。

4. 非正式组织的分类

学者们从不同的视角对非正式组织进行了分类，常见的分类方式有以下几种。

1) 从非正式组织形成的驱动因素分类

罗宾斯从非正式组织形成的驱动因素角度，将非正式组织分为友谊型和利益型[7]。

2) 从组织成员交互结构分类

Dalton 从组织结构和成员的行为模式视角，将非正式组织分为：垂直团体（同部门不同层级），包含垂直共栖（主管、部属相互维护）和垂直寄生（部属寄生在主管之下）；水平团体（跨部门同层级），包含水平攻击（改变正式组织中不合理的情况）和水平防守（为维护既得利益而消极抵抗）；混合团体，即由不同层级、部门因为相同兴趣、友谊、社会满足感而产生的[14]。

F. A. Nigro 和 L. G. Nigro 从组织的交互结构视角将非正式组织分为四种类型[15]：①水平内部团体，由组织之中同等级成员组成，因地理位置接近而形成；②水平部际团体，由不同单位之中同等级成员组成；③垂直内部团体，由同单位、不同等级人员因为职务利益组成；④垂直部际团体，由不同单位、不同等级组成。

3) 从非正式组织的成因分类

孙晋芳从"安全性"和"紧密度"两方面来考察非正式组织的划分[16]。这里所谓安全性是与破坏性相对立的，凡是积极的、正面的、有益的活动都是"安全"的，如满足成员归属感、安全感的需要，增强组织的凝聚力，有益于组织成员的沟通，有助于组织目标的实现等；凡是消极的、反面的、有害的都是"危险"的，如抵制变革，滋生谣言，操纵群众，阻碍努力，使高素质、高绩效员工流失等。所谓"紧密度"是与松散性相对立的，凡是有固定成员、有活动计划、有固定领导而小道消息又特别多的，都是"紧密度"高的；相反则是"紧密度"低的。在具体评价中，以"安全性"和"紧密度"这两项指标为横向和纵向坐标，做出如下的有四个区间的分类图（图 6-1）。

在图 6-1 中，横轴表示"安全性"，纵轴表示"紧密性"。每项指标分为两段表示其程度，从左下角的原点向右和向上递增，可以将非正式组织分为四种类型。

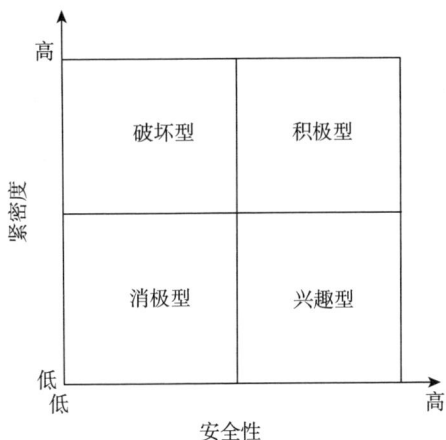

图 6-1　基于"安全性"和"紧密度"的非正式组织分类法

(1)消极型，既不安全，也不紧密。这种非正式组织的内部没有一个得到全部成员认可的领袖，而是分为好几个小团体，每一个团体都有一个领袖，同时某些领袖并不认同组织，存在个人利益高于组织利益的思想。这类组织的典型情形有：几个喜欢喝酒的工人经常在一起发牢骚，表达对管理层不满；几个喜欢打牌的同事经常一起打牌；等等。这类组织对正式组织的影响总体来说是有弊但影响不大的，但必须注意它有转化成其他类型、改变作用性质和影响力的可能性。其实一个消极的非正式组织之所以消极就是因为成员需要不能得到满足，所以一起诉苦和批评管理者，发生有利或不利倾向的结果往往取决于管理者的态度和措施。

(2)兴趣型，很安全，但不紧密。由于具有共同的兴趣、爱好而自发形成的团体，成员之间自娱自乐。这类组织的典型代表有棋友、球友、老乡会等。它对正式组织一般不会有直接的影响，且间接影响一般表现为活跃组织氛围的有利作用，因此，保持现状就能对正式组织起到积极的作用，但前提是兴趣是正常的且不影响工作。同时，它也有转向积极型非正式组织的可能性。例如，有些员工对技术问题感兴趣，下班后还在一起讨论交流，对这类组织就应予以鼓励，甚至给予培训机会和一定的经费支持，但要注意避免滋生谣言、蔓延陋习、影响工作的不利偏向发生。

(3)破坏型，很紧密，但不安全。这种非正式组织形成一股足以和组织抗衡的力量，而且抗衡的目的是出于自身利益，为谋求团体利益而不惜损害组织利益。同时，团体内部成员不接受正式组织的领导，而听从团体内领袖的命令。破坏型的非正式组织是非正式组织研究中的热点，众多企业管理人员对非正式组织的排斥感也多是由它引起的。其表现形式也是多种多样，如软对抗(消极怠工，偷工减料)、硬对抗(罢工、游行)、非正式组织团体离职、非正式组织领导操纵等。这类组织对正式组织的破坏作用是极大的。在其利益没有实现之前一般不会停止破坏性作用,除非将之瓦解。所以必须通过努力,在它表现出破坏性之后,最大限度地减少影响;同时也要最大限度地争取在其紧密化和危险化之前发现并化解。

(4)积极型,既积极,又很紧密。这种类型的非正式组织一般出现在企业文化良好的企业,员工和企业的命运紧密地联系在一起。积极型非正式组织的典型代表是由中层管理人员组成的小团体,由于有较强的凝聚力和积极的作用,所以对这类组织应该采取积极利用、支持鼓励的态度,防止它向凝聚力减弱和破坏性方向偏移。如果非正式组织的努力没有得到上层管理人员的支持和认同,其积极性就可能受到打击,就会向着凝聚力减弱的方向发展,变成社交型的非正式组织乃至慢慢地消解,也可能会朝着破坏性的方向发展,转变成危险型的非正式组织。所以管理者对这类组织的态度应该是在努力保持其现有状态的基础上,使其朝着团队型方向发展。

6.1.3 非正式组织与正式组织的对比分析

为了更好地理解非正式组织在知识协调中的作用,本小节重点通过将非正式组织与正式组织进行对比来分析非正式组织的特征。

1. 非正式组织的特点概述

非正式组织的主要特点如下。

(1)顺其自然(naturalness)。非正式组织完全是人们自愿结合而成的,无人故意安排、设计,完全是人们在对组织之中的相互行为彼此了解、认同的基础上,产生感情后所自然结合而成的团体。

(2)相互行为(interaction)。人们在组织之中彼此往来、沟通、互相了解,因而形成非正式组织,这种互动过程即相互行为。

(3)感情投入(empathy)。因为组织之中人员的相互行为而使彼此认识、了解,故非正式组织之中的情感较亲密。人员由于彼此之间亲密来往的结果,从心理上把各人在某些方面融合成一个整体。

(4)社会距离(social distance)。在正式组织之中由于阶层节制或功能分工的关系,人员间多少存在一些社会距离。但是在非正式组织之中,人员的结合是由于相同的背景,故彼此的距离缩短了。

(5)民主取向(democratic orientation)。非正式组织成员是自由结合的,无法律限制、地位高低,成员于一种平等的原则下彼此来往;任何的行为皆由众人同意而产生,充分表现民主气氛。

(6)用影响力来领导(leadership through influence)。非正式组织的领导是自然产生的，而非组织任命的，领导力来源于其影响力，其拥戴程度比正式组织高，号召力强。

(7)团体压力(group pressure)。非正式组织有团体公认的行为规范，存在于每个成员心中，即团体压力。

(8)附着力、统合力(cohesiveness and unity)。非正式组织的存在主要是由于人员间有共同的认知，此种"认同"的力量把大家紧密地团结在一起。因此在非正式组织里，共同的情感是维系群体的纽带，人们彼此的情感较密切，互相依赖，互相信任，有时甚至出现不讲原则的现象。非正式组织的凝聚力往往超过正式组织的凝聚力。

(9)成员的重叠性(overlapping membership)。正式组织之中的非正式组织数量不止一个，成员亦表现出重叠性。

(10)心理的协调性。由于有自愿的结合基础，非正式组织成员对某些问题的看法基本是一致的，因而情绪共振，感情融洽，行为协调，行动一致，归属感强。

(11)信息沟通灵。非正式组织成员之间感情密切、交往频繁、知无不言，信息传播迅速，成员对信息反应往往具有很大的相似性。

2. 正式组织与非正式组织的对立与统一关系

与非正式组织形成的自发性形成鲜明对比，正式组织是指人们按照一定的规则，为完成某一共同的目标，正式组织起来的人群集合体。组织围绕某个目的而设立，为了实现"整体大于局部之和"的效应，组织会设计特定的结构和协调准则，这种有目的性建立的组织就是正式组织。因而，正式组织是为了实现组织目标，经过精心设计、计划而建立的个人地位和权责关系的群体。组织有明确的目标、任务、结构，以及相应的机构、职能，还有清晰的成员权责关系及成员活动的规范。

虽然正式组织与非正式组织差异很大，但它们只是组织的两面，只是两个分析性的概念，实际的组织只有一个。Blau 和 Scott 认为"非正式组织"一词并不适用于社会生活中出现的所有类型模式，而只适用于在正规组织框架下形成的那些模式，即不能在社区或者家庭下定义非正式组织[17]。非正式组织不属于正式组织的一部分，并且不与管辖它的有关人员相互作用。非正式组织没有正式的结构，成员之间的联系非常松散，常常不能自觉地意识到共同的目的，而是通过同工作有关的接触或者共同的兴趣爱好而产生联系，并因而确立一定的习惯和规范。非正式组织常常为正式组织创造条件，反之亦然。因而，正式组织和非正式组织是相互依赖存在的，两者是对立与统一的关系。

正式组织与非正式组织具有如下的关系。

(1)正式组织是非正式组织产生的前提和条件。例如，正式组织的设计本身就会为非正式组织的形成创造环境。

(2)非正式组织是正式组织的重要补充。

(3)非正式组织为正式组织提供辅助功能。

(4)非正式组织助长正式组织的形成。

3. 正式组织与非正式组织的特征比较

表 6-1 为正式组织与非正式组织的特征对比。

表 6-1　正式组织与非正式组织的特征对比

特征	非正式组织	正式组织
存在目的	情感社交	利益功能
领导权力来源	内生领导力	外部指派
沟通方式	非命令型的平行沟通	强制的正式沟通
成员选择	自愿加入	管理者甄选
行为准则	不成文，依靠自我约束能力	成文、强制性的规则
凝聚力	较高	较低

从组织的存在目的看，正式组织的存在目的是实现一定的经济利益或社会效益，可以将正式组织看做一个利益功能型的组织；而非正式组织的存在不带有任何的经济利益或社会效益，它纯粹是为了满足人们的情感需要而自然形成的，可以看做情感社交型组织。

从组织的领导权力来源看，正式组织的领导及领导权力是外界赋予的，这种正式的领导权力必须有一定的机构进行赋予才能获得和适用；而非正式组织的领导及领导权力通常都是成员自身所具有的，是内生领导权力，这种内生领导权力主要来自于成员自身所具备的人格魅力或其他优秀的个人品质。

从组织的管理与沟通方面来看，正式组织的管理带有强制性，主要通过命令或指令等形式来完成，沟通方式也更多地采用纵向沟通；而非正式组织并不像正式组织那样带有强制性，对于成员的管理，主要依靠成员的自我约束能力，由于没有强压的管理，因此成员间彼此的交流都很随意，是一种横向的非命令式沟通。

从组织的成员选择角度来看，正式组织要获取员工，主要是通过组织自主选拔的形式，也就是通常意义上的企业招聘；而非正式组织因成立基础是以感情为基调，所以成员都是以自愿的形式加入，无需选拔招聘。对员工吸纳方式的不同，导致组织凝聚力不同，通常情况下，非正式组织的凝聚力相对都会比正式组织的凝聚力要高。

从组织成员的行为准则来看，正式组织会制定规范性的文件来强制约束成员的行为；而非正式组织的成员遵从一种自我约束的形式，大家一般都会在不断的交往过程中自觉地遵守一些无形中被广泛认可的准则，这些准则不需要明文规定，但都是经过组织成员认可的。

4. 对非正式组织的有效利用

过去企业对非正式组织认识不足，许多管理者对非正式组织往往持怀疑态度。但是，越来越多的研究和实践证明非正式组织在促进组织的沟通等方面存在着正面的作用。因此，要正确认识非正式组织的积极与消极影响。

非正式组织的消极影响表现为非正式组织与正式组织的目标时常会发生冲突，其活动可能会对正式组织的工作产生极为不利的影响。非正式组织要求成员一致性的压力，可能会束缚其成员的个人发展，也会影响正式组织的变革，造成正式组织的创新障碍和惰性。例如，非正式组织的领导可能利用其权威，损害组织和组织内其他成员的利益而谋求个人私利，或者在非正式组织内传播谣言、蛊惑人心，那么这个非正式组织就有可能变得危险。

一般地，非正式组织在管理上值得注意的问题有以下四个。

(1)抵制变革。非正式组织往往形成一种力量，刺激人们产生抵制革新的心理。

(2)滋生谣言。谣言在非正式组织中，极易在成员间传播，造成恶劣影响。

(3)阻碍努力。工作人员在工作上特别尽力，可能会受到来自非正式组织中其他成员的压力，从而不敢过分努力。

(4)操纵群众。有些人员成了非正式组织的领袖，利用其地位，对群众施以压力，进行操纵，这在企业不景气的时候容易造成员工的流失率升高。

非正式组织虽有不良的作用，但非正式组织自身可以提供社交需要的满足，并提供"精神避难所"，因而管理者若能注意其存在并加以适当地运用，亦可产生以下的积极影响，从而协助正式组织发挥功效。

(1)弥补不足。任意一个正式组织，无论其政策与规章如何严密，总难以做到巨细无遗，非正式组织可与正式组织相辅相成，弥补正式组织的不足。

(2)协助管理。正式组织若能得到非正式组织的支持，可提高工作效率，从而促进任务的完成。

(3)加强沟通。非正式组织可使员工在受到挫折或遭遇困难时，有发泄的通道，从而获得安慰。

(4)纠正管理。非正式组织可促使管理者对某些问题做合理的处置，产生制衡的作用。

(5)赋予正式组织以活力。正式组织是个骨架，非正式组织是血肉。

(6)增强正式组织的凝聚力和向心力。正式组织一般从单方面的物质利益着手去团结全体成员，而非正式组织从精神需求方面发挥自己的特性和长处。

(7)信息流转通畅。非正式组织信息沟通方式不拘一格，其人际关系的网络超越了部门、单位及层级。

(8)维护个人完整人格。非正式组织培养归属感、维护尊严和提升价值。

Williams 在 *Employees turn to informal organization* 这篇新闻中提到,研究人员在对美国卡森巴克合作伙伴 LLC 公司(一个有着全球首屈一指的组织业绩的管理咨询公司)员工进行的一项新的调查显示,企业中真正意义上能够让工作顺利完成、问题得到解决,以及企业获得强的竞争力的因素均来自于非正式的员工关系,而不是企业的正式管理结构[18]。新闻还引用了研究人员的调查结果,表明非正式组织能够让员工保持对工作的乐观态度,能够让雇员自信地去解决问题,并且使他们知道他们能够为公司的成功做出贡献。

越来越多的研究者和管理者都认为应该用正确的态度来对待非正式组织,避害趋利,充分利用非正式组织对组织的协调功能,所以对于组织内的非正式组织应该给予的态度为:①接受并理解非正式组织。②采取行动时要注意引导非正式组织发挥积极作用。③在正式组织与非正式组织的利益发生分歧时,要适当考虑非正式组织成员的利益。④注重培养合作的非正式组织。⑤正确影响非正式组织的组织规范。⑥重视非正式组织中核心人物的作用。

对于组织内不同类型的非正式组织,应当采取的措施包括以下四点。

(1)有效支持兴趣型非正式组织。兴趣型非正式组织也是一个容易转变的类型。共同的活动越多,交往的次数就会越多,相互间的情感就会越强烈,对待这类组织需要具体情况具体分析。对于影响小的组织一般可以放任自由;对于影响中等的组织,需要预防其被某些人蓄意利用,导致冲突或权力寻租出现;对于影响积极的组织,应该积极地支持,甚至给予资金的支持和培训学习的机会;对于影响消极的组织,如一些以不良嗜好为共同兴趣的非正式组织,应该对其核心成员给予批评警告,拒不改正的应该将其果断清除出去,同时要帮助成员培养新的有益于个人和组织的兴趣。

(2)积极鼓励积极型非正式组织。由于积极型非正式组织对正式组织有提升凝聚力等积极影响,因此对待这类非正式组织应当:一是要鼓励引导,作为高层管理者要尽可能参加它们的一些活动,并对其积极作用加以赞赏和肯定,以提高其对组织的忠诚度。二是要尽量避免对其活动进行干涉和破坏,努力维持其稳定性和积极的作用。当然还可以通过对其进行定期的考察和评估,观察其凝聚力和与组织目标的一致性是否有变化。如果凝聚力减弱,就要有意识地开展一些活动,激发其成员的团队意识和情感联系;如果开始出现与组织目标相左的作用时,就必须对其进行沟通和引导。

(3)不断改造消极型非正式组织。消极型非正式组织的影响消极,但影响作用往往不大,这种类型的非正式组织很容易向两极化发展,即要么消极影响扩大,产生破坏性的作用,要么消极影响消除,产生中性或积极性的作用。因此需要对其进行不断改造，防止其产生消极作用。这类非正式组织的形成主要是其成员没能融入大的集体当中，或是个人缺乏兴趣爱好，对组织有一种不满的情绪。作为管理者应当积极创造条件，注意培养成员兴趣爱好，转移他们对组织的不满情绪，不断改变他们的消极心态。

(4) 全面控制破坏型非正式组织。谋求与非正式组织领导的合作。非正式组织中的领导人物集中体现了非正式组织成员的共同价值观和共同志趣，他们在非正式组织中享有很高的威望和影响力。他们的思想和行动直接影响着非正式组织的思想和行动。因此，当非正式组织出现破坏性时，就应积极与其领袖进行有效沟通，用其所长。如果不予以合作，则要选择合适的时机，采用恰当的方式和合理的理由给其调动工作或将其开除，以维护组织的稳定。作为管理者，当面对危机时，应迅速在组织内部建立起权威的、通畅的、正式的信息沟通渠道，以正视听，避免有人通过散播谣言来蛊惑人心。当企业的非正式组织开始出现破坏性的倾向时，管理者先要进行自我检讨，确定是否存在危害员工利益的事情，如确实存在就应该迅速调整政策，如果是不得已的临时措施，或是有人在别有用心，那么管理者就要与之进行坦诚、公开的交流，以取得广大员工的信任。

6.1.4　几种非正式组织

组织中存在各种各样的非正式组织，包括寄存在组织日常工作中的人际关系网络；由兴趣爱好而形成的非正式团体，如篮球协会、桥牌协会等。本小节分析几种常见的非正式组织。

1. 实践社区

实践社区(communities of practice)，中文表法还包括实践共同体、实务社群、实践社群、实践社团、知识社群、实物社群等，是有着同样的目标、同样的工作或者同样的兴趣的一群人。成员通过在不断发展的基础上相互影响，就他们共同关注的问题进行讨论，从而促进知识共享，加深某一领域的知识和专业技术。

实践社区这一概念于 1991 年由 Brown 和 Duguid 对施乐公司修理协会成员的研究中[19]，以及简·莱夫(Jean Lave)和哈佛大学教授、独立咨询师埃蒂纳·温格(Etienne Wenger)在《情景学习：合法的边缘性参与》中分别提出。

实践社区的理论基础是情景学习理论。在《情景学习：合法的边缘性参与》中，简·莱夫和埃蒂纳·温格通过研究传统学徒制的学习环境，提出"实践社区"这一概念，以此来说明活动对个体与共同体间关系的影响，以及共同体对合法的个体实践的重要性。他们提出，人们通常认为学徒是指师傅和学生之间的关系，但事实上学习也发生在学徒与熟练工或高级学徒相互影响的过程中。"实践社区"就是用来指代这种社会结构的短语。但此时的 Brown 和 Duguid，以及简·

莱夫和埃蒂纳·温格并没有在研究中专门指出"实践社区"的概念，直到 1998 年，Wenger 才在 *Communities of Pratice：Learning，Meaning，and Identity*[20] 中正式提出实践社区的概念。他认为一个实践社区包括一系列个体共享的、相互明确的实践和信念，以及对长时间追求共同利益的理解，即对于实践社区而言，最重要的是要有一个真实的社会情景，要与社会相联系。在实践社区中，拥有相同文化背景的实践者们(一般都是此领域的专家)，在同一目标的指引下，通过执行真实的任务，得出各自的真实体验，通过相互交流沟通，实现知识分享与知识创新，进而达到组织知识管理的目的。

Brown 和 Duguid 在对施乐公司修理协会成员的研究中，将"实践社区"定义为成员间非正式的工作联系性群体[21]。Brown 同时还认为，实践社区是在一个地方、一段时间内从事着同一项任务，但却有着不同观点、承担着不同角色的一群人。

综上所述，实践社区是一种基于知识的社会结构，实践社区的成员拥有相似的经验，是某一领域的专家，并且对某一领域的知识有浓厚的兴趣。作为非正式组织，实践社区维系成员的原因并非是个人关系，而是成员们对相同领域知识的热情，而且实践社区是在真实社会情境下，通过"实践"达到知识共享与知识创新的目的，从而促进了组织的知识管理。因此可以认为，实践社区最本质的核心为"真实情景"和"实践"，而且实践社区的最终目的是为组织带来价值，提高组织的知识管理水平，在组织内部创造知识共享和知识创新的良好氛围。

2. 知识社群

知识社群是指员工自发或半自发而组成的知识分享的团体，其凝聚力源于人与人之间的交情及信任，或是共同的兴趣，而不是正式的任务与职责。知识社群成员乐于分享经验和知识，互相教导和学习，并从中得到相互的肯定和尊重。知识社群最能发挥隐性知识传递和知识创新的能力，这是由于员工在社群活动中自发地交换意见与观点，并分享外部的新知识，因此形成组织宝贵的人力资产。

企业中的隐性知识占全体知识的 70%～80%，显性知识只占 20%～30%。显性知识可依赖知识库的建置和运作来取得、分享及应用，而隐性知识的取得、分享、流通则靠知识社群及专家黄页的运作。当某人离开公司，社群中的其他人可能分别拥有他的部分知识，因而使其具有的知识得以留存。这些知识有部分具有内隐性质，无法建立在知识库中，知识社群是唯一有效的转移方式。而积极活跃运作的知识社群，则是企业转型为知识型企业的重要基础。知识社群可以活化知识库乃至知识管理系统，提升企业竞争力。社群成员在知识管理活动方面的参与，甚至比推动单位及主管更为主动、积极，能够使整个知识管理活动热络地开展起来。知识社群的特征有以下几点。

(1)知识社群是开发员工隐性知识的一个最好机制。

（2）透过知识社群，可以逐渐养成员工开放思考与知识创新的能力。

（3）知识社群可通过讨论区、聊天室、留言板、专栏区等功能服务，让员工彼此的知识在网络上相互分享。

（4）知识社群可把成员所学的最新知识，立刻在讨论区呈现，引起讨论。

（5）知识社群可以让组织培养团队学习的文化，并通过团队学习，让员工彼此不断地强化知识分享的流通渠道。

（6）知识社群可以在最短时间累积出充沛的知识能量，通过知识社群的经营，可以将其他非文件式的知识具体呈现。

知识社群可分为"实体"知识社群和"虚拟"知识社群。

（1）实体知识社群通常是通过公司的人力资源活动、定期举办的读书会、知识讲座、知识评鉴、专家演讲、教育训练等，以实际运作的过程来进行知识分享。成员更可以通过面对面地接触、直接地交谈或交流，在第一时间得到实质的回馈、响应。而在实体知识社群互动的过程中，建议企业善用科技工具，通过录音、录像、会议精华（或记录）电子化，使实体知识社群的经验不仅得以长久保存，更可以不断地重复使用，并与虚拟知识社群搭配，发挥整合知识的传递价值。

（2）虚拟知识社群则是通过网络社群互动平台，及个人化的使用接口，让成员彼此能在讨论区、专栏区、留言板、文件区等，提供文件与想法，并和志同道合的同伴，针对共同的兴趣或主题，进行远程交流。特别在全球化、国际化的潮流中，分布在世界各角落的成员，只要抛出些许意见，就能汇集并转化为对企业、组织有所贡献的知识，同时也满足员工知识附加值的自我求知欲望。因此，虚拟知识社群可让隐性知识具体呈现，彻底发挥其效用。

3. 在线合作社区

在互联网时代，另外一种重要的非正式组织是在线合作社区（online collaboration communities）。随着互联网，特别是随着 Web 2.0 的发展，互联网平台上的各类在线社区（online community）或虚拟社区（virtual community）迅速发展，并引起学界的关注。1990 年以来，学界（尤其是计算机科学界、管理学界及社会学与社会心理学学界）针对在线社区开展了大量研究。在线社区的发展对社会生活的很多方面产生了显著影响，相应地带来众多值得探讨的学术课题，典型的如 Myspace、维基百科（wikipedia）、组织内部的 BBS 等。在线合作社区是指人们利用在线社区发布信息，寻找兴趣相同者、发展社会关系等形成的虚拟社区。网上社区与现实社区一样，也包含一定的场所、一定的人群，由相应的组织、社区成员参与，以及一些相同的兴趣、文化等特质。而最重要的一点是，网上社区与现实社区一样，提供各种交流信息的手段，如讨论、通信、聊天等，使社区居民得以互动。

下面具体介绍几种典型的在线合作社区。

（1）博客（blog）。博客是一种以单个用户为核心的信息发布系统。博客内容可以包含文字、图片、声音图像等多种信息，适合作为信息或知识的载体。博客的一个重要特点是使用标签对博客内容进行标注，内容相似或者相关度高的博客内容可以使用相同的标签，这样博客之间就可以通过标签发生关联。

（2）维基（wiki）。维基的概念始于 1995 年，创建者最初的意图是建立一个知识库工具，目的是方便社群的交流。维基也是一种超文本系统，包括一组支持这种写作的辅助工具。通常每个维基条目就是一个 Web 页。参与维基创作的人，也被称为“维客”。同一维基网站的内容创作者构成一个社群。每个有权限的成员都可浏览、创建、更改维基内容，所有的修改都会被记载下来，不但可事后查验，也可以找回原来的内容。因此，维基支持面向社群的协作式写作。

（3）标签（tag）。标签是一种灵活、有趣的平面分类方式，可以为每篇博客日志、每个维基条目、每个帖子，甚至每张图片等添加一个或多个标签。标签体现了非常强的自我性，任何人都可以给自己发布的信息添加标签。标签具有趋向性、灵活性、高度语义性的特点。标签通常是对外共享的，用户使用的标签可以被其他用户看到。大量用户使用相同的标签对信息进行分类，无形间使标签成为一种协同分类技术，即大众分类。

（4）RSS（really simple syndication，即简易信息聚合）。RSS 是站点用来和其他站点之间交流内容的一种简易方式，也叫内容聚合。RSS 通常被用于新闻和博客日志内容摘要的快速发布和订阅。用户借助 RSS 阅读工具（如各种桌面 RSS 阅读器、Web 形式的 RSS 阅读器），在不打开 RSS 内容源网站的情况下可以订阅、阅读 RSS 聚合内容。

（5）在线论坛（BBS）。在线论坛的内容组织依据话题进行，各个成员的讨论都是基于某一个话题展开的。在线论坛通常按照主题分为若干版面。用户在版面上发表的一条信息称为一个帖子，其他用户可以跟帖回复。在线论坛的特点是用户的参与性好，自由度高，成员可以畅所欲言，因此适合作为群体的讨论平台。

（6）网摘。网摘也叫“社会书签”（social bookmark），是一种 URI（uniform resource identifier，即通用资源标识符）的收藏和分享技术。这些 URI，通常以 URL（uniform resource locator，即统一资源定位符）形式存在，可以被其他的成员在网络上分享，所以也被称为“网络书签”。用户可以使用网摘收集各种网络资源的 URL 地址，如文章、资料、图片、音频/视频、网站等。

（7）SNS（social networking services，即社会网络服务）。SNS 专指旨在帮助人们建立个人社会关系网络的互联网应用服务，包括社交网站、带有个人社会关系管理功能的软件等。

（8）在线科技合作社区。在科学研究方面，当前越来越多的科研人员将他们的实验数据、研究进展及完整的论文预印本放到 Web 上（如 arxiv.org，www.ssrn.com 等网站汇集了由作者自行上传的大量研究文献），允许其他研究者评论、提出建议；同时，他们也通过 Web 查找与获取科研资源，使用 Web/Web 2.0 工具开展交流与合作[22]。这些新出现的科研形式通常被称为开放科学（open science）或科学 2.0（science 2.0）。典型的科学 2.0 社区有 Open Wet Ware 社区（www.openwetware.org）、Nature Network 社区（network.nature.com）等。在技术开发方面，也涌现出很多开放式在线技术合作社区，特别是各类开源软件开发社区，如 Apache 社区、Mozilla 社区、Linux 内核社区等。可以把这些以科学合作研究和技术开发活动为纽带，以相关的科研人员和技术开发人员为主体而形成的在线社区称为在线科技合作社区（online science and technology cooperation community，OSTCC）。

6.2　非正式组织的知识协调方式

正式组织结构所规定的信息通道和知识传播路径很大程度上不符合信息、知识的传播规律，而非正式组织对组织内知识（尤其是企业的隐性知识）协调有其独特的优势，是对正式知识协调手段的有效补充。本节从分析正式的知识传播渠道中存在的缺陷开始，引入并分析非正式交流的特征、机制，然后具体到人际知识网络、实践社区和在线合作社区等几类常见的非正式组织，分析非正式组织知识交流的内在机制及其知识协调的基本要素，据此系统分析非正式组织对企业知识协调的功能和作用。

6.2.1　知识交流

交流（communication）也称为"沟通"，表示不同主体之间信息的正确传递，是将某一信息传递给客体或对象，以期取得客体做出相应反应效果的过程。交流是一门艺术，是自然科学和社会科学的混合体，是现代管理的一种有效工具。

知识交流（knowledge communication）是指两个以上个体由各自的知识需求推动，通过面对面或一定的传播媒介相互传播特定的知识信息的社会活动过程，其基本内涵主要包括知识客体和知识传播者、知识接受者两个主体。知识交流的目的是把合适的知识传递给合适的人，使更多的人共享知识而成为潜在的知识应用者，从而避免知识的重复生产，促进知识的广泛应用，使知识应用者拥有所需要的知识，实现知识到价值的转变。

从知识交流的途径来看，知识交流可以分为两种：一种是编码化知识交流，另一种是人际知识交流。下面对这两种知识交流分别进行阐述。

1. 编码化知识交流

编码化知识交流是指组织通过内部的管理机制和沟通渠道，将个人知识复制成较为显性的知识表现方式，如工作流程和数据库等。在这种方法中，信息技术将发挥重要的作用，用以存储编码化的知识。作为一种员工与知识进行交流的工具，编码化方法得以实施的前提是知识能够标准化，或者说必须将隐性知识转化为显性知识。

显性知识可以通过编码化的方式来传播，编码化的传播效率更高。各个组织都或多或少地利用了知识编码方法来提高效率，而方便员工使用的知识编码体系是编码化知识共享成功的基础。在编码化的方法中，知识共享的编码体系可以有两种形式，即工作流程和数据库。组织可以根据知识的可编码程度，以及知识本身的性质，将知识编码成工作流程或数据库的形式。编码化的工作流程将知识嵌入组织的业务流程、信息流程当中，将工作流程编码化、规范化甚至标准化。而数据库形式是最显性的表达知识的方法，知识通过编码进入数据库后，就可以打破组织的部门或地域界限，方便被其他组织内部成员使用。

2. 人际知识交流

人际知识交流是指个人与个人之间直接的面对面的信息沟通和情感交流活动。人际交流中嵌入了更多情感因素，同时让人际交流表现出更多的社会性特征。在人的交往活动中，人们相互传递和交换知识、意见、情感、愿望、观念等信息，从而产生了人与人之间的互相认知、互相吸引、互相作用的社会关系网络。人际交流由于具有灵活性往往更具效率。例如，解决一个复杂问题，通常将具有不同领域知识的人组成一个团队，通过团队成员间的相互交流解决问题。

人际交流的具体形式很多，如组织员工之间的交谈，与客户的交流或电话联络，企业举办的报告会、恳谈会、洽谈会、联欢会、演讲会、座谈会等。基于人际传播途径的差异，还可以进一步把人际交流划分为直接交流和间接交流两种形式。直接交流是指传播者和接受者之间无需经过传播媒体而面对面地直接进行知识交流的过程。直接交流主要是通过口头语言、类语言、体态语言的传递所进行的信息交流；间接交流是指通过传播媒体进行的知识交流方式，人际传播不再受距离的限制，如传统的书信、邮件等方式，尤其是进入互联网时代以来，电子媒介极大地提高了间接交流的效率，如 MSN Messenger、QQ、Skype 等在线聊天工具，Facebook、BBS 等网络社区，以及博客、微博等，拓展了人际交流的范围，使跨国公司的跨国办公成为可能。

从组织管理的角度出发，学界基于交流的沟通协调方式将知识交流分为正式沟通和非正式沟通。一个组织内部，正式沟通和非正式沟通紧密嵌合在一起。如果把科层制机构中正式的关系网络比作组织的"骨架"，那么非正式的关系网络便是组织的"中枢神经系统"，它驱动着各种集体性的思考过程和行动举措，以及组织内各个业务单元的反馈和回应。

下面通过分析正式沟通和非正式沟通机制下知识传播的内在机理，剖析非正式组织在组织内知识协调的独特效果。

6.2.2　正式沟通

正式沟通是指在组织系统内，依据组织明文规定的原则所进行的信息传递与交流，如信息或指示通过指挥链条向下的传达，意见和建议通过指挥链条向上的汇报，部门之间的协调会议等。正式沟通是经过精心谋划而建立起来的信息沟通渠道及媒介，它有组织规则，沟通的内容及程序是固定的。

正式沟通是通过正式的组织过程来实现或形成的。它由项目的组织结构图、项目流程、项目管理流程、信息流程和确定的运行规则构成，并采用正式的沟通方式。正式沟通方式和过程必须经过专门的设计，有专门的定义。

1. 组织内正式沟通的形态

按照沟通时的信息流向，可将组织内的正式沟通分为三种基本形态。

1）下行沟通

下行沟通是指由上级直接向下级发布命令和指示，目的在于传递工作任务及工作程序，下达工作目标，向下级反馈其工作绩效。

管理者通过下行沟通的方式传送各种指令及政策给组织的下层，其中的信息一般包括：有关工作的指示；工作内容的描述；员工应该遵循的政策、程序、规章等；有关员工绩效的反馈；希望员工自愿参加的各种活动。

下行沟通渠道的优点是：可以使下级主管部门和团体成员及时了解组织的目标和领导意图，增强员工对所在团体的向心力与归属感；也可以协调组织内部各个层次的活动，加强组织原则和纪律性，使组织机器正常地运转下去。

下行沟通渠道的缺点是：如果这种渠道使用过多，下属会对上级领导产生高高在上、独裁专横的印象，产生心理抵触情绪，影响团体的士气，同时下级参与意识减弱；此外，由于来自最高决策层的信息需要经过层层传递，容易被耽误、搁置，有可能出现事后信息曲解、失真的情况。

2）上行沟通

上行沟通是指由下级向上级通过书面或口头的形式报告工作情况，提出自己意见和建议的沟通方式，如意见箱、建议制度，以及由组织举办的征求意见座谈会或态度调查等。上行沟通有两种表达形式：一是层层传递，即依据一定的组织原则和组织程序逐级向上反映；二是越级反映，即减少中间层次，让决策者和团体成员直接对话。

上行沟通的优点是：员工可以直接把自己的意见向领导反映，获得一定程度的心理满足；管理者也可以利用这种方式了解企业的经营状况，与下属形成良好的关系，提高管理水平。

上行沟通的缺点是：在沟通过程中，下属因级别不同造成心理距离，形成一些心理障碍，害怕"穿小鞋"，受打击报复，不愿反映意见；上行沟通常效率不佳，经过层层过滤，信息会被曲解，出现适得其反的结局。

3) 平行(横向)沟通

平行沟通是指组织中同级的不同业务部门之间的沟通。由于业务部门在业务流程或信息资源上存在着相互依存的关系，平行沟通的目的在于协调各部门和任务系统进行信息方面的协作。

平行沟通具有很多优点：第一，它可以使办事程序、手续简化，节省时间，提高工作效率；第二，它可以使企业各个部门相互了解，有助于培养整体观念和合作精神，克服本位主义倾向；第三，它可以使员工互谅互让，培养员工之间的友谊，满足员工的社会需要，使员工提高工作兴趣，改善工作态度。

平行沟通的缺点表现为：沟通头绪过多，信息量大，易于造成混乱；此外，平行沟通，尤其是个体之间的沟通可能成为员工发牢骚、传播小道消息的一条途径，造成涣散团体士气的消极后果。

2. 组织内正式沟通的具体方式

正式沟通是事先计划和安排好的，如定期的书面报告、面谈、有经理参加的定期小组或团队会等，具体来讲，组织内正式沟通主要包括以下几种方式。

(1) 定期的书面报告。员工可以通过文字的形式向上司报告工作进展、反映发现的问题，主要有周报、月报、季报、年报。当员工与上司不在同一地点办公或经常在外地工作的人员可通过电子邮件传送书面报告。书面报告可使员工理性、系统地考虑问题，提高员工的逻辑思维和书面表达能力。

(2) 一对一正式面谈。正式面谈对于及早发现问题、找到和推行解决问题的方法是非常有效的；可以使管理者和员工进行比较深入的探讨，可以讨论不易公开的观点；使员工有一种被尊重的感觉，有利于建立管理者和员工之间的融洽关系。但面谈的重点应放在具体的工作任务和标准上，鼓励员工多谈自己的想法，以一种开放、坦诚的方式进行谈话和交流。

(3) 定期的会议沟通。会议沟通可以满足团队交流的需要；定期参加会议的人员相互之间能掌握工作进展情况；通过会议沟通，员工往往能从上司口中获取公司战略或价值导向的信息。但应注意明确会议重点，注意会议的频率，避免召开不必要的会议。

正式沟通经常借助于以下媒介。

(1) 项目手册。项目手册包括极其丰富的内容，是项目和项目管理基本情况的集成，其基本作用就是为了项目参加者之间的沟通。项目手册的内容包括：项目的概况、规模、业主、工程目标、主要工程量；各项目参加者；项目分解结构；项目管理规范等。项目手册是项目的工作指南。

(2) 各种书面文件。各种书面文件包括各种计划、政策、过程、目标、任务、战略、组织结构图、组织责任图、报告、请示、指令、协议等。

（3）协调会议。协调会议具体包括：常规的协调会议，即在规定的时间和地点举行，由规定的人员参加；非常规的协调会议，一般有信息发布会；解决专门问题的会议，即在出现特殊的困难、事故、紧急情况时进行的磋商；决策会议，即业主或项目管理者对一些问题进行决策、讨论或磋商。

（4）其他沟通方法，如指挥系统、建议系统、申诉制度、离职交谈等。

3. 正式沟通的机理与优缺点

正式沟通系统是经过精心谋划而建立起来的信息沟通渠道及媒介，信息或指示经过指挥链条向下传达，意见和建议通过指挥链条向上汇报。在正式沟通中，组织内的信息交流、沟通的方式是由组织规则保证的，沟通的内容及程序是固定的。

现代组织是工业化的产物，根据韦伯的观点，科层组织的一个突出特点就是非人格化，即要求官员不得滥用职权，个人的情绪不得影响组织的理性决策；公事与私事之间具有明确的界限；组织成员都要按照严格的法令和规章对待工作和业务交往，确保组织目标的实施。根据科层系统的要求，组织内部的知识传播也必须正式化：传播内容必须与工作相关，不得传播其他内容；传播形式正规化，强调可靠性和效率，反对亲密的人际关系；传播流向以自上而下为主，遵循等级制原则，不鼓励越级交流，即超出正式的命令链之外，也不鼓励跨部门的交流——如果确实必要，则需获得高层人员授权，即所谓的"法约尔之桥"。

科层制机构中群体成员的关系不涉及深层次的情感、个人生活或者对生活价值的基本信仰。组织内的正式关系规则相当于一种互相渗透的网，每个人都被科层机构的规则固定在其位置上，严格按照预先界定的程序及责任行事，即每个人都有自己的上级领导，并独自完成自己的任务。这样有利于一个强大的权力集中化的存在，赋予领导者一种优势地位。在这样的科层制机构中，组织中人际关系的路径和模式也随之趋于相对稳定，并形成组织传播实践中可预知的惯例。在组织内知识协调中，正式沟通所表现出的优点和缺点的归纳如下。

（1）正式沟通的优点：沟通效果好，比较严肃，约束力强，易于保密，可以使信息沟通保持权威性。重要的信息和文件的传达、组织的决策等，一般都采取这种方式。

（2）正式沟通的缺点：①由于依靠组织系统层层的传递，所以知识传播较刻板，沟通速度慢。②正式组织的信息和知识的传播是通过命令链来实现的，知识一旦经过冗长的命令链就往往容易走样，这既可归咎于信息传播本身的缺点，也因为传播中可能受到权力关系的扭曲。③知识传播行为具有强制性。知识传播很多时候是组织成员必须完成的任务，因而，知识交流过程中可能没有紧密的情感联系。

6.2.3　非正式沟通

非正式沟通是指正式沟通渠道以外的信息交流和传达方式，它是一种不受组织监督、脱离组织机构层次次序的自由沟通渠道。非正式沟通是非正式组织的副产品，它围绕组织成员间的社会关系而建立，一方面满足了员工的需求；另一方面也补充了正式沟通系统的不足，是正式沟通的有机补充。在任何组织中都有非正式沟通的影子。很多研究表明，非正式沟通渠道在组织的信息和知识传播中扮演了重要的角色。例如，决策时利用的情报大部分是由非正式信息系统传递的。

1. 非正式沟通的内生机制

非正式沟通可以说是人们天生的需求，通过这种沟通途径来交换或传递信息，常常可以满足个人的某些需求。科层制结构下的刚性命令链和规范化交流不能完全满足组织的运行需求和组织成员的社会性需要，因而非正式沟通方式总是无法避免的。一方面，由于正式沟通方式的刻板、封闭、单一，经常会出现信息迟滞、过滤等现象，组织需要非正式沟通作为补充。另一方面，非正式沟通是人们天生的需求，通过这种沟通途径来交换或传递信息，常常可以满足个人的某些需求，包括：①安全需求。人们愿意了解更多与自己相关的信息，以满足心理的安全需求。②增进友谊。朋友之间交换消息，则意味着相互的关心和友谊的增进，借此更可以获得社会需求的满足。③兴趣满足。人们愿意针对自己感兴趣的话题与别人沟通，获得身心的愉悦。

心理学家戴维斯提出，作为一种典型的非正式知识传播，小道消息的传播有五个特点：第一，新闻越新鲜，人们议论越多；第二，对人们工作越有影响，人们议论越多；第三，越为人们所熟悉，人们议论越多；第四，人与人在生活上有关系，最可能牵涉到同一谣传中去；第五，人与人在工作中常有接触，最可能牵涉到同一谣传中去。

不同的科层制机构的结构形式和文化氛围，会影响非正式关系的形成规模和发展速度，从而使非正式传播方式和所传递信息的种类表现出不同的特征。研究表明，在有着完善规范的传播渠道、允许或鼓励跨越科层结构去建立联系的组织中，非正式关系的作用表现不太明显。这类组织通过结构的设计，把一些非正式关系的要素正式化，如组建跨部门、地区和层次的项目人际关系或网络人际关系。这些形式实现了人们通过正式关系进行传播交流的一些目的，从而降低了人们通过非正式关系来交流某些信息的意愿。而在那些有着完善的正式传播结构但却抑制跨越正式渠道去建立联系的组织中，非正式关系的作用表现得反而明显。因为在这类组织中，雇员往往无法通过正式渠道参与那些影响他们自身利益的政策制定过程。由于缺乏足够的沟通和交流，因此容易产生对管理政策的怀疑和不信任。

还有一种情况是，在缺乏完善的正式传播结构的组织中，非正式关系往往会加速发展，用以填补科层结构的不足。值得注意的是，非正式关系的传播往往是不系统的，常常是出于个人私利而产生和运作的，对于科层制机构的组织而言，有时具有难以预料的危害。例如，它们会阻塞传播渠道，会煽动起人们对变革的抵制。

正式的关系网络旨在协助一些标准化、模式化的工作过程，它的建立是为了应付那些很容易预先考虑到的问题。但是当某些出人意料的问题发生时，非正式的关系网络更能发挥作用。它们那些精密复杂的关系网络，构成了雇员间的传播渠道，并且随着时间的积累，逐渐巩固为一套稳定得令人吃惊的非正式网络。

2. 非正式沟通的形态与特征

美国心理学家戴维斯曾在一家皮革制品公司专门对 67 名管理人员进行调查研究，发现典型的非正式沟通——小道消息的传播有四种沟通网络，即集束型、偶然型、流言型和单线型。第一，在集束型传播中，信息在非正式渠道中依次传递，即一个人转告另一个人，后者然后只转告另一个人，这种传播只在组织内部某些核心成员的紧密交往圈内进行，范围比较有限也比较容易控制。第二，在偶然型传播中，甲将消息随意传给一部分人，这些人又随意将消息传给其他人，其他人也以同样的方式继续传递信息，这种传播带有较大的偶然性和不确定性。第三，在流言型传播中，甲主动将消息向所有人传播，信息传递呈发散型，带有明显的散布谣言的特征。第四，在单线型网络中，甲将消息传给乙，乙传给丙，丙再传给丁，依次进行下去，整个信息传递带有单向传导的特征。

非正式关系都是由于主体之间共同拥有某些特征而建立起来的，如宗教、爱好、肤色，甚至是地理位置等，因而它具有很多独特的特点：①自发性，即当组织成员的某种需要在正式组织中得不到满足时，就会在正式组织之外自发地寻求非正式沟通。②灵活性，即非正式沟通不受组织约束，只要彼此有相互交流的意向，就可以不拘时地地进行沟通。③迅速性，由于方式机动灵活，非正式沟通可以任意选择不同途径，将信息一传十、十传百地迅速扩散出去。④随意性，即在非正规、非严肃的时空进行，沟通双方往往能够随意交流各自的思想、情绪。⑤隐秘性，在个别情况下非正式沟通可能传播那些正式组织不愿意传播或有意不说的信息。

著名学者 Putnam 和 Leonardi 把诸如信任、规范及网络这些社会组织的特征视为社会资本，因为它们能够通过促进合作行为来提高社会的效率[23]。正式传播网络多以垂直传播为特点，而垂直的网络，无论多么密集，无论对其参与者多么重要，都无法维系社会信任和合作。相比之下，非正式沟通具有以下优点。

(1) 同正式沟通相比，非正式沟通往往能更灵活迅速地适应事态的变化，省略许多烦琐的程序。

(2)非正式沟通常常能提供大量的通过正式沟通渠道难以获得的信息,真实地反映员工的思想、态度和动机。因此,往往能够对管理决策起重要作用。

(3)非正式沟通可以对信息进行自我更正。基于信任网络的非正式传播之所以可靠,是因为它具有自我更正的能力,一旦组织成员传播了错误的言论,其信誉就会下降,而这是大多数稳定关系中的任何成员所不愿意承担的风险;相反,正式传播网络受制于权力关系,并不具备自我更正的功能。

同时,非正式沟通也具有以下缺点。

(1)在非正式组织中,共同的情感是维系群体的纽带,人们彼此间情感比较密切,有时甚至会出现不讲原则的现象,组织中的成员可能利用非正式沟通进行宗派活动,造成组织内耗。

(2)非正式沟通具有自卫性和排他性。

(3)非正式组织成员之间信息传递迅速,但具有片面性和失真性,而且成员对信息的反应往往具有很大的相似性和情绪性。

(4)非正式沟通具有不稳定性,不易于管理。

3. 非正式组织在知识协调中的作用

过去,在正式组织中,非正式网络被认为是影响组织传播效率和可信度的源泉,遭到歧视和打击,如非正式网络被比喻为"谣言作坊"。在这样的观念和要求下,组织中的非正式传播被视为与组织目标和效率不相容的因素,需要通过各种制度和技术加以控制、排除。

然而,正如官僚组织理论和科学管理理论的反差待遇一样,对非正式传播的限制也逐渐被视为不符合人本主义精神。在泰勒开创科学管理理论后,无论是人际关系学派、人力资源学派,还是文化学派,都对人际关系和非正式网络予以不同程度的肯定,认为非正式网络与传播可以鼓舞士气,提高组织成员的工作满意度,以维持较高的效率和创造力。如此一来,组织中的非正式网络与传播不仅不与正式网络和传播相冲突,而且还可以成为正式传播的有益补充,以弥补正式网络的不足。学者研究这些非正式的社交网络时,有一个惊人的发现:通过这些非正式网络流动的信息和知识是如此之多,而通过正式层级和矩阵结构流动的信息和知识却是如此之少。很多学者都认识到:企业的正式结构并不能解释它们大部分的日常实际工作是如何完成的。尤其当创造组织价值的能力越来越依靠有才能的员工的创意和无形资产时,企业负责人如果不做出更多的努力以便利用非正式网络的力量,无疑会造成组织价值的损失。

然而,通常组织内非正式组织和正式组织是杂合在一起的,如何让非正式的知识协调方式和正式协调方式有机地融合在一起,以提高组织的知识共享能力,是一个需要深入探讨的问题。例如,一个企业的员工,尽管他在正式组织结构中位于相对较低的位置,但他在一个非正式网络中却扮演着核心的角色,因为他拥有其他人都认为有价值的知识。非正式组织知识协调的一个难点是，从本质上非正式网络的构成结构随机性太强，因此不同的管理方式的有效性存在很大差异。对于管理层来说，这些结构可能是看不到的；即使看得到，企业也很难充分利用它们。

非正式组织在知识协调中具有强大的作用，它能够促进知识的共享与传播，主要体现在以下几个方面[24～26]。

(1)隐性知识内隐程度低。非正式组织的结构层级少，趋于一种扁平化的结构，加之非正式组织是由具有相同兴趣爱好、相同生活背景和经历、相同精神需求的成员组成的，他们的共享是自发和主动的，通过与"知己"的交流，通过思想火花的碰撞，成员对隐性知识的理解能力得到提升，使隐性知识的内隐程度有所降低。

(2)隐性知识规范化处理难度低。非正式组织是由具有相同兴趣、相似的生活背景或经历、相同精神需求的成员组成的，成员们相互交流共享的往往是他们彼此都熟悉感兴趣的话题，而且交流是主动和自觉的，这种主动和自觉的沟通交流有利于形成非正式组织内部范围的隐性知识处理规则。例如，非正式组织的知识处理人员是按知识的使用方向进行分类整理，那么在他将经过整理的知识与组织成员共享之后，成员们就会知道组织中知识的分类处理规则，在其日后与其他成员进行知识共享时，会按照知识的使用方向来对自己所有的知识进行简单的归类，一方面有利于知识受体的理解；另一方面降低了整个非正式组织隐性知识规范化处理的难度。

(3)共享产生的知识效应高。首先，通过非正式组织内激烈的思想火花的碰撞，一些无用的、不合理的或是预先认为没有价值的隐性知识会被一一发现和罗列，对隐性知识进行过滤、筛选，保证隐性知识共享中质和量的要求。其次，由于非正式组织没有像正式组织那样牵扯过多的个人利益，所以成员在共享中对个人知识的保留程度很低，知识的可靠性好。最后，非正式组织的成员来自企业不同的业务部门，他们的知识具有同质互补性，跨业务的知识共享，跨业务的学习，使得成员对于某一个知识课题的意见变得丰富、考虑问题全面、研究的内容有深度。不同背景的碰撞与融合，有利于新知识的创造，实现知识共享的高值效应。

(4)共享兴趣高。根据马斯洛的需求层次理论，人的需求由低到高可以分为五个层次，即生理的需要、安全的需要、归属的需要、受人尊重的需要及自我价值实现的需要。企业中的员工需求一般集中于归属的需要、受人尊重的需要及自我价值实现的需要，在工作和社会交往中，他们在追求经济利益的同时不可避免地渴望得到心理、感情及自我价值实现等的满足。但是，正式组织的刚性结构和正规化的组织形式使组织成员特定的心理或感情需要无法得到满足，而非正式组织建立的基础是情感逻辑，提供了一个让他们实现自我价值的平台，因此他们共享的主动性很强，相互交流的意愿强烈。

(5)传播能力强。由于在非正式组织中，交流个体之间对同类知识的熟悉程度较高，使主体与受体的传播能力无形中也得到了增强。非正式组织的核心价值强度越强，其对主体传播能力与意愿、受体认知能力与意愿、主体与受体的接触程度的正向作用也越强，从而促进隐性知识的交流与传播。

(6)影响组织环境。组织环境包括组织文化、组织信息、沟通网络和组织氛围等。鲜明的组织文化和良好的组织氛围有利于知识的传播，而组织文化的传播和组织氛围的形成在很大程度上依赖于非正式组织。组织领导者应通过非正式组织对企业的文化信息进行传播、检验和反馈收集，并与非正式组织的领导者进行适当的沟通和交流来影响非正式组织行为，引导非正式组织的发展方向，使正式组织文化和非正式组织的文化导向相一致，在正式组织和非正式组织中形成良好的组织氛围，从而对隐性知识的传播产生正向影响。

通过以上分析可知，非正式组织的存在对组织的知识传播有较强的影响作用。因此，企业领导层应对非正式组织加以妥善管理，充分利用非正式组织领导者的权威和影响力，因势利导，最大限度地发挥非正式组织的积极作用，促进知识的交流与传播，从而提高员工工作绩效，进一步提升组织绩效。

6.2.4 非正式组织知识传播机制的举例分析

1. 人际关系网络

组织日常存在的由非正式规范引发的人际关系，都是非正式人际关系，将这些两两间的非正式关系集合成网络，就形成了一套人际关系网络，典型的如公司内部个人间的朋友关系。组织内正式关系作为组织中知识创造和传播的有效形式，被西方企业广泛采用。非正式关系作为正式团体的补充形式，在知识创造与传播过程中的重要性也受到学者们越来越多的关注。

非正式关系的跨功能性、背景相似性、良好沟通性等特征决定了这种团体具有良好的知识传播功能。在非正式团体中，复杂知识，特别是隐性知识，可以得到快速传播，员工的新思想进一步清晰化和明朗化，解决问题的速度得到提高，员工的个人技能被进一步开发。

组织内的人际关系网络体现在组织知识个体的一言一行中，包括：①非正式人际关系在日常生活中的活动，如聊天时传播知识；②非正式人际关系通过论坛、研讨会、知识交流会传播知识。

由于非正式关系由组织内个体的兴趣爱好决定，组织内不同的个体往往会表现出不同的关系强度和对称性，这种微观模式的差异无疑会影响组织内知识共享的效果。例如，社会中 A 与 B 互为好朋友，或者 A 认为 B 是其好朋友，而 B 认为 A 只是其普通朋友。因而，将知识传播模式定义为个体之间由于知识背景、信任、传播意愿等方面的原因而表现出不同的知识传播和接收的倾向性。关系强度是衡量传播源与接受者间社会资本结构特征的概念，主要从知识传播的传播源和接受者之间的距离和交流频率两个角度来衡量连接强度。

不同的组织会存在不同的知识传播模式，举例如下。

(1)项目组，具有明确的目标，即为了某个项目的顺利完成而共同努力。在项目的实施阶段，项目组的人员往往会频繁、深入地探讨问题，主要通过面对面、书面、单位局域网、电子邮件等方式进行，此时的交流频率高、强度大，双方都在交流的过程中完成知识的传播和共享。

(2)科研团队，一般有一个或多个研究课题。作为同一个课题组的成员，交流会更加有共同话题，经常在一起开会，群体面对面的形式或者单独交流的机会也多。因为一个课题组中有某个或某几个专家，其他成员更愿意向专家请教或与专家交流；不同的课题组但属于同一个科研团队，总会有一些问题重叠到一起，常常会就某些特定知识维上的知识进行深入探讨。

(3)劳动力密集的组织或技能型组织，如纺织女工、司机、钳工等有具体的门槛，一旦成为其中的一员，就说明掌握一定的技术或技能，组织内大家的基本技能都是差不多的，因此针对技能的交流较少且不深入。

(4)师傅带徒弟类型的组织，如中医世家、工匠等。这种传统类型的组织基本是通过面对面进行交流的，师傅和徒弟在一起时间长，交流多，交流效果也比较好，这个过程中主要是师傅传授知识给徒弟。另外，军队由于其特殊性，往往也属于此类组织。

(5)兴趣小组。这样的组织一般是由具有共同的兴趣爱好的人员组成的，但一般无硬性的评价指标，因此组织较松散，成员之间交流较少。

2. 实践社区

美国学者 Axelrod 在 1997 年提出的"文化传播模型"是一个值得关注的模型[27]。Axelrod 所提的"文化"是一个指向广泛的词，代指观点、态度等群体性特征。模型主要研究社会中文化的传播及群体文化的汇聚程度，其演化机制是个体基于相互之间的相似程度进行文化交流。社区网络中，人群表现出很强的"同类相吸"性，形成不同兴趣爱好的社区等；同时人群也会受到社会环境的影响，表现出随波逐流的现象。人群处于社会环境中，就会受到"同类相吸"和"社会影响"的作用，并且人群的观点和所处的社会环境相互影响。利用这一模型，Axelrod 和不少其他学者对"同类相吸"和"社会影响"两种机制共同作用下的观点传播开展了深入的研究。

Axelrod 模型的主要思想是：个体间越相似，越容易交流；同时，个体文化属性改变后会增加个体之间的相似程度，进而影响到下次交互过程。在 Axelrod 的模型中，文化可以表征个体的态度、观点、行为习惯、思维方式等，具有多维的属性，Axelrod 模型将每个属性都看做观点的一个维度。从这一意义上，这一文化传播模型本质上是观点动力学模型的一种类型。

基于社会网络的研究背景，下面对文化传播模型中的三个方面进行分析。

1）初始网络环境

Axelrod 模型的个体初始网络环境是 $N \times N$ 网格，所有的个体具有相同的邻居数，相互之间没有网络结构的异质性。然而在社会网络中，网民的社交能力、活跃程度不尽相同，社会网络中往往会出现某些个体具有很多的粉丝而其他个体的粉丝相对很少的情形。网民的邻居数与网格中均匀邻居数不相符，这样文化模型与社会现实也就具有一定的差距。

2）观点交流机制

文化传播模型中社会影响的机制采用文化相似度来衡量，个体之间相似度越高越容易交流。但在某些技术领域往往会出现由于观点差异过大而不能交流的情形，此时个体之间观点仍然具有一定的相似度。在该领域中个体之间要想进行交流，其观点相似程度要达到一定的阈值。此时，文化传播模型中的文化交流机制与现实的情景并不相符。

近年来，Deffuant 等[28]、Hegselmann 和 Krause[29] 指出有界信任（bounded confidence）机制提供了一种更加符合现实的观点交流机制。个体之间的观点差异超过一定阈值（也就是信任边界）时，个体之间被认为存在交流学习障碍，个体不改变自己的观点，这也是著名的有界信任模型。如此看来，有界信任模型与文化传播模型在社会影响机制方面存在差异，如图 6-2 所示。

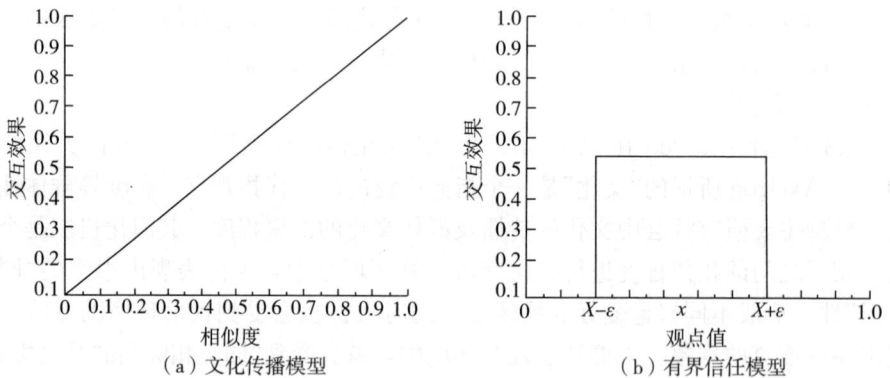

图 6-2 文化传播模型与有界信任模型的交互区别

有界信任模型的基本思想是：个体属性的差异影响个体之间的交互，差异在一定的范围（阈值）内，交互才会发生。Fortunato 的研究表明阈值对达成全局共识至关重要[30]。社会网络中，个体往往拥有许多标签表明自己不同的兴趣爱好和价值观点，相同的兴趣爱好表明个体之间共同的话题基础，这也正是个体观点进行交互的前提。个体之间也存在一定的差异，并不完全相似，交流效果并非线性增加。这种观点交流的机制反映了一种个体的同类相吸性，个体更愿意和观点相似的人在一起互动交流。

3）个体行为特征

社会网络中个体具有相对的动态性，其表现在观点的变化和相互之间关系的变动上。文化传播模型中个体不具备移动性，而是固定在 $N \times N$ 的网格中，但个体的观点会发生变化，这仅仅反映了社会网络中个体的部分特性，未能将观点和网络结构共同演化的特性全部展现出来。

Schelling 提出的种族分割模型阐述了一种有意思的现象，即个体在移动中寻找适合自己居住的位置时会达到一种相对平衡的状态，白人与白人在一起，黑人与黑人在一起[31]。其主要思想是：在一个固定的网格中，随机将黑人和白人分配到网格中，黑人和白人的人数可以相同也可以不同，网格的数目一定是大于人数总和。如果个体周围与自己相异肤色的人数超过其对邻居类型满足的比例，那么个体就在网格中移动（mobility）到一个满足自己居住要求的位置，即寻找和自己肤色相近的邻居。而黑人和白人对邻居类型满足的比例不相同。Schelling 解释了在个体选择具有偏好的情形下，社区隔离的形成原因，即组织交互的结果或特种交流系统。个体的移动性反映了个体社会行为、社会关系的变动，以及社会环境影响了交互机制。

在种族分割模型中，个体可以在网络中找寻自己的合适位置，但作为判别满足居住要求标准的肤色是不会改变的，在一定程度上认为个体的观点不受影响，不发生变化。种族分割模型的研究工作得到广泛关注，不仅是因为其解释了个体观点不变情形下社区隔离的形成，也是因为其为观点动力学的研究开阔了视野，提供了新的视角，由在静态网络中研究个体的观点、交互机制向动态网络（网络内部结构关系变化）扩展。

3. 在线科技合作社区

在线科技合作社区（也叫在线知识社区）是在线社区的一个子类，可初步界定为：在线科技合作社区是指一群有共同兴趣的人，出于知识获取、知识共享、知识交流的需要而聚集，通过网络进行互动交流的社区。

国外学者近年来的研究主要集中在非正式网络（社会网络）、知识网络，以及人们对非正式组织新的认识理解这些方面。文献[32]讨论了非正式网络在企业研发部门员工知识发展、交流与传播中扮演的角色，运用社会网络来分析比较 ICI 中的正式知识网络与非正式知识网络。从比较分析中可以看出，非正式组织对管理者的影响是显而易见的：通过对研发部门存在的非正式组织的良好认知，管理者可以更成功地获得员工的新思路，更便捷地在部门间传递信息，更有效地了解员工的工作习惯及行为活动方式，从而有利于工作的顺利进行。

在线科技合作社区是一个演化系统：在计算机网络（媒介网络）提供的虚拟空间内，人员的加入与退出，以及人员之间交流与合作关系的变化，导致了人员网络的演化；人员之间的交流与合作促进了社区知识网络的演化。

在上述"媒介—人员—知识"超网络结构中，人员网络和知识网络的相互影响和协同演化是推动社区智能发展的基本动力因素[33]。而人员网络和知识网络的协同演化是借助于媒介网络，即分布式的计算机支持系统而实现的。这一在线科技合作社区支持系统的本质在于提供一个支持社区人员网络和知识网络协同演化发展的一个社会计算平台。一方面，这一计算机系统提供对社区成员的管理和社区成员网络演化的支持；另一方面，该系统提供对社区中知识内容的管理及社区知识网络演化的支持。在线科技合作社区支持系统通过对社区成员及成员网络、知识内容及知识网络相关数据的管理而实现对社区人员网络和知识网络的支持。图 6-3 反映了从在线社区"集体智能"的超网络结构模型理解的在线科技合作社区支持系统的基本功能。

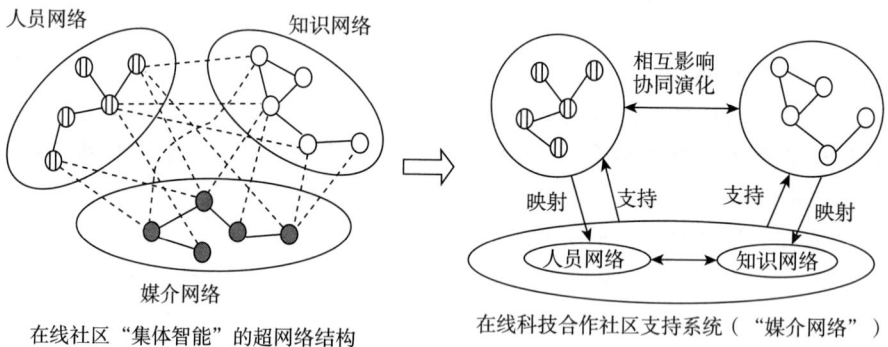

图 6-3　在线科技合作社区支持系统的基本功能

■ 6.3　微观层面的知识协调模型

在正式组织中，组织的协调通常是以刚性的"命令与控制"模式实现的，但这种模式在知识传播中往往存在问题。在非正式组织形态下，协调存在更为微妙的自组织机制，对知识传播有一定的促进作用，值得加以深入研究。因此在本节中，为了研究非正式组织中的知识协调机制，进而探索非正式组织内知识交流和意见传播的机理，从传播模式角度对组织内人际关系网络的知识传播和网络演化进行研究，并提出非正式组织微观层面的知识协调模型。

组织内人际关系网络是指由组织内个体的亲和性（affiliation）和相近性（propinquity）构成的非正式关系网络，网络的节点表示组织内专家、技术人员和一线工人，网络的边表示人与人之间的知识交流关系。人与人之间的沟通是知识协调管理的重要方式，尤其是隐性知识在人际关系网络中的传播，可见该网络在组织知识传播中扮演了重要的角色。考虑到人际关系网络中个体间由于知识背景、信任、传播意愿等方面的原因而表现出不同的知识传播和接收的倾向性，需要分析并明确任意两个个体之间可能存在的知识传播模式，据此对几类特征人际知识网络进行知识交流仿真实验，深入分析不同类型的人际关系网络内知识传播的特点和规律，从而为组织提高知识交流的效率和效果提供一定的理论依据[34]。

6.3.1　基于不同传播模式的知识传播模型

1. 传播模式类型

从微观的角度看，组织内的人际关系网络中最基本的元素为两个个体之间的人际关系，具体表现在两个个体间关系的强度、对称性等方面。例如，A 与 B 互为好朋友，说明两者之间具有强关系，而且是对称的；或者 A 认为 B 是其好朋友，而 B 认为 A 只是其普通朋友，说明两者之间具有非对称的关系。与正式关系的强制性相反，这种非正式关系具有很大的随机性，它受到双方的经历背景、兴趣爱好、地理位置等因素的影响。

这种关系最终会对两个个体之间的知识传播造成影响，这里提出两个个体间传播模式的概念。传播模式是指由于个体之间人际关系的差异而表现出不同的传播和接收的倾向性。个体之间传播模式的不同，将极大地影响人际关系网络中知识传播的效率和效果，并最终影响组织内的知识传播，因此，进一步研究和规范个体之间的传播模式对于知识传播的影响显得十分迫切和必要。

组织内部个体之间存在着非正式关系，这种非正式关系由于知识背景、信任、传播意愿等方面的原因会导致个体间知识传播和接收的倾向性不同，导致个体之间的知识传播呈现多样性，即个体之间的传播模式不同，表现为个体之间可能存在对称或者不对称的知识传播关系。通过对现实情况的抽象，将知识传播模式归纳为以下九种，如图 6-4 所示。

连接强度是衡量知识源与接受者间社会资本结构特征的概念，主要从两者之间知识传播的距离和交流频率两个角度来衡量连接强度。图 6-4 中实线代表强连接，虚线代表弱连接，因此 1、2 代表单向传播强连接模式，3、4 代表单向传播弱连接模式，5 代表双向传播强连接模式，6 代表双向传播弱连接模式，7、8 代表双向传播非对称强弱结合模式，9 表示不存在传播模式。

2. 基于不同传播模式的组织分类

根据前文提到的前八种传播模式的特点，结合边的方向及强弱连接的情况，将存在以上传播模式的组织归纳为以下五种情况。

(1)单向多且实线多，即组织中存在较多的单向强连接传播模式，其极端情况是只有 1、2 两种模式存在时的组织，对应于组织中个体之间较少进行互相知

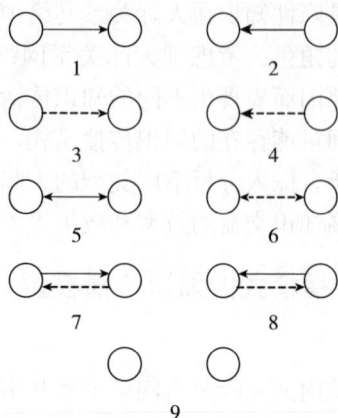

图 6-4　知识传播模式

识传播，如师傅带徒弟模式的组织等。

（2）双向多且虚线多，即组织中存在较多的双向弱连接传播模式，其极端情况是只有 6 这种模式存在时的组织，如技术型的队伍，包括司机团队、钳工团队等，存在较小强度的双向知识交流。

（3）单向多且虚线多，即组织中存在较多的单向弱连接传播模式，其极端情况是只有 3、4 两种模式存在时的组织，如培训班、拓展班等。

（4）双向多且实线多，即组织中存在较多的双向强连接传播模式，其极端情况是只有 5 这种模式存在时的组织，这种情况一般存在于知识密集型的组织中，如科研团队等。

（5）以上任两种情况的临界组合情况，包括虚实相同单向多、虚实相同双向多、单双相同实线多、单双相同虚线多、及单双虚实都相同。

下面重点考虑前四类组织及其极端情况，对此四类组织及极端情况对知识传播的影响进行进一步的模拟仿真；对于第 5 类情况，由于较难找到现实组织的对应，本书暂不予讨论。

3. 知识传播模型构建

1）知识网络描述

首先，将知识网络表示为 $G=(K，E)$，其中，$K=\{K_1，K_2，\cdots，K_n\}$ 代表节点，也就是个体，是知识的承载者，也是传播者和接收者；E 代表边，即个体之间的关系，用 $E_{ij}=(K_i，K_j)$ 代表 i 与 j 之间存在由 i 出发到 j 的边，j 是 i 的出度节点，此时若 $E_{ij}=0.5$，则此边为虚边，若 $E_{ij}=1$，则此边为实边。此处，E_{ij} 与 E_{ji} 不一定相等，即邻接矩阵不一定为对称矩阵。

2）知识传播规则

组织中的个体由于存在工作或者业务上的合作关系，会产生一系列的知识交流与传播。设定的知识传播规则如下。

(1)强连接关系的节点间进行知识传播的可能性更大，在现实生活中类似于人们有新的消息时，更乐于与亲近的人分享。

(2)如果个体 i 选择邻居节点 j 来进行知识传播，则只能对个体 i 比邻居节点 j 更丰富的知识进行传播，个体 i 比邻居节点 j 知识更丰富的维度理论上都有知识传播的可能性。

(3)当两个个体之间发生知识传播时，每一维上传播的知识量的大小与两个个体在此维上的知识差和接收个体的吸收能力存在正相关关系。

关于知识传播的考察指标较多，这里采用最常用的两种考察指标。

(1)平均知识储量 $\mu(t)$。

$$\mu(t) = \sum_{i=1}^{m} \bar{v}_i(t)/N \tag{6-1}$$

其中，t 为时间；m 表示知识储量的维度数；$\bar{v}_i(t)$ 为个体 i 在 t 时刻知识储量各维度的值之和与 m 的比值；N 为网络中的节点数。

知识网络中个体的平均知识储量随时间的变化反映了知识网络的知识增长状况，也一定程度上反映了知识网络中个体的成长速度和知识的传播效果，因此被作为本模型的考察指标之一。

(2)知识方差 $\sigma^2(t)$。

$$\sigma^2(t) = \frac{\sum_{i=1}^{N} \bar{v}_i^2(t)}{N} - \mu^2(t) \tag{6-2}$$

知识方差能够反映网络中个体间的差异程度，知识方差小，说明个体间差距较小；反之，知识方差大，说明个体间差距较大。

3)参数设置及仿真步骤

以 100 个小世界网络作为初始网络，其中网络节点数 $N=200$，每个节点选择连接的节点数 $k=3$ 及 $k=8$，重连概率 $p=0.1$，然后按照一定的概率用前 8 种传播模式代替网络中原有的边。此处，选取 3 组概率来代表之前提到的 4 种情况的组织，每种网络用 3 种概率来代表，见表 6-2，另外，针对极端情况也做了仿真。

表 6-2　仿真概率设置

分布 组织	仿真实验中设定的 8 种模式的概率分布
第一组	单向多且实线多：(0.25, 0.25, 0.125, 0.125, 0.1, 0.05, 0.05, 0.05) 双向多且虚线多：(0.025, 0.025, 0.15, 0.15, 0.10, 0.25, 0.15, 0.15) 单向多且虚线多：(0.125, 0.125, 0.25, 0.25, 0.05, 0.10, 0.05, 0.05) 双向多且实线多：(0.15, 0.15, 0.025, 0.025, 0.25, 0.10, 0.15, 0.15)

组织 \ 分布	仿真实验中设定的8种模式的概率分布
第二组	单向多且实线多：(0.3, 0.3, 0.1, 0.1, 0.1, 0.05, 0.025, 0.025) 双向多且虚线多：(0.05, 0.05, 0.1, 0.1, 0.1, 0.3, 0.15, 0.15) 单向多且虚线多：(0.1, 0.1, 0.3, 0.3, 0.05, 0.10, 0.025, 0.025) 双向多且实线多：(0.1, 0.1, 0.05, 0.05, 0.3, 0.10, 0.15, 0.15)
第三组	单向多且实线多：(0.2, 0.2, 0.1, 0.1, 0.15, 0.05, 0.1, 0.1) 双向多且虚线多：(0.075, 0.075, 0.1, 0.1, 0.15, 0.2, 0.15, 0.15) 单向多且虚线多：(0.1, 0.1, 0.2, 0.2, 0.05, 0.15, 0.1, 0.1) 双向多且实线多：(0.1, 0.1, 0.075, 0.075, 0.2, 0.15, 0.15, 0.15)

仿真步骤如下。

步骤1　在生成的网络中，随机选取一个节点 i，判断其出度节点是否为 0，若是，则返回步骤1，否则进入下一步。

步骤2　若节点 i 存在不少于一个的出度节点，则以 $\lambda = E_{ij} \Big/ \sum_{m=1}^{N} E_{im}$ 的可能性来选择节点 j，若无节点被选中，则返回步骤1，否则，进入下一步。

步骤3　判断节点 i 与节点 j 的每一维的知识储量值，若不存在 $v_{i,c_1} > v_{j,c_1}$，则返回步骤1，否则节点 i 的第 c_1 维知识有50%的概率传播给节点 j，知识传播符合如下公式。

$$v_{j,c_1}(t+1) = v_{j,c_1}(t) + \alpha [v_{i,c_1}(t) - v_{j,c_1}(t)]$$
$$v_{i,c_1}(t+1) = v_{i,c_1}(t)$$

其中，α 代表知识吸收概率，强连接时 $\alpha = 0.5$，弱连接时 $\alpha = 0.3$。

步骤4　返回步骤1，重复以上步骤共计50 000次。

4. 仿真结果分析及结论

1) 组织平均知识储量演化规律分析

图6-5为不同 K 值下组织平均知识储量演化规律，其中，图标1代表单向多且实线多的网络情况，2代表双向多且虚线多的网络情况，3代表单向多且虚线多的网络情况，4代表双向多且实线多的网络情况，5代表全部为双向实线的网络情况，6代表全部为双向虚线的网络情况，7代表全部为单向实线的网络情况，8代表全部为单向虚线网络情况（下同）。从图6-5中可以看出，在 $k=3$ 的情况下，全部为双向实线连接时，知识传播速率最高，全部为单向虚线连接时知识传播速率最低，不同网络结构下，知识传播速率差距较大。此外，在 $k=8$ 的情况下，知识传播速率相差较小，全部为双向虚线连接时知识传播速率最低。

由图6-5可以看出，当网络连接密度较大时，网络结构对知识传播速率的影响变小，且达到稳态的时间有所缩短。对应于现实情况，即当组织中个体间关系

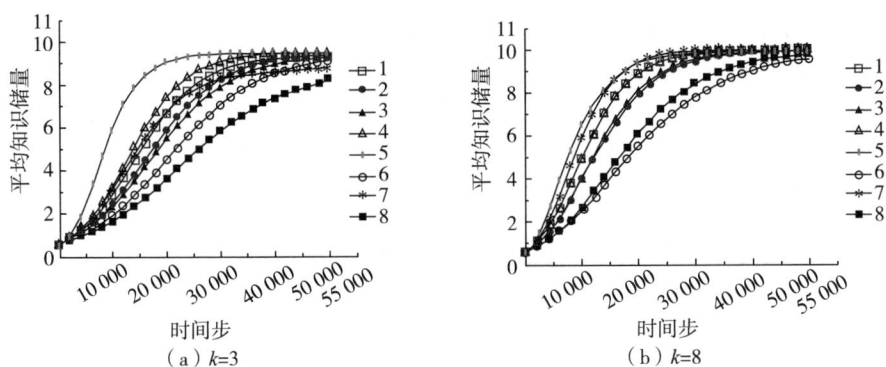

图 6-5　不同 k 值下组织平均知识储量演化规律

比较多且复杂时，知识或消息能更加快速地传播。

2）组织知识方差演化规律分析

图 6-6 为不同 K 值下组织知识方差演化规律，从图中可以看出，$k=3$ 及 $k=8$ 时，不同网络结构下，知识方差的变化差距较大，主要表现为双向多情况下，知识方差较小；单向多情况下，知识方差较大。另外，综合图 6-6（a）和图 6-6（b）可以看出，在 $k=3$ 时，整个图形的跨度较大，即需要花费较长的时间使知识方差的值降下来；而在 $k=8$ 时，此跨度较小。

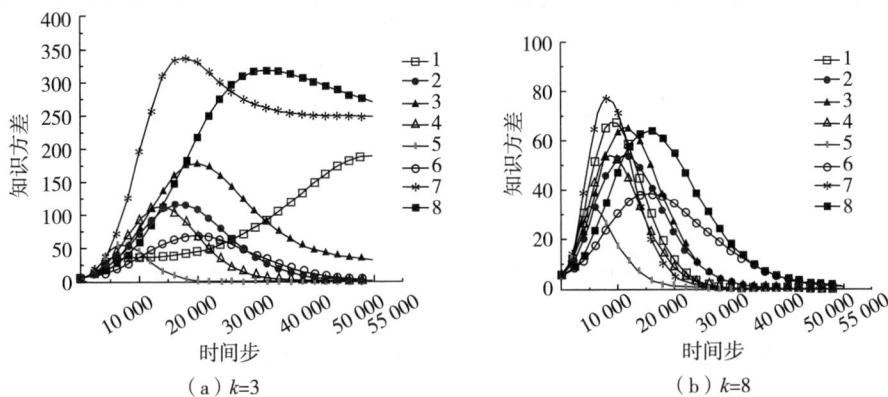

图 6-6　不同 k 值下组织知识方差演化规律

图 6-6 反映了这样一个现实：当组织中存在较多的双向交流时，组织中的知识分布较均匀，能够兼顾到公平，即"贫富差距较小"；但是，若组织中存在较多的单向交流，组织中知识分布则较难兼顾到公平，即"一部分人先富起来"。另外，在组织内个体间连接较少的时候，知识丰富的人需要花费较长的时间来带动知识相对贫乏的人；而在组织内个体间连接较多时，知识丰富的人带动知识相对贫乏的人所需的时间缩短。

3)达到特定平均知识储量所需时间分析

在仿真实验中，对比了不同网络结构平均知识储量达到 $\mu=5$ 和 $\mu=8$ 所需时间步，如表 6-3 所示。通过对比可以得出，不同网络结构下，知识传播速率是存在差别的，其中，全部为双向实线时传播速率最高，其他情况下，达到特定知识储量所需时间都不同程度地变长。

表 6-3　不同网络结构达到平均知识储量 $\mu=5$ 和 $\mu=8$ 所需时间步

网络	$k=3$, $\mu=5$	$k=3$, $\mu=8$	$k=8$, $\mu=5$	$k=8$, $\mu=8$
单向多且实线多	14 723	23 337	10 059	16 477
双向多且虚线多	16 677	26 443	12 290	20 334
单向多且虚线多	17 758	28 279	12 036	19 702
双向多且实线多	13 236	20 690	9 998	16 639
双向实线	8 193	13 323	7 563	13 299
双向虚线	20 824	33 009	18 273	31 285
单向实线	13 919	23 217	8 622	14 096
单向虚线	24 476	40 980	16 636	27 454

6.3.2　基于传播模式演化的知识传播模型

1. 传播模式演化

之前的模型主要考虑不同的人际关系下人际关系网络内知识传播情况，而没有考虑到人际关系其实是处于不断变化中的，最终导致个体间的传播模式发生演化。传播模式会影响知识传播效果，同时传播模式也会随着传播的进行而发生改变，反作用于知识传播，进而影响人际关系网络的知识传播效率。因此，引入知识"交易"机制，重点考虑传播模式受到知识"交易"的均衡性影响而发生的演化情况[35,36]。

下面，首先介绍传播模式演化流程及规则；其次列出在复杂网络中模式不断演化条件下的知识传播仿真结果，使用多层次指标对多组实验进行对比分析，以求发现一些规律和结论，为提高非正式组织内的知识传播效率提供一些理论依据。

1)个体间传播模式演化描述

个体间传播模式主要考虑六种，如图 6-7 所示。模式 1 表示个体间不存在传播，模式 2 表示个体间存在单向传播弱连接模式，模式 3 表示个体间存在双向传播弱连接模式，模式 4 表示个体间存在单向传播强连接模式，模式 5 表示个体间存在双向传播非对称强弱结合模式，模式 6 表示个体间存在双向传播强连接模式。

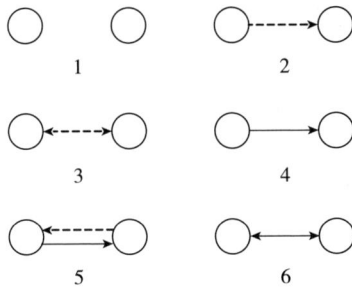

图 6-7　个体间的传播模式

　　传播模式的演化是指个体间本来存在的传播模式由于个体知识量的变化、个体间关系的变化、环境的变化而改变为其他传播模式的过程。当个体间的关系满足一定条件，六种传播模式中的一种便可能会向另一种传播模式转化，图 6-8 为六种传播模式可能存在的相互转化的示意图，六个节点对应图 6-7 中的六种传播模式，如模式 1 向模式 3 转化表示一定条件下个体双方同时向对方加强知识传播。

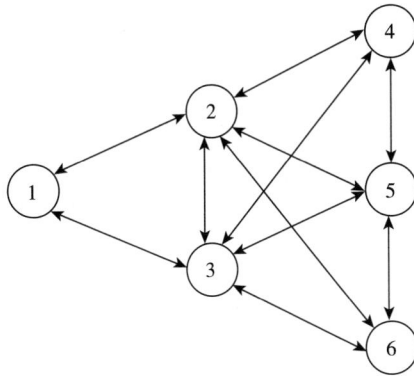

图 6-8　传播模式相互转化

2)传播模式演化规则

　　Cowan 等提出知识不是单纯的公共资源，而是具有商品特性的公共资源[37]，这开辟了研究知识传播的经济学新视角。基本原理为：一般来说，个体的付出是期望有回报的，这种回报是知识上的、物质上的或者精神上的，若某些个体只付出而得不到回报，或者某些个体只收获而不需要付出的话，这都不是平衡状态的组织。因此，假设知识传播是以双赢为基础的，只有当发送者感觉没有损失，或者虽然这次有损失，但在可接受的范围内时，才可能进行下一次传播。

　　基于传播模式演化的知识传播规则包括个体间的知识传播规则和知识传播模式的演化规则。

个体间的知识传播规则包括以下几点。

(1)强连接关系的节点间知识传播的可能性更大。

(2)知识只能从某领域知识较为丰富的个体向贫乏的个体传播。

(3)个体间发生知识传播时，传播的知识量与两个个体在该领域的知识差和接收个体的吸收能力呈正相关。

知识传播模式的演化规则包括以下几点。

(1)每个个体都有一个知识贡献和接受之差的极限值。

(2)极限值一方面表示该个体能够承受的知识贡献与对方对其知识贡献的最大差，若超过此值，则考虑降低对对方的知识传播，对应图中大标号节点向小标号节点的知识传播模式转化。

(3)另一方面，若该个体知识贡献小于对方对其知识贡献，且差值大于极限值，则该个体将加强对对方的知识传播，对应图中小标号节点向大标号节点的知识传播模式转化。

(4)若该个体知识贡献和对方对其知识贡献的差值小于个体的极限值，则不改变知识传播模式。

2. 结构演化与知识传播仿真实验

1)知识网络描述

知识网络的表示方法与之前的一样，即知识网络为 $G=(K，E)$，其中，$K=\{K_1，K_2，\cdots，K_n\}$ 代表节点；E 代表边，为个体之间的关系。用 $E_{ij}=(K_i，K_j)$ 代表节点 i 与节点 j 之间存在由节点 i 出发到节点 j 的边，节点 j 是节点 i 的出度节点，若 $E_{ij}=0$，则节点 i 到节点 j 没有边；若 $E_{ij}=0.5$，则节点 i 到节点 j 的边为虚边；若 $E_{ij}=1$，则节点 i 到节点 j 的边为实边。E_{ij} 与 E_{ji} 不一定相等(参见图 6-7)，因此，$E_{ij}=0$、$E_{ji}=0$ 表示模式 1；$E_{ij}=0.5$、$E_{ji}=0$ 表示模式 2；$E_{ij}=0.5$、$E_{ji}=0.5$ 表示模式 3；$E_{ij}=1$、$E_{ji}=0$ 表示模式 4；$E_{ij}=1$、$E_{ji}=0.5$ 表示模式 5；$E_{ij}=1$、$E_{ji}=1$ 表示模式 6。

构建两个不同网络密度下知识网络结构，如图 6-9 所示，其中，节点表示组织中的个体；边表示个体间的关系。生成的小世界网络个体数量随机，个体之间的连接随机，其中连接有强弱之分(用 E_{ij} 来度量)。不同的网络对应不同类型的组织。例如，图 6-9(a)网络密集度较高，对应成员间知识交流比较频繁的组织；图 6-9(b)网络密集度较低，对应成员间知识交流较少的组织。

2)仿真实验步骤

步骤 1　生成一个小世界网络，该网络节点数为 N，连接密度为 k，重连概率 $p=0.1$，将得到的网络中的边用双向虚线替代。

步骤 2　在 $t=1$ 时，随机选取节点 i，若其出度为 m，从其出度点以 $\lambda=$

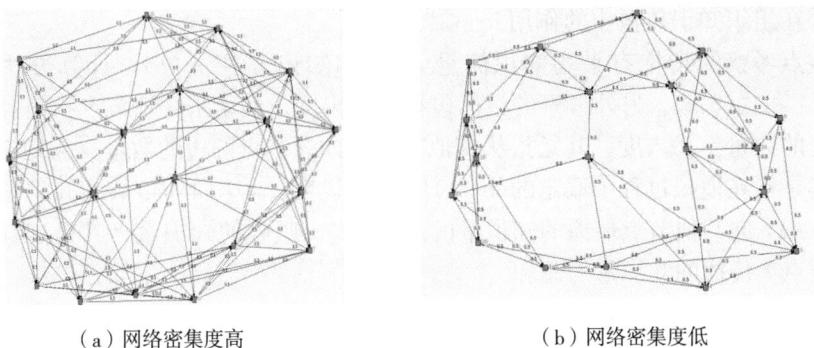

（a）网络密集度高　　　　　　　（b）网络密集度低

图 6-9　不同网络密集度下知识网络结构

$X_{ij} \Big/ \sum\limits_{m=1}^{N} X_{im}$ 的可能性选取 1 个节点 j，进行知识传播。若节点 i 没有任何一维知识比节点 j 大，则结束；若节点 i 有 x 维知识比节点 j 大，则每一维知识有 50% 的可能性会被传播，若没有传播则结束，若 c_1 维知识被传播，则传播符合如下式子。

$$v_{j,c_1}(t+1) = v_{j,c_1}(t) + \alpha \left[v_{i,c_1}(t) - v_{j,c_1}(t) \right]$$
$$v_{i,c_1}(t+1) = v_{i,c_1}(t)$$
$$\Delta K_{ij}(t+1) = \alpha \left[v_{i,c_1}(t) - v_{j,c_1}(t) \right]$$

其中，K_{ij} 为节点 i 到 j 的知识传播量；ΔK_{ij} 为 K_{ij} 的增加量，记录 ΔK_{ij} 至 $\boldsymbol{K}$ 中；$\boldsymbol{K}$ 为网络中每对节点知识传播量矩阵。若两个节点的多维知识都发生了传播，则 ΔK_{ij} 表示这多维知识传播量的总和。

步骤 3　直到网络平均知识储量达到 $d \geqslant 2$ 时，生成 $\boldsymbol{\omega}$ 为 1×20 的矩阵，矩阵中元素为 $(0,1)$ 的随机数，变量 ω_i 代表节点 i 可以承受的收益和损失范围，即知识差阈值，在此范围内网络连接不变，反之则会改变。每 100 个时间步，计算一次。网络连接改变的具体规则为：①若此时 $K_{ij} - K_{ji} > \omega_j$，则节点 j 向节点 i 的传播加强，即由无边变为虚边，或者由虚边变为实边，原为实边的则不变化。②若 $-\omega_j \leqslant K_{ij} - K_{ji} \leqslant \omega_j$，原关系不变。③若 $K_{ij} - K_{ji} < -\omega_j$，则节点 j 向节点 i 的传播减弱，即由虚边变为无边，或者由实边变为虚边，原来无边则不变化。

步骤 4　运行 20 000 次，记录网络的平均知识储量和知识方差，分析结果。

3. 仿真结果分析及结论

1）仿真目标描述

在 $N = 20$、$p = 0.1$ 的知识网络上，为探索不同组织中知识传播模式演化时知识传播的效果，进行多组对比仿真实验：设定网络连接密度分别为 $k = 5$ 和 $k = 3$，考察组织知识交流氛围的作用；设定初始专家数分别为 10 人和 2 人，考察专家在组织知识传播中的作用。

重点考察的指标有平均知识储量 $\mu(t)$ 和知识方差 $\sigma^2(t)$，计算方法参见式(6-1)和式(6-2)。另外考察的指标包括：①出度。其是指从该节点指向其他节点的边的数量。②入度。其是指从其他节点指向该节点的边的数量。③知识差阈值。其是指在模拟过程中取定的(0,1)间的随机数。④i 向外传播的知识量。其是指节点 i 向其他节点传播的知识量的总和。⑤i 吸收的知识量。其是指其他节点向节点 i 传播的知识量的总和。

2)知识网络指标对比分析

对四组实验数据的指标进行统计归纳得到表6-4，分析后可以发现：同类型组织中，专家数多的组织初始平均知识储量相对较高，同时组织相互间交流知识量也更多，最终平均知识量高于专家数少的组织；而从平均出入度的对比来看，专家数多的组织个体间知识交流频度有所下降，因为在知识交流后成员间知识差距变得较小，从而无须进一步交流；当专家数相同时，个体间交流频繁的组织平均传播和接受知识量较多，因而最终知识量有显著的提高，因此建立良好的知识交流文化对于组织是很必要的。

表6-4　网络各项指标对比

实验项目	初始平均知识储量	最终平均知识储量	平均入度	平均出度	平均向外传播的知识量	平均吸收的知识量
专家节点数为2，$k=3$	5.907 396	22.718 064	2.825	2.825	16.829 104	16.829 104
专家节点数为2，$k=5$	5.721 944	24.188 839	4.75	4.75	18.625 838	18.625 838
专家节点数为10，$k=3$	9.871 998 5	71.439 19	2.55	2.55	62.484 111	61.567 192
专家节点数为10，$k=5$	9.880 361 9	79.110 613	4.5	4.5	69.230 552	69.230 251

3)组织知识方差演化规律分析

图6-10为 $k=5$ 和 $k=3$ 及专家数为2和10时四组仿真实验知识方差演化的曲线，表示演化过程中组织平均知识方差随仿真步数变化的规律。

由图6-10曲线的横向和纵向对比可以发现，相同网络密集度、专家数少的组织演化时，方差波动较大，但稳态时方差小；相同专家数、网络密集度较高的组织演化时，方差波动小，稳态时方差也较小。因而可以得到以下结论。

(1)专家较少的组织，在知识传播过程中，组织的知识"贫富差距"波动较大，意味着个体为了获取知识而激烈竞争，这对个体养成良好的传播和获取知识的习惯提出较高的要求，否则将会失去竞争知识的优势。而专家较多的组织对个体要求较低，这是因为专家较多时个体间的传播模式变化对组织知识演化进程影响不大。

(2)对于网络密集度高的知识网络，个体间知识交流频繁的组织显然更具优势。频繁的知识交流不仅能降低个体之间传播模式演化对组织的影响，而且个体

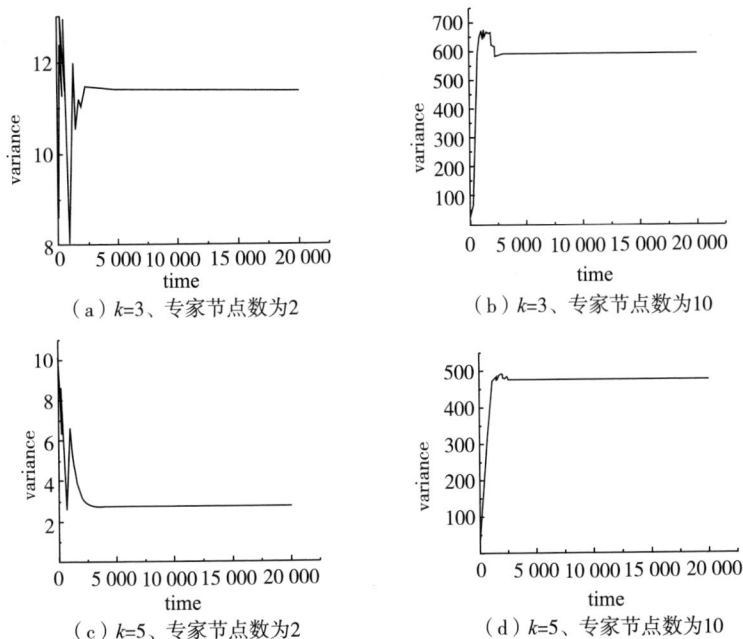

（a）k=3、专家节点数为2

（b）k=3、专家节点数为10

（c）k=5、专家节点数为2

（d）k=5、专家节点数为10

图 6-10 网络知识方差随时间的变化曲线对比图

间的知识差距也小一些。

（3）整体来看，专家较多的组织还是表现出更大的知识方差，即个体间知识量差距较大；而专家较少的组织知识方差较小，即个体间知识量差距较小。

4）初始和稳态知识网络的对比分析

为了分析网络出现上述现象的原因，可通过分析所有节点的情况，统计得出其中的规律。以 $k=5$、专家数为2的实验为例，深入考察网络节点级指标，实验结果如表 6-5 所示。

表 6-5 网络节点参数对比

节点	知识差阈值	初始知识储量	最终知识储量	向外传播的知识量	吸收的知识量
1	0.965 417	5.890 06	24.891 01	25.039 68	19.000 95
2	0.756 786	4.959 75	22.122 67	8.790 09	17.162 92
3	0.253 709	4.923 34	24.891 01	17.760 09	19.967 67
4	0.208 602	4.317 95	23.869 42	11.587 55	19.551 47
5	0.043 798	4.984 36	25.298 41	14.237 4	20.314 05
6	0.183 091	13.963 82	27.177 26	53.635	13.213 44

续表

节点	知识差阈值	初始知识储量	最终知识储量	向外传播 的知识量	吸收的 知识量
7	0.283 983	5.486 01	22.490 76	6.350 46	17.004 77
8	0.046 941	5.636 05	26.303 5	26.859 02	20.667 45
9	0.590 292	4.457 27	24.891 24	15.875 97	20.433 97
10	0.987 811	3.896 06	25.298 41	25.589 97	21.402 35
11	0.971 432	15.186 03	27.177 26	51.191 95	11.991 23
12	0.628 691	3.131 21	24.891 06	18.054 09	21.759 85
13	0.301 672	5.105 83	23.485 68	11.110 25	18.379 85
14	0.894 313	3.919 26	23.203 14	11.196 17	19.283 89
15	0.337 082	3.690 81	24.891 06	20.210 35	21.200 25
16	0.124 997	7.670 37	23.203 52	11.349 17	18.711 98
17	0.530 188	4.308 16	22.122 67	8.147 7	17.814 51
18	0.009 481	4.036 06	21.572 15	6.399 68	17.536 09
19	0.546 014	4.648 79	23.873 88	20.453 38	19.225 08
20	0.535 509	4.227 69	22.122 67	8.678 79	17.894 98

对表 6-5 归纳分析可得到以下结论。

(1)个体向外传播的知识量越大,其吸引力越强,吸收的知识量越大;相反,个体若向外传播的知识量较小,则会影响其后续的知识增长,往往会导致其知识储量排名落后。传播知识量排名前 50% 的个体中 90% 最终知识储量排名提升,传播知识量排名后 50% 的个体中 70% 最终知识储量排名下降。

(2)专家在组织知识传播中扮演很重要的角色,初始与专家建立联系的个体占有起步优势。初始没有和专家建立联系的个体(含 13、17、18、20),最终知识量排名都有所下降,排名全部在后 30% 内。

(3)个体知识传播习惯对自身的知识获取很关键。首先,个体需学会分享,如个体 2、7、14、16 初始与专家个体直接连接,但获取多传播少,渐渐丧失竞争优势,最终知识量排名靠后;其次,个体知识传播模式转化条件不要太极端,具体表现在知识差阈值不要太高或太低。例如,个体 1(0.965 417)、11(0.971 432)知识差阈值太高,难以向外传播,不利于自身的知识增长;个体 18(0.009 481)知识差阈值过低,难以接受外部所传播的知识,太"挑剔",也不利于自身知识的增长。

5)仿真结果总结

通过控制两个网络参数(网络密集度 k 和专家数)对传播模式不断演化时组

织内知识传播过程进行仿真实验，模拟了实际中不同知识交流文化、不同专家数的四类组织，从中发现不同组织其知识传播效果区别很大。知识交流意识淡薄、专家数量少的组织最终平均知识储量最低，方差较小，演化过程中个体间的知识差距在波动中扩大，知识竞争激烈；知识交流意识淡薄、专家数量多的组织最终平均知识储量较高，方差最大，演化过程中个体间的知识差距稳定增长，知识竞争较小；知识交流文化浓厚、专家数量少的组织最终平均知识储量较低，方差最小，演化过程中个体间的知识差距在波动中减小，知识竞争激烈；知识交流文化浓厚、专家数量多的组织最终平均知识储量最高，方差较大，演化过程中个体间的知识差距稳定增长，知识竞争较小。

从仿真实验中很容易发现，专家数量是组织最终知识量、知识差距(专家和一般个体差距不可完全消除)的决定因素，而组织的知识分享氛围则影响了组织知识的扩散，良好的知识交流文化能促进知识更顺利地传播，从而最终提高组织的知识量，降低个体间的知识差距。因此，要构建知识型组织有必要引进更多专业人才，加强组织文化建设。

6.4　宏观层面的知识协调模型

实践社区和在线合作社区是重要的非正式组织形式，它们在隐性知识传播方面有着独特的作用。埃蒂纳·温格提出的实践社区，表示有着同样的目标、同样的工作或者同样的兴趣的一群人，通过在不断发展的基础上相互影响，就他们共同关注的问题进行讨论，形成一种或多种观点从而促进知识共享，加深某一领域的知识和专业技术。随着信息技术的普及，大型的组织都建立了先进的信息系统，通过在线交流的形式将不同地域、不同部门的信息(知识)互联，因此在线合作社区在企业知识共享中扮演了重要的角色。

为研究非正式组织中的知识协调机制，下面分别对上述两个典型的非正式组织中社区网络结构和观点特征要素进行分析，构建宏观层面的社区网络结构和个体观点共同演化模型，以揭示社区网络中个体的观点和网络结构相互影响作用的机制。

6.4.1　实践社区知识协调模型

1. 社区网络与观点特征要素分析

在实践社区中，社区内部成员之间基于共同观点构建自己的社区朋友圈，进而形成具有不同网络结构的社区组织，如言论社区、各种消费品牌社区及美食分享社区等。不同的社交朋友圈也影响着个体的观点。由此可见，个体建立朋友圈时，受到周围邻居观点的影响；不同社区组织中其他成员的观点对个体观点也会产生不同的影响。这种个体观点和个体所处网络结构的相互影响在实践社区中得到更为突出的体现。

在实践社区中,人们的观点和所处的网络结构相互作用。也就是说,个体的观点状态影响网络邻居的观点状态,同时也对个体所处的网络结构产生影响;而网络结构又会影响个体观点交流的对象,进而影响个体观点。两者之间相互影响、相互作用。

实践社区中的事件往往具有多维属性,个体依据自己感兴趣的方面对事件进行评论或发表博文,针对不同的角度进行探讨。也就是说个体的观点是多维度的,在相互探讨的过程中,个体逐渐完善对事件的认识,改变自己的观点或影响他人的观点,进而达成共识。因此,个体之间的这种交互行为也可看做一种观点的交流。观点具有多维的特性,并且个体观点的转变往往是从某一维度上逐渐改变,进而引起质变。在实践社区中,采用多维向量的方式表示观点是十分必要的。

在观点演化和个体关系的变动中,人作为观点交流传播的主体,人和人之间的关系也就构成了观点交流传播的初始网络,这也是模型考察的重点。下面重点对实践社区中人(节点)的观点属性、个体所处的环境(网络结构)及人的行为特征进行探讨,这也是实践社区和观点共同演化问题的要素。

(1)主体。主体在本模型中主要是进行观点传播活动的个体,可以是现实中的人,也可以指虚拟网络中的网民。主体具有多种属性特征,如兴趣爱好、行为偏好和移动性。

(2)观点。观点是指个体的观点意识、行为方式、思维习惯,指代多个方面。个体拥有观点属性,观点属性是多维度的,其决定或者影响个体的行为特征。在交互过程中,个体之间在不同程度上相互影响,进而个体观点发生相应变化,也就是个体在某一维观点属性值发生变化。

(3)个体间关系。模型中个体关系是指网民建立的关注或粉丝关系等,这种关系构成了观点交流的初始网络。个体在网络中交互形成自己的观点,同时自己的观点也构成其他个体的社会观点环境;个体间建立的联系表明个体的社会关系,构建其实践社区环境。

(4)个体行为特征。个体在观点交流网络中主要有两种行为特征:一种是与周围邻居进行观点交流,个体间观点差异小于阈值时学习不相同的观点;另一种是个体会进行邻居关系的调整——断开与某邻居的联系,重新寻找新的邻居建立联系。这两种行为相互影响,共同对实践社区和个体观点演化起作用。

(5)个体行为特征的规则。个体在进行两种不同的行为活动时,要遵循相应的规则机制。首先,个体之间发生观点交流要满足观点差异小于交流阈值,个体的观点属性会发生相应的变化,也就是观点交流规则;其次,个体进行邻居关系调整时，如何选择新的邻居节点，如何断开与原有邻居的关系，都需要相应的规则约束，这也就是邻居关系调整规则。基于个体对邻居观点信息的获得性，在选择新邻居节点时将主要考察二阶邻居内的相似节点和非邻居随机节点。

实践社区中的观点演化和网络结构相互影响的问题是一个典型的复杂适应性系统问题，为此可采用基于 Agent 建模与仿真的方法对实践社区和多维观点的共同演化问题进行研究[38]。构建 Agent 模型时需考虑以下问题。首先，事物本身具有多面性，个体观点也应该从多维度来表达，模型中将采用多维离散向量描述观点。其次，在人际观点交流中通常存在同类相吸现象，即观点差异过大的个体间很难交流沟通。根据这一现象可事先设定个体关系调整机制。基于以上社会机制，在深入分析观点和群体组织相关特性的基础上进行 Agent 建模仿真实验，分别从群体观点和网络结构属性两个方面对观点和实践社区的共同演化进行分析。

2. 多维观点与社区网络共同演化模型构建

以微博关注网络为例说明建模思路。在微博关注网络中，博主和粉丝之间相互影响主要表现在他们之间的相互评论及关注或粉丝关系的建立与否，在这一过程中呈现观点和网络结构的相互影响。多维观点与社区网络共同演化模型主要包括以下三个方面。

(1)个体 Agents 集合用 $I=\{1, 2, \cdots, N\}$ 来表示。

(2)个体的属性观点。观点表示的方式有很多种。例如，通过实数进行量化，用 0、1 组成的二维向量，表示两种不同的观点状态。鉴于观点的多维特征，以下采用多维的离散向量表示个体观点。

(3)个体处在初始网络中，并且相互联系。在该网络中，节点代表网络中的个体，边代表网络中个体间的社会关系。所以可以得到：初始网络定义为 $G=(I, E)$，I 为个体的集合，E 为边集。对网络中任意的节点 $i, j \in I$，若节点 i 和节点 j 之间有联系，也就是之间有边，那么 $\delta_{ij}=1$，否则 $\delta_{ij}=0$。这样，边的集合 $E=\{(i, j) \mid \delta_{ij}=1, i、j \in I\}$。

1)模型基本假设

基本假设如下。

(1)一段时间内，社会网络规模不发生变化，即网络中的节点和边的数目不发生变化。

(2)个体进行观点交流的条件是个体之间具有一定程度的相似性，即个体之间观点属性值在一定阈值范围内。对于多维观点，两个个体间观点的总体相似度通常取决于彼此在多少个维度上的观点值一致；相同的维度越多，个体之间观点越相似。个体之间的观点差异用海明距离度量。海明距离越大，个体之间差异越大，个体之间观点越不相似。

(3)个体在社会网络中受到环境的影响，会调整邻居关系，也就是变更自己所处的环境，按照相关的规则断开与一个邻居的联系，建立新的邻居。也就是在这种社会网络和观点共同演化的过程中，观点和网络结构都具有动态变化的特性。

2)模型基本流程

多维观点与社会网络共同演化模型的具体流程步骤如下。

步骤 1　构建初始随机网络(也就是社会网络)，网络有 N 个个体，共有 M 条边，并设置每个个体的观点属性。

步骤 2　从社会网络中随机选取一个 Agent 作为活跃个体 i。

步骤 3　个体 i 要么与一个随机邻居进行观点交流，要么对其邻居关系进行调整。个体 i 以概率 p 与邻居进行观点交流，改变自己的观点；否则，个体 i 调整邻居关系，连接一个新的非邻居个体，并随机断开一个邻居。

步骤 4　更新个体 i 的观点属性及个体之间的关系，也就是网络结构的变化。

步骤 5　重复步骤 2、步骤 3 和步骤 4，直到迭代次数达到预先指定的上限 $T_{\max}$。

从模型的基本流程来看，模型涉及三个参数，其中各个参数是对网络不同的特性的描述，为社会意见管理者的分析引导提供借鉴意义。不同参数的含义分别如下。

参数 p 代表社会网络的结构稳定性，也就是个体更愿意维持现有的邻居关系不变，与邻居进行交流。这反映了一种社会影响的频率，现实的社会情境中亦是如此，个体一旦进入一个组织中，其交流关系在一段时间内是相对稳定的，在组织内部之间良好的沟通协调才能发生更好的化学反应。

参数 v 代表个体观点的同类相吸性和网络结构的内聚性。相关学者对找工作的过程进行研究发现，提供工作信息的人往往是弱关系，也就是朋友的朋友，而并非直接朋友。基于个体对朋友的朋友的信息获得性更强，模型中设置邻居关系调整时也采用这一机制。此外，这种关系的关系在社会生活中应用广泛，如系统推荐、口碑营销等，值得进一步研究。

参数 d 代表个体对观点异质性的容忍度，d 越大，表示个体越能接受观点的多样性，受到的社会影响越强；相反，个体对多样性要求苛刻，表明个体更愿意和自己相近的人交流。社会中个体之间特性多样，对于异质性的容忍度也不尽相同。模型中阈值反映了组织或团体对差异性容忍度的一种整体性的环境状态，环境条件下所有个体的差异性容忍度相同。

观点交流机制和邻居关系调整机制将在下面详细介绍。

3)模型机制设置

第一，观点交流机制。

观点表示方法参照 Axelrod 传播模型中的文化表示，即 Agent 的观点属性值采用离散的多维向量表示，本模型采用 4×3 维离散向量，也就是观点共有 4 个维度，每个维度有 3 个属性。个体的观点属性值用 $\boldsymbol{O}(i)$ 来表示。$\boldsymbol{O}(i) = (O_1(i), O_2(i), \cdots, O_f(i), \cdots, O_F(i))$，其中，$O_f(i) \in \{0, 1, 2, \cdots, S\}$ 为个体 i 第 f 维属性值，$f = 1, 2, \cdots, F$。各属性值代表观点在该维度上的不同看法，不具有量化特性。

此外，由于观点具有多个维度且抽象复杂难以量化，模型使用海明距离来描述两种观点在多个维度上存在差异，也就是观点差异位数。个体之间的观点交流还受阈值 d 的影响。当个体间观点差异位数大于给定阈值时，个体之间缺少交流的基础，存在交流障碍而无法进行交流。否则，个体间观点差异位数在给定阈值范围内，两个体进行观点交流，即交流中个体选择观点属性不同的维度进行学习。模型中交流过程示意图见图 6-11，具体的交流过程如下。

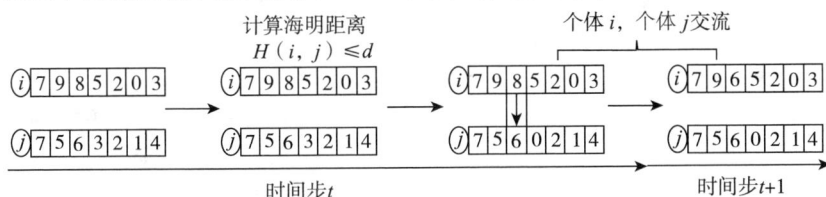

图 6-11　模型中交流过程示意图

第一步　计算 Agent i 与 Agent j 之间的海明距离 $H(O(i), O(j))$，即

$$H(O(i), O(j)) = \sum_{f=1}^{F} \delta_{O_f(i), O_f(j)} \tag{6-3}$$

$$\delta_{x,y} \begin{cases} 0, & x=y \\ 1, & x \neq y \end{cases} \tag{6-4}$$

其中，$O(i)$、$O_f(i)$ 分别为个体 i 的观点属性和个体 i 在第 f 维度上的观点属性值。

第二步　如果 $H(O(i), O(j)) \leqslant d$，说明个体 i 及邻居 j 是相似的。个体 i 随机选择与邻居 j 不同的一位进行交流，即时间步为 t 时，$O_f(i) \neq O_f(j)$，但时间步为 $t+1$ 时，$O_f(i) = O_f(j)$。

第三步　如果 $H(O(i), O(j)) > d$，说明个体 i 及邻居 j 是不相似的。个体 i 与个体 j 保持观点属性不变，此次交流失败。

此处阈值 d 的作用与观点动力学模型中采纳的"有限信任"规则是一致的。也就是两个个体间的观点要在一定的信任区间内，个体之间才有可能发生交流。观点之间差异过大或者没有差异都会影响个体之间的观点交流。

个体观点交流的规则是个体观点受到"同类相吸"和"社会影响"的集中体现。

个体观点受到社会影响，观点会发生变化，最终表现为同种观点的人聚集到一起。模型中引入参数 d 来描述社会影响的强弱。阈值越大，表明个体观点越容易受到影响，个体改变自己观点的倾向越大；而阈值较小时，个体对自己观点具有一定的坚定性。所以，通过阈值 d 来研究同类相吸和社会影响对群体观点的影响。

第二，邻居关系调整机制。

个体 i 在进行邻居关系调整时采用下面的规则，如图 6-12 所示。

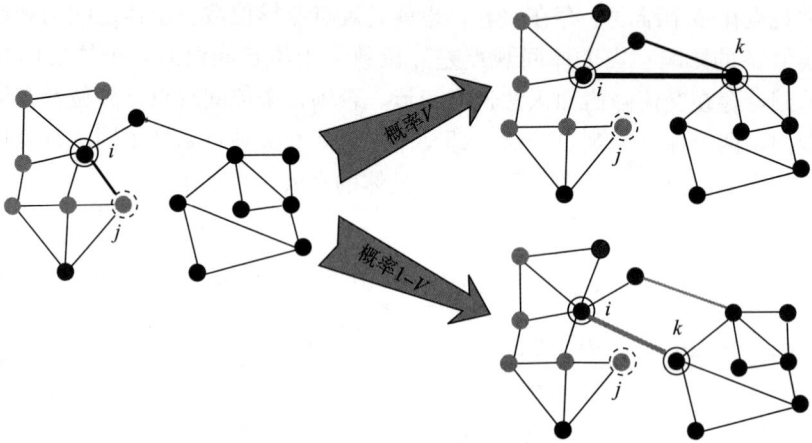

图 6-12　模型中的邻居关系调整

第一步　个体以概率 v，从邻居的邻居(朋友的朋友，也就是二阶邻居或朋友)中随机选择一个与 Agent i 相似的个体相连，否则(以概率 $1-v$)从整个群体中随机选择一个非邻居个体 k 进行连接。

第二步　如果通过步骤一，Agent i 成功地选到一个新邻居 k，那么随机断开一个现有邻居个体 j，与新选择的个体建立新边。

个体邻居关系调整规则本质上是模拟人类社会中个体迁移的一种简单方法。参数 v 用来衡量个体的同类相吸性和网络结构的内聚性。高的 v 值对应于局部聚簇的高内聚性，个体更倾向于在局部群体中选择相似个体建立连接而不是全局(远程)连接，这种局部的环境对个体的吸引力更大；相反的，对于低的 v 值，局部聚簇的内聚力很低，个体更趋向于建立远程连接。从另一个角度来说，v 也衡量了团体或社区的内聚性。高的 v 值意味着社区结构内聚，并且社区成员个体观点相似度高；而低的 v 值表明社区成员对观点及网络结构都有一定的宽容性。因此，通过邻居关系调整试图研究这种内聚性和宽容性对社会网络结构的影响。在个体关系调整机制中，这种位置的变动，使由于空间位置而不能交流的个体(非邻居个体)之间发生交流，显然其促进观点的交流。所以，观点交流会通过阈值影响到个体邻居关系的调整；反过来，个体在社会网络中所处的位置会对观点传播产生影响。基于此模型，后面将通过 Agent 建模与仿真的方式来考察观点交流和个体邻居关系调整，以及两者之间的相互影响。

3. 模型参数设置及考察指标

1）模型参数设置

设定网络中有 $N=500$ 个个体和 $M=5\,000$ 条边，这些边是无向边并且不允许重复边的出现。每个 Agent 的初始观点属性设置为 4 维离散向量，如 $O(i)=$ [0 0 1 2]。设定迭代次数上限为 $T_{max}=800\,000$。由于观点属性维度是 4，那么观点交流阈值 d 的范围为 $0\sim4$。其中 $d=0$ 时，两个体观点属性完全相同，交流前后观点属性未发生变化；而 $d=4$ 时，两个体观点属性完全不同，完全没有相似度基础，存在交流障碍，与观点交流机制中个体间有相似之处才可交流矛盾，所以在实际的实验中阈值 d 的范围为 $1\sim3$。

2）模型考察指标

社会网络中，群体成员的群体特征及成员之间的相互关系对企业精确划分用户进行营销意义重大。因此，在仿真实验中将从两个角度进行衡量，分别考察社会网络的观点属性和结构属性。

观点属性方面定义了三个宏观统计指标，即观点数目、观点群组和观点簇群。其中，观点数目表明个体在存在异质性时最终对同一事物会有几种观点，可以将群体依据观点（兴趣爱好的表征）划分成几类。

结构属性关注成员之间联系的紧密程度，据此定义两指标，即平均最短路径长度（average path length）和聚集系数。两个指标结合起来衡量网络结构是否具有小世界属性，也就是成员之间是否形成了具有一定观点共识的社区结构。

（1）平均最短路径长度。网络中两个节点 i 和 j 之间的距离 d_{ij} 就是连接着两个节点的最短路径中的边数。网络的平均路径长度（也就是网络的特征路径长度）为网络上任意两个节点间距离的平均值。网络中任意两个节点之间距离的最大值为网络直径。最近的研究表明，尽管许多网络中节点数目众多，但网络的平均最短路径长度却小得惊人。

（2）聚集系数（clustering coefficient）。聚集系数和平均最短路径长度是小世界特性的两个重要特征，所以它们经常一起被提到。聚集系数用来描述网络中节点聚集程度。例如，在你和朋友的关系网络中，你的两个朋友之间很可能彼此也是朋友。所以，定义节点 i 的聚集系数 C_i 等于与节点 i 相连的三角形的数量除以与节点 i 相连的三元组的数量，而整个网络的聚集系数就是所有节点聚集系数的平均值。事实上社会关系网络并不是完全随机的，而是在某种程度上具有类似于"物以类聚，人以群分"的特征，具有很高的聚集特性。

4. 仿真结果及分析

社会网络中，考虑到社区内个体数目在一定程度上保持动态稳定，且个体之间的连接数也基本相同，少数个体的连接数目较大或较小。所以，在仿真实验中，社会网络初始为一个随机网络，保证网络规模不变，即网络中个体数为 $N=$ 500，边的总数为 $M=5\,000$。对于这样的 N 和 M 值，边的密集程度使初始形成的随机网络是连通网络。

根据前面的设置，下面从静态网络（$p=1.0$）和动态网络（$0<p<1.0$）条件下，分别对网络结构和观点的仿真实验结果进行分析。

1）静态社会网络中网络结构和观点的演化

第一，网络结构的演化分析。

此情境下整个系统只进行观点交流，不涉及网络结构变化，那么 $C/C_0=$ 1.0，$L/L_0=1.0$〔其中，C_0、L_0 表示初始随机网络的聚集系数和平均最短路径长度；C/C_0 表示当前网络的聚集系数和初始网络（随机网络）的比较值，同理可知 L/L_0 的意义〕，整个过程中网络一直是随机网络，结构特性不发生变化。

第二，观点的演化分析。

$d>1$ 时（$d=2,3$），不论参数 p 和参数 v 取何值，最终所有节点都会达成观点共识，观点数目都是一种。阈值参数 d 越大，汇聚的速度就越快，详细情况见图 6-13。阈值参数越大，表明个体对异种观点的容忍度越高，这样越有利于达成共识。由此可见，群体达成共识由成员对观点多样性的容忍度决定，而不受组织环境的氛围和个体移动性的影响。在对观点多样性的特定容忍条件（本模型中 $d=1$）下，会出现多种观点共存的现象。

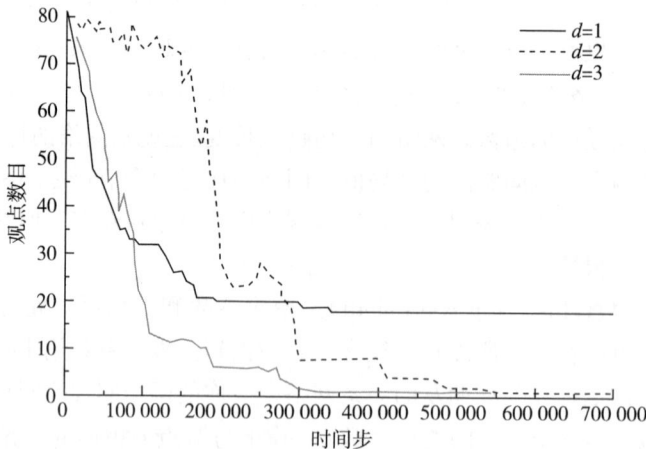

图 6-13　观点数目随 $d=1$、2、3 的变化（$p=1.0$）

$d=1$ 时，个体进行观点交流，系统稳定性高，个体的组织认同感强。

从图 6-13 中可以看出，在 $p=1.0$ 的情况下，当 d（阈值）>1 时，整个社区中的观点最终达成共识，观点的数目为 1。其中阈值 d 越大，达成观点共识的速度越快；在 $d=3$ 时，运行到 300 000 时间步后达成共识，$d=2$ 时，需要用 500 000 步。但 $d=1$ 时，最终剩余观点平均为 20 种，观点之间的差距大于阈值，各种观点间不再发生交流，这与基于有界信任的意见动力学模型的研究结果也是一致的。阈值（置信边界）表明了个体在交流中对观点多样性的容忍度，个体对观点多样性容忍度越大，对观点多样性越包容，越利于达成观点共识。

第三，观点群组和观点簇群的演化分析。

所谓观点群组，表示相同观点属性的个体集合，而观点簇群表示个体彼此联通的观点群组，其不仅具有共同的观点特征并且联系紧密。所以，观点簇群可理解为整个网络中具有相同观点的小社区。

$d>1(d=2、3)$ 时，所有节点会达成共识，是同一个观点群组，也是同一个观点簇群，整个网络是一个大社区。

$d=1$ 时，个体只进行观点交流。在此参数下，整个系统中观点群组数为 18，而形成的观点簇群为 20 个，就是说一种观点群组形成了多个观点簇群，这主要是因为观点相同的个体由于物理位置不直接相连，无法进行观点交流。

整个系统中只进行观点交流时，可简化上述模型，来研究参数 p 变化时对观点群组和观点簇群的影响，主要针对观点群组、观点簇群的大小及变异性进行分析。具体研究结果将在下面进行详细分析说明。

综合以上的分析可知，静态社会网络中网络结构不发生变化。阈值越大，观点越容易汇聚，在 $d>1$ 时，所有观点达成共识；在 $d=1$ 时，会出现多种观点共存的情形，此时形成的观点群组与观点簇群不相对应。由于个体物理位置不直接相连，所以出现一种观点群组对应多个观点簇群的情形。因此，社会影响越强（阈值越大）越利于群体观点共识的达成。

2）动态社会网络中网络结构和观点的演化

第一，网络结构的演化分析。

$d>1(d=2、3)$ 时，无论参数 p 和参数 v 的取值是多少，最终所有节点都会达成观点共识，整个系统为随机网络状态。$C/C_0=1.3$，$L/L_0=1.1$，与初始随机网络结构特性区别不大，整个网络不出现社区结构。从图 6-13 分析知，当 $d>1$ 时，所有节点达成观点共识。而当前网络下，二阶邻居节点范围与全局非邻居节点范围基本一致，网络中节点平均差异小于等于 2，这样选择二阶相似邻居与随机选择效果相同。所以整个系统中在进行个体邻居关系调整时，选择二阶相似邻居和全局随机邻居个体是一样的，这样就等价于在随机网络的基础上进行随机选择，网络结构特性也不发生变化。

$d=1$ 时，$0<p<1.0$，个体进行观点交流和邻居关系调整。

图 6-14 展示了整个系统在演化过程中出现的三种不同的状态，其中颜色表示不同的观点。当 $d=1$、$0<p<1.0$ 时，如果 $v<0.3$，社会网络的聚集系数和平均路径长度都比较小（$C=0.041$，$L=2.391$），与初始随机网络相比没有太大区别[图 6-14（A）]；如果 $0.3 \leqslant v \leqslant 0.5$，社会网络会进入图 6-14（B）状态，这种状态可看做小世界状态——聚集系数比较大（$C=0.348$），平均最短路径长度较小（$L=4.52$）；如果 v 继续增大，社会网络依旧为小世界状态，如图 6-14（C）所示，此时聚集系数也会继续增大（$C=0.432$），所花时间步数也将更少。

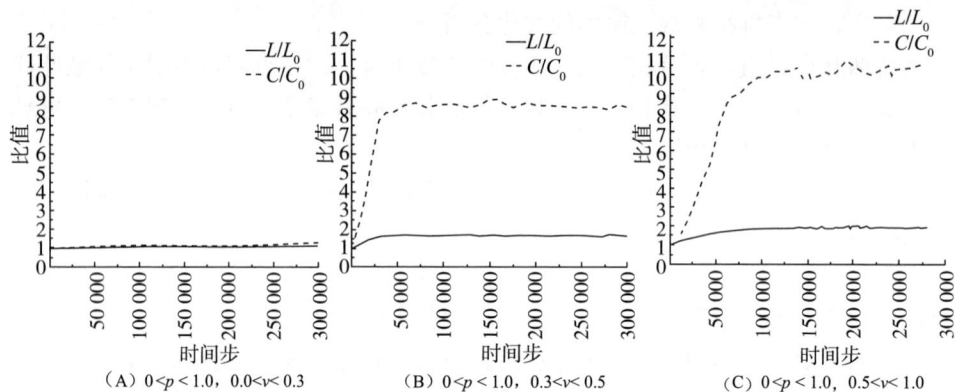

（A）$0<p<1.0$，$0.0<v<0.3$　　（B）$0<p<1.0$，$0.3<v<0.5$　　（C）$0<p<1.0$，$0.5<v<1.0$

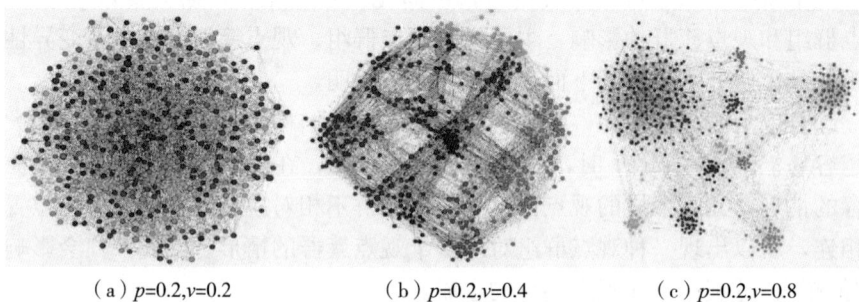

（a）$p=0.2,v=0.2$　　　（b）$p=0.2,v=0.4$　　　（c）$p=0.2,v=0.8$

图 6-14　$d=1$ 时，不同 $p-v$ 参数范围下的三种网络状态

表 6-6 给出了模型演化到稳定状态时出现的三种网络结构状态及网络结构特性，网络结构呈现出 $L/L_0=1.932$、$C/C_0=8.097$ 和 $L/L_0=1.671$、$C/C_0=10.532$ 两种情形，网络聚集性明显加强，具有小世界特性。从参数空间来看，随着参数 v 的增大，网络结构演化形成的终态结构的小世界特性逐步明显。当 $v<0.3$ 时，社会网络呈现随机网络的特征；当 $0.3<v<0.5$ 时，社会网络开始出现小世界特性；而当 $v>0.5$ 时，社会网络出现明显的小世界现象。这说明在二阶邻居内是否选择相似邻居决定了是否会出现小世界状态。

表 6-6　三种网络结构状态

参数	图 6-14(A)随机网络	图 6-14(B)小世界	图 6-14(C)小世界
L	2.391	4.542	4.303
C	0.041	0.348	0.432
L/L_0	1.073	1.932	1.671
C/C_0	1.052	8.097	10.532
参数空间	$0<p<1.0$, $0<v<0.3$, $d=1$	$0<p<1.0$, $0.3<v<0.5$, $d=1$	$0<p<1.0$, $0.5<v<1.0$, $d=1$
典型参数	$p=0.2$, $v=0.2$, $d=1$	$p=0.2$, $v=0.4$, $d=1$	$p=0.2$, $v=0.8$, $d=1$

　　由以上分析可知，整个系统中进行网络结构调整后，个体同类相吸和结构内聚性对社会网络形成小世界具有明显的作用，特别是参数 $v>0.5$ 时。从模型的设置来看，$v>0.5$，意味着个体在交互过程中是从关系的关系中选择相似的个体建立新的邻居关系。这样的邻居不仅观点相似，而且结构内聚。当交互过程进行到一定程度时，观点之间的差距使相似观点个体之间相互维持在一起，形成一定致密性的组织，而不容易再次断开（即便是某次被迫断开，由于 $v>0.5$，重新连接到一起的机会也更大，即再次连接到一起的概率也更大，从而维持了相对稳定），也就是出现网络社区结构。从图 6-14 中亦可清晰地看到上述结论。进一步比较图 6-14(B)和图 6-14(C)两种网络状态，在图 6-15 中发现模块系数也具有同样的变化趋势，即参数 v 越大，模块系数越大，社区结构也就越清晰。

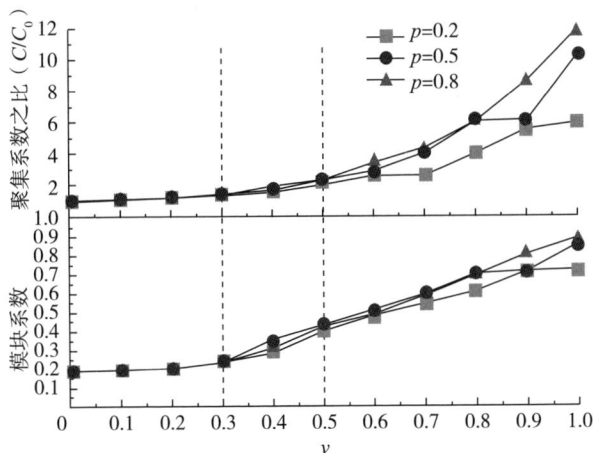

图 6-15　网络终态模块系数与聚集系数变化倍数（$d=1$）

　　从表 6-7 中针对上述模型中出现的两种小世界网络特性进行对比分析可以看出，图 6-14(C)中的小世界状态网络内部的聚集性更高（各个社区聚集系数均值比较，0.421＞0.290），社区内形成的三角形数目更多(三角形数目＝各个社区的聚集系数×社区边数之和，930＞830)，社区内部的边更加密集(各个社区内部边之和，4 185＞2 893)，而社区之间的长程边的数目相对稀疏。

表 6-7 两种小世界状态

网络属性 社区	图 6-14(B)小世界				图 6-14(C)小世界			
	节点数	边数	直径	聚集系数	节点数	边数	直径	聚集系数
社区 1	101	725	4	0.267	169	1 485	3	0.127
社区 2	77	471	4	0.282	118	993	4	0.148
社区 3	75	367	6	0.285	83	667	3	0.206
社区 4	65	267	4	0.308	64	526	3	0.260
社区 5	61	336	4	0.306	32	268	2	0.538
社区 6	61	358	4	0.286	26	218	2	0.671
社区 7	58	369	3	0.302	8	28	1	1
社区 8	1	0	0	0	—	—	—	—
社区 9	1	0	0	0	—	—	—	—
均值	—	—	—	0.290	—	—	—	0.421
各社区内 边总和	—	2 893	—	—	—	4 185	—	—
整个网络	500	5 000	5	0.348	500	5 000	4	0.432
初始网络	500	5 000	4	0.041	500	5 000	4	0.041
典型参数	$p=0.2$，$v=0.4$，$d=1$				$p=0.2$，$v=0.8$，$d=1$			

由图 6-14(B)和图 6-14(C)对应的两种小世界状态，其参数为 $0.3 \leqslant v \leqslant 0.5$ 和 $v > 0.5$ 的情形可以看出，只要 $v > 0.3$，就会出现小世界特性的结构，但在 $0.3 \leqslant v \leqslant 0.5$ 时，出现的小世界网络状态不稳定，且聚集性和社区结构都不明显。分析其可能的原因是模型机制设定中随机选择的作用对网络结构起到重要的影响，在一定的程度上对形成小世界网络结构起到破坏作用。此时的随机选择在某种意义上阻碍因结构内聚作用而连接的相似个体，也就相当于断开相似个体，不利于小世界结构的形成。当 $0.3 \leqslant v \leqslant 0.5$ 时，随机选择的概率更大($0.5 \leqslant 1 - v \leqslant 0.7$)，对于已经形成的致密组织而言，随机选择不仅阻碍从关系的关系中连接相似个体，而且还会破坏原有的组织结构。由于随机断开一邻居节点，即便某次断开相似个体，而 $0.3 \leqslant v \leqslant 0.5$ 时，重新连接到随机选择的个体的机会更大，这样降低了从关系的关系中连接相似个体的概率，从而破坏了这种结构，不利于小世界结构的形成。

第二，观点的演化分析。

$d>1(d=2,3)$ 时，无论参数 p 和参数 v 取何值，最终所有节点都会达成观点共识，共识达成的速度和阈值 d 正相关。

$d=1$ 时，$0<p<1.0$，个体进行观点交流和邻居关系调整。从邻居关系调整的角度来说，观点也会呈现出如图 6-14 中所示的三种情形，具体见图 6-16。

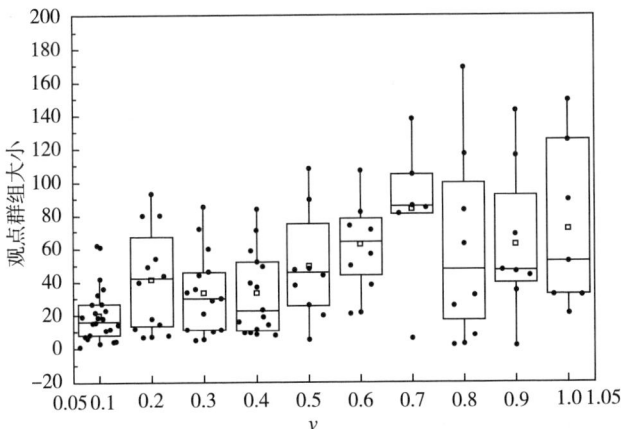

图 6-16　$p=0.2$，$d=1$ 时，不同参数 v 下，观点群组大小箱形图

在图 6-14(A)状态下，观点群组数目超过 10 种(其中，观点数目 17、10、12 分别对应参数 p 的值为 0.1、0.2、0.3)，并且群体中存在可交流的观点，但由于物理位置上不直接相连，其依旧不可交流。而在图 6-14(B)状态和图 6-14(C)状态下，观点进一步汇聚，社会网络中出现社区结构，同一个社区中只有一种观点，观点差异超过阈值不可进行交流。观点群组的大小也呈现不同的分布情形。从图 6-16 中可以看出，在此参数条件下，图 6-14(A)状态中剩余观点数目较多(图中点比较多)，且各观点数目的离散程度较小(箱子比较矮)，观点群组的数目相对均匀，都在 20 左右，没有观点数目特别大的群组($0<v<0.3$)。随着参数 v 的继续增大，观点进一步汇聚，观点群组数目开始出现离散状态(箱子长度增加)，个别的观点群组数目超过 100($0.3<v<0.5$)。当 $0.5<v<1.0$ 时，观点会更加汇聚，离散程度也进一步增强，出现观点数目较大的群组。从总体的趋势来看，随着 v 增大，会出现观点数目较大的群组，从上面的分析可知，也就是出现社区大小分化的情形。这主要是由于关系调整使相似节点出现局部汇聚，进而观点交流后变为一致，出现社区规模较大的现象。

从观点角度来看，由图 6-17 中个体进行观点交流和邻居关系调整可以看出，阈值 $d=1$，整个社会网络中剩余观点为 $8\sim15$ 种，与图 6-13(只有观点交流情形)中 $d=1$ 时相比，观点数目进一步减少，可见整个社会网络中引入个体邻居关系调整会进一步促进观点交流。分析原因是：个体关系调整使原来社会网络中由于物理空间距离不直接相连的相似节点有了交流的机会，所以观点数目会进一步减少。也就是物理空间距离决定了个体能不能交流，个体的移动性会进一步促进观点交流，组织成员内部合理的关系变动更利于群体观点的共识达成，观点更加汇聚。

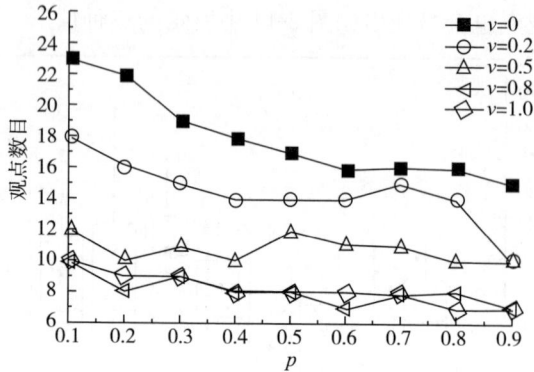

图 6-17　观点数目随参数 p 的变化

　　随着参数 p 的增加，整个社会网络中观点数目在减少，也就是说组织给个体更好的认同感，个体更愿意进行观点交流，观点交流程度越大，观点也越容易汇聚。从 $v=0.2$、0.5、0.8 的三条不同曲线来看，参数 v（二阶邻居内选择相似个体）取值越大，观点汇聚程度越高，剩余观点数目越少。在 $v=0$ 和 $v=1.0$ 时，个体邻居关系调整只选择非邻居节点和二阶相似节点，比较这两条曲线可以看出，随机选择非邻居节点也可增强观点汇聚程度，但其没有选择二阶相似节点作用明显（$v=1.0$ 时，观点数目在 $7\sim10$ 变动；而 $v=0$ 时，观点数目在 $15\sim23$ 变动）。参数 p 增加，整个社会网络的稳定性增强，个体更倾向于进行观点交流，加强观点的汇聚程度。在一定的交流范围内（个体移动性固定），个体的组织认同度对观点汇聚至关重要。

　　纵向分析来看，参数 p 固定为某一参数时，随着参数 v（$0\sim0.5$）的增加，观点汇聚进一步加强。参数 v（$0.8\sim1.0$）进一步增加，剩余观点数目小幅度波动变化，波动范围在 $0\sim1$。参数 v 的增大意味着个体选择新邻居时更倾向于选择二阶相似节点，选择的新邻居一定可以进行交流，进一步促进观点汇聚。交流到一定程度会达到某个临界值，此时引入个体移动性会进一步提高观点的汇聚程度。

　　表 6-8 进一步说明了观点群组的数目随着参数变化的情形。观点群组数目随着参数 p 的增大而减小，观点交流的概率越大，观点汇聚越明显，最终剩余的观点数目越少。在参数 v 较小（0.2、0.5）时，剩余观点数目极差（最大值和最小值之间的差）为 8（$18-10=8$ 或 $23-15=8$），而随着 v 的增大（0.8、1.0），剩余观点数目极差变为 3（$10-7=3$）。由此可见，v 较小时，观点交流概率（也就是参数 p）对剩余观点数目起决定作用，参数 p 越大，剩余观点数目越少；反之，

参数 p 越小，剩余观点数目越多。然而 v 较大时，参数 p 的大小对剩余观点数目作用不明显，也就是说从对比两种增强观点汇聚程度的方式来看，个体选择二阶相似邻居的方式要明显优于加强观点交流概率得到的效果。例如，在 $p=0.2$、$v=0.2$ 时，观点汇聚达到一定的临界值 16，此时剩余 16 种观点并保持不变；在 $p=0.3$、$v=0.2$ 时，观点会进一步汇聚，但最终只能汇聚到 15 种观点；而 $p=0.2$、$v=0.3$ 时，观点也会进一步汇聚，且最终汇聚到 10 种观点。

表 6-8　观点群组数目随着参数 p 与 v 的改变情况

p	v				
	0	0.2	0.5	0.8	1.0
0.1	23	18	12	10	10
0.2	22	16	10	8	9
0.3	19	15	11	9	9
0.4	18	14	10	8	8
0.5	17	14	12	8	8
0.6	16	14	11	7	8
0.7	16	15	11	8	8
0.8	16	14	10	8	7
0.9	15	10	10	7	7

第三，观点群组和观点簇群的演化分析。

$d>1$（$d=2$、3）时，无论参数 p 和参数 v 取何值，所有节点最终会达成观点共识，整个社会网络为随机网络，是同一个观点群组，也是同一个观点簇群。

$d=1$ 时，$0<p<1.0$，个体进行观点交流和邻居关系调整。

图 6-18 显示观点群组和观点簇群数目吻合，即一种观点群组就是一个观点簇群。与上面的结论对比发现，个体具有的移动性所表现出来的关系调整使原来不直接相连的观点相似个体在一起进行交流，进一步验证了关系调整促进观点交流的结论。从网络结构来看，参数 v 较大时（$v>0.5$）时才会形成具有社区结构的观点簇群。从图 6-18(a)中可看出，p 较小（0.2）时，可形成规模较大的观点簇群［图 6-18(a)中，0021 观点簇群大小为 200，而其他的都小于 100，总共 10 个］；而在图 6-18(b)中，p 较大（0.8）时，各观点群组的大小分布较图 6-18(a)相对均匀（大小超过 100 的只有一个观点群组，其他的大小在 50 左右，总共 6 个）。分析可能的原因是：群体内观点交流发生的机会小，容易产生局部的汇聚。此时个体更倾向于选择二阶相似的邻居，使观点呈现一种排序状态，相似观点连接在一起。从 Schelling 种族分割模型看，满足肤色要求的个体聚集到一起，出现相同

肤色的簇群。

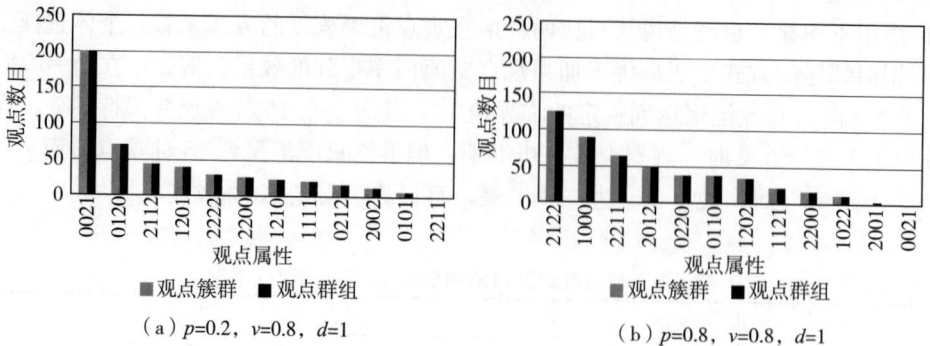

（a）$p=0.2$，$v=0.8$，$d=1$　　　　　（b）$p=0.8$，$v=0.8$，$d=1$

图 6-18　不同 p 值下观点群组和观点簇群演化

社会网络中不同的言论社区具有上述鲜明特点，社区内部成员之间观点相同，由于观点相同，彼此之间建立联系。在言论社区中，个体间观点不同时，个体更倾向于和自己观点相似的个体建立联系，观点差异会导致个体没有联系。所以，在言论社区中对某一问题尽管会出现几种不同的观点（观点群组），但往往是持有相同观点的个体相互联系在一起，这就是观点簇群。

综上对网络结构的分析可知，$d>1$ 时，所有观点达成共识，整个系统在演化之后社会网络依旧为随机网络，网络结构不发生变化；$d=1$ 时，整个系统中会出现三种状态，v 越大，系统聚集性越高且社区结构越清晰；在两种小世界的结构比较中可以看出，调整关系时随机选择个体可能阻碍社区结构的形成。

社会网络中个体依据兴趣爱好在朋友的朋友中建立的好友关系也更亲密。因此，作为组织领导者来说，在建设团队时，不仅要减少个体的随机选择，而且要加强相似观点个体之间的联系，这样形成的团队更具内聚性并且比较稳定。

对观点数目的研究可知：①个体关系调整时，选择二阶相似邻居及增加观点交流程度都会增大观点汇聚的程度。②随机选择非邻居节点（v 较小时），观点交流的概率（也就是参数 p）对剩余观点数目起决定作用，参数 p 越大，剩余观点数目越少；反之，二阶邻居内选择相似节点，参数 p 越小，剩余观点数目越多。

3）结果分析

同类相吸和社会影响是社会网络中对个体产生影响的两种主要机制，它们在社会网络和多维观点的共同演化模型中主要体现在与具有一定相似度的个体进行观点交流和建立新的邻居节点时选择二阶相似邻居。仿真实验结果如下。

（1）个体受到社会影响的强弱（也就是阈值的大小）直接关系到群体观点能否达成共识及社会网络呈现的特性。

（2）社会影响大（阈值大，模型中 $d>1$），群体观点容易达成共识，社会网络呈现随机网络的特性；反之，社会影响小（阈值小，模型中 $d=1$），群体会出现多种观点共存的现象，社会网络也具有不同的结构特征。

(3)社会影响概率(模型中参数 p)对社会网络中最终形成几种观点起决定作用。特别是个体无目的地随机选择个体时(模型中，参数 $d=1$，v 较小)，社会影响概率越大，剩余观点的数目越少；反之，社会影响的概率越小，剩余观点的数目越多。

(4)社会影响在一定的条件下(模型中，参数 $d=1$)，个体进行邻居关系调整(模型中，参数 $1-p$)决定了社会网络中是否会出现不同观点的社区结构。个体倾向于选择二阶相似邻居(模型中，$v>0.5$)时，社会网络中出现观点社区，即社区内部联系紧密，社区间有少许长程边。此时个体观点的同类相吸和网络结构的内聚性共同决定了观点社区(也就是小世界)的形成。

研究结果初步揭示了群体观点与观点社区的形成机制，对管理者进行社区调控具有一定的指导意义：第一，基于个体环境。在社会网络中增加个体的社会认同感，使具有相似基础的个体之间充分交流，有利于达成群体观点汇聚。第二，个体移动性。增加个体的全局信息视野，更容易找到相似的伙伴，从而形成稳定的社区组织。

6.4.2　在线合作社区协同演化模型

1. 在线网络——观点协同演化模型描述

在线合作社区是由媒介网络(技术网络)、人员网络和知识网络构成的一个动态的超网络，本质上是一个进化型的集体智能系统。在线技术创新合作社区则是一种专注于企业产品开发中相关技术知识交流的在线合作社区，是众多科技人员在一定的网络空间中自愿参与，通过开展共享文献讨论(以即时或异步交流的形式)、合作研究与开发等活动而形成的互联网社区。从另一视角看，这类社区又是实现技术知识的创造、传递、储存的系统，同时也是利用知识解决各类技术问题、实现技术创新的系统。从这一意义上说，在线技术创新合作社区是一种"集体智能"(collective intelligence)系统。进而，这一集体智能系统内在地包含一个由媒介网络、人员网络和知识网络构成的超网络结构。

在线技术创新合作社区又是一个演化系统。在计算机网络(媒介网络)提供的虚拟空间内，人员的加入与退出，以及人员之间交流与合作关系的变化导致了人员网络的演化；人员之间的交流与合作促进了社区知识网络的演化。

因此，深入探讨在线合作社区中意见传播的机制，构建该网络中的意见和网络共同演化模型，探索动态自组织社团内的意见传播机制，对实现知识协调作用具有重要的理论和实际意义。

从知识网络的角度看，社区成员的交流与合作过程同时是社区知识网络的成长过程。社区知识网络包含两类知识，即社区成员的个人知识及社区的公共知识。相应地，这一网络存在两个层面，即个人知识层和公共共享知识层。个人知识的显性部分可能通过多种交流方式实现人际的传播与共享，一方面直接转化为他人的个人知识；另一方面有可能转化为被社区主流所认可的公共知识。因而，社区知识网络的成长过程又是个人知识之间的传递过程、个人知识和公共知识的转化及增长过程。

现实中观点与社会网络往往呈现出共同进化的情形：人与人之间的观点差异可能影响彼此之间社会交互关系的变迁，从而在宏观上影响社会交互网络的结构演化；反过来，网络的结构与人和人之间社会关系的性质与强度影响彼此之间观点的交流，从而在宏观上影响社会网络中观点的整体演化。

在构建观点演化网络模型时，一般考虑三个方面的因素，即行为主体及属性、交流网络和规则。

1）行为主体及属性

行为主体是指言论社区中进行观点传播活动和促进网络演化过程的个体和受到大众媒体影响的群体。他们对所在社区的某一主题很感兴趣并与其他个体交流讨论。主体的属性就是个体对特定主题所持有的观点或看法等，称为观点态度。由于个体的宗教信仰、兴趣爱好、教育背景、生活环境等不同，这种观点或看法可由自己反思而成。但大多数情况下，个体的观点受周围邻居及所处社会环境的影响而不断变化。例如，如果你周围的所有朋友都认为 A 比 B 好，那么你也有可能觉得 A 比 B 好。然而，观点的形成不是随机受其他个体的影响，也不是受所有个体的影响。观点的形成嵌入在社会交互过程中，也就是说观点在个体之间的交流过程中逐渐发生变化。

2）交流网络

早期的观点演化模型都是在规则网格（lattice grid）上进行的，即所有节点随机分布在一个二维网格中。复杂网络的兴起给人们提供了一种更形象的表示个体之间联系的方法，如规则网络、随机网络、小世界网络及无尺度网络等。

下面要介绍的是双社区网络，采用成对随机网络的形式表示。在两个社区中，每个成员只能隶属一个社区，每个社区内部的个体形成相对联系紧密的随机网络，社区之间通过相对较为稀疏的跨社区关系连接。

3）规则

个体在观点演化过程中涉及两方面的变化，一方面是观点态度，即观点的变化；另一方面是社会关系，即网络结构的变化。因而在观点演化模型中的规则也涉及两方面，一方面是观点传播规则，包括个体在观点传播过程中的行为方式和控制机制，以及个体之间交流前后观点态度的变化情况；另一方面是网络演化规则，包括个体移动前后网络中边的变化情况。

观点容忍度机制下的观点演化模型就是按照这个思路设定的，如图 6-19 所示。当个体间进行观点交流时将会引起两个社区总体观点的演化,同时个体迁移也会造成网络结构的演化。另外,总体观点演化和网络结构演化都将影响个体周围环境中的观点氛围,前者影响个体周围邻居的观点,后者影响个体周围邻居,进而双方形成一个循环的相互影响的过程。

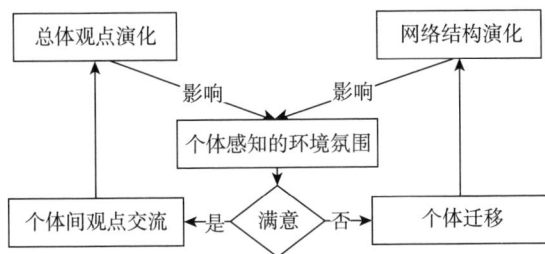

图 6-19　模型总体思路

2. 模型执行过程

观点容忍度机制下的在线合作社区观点协同演化模型总体执行步骤如下。

步骤 1　构建对应两个社区的初始网络。假定有 N 个 Agents(这样每个社区有 $N/2$ 个个体),每个社区内部分配 L_{in} 条边,社区之间分配 L_{out} 条边(这样整个系统存在 $2L_{in}+L_{out}$ 条边);初始化每个节点及其观点值。

步骤 2　从网络中随机选择一个节点(也就是一个 Agent)作为目标个体。

步骤 3　考察该节点周围邻居节点的观点,当目标个体与社区内部大部分邻居节点的观点差距在一定阈值之内时,进行信息传播,否则进行网络调整。

步骤 4　更新每个 Agent 的观点值和整个网络结构。

步骤 5　重复步骤 2、步骤 3 和步骤 4,直到迭代次数达到预先指定的上限 T_{max}。

模型中社区内成员的观点传播规则参照 Deffuant 的边界信任模型[28]。假设社区内部成员的观点交流阈值与社区对内部观点的容忍度一致,若个体 i 与个体 j 在同一社区内,交流的阈值跟它们所在社区的观点容忍度相同,否则,交流阈值取被选择交流的个体所在社区的阈值。用 C_0 和 C_1 分别表示两个社区,ε_0 和 ε_1 表示两个社区对内部观点的容忍度,O_i 和 O_j 表示个体 i 和个体 j 的初始观点,目标个体 i 选择它的一个邻居 j 进行观点交流的规则如下。

(1)假设 $i,j \in C_0$ 或者 $i \in C_1,j \in C_0$,若 $|O_i-O_j| \leqslant \varepsilon_0$,则个体 i、个体 j 执行观点更新。

(2)假设 $i,j \in C_1$ 或者 $i \in C_0,j \in C_1$,若 $|O_i-O_j| \leqslant \varepsilon_1$,则个体 i、个体 j 执行观点更新。

节点更新的公式为

$$\begin{cases} O_i(t+1)=O_i(t)+\phi(O_j(t)-O_i(t)) \\ O_j(t+1)=O_j(t)+\phi(O_i(t)-O_j(t)) \end{cases}$$

其中，参数 ϕ 为收敛参数，取值范围为 0～0.5。

为简化实验，假设当目标个体与社区内部大部分邻居的观点差距不在一定范围之内时就进行移动以寻找新的环境，个体既可在社区内部进行移动，也可在社区外部进行移动。此时网络的结构发生变化，依据以下的规则进行网络结构调整，步骤如下。

（1）以 p 的概率在社区内重连边，也就是断开内部邻居观点差距最大的个体的联系，并随机在社区内部选择一个个体建立联系。

（2）以 $1-p$ 的概率更换到另外一个社区，首先计算当前社区内的邻居数 m 和社区外邻居数 n；其次更换到另一个社区，并在新社区内部随机连 m 条边，社区外部随机连 n 条边。

若当前社区的邻居数 $m<0$，则不与新社区的个体建立联系。

在上面的步骤中，p 值衡量了社区内成员的移动方式。

3. 仿真结果及分析

仿真结果显示由 ε_0 和 ε_1 组成的平面坐标系中观点呈现出四种状态，即统一（共识）、二元观点（极化）、统一到极化的中间状态及分散状态，如图 6-20 所示。其中图 6-20(a)为观点在 $\varepsilon_0-\varepsilon_1$ 参数空间中呈现四种状态：A、D 区域为观点共识区域；B 区域为共识到极化的过渡区；C 区域为极化区域；E 区域为观点分散区域。图 6-20(b)为区域 B 出现的多种可能观点与网络结构状态：从初始的多元观点出发，以较小的概率出现共识状态（中图），以较大的概率出现极化状态（左右图）（参数取值：$\varepsilon_0=\varepsilon_1=0.3$）。

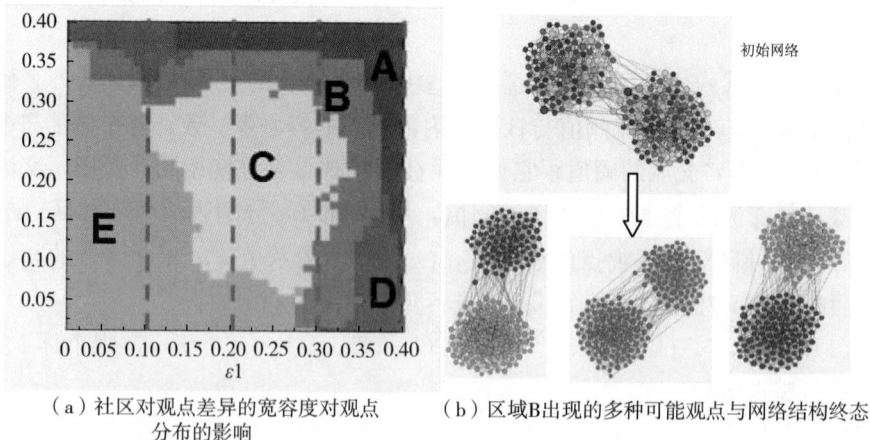

（a）社区对观点差异的宽容度对观点　　（b）区域B出现的多种可能观点与网络结构终态
　　　分布的影响

图 6-20　社区对观点差异的容忍度对观点演化结果的影响

　　仿真结果表明，社区间的联系强度对两个社区观点的最终状态有一定影响，但影响不显著，而两个社区间初始观点容忍度的相对值对社区观点的终态产生显著影响。在社区对观点差异性的容忍度较大的情况下，观点容易统一，而随着对观点差异性容忍度的降低，观点逐步呈现二元极化乃至分散化现象。这一结果对于非正式组织中创造性的问题求解具有一定启示意义——对于创造式的问题求解，整个群体观点过于统一或者过于分散都不利于问题的解决。对此，应营造良好的团队氛围，使具有较大差异度观点的个体之间能够良好地交流，但又应适当鼓励成员维持一定的观点独立性。

　　从仿真结果中，可进一步分析容忍度对社区规模的影响。图 6-21 表示社区 C_0 最终成员数与 ε_0 和 ε_1 之间的关系，从图 6-21 中可以看出，观点的容忍度越大，最终社区内成员数将会越多，两社区观点容忍度差距越大，最终社区大小（内部成员数目）的差距也越大。这说明社区内部成员对观点的容忍度越大，越能吸引留住社区内更多的成员。

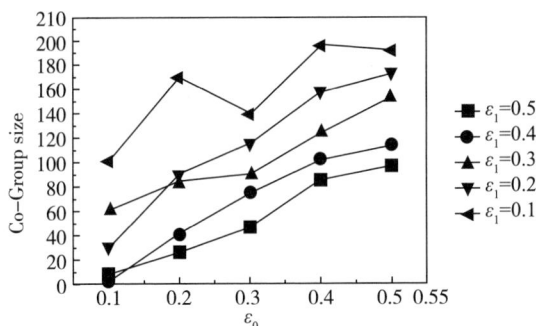

图 6-21　第一个社区中最终的成员个数与 ε_0 和 ε_1 之间的关系

　　通过基于 Agent 仿真的方法在两个社区初始观点有偏向和无偏向两种情形下，讨论社区间连接紧密程度、两个社区的观点容忍度、初始观点偏向程度及社区内聚性对社区最终观点分布状态及社区大小的影响，得出以下结论。

　　(1)在初始有观点偏向的情形下，两个社区的连接紧密程度对两个社区最终观点分布有一定的影响，并且连接紧密程度越大，越利于全局观点的统一；而在无观点偏向的情形下，社区间连接紧密程度对最终观点分布无影响，只与两个社区的观点容忍度有关。因此，在初始有观点偏向时，可以通过社区连接的紧密程度预测观点发展的态势。

　　(2)无论两个社区初始有无观点偏向，最终观点分布都随两个社区的观点容忍度的变化呈现混杂、二元极化和全局共识三种基本状态，以及二元极化与全局共识的过渡状态，并且这几种状态的过渡区域差别不大，与两个社区的观点容忍度有关。初始观点有偏向和无偏向的情形稍有差别的是，在初始有观点偏向情形下，最终观点的极化状态只有一种，也就是各自汇聚成初始偏向方向的观点；而在初始无观点偏向的情形下，最终观点的极化状态有两种，由于初始无偏向，同一参数条件下可能出现各自汇聚方向不稳定的现象。另外，两种情形下，社区容忍度越大的社区，最终成员数也越多。这对社区的管理有一定的启示，社区在发展自己特色的同时，要提供多元的服务和发展多元化的单元，这样对内部成员的包容程度也就越大，有利于社区内成员数量的稳定和发展壮大。

(3)在社区初始观点有偏向的情形下，初始观点偏向程度越强，接近全局统一的可能性越低，即达到观点统一所需的观点容忍度越高；社区初始观点偏向程度对最终社区人员数目的变化基本无影响。

(4)社区内聚性越高，接近全局统一的可能性越高，即达到观点统一所需的观点容忍度越高，社区内成员也将越多。这对社区管理员对社区的成员维护有一定的参考意义，社区管理员可通过社区的界面设计、交互设计、内容管理等方式塑造独特的社区文化氛围来吸引用户。

综上，在较强的结构内聚机制和同类相吸机制下，观点交流网络呈现观点汇聚和网络社区化结构形成的正向作用关系，网络从初始的随机网络向具有高度社区结构的小世界网络演化。如果两个个体之间在很多维度的观点一致或者相似，他们在不一致的观点维度上也容易取得共识；而如果两者之间只有很少的维度具有一致观点，他们之间进一步进行观点交流从而减小彼此之间观点差异的机会就会很小。从社会关系的角度看，人群存在明显的同类相吸的倾向，即具有相同观点的个体容易彼此建立社会交互关系，而观点差异很大的个体之间容易彼此疏远。

■ 6.5 本章小结

本章重点关注非正式组织在知识协调管理中的作用。因此，首先，从组织概念出发，介绍了组织的定义及其变革，进而引出非正式组织这一概念。为了阐释非正式组织的特点，对正式组织和非正式组织进行了辩证分析，说明了正式组织与非正式组织之间的对立统一关系，并介绍了实践社区、知识社群、在线技术创新合作社区等典型非正式组织形式。其次，从组织内的知识交流形式谈起，介绍了正式沟通和非正式沟通这两种知识交流机制，以及非正式组织在知识交流中的重要作用。在此基础上，对人际关系网络、实践社区、在线合作社区中的知识传播机制进行了分析。最后，从上述非正式组织的知识传播机制中提炼出规则，利用社会网络分析、复杂网络和观点动力学的仿真方法，对知识传播与组织结构的协同演化过程进行了研究。

参考文献

[1]韦伯 M. 经济与社会 . 阎克文译 . 上海：上海人民出版社，2010.

[2]Barnard C I. The Functions of the Executive. Cambridge：Harvard University Press，1968.

[3]西蒙 H A. 管理行为 . 詹正茂译 . 北京：机械工业出版社，2013.

[4]卡斯特 F E，罗森茨韦克 J E. 组织与管理——系统方法与权变方法 . 李柱流，等译 . 北京：中国社会科学出版社，1985.

[5]帕森斯 T. 现代社会的结构与过程 . 梁向阳译 . 北京：光明日报出版社，1988.

[6]德鲁克 P. 管理：任务责任和实践 . 刘勃译 . 北京：华夏出版社，2008.

[7]罗宾斯 S P. 组织行为学 . 孙健敏，等译 . 北京：人民大学出版社，1997.

[8]达夫特 R L. 组织理论与设计 . 王凤彬，等译 . 北京：清华大学出版社，2003.

[9]Cusumano M A，Nobeoka K. Thinking Beyond Lean：How Multi-Project Management is Transforming Product Development at Toyota and Other Companies. New York：Simon and Schuster，1998.

[10]明茨伯格 H. 卓有成效的组织 . 魏青江，等译 . 北京：中国人民大学出版社，2007.

[11]Davidow W H，Malone M S. The Virtual Corporation：Structuring and Revitalizing the Corporation for the 21st Century. New York：Harper Paperbacks，1992.

[12]Mayo E. Human Problems of an Industrial Civilization. London：Routledge，2004.

[13]鲁森斯 F. 组织行为学 . 王垒，等译 . 北京：人民邮电出版社，2003.

[14]Dalton M. Conflicts between staff and line managerial officers. American Sociological Review，1950，15(3)：342-351.

[15]Nigro F A，Nigro L G. Modern Public Administration. New York：Harper Rao，1965.

[16]孙晋芳 . 正确看待非正式组织充分发挥其积极作用 . 现代交际，2010，(2)：18-19.

[17]Blau P M，Scott W R. Formal Organizations：A Comparative Approach. Palo Alto：Stanford University Press，1962.

[18]Williams K. Employees turn to informal organization. Strategic Finance，2007，(3)：17.

[19]Brown J S，Duguid P. Organizational learning and communities-of-practice：toward a unified view of working，learning，and innovation. Organization Science，1991，2(1)：40-57.

[20]Wenger E. Communities of Practice：Learning，Meaning，and Identity. Cambridge：Cambridge University Press，1998.

[21]Brown J S，Duguid P. Knowledge and organization：a social-practice perspective. Organization Science，2001，12(2)：198-213.

[22]夏昊翔，于辉，张祖俭，等 . 在线科技合作社区的一个计算机支持系统 . 科研管理，2012，33(7)，146-152.

[23]Putnam R D，Leonardi R. Making Democracy Work：Civic Traditions in Modern Italy. Princeton：Princeton University Press，1994.

[24]杨海娟 . 企业内部非正式组织中隐性知识共享机制的构建研究 . 情报理论与实践，2012，

35(7)：69-73，108.

[25]朱方策，戴海金，钟源. 非正式组织对隐性知识传播的影响研究. 情报杂志，2010，29（2）：109-111，126.

[26]胡宇辰，曹鑫林. 论企业非正式组织的管理协调. 管理世界，2007，(7)：166-167.

[27]Axelrod R. The dissemination of culture：a model with local convergence and global polarization. Journal of Conflict Resolution，1997，41(2)：203-226.

[28]Deffuant G，Nanu D，Amblard F，et al. Mixing beliefs among interacting agents. Advances in Complex Systems，2000，3(1)：87-98.

[29]Hegselmann R，Krause U. Opinion dynamics and bounded confidence：models，analysis and simulation. Journal of Artificial Societies and Social Simulation，2002，5(3).

[30]Fortunato S. Universality of the threshold for complete consensus of the opinion dynamic of deffuant et al. International Journal of Modern Physics C，2004，15(9)：1301-1307.

[31]Schelling T C. Dynamic models of segregation. Journal of Mathematical Sociology，1971，1(2)：143-186.

[32]Allen J，James A D，Gamlen P. Formal versus informal knowledge networks in R&D：a case study using social network analysis. R&D Management，2007，37(3)：179-196.

[33]Luo S，Xia H，Yoshida T，et al. Toward collective intelligence of online communities：a primitive conceptual model. Journal of Systems Science and Systems Engineering，2009，18(2)，203-221.

[34]荣莉莉，亓甜，蔡莹莹. 基于不同传播模式的组织中的知识传播研究. 运筹与管理，2012，21(5)：223-228.

[35]亓甜. 个体间知识传播模式及其组织知识传播影响研究. 大连理工大学硕士学位论文，2011.

[36]Zhang X H，Rong L L. Knowledge requirement analysis based on organizational task：a perspective of product features. Proceedings of the 14th International Symposium on Knowledge and Systems Sciences，2013.

[37]Cowan R，Jonard N，Ozman M. Knowledge dynamics in a network industry. Technological Forecasting & Social Change，2004，71(5)：469-484.

[38]汉鑫. 社会网络与多维观点的共同演化模型研究. 大连理工大学硕士学位论文，2013.

第 7 章

问题驱动的知识协调管理

产品生命周期中的业务活动是按照部门展开的，这些业务活动之间既有差别又有联系。差异性的业务活动可以由单个部门独立完成，关联性的业务活动则要求各部门之间必须相互配合、相互协调、共同完成。在关联性的业务活动中，各部门面对的共同事物是"问题"，如产品质量问题、设备故障问题、运作管理问题、计划调度问题、组织协调问题等。这些问题往往涉及产品生命周期中的多个阶段，涉及多个部门、多个岗位，甚至涉及多个原料供应商、设备供应商等。有些问题，特别是一些复杂问题，不仅跨部门、跨岗位，有时还跨企业、跨国家，如由模具引起的汽车冲压件的质量问题，当模具的设计和制造不在同一个国家时，处理模具问题就需要跨境协调。所以是"问题"将不同的岗位、部门、组织或企业(无论国内外)等联系起来，因此在处理问题时必须采取协调机制才能将问题彻底解决。

这里所说的协调有两层含义，一是对组织及人员的协调，二是对活动的协调。本章关注后者，即对问题处理活动的协调。问题处理活动与知识和经验密切相关，它不仅是一个知识使用的过程，更是一个知识产生和创造的过程。因为无论是旧问题还是新问题，在处理过程中既有先前知识的重用也有新知识的产生；对问题的新认知、新体会有可能是成功的经验，也有可能是失败的教训；无论成功与失败都是问题处理的事实，这些事实对日后处理类似问题大有借鉴意义。问题处理事实是一类宝贵的经验性知识，需在企业内不断地积累并广泛共享才能发挥作用。当前的状况是，在理论上和实际工作当中都缺乏对这类知识的有效管理，更谈不上协调运用。

鉴于此，本书针对产品生命周期中各类问题的多阶段相连性、多主体协作性、多专业相关性等特点，提出面向问题处理的知识协调管理新思路、新方法，以此对问题处理过程中产生的知识进行管理。知识协调管理与一般意义上的知识管理有所不同，它是指每当问题发生并被解决时都会促使多阶段、多主体、多专业在知识层面上进行协调，并对知识协调过程进行管理。问题驱动的知识协调管理是一种基于"共同活动"的协调机制，目的是通过协调消解认知冲突，同时利用知识冲突来创造性地解决问题。

本章以汽车生产制造中的冲压工艺为例，介绍问题处理知识协调管理方法，具体内容包括问题处理知识的表示与建模，问题处理知识的协调运用，以及面向问题处理的知识协调管理原型系统的设计与开发等。

7.1 问题及特性

7.1.1 产品生命周期中的问题

汽车产品生产阶段包括四大工艺，即冲压、焊接、涂装和总装。其中，冲压是第一道工序，它是完成金属塑性成形的一种重要手段。据统计，在一辆汽车的制造过程中，有 60%～70% 的金属零部件需经塑性加工成形，如车身上的各种覆盖件、车内支撑件、汽车零部件和发动机支架等都需采用冲压成形[1]。可见，冲压工艺水平能直接影响汽车产品的质量、劳动生产率和生产成本。

在汽车冲压生产中，会出现由于设备、技术、管理和人为因素等造成的生产线停止运行现象，即所谓的停机。停机是生产部门不希望发生的事件，停机事件所造成的停机时间一般占总生产时间的 30%～50%，这极大地影响了产品质量，增加了生产成本，降低了生产效率，并造成企业资源的极大浪费。因此，停机事件就是汽车这个产品在冲压生产过程中的问题。

停机问题的处理和解决一般需要涉及多个部门、多个技术专业、多个企业，甚至多个国家。因此，问题的处理需多方协调才能进行。例如，加工工艺问题可能涉及制造部门、工艺设计部门及板料的供应部门等多个部门，这样的问题绝不是一个部门能独立处理的，必须依赖多方的沟通和协调才能予以解决。

解决停机问题就是要减少停机时间和停机次数。在实际生产中，为了尽可能地减少停机时间，经常采取临时措施进行处理，由于来不及分析停机问题的深层原因，因此停机问题不能从根本上得到解决。这样处理带来的后果是同类问题反复出现，有时还可能引起其他预料不到的严重问题，从而对生产带来很大的不良影响。从知识管理的角度看，产生这种现实情况的原因在于没有将问题处理的经验作为知识加以积累并共享，没有对这些经验性知识进行提炼和概括，没有将不同部门、不同专业、不同班组的经验知识进行协调管理。从知识本身的特性来看，个人的经验知识是一种私密性的、隐性的知识，它是分散的、零散的和局限的知识，这些特性使个人的经验知识难以交流和共享。这些都是造成停机问题得不到根本解决的原因。一个可行的方案是对停机问题处理过程产生的事实数据进行采集和积累，形成大量的停机问题处理事实记录，然后对分散的、零散的、局部性经验进行加工和提炼，这样便可获得用于解决停机问题的、便于交流和共享的集体知识，这些知识包括知道是什么(know-what)、知道为什么(know-why)、知道怎样做(know-how)和知道是谁(know-who)[2]。基于达成共识的知识，可实现知识共享、重用，以及不同部门、不同专业、不同阶段的知识协调管理，减小组织"失忆"造成的不良影响。将其运用于停机问题的处理，可以最大限度地减少停机时间和停机次数，进而提高汽车冲压工艺的水平，提高汽车产品的质量和劳动生产率，降低生产成本，提高企业生产运作的体系能力。

产品生命周期中存在着大量的各类问题，它们伴随着产品从出生到消亡的整个生命周期过程，所以说对问题的处理是一个持续的过程，而知识的学习、使用和协调始终贯穿于其中。

7.1.2　问题的定义

产品生命周期中不同阶段产生的问题千差万别、多种多样，无论何种问题它们都具有一些共同的特点，本书先对产品生命周期中的问题进行概括和抽象，并给出问题的一般性定义。

所谓问题是指被主体感知到的事物客观状态与主体主观需求的预期状态之间的差距[3]。

"事物"是广泛的客观存在，不仅限于产品、原材料、设备和生产线，还包括企业的所有人财物，相关的业务活动、业务流程，以及各种技术、管理、组织体系等企业管理的全部对象。"客观状态"是指主体所关注事物可度量的、可被主体感知的一组固有属性在特定时空条件下属性值的组合。固有属性是指事物所特有的性质，是事物本来就有的，是通过产品、过程或体系设计和开发及其后的实现过程形成的属性，如物质特性(如机械、电气、化学或生物特性)、官感特性(如用嗅觉、触觉、味觉、视觉等感觉控测的特性)、行为特性(如礼貌、诚实、正直)、时间特性(如准时性、可靠性、可用性)、人体工效特性(如语言或生理特性、人身安全特性)、功能特性(如飞机最高速度)等。对这些固有特性的要求应该是可测量的。"主体"是指参与产品生命周期中各项活动的组织和个人，包括企业及企业联盟、部门、团队、员工个人等。"预期状态"是指主体对事物客观状态所能达到的期望要求，既可以是明确的也可以是隐含的，这种预期状态也应该是可度量的、可表达的。当主体是企业时，主体的预期状态是达到事物固有属性的质量标准；当主体是员工个人时，主体的预期状态是达到个人期望的标准，这种期望标准是对企业规范和质量标准的主观理解。"差距"是指客观状态与预期状态的差值。差距是一种客观存在，可以被主体感知到，也可以不被主体感知到。"被主体感知"是指事物的客观状态能够被主体通过目测、仪器检测、传感器报警、数据分析等方法观测和了解到，只有被主体感知到的事物的客观状态才能被主体与其预期的状态进行比较，从而发现客观状态与预期状态之间是否存在差距。如果存在差距且这个差距给主体带来了不安和烦恼，主体就会试图消除这个差距，这个差距就是需要解决的"问题"。不被主体感知到的差距或者尽管主体感知到了差距，但主体不以为然，即主体没有消除差距的愿望，这个差距就不构成主体的问题，只是一个客观事实而已。

概而言之，问题包含三个要素，即事物的客观状态、主体的预期状态和主体消除差距的愿望。三要素之间的关系可以表示为

问题＝（主体预期状态－事物客观状态）＋主体消除差距的愿望

从上面的表达式中可以看出，"问题"是主体感知的结果，在同一时空条件及情境下，预期状态与客观状态之差，在有些主体看来是问题，而在另一些主体看来却不是问题，这主要取决于主体消除差距的愿望是否强烈。

例如，冲压生产中的非计划停机是冲压生产的一种客观状态，是生产班组（主体）不希望出现的状态，预期状态是冲压生产正常平稳运行，此时非正常停机与正常平稳运行之间形成差距，这个差距当然是生产班组不希望产生的，因此非正常停机就成了生产班组的问题。又如，冲压制件出现的拉毛、卷边、皱褶、划伤等状态，这些状态与产品质量要求有矛盾，但是如果被忽视了，即没有被质检员及时感知到，就不会成为问题而被放行（当然有可能会引起严重后果），如果被发现了就是需要解决的质量问题。再如，在生产管理方面，生产按计划完成是主体期望的状态，但实际生产运行的结果是计划任务没有完成，通过数据分析和比较就会发现其中的差距，这个差距就是生产管理中需要解决的问题。

根据上述分析也可以把问题定义为一种矛盾[4]，即问题是指主体感知到并试图消除的主体与客体之间或客体与客体之间的矛盾。

问题概念与质量概念具有一定的相似性。问题的上述定义与 ISO 9000：2000 关于质量概念"一组固有特性满足要求的程度"，既有相同之处又有差异，其相同之处在于质量概念中的"固有特性"就是问题定义中的客观状态，"要求"实际上是一个明确的或潜在的标准，这个明确或潜在的标准就是问题定义中的主体预期状态，固有特性和标准的差距就是问题。其不同之处在于问题定义中没有涉及问题的严重程度，而质量概念中给出了差距的程度，即"满足要求的程度"，这个程度可以用来衡量质量的高低，而问题定义重点强调的是只要有"差距"就是问题。在问题定义中还有一点非常重要，即明确地指出"被主体感知到"这一特点，因为差距也是一种客观存在，现实中往往差距产生了，但主体并没有感知到，因而没有采取措施对问题进行处理和解决。因此，在问题分析和处理中"感知"是一个非常重要的前提，只有客观存在的差距被主体感知到了，才能引起主体处理和解决问题的欲望，即被主体感知到并引起解决欲望的差距才是问题。问题定义中所指的"事物"在质量概念中对应质量的载体，这一点与质量的概念是相同的。由

于作为问题载体的"事物"没有做限定,可以存在于产品生命周期的不同阶段、不同专业领域或任何对象中,所以在产品生命周期中问题可以发生在产品、零部件、原材料、设备和工具之中,也可以出现在生产流程、业务流程和管理流程等各种流程中,以及发生在生产体系、管理体系或组织体系等各种体系中。问题定义中衡量预期状态的期望标准是动态的、发展的和相对的,它将随着时间、地点、环境的变化而变化。也就是说,问题会随着标准的变化而变化,此时此地的问题在彼时彼地由于标准的改变可能就不是问题了;而彼时彼地的事物状态在此时此地又可能由于主体期望的变化而成为问题。这一点与质量的概念具有异曲同工之处。此外,问题是质量管理的核心,提高质量就是不断地解决问题,避免以往发生的问题再次出现,只有这样质量才能保持稳定并且逐步提高。因此,质量管理的核心工作是问题管理,如果能够把产品生命周期中出现的各种问题利用一定的理论、方法和工具处理好,不断地减少老问题的出现,提高主体的预期状态,其本质上就是在提高质量。

在故障诊断领域,问题概念与故障(failure/fault)概念也具有相似性,两者都是客观状态与期望状态之间的差距,但故障一般是指设备或系统方面出现的问题。具体而言,故障是指设备在工作过程中,因某种原因出现"丧失规定功能"或危害安全的现象。规定功能是指在设备的技术文件中明确规定的功能。失效有时也被称为是一种故障,表现为设备的某些零件失去原有的精度或性能,使设备不能正常运行、技术性能降低,致使设备中断生产或效率降低从而影响生产,但这些故障是可修复的。本书所指的问题对象不限于设备或系统等物理器物,还包括产品生命周期中各种活动/过程中产生的问题,是更广泛的事物及其过程。

7.1.3 问题的特性

产品生命周期中的问题既具有一般问题的特征,也有其特殊性。

1. 依附性

问题产生于事物,这个事物是问题的载体,称为问题载体。例如,汽车冲压生产过程中冲压制件出现了"拉毛"现象,"拉毛"是制件表面的一种客观状态,这个客观状态不符合质量要求(即主体的预期状态),所以"拉毛"就是一个需要解决的问题,这个问题产生于冲压制件,冲压制件就是"拉毛"这个问题的载体。

任何问题都有载体,无论是"事"的问题,还是"物"的问题。问题不会脱离载体而独立存在,这是因为问题的本质要么是事物的状态不能满足人们的需求,要么是事物之间的关系不能满足人们的需求。事物的状态其实是事物的属性在特定时空条件下属性值的集合,而事物的属性是依附于事物的,不能独立存在。所以说,问题不能脱离事物而独立存在,必然依附于某个载体,这个特性称为问题的依附性。

依附性的方法论意义在于：在观察和分析问题时，除了观察问题本身的客观状态之外，还要找出问题所依附的载体，并根据载体的不同特点分析和制订解决问题的方案。否则，问题分析就是"无本之木""无源之水"。问题的解决最终要落实到问题的载体上。例如，冲压制件"拉毛"问题的解决只有考虑制件的钢板材质，才能采取适当的处理方法。材质不同方法不同，钢板就是问题的载体。

2. 主观性与客观性

问题是主体与客体之间的矛盾，矛盾的双方构成一个需求与供给的关系。主体是需求方，需要客体为自己提供满足需要的属性和功用；客体是供给方，其本身所具有的固有属性可以提供给主体，使其达到某种程度的满足。当这种需求与供给关系失去平衡时就产生了差距，即矛盾，这种供需矛盾就是问题。

矛盾不仅仅发生在主客体之间，也可以发生在客体之间，如工具与工件之间不匹配、客户对产品质量不满意等。工具与工件、客户与产品相对于问题主体而言都是客体。例如，生产运作管理体制与企业员工素质不协调，即管理体制过于严谨，员工素质不能适应，这也是一种矛盾。本书将主客体之间的矛盾称为主观矛盾，因为这是由于主体的需求或欲望而产生的；将客体与客体之间的矛盾称为客观矛盾。主观矛盾就是主体希望解决的问题，因而被称为主观问题，而客观矛盾只有当被主体感知到并希望予以解决时才会变成问题，因为主体希望消除客观矛盾以期客体之间达到协调状态进而满足主体的需要，这类问题因而被称为客观问题。当主体感知且认识到客观矛盾并试图予以解决时，客观矛盾就转化为主体与客观矛盾之间的矛盾，因而变成了需要解决的问题。

产品生命周期中的问题无非就是上述两种情况之一，前者是客体的属性不满足主体的要求，后者是客体之间的关系不满足主体的要求。但是，根本上都是被主体感知到的客观状态，都反映主体与客体的关系，即所有问题既具有主观性的一面，也有客观性的一面。

主观性与客观性的方法论意义在于：在分析问题时，既要从主观性一面针对代表主体要求的各种标准、指标、规章制度、业务流程等质量标准进行分析，也要从客观性一面对事物的固有属性进行仔细评估，对客体之间的复杂关系进行深入分析。在解决问题时，可以从两方面着手，一方面是改变客体的属性或者协调客体之间的关系使其达到主体的需求，如质量管理中提高产品或服务的固有属性，团队建设中管理者协调团队成员之间的矛盾等；另一方面主体也可以降低欲望，如在质量管理中降低质量标准，在团队建设中实施自主管理等。这样都可以解决问题，即消除主体和客体之间的矛盾，使主客体之间的关系达到一种平衡。前者是积极的问题解决方法，后者是消极的问题处理方式。

3. 现象特征与本质特征

问题具有现象和本质的双面性，直接被主体感知到的问题一般来讲只是关于问题客体属性所构成的客观状态，是问题表现在外的现象，是客体与主体的外部联系和外在表象。但是，问题表现在外的现象有可能是真实的，也有可能是虚假的。真实的现象与问题的本质相一致，虚假的现象与问题的本质不一致，甚至相反。本质是问题的根本性质，是问题的内在的真实。本质决定了现象。现象往往是个别的、片面的，是本质的具体表现；而本质往往是同类现象的共性，是问题内部深层次的东西。同类现象一般来讲具有共同的深层次的本质，反之共同本质表现在外的现象往往是多种多样、不尽相同的。现象是多变的和易于消失的，相对于本质而言具有较大的流动性。本质则是相对平静和稳定的，但是它所表现出来的现象却往往以不同的形态出现。现象可以被主体直接或利用测量仪器感知到，本质藏于内部，是不可见的、不可感知的，需要通过分析才能被认知。

问题的现象一般是通过表层状态或数据来呈现的，如汽车表面的状态就可以用感官简单地看出是否符合要求。而复杂的生产运作现场出现的问题，其现象一般由大量的数据来反映，但是哪些数据是问题本质的真实反映，哪些数据不能反映问题的真实本质，则需要进行深入的分析。问题分析就是通过对作为现象的数据或状态进行分析，达到"透过现象看本质"的目的。问题的解决可以在现象层面进行，但这只是临时的权宜之计，只有从本质上解决才有可能彻底地根本性地解决。如果不从根本上解决，问题往往还会以另一种表象出现。现象与本质不是一对一的关系，往往是多对多的关系，即一个现象对应多种本质，反之一个本质对应多种现象。这个特性的存在给问题的解决带来了极大的困难。仅凭个人经验往往不能找出正确的本质，需借助更多主体的经验和知识才能达到解决问题的目的。

上述特点在方法论上给解决问题带来的启示在于：能否通过对多种相似现象的共性分析或者多种不同现象的相关分析找出同类问题的本质，然后针对问题的本质制订问题的解决方案，从而做到从根本上解决问题，消除产生问题的根源，做到一劳永逸。这样可避免在现象层面逐个解决问题的低效工作。由于现象中既有真象也有假象，这一特点启示人们在分析问题时需先辨别真象和假象，并排除假象，利用真象来作为分析问题本质的依据。

4. 因果性

问题之间具有引起和被引起的关系，这种关系就是问题之间的因果关系[5]，被引起一方的问题是果，引起一方的问题是因。因果关系除了引起被引起的特点之外，还有一个相继发生的特点，这个特点表明因和果的时间顺序，因在前，果在后。可以将"引起被引起"和"相继发生"这两个特点概括为含有时间顺序的由某一问题引起另一问题的本质联系，即"前因后果"。但是，不是任何表现为相继时间顺序的问题之间都是因果关系，只有具备"引起与被引起"特点的问题之间的关系才具有因果特性。

因果关系具有以下几个特征。

(1)因果关系具有必然性和模糊性特征。问题之间的因果联系十分复杂,因与果之间的关系有确定与不确定、清晰与模糊之别。因果关系的确定性是指如果一个问题(因)发生了,那么另一个问题(果)必然发生;反之一个问题(果)发生了,那么另一个问题(因)也肯定发生了。不确定是指当一个问题(因)发生之后是否会引起另一个问题(果)的发生是不确定的,其中的因果联系不是必然的,而是或然的,即以一定的概率发生,作为"果"的问题是否发生具有一定的"可能性"。因果关系的清晰性是指一个作为原因的问题发生了,它将会引起哪个问题或哪几个问题发生是清楚的,即可能的结果集合是清楚的。对于确定的因果关系,其结果集合中的问题必然发生;对于不确定的因果关系,其结果集合中的问题将会以一定的概率发生。因果关系的模糊性是指当一个问题发生之后,将会引起什么样的问题是不清楚的,即结果集合是一个模糊集合。必然性和模糊性方法论的意义在于告诉人们在分析问题间的因果关系时,需要注意多种关联性。

(2)因果关系的类型具有多样性特征,如一因多果、同因异果、一果多因、同果异因、多因多果等。一因多果是指一个问题(因)的发生同时引起多个问题(果)发生,作为果的问题之间是"与"的逻辑关系;同因异果是指同样的一个问题(因)的发生,在不同的条件下会引起不同的问题(果)发生,作为果的问题之间是"或"的逻辑关系;一果多因是指一个问题(果)是由多个问题(因)同时作用引起的,作为因的问题之间是"与"的逻辑关系;同果异因是指同一个问题(果)在不同的条件下由不同的问题(因)引起,作为因的问题之间是"或"的逻辑关系;多因多果是指多个问题(果)的发生与多个问题(因)的发生具有更为复杂的关系。影响因果关系的"条件"综合构成了问题发生的情境。因果关系多样性的方法论意义在于处理问题时,除了关注问题及其关系之外,还需要对问题发生的条件,即情境进行分析,只有这样才能真实地辨析问题,从而正确地解决问题。

(3)因果关系还有相对性特征。一个问题的发生总是有原因的,而这个问题的发生还会引起其他问题的发生,因此,一个问题对于引起它的问题来说是结果,而对于它引起的问题来说就是原因。没有无原因的问题,也没有无结果的原因,有果必有因,有因必有果。如此,一系列问题之间互为因果便形成了一个因果链,对于一因多果、同因异果、一果多因、同果异因,以及多因多果的复杂情况,则形成了复杂的因果网络和因果回路。如果再考虑必然性、或然性和模糊性,因果网络的结构关系就更加复杂。该特性的方法论意义在于可以为因果关系建立复杂的网络模型,用于描述一个领域的复杂问题之间的网络交叉关系,并利用这个网络进行推理,分析问题的原因和预测问题可能的结果。推理是指当一个问题发生了,可以利用网络模型推导出问题发生的原因。预测是指当一个问题发生了,可以利用模型推测出它将会引起什么问题。

(4)因果关系具有深度特征。通常引发一个问题的原因会有很多,其中有直接原因也有间接原因,反映在问题的因果链(网)上就是它们具有递进性。一般处于问题递进链近端的原因是直接原因,容易被发现;而往往处于递进链远端的原因是深度原因,不容易被发现,需通过一定的手段和方法才能找出。这一特征的方法论意义在于只识别出表层原因并不能彻底解决问题,尽管问题被暂时解决,但由于深层原因没有根除,问题还会重复发生。只有找出引起问题发生的深层次原因,才可能从根本上彻底解决问题。另外,如果再结合一因多果和同因异果的情况,处于因果关系递进链远端的深层次问题(因)往往关联更多的近端问题(果),因此从深层次寻找原因往往还可以成批地解决问题,即解决一个深层次的问题(因)的同时会解决许多浅层次的问题(果)。

5. 嵌套性、层次性和系统性

一个问题可分解成多个子问题,或者说一个问题包含着多个子问题,这种问题与子问题的包含关系就是问题的嵌套性。子问题如果有必要且可一直分解直至不可再分为止,问题就会形成一个含有问题、一级子问题、二级子问题等的嵌套结构。问题的嵌套性是客观存在的,反映了问题的可分性和整合性。嵌套的级别关系表示的是问题内部的层次性,构成了问题的层次体系结构。在层次体系结构中又分两种情况:一种情况是同一层次的子问题之间互不影响,即一个子问题的解决与否对其他子问题的解决没有影响,各个子问题是相互独立的;另一种情况是同一层次的子问题相互之间有影响,即一个子问题的解决与否可能影响其他子问题的解决,各个子问题是相互关联的。前者是简单问题,后者是复杂问题。前者之所以简单是因为每个子问题都可以被单独解决,只要将一个层次的全部子问题分别独立地解决了,对应其上层的问题也就解决了。后者之所以复杂是因为一个子问题能否解决依赖于其他子问题的解决情况,子问题之间相互影响、相互作用、相互制约,即使子问题都解决了,也不意味着对应的上级问题就能解决,这种复杂问题所具有的特性可以称为系统性。

因果关系上述特性的方法论意义在于:对于可分解的简单问题,可以采取自下而上的策略,从最底层的子问题开始分别一一处理,然后再逐层向上分别解决每一层中的每一个子问题,最终可将总问题解决。对于复杂问题,由于上层问题并不是下层问题的简单组合,而是由下层子问题构成的复杂系统,因此需利用综合的系统方法予以解决,不能简单地认为一个子问题解决了其上层问题就自然解决了。

6. 情境性

产品生命周期中的问题都是在一定的情境中发生的,即问题的产生具有情境依赖特性[6,7]。现实中,人们在解决问题时常常遵循"具体问题具体分析"的原则,这个原则中的"具体"就是问题的情境。所谓情境是指促使问题发生的各种主客观条件的组合,包括问题发生的条件、问题发生的时间和问题相关的主体等。例如,冲压制件的质量问题,冲压制件是问题的载体,在冲压制件上出现了质量问题，这个问题的情境包括：冲压制件质量问题是在什么时间发生的；是由哪个班组或哪个人操作的；使用的是哪条生产线、哪个冲压模具等。

可以形式化地将情境抽象概括为一个三维空间，如图 7-1 所示。

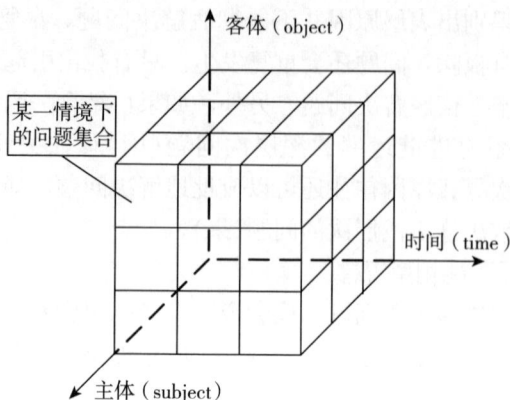

图 7-1　情境空间

其中，客体(object)表示问题的载体和相关的客观因素，是一个综合"维度"的概念，在三维空间中表示问题的客观因素，反映的是问题的客观性，它可提供关于问题发生的对象性知识。例如，冲压制件的"拉毛"问题，载体是冲压制件，除此之外客观因素还有模具、夹具、量具及生产线等。主体(subject)也是一个综合"维度"的概念，表示从事活动的主体，反映的是问题的主观性，它可提供与问题相关的主体的知识，即关系性知识(know-who)，如冲压制件生产中的主体有车间、班组、员工等。时间(time)是一个抽象的概念，包括时、班、日、周、季、月和年等，在实际使用中根据需要具体定义，它可提供与问题相关的时间性知识(know-when)。例如，冲压制件发生的质量问题就与时间有关，有些问题是白天不出现晚上出现，而有些问题是上午不出现下午出现等。通过分析问题发生的时间，可以调整制件生产计划，如将某个时段易于出现问题的冲压制件生产安排在其他时段，这样可避免问题的发生，从而提高制件质量。上述抽象的"时间"、"地点"和"人物"是问题这个"事件"外在的三要素，可以描述问题发生的情境。考虑到问题本身具有主观性的特点，因此本书用情境这样一个含有主观因素的概念来描述问题发生的环境。

情境空间的范围依据实际需求确定，在时间、客体和主体等不同维度，都可按不同的粒度进行从一般到具体的层次划分，如抽象的顶层情境要素可以细化为面向特定领域的情境要素，再进一步可细化为特定问题域的情境要素等。

不仅问题产生于情境，问题处理过程也是在特定的情境中进行的。问题处理既是使用知识的过程，也是产生新知识的过程。知识的使用和产生也依赖于具体的情境，考虑到问题处理知识是在问题处理的具体过程中产生的，因此问题产生的情境和知识的情境是一致的。这里将问题情境和问题处理知识的情境统一地形式化表示为

$$PKC\ (Problem\_Knowledge\_Context)=<time，object，subject>\quad(7\text{-}1)$$

其中，time、object 和 subject 的含义见图 7-1 及说明。

问题情境性的方法论意义在于：在处理问题时，需根据情境状况对具体问题进行具体分析，而且需要注意情境中的主观因素。在知识的使用上必须考虑知识的适用性。对新产生的知识不能过度抽象和概括，必须依据情境进行表述。

■ 7.2　问题处理与问题处理知识

问题处理是分析和解决问题的过程，在这个过程中需要利用以往的知识和经验，与此同时，还会有新的知识生成。本节重点讨论问题处理的一般过程及问题处理知识的形成。

7.2.1　问题处理方式

问题解决往往涉及多个主体，每个主体都会依据自己的认知去思考问题，根据自己的经验去分析问题，也都会根据自己掌握的情况和知识提出解决问题的办法和方案，并根据自己的利益偏好和目标期望提出问题处理的要求。因此，在问题解决的过程中，各种观点、各种方法、各种信息难免会产生碰撞和矛盾，甚至利益、情感等方面还会产生冲突。对矛盾和冲突的不同态度就会产生两种截然不同的问题处理方式，如图 7-2 所示。

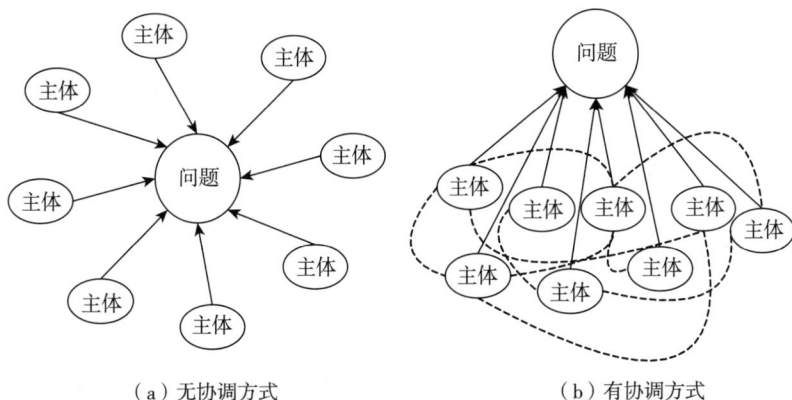

（a）无协调方式　　　　　　　　　（b）有协调方式

图 7-2　涉及多个主体的两种问题处理方式

图 7-2(a)是主体间无协调的问题解决方式，简称无协调方式。这种方式的特

点是相关主体各自为战，根据各自对问题的认知，从自身的利益和目标，以及对问题和情境的理解出发去处理问题。这种缺乏协调的问题处理方式常常引起不同主体之间的冲突和矛盾，后果是轻则拖延整体工期，重则无法有效解决问题。图7-2(b)是主体间有协调和协调管理手段的问题解决方式，简称有协调方式。其协调行为体现在各个相关主体能在信息层面相互沟通，在知识层面相互交流、相互学习并共享知识，在利益和目标方面达成一致，因此以这种方式解决问题，效率和质量均可得到保障。有协调方式的协调内容可在不同层面进行，包括情感(affection)层面、信息层面、知识层面、信任(trust)层面、利益层面等。情感层面的协调有利于不同主体之间的有效沟通；信息层面的协调有利于建立问题认知和分析的共同基础；知识层面的协调不仅有利于不同主体达成共识、采取协调一致的行动，还有助于形成集体认知，如交互记忆和共享心智等；信任层面的协调有助于主体间合作关系的稳固发展。

对于有信任基础并在以往的沟通与交流过程中形成一定默契的主体，为了节约问题处理的成本，可采取无协调的方式来解决问题。但大多数情况下，都需要采取有协调的方式，否则问题得不到有效解决。

7.2.2　问题处理过程

问题处理过程是指解决问题的全过程，包括客体对象属性数据的采集、客观状态的识别、原因的分析与判断、解决方案的制订、方案的实施与评估等活动。通过对大量实际问题处理过程的分析和总结，结合"试错法"等相关理论，概括出产品生命周期中各类问题的处理过程，其一般应包括以下五个步骤，即问题识别、原因分析、方案拟订、方案实施和结果评价，如图7-3所示。

(1)问题识别。根据问题三要素，识别问题需包含三个方面的工作：第一个方面是辨别事物的客观状态，第二个方面是知晓主体对客观事物状态的主观要求并判别两者之间是否存在差距，第三个方面是了解主体是否有消除差距的愿望。除此之外，还要了解问题的类型。在产品生命周期中出现的问题大致分为三类，即明晰问题、隐含问题和模糊问题。所谓明晰问题是指问题的状况让人一目了然，如冲压制件表面发生的拉毛、皱褶、压痕、波纹等问题，这些状态可以直观地用肉眼观察到。隐含问题是指需要利用测量仪器和工具采集数据，并对数据进行深入分析、比较和判断后才能发现的问题，如生产作业计划的执行是否存在问题就需要对与实际生产相关的各种数据进行综合分析和判断后才能发现。模糊问题介于明晰问题和隐含问题之间，问题的一些状况可以直接判明，但另一些状况则需依据数据和其他相关信息来分析和判断。模糊问题不一定比隐含问题易于判断，这是因为模糊问题的表象有可能是假象，因此对于模糊问题更需加强分析和判断。

```
                    ┌──────────────────┐
          ┌────────→│     问题识别      │←────────┐
          │         └──────────────────┘         │
          │                  ↓                    │
          │           ╱────────────╲              │
          │          ╱   确认吗?    ╲             │
        N └─────────╲               ╱             │
                     ╲────────────╱               │
                          ↓ Y                      │
                    ┌──────────────────┐           │
          ┌────────→│     原因分析      │←────────┤
          │         └──────────────────┘          │
          │                  ↓                     │
          │           ╱────────────╲               │
          │          ╱   确认吗?    ╲              │
        N └─────────╲               ╱              │
                     ╲────────────╱                │
                          ↓ Y                       │
                    ┌──────────────────┐            │
          ┌────────→│     方案拟订      │←─────────┤
          │         └──────────────────┘           │
          │                  ↓                      │
          │           ╱────────────╲                │
          │          ╱   满意吗 ?   ╲               │
        N └─────────╲               ╱               │
                     ╲────────────╱                 │
                          ↓ Y                        │
                    ┌──────────────────┐             │
          ┌────────→│     方案实施      │←──────────┘
          │         └──────────────────┘
          │                  ↓
          │           ╱────────────╲
          │          ╱   满意吗 ?   ╲
        N └─────────╲               ╱
                     ╲────────────╱
                          ↓ Y
                    ┌──────────────────┐
                    │     结果评价      │
                    └──────────────────┘
                             ↓
                      ╱────────────╲
                     ╱    满意吗?    ╲────── N
                     ╲               ╱
                      ╲────────────╱
                           ↓ Y
                          结束
```

图 7-3　问题处理的一般性过程

（2）原因分析。原因分析是在问题识别的基础上进行的，其目的是回答问题
处理过程中“为什么”的问题，即已经发生的问题是什么因素引起的或者哪些因素
是问题产生的真正原因。一般来讲，在现实中，有些问题的原因显而易见，有些
问题的原因是由多种因素共同作用的结果，不易觉察。因此，问题的原因分析是
一个艰难的过程，往往是真假原因难于辨识，需要采用各种分析方法并利用以往
的问题解决经验和人的智慧予以判别。

（3）方案拟订。所谓方案是解决问题的方法和过程的一个计划，是问题的
“解”。方案拟订是一个创造过程，既需要对问题和原因具有非常充分的理解，还
需要具备解决问题的知识、智慧和能力。方案拟订是一个反复推敲、反复讨论和

反复修改的过程。通常地，对于同一个问题，解决方案往往有很多，不同的方案其侧重点不一样，对问题的解决是片面的、不彻底的。这就要求对备选的方案能够进行深度分析和优化选择，因此方案拟订还是一个决策过程。

（4）方案实施。方案实施就是对已拟订方案的实际操作，这不仅需要知识，更需要技术和技巧的支持。相同的方案由不同的人执行或者在不同的情境下实施都有可能出现不同的结果。在方案实施过程中还可能发现现有方案存在的问题，需要在执行过程中不断地对原有方案进行纠正、补充和完善。方案的执行既可由单个个体承担，也可由一个小组、一个部门、一个企业，甚至是跨越不同组织和国家的群体承担。在多个主体承担方案实施的工作时，存在大量的协调工作，因此需建立相应的协调机制并采取相应的协调手段，以保证方案的顺利实施。

（5）结果评价。结果评价是对方案执行结果的评估。如果评估结果为没有达到预期目标，则需回溯到问题处理的第一步，然后逐次对之前的每个步骤进行排查，依据排查结果总结问题处理过程中的经验和教训，将其作为问题处理知识的积累。

在问题处理过程中会形成五个报告，如图 7-4 所示。其中，问题描述报告是对问题识别结果，即问题的特征和表现方式的描述；原因描述报告是对原因分析结果的记录；方案描述报告是对方案内容和实施步骤等的描述；结果描述报告是对方案实施效果的描述；评价描述报告是对问题处理前几个步骤的总结和评价，是主观意见的表达。这些报告既是对问题处理知识与经验的积累，也是进一步进行知识挖掘的源泉。

7.2.3 问题处理事实

无论何种问题，其处理过程中都包含着主体的某种体验，其中有成功的经验也有失败的教训，这些体验都是客观事实，这里称为问题处理事实（problem solving fact，PSF）。对于某一问题，一次处理过程就对应着一个问题处理事实。

问题处理事实首先被问题处理主体所体验、感受和记忆，然后形成主体自身的经验性知识。成功的事实可以是日后解决相似问题的捷径，失败的事实可作为前车之鉴，避免在解决类似问题时走弯路。例如，对冲压生产中停机问题的处理，在问题分析阶段不一定能够一次性地找出准确原因，但是总会找到一些原因，否则问题将无法解决；同样在方案制订和实施阶段也不一定能够一次性地选择出最佳方案和最合适的执行过程。无论是否找到问题的真正原因或选择的方案是否正确，这些都是问题处理过程中所经历的事实，一线员工通过对事实的体验和感受，形成他们的记忆并逐渐转变为经验知识。在所记忆的问题处理事实中，蕴含着大量的处理问题的经验和人们的判断，可以说问题处理事实是解决问题所需知识的真正源泉。

问题处理事实中包含很多信息，如问题的原因、解决方案、解决效果等。现

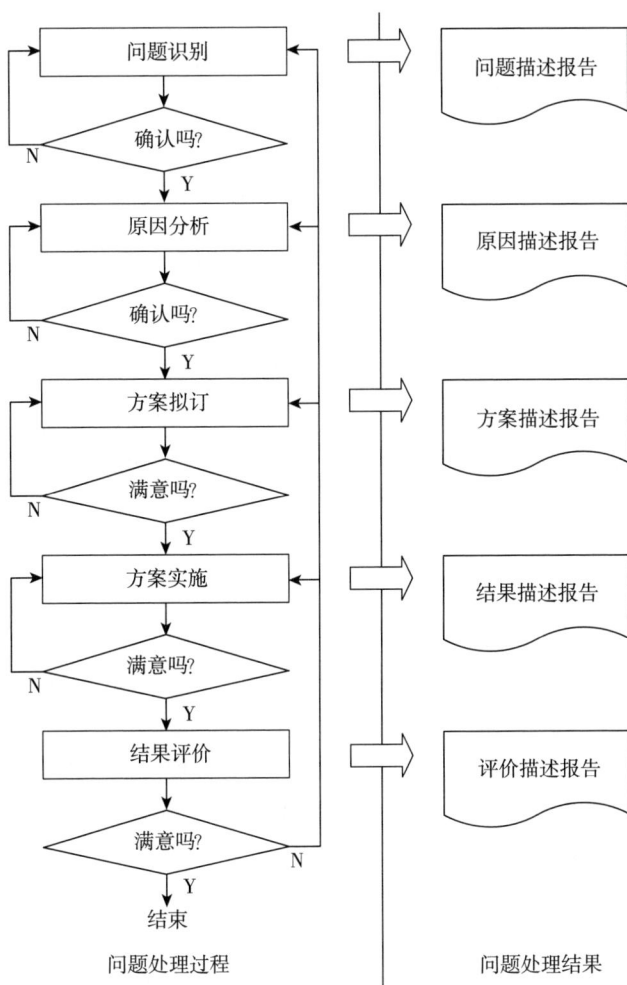

图 7-4　问题处理结果

实中的问题，其原因和解决方案可能有多个，在问题处理过程中，很少能一次性地找到正确的原因并采取有效的解决方案，往往是在摸索和试探中使问题得到最终解决。问题处理过程中所涉及的多个原因、多个方案及多个结果之间的关系通常是一种树形结构，如图 7-5 所示。

在图 7-5 中，D 表示对问题的描述；C_i 为原因结点，其中有的是真实原因，有的则不然；S_i 为方案结点，其中既有有效方案也有无效方案；R_i 为方案对应的结果。无论是真实原因还是虚假原因，无论是有效方案还是无效方案，都是在问题处理过程中以真实状况呈现的，其中既有经验也有教训。

为了清楚地描述并积累问题处理事实，需设计一个形式化的问题处理记录。

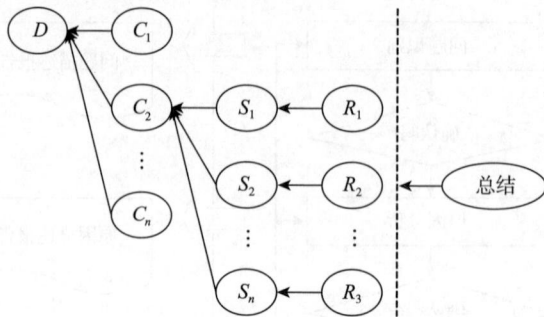

图 7-5　问题原因、方案与结果组成的树形结构

问题处理记录是对问题处理事实的形式化描述，是对问题识别、分析、拟订方案、实施方案和实施结果评估全过程，以及产生问题情境因素的全记录，在计算机中以数据的形式表达。

问题处理事实可用一个八元组表示，即

$$PSF = \{time, object, subject, description, cause, solution, result, summary\}$$

$$(7-2)$$

式(7-2)可以分为两个部分：第一部分包含 time、object、subject 三个要素，它们构成了问题的情境(图 7-1)。第二部分包含 description、cause、solution、result、summary 五个要素，它们形成了对问题处理过程的全记录。其中，description 记录问题的状态；cause 记录问题的原因，无论是否为真正原因均被记录；solution 记录解决方案及其实施情况，既记录拟订出来但没有执行的方案，也记录选择后执行的方案；result 记录问题的处理结果；summary 记录对处理结果的总结和评价。

问题处理的记录表示依据结构化程度可将其分为结构化、非结构化和半结构化三种类型。结构化的记录表示其各组成部分之间有明确的结构关系，规范而有条理，各单元不可再分；非结构化的形式不固定，不规范，格式多样，可以用文本、图形、电子文档、视频等各种文件表示；半结构化的记录其各组成部分具有一定的结构。

对于完全非结构化的记录，经过一定的设计，可以将其转换为半结构化的形式。例如，根据发现问题、分析问题和解决问题的逻辑过程，可将问题处理记录分为问题描述、原因分析、解决方案、处理结果和总结评价五个部分，体现它的结构性，但每一部分的内容可以是文字、文件、图片等非结构化信息。也就是说，记录的各个组成部分内容是非结构化的，记录的总体结构是结构化的，这有助于对记录的组织与存储。

经记录的问题处理事实可提供如 know-when、know-where、know-who、know-what、know-why 和 know-how 等方面的经验。但其本身还不能成为广泛使用的知识，因为它只是一次性经验。只有对问题处理经验进行大量的积累，通过概括和抽象才能将其提升为解决问题的一般性知识。

7.2.4　问题处理知识

问题处理是一项活动、一个过程，在这个过程中既要用到大量的数据、信息和知识，又会产生大量的数据、信息和知识，如图 7-6 所示。在问题处理过程中产生的知识被称为问题处理知识（problem solving knowledge，PSK）。

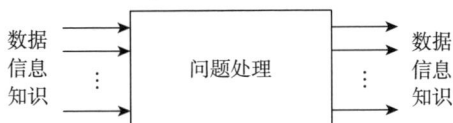

图 7-6　问题处理知识的产生示意图

问题处理知识是指对问题处理事实经过加工处理而获得的解决一定领域问题的一般性知识。问题处理知识具有领域性、经验性、或然性等特征。从问题处理事实到问题处理知识是一个复杂的过程，这个过程需要对问题处理事实进行采集、积累、存储，然后进行概括、抽象，再利用某种形式建立知识表达模型，只有这样才能形成关于问题处理的一般性知识。后文将详细介绍这个过程，下面先从认知科学的角度探讨问题处理过程的本质，即知识产生问题。

从认知科学的角度来看，问题处理过程不仅仅是一个简单的问题解决过程，还是知识产生和创造的过程。这个过程不断地"试错"，暗合了波普尔"猜想—反驳"[8]的知识产生模式。波普尔给出一个公式用于描述这种模式，即"P1—TT—EE—P2"，其中，P1 和 P2 分别表示老问题和新问题，TT 表示尝试性理论，EE 表示消除错误。根据波普尔提出的模式，可以说知识产生于问题，或反过来说问题是知识的源泉。这个公式表明为了解决问题，需要提出一个尝试性的理论，但是这种理论在没有实施之前还只是一个猜想，它可能具有一定的错误，经过实施过程中的检验和理性的批判会使错误得到消除。然而旧的问题解决了新的问题可能随之而来，这就需要不断地尝试理论并消除其中的错误，如此反复，知识才会在这种反复的"猜想—反驳"的过程中得到产生和增长。从根本上说，试错法就是通过尝试、批判和检验从而排除错误的方法[9]。试错法的本质是对错误的排除，在不断排除错误的过程中，经验在积累，知识在提升。波普尔认为检验的结果如果表明理论错了，则排除这个理论；试错法本质上就是排除法。这个过程是试探、批判和检验三个阶段的相互推进。当出现一个问题的时候，总是试探性地提出解决问题的办法，如果通过检验证明问题被成功解决了，就产生了成功的经验知识，那么解决问题的这个成功方法就会得到加强；如果检验之后问题没有被成功解决，那么就需要对这个解决方法进行反思，从而得到失败的教训，失败的教训也是一种经验，它是一种经验性知识，结果是这个方法在以后的同类问题处理过程中会被弱化。

对冲压生产中停机问题的处理正好符合这个理论模式。当问题发生后，需要根据以往的经验猜测引起问题的原因，在猜测过程中一边猜测，一边试验性地检验原因的真实性，如果原因错误或不准确就提出新的原因或对之前的原因进行调整，这个过程就是一个试错过程。一旦确定了问题的原因，便可尝试性地制订问题的解决方案，在制订方案的过程中同样会经历试探、批判和检验等过程。方案的执行也基本如此。所以说，问题处理过程不但在整体上是一个试错过程，在每一个小环节，即分析原因、拟订方案、执行方案等，也都是一个试错过程。在这一系列的试错过程中形成了问题处理事实，它代表着从一个问题处理中所获得的经验性知识。

之所以说问题处理事实是一类经验性知识，是因为其是由试错法造成的。试错法在解决问题时既不追求可以被更广泛使用的方案，也不追求解决问题的最佳方法，其目标只是把当前的问题解决掉，因此即使问题解决了，其方法也未必具有一般性，也未必是最好的方法。这种问题处理方式带来的不良结果是问题处理效率和效果不佳，这也是造成同样的问题在不同时间、不同情境、不同班组、不同产品类型、不同生产线上反复出现这一客观现象的根源。为解决这一现实问题，需对问题处理过程中产生的经验性知识进行抽象与概括，从中提炼出具有一般性指导意义的知识。

那么什么是一般性知识呢？

以冲压生产中的停机问题为例，每一条停机问题的处理事实都是对已经发生的问题及其处理过程的事后记录，对新问题不具有直接的指导作用，因此需要对大量停机问题处理事实进行抽象、概括并做去情境化处理，提炼出其中蕴含的具有普遍意义的知识，这就是停机问题处理的一般性知识。与停机问题处理事实相比，停机问题处理知识具有一般性、概括性和抽象性。从问题处理事实集合中可提取出反映问题与原因之间的因果关系，以及反映问题与解决方案间的"问题与解"关系，还可以提取第三种关系，即类属关系（taxonomic relation，hierarchical relation 或 ontological relation）。实际问题相互之间往往具有某种相似性，根据问题的相似性可以把众多实际问题分成若干个类，每个类称为问题类。问题类具有抽象性和概括性。所谓抽象性是指经过去情境化处理之后把每个问题的情境去除掉，只留下问题内部的、本质的特征；所谓概括性是指把去情境化处理之后的问题再提炼出本质特征并表示为一个问题类的概念。实际问题与问题类之间的关系就是类属关系。当实际问题发生后，类属关系可以提供问题处理主体关于 know-what 类型的知识。而作为一般性的问题处理知识还可提供 know-why、know-how 和 know-who 等其他类型的知识。

7.3 问题处理知识表示模型

本节先给出问题处理知识的表示——综合协调网络模型。鉴于因果关系是问题分析与处理的基础,因此本节以因果关系为重点对综合协调网络模型进行介绍。从概念、逻辑和可计算三个层次分别详细描述因果关系的概念模型、逻辑模型和可计算模型。概念模型主要是阐明因果网络中的概念与关系。逻辑模型是对因果逻辑关系进行描述和转换。可计算模型是对转换后的逻辑模型的定量描述,可直接用于推理和计算,也可用于知识的学习与更新。

7.3.1 综合协调网络模型

问题处理知识中有三种关系,即因果关系、问题与解的关系和类属关系,前两种关系可以用因果网络和方案网络进行形式化描述。网络中的每个结点都是一个类,因果网络中的结点是问题类,方案网络中的结点是方案类。类属关系是指因果网络结点,即问题类与实际问题之间的"抽象具体关系",每个问题类对应一个实际问题集合;同理,方案网络的每个结点,即方案类与实际方案之间也是"抽象具体关系",每个方案类对应一个实际方案集合。由因果网络和方案网络及它们之间的映射关系组成的网络称为问题处理知识综合协调网络,简称综合协调网络,如图 7-7 所示。

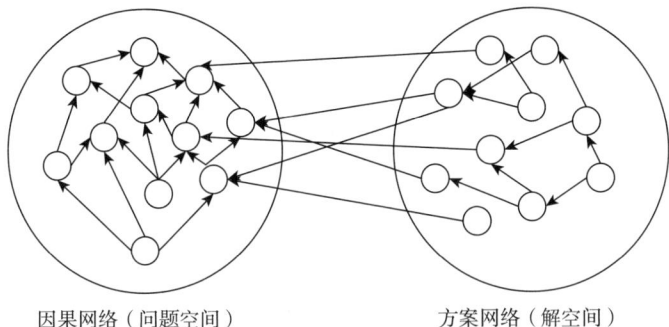

因果网络(问题空间) 方案网络(解空间)

图 7-7 综合协调网络

至于类属关系,虽然在图 7-7 中没有明确展示,但不难想象图 7-7 中的每个结点,即类下面都附带有对这个类有贡献的具体问题或方案。

综合协调网络模型既是对问题处理知识的一般性表示(因果关系表示的是know-why 知识,问题与解的关系表示的是 know-how 知识,类属关系表示的是know-what 知识),也是问题处理知识积累与更新的对象。

综合协调网络还可用于推理和预测。现实中一个问题既可以是引起另一问题或几个问题的原因，也可以是被另一个问题或另几个问题所引起的结果。如此，问题相互之间链接起来就形成了非常复杂的问题网络。问题之间的关系是引起与被引起的因果关系，它告诉人们只要知道了一个问题，就可以根据因果关系的前向因果路径推导出问题的原因，还可以根据后向因果路径推导出这个问题可能引起的其他问题，即网络具有预测的作用。

综合协调网络的协调作用体现在两个方面：一方面，综合协调网络的形成是众多主体经验性知识的综合协调结果，每个主体对该网络都有贡献；另一方面，综合协调网络可作为多个相关主体协同解决问题时交流、沟通并达成共识的基础平台。

因果网络是综合协调网络模型中的主体，下面详细介绍因果网络的概念模型、逻辑模型和可计算模型。

7.3.2　因果网络概念模型

现实中问题的因果关系错综复杂，可用网络结构表示，如图 7-8 所示。图 7-8 中，结点表示问题类，即同一类问题的概括和抽象；边表示结点之间存在关系；边的指向表示结点之间的因果关系，边的起始点为"因"结点，边的终点为"果"结点。

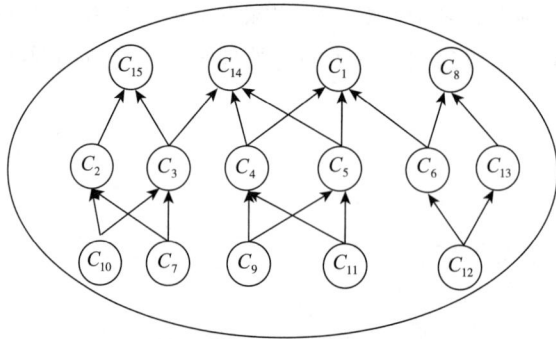

图 7-8　因果网络概念模型

一般来讲，问题的原因和结果是确定而明确的，原因就是原因，结果就是结果。但现实问题却不尽然，问题的原因和结果严重依赖于事件或问题情境。在某一事件中问题产生的原因在另一事件中可能是问题的结果，也就是说原因和结果在一定条件下可以相互转化。以停机问题为例，某停机事件在一些停机问题处理事实中是原因，而在另外一些停机问题处理事实中又有可能作为结果出现，在图 7-8 所示的因果网络中，C_4 相对于 C_1 而言是原因，而相对于 C_9 而言却是结果。

利用因果网络进行因果分析，既可以找到问题的"深层原因"和"核心原因"，也可以预测其后果。

7.3.3　因果网络逻辑模型

因果网络中隐含着复杂的逻辑结构，可将其分离出同因网络、同果网络和多因果网络三种类型，下面分别对这三种类型的因果网络进行详细分析。

为清楚地表示各类复杂因果关系的内在逻辑，分别借用"与门"和"或门"来表示"与"和"或"的逻辑关系。

1. 同因网络

在因果网络中，起点相同的有向边和其端点构成了同因网络。同因网络中存在一因多果和同因异果两种情况。一因多果是指一种原因同时引起多个结果，该关系中各个结果之间是"与"关系。同因异果是指一种原因在不同条件下引起的不同结果，此时各个结果之间是"或"关系。同因网络的结构如图 7-9 所示。

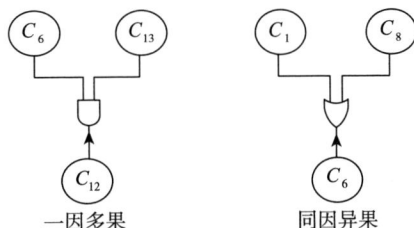

图 7-9　同因网络

2. 同果网络

在因果网络中，终点相同的有向边和其端点构成了同果网络。同果网络也有两种形态，即多因一果和异因同果。多因一果是指某结果由多种原因共同作用产生，此时各个原因之间是"与"关系。而异因同果是指某结果是由不同的原因在不同的条件下造成的，各个原因之间是"或"关系。同果网络的结构如图 7-10 所示。

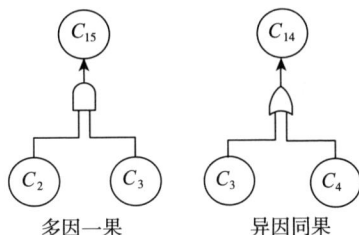

图 7-10　同果网络

3. 多因果网络

多因果网络有三种形态，即多因多果、多因异果和异因多果。多因多果是指多种原因共同作用同时导致多个结果发生，此时因果网络中的各相关原因和各相关结果之间都是"与"关系。多因异果是指多种原因在不同的条件下，可能导致多个结果发生，各相关原因之间是"与"关系，而各相关结果之间则是"或"关系。异因多果是指由多种不同的原因在不同的条件下产生多个结果，各个结果之间是"与"关系，而各种原因之间则是"或"关系。多因果网络的结构如图 7-11 所示。

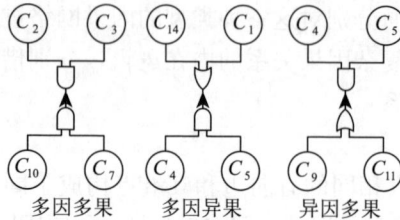

图 7-11　多因果网络

根据上述分析，可以建立如图 7-12 所示的因果网络逻辑模型。该模型由结点、逻辑门和有向边组成，其中，结点表示问题(类)；逻辑门表示结点之间的逻辑关系，包括表示结点之间"与"关系的"与门"和表示结点之间"或"关系的"或门"；有向边表示问题之间的因果关系，由原因指向结果。

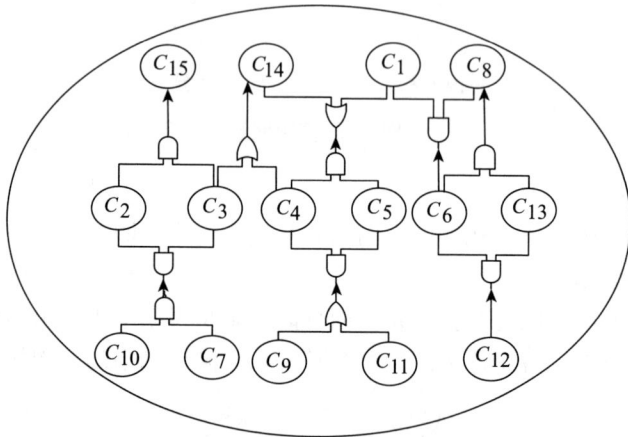

图 7-12　因果网络逻辑模型

在上述因果网络逻辑模型中，涉及"与"的因果关系明确表述了存在"与"关系的各因结点或果结点对其因果关系是缺一不可的，是一次发生的完整的因果关系，所以是不可分割的。而涉及"或"的因果关系代表着存在"或"关系的各个因结点或果结点对其因果关系的可能性，是多次发生的多个完整的因果关系，故可将其拆分为一因一果关系或存在"与"关系的因果关系。

基于以上分析，可将因果关系归纳为四种基本类型，即一因一果、一因多果、多因一果和多因多果，如图 7-13 所示。

同因异果、异因同果、多因异果和多果异因四种情况都涉及"或"关系，可将

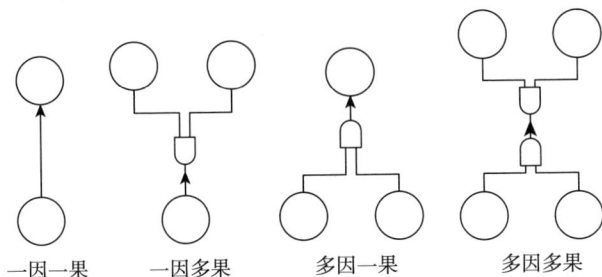

图 7-13　基本因果关系类型

其分别拆分成基本因果关系类型。拆分规则如下。

　　规则 1　同因异果关系拆分为与"果"数相同的一因一果关系。

　　规则 2　异因同果关系拆分为与"因"数相同的一因一果关系。

　　规则 3　异因多果关系拆分为与"因"数相同的一因多果关系。

　　规则 4　多因异果关系拆分为与"果"数相同的多因一果关系。

　　拆分结果如图 7-14 所示。

　　根据拆分规则，可将图 7-12 的因果网络逻辑模型转化为只存在基本因果关系（即只有"与"的逻辑关系）类型的模型，如图 7-15 所示。

　　转化之后的因果关系逻辑模型大大简化，其中只包括"与"关系，不含有"或"关系。

7.3.4　因果网络可计算模型

　　逻辑模型反映了问题及其之间存在的各种错综复杂的因果关系，可以说已经提供了一个能够反映问题因果关系全貌的知识模型。逻辑模型很好地描述了问题处理知识中的定性知识，但是由于没有量化指标，所以难以分清其中的主次轻重，无法形成相对有效的因果推理。因果网络可计算模型则是通过量化指标来区分因果关系中的主次。根据问题处理事实可方便地对因果关系进行频数统计，为进一步的定量描述奠定基础，便于模型的推理运用。

　　一般情况下，进行因果关系频数统计时，统计频数记录在因果关联边上。然而，如果涉及"与门"的因果关系，其关联边的统计频数就难以明确表述，尤其当一个"与门"涉及的因果关联边在另一个因果关系中也出现的时候，更是会出现"一边多用"现象。例如，图 7-16(a)是逻辑模型，其原始关系如图 7-16(b)所示。从图 7-16(b)可见，从 C_6 到 C_8 的关系频数为 n，其中既包含 C_6 同时引起 C_1 和 C_8 的关系，也包含 C_6 与 C_{13} 共同引起 C_8 的关系，那么究竟在 n 中有多少是由 C_6 同时引起 C_1 和 C_8 的关系，又有多少是由 C_6 与 C_{13} 共同引起 C_8 的关系，这是一个不确定问题。

　　针对以上问题，为了能够清晰明确地表示因果网络中的复杂因果关系，客观

（a）同因异果拆分

（b）异因同果拆分

（c）异因多果拆分

（d）多因异果拆分

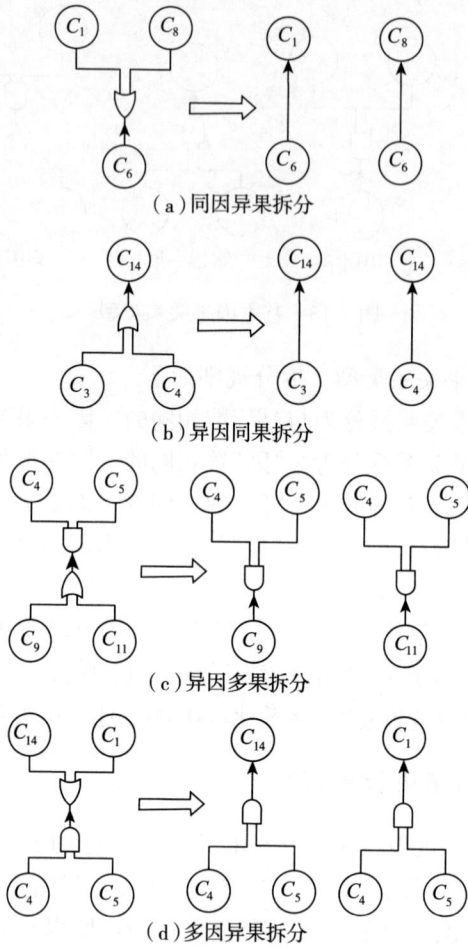

图 7-14 逻辑"或"的拆分规则

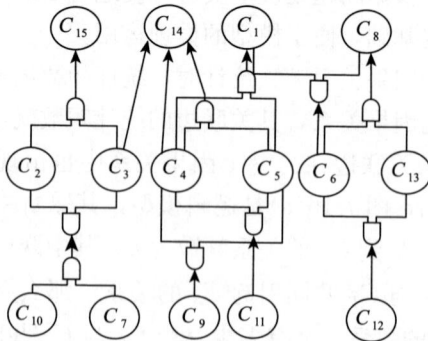

图 7-15 由拆分规则转换的因果网络逻辑模型

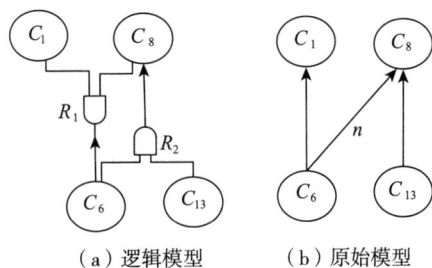

图 7-16　不确定的因果关系

地统计各个因果关系发生的频数，需要通过引入关系结点，建立一个包含问题结点和关系结点的网络。在问题结点和关系结点之间建立两类有向边，一类有向边从因结点指向关系结点，另一类有向边从关系结点指向果结点。每个关系结点代表一次发生的一个完整的因果关系，原因由指向关系结点的有向边确定，而结果由关系结点指向的有向边确定。关系结点并不表示问题或原因，而是对关系，即图中有向边的抽象表示。下面详细介绍四种基本因果关系类型的处理过程。

1. 一因一果关系类型

一因一果代表一种原因直接导致一种结果，是最简单的因果关系类型。对于一因一果关系，建立一个关系结点代表因果关系，然后分别建立因结点、果结点与关系结点之间的有向边，一因一果关系处理结果如图 7-17 所示。

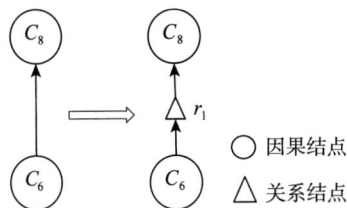

图 7-17　一因一果关系处理结果

2. 一因多果关系类型

对于一因多果关系，建立一个关系结点代表因果关系，然后分别建立因结点、果结点与关系结点之间的有向边。一因多果关系中各个结果是"与"关系，组成了该因果关系的结果集合，此外，还需要分别建立各个果结点与关系结点之间的有向边，一因多果关系处理结果如图 7-18 所示。

3. 多因一果关系类型

对于多因一果关系，建立一个关系结点代表因果关系，然后分别建立因结点、果结点与关系结点之间的有向边。此时各个原因之间是"与"关系，组成了该因果关系的原因集合，此外，还需要分别建立各因结点与关系结点之间的有向边，多因一果关系处理结果如图 7-19 所示。

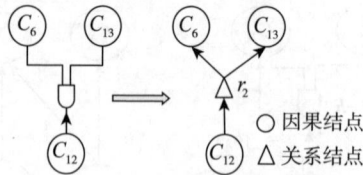

图 7-18　一因多果关系处理结果

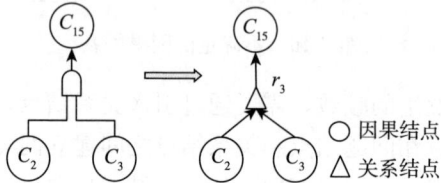

图 7-19　多因一果关系处理结果

4. 多因多果关系类型

对于多因多果关系，建立一个关系结点代表因果关系，然后分别建立因结点、果结点与关系结点之间的有向边。此时各个原因、结果之间都分别是"与"关系，组成了该因果关系的原因集合和结果集合，此外，还需要分别建立各个因结点与关系结点之间的有向边及各个果结点与关系结点之间的有向边，多因多果关系处理结果如图 7-20 所示。

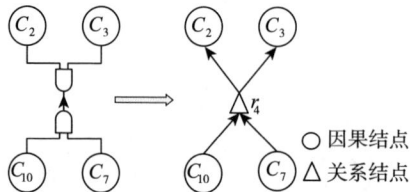

图 7-20　多因多果关系处理结果

根据上述方法进行处理以后，可在图 7-12 所示的逻辑模型的基础上建立因果网络可计算模型，如图 7-21 所示，图中圆形表示问题（类）结点，三角形表示关系结点。模型中包括问题结点、关系结点及关系结点与问题结点之间的有向边。该模型存在两类有向边，代表两种属于关系。一类有向边从因结点指向关系结点，表示因结点属于某关系结点原因集的属因关系。另一类有向边从关系结点指向果结点，表示果结点属于某关系结点结果集的属果关系。例如，在图 7-21 中，关系结点 r_6 所代表的因果关系中，原因集合为 $R_{cau}(r_6) = \{C_4, C_5\}$，表示因果关系中的原因是 C_4、C_5 所代表的问题事件；结果集合为 $R_{eff}(r_6) = \{C_{14}\}$，表示因果关系中的结果是 C_{14} 所代表的问题事件。属因关系包括 $C_4 \in R_{cau}(r_6)$，$C_5 \in R_{cau}(r_6)$；属果关系包括 $C_{14} \in R_{eff}(r_6)$。

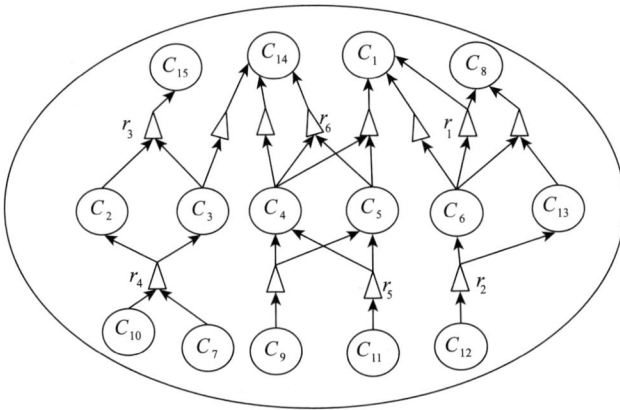

图 7-21　因果网络可计算模型

在可计算模型的基础上，可根据问题处理事实中的因果关系客观地统计出问题结点和关系结点的频数，并进一步计算出相关的概率参数。

7.3.5　方案网络模型

方案网络包含问题处理知识中所有的解决方案信息。将最底层的、不可细分的方案称为元方案，它具有一般性、原子性、概括性、抽象性。这样一来问题解决方案就可以描述为由若干个元方案有序或者无序组成的一套完整的组合方案。由元方案构成的空间，称为元方案空间；由组合方案构成的空间称为解空间。这两个空间共同构成了方案网络，方案网络模型如图 7-22 所示。

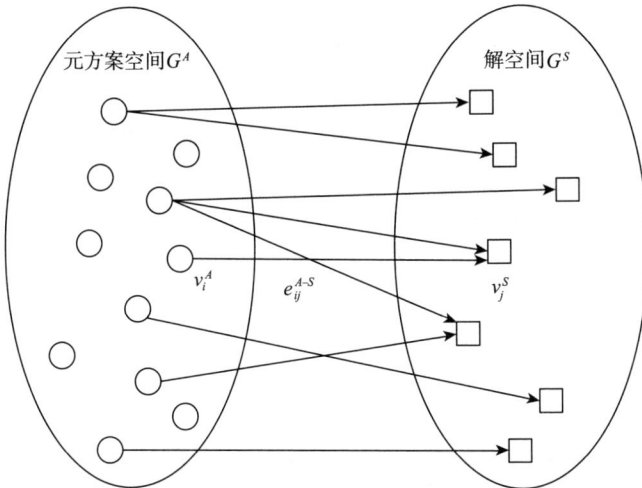

图 7-22　方案网络模型

方案网络模型可形式化地表示为 $G^{A-S}=(G^A,G^S,E^{A-S})$，其中，$G^A$ 为元方案空间，G^S 为解空间，E^{A-S} 代表 G^A 中的元方案结点与 G^S 中的解决方案结点之间的映射关系集合。G^A 中的圆形结点是元方案结点，符号化表示为 v_i^A，$i=1$，2，$\cdots$，n。G^S 中的方形结点是解决方案结点，符号化表示为 v_j^S，$j=1$，2，$\cdots$，m。$e_{ij}^{A-S}=<v_i^A,v_j^S>$ 是指从元方案结点 v_i^A 指向关系结点 v_j^S 的关联边，$e_{ij}^{A-S}=\in E^{A-S}$，表示元方案结点 v_i^A 属于解决方案结点 v_j^S。

7.3.6 综合协调网络的定量模型

综合协调网络模型包括因果网络模型和方案网络模型及两者之间"问题与解"的关系。在解决实际问题时，由于产生问题的原因不甚明晰，尤其是解决复杂问题时可能需要多次验证不同的原因或者不同的方案，因此，问题类与原因类之间、问题类、原因类与方案类之间都有可能存在关联，关联与否的确定程度可基于问题处理事实的统计数据来判断。

先给出综合协调网络模型，如图 7-23 所示，它由两个子网络(因果网络和方案网络)构成，子网络之间存在映射关系，可以形式化地表示为 $G=(G^C,G^S,E^{S-C})$，其中，G^C 代表因果网络，G^S 代表方案网络，E^{S-C} 代表从方案网络到因果网络映射关系的集合。

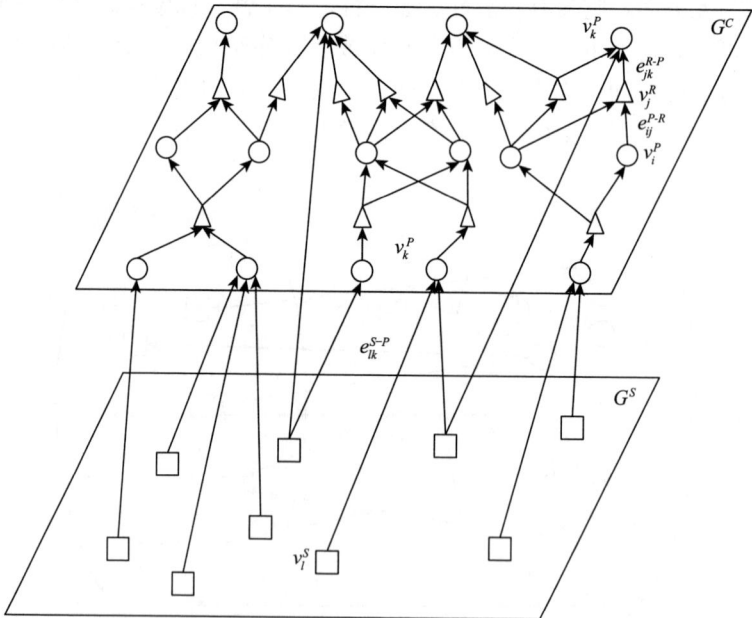

图 7-23 综合协调网络模型

1. 因果网络定量模型

因果网络 G^C 由问题结点和关系结点构成，两类结点之间存在映射关系，可以形式化地表示为 $G^C = (V^P, V^R, E^{P-R}, E^{R-P})$，$V^P$ 代表问题结点集合，V^R 代表关系结点集合，E^{R-P} 表示从问题结点到关系结点映射关系的集合，E^{R-P} 表示从关系结点到问题结点映射关系的集合。

这里定义一个问题处理事实网络 G^P，它由所有已发生的问题处理事实构成，简称问题事实网络。

1）因果网络中的结点

因果网络 G^C 中包括两类结点，即问题结点和关系结点。

问题结点是对问题事实网络 G^P 中同类问题或同类原因的概括，代表一种客观现象。因果网络 G^C 中的圆形结点都是此类结点，记为 v_i^P，$i = 1, 2, \cdots, n$。

关系结点表示问题（结点）之间的因果关系，可以从问题事实网络 G^P 中提取。因果网络中的三角形结点都是此类结点，记为 v_j^R，$j = 1, 2, \cdots, m$。

2）因果网络中的关系

因果网络中的关系用结点之间的有向边表示。关系有两种，即属因关系和属果关系。

属因关系是指因果网络 G^C 中某问题结点作为某关系结点的前置结点，并指向关系结点的关系，可形式化地表示为 $e_{ij}^{P-R} = <v_i^P, v_j^R>$，即从问题结点 v_i^P 指向关系结点 v_j^R 的属因关联边为 $e_{ij}^{P-R} \in E^{P-R}$。

属果关系是指因果网络 G^C 中某问题结点是某关系结点的后置结点，并由关系结点指向问题结点的关系，可形式化地表示为 $e_{ij}^{R-P} = <v_i^P, v_j^R>$，即从关系结点 v_j^R 指向问题结点 v_k^P 的属果关联边。

3）关系的矩阵表示

设 $V^P = \{v_1^P, v_2^P, \cdots, v_i^P, \cdots, v_n^P\}$，$V^R = \{v_1^R, v_2^R, \cdots, v_j^R, \cdots, v_m^R\}$ 为因果网络 G^C 中的问题结点集合和关系结点集合，则因果网络中所有属因关系的集合 R_{cau} 为 $V^P \times V^R$ 上的二元关系，可以表示为一个 $n \times m$ 阶的布尔矩阵，记为 $\boldsymbol{R}_{cau} = (r_{ij})_{n \times m}$。若因果网络中存在关系 $e_{ij}^{P-R} = <v_i^P, v_j^R>$，则 $r_{ij} = 1$，否则 $r_{ij} = 0$。

同理，G^C 中所有属果关系的集合 R_{eff} 为 $V^R \times V^P$ 上的二元关系，可以表示为一个 $m \times n$ 阶的布尔矩阵，记为 $\boldsymbol{R}_{eff} = (r_{ji})_{m \times n}$。若因果网络中存在关系 $e_{ji}^{R-P} = <v_j^R, v^{Pi}>$，则 $r_{ji} = 1$，否则 $r_{ji} = 0$。

4）因果网络中的参数

问题结点和关系结点都有数值属性，这些数值可通过对大量问题处理事实进行统计得出，另外还可基于统计数值计算出一些概率参数，用于表征因果关联强度，这些参数是从定量的角度对知识的一种表达。各参数含义如下。

(1)问题结点频数。该参数表示某个问题结点在对应的问题事实网络 G^P 中出现的次数。对于问题结点 v_i^P，其频数记为 $C(v_i^P)$。$C(v_i^P)$ 值越大，表示问题结点 v_i^P 代表的问题反复出现，应重点关注。

(2)关系结点频数。该参数表示某个关系结点所代表的因果关系在问题事实空间 G^P 中出现的次数。对于关系结点 v_j^R，其频数记为 $C(v_j^R)$。$C(v_j^R)$ 值越大，表示该因果关系关联强度越强。

(3)执果索因概率。该参数是指某问题确定发生时，以该问题作为结果的各个关系结点发生的概率。依据关系概率可寻找问题产生的原因。

设问题结点集合为 $V^P=\{v_1^P, v_2^P, \cdots, v_i^P, \cdots, v_n^P\}$，以 v_i^P 作为结果的属果关系集合为 $E_i^{R-P}=\{<v_1^R, v_i^P>, <v_2^R, v_i^P>, \cdots, <v_l^R, v_i^P>\}$ 且 $l\geqslant1$，关系结点集合记为 $V_i^R=\{v_1^R, v_2^R, \cdots, v_l^R\}$，那么关系结点 v_h^R 的执果索因概率为

$$P_{\text{eff-cau}}(v_h^R)=\frac{C(v_h^R)}{\sum\limits_{k=1}^{l}C(v_k^R)}, \quad \forall\ v_h^R \in V_i^R \tag{7-3}$$

(4)执因预果概率。该参数是指某问题确定发生时，以该问题作为原因的各个关系结点发生的概率。依据关系概率可预测问题的结果。

设问题结点集合为 $V^P=\{v_1^P, v_2^P, \cdots, v_i^P, \cdots, v_n^P\}$，以 v_i^P 作为原因的属因关系集合为 $E_i^{R-P}=\{<v_i^P, v_1^R>, <v_i^P, v_2^R>, \cdots, <v_i^P, v_q^R, >\}$ 且 $q\geqslant1$，关系结点集合可记为 $V_i^R=\{v_1^R, v_2^R, \cdots, v_q^R\}$，那么关系结点 v_s^R 执因预果概率的计算公式为

$$P_{\text{cau-eff}}(v_s^R)=\frac{C(v_s^R)}{\sum\limits_{k=1}^{q}C(v_k^R)}, \quad \forall\ v_s^R \in V_i^R \tag{7-4}$$

2. 方案网络定量模型

方案网络 G^S 可形式化地表示为 $G^S=(V_l^S)$，V_l^S 表示解决方案结点集合。

1)方案网络中的结点

G^S 中只包括解决方案结点。解决方案结点是对问题事实网络 G^P 中同类解决方案的概括，代表解决问题的一套完整的方案。图 7-23 中 G^S 中的方形结点都是此类结点，可符号化表示为 v_l^S，$l=1, 2, \cdots, h$。

2)方案网络中的参数

解决方案结点频数。该参数表示某个解决方案结点所对应的解决方案在问题事实网络 G^P 中出现的次数。对于方案结点 v_l^S，其频数记为 $C(v_l^S)$。$C(v_l^S)$ 值越大，表示 v_l^S 方案被使用的次数越多，越可能成为方法性、原理性的方案，应给予重视。

3. 因果网络与方案网络之间的关系

因果网络与方案网络之间存在着某些映射关系，这些关系反映的是 know-how 类型的知识，是关于解决问题相关的技能和诀窍方面的知识，是通过反复的实践活动和经验积累获得的。

1）因果网络与方案网络的映射关系

因果网络中的问题结点与方案网络中的解决方案结点之间存在着"问题与解"的映射关系，可形式化地表示为 $e_{lk}^{SP} = <v_l^S, v_k^P>$，由解决方案结点 v_l^S 指向问题结点 v_k^P，代表解决方案结点 v_l^S 为问题结点 v_k^P 的一个解决方案。

2）因果网络与方案网络关系的参数

（1）问题-解决方案关系的关联强度。该参数反映了处理某类问题可采用的可能成功的解决方案及其可靠程度，可用边频度量。

（2）边频 $C(v_l^S, v_k^P)$。该参数表示针对问题结点 v_k^P，尝试采用解决方案 v_l^S 的总次数，包括成功次数和失败次数。成功的次数记为有效次数 $C_{suc}(v_l^S, v_k^P)$。$C(v_l^S, v_k^P)$ 和 $C_{suc}(v_l^S, v_k^P)$ 越大，表明问题 v_k^P 与解决方案 v_l^S 之间的关联度越高，该方案越有可能成为方法性方案。

（3）方案成功率。该参数表示备选方案成功解决问题的概率。

设 $\exists v_j^P \in V^P$，V^S 中与问题结点 v_j^P 相关的所有解决方案结点集合为 $E_j^{S \cdot P} = \{v_{j_1}^S, v_{j_2}^S, \cdots, v_{j_n}^S\}$，问题结点 v_j^P 与解决方案结点集合之间所有的关联边集合为 $E^{S \cdot P} = \{e_{j_1}^{S \cdot P}, e_{j_2}^{S \cdot P}, \cdots, e_{j_n}^{S \cdot P}\}$。边 $e_{j_1}^{S \cdot P}, e_{j_2}^{S \cdot P}, \cdots, e_{j_n}^{S \cdot P}$ 对应的有效次数分别为 $C_{suc}^R(v_{j_1}^S, v_j^P), C_{suc}^R(v_{j_2}^S, v_j^P), \cdots, C_{suc}^R(v_{j_k}^S, v_j^P)$。那么针对问题 v_j^P，解决方案 $v_{j_k}^S$ 的成功率为

$$P_{suc}(v_{j_k}^S, v_j^P) = C_{suc}^R(v_{j_k}^S, v_j^P) \Big/ \sum_{i=1}^{n} C_{suc}^R(v_{j_i}^S, v_j^P) \qquad (7\text{-}5)$$

成功率越高，意味着问题解决得越彻底。

■ 7.4　综合协调网络模型的生成与运用

本节介绍综合协调网络模型的生成和运用。模型的生成是指利用问题处理经验产生问题处理知识，包括已有模型对新问题处理经验的学习；模型的使用是指利用综合协调网络进行推理和运用。例如，遇到新问题时，通过匹配推理可在因果网络中找到与新问题相似的问题结点。在匹配推理过程中可认清问题"是什么"，并学习关于问题的"事实性知识"。至于产生问题的原因是什么、有哪些，可通过因果推理获知。在因果推理过程中，不仅知道了"为什么"，还学习了"原理性知识"。找到问题原因之后可通过方案推理寻求问题的解决方案，这一过程既掌握了解决问题的要领，又学习了"方法性知识"。实际上整个推理过程可看做检索知识、使用知识和学习知识的过程。在上述三种推理过程中，最复杂、最关键的是因果推理，本节重点介绍因果关系的推理。在推理过程如果发现知识表示

模型有不完备之处，可通过学习加以改善。

推理和学习是与知识密切相关的思维活动，对于不同的知识表示，有不同的推理方式和学习方式。在形式逻辑中，推理包括基于谓词公式的演绎推理、归纳推理等基本类型，而基于语义网络、框架等知识表示的推理是一种继承性质的推理。现实中，无论信息还是知识并不都是清晰和精确的，往往存在大量的不确定性，通常可以分为两类，一类是随机性造成的不确定性，另一类是模糊性造成的不确定性，这两类不确定性和人们的认识与实践关系十分密切。随机性是由于事物及其运动的偶然性引起的，这种随机现象可以用概率论和数理统计的方法来研究；模糊性是指事物类属的不清晰性，是由于事物在类属上两极对立中存在着丰富的中间过渡而产生的，这种模糊现象可以用基于模糊集理论的相关方法进行研究。不确定知识的表示和推理方法大致可分为基于概率论的方法和非概率论方法两大类。基于概率论的方法的主要有贝叶斯网络、动态因果图理论、马尔可夫网等。非概率论方法主要有模糊理论、D-S证据理论、确定性因子理论等。这两大类方法之间的界限并不明显，甚至可以互补以解决单一方法在对不确定知识表示和推理的局限性。关于各种推理方法的具体内容可参考其他文献，本书不对其进行详细阐述。

7.4.1 问题处理知识提取

在问题处理知识综合协调网络中，由问题及其之间的关系形成的网络，其中每一路径都对应着一条问题处理知识。同样在因果网络与方案网络之间的每一个映射关系也对应着一条问题处理知识。问题处理知识大都来源于已建立的问题处理事实库，利用某些方法可将其中的知识提取出来，并形成问题处理知识库，其中构造提取算法是首要任务。问题处理知识按其来源不同，提取算法可分为两类，即因果网络中因果知识提取算法和方案网络中问题-解决方案知识提取算法，如图 7-24 所示。

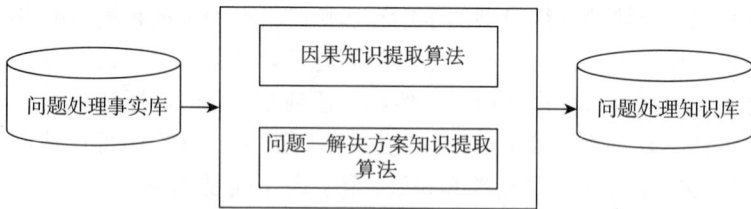

图 7-24 问题处理知识提取算法

1. 因果知识提取算法

因果知识提取算法是指从停机问题处理事实中分析并提取问题类及其之间的因果关系，对问题结点和关系结点进行频数统计，并进行概率计算得到因果关系的关联强度。因果知识提取算法流程如图 7-25 所示。

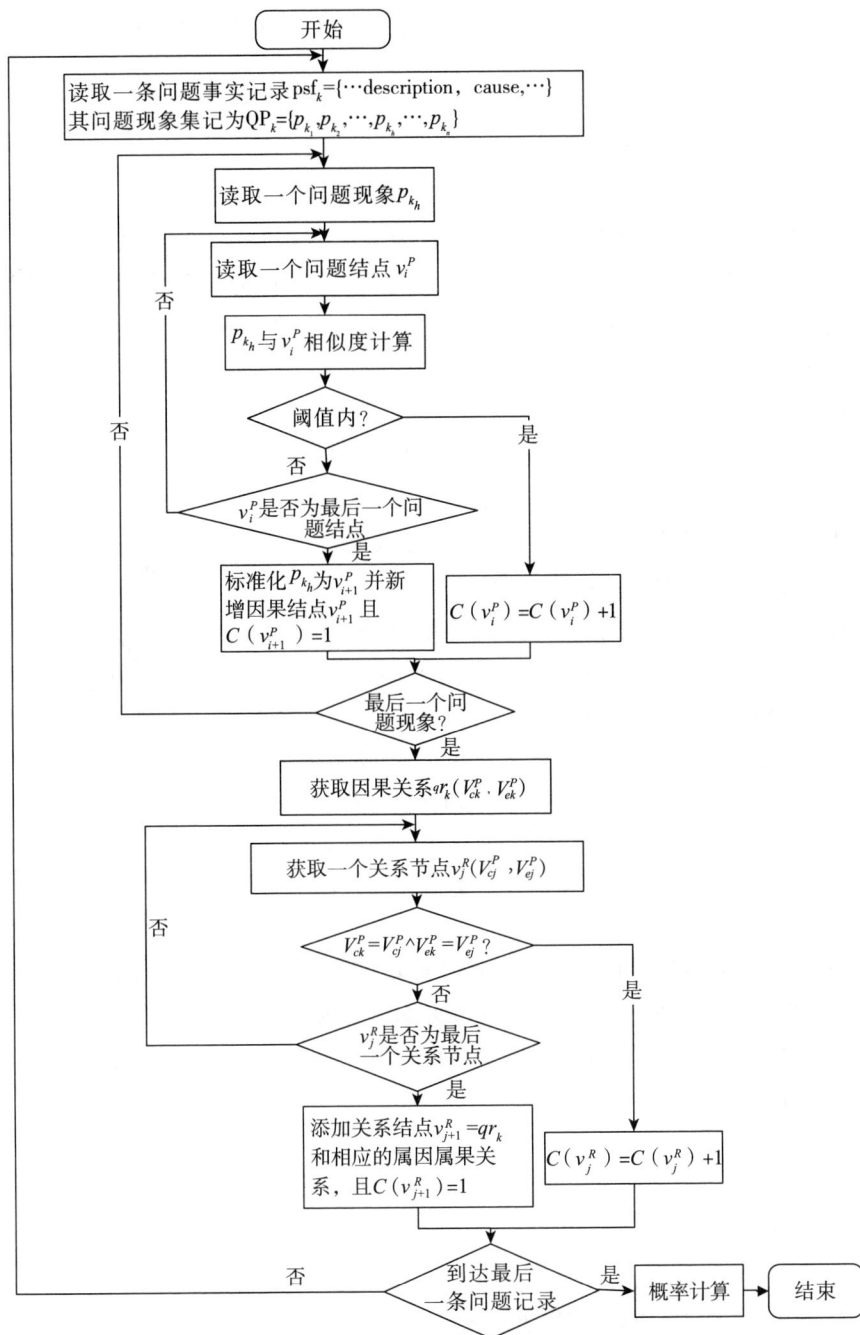

图 7-25　因果知识提取算法

算法的基本步骤如下。

步骤1　从问题事实库读取一条问题事实记录 psf_k，其问题现象集记为 $QP_k=\{p_{k_1},\ p_{k_2},\ \cdots,\ p_{k_h},\ \cdots,\ p_{k_n}\}$。

步骤2　从问题现象集 QP_k 中读取一个问题现象 p_{k_h}。

步骤3　从问题处理知识库中读取一个问题结点 v_i^P。

步骤4　计算 p_{k_h} 与 v_i^P 的相似度，并判断相似度是否满足阈值，满足阈值时，$C(v_i^P)=C(v_i^P)+1$；否则，判断 v_i^P 是否为问题处理知识库中最后一个问题结点，如果是则进行如下操作，即将问题现象 p_{k_h} 标准化为问题结点 v_{i+1}^P，新增该结点到问题处理知识库中，并设定其初始点频 $C(v_{i+1}^P)=1$；否则，返回步骤3。

步骤5　判断 p_{k_h} 是否为 QP_k 中最后一个问题现象，如果是则进入步骤6；否则，返回步骤2。

步骤6　获取问题事实记录 psf_k 中的因果关系 $qr_k(V_{ck}^P,\ V_{ek}^P)$，其中，$V_{ck}^P$ 为 qr_k 的原因集合；V_{ek}^P 为 qr_k 的结果集合。

步骤7　从问题处理知识库中读取一个关系结点 $v_j^R(V_{cj}^P,\ V_{ej}^P)$，其中，$V_{cj}^P$ 为 v_j^R 的原因集合；V_{ej}^P 为 v_j^R 的结果集合。

步骤8　判断因果关系 qr_k 与关系结点 v_j^R 是否相同，具体判断的方法为：若 $V_{ck}^P=V_{cj}^P$ 且 $V_{ek}^P=V_{ej}^P$，则视为相同，$C(v_j^R)=C(v_j^R)+1$；否则视为不相同。判断 v_j^R 是否为问题处理知识库中最后一个关系结点，如果是则进行如下操作，即在问题处理知识库中添加关系结点 $v_{j+1}^R=qr_k$，属因关系 $<V_{ck}^P,\ v_{j+1}^R>$ 及属果关系 $<v_{j+1}^R,\ V_{ek}^P>$，并且设定 v_{j+1}^R 初始点频 $C(v_{j+1}^R)=1$；否则，返回步骤7。

步骤9　判断 psf_k 是否为问题事实库中最后一条问题事实记录，如果是则计算执果索因概率及执因预果概率后结束；否则，返回步骤1。

2. 问题-解决方案知识提取算法

问题-解决方案知识提取算法是指从停机问题处理事实中分析并提取问题类与解决方案类之间的映射关系，对解决方案结点和问题-解决方案关联边进行频数统计，并进行概率计算得到停机问题相关的解决方案的成功率，其算法流程如图7-26所示。

算法步骤如下。

步骤1　从问题处理事实库读取一条问题事实记录 psf_k，其问题结点集合为 $QV_k^P=\{v_1^P,\ v_2^P,\ \cdots,\ v_i^P,\ \cdots,\ v_n^P\}$。

步骤2　从问题结点集合中读取一个问题结点 v_i^P，其对应的解决方案为 $QS_i=\{a_{i_1},\ a_{i_2},\ \cdots,\ a_{i_h},\ \cdots,\ a_{i_n}\}$。

步骤3　从解决方案集 QS_i 中读取一个元方案 a_{i_h}。

步骤4　从问题处理知识库中读取一个元方案结点 v_m^A。

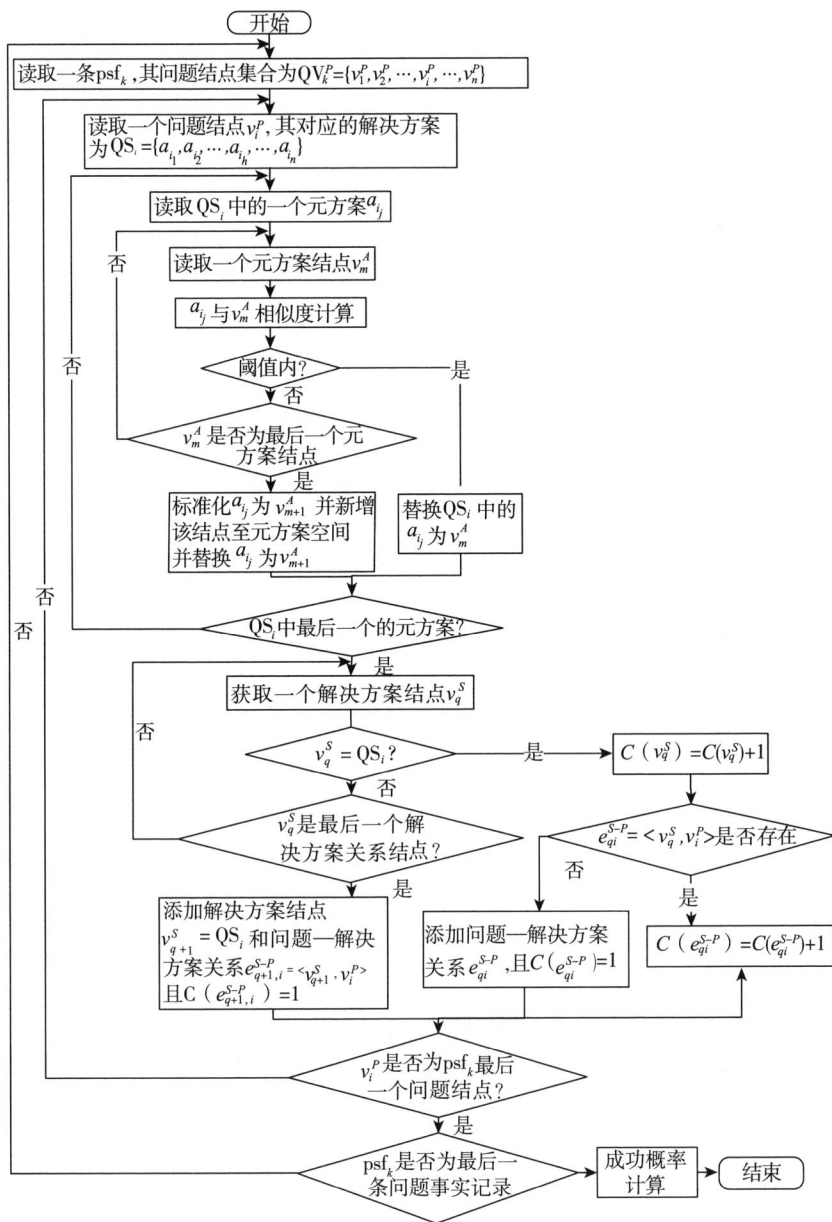

图 7-26　方案知识提取算法

步骤 5　计算 a_{i_j} 与 v_m^A 的相似度，判断相似度是否满足阈值，满足阈值时将 QS_i 中的 a_{i_j} 标记为 v_m^A；否则，判断 v_m^A 是否为问题处理知识库中最后一个元方案结点，如果是则进行如下操作，即将元方案 a_{i_j} 标准化为元方案结点 v_{m+1}^A，并新增该结点到问题处理知识库，并将 a_{i_j} 标记为 v_{m+1}^A；否则，返回步骤 4。

步骤6　判断a_{ij}是否为 QS_i 中最后一个元方案，如果是则进入步骤7；否则，返回步骤3。

步骤7　获取问题处理知识库中的解决方案结点v_q^S。

步骤8　判断v_q^S与 QS_i 是否相同。如果是则 $C(v_q^S)=C(v_q^S)+1$，再判断是否存在问题-解决方案关系$e_{qi}^{S \cdot P}$，若存在，则 $C(e_{qi}^{S \cdot P})=C(e_{qi}^{S \cdot P})+1$，否则，建立关系$e_{qi}^{S \cdot P}=<v_q^S,\ v_i^P>$，且 $C(e_{qi}^{S \cdot P})=1$；v_q^S 与 QS_i 不相同时，判断v_q^S是否为问题处理知识库中最后一个解决方案结点，如果是，则在问题处理知识库中添加解决方案结点$v_{q+1}^S=QS_i$，以及问题-解决方案关系$e_{q+1,i}^{S \cdot P}=<v_{q+1}^S,\ v_i^P>$，并记 $C(e_{q+1,i}^{S \cdot P})=1$；否则，返回步骤7。

步骤9　判断v_i^P是否为 psf_k 中的最后一个问题结点，如果是，则执行步骤10；否则，返回步骤2。

步骤10　判断 psf_k 是否为问题事实库中最后一条问题事实记录，如果是，则计算每个问题-解决方案的成功概率，然后结束；否则，返回步骤1。

通过执行上述算法就可将问题处理知识提取出来并构建问题处理知识库。

7.4.2　模型的运用

解决实际问题时，需要先在已经建立的问题处理知识库中寻找并匹配解决方案。但现实中的问题是千变万化的，在已形成的问题解决方案体系中并不一定总能获得满意解。因此，需要根据问题处理的反馈情况动态调整问题处理知识库的内容，即基于综合协调网络调整网络结构、更新结点信息。网络结构的调整是指随着停机问题处理事实的不断积累，可以将新问题、新原因和新的解决方案等信息添加到原有网络中。更新结点信息是指当原有结点的点频和边频发生改变时需及时记录。也就是说，停机问题处理知识综合协调网络不仅能够协助解决实际问题，还可进行知识积累。

停机问题处理知识综合协调网络的主要应用体现在以下三个方面。

(1)原因分析。执果索因，根据当前出现的停机问题现象，利用因果网络进行原因分析，找出导致当前停机问题的可能原因，并将该原因推荐给用户，作为解决停机问题的借鉴和参考。

(2)结果预测。执因预果，在发生当前停机问题的前提下，利用因果网络进行结果预测，找到该停机问题可能造成的后果，并将该后果提供给用户，使用户防患于未然。

(3)方案推荐。为用户推荐当前停机问题或停机原因最可能的有效解决方案，为用户解决停机问题提供方法上的参考。

在具体应用时，要事先定义模型的结构和参数。原因分析和结果预测主要依据因果网络模型的结构和因果关联强度进行筛选，因果关联强度由关系结点的概率参数表示，即在原因分析和结果预测过程中，检索和筛选的依据分别是执果索因概率和执因预果概率。方案推荐则主要依据方案网络模型的结构和问题-解决方案关系的关联强度进行筛选，其检索和筛选的依据是问题-解决方案的成功率。

利用因果网络进行原因分析时，检索方向是从子结点到父结点，结果预测的检索方向是从父结点到子结点，原因分析和结果预测的过程是类似的，只是检索的方向互为相反而已。以原因分析为例，执果索因算法如下。

输入：问题结点集合$V_0 = \{v_1^P, v_2^P, \cdots, v_n^P\}$；关系结点集合$V^R = \{v_1^R, v_2^R, \cdots, v_m^R\}$

设临时待选集合 $T = \Phi$，$L = \Phi$

for$(i=1; i \leqslant m; i++)$

$\{$因果网络中属于关系结点v_i^R的结果集合为V_i^e

if$(|V_0| = |V_i^e|)$

$\{k=0;$

for$(j=1; j \leqslant n; j++)$

if$(V_j^P \in V_i^e)$

$k++;$

$\}$

if$(k=m$ and $P_{\text{eff-cau}}(v_i^R) > \lambda_i)$

$\{T = T \bigcup v_i^R$

因果网络中属于关系结点v_i^R的原因集V_i^c

$L = L \bigcup V_i^c$

$\}$

$\}$

输出：T 和 L

其中，$|V_0|$ 和 $|V_i^e|$ 表示集合中的元素个数；λ_i 为设定的阈值。整个推理过程是人机交互的过程，这样用户不仅可以找到当前问题的直接原因，还可以选择继续寻找"深层原因"，最终得到逐层相连的关联边，构成一条或多条关键路径，从而实现"执果索因"的目的。

推荐方案算法与原因分析算法略有不同，其算法具体流程如下。

输入：问题结点$v_1^P, v_2^P, \cdots, v_n^P$构成待选集合$V = \{v_1^P, v_2^P, \cdots, v_n^P\}$

设临时待选集合 $T = \Phi$

A：for$(i=1; i \leqslant |V|; i++)$

$\{v_i^P$在方案网络中的所有子结点构成集合$\pi(v_i^P)$

if$(|\pi(v_i^P)| = 1)$

输出关联边$<v_i^S, v_i^P>$；$T = T \bigcup v_i^S$

$$if(|\pi(v_i^P)|>1)$$

$$for(j=1; j\leqslant|\pi(v_i^P)|; j++)$$

$$\{$$

$$if(P_{suc}(v_i^S, v_i^P)>\lambda_i)$$

输出关联边$<v_i^S, v_i^P>$；$T=T\bigcup v_i^S$

$$\}$$

$$V=V-\{v_i^P\};\ T=\Phi$$

$$if(V\neq\Phi)$$

go to A

$$\}$$

其中，$|\pi(v_i^P)|$ 表示集合中的元素个数；λ_i 为设定的阈值。方案推荐过程的结果是把当前停机问题或停机原因的最可能的有效方案推荐给用户，供其借鉴和参考。

7.4.3 单问题的推理机制

利用综合协调网络进行因果关系推理，存在两种情况：一种是所发生的问题只有一个而且不可分解；另一种是所发生的问题要么可以分解成多个子问题，要么同时发生多个问题需要一起解决。前者的推理本书称为单问题推理，后者称为多问题推理。

单问题的推理机制仅以一个问题为推理起点，按照推理规则中的搜索标准遍历因果网络可计算模型，产生新的问题处理知识。单问题的推理过程大体分为三个阶段。

(1)第一阶段。将问题的初始证据 V_p 在因果网络可计算模型中进行匹配，即将现实世界的问题映射到因果网络可计算模型中的一个结点 $V_{i'}$ 上，形成初始问题证据集合 $S_V=\{V_{i'}\}$。

(2)第二阶段。以集合 S_V 为证据，在所有可能解组成的全集中进行搜索，依据结点的结构匹配度和结点重要度启发搜索方向，进行规则匹配。通过不断提取规则的结论得到新的问题事实，并将其作为下一次规则匹配的前提，将可能解的全集的大小逐层缩减在合理可控的范围内。结构匹配度以结点的出度数为结点确定度的定量衡量标准，结点重要度以结点自身的参数为定量衡量标准。

(3)第三阶段。以第二阶段的结论为证据，对具有合理大小的可能解集合在因果网络可计算模型中逐个进行分析，生成问题原因或预测结果。

以下介绍推理机在进行单个问题的执果索因推理时所使用的推理规则，具体描述如下。

规则 1(R_1)

R_1　IF $\max(\text{sim}(V_p, V_{i0}))=\max(\text{sim}(V_p, V_{i'}))>e(\text{sim})$ THEN $V_p=$

$V_{i'}$　　for $i_0=1$，2，…，k_0。

其中，$\mathrm{sim}(V_p，V_{i_0})$ 为问题 V_p 与因果网络可计算模型中各问题结点 $\{V_1$，V_2，…，$V_{k_0}\}$ 的相似度。

因果网络可计算模型中所有问题结点 $\{V_1$，V_2，…，$V_{k_0}\}$ 的表述集合构成了问题词典（problem dictionary，PD），问题 V_p 和因果网络可计算模型中结点相似度 $\mathrm{sim}(V_p，V_{i_0})$ 的计算过程就是在问题词典中查找问题 V_p 的相似表述的过程。

规则 R_1 需要遍历因果网络可计算模型中的所有问题结点，找到与问题 V_p 相似度最大的问题结点 $V_{i'}$。当问题 V_p 与问题结点 $V_{i'}$ 的相似度最大且超过一定阈值时，规则 R_1 匹配成功。执行规则 R_1 的循环流程如图 7-27 所示。

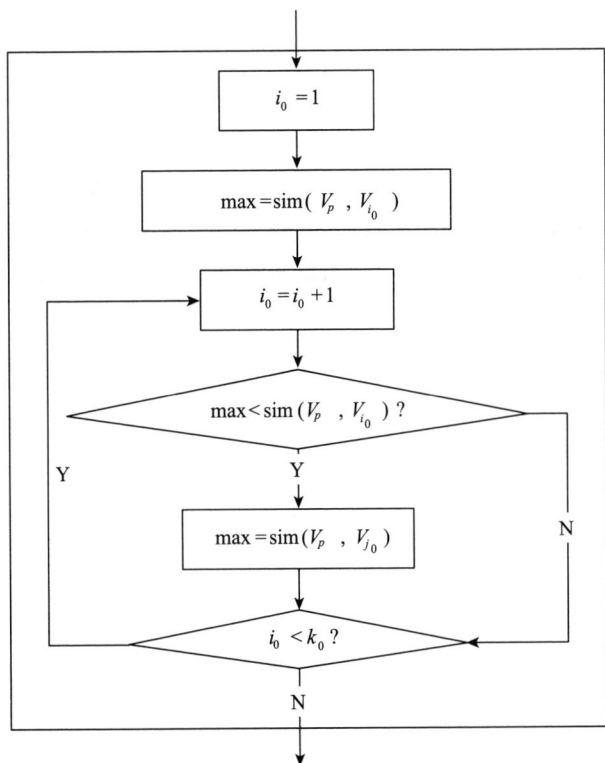

图 7-27　规则 R_1 循环流程图

规则 2（R_2）

规则 R_2 由以下三个子规则构成。

$\mathbf{R_{2.1}}$　IF $<r_i，V_{i'}>=1$ THEN $\mathrm{Rel}(r_i)=1$ ELSE $\mathrm{Rel}(r_i)=0$　　　for $i=1$，2，…，k_1。

$\mathbf{R_{2.2}}$　IF $\mathrm{Rel}(r_i)=1$ THEN $r_{i_1}\in S_1$　　　for $i=1$，2，…，k_1。

$\mathbf{R_{2.3}}$　IF $\mathrm{Rel}(r_i)=0$ THEN $\mathrm{DEL}(r_i)$　　　for $i=1$，2，…，k_1。

其中，$<r_i,V_{i'}>$为从因果关系结点 r_i 指向问题结点 $V_{i'}$ 的有向边的值，如果因果网络可计算模型中存在这样的有向边，则该值为 1，否则为 0。$\mathrm{Rel}(r_i)$ 是因果关系结点 r_i 对问题结点 $V_{i'}$ 的相关度。如果 $<r_i,V_{i'}>$ 的值为 1，记 r_i 对问题结点 $V_{i'}$ 的相关度 $\mathrm{Rel}(r_i)$ 为 1，否则记为 0。

实际上，以问题结点 $V_{i'}$ 为目标，在因果网络中搜索可能的原因就是搜索可以导致该问题结点 $V_{i'}$ 的因果关系的过程。因此，与问题结点 $V_{i'}$ 存在关联关系的关系结点 r_i 就是可能的解，这种关联关系体现为因果网络可计算模型从关系结点 r_i 指向问题结点 $V_{i'}$ 的有向边。规则体 R_1 将这种本质进行显性化描述，通过判定有向边 $<r_i,V_{i'}>$ 的值及设置参数 $\mathrm{Rel}(r_i)$，将解的全集进行可能性的界定，只有 $\mathrm{Rel}(r_i)$ 为 1 时才是可能的解，否则不可能成为解。

以问题结点 $V_{i'}$ 为起点，规则 $R_{2.1}$ 判断因果网络可计算模型中的关系结点是否与问题节点 $V_{i'}$ 相关。规则 $R_{2.2}$ 将符合其规则前件的关系结点，即对问题结点 $V_{i'}$ 来说可能的因果关系解加入集合 S_1 中。规则 $R_{2.3}$ 将符合其规则前件的关系结点，即对问题结点 $V_{i'}$ 来说不可能的因果关系解，从推理系统中删除。R_2 循环执行 k_1 次循环遍历因果网络可计算模型内的所有关系结点（k_1 为因果网络可计算模型中关系结点全集 Ω_r 的元素个数），最终得到一个可能解集合 $S_1=\{r_i\mid \mathrm{Rel}(r_i)=1\}$。规则 R_2 的循环流程图如图 7-28 所示。

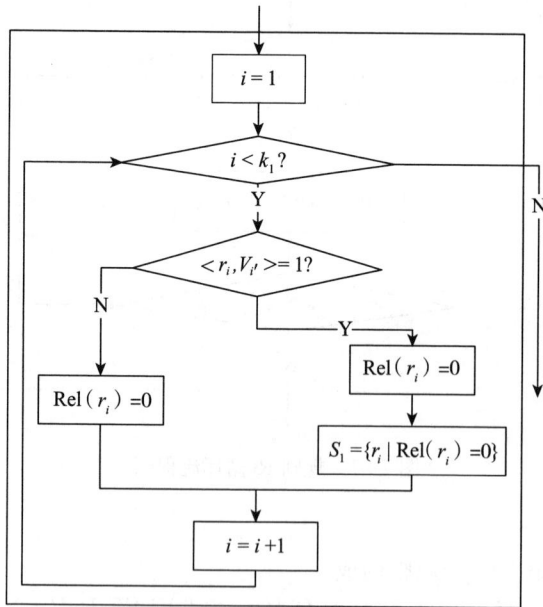

图 7-28 规则 R_2 循环流程图

规则 R_2 将问题原因搜索的不确定性从整个因果网络可计算模型缩减为一个

由所有 $\text{Rel}(r_i)$ 为 1 的关系结点组成的可能解集合，这个集合的元素构成了问题结点 $V_{i'}$ 的因果关系结构图，如图 7-29 所示。该结构图由问题结点 $V_{i'}$ 与所有指向该结点的关系结点 r_{k1}，r_{k2}，$\cdots$，r_{kn}，以及潜在相关的问题结点 V_{i1}，V_{i2}，$\cdots$，V_{im}，$\cdots$，V_{in} 等组成。潜在问题是指与问题节点 $V_{i'}$ 存在逻辑关联的、可以由某个因果关系同时引发的问题。

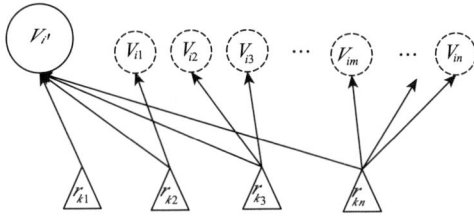

图 7-29　问题结点的因果关系结构图

规则 3（R₃）

规则 R_3 由以下三个子规则构成。

R₃.₁　IF $M(r_j)=1$ THEN $\text{SI}(r_j)=1$ ELSE $\text{SI}(r_j)=0$　　for $j=1$，2，$\cdots$，k_2。

R₃.₂　IF $\text{SI}(r_j)=1$ THEN $r_j \in S_2$　　for $j=1$，2，$\cdots$，k_2。

R₃.₃　IF $\text{SI}(r_j)=0$ THEN $r_j \in S_3$　　for $j=1$，2，$\cdots$，k_2。

其中，$M(r_j)$ 为关系结点 r_j 的出度数；$\text{SI}(r_j)$ 为集合 S_1 中元素 r_j 的结构匹配度。

规则 R_3 用于计算关系结点 r_j 的结构匹配度 $\text{SI}(r_j)$。在问题结点 $V_{i'}$ 的结构图中，与问题结点 $V_{i'}$ 相关的关系结点的出度数分别为 $M(r_j)=1$（关系结点 r_{a1}-r_{ak1}）、$M(r_j)=2$（关系结点 r_{b1}-r_{bk2}）、$M(r_j)=3$（关系结点 r_{c1}-r_{ck3}）等，集合 S_1 中具有不同出度数的关系结点在因果网络模型中体现为不同的结构特征，形成的结构如图 7-30 所示。

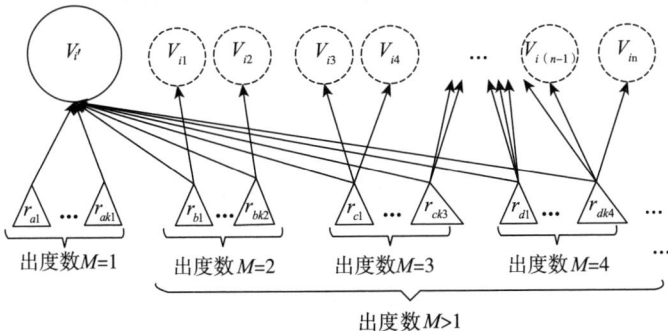

图 7-30　集合的结构图

根据关系结点的出度数可以将这些结点分为两大类，即 $M(r_j)$ 为 1 的关系结点和 $M(r_j)$ 大于 1 的关系结点。$M(r_j)$ 为 1 的关系结点对应的因果关系表示某个或某些原因仅引发问题 $V_{i'}$ 的"一果"形式的因果关系，$M(r_j)$ 大于 1 的关系结点对应的因果关系表示某个或某些原因引发问题 $V_{i'}$ 和其他潜在问题同时发生的"多果"形式的因果关系。例如，图 7-30 中关系结点 r_{b1} 的出度数为 2，该"多果"形式的因果关系同时引发问题 $V_{i'}$ 和 V_{i1}，V_{i1} 就是除问题 $V_{i'}$ 以外的潜在问题。

依据规则 $R_{3.1}$，如果 $M(r_j)$ 等于 1，那么关系结点 r_j 与问题节点 $V_{i'}$ 在结构上完全匹配，记其结构匹配度 $SI(r_j)$ 为 1，否则记为 0。规则 $R_{3.2}$ 和 $R_{3.3}$ 将 S_1 中的元素按照结构匹配度分别置于不同的集合中，所有 $SI(r_j)$ 为 1 的关系结点归于集合 S_2，所有 $SI(r_j)$ 为 0 的关系结点归于集合 S_3，即 $S_2 = \{r_j \mid SI(r_j) = 1\}$，$S_3 = \{r_j \mid SI(r_j) = 0\}$。

R_3 循环执行 k_2 次将集合 S_1 中所有元素分配到子集合 S_2 和 S_3 中，其循环流程如图 7-31 所示。

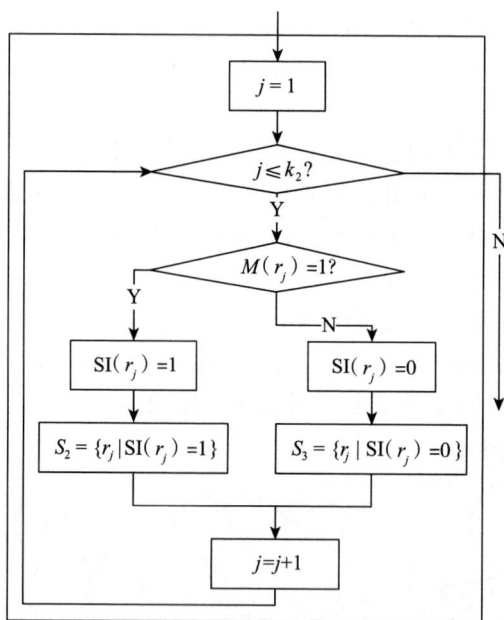

图 7-31 规则 R_3 循环流程图

规则 4(R_4)

R_4 IF $P(r_{ia}) > P(r_{ib})$ THEN $Rank(r_{ia}) > Rank(r_{ib})$。
其中，$P(r_{ix})$ 为关系结点的因果强度。

由于从问题事实库中抽取出来的关系结点对应现实世界中独立发生的因果关系，因此因果网络可计算模型中各关系结点之间具有相对独立性，满足概率公理的独立性要求。

例如，在因果网络可计算模型的局部模型中（图 7-32），关系结点 r_1 表示问题 C_6 引起问题 C_1 和 C_8 同时发生，关系结点 r_2 表示问题 C_6 和 C_{18} 共同引起问题 C_8 发生，尽管关系结点 r_1 和 r_2 都与问题 C_6 相关，但因果关系 r_1 和 r_2 分别独立发生导致了不同的问题情形，因此关系结点 r_1 和 r_2 是独立的，即 r_1 与 r_2 之间是逻辑"或"的关系。关系结点的独立性是对关系结点进行概率计算的必要条件。

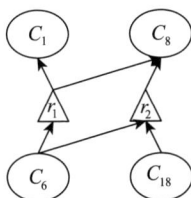

图 7-32　因果网络可计算模型的局部模型

在由 k 个独立的关系结点构成的完备事件组 $X = \{r_{i1}, r_{i2}, \cdots, r_{ik}\}$ 中，关系结点 r_{ix} 的因果强度的计算公式如下：

$$P(r_{ix}) = C(r_{ix}) \bigg/ \sum_{x=1}^{k} P(r_{ix}) \qquad (7\text{-}6)$$

其中，参数 $C(r_{ix})$ 表示关系结点 r_{ix} 对应的因果关系在历史记录中发生的次数。根据概率的频率观点，该参数为刻画因果关系 r_{ix} 发生可能性大小的一个数量指标。

规则 R_4 中 $\text{Rank}(r_i)$ 是关系结点 r_i 在集合中所处的次序值。R_4 将集合 S_2 和 S_3 中的所有关系结点按照因果强度重新排序，得到的集合分别记为 S'_2 和 S'_3。对集合 S_2 中的元素按照因果强度进行排序的流程如图 7-33 所示。

R_4 的执行结果可作为规则 R_5 的推理证据的输入，触发规则 R_5 的执行。

规则 5（R_5）

规则 R_5 由以下两个子规则构成。

$R_{5.1}$　IF$<V_{j'}, r_k>=1$ AND $r_k \in S'_2$ THEN $\text{Rel}(V_{j'})=1$ ELSE $\text{Rel}(V_{j'})=0$　for $j'=1, 2, \cdots, k_0$。

$R_{5.2}$　IF $\text{Rel}(V_{j'})=1$ THEN $V_{j'} \in S''_2$　　for $j'=1, 2, \cdots, k_0$。

执行 R_5 实现对问题原因的搜索，该搜索过程由三个步骤组成。

步骤 1　选取 S'_2 中的第 k 个关系结点元素 r_k。

步骤 2　在因果网络可计算模型中搜索所有指向 r_k 的原因结点 $V_{j'}$，并记其相关度 $\text{Rel}(V_{j'})$（参照规则 $R_{2.1}$）。

步骤 3　将所有 $\text{Rel}(V_{j'})$ 为 1 的原因结点 $V_{j'}$ 形成集合 S''_2，即 $S''_2 = \{V_{j'} \mid \text{Rel}(V_{j'})=1\}$。

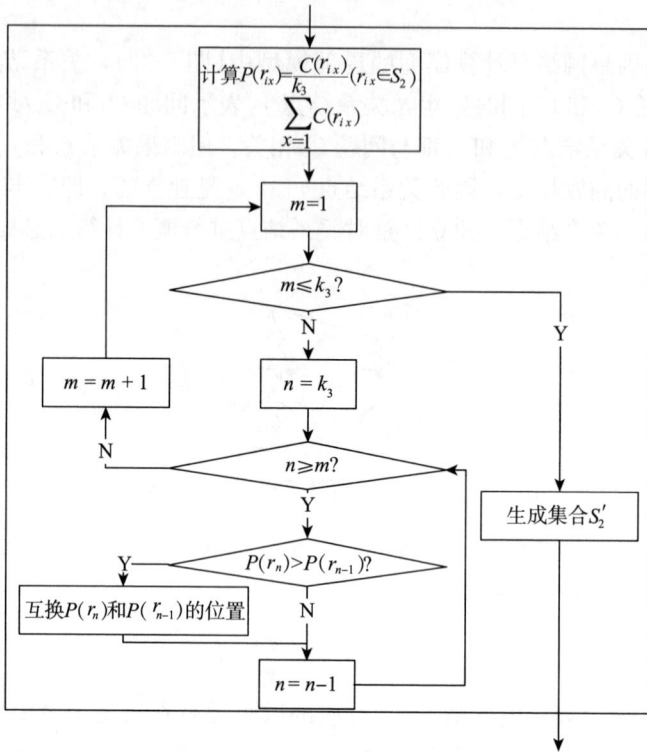

图 7-33　规则 R_4 循环流程图

　　规则 $R_{5.1}$ 参照规则 $R_{2.1}$，遍历因果网络可计算模型搜索与因果关系结点 r_k 相关的所有原因结点。当关系结点 r_k 和原因结点 $V_{j'}$ 相关时，表现为因果网络可计算模型中存在一条由 $V_{j'}$ 指向 r_k 的边，即有向边 $<V_{j'}, r_k>$ 的值为 1。因此，规则 $R_{5.1}$ 的执行遵循"假设—测试"的思路将空间中的任一原因结点 $V_{j'}$ 作为假设进行测试，如果 $<V_{j'}, r_k>$ 的值为 1，记原因结点 $V_{j'}$ 与关系结点 r_k 的相关度 $\text{Rel}(V_{j'})$ 为 1，否则记 $\text{Rel}(V_{j'})$ 为 0。在因果网络可计算模型中循环执行 k_3 次 $R_{5.1}$ 和 $R_{5.2}$，找到因果网络可计算模型中所有相关的原因结点（k_3 为因果网络可计算模型中的问题结点数）并记其相关度 $\text{Rel}(V_{j'})$ 为 0，形成集合 S_2''。R_5 的循环流程图如图 7-34 所示。

　　在图 7-34 中，执行一次规则 R_5 生成一个集合 S_2''，将 S_2'' 作为初始问题 V_p 一个可能的原因解释。该解将会作为对问题原因解释的推荐呈现给问题处理人员，作为问题处理的决策支持。根据现实中该原因对问题分析的支持效果，推理系统会对 S_2' 中的元素循环执行 R_5，生成一系列可能的问题原因解释，并存放在推理系统中，直到系统找到有效的问题原因解。但无论 R_5 产生的所有原因解的最终解释效果如何，R_5 至多只能循环 k_3 次（k_3 为 S_2' 中的元素个数）。如果经过 k_3 次循

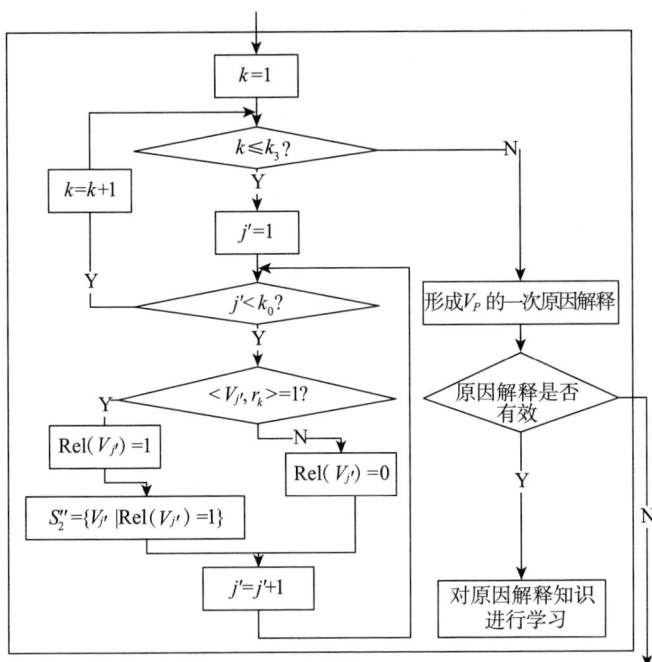

图 7-34　规则 R_5 循环流程图

环仍然没有找到合适的解，推理系统会触发规则 R_6，继续产生新的问题原因的知识。

规则 6(R_6)

R_6　IF $r_{k'} \in S_3'$ AND $<r_{k'}, V_{j''}> = 1$ AND $V_{j''} \in S_V$ THEN SI($r_{k'}$)=1 ELSE DEL($r_{k'}$)　for j''=1, 2, ···, k_0。

其中，$<r_{k'}, V_{j''}>$ 为从关系结点 $r_{k'}$ 指向问题结点 $V_{j''}$ 的有向边的值；S_V 为已发生的问题集合。

从图 7-31 可知，集合 S_3' 中的关系结点还涉及除问题结点 $V_{i'}$ 以外的潜在问题结点。这些问题结点属于问题证据中不确定的部分。因此规则 R_6 的前提就由两部分构成：第一部分用于搜索因果网络可计算模型确定与关系结点 $r_{k'}$ 相关的潜在问题结点，如 $V_{j''}$。第二部分在第一部分的基础上判断问题结点 $V_{j''}$ 是否属于问题证据中未观察到的部分。如果问题结点 $V_{j''}$ 与关系结点 $r_{k'}$ 相关，并且 $V_{j''}$ 经过推理系统的确认属于已发生且未观察到的问题，那么问题的初始证据就更新为 $S_V = \{V_{i'}, V_{j''}\}$。对于更新后的问题证据 S_V，关系结点 $r_{k'}$ 与其在结构上是完全匹配的(参照规则 $R_{3.1}$)，此时关系结点 $r_{k'}$ 的结构匹配度的参数 SI($r_{k'}$)更新为 1；相反如果 $V_{j''}$ 经过推理系统的确认属于未发生的问题，则关系结点 $r_{k'}$ 就由可能的解变为不可能的解，并从集合中 S_3' 剔除。从推理证据的不确定性角度分析，对问题证据的再次确认和集合 S_V 的更新行为(无论是否有新的问题元素加入使集合 S_V 更新)可使 S_3' 中关系结点的不确定性进一步降低。将 S_3' 中 $SI(r_{k'})=1$ 的关系结点执行与 R_5 类似的操作以产生新的问题原因的解释,这里不再赘述。

规则 R_6 最多循环 k_4 次(k_4 为 S_3' 中的元素个数),直到找到有效的原因解释,如图 7-35 所示。如果经过 k_4 次循环后仍然没有找到合适的解,说明利用现有的知识模型和推理规则无法产生对问题分析有效的原因解释,此时执果索因推理结束。

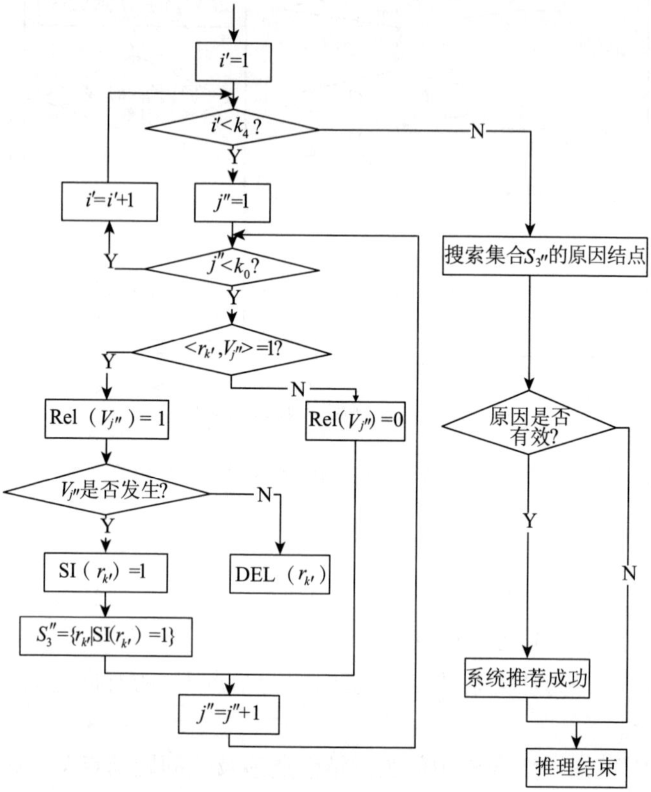

图 7-35　规则 R_6 循环流程图

以上规则的实质都是规律性知识,这些知识作用于因果网络可计算模型,将因果网络可计算模型中的结点按"块"进行处理,对不同的"块"赋予不同的不确定度,按照不确定度的高低适时地添加新的问题证据,直到规则最后结论的不确定性在可接受范围内。当这些规则与具体的问题领域结合后,这些规律性的知识就被实例化为具体的事实性的知识。

按照集合论的表示方法,上述推理规则对因果网络可计算模型中各结点的作用机理如图 7-36 所示。

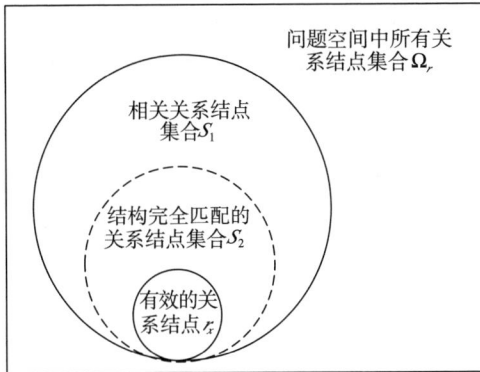

图 7-36　推理机理的集合表示

在图 7-36 中，推理的第一阶段执行规则 R_1，将原始问题 V_p 映射为因果网络可计算模型中的一个问题结点 $V_{i'}$，相应地生成一个包含所有可能解的集合。由因果网络可计算模型中所有关系结点的集合 Ω_r 构成的全集将解的不确定性囊括其中。

推理的第二阶段以第一阶段的结论为推理证据，通过一系列规则逐步减少不确定性，直到搜索到一个或一些较为确定或者合理的解。其中，规则 R_2 根据关系结点相关度 $\mathrm{Rel}(r_i)$ 把所有不可能的解从全集中剔除出去，使解空间从全集 Ω_r 缩小为集合 S_1。规则 R_3 根据关系结点的结构匹配度 $\mathrm{SI}(r_i)$ 把解空间 S_1 分割为两个子集，即 S_2 和 S_3，集合 S_2 中的元素具有较高的优先级，而集合 S_3 中的元素具有较低的优先级。由于问题证据本身是不确定的，因而 $\mathrm{SI}(r_i)$ 的值会随着问题证据的加入而更新，所以集合 S_2 与集合 S_3 的边界是动态变化的(图中用虚线表示)。规则 R_4 区别于其他规则中建立的定性标准，使用了参数"关系结点的因果强度 $P(r_i)$"作为衡量不确定性的定量标准，生成相应的集合 S_2' 和 S_3'。

推理的第三阶段以第二阶段的结论为证据，使用规则 R_5 和 R_6 对集合 S_2' 和 S_3' 中的元素进行逐个分析，找到最可能的因果关系 r_x 及原因解释。

7.4.4　多问题的推理机制

多问题的推理机制以两个或者两个以上的问题初始证据为推理起点，按照推理规则中的搜索标准遍历因果网络可计算模型来搜索问题的原因。多问题的初始元素集合记为 $S_a = \{V_{a1}, V_{a2}, \cdots, V_{am}\}$。与单个问题的机理机制的规则 R_1 类似，多问题的推理机制需要依次将集合中的问题元素与因果网络可计算模型中的各问题结点进行相似度比较，形成可以映射到因果网络中的初始证据 $S_v = \{V_{p1}, V_{p2}, \cdots, V_{pm}\}$。

在初始证据 S_v 的基础上，多问题的推理机制也遵循与单个问题推理类似的推理原理，通过推理规则不断缩小问题可能解的空间，直到最终的解空间缩小到可接受的范围内。但由于涉及的问题数目较多，因此规则本身会更复杂些。具体的规则描述如下。

规则 $1'(\mathbf{R}'_1)$

规则 $\mathbf{R}'_1$ 由以下三个子规则构成。

$\mathbf{R}'_{1.1}$ IF $(<r_{i'}, V_{p1}>\cup<r_{i'}, V_{p2}>\cup\cdots\cup<r_{i'}, V_{pm}>)=1$ THEN $\mathrm{Rel}(r_{i'})=1$ ELSE $\mathrm{Rel}(r_{i'})=0$ for $i'=1, 2, \cdots, k'_1$。

$\mathbf{R}'_{1.2}$ IF $\mathrm{Rel}(r_{i'})=1$ THEN $r_{i'}\in S_{d1}$ for $i'=1, 2, \cdots, k'_1$。

$\mathbf{R}'_{1.3}$ IF $\mathrm{Rel}(r_{i'})=0$ THEN $\mathrm{DEL}(r_{i'})$ for $i'=1, 2, \cdots, k'_1$。

其中，$<r_{i'}, V_{p1}>$ 是从因果关系结点 $r_{i'}$ 指向问题结点 V_{p1} 的有向边的值。如果因果网络可计算模型中存在这样的有向边，则值为 1，否则为 0，$<r_{i'}, V_{p2}>$，$\cdots$，$<r_{i'}, V_{pm}>$ 等以此类推。$<r_{i'}, V_{p1}>\cup<r_{i'}, V_{p2}>\cup\cdots\cup<r_{i'}, V_{pm}>$ 是集合关系结点 $r_{i'}$ 与初始问题集合 $S_V=\{V_{p1}, V_{p2}, \cdots, V_{pm}\}$ 中所有元素有向边值的析取，如果该值为 1，则说明关系结点 $r_{i'}$ 与问题集合 S_V 中至少一个问题元素是相关的；如果该值为 0，则说明关系结点 $r_{i'}$ 与问题结合 S_V 中的任一问题元素都无关。$\mathrm{Rel}(r_{i'})$ 是用于判定关系结点 $r_{i'}$ 和问题集合 S_V 是否相关的二元变量，$\mathrm{Rel}(r_{i'})$ 的值为 1 表示关系结点 $r_{i'}$ 和问题集合 S_V 是相关的，$\mathrm{Rel}(r_{i'})$ 的值为 0 则表示不相关。

规则 $\mathbf{R}'_1$ 以参数 $\mathrm{Rel}(r_{i'})$ 作为原因解的可能性的界定，将问题解空间由全集 Ω 缩减为仅由相关的关系结点组成的可能解的集合。规则 $\mathbf{R}'_1$ 需要循环执行 k'_1 次循环遍历整个因果网络可计算模型（k'_1 为因果网络可计算模型关系结点的个数），直到找到所有相关的关系结点。规则 $\mathbf{R}'_1$ 实际上也遵循基于模型的按"块"搜索的规则，将模型按照"块"结构进行处理，最终得到的与集合 S_V 相关的"块"结构，如图 7-37 所示。该结构由问题集合 S_V 和与 S_V 中的任一问题元素相关的关系结点 $\{r_{k1}, r_{k2}, r_{kn}\}$，以及一些潜在的问题结点，如 $V_{i1}, V_{i2}, \cdots, V_{in}$ 等组成。

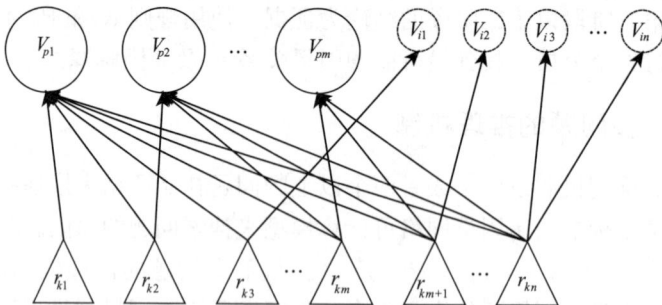

图 7-37   问题集合的因果关系结构图

在图 7-37 所示的结构图中，各关系结点的出度数 $M(r_{i'})$ 是不同的，导致各关系结点对问题集合 S_V 的影响范围、与 S_V 的结构匹配度也不同，这些决定了各

因果关系结点 $r_{i'}$ 在问题证据 S_V 条件下发生的可能性大小。下面分别从关系结点的出度数 $M(r_{i'})$ 与问题集合 S_V 的相关度和结构匹配度两个方面来分析关系结点，建立在问题证据 S_V 条件下判断关系结点 $r_{i'}$ 可能性的标准，进而形成相应的推理规则 R_2'。

1. 相关度分析

关系结点的出度数直接决定了关系结点与集合 S_V 中问题元素可能的连接情形，出度数越大，可能的连接情形也就越复杂。

1) $M(r_{i'})=1$ 的关系结点

这种关系结点与问题集合 S_V 的连接情形只可能为，关系结点 $r_{i'}$ 仅与集合 S_V 中的任意一个问题元素之间存在值为 1 的有向边，如图 7-37 中出度数为 1 的关系结点 r_{k1} 仅与集合 S_V 中的问题元素 V_{p1} 之间存在的一条有向边，即 $<r_{k1}, V_{p1}>$ 的值为 1。$M(r_{i'})$ 为 1 的关系结点与问题集合 S_V 的 $Causality(r_{i'}-S_V)$ 的可能情形有 C_m^1 种。将关系结点 r_i 与问题集合 S_V 的连接情形形式化表示为

$$Causality(r_{i'}-S_V)^{(a-b)}=\{<r_{i'}, V_{pi}>=1\} \qquad for \ V_{pi}\in S_V, \ j=1, 2, \cdots, m$$
$$(7-7)$$

其中，上标 $(a-b)$ 中参数 a 表示关系结点 $r_{i'}$ 的出度数，b 表示第 b 种的连接情形。

2) $M(r_{i'})=2$ 的关系结点

这种关系结点与问题集合 S_V 连接的可能情形有两种。

(1) 关系结点 $r_{i'}$ 与集合 S_V 中的任意两个问题元素之间存在有向边。

(2) 关系结点 $r_{i'}$ 与一个属于 S_V 中的问题元素和问题结点全集 Ω_V 中集合 S_V 以外的问题元素之间存在有向边，这种关系结点的出现意味着会导致除集合 S_V 以外的潜在问题发生。

两种情形形式化地表示为：① $Causality(r_{i'}-S_V)^{(2-1)}=\{<r_{i'}, V_{pj_1}>=1$ AND $<r_{i'}, V_{pj_2}>=1\}$ for $\{V_{pj_1}, V_{pj_2}\}\in S_V$, $j_1, j_2\in\{1, 2, \cdots, m\}$，且 $j_1\neq j_2$；② $Causality(r_{i'}-S_V)^{(2-2)}=\{<r_{i'}, V_{pj_1}>=1$ AND $<r_{i'}, V_{\Omega_V}>=1\}$ for $V_{pj_1}\in S_V$, $V_{\Omega_V}\in\{\Omega_V \mid S_V\}$, $j_1, j_2\in\{1, 2, \cdots, m\}$，且 $j_1\neq j_2$。

在情形①中，关系结点 $r_{i'}$ 的影响范围涉及集合 S_V 中的两个问题元素，这种 $Causality(r_{i'}-S_V)^{(2-1)}$ 的可能情形有 C_m^2 种，在情形②中，关系结点 $r_{i'}$ 的影响范围仅涉及集合 S_V 中其中一个问题元素。因此相对于情形①，情形②中的关系结点与集合 S_V 的相关度更小些，因而在推理系统中被处理的优先级也较低。

关于 $M(r_{i'})=k$ 的关系结点，可在 $M(r_{i'})=1$、$M(r_{i'})=2$ 的基础上类推。$M(r_{i'})=k$ 的关系结点 $r_{i'}$ 与问题集合 S_V 的连接情形有 k 种：① 关系结点 $r_{i'}$ 与集合 S_V 中的任意 k 个问题元素之间存在有向边；② 关系结点 $r_{i'}$ 与 $(k-1)$ 个 S_V 中的问题元素及一个不属于集合 S_V 中的问题元素之间存在有向边；③ 以此类推，关

系结点 $r_{i'}$ 与 1 个 S_V 中的问题元素及 $(k-1)$ 个不属于集合 S_V 中的问题元素之间存在有向边。

与 $M(r_{i'})$ 为 2 的分析原理类似，第①种情形中的关系结点 $r_{i'}$ 与集合 S_V 的相关度最高，因而在推理系统中较之于其他情形的关系结点具有最高的处理优先级。其形式化表示为

$$\text{Causality}(r_{i'}-S_V)^{(k-1)}=\{<r_{i'},\,V_{pj_1}>=1 \text{ AND } <r_{i'},\,V_{pj_2}>=1\cdots\text{AND}$$
$$<r_{i'},\,V_{pj_k}>=1\}$$

$\text{for}\{V_{pj_1},\,V_{pj_2},\,\cdots,\,V_{pj_k}\}\in S_V$，$j_1,\,j_2,\,\cdots,\,j_k\in\{1,\,2,\,\cdots,\,m\}$，且 $j_1\neq j_2\neq\cdots\neq j_k$

$$\text{Causality}(r_{i'}-S_V)^{(k-2)}=\{<r_{i'},\,V_{pj_1}>=1 \text{ AND } <r_{i'},\,V_{pj_2}>=1\cdots\text{AND}$$
$$<r_{i'},\,V_{v'}>=1\}$$

$\text{for}\{V_{pj_1},\,V_{pj_2}\}\in S_V$，$V_{\Omega_{V'}}\{\Omega_V\mid S_V\}j_1,\,j_2,\,\cdots,\,j_k\in\{1,\,2,\,\cdots,\,m\}$，且 $j_1\neq j_2\neq\cdots\neq j_k$

从理论上讲，因果网络可计算模型中关系结点的出度数极限情形为 $M(r_{i'})=+\infty$，这种极限情形下的关系结点 $r_{i'}$ 与集合 S_V 的连接情形与 $M(r_{i'})=1$、$M(r_{i'})=2$ 及 $M(r_{i'})=k$ 的关系结点的分析并无二致。但在现实世界中，在一个特定的问题领域内，这种极端情形极少出现。

2. 可能性分析

在上面的分析中，参数 $M(r_{i'})$ 在一定程度上影响集合 S_{d1} 中的元素与集合 S_V 的连接情形的复杂程度，参数 $M(r_{i'})$ 越大，按照排列组合的特性可能生成的连接情形就越多。但从上面展示的因果连接情形来看，关系结点的各出度有向边中仅有指向 S_V 中元素的有向边对初始集合来说才是真正有效的。因此，定义参数"有效出度" $Z(r_{i'})$ 表示集合 S_{d1} 中的关系结点 $r_{i'}$ 指向集合 S_V 中问题结点的有向边的个数，即

$$Z(r_{i'})=\sum_{i=1}^{m}<r_{i'},\,V_{pi}> \qquad \text{for}\,V_{pi}\in S_V,\,i=1,\,2,\,\cdots,\,m \tag{7-8}$$

按照参数 $Z(r_{i'})$ 的大小，集合 S_{d1} 中不同种类的关系结点元素与问题集合 S_V 的连接情形及相应的概率运算方式分为以下两种。

1) $Z(r_{i'})=m$ 的关系结点

$Z(r_{i'})=m$（m 为集合 S_V 中的元素个数）的关系结点和集合 S_V 中的元素连接情形包括以下两种子情形。

(1) 该种关系结点与问题集合 S_V 的所有 m 个问题元素之间都存在有向边，同时该因果关系不涉及集合 S_V 以外的问题结点，该种关系结点同时满足参数 $Z(r_{i'})$ 和 $M(r_{i'})$ 值均为 m。这种形式的关系结点与集合 S_V 形成的连接结构图的一个示例，如图 7-38 所示。

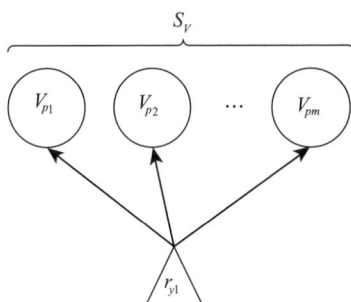

图 7-38 r_{y1} 与集合 S_V 的结构图 $[M(r_{y1})=m]$

$Z(r_{i'})=m$ 的关系结点引起集合 S_V 发生的概率计算公式为

$$P(S_V) = \sum_{i=1}^{k_0} P(r_{y'k}) \tag{7-9}$$

从推理证据角度分析，由于不涉及因果网络可计算模型中除集合 S_V 以外的问题结点，这种性质的关系结点和问题初始证据 S_V 有着最高的结构匹配度，因而 $Z(r_{i'})=m$ 的关系结点是问题初始证据 S_V 条件下具有最高结构匹配度的关系结点。在前面介绍的单个问题推理中也涵盖了类似的情形。推理系统在对问题初始证据 $S_V=\{V_{i'}\}$ 匹配规则 R_2 时，如果集合 S_1 中的关系结点 $r_{i'}$ 符合规则 R_2 的前件(即关系结点的出度数为 1)，那么该关系结点就被赋予最高的结构匹配度，因而在推理系统中也具有最高的处理优先级。

(2)该关系结点与问题集合 S_V 的 m 个问题元素都存在有向边，同时对应的因果关系涉及集合 S_V 以外的潜在问题结点，该种关系结点参数 $Z(r_{i'})$ 值为 m，$M(r_{i'})$ 值大于 m。这种形式的关系结点与集合 S_V 形成的连接结构图，如图 7-39 所示。

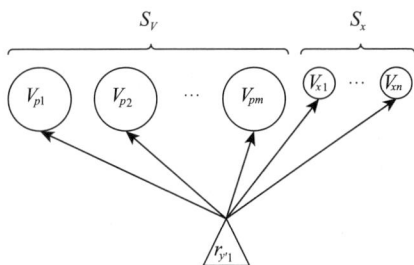

图 7-39 $r_{y'1}$ 与集合 S_V 的结构图 $[M(r_{y'1})>m]$

在图 7-39 中，关系结点 $r_{y'1}$ 连接的问题结点构成集合 $S_V'=\{V_{p1}, V_{p2}, \cdots, V_{pm}\} \bigcup \{V_{x1}, V_{x2}, \cdots, V_{xn}\}$。令 $S_x=\{V_{x1}, V_{x2}, \cdots, V_{xn}\}$，则 $S_V'=S_V \bigcup S_x$。引起集合 S_V' 发生的关系结点的概率计算公式为

$$P(S_V') = P(S_V \bigcup S_x) = \sum_{i=1}^{k_1} P(r_{yk}) \tag{7-10}$$

在整个因果网络可计算模型中所有关系结点构成的全集Ω_r中，任何和r_{y1}性质相同的关系结点都是问题集合$S_V \bigcup S_x$发生的充分条件。因此集合$(S_V \bigcup S_x)$发生的概率$P(S_V')$大小为关系结点全集Ω_r中可能导致集合S_V'发生的k_1个关系结点的概率加和值。

从推理的角度分析，这样的关系结点构成了集合$(S_V \bigcup S_x)$发生的充分条件，因而也是满足问题初始证据S_V的充分条件。因此，这种性质的关系结点是符合问题初始证据的可能解。当然，问题集合S_x中的元素需要作为新的问题信息交由推理系统进一步确认。

2)$Z(r_{i'}) < m$ 的关系结点

如果$Z(r_{i'})$小于m，那么它仅与集合S_V的子集中的问题结点之间存在有向边。这种类型的关系结点与集合S_V形成的连接结构图的一个示例，如图7-40所示。

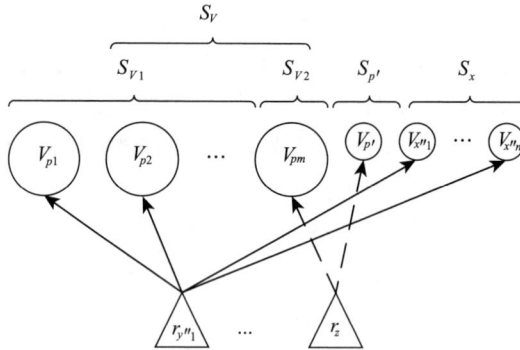

图 7-40　$r_{y''1}$ 与集合 S_V 的结构图

由图7-40中的结构可知，这种形式的关系结点并不能构成集合S_V作为独立问题事件组发生的充分条件。从推理的角度去分析图7-40中的关系结点$r_{y''1}$，该结点的出现并不能满足初始的问题证据S_V发生的前提。假定结点$r_{y''1}$与V_{p2}之间的有向边$<r_{y''1}, V_{p2}>$的值为0，那么关系结点$r_{y''1}$与规则前件的成功匹配必然还需要一个存在指向问题结点V_{pm}的有向边的关系结点（如图7-40中的关系结点r_z）和关系结点$r_{y''1}$一起构成符合规则前件的测试集。当然，关系结点r_z也可以指向集合S_x中的结点，或者除集合S_V、S_x以外的因果网络可计算模型中的结点S_p，即集合$\{\Omega_r - S_V - S_x\}$中的问题结点。

从概率运算的角度分析，这种因果情形表示为$r_{y''1} \Rightarrow \{S_V \bigcup S_x \mid V_{p2}\}$，$r_z \Rightarrow \{\{\mid V_{p2}\} \bigcup S_{p'}\}$，新的问题集合$S_V' = \{S_V \bigcup S_x \mid V_{p2}\} \bigcup \{\{V_{p2}\} \bigcup S_{p'}\}$。集合$\{S_V \bigcup S_x \mid V_{p2}\}$和$\{\{V_{p2}\} \bigcup S_{p'}\}$构成独立的事件。因此，引起集合$S_V'$发生的关系

结点的概率计算公式为

$$P(S'_V) = P(\{S_V \bigcup S_x \mid V_{p2}\}) \times P(\{\{V_{p2}\} \bigcup S_{p'}\}) = \sum_{i=1}^{k_2} P(r_{y''k}) \times \sum_{i=1}^{k_3} P(r_{z_i})$$

$$(7\text{-}11)$$

第一类 $Z(r_{i'}) = m$ 的关系结点较第二类 $Z(r_{i'}) < m$ 的关系结点在概率数量级上具有明显的优势。所以在问题集合 S_V 的条件下，第一类的关系结点发生的可能性较高些。

从推理的证据角度分析，对 $Z(r_{i'}) < m$ 的关系结点的执果索因推理将原始的问题证据 S_V 拆分成子证据的集合形式，每个子证据分别由各独立的关系结点引发，式(7-11)仅给出较为简单的两个子证据的聚合形式，还有更小、更多的子集合的集合形式也是可能存在的，这些形式的概率计算也将拆分成更小的粒度，概率计算的数量级也会更小。

规则 2′($\mathbf{R}'_2$)

根据以上分析，在多个问题的推理中，对关系结点按照 $Z(r_{i'}) = m$ 和 $Z(r_{i'}) < m$ 的并结合结点自身的出度数 $M(r_{i'})$ 构建结点结构匹配度的判断标准，形成相应的推理控制规则。

规则 R'_2 由以下三个子规则构成。

$\mathbf{R}'_{2.1}$　IF $Z(r_{i'}) = m$ AND $M(r_{i'}) = m$ THEN $r_{i'} \in S_{d2}$。

$\mathbf{R}'_{2.2}$　IF $Z(r_{i'}) = m$ AND $M(r_{i'}) > m$ THEN $r_{i'} \in S_{d3}$。

$\mathbf{R}'_{2.3}$　IF $Z(r_{i'}) < m$ THEN $r_{i'} \in S_{d4}$。

规则 R'_2 按照关系结点的参数 $Z(r_{i'})$ 和 $M(r_{i'})$ 的值在多问题的推理系统建立了一级优先级衡量标准，把集合 S_{d1} 中的元素分为了三组。每一组中都含有若干元素，这些元素之间还需要次级标准来确立组内的优先级顺序。次级标准的建立形成规则 3(R'_3)的主要内容，具体分析如下。

(1)集合 S_{d2} 中的关系结点。由于集合 S_{d2} 中的关系结点和证据 S_V 在结构上是完全匹配的，因此对该集合的处理可以参照单个问题的推理规则 R_4，将关系结点的因果强度计算公式作为组内次级优先级标准，因果强度越大的关系结点在集合 S_{d2} 中赋予越优先的排序，见规则 $R'_{3.1}$。

(2)集合 S_{d3} 中的关系结点。集合 S_{d3} 中的关系结点涉及的问题结点集合大于问题初始证据 S_V，而在现实世界中，在多个问题作为推理的初始证据，即多个问题发生的条件下，再同时出现新的问题的可能性会随着新问题数目的增加而递减，因此在多个问题推理中对集合 S_{d3} 中的关系结点以 $M(r_{i'})$ 作为次级优先级标准，$M(r_{i'})$ 值越大，表示除集合 S_V 以外涉及的问题结点数目越多，其优先级也就越低，见规则 $R'_{3.2}$。执行规则 $R'_{3.2}$ 重新排序后的关系结点将以关系结点的因果强度作为三级排序的标准，将优先级体系进一步细化。

（3）集合 S_{d4} 中的关系结点。集合 S_{d4} 中关系结点的概率值拆分成两个甚至多个子问题证据对应的关系结点的乘积。当问题初始证据 S_V 是由两个以上子问题证据的并集构成时，从概率数量级上可以推断其对应的关系结点发生的可能性很小。因此从推理的计算成本和复杂度来讲，对集合 S_{d4} 中的关系结点排序，仅考虑由两个子问题证据的并集构成的情形。当然，在这种情形下的三级排序标准为对应各子问题证据关系结点的概率值相对大小，见规则 $R'_{3.3}$。

规则 3′(R'_3)

规则 R'_3 由以下三个子规则构成。

$R'_{3.1}$　IF $P(r_{ia'})>P(r_{ib'})$ AND $\{r_{ia'}, r_{ib'}\}\in S_{d2}$ THEN Rank$(r_{ia'})>$Rank$(r_{ib'})$。

$R'_{3.2}$　IF $M(r_{ia'})>M(r_{ib'})$ AND $\{r_{ia'}, r_{ib'}\}\in S_{d3}$ THEN Rank$(r_{ia'})>$Rank$(r_{ib'})$。

$R'_{3.3}$　$r_{ia'}\bigcap r_{ib'}\Rightarrow S_{V1}\in S_V$ AND $P(r_{ia'})>P(r_{ib'})$ AND $\{r_{ia'}, r_{ib'}\}\in S_{d4}$ THEN Rank$(r_{ia'})>$Rank$(r_{ib'})$。

在规则 $R'_{3.3}$ 中，集合 S_{V1} 表示问题初始证据 S_V 的一个子集，规则 R'_3 中隐含了集合 S_{V2}，并且两个子集合满足 $S_{V1}\bigcup S_{V2}=S_V$。

综上分析，在多个问题的推理中，因果网络可计算模型中的关系结点构成的全集 Ω_r 包含所有可能的解，构成了初始的解空间。推理的第一阶段，规则 R'_1 在该解空间内进行搜索，找到所有可能的关系结点，将解空间缩小为集合 S_{d1}，降低了搜索的不确定性。第二阶段中规则 R'_2 与 R'_3 在集合 S_{d1} 的基础上，建立一级优先级标准，将集合 S_{d1} 分解成具有不同优先级的子集合 S_{d2}、S_{d3} 和 S_{d4}，并为各子集合中的关系结点元素赋予细化的优先级标准，各级优先级共同构成优先级的体系，如图 7-41 所示。

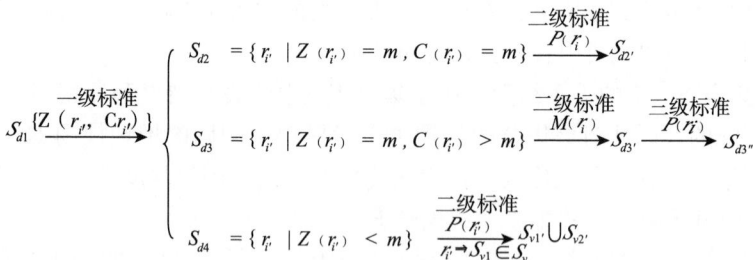

图 7-41　优先级标准的体系结构图

经过优先级体系的排序，集合 S_{d1} 生成新的集合 S''_{d2}、S''_{d3} 及 $S''_{V1}\bigcup S''_{V2}$，推理系统依次根据这些集合中的关系结点在因果网络可计算模型中搜索相关的原因结点，形成问题原因的解释，参见单个问题推理中的规则 R_5 和规则 R_6。

前面介绍了对问题原因的推理规则及相应的推理机理，对问题的执因预果推理遵循与执果索因推理一致的原理。执因预果推理从问题初始事实出发，以因果网络可计算模型中关系结点的全集Ω_r作为推理起点，利用一系列的推理规则将解的不确定性从全集Ω_r缩减到合理的可控范围内。相对于对问题原因的推理是在因果网络可计算模型中向下层关系结点层搜索而言，执因预果推理是在因果网络可计算模型中向上层关系结点层搜索，将可能解锁定在上层的问题结点中，生成对问题结果的预测。

无论是单问题推理还是多问题推理，所定义的推理规则都是从三个方向实行推理控制：①推理规则首先进行关系结点相关度的判定，该参数的设置对解的全集进行可能性的界定，将全集划分为可能的和不可能的两个部分。②在可能性界定的基础上，通过结构匹配度的定性分析建立结点的优先级标准，引导因果网络可计算模型的搜索方向，使搜索先沿着可能性最大的方向进行。搜索结果使可能解的空间被控制在合理范围内。③推理规则使用参数重要度作为定量判断的标准，为具有同等优先级的各可能解赋予次级的优先级。

在整个搜索过程中，上一条规则推出的信息直接左右了下次规则的执行方向，成为寻找下一个被激发的规则的控制动力，实现数据驱动的推理方法。其推理控制策略的实质是通过调整规则的结构和顺序，使最易于确认的规则排在最前面，便于尽早排除无关的规则，模拟人们处理问题的求解策略，缩小搜索空间，提高推理效率。在规则的实际使用过程中，推理的结论可以批次呈现，这样可使推理的结果更具有启发性。

在推理机制中推理规则是一种形式化表示。从人工智能的角度来看，规则的建立依照人们处理问题时的思维，模拟人们直觉判断和下意识推理的过程。从知识处理学的角度看，问题领域中存储的问题间的因果关系是一种底层的事实性知识，推理规则是一种中层的规律性知识。而因果网络可计算模型的搜索策略、因果关系结点的优先级标准体系、规则的控制顺序等，都是人们对经验性知识运用过程的显性化表示。规律性知识以事实性知识为驱动，将推理规则运用到具体问题实例中，产生针对某问题实例原因的解释和结果预测的知识。

在建立的混合推理模式中，问题求解是推理的目标，对模型中因果网络可计算模型的搜索是实现推理的方法，而规则是搜索方法的形式化描述。在因果网络可计算模型基础上建立的推理机制形成推理系统的"白盒子"，该系统针对不同的问题证据情形，通过规则的作用，将初始问题证据的输入清晰地转化成问题原因的解释或问题结果的预测，以此作为输出，这些输出可作为指导解决新问题的知识。

7.4.5   基于因果推理的学习

1. 问题处理知识的学习

人们在处理客观世界中的问题的过程中积累了大量的关于问题处理的经验性

知识，当人们需要解决新的问题时，会从这些已有的知识储备中寻找可用的知识。但由于人们对客观世界的观察能力有限，经验性知识往往具有一定的不完全性和时变性，这种不完全性和时变性在新问题的处理过程中会逐渐显现出来。因此，对问题处理知识的不断学习是必不可少的过程，其目的是应对知识的不完全性和时变性。通过学习可不断地从问题处理的过程中获取新的、有效的知识，以此来解决新问题。

以汽车冲压生产为例，人们在过去的停机问题处理中积累了很多经验性知识。当新的停机问题出现时，人们会依据这些经验分析问题产生的原因并预测可能的结果，其效果好坏取决于现有的停机问题知识库中有关问题处理知识的积累量。对于新的停机问题，如果推理得到的问题原因分析及预测的结果经验证是有效的，则意味着以往的经验知识可以指导新问题的解决，并可对新问题进行有效的事前控制。换句话说就是知识库中一条有效的停机问题处理知识得到了强化。但如果依据现有的停机问题处理知识推理后无法找到问题的原因并预测结果，则意味着现有的停机问题处理知识对于解决该问题是不完备的。前一种情形说明人们的经验性知识可以被重复利用并持续有效，这种强化使用过程需要通过学习进行记忆，使知识得到持续的重用。后一种情形则说明需要通过学习来对现有的知识库进行扩充和完善，使在解决问题的过程中遇到新知识时可以即时地将其纳入现有的知识库中。

从知识的使用过程中可以看出，知识学习与基于问题处理知识的推理相辅相成，知识推理实现知识的重用，知识学习对知识重用过程及推理过程中发现的知识不完备情形进行相应的处理，实现对知识库的更新与完善。

基于问题处理知识的推理过程是以现实世界中的问题为推理起点，将新问题映射到知识表示模型的因果网络可计算模型中，通过规则匹配实现基于因果网络可计算模型的搜索，进而得到问题原因解释和结果预测结论的过程。因果网络可计算模型的结构和内容上的完备性决定了推理结论的有效性。对于新的问题，如果现有因果网络可计算模型中含有完备的问题结点信息，那么在因果网络可计算模型中，通过搜索可以获得从问题结点到问题原因和结果的多条因果链，一条因果链对应着一条从问题初始状态到问题目标状态的求解路径。相反，如果因果网络可计算模型中关于新问题的结点信息本身是不完备的，那么基于因果网络可计算模型的搜索就无法获得有效的问题求解路径。

这里所说的问题处理知识的学习是一个以因果网络可计算模型为基础进行模型推理时对问题求解路径的搜索过程及对搜索结果进行即时记录的活动。在这个学习过程中，需将可行的问题求解结果进行存储和记忆，对失败的问题求解过程进行改进。

下面分别从因果网络模型的参数学习和结构学习两个方面阐述不同情形下的学习方法，实现问题处理知识的学习。

2. 参数学习

在单个问题和多个问题的推理机制中，无论是单个问题事件 V_P 还是多个问题事件构成的原始问题证据，都需要与原有知识库中的因果网络可计算模型中的问题结点集合 Ω_V 进行相似度比较，以形成可以映射到因果网络可计算模型中的问题初始证据。如果原始问题证据不同于已有的问题，但还属于因果网络可计算模型中的一类或者某些类问题结点时，可忽略问题初始证据中一些不重要的细节，把新的问题事件作为因果网络可计算模型中问题类的实例进行学习。

推理系统首先进行相似度匹配，把原始问题映射到因果网络可计算模型中的问题类结点；其次搜索可能的关系结点，即相应的原因结点，形成可能的问题原因解释。当推理系统经过规则匹配得到的关于有效的问题原因解释和结果预测时，意味着推理系统产生了一条有效的知识使用记录。此时这条记录需要进行学习，学习目的是将知识的成功使用进行记忆和强化。

当推理系统针对问题处理证据 V_P 进行执果索因推理时，推理系统选取集合 S_2' 中的元素，在因果网络可计算模型搜索可能的原因结点 $V_{j'}$，该原因结点 $V_{j'}$ 被认为是初始问题可能的原因解释。如果原因 $V_{j'}$ 经过外界的反馈被认为对处理问题有效时，规则 R_5 生成的因果链条〈原因 $V_{j'}$→因果关系 r_k→问题 V_P〉就是一条有效的问题 V_P 的处理知识。于是，在因果网络可计算模型中将该因果链条〈原因 $V_{j'}$→因果关系 r_k→问题 V_P〉上对应的结点参数 $C(V_{j'})$、$C(r_k)$ 和 $C(V_P)$ 更新为参数 $C'(V_{j'})$、$C'(r_k)$ 和 $C'(V_P)$，即

$$C'(V_{j'})=C(V_{j'})+1 \tag{7-12}$$

$$C'(r_k)=C(r_k)+1 \tag{7-13}$$

$$C'(V_P)=C(V_P)+1 \tag{7-14}$$

式(7-12)~式(7-14)是对"一因一果"形式的因果关系链条中对应的因结点和果结点进行的参数更新，其他形式的因果关系链条的参数更新与其原理类似。

学习后的模型中以结点参数值为基础计算的概率参数也随上述三个节点参数而得到了更新。学习之后的因果关系模型将作为下一次问题分析的基础。

与之相类似，当推理系统进行执因预果推理时，推理规则执行产生的一系列因果链条被认为是有效的结果预测时，链条上的结点参数也需要进行更新。

无论是何种推理，只要推理系统利用因果关系网络模型成功进行了一次问题原因分析或者结果预测的推理，就会相应地触发一次模型参数学习的动作。经过长时间的积累和学习，因果网络可计算模型中蕴涵的经验性知识就实现了持续的记录和更新。

3. 结构学习

1)新问题的学习

在问题推理中，系统先将原始的问题事实与因果网络可计算模型中的问题结

点做相似度比较。当新的问题事件与以往出现过的问题相差较大时，系统无法成功地将新问题 V_p 映射到因果网络可计算模型中形成其问题的初始证据，这意味着现有的知识表示模型中不存在与该新问题有关的问题结点信息。在这种情形下推理系统的学习包括以下两步。

首先，获取对新问题的认识，生成对新问题的概念和知识表示。在因果网络可计算模型中建立新的问题类结点 V_p，将新问题节点 V_p 添加到现有的知识表示模型中，实现知识表示模型的更新。在以后的因果网络可计算模型的使用中，推理系统通过相似度比对将该问题映射到与之相类似的问题结点上，形成相应的问题初始证据。

其次，在第一步的基础上获取对该问题的原因分析和可能的结果预测，这些原因分析和结果预测可能是现有的知识表示模型中已有的问题结点信息，也可能是模型中未包含的结点信息。

情形 1　如果获得的原因分析和结果预测已包含在现有的知识表示模型中，则意味着因果网络可计算模型中的一些原因结点 $S_a = \{V_{a1}, V_{a2}, \cdots, V_{ai}\}$（$S_a \in \Omega_V$）和结果结点 $S_b = \{V_{b1}, V_{b2}, \cdots, V_{bj}\}$（$S_b \in \Omega_V$）与该新问题存在因果连接。因此，需要在第一步生成新问题结点的基础上与已有的原因结点 S_a 和结果结点 S_b 之间建立因果关系，并添加与新问题相关的属因有向边 $S_{Va-ra} = \{<V_{a1}, r_{a1}>, <V_{a2}, r_{a2}>, \cdots, <V_{ai}, r_{ai}>\}$，$S_{Vp-rb} = \{<V_p, r_{b1}>, <V_p, r_{b2}>, \cdots, <V_p, r_{bj}>\}$ 和属果有向边 $S_{ra-Vp} = \{<r_{a1}, V_p>, <r_{a2}, V_p>, \cdots, <r_{ai}, V_p>\}$，$S_{rb-Vb} = \{<r_{b1}, V_{b1}>, <r_{b2}, V_{b2}>, \cdots, <r_{bj}, V_{bj}>\}$。更新后的因果关系结构图可表示为

$$G_1 = <C_V, C_r, \widetilde{E}_1^{V-r}, \widetilde{E}_1^{r-V}> \tag{7-15}$$

其中，$\widetilde{E}_1^{V-r} = E^{V-r} \bigcup S_{Va-ra} \bigcup S_{Vp-rb}$；$\widetilde{E}_1^{r-V} = E^{r-V} \bigcup S_{ra-Vp} \bigcup S_{rb-Vb}$。

对情形 1 的学习。在添加了问题结点 V_p 的基础上，直接添加关系结点集合 S_{ra}、S_{rb} 和属因有向边 S_{Va-ra}、S_{Vp-rb}，以及属果有向边 S_{ra-Vp}、S_{rb-Vb}。通过因果结点和有向边的添加，在因果网络可计算模型中的问题结点与新问题 V_p 之间可建立因果连接，形成与新问题 V_p 有关的因果知识。当推理系统再次遇到与 V_p 类似的问题时，系统就可以通过搜索这些相关的因果结点形成相关的因果链条，即生成新问题的原因分析和结果预测的知识。

情形 2　如果获得的原因分析和结果预测不包含在现有的知识表示模型中，则意味着推理系统无法在现有的因果网络可计算模型中建立与原始问题 V_p 相关的因果连接。因此需添加新的原因结点，即集合 $S_a^+ = \{V'_{a1}, V'_{a2}, \cdots, V'_{ai}\}$（$S_a^+ \notin \Omega_V$），以及结果结点，即集合 $S_b^+ = \{V'_{b1}, V'_{b2}, \cdots, V'_{bj}\}$（$S_b^+ \notin \Omega_V$）作为新问题的因果结点信息。同时推理系统中还需要添加因果结点 S_a^+、S_b^+ 与新问题 V_p 之间的有向边，

包括属因有向边 $S'_{Va-ra}=\{<V'_{a1},\ r'_{a1}>,\ <V'_{a2},\ r'_{a2}>,\ \cdots,\ <V'_{ai},\ r'_{ai}>\}$，$S'_{Vp-rb}=\{<V_p,\ r'_{b1}>,\ <V_p,\ r'_{b2}>,\ \cdots,\ <V_p,\ r'_{bj}>\}$，以及属果有向边 $S'_{ra-Vp}=\{<r'_{a1},\ V_p>,\ <r'_{a2},\ V_p>,\ \cdots,\ <r'_{ai},\ V_p>\}$，$S'_{rb-Vb}=\{<r'_{b1},\ V'_{b1}>,\ <r'_{b2},\ V'_{b2}>,\ \cdots,\ <r'_{bj},\ V'_{bj}>\}$。更新后的因果关系结构图可表示为

$$G_2=<\widetilde{C}_V,\ \widetilde{C}_r,\ \widetilde{E}_2^{V-r},\ \widetilde{E}_2^{r-V}> \tag{7-16}$$

其中，$\widetilde{C}_V=C_V\bigcup S_a^+$、$\widetilde{C}_r=C_r\bigcup S_b^+$、$\widetilde{E}_2^{V-r}=E^{V-r}\bigcup S'_{Va-ra}\bigcup S'_{Vp-rb}$、$\widetilde{E}_2^{r-V}=E^{r-V}\bigcup S'_{ra-Vp}\bigcup S'_{rb-Vb}$。

对情形 2 的学习。在添加了问题结点 V_p 的基础上，通过获取新问题因果结点的信息，添加新问题因果结点集合 S_a^+、S_b^+ 及关系结点集合 S_{ra}^+、S_{rb}^+，以及属因有向边 S'_{Va-ra}、S'_{Vp-rb} 及属果有向边 S'_{ra-Vp}、S'_{rb-Vb}，便可在新问题因果结点与问题 V_p 之间建立起新的因果连接，形成问题 V_p 的新的因果知识。当推理系统再次遇到与 V_p 类似的问题时，系统就可以通过搜索这些已添加的因果结点形成新问题的因果链条，并将其作为新问题的原因分析和结果预测的知识。

图 7-42 给出一个新问题的学习示例。在一个由问题结点集合 $\Omega_V=\{V_1,\ V_2,\ V_3\}$ 和关系结点集合 $\Omega_r=\{r_1\}$ 组成的因果网络可计算模型中，当推理系统对原始问题 V_p 进行相似度比对时，如果 Ω_V 中的元素与 V_p 的相似度均小于一定的阈值，那么在因果网络可计算模型中添加问题结点 V_4 作为新问题 V_p 所属类的知识表示。如果问题结点 V_4 与因果网络可计算模型中已有的问题结点 V_3 之间存在因果关系，那么需添加由 V_3 到 V_2 的因果关系结点 r_2 和属因有向边 $<r_3,\ r_2>$、属果有向边 $<r_2,\ r_4>$，以记录关于新问题类 V_4 的因果知识。如果问题结点 V_4 和因果网络可计算模型中未包含的问题结点之间存在因果关系，那么需添加新问题结点 V_5，以及问题结点 V_5 到问题节点 V_4 的因果关系结点 r_3 和相应的属因有向边 $<V_5,\ r_3>$、属果有向边 $<r_3,\ V_4>$，以存储关于新问题类 V_4 的因果知识。

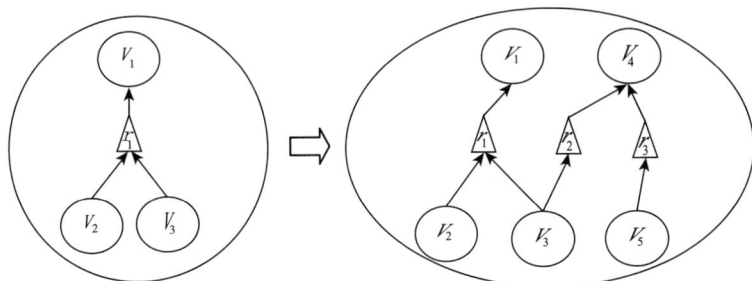

图 7-42　新问题学习的示例

当推理系统再次遇到与问题节点 V_4 类似的新问题时，学习后的因果网络可计算模型就可以通过执果索因推理找到问题结点 V_3 和问题节点 V_5，以此辅助新问题的解决。

2)新因果关系的学习

推理系统通过规则 R_1 将新问题 V_p 成功映射到因果网络可计算模型中,形成相应的初始证据 S_v 后,对该证据执行规则 R_2,搜索相关的因果连接。搜索结果存在以下两种可能的情形。

情形 1　因果网络可计算模型中不存在与 S_v 相关的关系结点及问题结点,这意味着现有的知识表示模型中缺少对该问题的分析,在模型结构上该问题仅作为一个孤立的问题结点存在,说明知识表示模型,即因果网络可计算模型在结构上是不完备的。此时推理系统需要获取问题证据 S_v 的因果知识作为新问题的因果知识重新进行学习。

推理系统获取与 S_v 相关的问题原因分析和结果预测并形成相应的问题因果结点后,在因果网络可计算模型中添加这些原因结点,即集合 $S_a^+ = \{V_{a1}'', V_{a2}'', \cdots, V_{ai}''\}(S_a^+ \notin \Omega_v)$,以及结果结点,即集合 $S_b^+ = \{V_{b1}'', V_{b2}'', \cdots, V_{bj}''\}(S_b^+ \notin \Omega_v)$。同时添加因果关系结点(集合 S_a^+、S_b^+)、相关的属因有向边 $S_{Va-ra}'' = \{<V_{a1}'', r_{a1}''>, <V_{a2}'', r_{a2}''>, \cdots, <V_{ai}'', r_{ai}''>\}$,$S_{Vp-rb}'' = \{<V_p, r_{b1}''>, <V_p, r_{b2}''>, \cdots, <V_p, r_{bj}''>\}$,以及相关的属果有向边 $S_{ra-Vp}'' = \{<r_{a1}'', V_p>, <r_{a2}'', V_p>, \cdots, <r_{ai}'', V_p>\}$,$S_{rb-Vb}'' = \{<r_{b1}'', V_{b1}''>, <r_{b2}'', V_{b2}''>, \cdots, <r_{bj}'', V_{bj}''>\}$。更新后的因果关系结构图的表示与新问题学习中的情形 2 类似,这里不予赘述。

情形 1 的学习过程。针对因果网络可计算模型中孤立的问题结点,获取与该问题结点有关的新因果关系,添加相关的因果结点,即集合 S_a^+、S_b^+,以及关系结点,即集合 $S_{ra'}^+$、$S_{rb'}^+$ 和属因有向边 S_{Va-ra}''、S_{Vp-rb}''、属果有向边 S_{ra-Vp}''、S_{rb-Vb}'',便可在因果网络可计算模型中为新问题 V_p 建立起因果连接,形成问题 V_p 的新的因果知识。当推理系统再次遇到与 V_p 类似的问题时,系统就可以通过搜索这些相关的因果结点形成新问题的因果链条,并将其作为新问题的原因分析和结果预测的知识。

图 7-43 给出一个问题新因果关系的学习示例。在一个由问题结点集合 $\Omega_v = \{V_1, V_2, V_3, V_6\}$ 和关系结点集合 $\Omega_r = \{r_1\}$ 组成的因果网络可计算模型中,推理系统将新的问题通过相似度匹配将其映射为因果网络可计算模型中的问题结点 V_6,当问题结点 V_6 在因果网络可计算模型中仅作为一个孤立的结点存在时,此种情形无法提供新问题的原因分析。此时需要获取问题结点 V_6 的原因形成相应的原因结点 V_7,同时添加关系结点 r_4 和属因有向边 $<V_7, r_4>$、属果有向边 $<r_4, V_6>$ 作为新问题的因果知识进行学习。当推理系统再次将现实世界中的问题映射为问题结点 V_6 时,更新后的因果网络可计算模型就可以提供原因节点 V_7 作为新问题的原因解释,为解决新问题提供一定的指导。

情形 2　因果网络可计算模型中存在与 S_v 相关的关系结点及问题结点,并

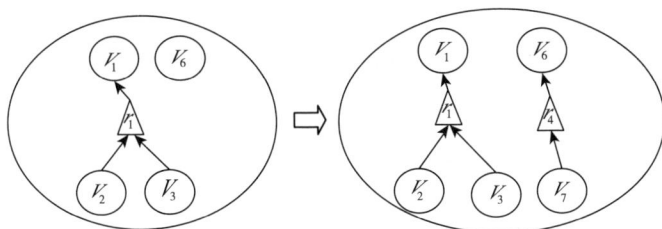

图 7-43　问题因果关系的学习示例

且推理系统经过模型搜索可找到这些结点时，便可形成对问题 S_V 而言可能的原因解释或结果预测。但如果推理结论经过外界的反馈被认为对新问题的处理是无效的，此时说明现有的因果网络可计算模型在内容上是不完备的。

针对这种情形，推理系统需要获取与该问题相关的新的问题原因分析和结果预测，形成相应的关系结点和因果结点，这些关系结点和因果结点构成了解决新问题新的有效知识。当推理系统再次将新问题映射为 S_V 时，系统可以为新问题的解决提供更多的因果知识，作为解决问题的指导。通过这一学习过程可减少因果网络可计算模型在内容上的不完备性。

图 7-44 为一个有效因果关系的学习示例。在一个由问题结点集合 $\Omega_V=\{V_1,$ $V_2，V_3\}$ 和关系结点集合 $\Omega_r=\{r_1\}$ 组成的因果网络可计算模型中，推理系统将新问题映射为问题结点 V_1，通过搜索推荐集合 $\{V_2，V_3\}$ 作为原因。如果原因 $\{V_2，$ $V_3\}$ 经过外界反馈被认为是无效的，那么因果网络可计算模型需要获取与 V_1 相关的新的因果关系，并执行与情形 1 类似的学习操作。当推理系统再次将新问题映射为问题结点 V_1 时，系统除原有的原因分析结果集合 $\{V_2，V_3\}$ 外，还能够提供新的原因分析，如 $\{V_8\}$。

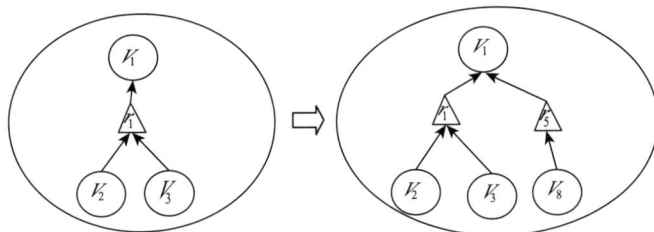

图 7-44　有效因果关系的学习示例

从以上示例中可以看到，通过模型的结构学习，因果网络可计算模型可以为新问题求解提供更多的问题处理知识，从而提高因果网络可计算模型的问题解决能力。

■7.5　实例分析与原型系统

7.5.1　综合协调网络的构建

1. 停机问题描述

汽车冲压生产中的停机事件是指汽车冲压生产过程中生产线停止运行的状态，分为正常停机和非正常停机两大类。其中，正常停机是指按照计划安排的停机，称为正常停机事件，如交接班、检修、改造新车调试、午休等。非正常停机是指在计划运行过程中所发生的停机事件，称为非正常停机事件，是由设备、技术或人为等因素造成的停机。

本书只讨论非正常的停机事件，并将需要处理且需要快速恢复生产的非正常停机事件定义为停机问题，简称问题。停机问题包括两方面内容：一方面是问题自身的状态，说明是什么问题，称为事件（event）；另一方面是问题相关的外部环境，说明问题是在什么情况下发生的，称为情境（context）。情境主要包括三个要素，即时间、主体和客体。其中，时间是与生产相关的任何时间单位，如年、月、日、班次等；主体是指停机问题所涉及的相关责任组织或人员，如部门、班组、个人等；客体是指问题产生在什么对象上，如产生停机问题的模具、设备、制件等。有一停机问题实例为"2010 年 5 月 31 日，冲压 A 线白班生产 J0门内板，由于 OP10 模具零件裂纹产生停机。分析人：张三"。在这个停机问题中，"2010 年 5 月 31 日、白班""冲压 A 线、模具零件""张三"就是对情境三要素时间、客体和主体的具体描述，而"裂纹"是对事件的具体描述。根据问题产生的情境三要素，可将停机问题表示为

$$P = \{time，subject，object，description\} \tag{7-17}$$

其中，time 表示停机问题的发生时间；subject 表示停机问题相关的主体；object表示停机问题产生的实体对象；description 是对停机状态的描述。

2. 停机问题处理知识综合协调网络构建

这里构建的问题处理知识网络数据来源于某汽车企业冲压车间的报告。该部门规定，在冲压生产过程中，如果发生非正常停机问题并且停机时间超过 40 分钟，一线生产人员需填写《设备故障案例分析报告》，记录当天发生的冲压停机问题，内容包括问题描述、原因分析、解决过程及评价总结等。根据报告中 2010年和 2011 年两年的停机问题记录，整理拆分出 1 459 条停机问题处理事实。

在停机问题处理事实集合中应用前述的问题处理知识提取算法，可获得因果关系知识和问题—方案知识，以这些知识为结点构建的停机问题处理知识综合协调网络如图 7-45 所示。

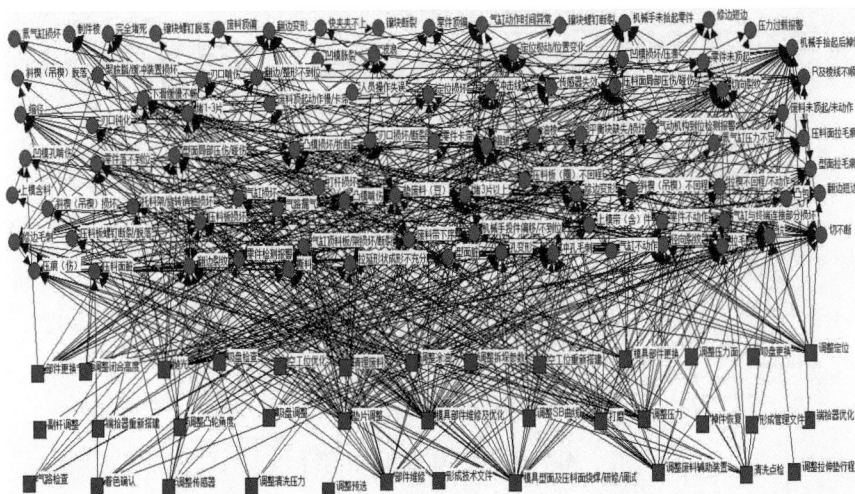

图 7-45　停机问题处理知识综合协调网络

在图 7-45 中，上半部分表示问题空间，圆形结点代表从停机问题处理事实中提取并概括出的问题类或原因类，结点之间的关系是因果关系。错综复杂的因果关系构成了问题空间中的因果网络，它是对停机问题因果知识的直观显示。下半部分表示解空间，方形结点代表从停机问题处理事实中提取并概括出的解决方案类。两个空间之间存在着"问题与解"之间的映射关系。

问题空间中的因果关系比较复杂，图 7-46 是对问题空间的展开。结点形状的大小反映了问题结点点频的高低，结点形状越大，表示该结点所代表的停机问题发生的频率越大。结点之间关联边的粗细反映了因果关联强度的大小，边越粗表示因果关联强度越强。从图 7-46 中可以看出，整个因果关系大致有六层，每层用相同颜色的结点标识。根据该因果网络可层层推断，最终找出导致某问题发生的"深层原因"。

图 7-47 是停机问题处理知识综合协调网络的部分截图，其中，编号以 Vc 开头的圆形结点表示问题空间中的问题结点；编号以 Vr 开头的三角形结点表示问题空间中的关系结点；编号以 Vs 开头的方形结点表示解空间中的解决方案结点。

问题结点及解决方案结点的含义说明见表 7-1；问题结点和关系结点之间的关联关系说明见表 7-2。根据停机问题处理事实，在对各个知识结点及关联边进行频数统计的基础上，通过概率计算可得到执果索因概率 $p_{eff-cau}$ 和执因预果概率 $p_{cau-eff}$，见表 7-3。问题结点与解决方案结点之间的关联关系及成功率见表 7-4。

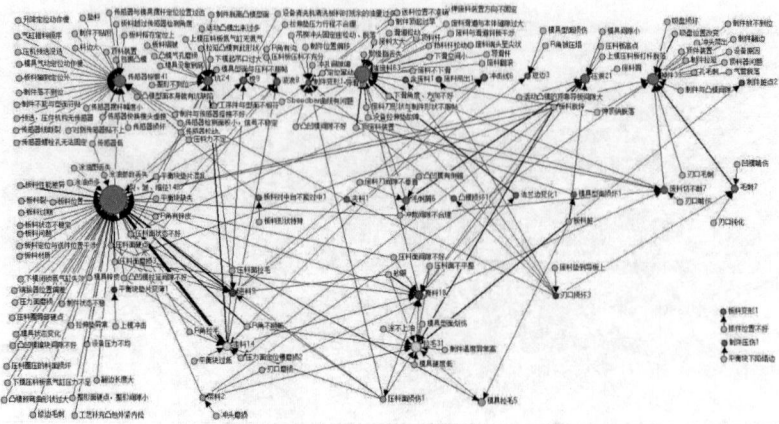

图 7-46　停机问题因果网络

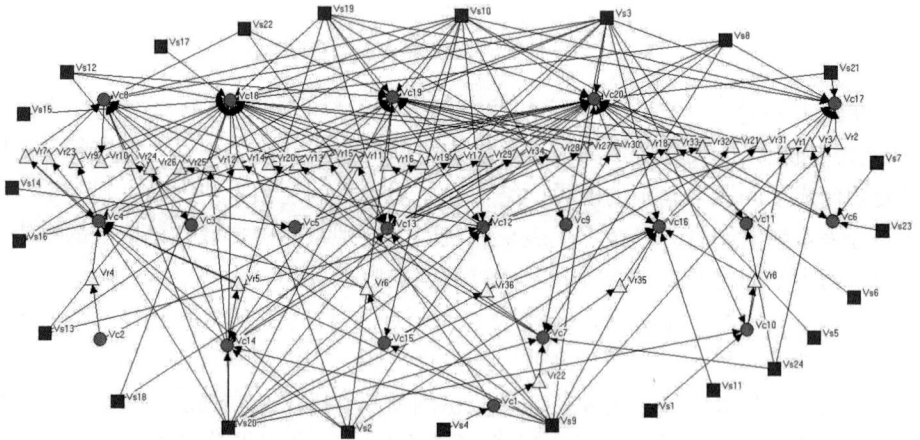

图 7-47　部分停机问题处理知识网络

表 7-1　问题节点及解决方案结点含义说明

问题结点编号	含义	解决方案结点编号	含义
Vc1	板料状态不稳定	Vs1	部件维修
Vc2	材料机械性能差异	Vs2	打磨
Vc3	垫废料(豆)	Vs3	垫片调整
Vc4	拉毛	Vs4	更换垛料
Vc5	拉伸垫曲线不正常	Vs5	空工位优化
Vc6	拉延筋及筋槽积屑瘤	Vs6	空工位重新搭建

续表

问题结点编号	含义	解决方案结点编号	含义
Vc7	平衡块缺失/损坏	Vs7	拉延筋及筋槽抛光
Vc8	撕料	Vs8	模具部件维修及优化
Vc9	凸模表面硬度低	Vs9	模具型面及压料面烧焊/研修/调试
Vc10	凸模损坏	Vs10	抛光
Vc11	压料板压不住料	Vs11	平衡块配平,研配压机验证
Vc12	压料面局部压伤	Vs12	清理废料
Vc13	压料面拉毛痕	Vs13	清洗点检
Vc14	压料面脏	Vs14	调整 SB 曲线
Vc15	铸件砂眼	Vs15	调整传感器
Vc16	走料不均	Vs16	调整定位
Vc17	坑	Vs17	调整平衡块
Vc18	裂纹	Vs18	调整清洗压力
Vc19	缩径	Vs19	调整涂油
Vc20	褶皱	Vs20	调整压力
		Vs21	吸盘调整
		Vs22	形成技术文件
		Vs23	油石光顺
		Vs24	着色确认

表 7-2　问题结点与关系结点关联关系说明

关系结点	起始结点	指向结点	关系结点	起始结点	指向结点
Vr1	Vc10	Vc17	Vr12	Vc14	Vc18
Vr2	Vc11	Vc17	Vr13	Vc7	Vc8、Vc1、Vc20
Vr3	Vc6、Vc12	Vc17	Vr14	Vc3、Vc7	Vc8、Vc18、Vc20
Vr4	Vc2	Vc4	Vr15	Vc1	Vc18、Vc19
Vr5	Vc14	Vc4	Vr16	Vc12	Vc18、Vc19
Vr6	Vc15	Vc4	Vr17	Vc2	Vc18、Vc19、Vc20
Vr7	Vc14	Vc4、Vc8	Vr18	Vc11	Vc18、Vc19、Vc20
Vr8	Vc10	Vc16	Vr19	Vc5	Vc18、Vc20
Vr9	Vc4	Vc18	Vr20	Vc7	Vc18、Vc20
Vr10	Vc8	Vc18	Vr21	Vc16	Vc18、Vc20
Vr11	Vc13	Vc18	Vr22	Vc1	Vc7

关系结点	起始结点	指向结点	关系结点	起始结点	指向结点
Vr23	Vc4	Vc8	Vr30	Vc9	Vc19、Vc20
Vr24	Vc15	Vc8	Vr31	Vc16	Vc19、Vc20
Vr25	Vc12	Vc8	Vr32	Vc12	Vc20
Vr26	Vc14	Vc8	Vr33	Vc6、Vc12	Vc20
Vr27	Vc13	Vc19	Vr34	Vc13、Vc14	Vc20
Vr28	Vc13、Vc14	Vc19	Vr35	Vc7	Vc16
Vr29	Vc5	Vc19、Vc20	Vr36	Vc15	Vc16

表 7-3　因果关联强度

关系结点	$p_{eff\text{-}cau}$	$p_{cau\text{-}eff}$	关系结点	$p_{eff\text{-}cau}$	$p_{cau\text{-}eff}$	关系结点	$p_{eff\text{-}cau}$	$p_{cau\text{-}eff}$
Vr1	0.53	0.56	Vr13	0.60	0.13	Vr25	0.29	0.51
Vr2	0.34	0.67	Vr14	0.40	1.00	Vr26	0.35	0.37
Vr3	0.13	0.58	Vr15	0.69	0.66	Vr27	0.60	0.41
Vr4	0.48	0.72	Vr16	0.31	0.33	Vr28	0.40	0.46
Vr5	0.35	0.25	Vr17	0.50	0.28	Vr29	0.36	0.43
Vr6	0.17	0.36	Vr18	0.50	0.33	Vr30	0.17	1.00
Vr7	1.00	0.09	Vr19	0.43	0.57	Vr31	0.47	0.53
Vr8	0.51	0.44	Vr20	0.20	0.35	Vr32	0.47	0.35
Vr9	0.29	0.56	Vr21	0.37	0.47	Vr33	0.14	0.42
Vr10	0.22	1.00	Vr22	1.00	0.34	Vr34	0.39	0.54
Vr11	0.28	0.59	Vr23	0.29	0.44	Vr35	0.28	0.52
Vr12	0.21	0.28	Vr24	0.07	0.23	Vr36	0.21	0.41

表 7-4　问题结点与解决方案结点关联说明

起始结点	指向结点	p_{suc}	起始结点	指向结点	p_{suc}	起始结点	指向结点	p_{suc}
Vs4	Vc1	1.00	Vs19	Vc16	0.12	Vs20	Vc20	0.01
Vs20	Vc10	0.33	Vs11	Vc16	0.31	Vs3	Vc20	0.23
Vs3	Vc10	0.16	Vs20	Vc17	0.06	Vs19	Vc20	0.09
Vs1	Vc10	0.51	Vs3	Vc17	0.09	Vs10	Vc20	0.03
Vs24	Vc11	0.09	Vs19	Vc17	0.03	Vs9	Vc20	0.01
Vs3	Vc11	0.91	Vs21	Vc17	0.03	Vs18	Vc20	0.15

续表

起始结点	指向结点	p_{suc}	起始结点	指向结点	p_{suc}	起始结点	指向结点	p_{suc}
Vs9	Vc12	0.16	Vs24	Vc17	0.12	Vs8	Vc20	0.03
Vs2	Vc12	0.05	Vs9	Vc17	0.19	Vs16	Vc20	0.16
Vs10	Vc12	0.50	Vs8	Vc17	0.15	Vs21	Vc20	0.08
Vs19	Vc12	0.09	Vs10	Vc17	0.33	Vs5	Vc20	0.02
Vs13	Vc12	0.01	Vs20	Vc18	0.15	Vs6	Vc20	0.19
Vs8	Vc12	0.04	Vs18	Vc18	0.07	Vs12	Vc3	1.00
Vs20	Vc12	0.15	Vs3	Vc18	0.08	Vs10	Vc4	0.12
Vs10	Vc13	0.07	Vs19	Vc18	0.04	Vs2	Vc4	0.38
Vs20	Vc13	0.08	Vs16	Vc18	0.06	Vs20	Vc4	0.09
Vs3	Vc13	0.07	Vs10	Vc18	0.05	Vs3	Vc4	0.05
Vs19	Vc13	0.16	Vs13	Vc18	0.11	Vs19	Vc4	0.12
Vs22	Vc13	0.19	Vs2	Vc18	0.09	Vs9	Vc4	0.24
Vs9	Vc13	0.25	Vs15	Vc18	0.01	Vs14	Vc5	1.00
Vs8	Vc13	0.18	Vs12	Vc18	0.03	Vs7	Vc6	0.78
Vs2	Vc14	0.27	Vs17	Vc18	0.07	Vs23	Vc6	0.20
Vs10	Vc14	0.16	Vs9	Vc18	0.14	Vs10	Vc6	0.02
Vs9	Vc14	0.07	Vs8	Vc18	0.10	Vs20	Vc7	0.50
Vs20	Vc14	0.04	Vs20	Vc19	0.01	Vs3	Vc7	0.18
Vs3	Vc14	0.16	Vs3	Vc19	0.12	Vs24	Vc7	0.16
Vs19	Vc14	0.30	Vs19	Vc19	0.14	Vs8	Vc7	0.16
Vs10	Vc15	0.39	Vs10	Vc19	0.06	Vs9	Vc8	0.21
Vs9	Vc15	0.61	Vs16	Vc19	0.11	Vs22	Vc8	0.19
Vs20	Vc16	0.03	Vs2	Vc19	0.05	Vs3	Vc8	0.25
Vs9	Vc16	0.31	Vs22	Vc19	0.05	Vs10	Vc8	0.19
Vs2	Vc16	0.08	Vs12	Vc19	0.38	Vs20	Vc8	0.16
Vs3	Vc16	0.15	Vs13	Vc19	0.18	Vs10	Vc9	1.00

7.5.2　综合协调网络的使用

以上完成了停机问题处理知识综合协调网络的构建。下面以"走料不均"为例，基于已构建的问题处理知识综合协调网络对该停机问题进行原因分析、结果预测及方案推荐。与"走料不均"有关的局部问题处理知识网络如图 7-48 所示。

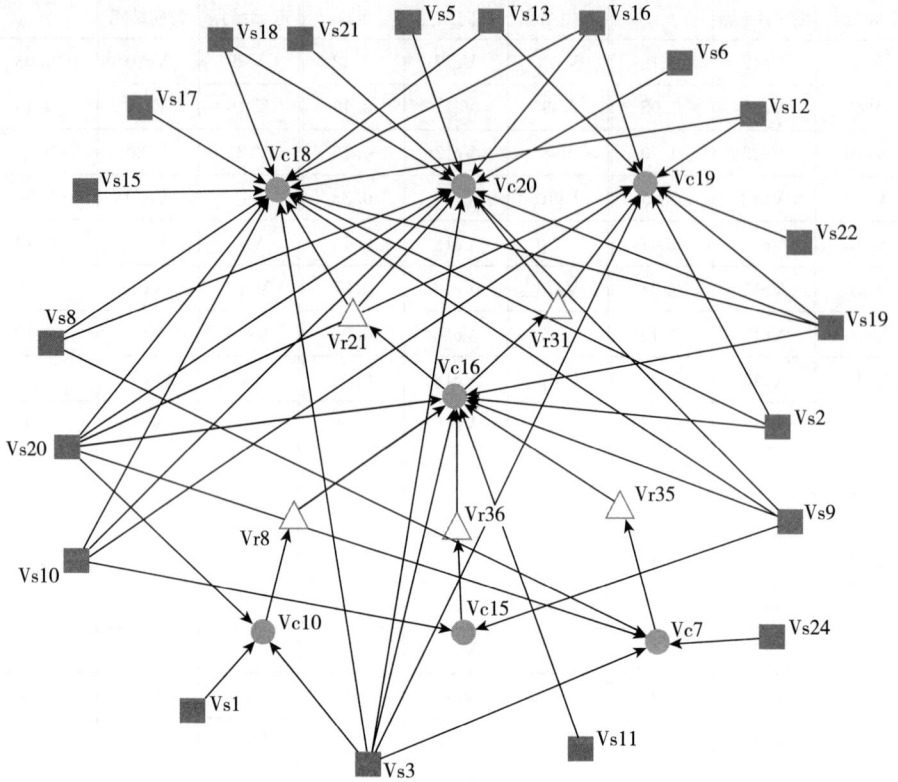

图 7-48　"走料不均"停机问题处理知识综合协调网络

在执果索因推理过程中,通过属果关系,可以找到以"走料不均"为结果的关系结点,分别是 Vr35、Vr8、Vr36,其对应的执果索因概率分别为 0.28、0.51 和 0.21,满足阈值要求的是关系结点 Vr8,通过属因关系找到其对应的原因是 Vc10,即"凸模损坏→走料不均",即"凸模损坏"最有可能导致"走料不均"。

同理,在执因预果推理中,通过属因关系可以找到以"走料不均"为原因的关系结点 Vr21 和 Vr31,其对应的执因预果的概率分别为 0.47 和 0.53,经与阈值比较,保留关系结点 Vr31,通过属果关系得到其对应的结果为 Vc20 和 Vc19,即"走料不均→缩径和褶皱"。也就是说当出现"走料不均"停机问题时,需要注意预防"缩径和褶皱"问题的出现。

根据前述的解决方案的推荐算法,"凸模损坏"相应的解决方案为"①垫片调整②模具型面及压料面烧焊/研修/调试→凸模损坏","走料不均"相应的解决方案为"①模具型面及压料面烧焊/研修/调试②平衡块配平,研配压机验证→走料不均"。

在停机问题处理过程中获得的知识,将存入停机问题处理知识库,关于问题处理知识协调管理系统和问题处理知识库的构建将在 7.5.3 小节介绍。对停机问题处理知识综合协调网络的使用是一个人机交互的良性循环过程，面对从推理系统中得到的结果，用户可以结合当前停机问题的情境及详细情况，选择并实施最有可能的原因或者解决方案；如果对当前的推荐结果都不满意，用户还可以通过改变参数/阈值让系统进一步推荐相关结果以便重新选择，这样不仅可以帮助用户迅速、及时、准确地解决停机问题，减少停机时间，还可帮助他们提高解决问题的能力。

7.5.3　原型系统的基本功能

基于问题处理知识综合协调网络模型及相关算法，可开发用于处理问题的知识协调管理原型系统。下面分别介绍该系统的主要功能，以及对问题处理事实库和问题处理知识库两个数据库的设计方案。

问题处理知识协调管理原型系统主要实现两方面的功能：一方面是问题处理知识的提取；另一方面是实现对问题处理知识的应用。问题处理知识协调管理原型系统总体的功能模块图如图 7-49 所示。

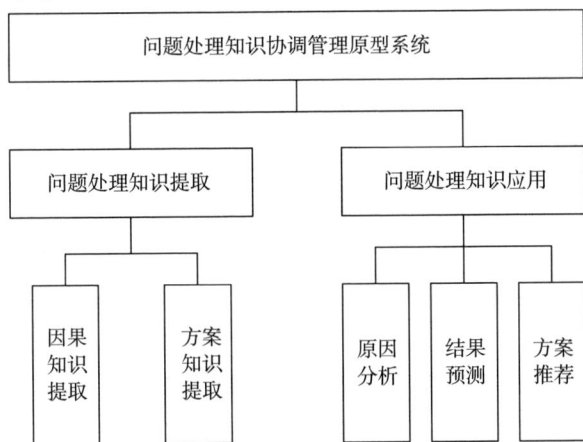

图 7-49　系统总体的功能模块图

从图 7-49 中可看出，问题处理知识协调管理原型系统分为两大模块，即问题处理知识提取模块和问题处理知识应用模块。每个模块又有各自的细分功能，下面分别对两个模块及其细分功能进行详细说明。

问题处理知识提取模块包括以下两个模块。

（1）因果知识提取模块。该模块的主要功能是基于问题处理事实库从问题处理事实记录中提取因果知识，并将提取的因果知识存储到问题处理知识库中。涉及的数据表包括问题表、问题描述表、问题原因表、问题方案表、问题结果表、知识结点表、关系结点表和因果关系表等。

(2)方案知识提取模块。该模块的主要功能是从问题处理事实记录中提取方案知识,并将提取出的方案知识存储到问题处理知识库中。涉及的数据表包括问题表、问题描述表、问题原因表、问题方案表、问题结果表、知识结点表、解决方案结点表和问题-解决方案关系表等。

问题处理知识应用模块包括以下三个功能。

(1)原因分析功能。该功能帮助用户找到导致当前停机问题的最有可能的原因。

(2)结果预测功能。该功能为用户预测当前停机问题可能带来的后果,防患于未然。

(3)方案推荐功能。该功能针对当前停机问题,将最可能有效的方案推荐给用户。

在系统功能模块设计、数据库设计及相关算法设计的基础上,以 SQL Server 2005 作为数据库后台、以 Power Builder 9.0 作为前台开发工具,开发出停机问题处理知识协调管理原型系统。问题处理知识协调管理原型系统主界面的实现效果如图 7-50 所示。

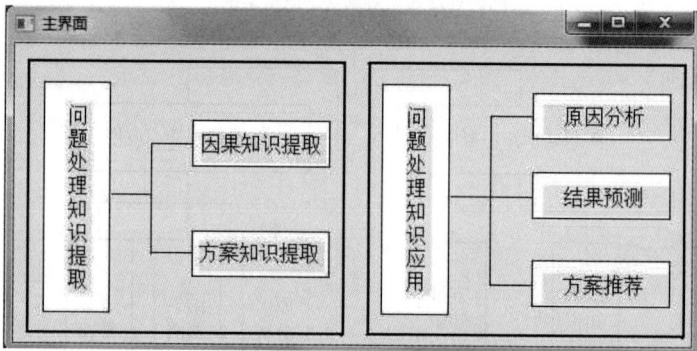

图 7-50　系统主界面的实现效果

对于问题处理知识协调管理原型系统的功能,限于篇幅,下面只展示因果知识提取和原因分析两个模块的功能。

因果知识提取的界面如图 7-51 所示。首先要确定待提取的问题事实记录集合;其次点击"问题因果知识提取"按钮,进行因果关系提取,点击"概率计算"按钮,可计算执果索因概率和执因预果概率;最后将提取的因果知识呈现给用户。

原因分析功能的实现界面如图 7-52 所示。先选择待解决问题的知识结点,并输入阈值,点击"确定"后,系统呈现给用户的是在阈值范围内的原因,并按照其可能性值大小的排序结果。

图 7-51　因果知识提取界面

图 7-52　原因分析界面图

7.5.4　问题处理事实库设计

依据问题处理事实和问题处理知识的结构特点，对问题处理知识协调管理原型系统中的数据库表结构进行逻辑设计，建立问题处理事实库及问题处理的知识库。

由前述可知，停机问题处理过程可半结构化地表示为问题描述、原因、解决方案、结果等，可用 E-R 图表示这几部分之间的关系，如图 7-53 所示。

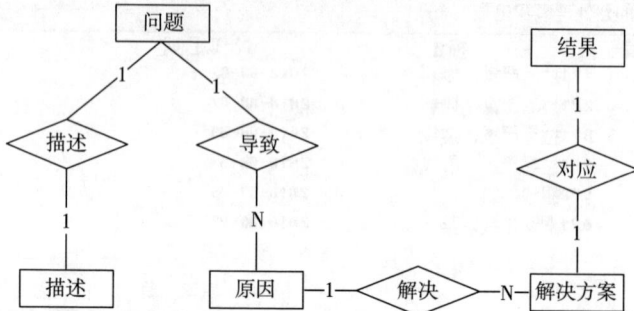

图 7-53　问题处理过程 E-R 图

对一次具体的停机问题处理过程而言，一个问题对应一个问题描述，一个问题可以由多个原因导致，一个原因可以采用多个解决方案，一个解决方案只能对应一个结果。

根据上述 E-R 图，对问题处理事实库进行逻辑设计，如表 7-5～表 7-9 所示。

表 7-5　问题表

逻辑名	字段名	类型	长度	非空	主键
问题编号	PROBLEM _ ID	int		●	●
问题状态	PROBLEM _ STATE	varchar	2		
真因编号	REASON _ ID	int			
真因分类	REASON _ SORT _ ID	int			
负责人	RESPONSIBLE _ ID	varchar	6		
负责部门	RESPONSIBLE _ DEPT	varchar	8		
解决者	SOLVER _ ID	varchar	6		
解决者部门	SOLVER _ DEPT	varchar	8		
问题标题	PROBLEM _ TITLE	nvarchar	50		
来源人	FROM _ ID	varchar	6		
来源部门	FROM _ DEPT	varchar	8		
问题文件	SOURCE _ FILE	varchar	50		
问题发现时间	FIND _ DATE	datetime			
预计完成时间	PLAN _ FINISH _ DATE	datetime			

续表

逻辑名	字段名	类型	长度	非空	主键
提交验证时间	SUBMIT _ DATE	datetime			
销项时间	CLOSE _ DATE	datetime			
创建人	FOUNDER _ ID	varchar	6		
创建时间	FOUND _ TIME	datetime			
修改人	MODIFIER	varchar	6		
修改时间	MODIFY _ TIME	datetime			
标识	DELETE _ MARK	int		●	
版本	DATA _ VERSION	int		●	

表 7-6　问题描述表

逻辑名	字段名	类型	长度	非空	主键
问题描述编号	DESCRIPT _ ID	int		●	●
问题编号	PROBLEM _ ID	int		●	
描述分类	CLASS _ TYPE	varchar	2		
知识结点编号	SORT _ ID	int			
描述内容	PROBLEM _ CONTENT	nvarchar	max	●	
描述图片	PICTURE	varchar	50		
描述文件	FILE	varchar	50		
确认时间	VERIFY _ TIME	datetime			
确认人	VERIFY _ ID	varchar	6		
输入时间	INPUT _ TIME	datetime			
输入人	INPUT _ ID	varchar	6		
创建时间	FOUND _ TIME	datetime			
创建人	FOUNDER _ ID	varchar	6		
修改时间	MODIFY _ TIME	datetime			
修改人	MODIFIER	varchar	6		
标识	DELETE _ MARK	int		●	
版本	DATA _ VERSION	int		●	

表 7-7　问题原因表

逻辑名	字段名	类型	长度	非空	主键
问题原因编号	CAUSE _ ID	int		●	●
问题编号	PROBLEM _ ID	int		●	
类型	CLASS	varchar	2		
知识结点编号	SORT _ ID	int			
顺序	INDEX _ NUM	int			
是否真因	REASON _ REAL	varchar	1		
原因内容	CAUSE _ CONTENT	nvarchar	max	●	
原因图片	CAUSE _ PIC	varchar	30		
原因文件	CAUSE _ FILE	varchar	30		
确认时间	VERIFY _ TIME	datetime			
确认人	VERIFY _ ID	varchar	6		
输入时间	INPUT _ TIME	datetime			
输入人	INPUT _ ID	varchar	6		
创建时间	FOUND _ TIME	datetime			
创建人	FOUNDER _ ID	varchar	6		
修改时间	MODIFY _ TIME	datetime			
修改人	MODIFIER	varchar	6		

表 7-8　问题方案表

逻辑名	字段名	类型	长度	非空	主键
问题解决方案编号	SOLUTION _ ID	int		●	●
原因编号	CAUSE _ ID	int			
类型	CLASS	varchar	2		
知识结点编号	SORT _ ID	int			
方案内容	SOLUTION _ CONTENT	nvarchar	max	●	
方案图片	SOLUTION _ PIC	varchar	20		
方案文件	SOLUTION _ FILE	varchar	20		
确认时间	VERIFY _ TIME	datetime			
确认人	VERIFY _ ID	varchar	6		
输入时间	INPUT _ TIME	datetime			

续表

逻辑名	字段名	类型	长度	非空	主键
输入人	INPUT _ ID	varchar	6		
创建时间	FOUND _ TIME	datetime			
创建人	FOUNDER _ ID	varchar	6		
修改时间	MODIFY _ TIME	datetime			
修改人	MODIFIER	varchar	6		
标识	DELETE _ MARK	int		●	

表 7-9 问题结果表

逻辑名	字段名	类型	长度	非空	主键
问题结果编号	RESULT _ ID	int		●	●
解决方案编号	SOLUTION _ ID	int		●	
类型	CLASS	varchar	2		
知识结点编号	SORT _ ID	int			
结果内容	RESULT _ CONTENT	nvarchar	max	●	
结果图片	RESULT _ PIC	varchar	20		
结果文件	RESULT _ FILE	varchar	20		
确认时间	VERIFY _ TIME	datetime			
确认人	VERIFY _ ID	varchar	6		
输入时间	INPUT _ TIME	datetime			
输入人	INPUT _ ID	varchar	6		
创建时间	FOUND _ TIME	datetime			
创建人	FOUNDER _ ID	varchar	6		
修改时间	MODIFY _ TIME	datetime			
修改人	MODIFIER	varchar	6		
标识	DELETE _ MARK	int		●	

7.5.5 问题处理知识库设计

问题处理知识主要包括因果关系及问题-方案关系。

在因果网络中,一个问题结点可能属于多个关系结点,一个关系结点也可能对应多个问题结点,所以,问题结点和关系结点之间是多对多的关系。在方案网络中,一个解决方案可能包含多个元方案,一个元方案也可能属于多个解决方案，所以，解决方案与元方案之间是多对多的关系。一个问题结点可能对应多个解决方案，一个解决方案也可能对应多个问题结点，所以，问题结点与解决方案结点之间也是多对多的关系。因果关系 E-R 图及问题-方案关系 E-R 图，如图 7-54 和图 7-55 所示。

图 7-54　因果关系 E-R 图

图 7-55　问题-方案关系 E-R 图

根据上述 E-R 图，对问题处理知识库进行逻辑设计，如表 7-10～表 7-14 所示。

表 7-10　知识结点表

逻辑名	字段名	类型	长度	非空	主键
结点编号	SORT _ ID	int		●	●
结点名称	SORT _ NAME	varchar	50	●	
结点分类	SORT _ TYPE	varchar	2	●	
结点描述	SORT _ CONTENT	nvarchar	max		
使用次数	USED _ COUNTER	int			
创建时间	FOUND _ TIME	datetime			
创建人	FOUNDER _ ID	varchar	6		
修改时间	MODIFY _ TIME	datetime			
修改人	MODIFIER	varchar	6		
标识	DELETE _ MARK	int		●	
版本	DATA _ VERSION	int		●	

表 7-11　关系结点表

逻辑名	字段名	类型	长度	非空	主键
关系结点编号	RSORT_ID	int		●	●
使用次数	USED_COUNTER	int			
执果索因概率	POSSIBLE	decimal			
执因预果概率	POSSIBLE	decimal			
创建时间	FOUND_TIME	datetime			
创建人	FOUNDER_ID	varchar	6		
修改时间	MODIFY_TIME	datetime			
修改人	MODIFIER	varchar	6		
标识	DELETE_MARK	int		●	
版本	DATA_VERSION	int		●	

表 7-12　解决方案结点表

逻辑名	字段名	类型	长度	非空	主键
解决方案编号	SOL_ID	int		●	●
元方案编号	SORT_ID	int		●	
方案分类	SOL_TYPE	varchar	2	●	
方案描述	SOL_CONTENT	nvarchar	max		
使用次数	USED_COUNTER	int			
成功次数	SUCCESS_COUNTER	int			
创建时间	FOUND_TIME	datetime			
创建人	FOUNDER_ID	varchar	6		
修改时间	MODIFY_TIME	datetime			
修改人	MODIFIER	varchar	6		
标识	DELETE_MARK	int		●	
版本	DATA_VERSION	int		●	

表 7-13　因果关系表

逻辑名	字段名	类型	长度	非空	主键
知识结点编号	KSORT_ID	int		●	●
关系结点编号	RSORT_ID	int		●	●
关系分类	RELATION_TYPE	varchar	2		

续表

逻辑名	字段名	类型	长度	非空	主键
创建时间	FOUND _ TIME	datetime			
创建人	FOUNDER _ ID	varchar	6		
修改时间	MODIFY _ TIME	datetime			
修改人	MODIFIER	varchar	6		
标识	DELETE _ MARK	int		●	
版本	DATA _ VERSION	int		●	

表 7-14 问题-方案关系表

逻辑名	字段名	类型	长度	非空	主键
问题结点编号	SORT _ ID	int		●	●
方案结点编号	SOL _ ID	int		●	●
使用次数	USED _ COUNTER	int			
成功次数	SUCCESS _ COUNTER	int			
成功率	SPOSSIBLE	float			
创建时间	FOUND _ TIME	datetime			
创建人	FOUNDER _ ID	varchar	6		
修改时间	MODIFY _ TIME	datetime			
修改人	MODIFIER	varchar	6		
标识	DELETE _ MARK	int		●	
版本	DATA _ VERSION	int		●	

7.6 本章小结

问题是知识的重要源泉，问题处理过程既是一个问题解决的过程，又是一个知识产生和知识创造的过程，对于涉及多个主体的复杂问题在相互协调的处理过程中产生的知识是集体智慧的结晶，是产品生命周期中宝贵的智慧资源。本章从知识协调管理的角度，针对涉及多个主体的复杂问题处理过程中的知识协调管理方法进行了阐述。在问题特性分析的基础上，定义了问题处理与问题处理知识的相关概念。提出了问题处理知识的综合协调网络模型、因果网络概念模型、因果网络逻辑模型和因果网络可计算模型及综合协调网络的定量模型。进一步介绍了综合协调网络模型的生成与运用的相关方法。最后利用本章的方法进行了实例分析和原型系统介绍。

参考文献

[1]夏明．论汽车制造行业四大工艺．大科技，2011，(12)：409-410.

[2]经济合作与发展组织(OECD)．以知识为基础的经济．北京：机械工业出版社，1997.

[3]林定夷．科学哲学——以问题为导向的科学方法论导论．广州：中山大学出版社，2009.

[4]毛泽东．矛盾论．北京：人民出版社，1975.

[5]李秀林，王于，李淮看．辩证唯物主义和历史唯物主义原理．北京：中国人民大学出版社，1990.

[6]Despres C，Chauvel D. Knowledge Horizons：The Present and the Promise of Knowledge Management. Boston：Butterworth-Heinemann，2000.

[7]郑雄燕，钱钢，王艳军．基于情境知晓的知识管理系统设计与应用．中国制造业信息化，2010，39(21)：9-12.

[8]波普尔 K R．猜想与反驳：科学知识的增长．傅季重，纪树立，周昌忠，等译．北京：中国美术学院出版社，2003.

[9]文援朝．波普尔试错法书评．求索，2002，(2)：87-89.

第 8 章

生产运作系统中知识与生产的
协同优化管理

进入 21 世纪，协同制造模式已是大势所趋。协同制造可打破时间、空间的约束，通过互联网络，使整个供应链上的企业和合作伙伴共享客户、设计、生产经营信息。从传统的串行工作方式，转变成并行工作方式，从而最大限度地缩短新品上市的时间，缩短生产周期，快速响应客户需求，提高设计、生产的柔性。通过面向工艺的设计、面向生产的设计、面向成本的设计、供应商参与设计，大大提高产品设计水平和可制造性及成本的可控性；有利于降低生产经营成本，提高质量，提高客户满意度。协同制造有三个层次，一是企业内部各个部门或系统的协同，二是企业间的协同，三是基于供应链的协同。

在协同制造大系统中，生产运作系统是核心，是管理系统、商务系统等其他系统的基础。生产运作系统有狭义和广义之分。狭义的生产运作系统是指直接进行产品的生产加工或实现劳务的过程，其工作直接决定着产品或劳务产出的类型、数量、质量和生产运作费用。广义的生产运作系统除上述内容外，还包括企业中的研究开发、生产运作的供应与保证、生产运作计划与控制等子系统。为使生产运作系统功能达到最优，除保证各子系统功能达到最优外，还需采取一定的协调策略以获得系统整体最优。

本章重点关注生产运作系统中的研究开发子系统和生产运作计划与控制子系统，详细分析其中的知识共享问题、生产调度问题及敏感生产信息的保护问题，旨在通过对各子系统的优化设计，为制定整体协调策略奠定基础。

8.1　知识共享激励优化模型

研究开发工作是进行生产运作前的各项技术性准备工作，在很大程度上预先决定了产品或劳务产出的效果。面对同一研发项目，参与其中的行为主体需共享信息与知识，才能进一步协同工作。各行为主体通过共享互补性核心知识，可实现不同领域专业知识的整合，进而创造出较高的绩效。尽管行为主体深知共享知识的重要性，但从经济角度考虑，行为主体在共享各自知识的同时，会衡量其自身收益，并适时调整自己的行为。如何激励行为主体积极参与知识共享活动，保证他们获得较高的报酬，是本节要解决的问题。为此，本节提出两种情境下的知识共享机制及模型，分别是完全理性互补性知识共享激励模型和有限理性互补性知识共享激励模型[1]。

8.1.1　知识互补条件下的知识共享激励模型

知识互补性可以视为知识之间的关联性和差异性，表现为不同局部专业知识之间的相互阐释与加强，还表现为不同类型知识的互补性和相同类型知识量的互补性。

一般而言，参与研发工作的行为主体不止一个，为了简化，这里仅考虑两个行为主体进行知识共享的情形。假设两个企业共同合作完成一项研发任务，它们拥有的专业领域知识具有互补性，两个企业之间的信息是非对称的。在这一情境下，每一个企业都知道自身的努力水平，它们会根据产出情况采取两种行动，一种是努力地共享知识，另一种则是有所保留地共享知识。接下来的问题是需要设计一个最优激励策略来鼓励两个企业共享专业知识，同时使产出达到最高，这在数学上是一个优化问题。

在介绍知识共享激励优化模型之前，先给出相关函数的描述。

(1)专业知识共享产出函数。假定企业专业知识共享的产出函数为 $p_i(a_i, \theta_i) = \pi_i(a_i) + \theta_i = k_i q_i a_i + \theta_i$，$i = 1, 2$。其中，$k_i$ 表示企业 i 可共享的专业知识比率；q_i 表示企业 i 的专业知识数量；a_i 表示企业 i 共享每一单位可获得性专业知识的努力水平，努力水平 a_i 可以分为两种类型，即努力 a_{ih} 和不努力 a_{il}，$a_{ih} > a_i \geqslant 1$，$a_i = 1$ 表示企业在共享知识活动中不付出任何努力；$\pi_i(a_i)$ 表示企业 i 共享专业知识的期望产出；$p_i(a_i, \theta_i)$ 表示企业 i 共享专业知识的实际产出；θ_i 表示影响企业 i 专业知识共享产出的外源随机变量，$\theta_i \sim N(0, \sigma^2)$，$E(\theta_i) = 0$，$D(\theta_i) = \sigma^2$。企业 1 和企业 2 的保留效用均为 v_0。

(2)专业知识共享成本函数。每个企业共享专业知识时都需要付出一定的成本。这里不考虑随机因素对成本的影响，由此可假定企业 i 共享专业知识的成本函数为 $c_i(\pi_i(a_i)) = 1/2 b (\pi_i(a_i))^2$，$b > 0$。其中，$b$ 表示成本系数。这一成本函数具有如下特征，$c_i(\pi_i(a_i)) \geqslant 0$，$[c_i(\pi_i(a_i))]' \geqslant 0$，$[c_i(\pi_i(a_i))]'' \geqslant 0$，表示成本会随着知识共享产出的增加而增加。

(3)专业知识共享的激励策略函数。假定激励策略是线性的，企业 i 的总报酬函数定义为 $s(p_i(a_i, \theta_i)) = \alpha + \beta p_i(a_i, \theta_i)$。其中，$\alpha$ 为固定报酬；β 为专业知识共享产出的激励系数，且 $0 \leqslant \beta \leqslant 1$，$\beta = 1$ 表示企业 i 承担产出的所有风险和

收益，$\beta=0$ 表示企业 i 不承担产出的任何风险和收益。

（4）专业知识共享的期望效用函数。假设企业 1 和企业 2 均为风险中性企业，即各自独立地最大化自身收益，那么，其期望效用等于期望收益，即 $U=\pi_1(a_1)+\pi_2(a_2)-s(\pi_1(a_1))-s(\pi_2(a_2))$。

（5）专业知识互补效应。假定企业 1 的专业知识与企业 2 的专业知识之间具有知识互补效应。知识互补效应系数为 μ_1 和 μ_2，其中 $0<\mu\leqslant1$。企业 1 的专业知识共享产出分为如下四种情形：①$k_1q_1a_{1l}+\mu_1k_2q_2a_{2l}$；②$k_1q_1a_{1h}+\mu_1k_2q_2a_{2h}$；③$k_1q_1a_{1l}+\mu_1k_2q_2a_{2h}$；④$k_1q_1a_{1h}+\mu_1k_2q_2a_{2l}$。企业 2 的专业知识共享产出分为如下四种情形：①$k_2q_2a_{2l}+\mu_2k_1q_1a_{1l}$；②$k_2q_2a_{2h}+\mu_2k_1q_1a_{1h}$；③$k_2q_2a_{2l}+\mu_2k_1q_1a_{1h}$；④$k_2q_2a_{2h}+\mu_2k_1q_1a_{1l}$。

8.1.2 完全理性互补性知识共享激励优化模型

完全理性条件假设企业 1 和企业 2 均为风险中性企业，即各自独立地最大化自身收益。在这一假设条件下，期望效用等于期望收益，即 $E(w_i)=Ew_i=s(\pi_i(a_i))-c(\pi_i(a_i))$。因此，企业 1 专业知识共享的净产出分别是：①$k_1q_1a_{1l}+\mu_1k_2q_2a_{2l}-\dfrac{1}{2}b\pi(a_{1l})^2$；②$k_1q_1a_{1h}+\mu_1k_2q_2a_{2h}-\dfrac{1}{2}b\pi(a_{1h})^2$；③$k_1q_1a_{1l}+\mu_1k_2q_2a_{2h}-\dfrac{1}{2}b\pi(a_{1l})^2$；④$k_1q_1a_{1h}+\mu_1k_2q_2a_{2l}-\dfrac{1}{2}b\pi(a_{1h})^2$。

企业 2 专业知识共享的净产出分别是：①$k_2q_2a_{2l}+\mu_2k_1q_1a_{1l}-\dfrac{1}{2}b\pi(a_{2l})^2$；②$k_2q_2a_{2h}+\mu_2k_1q_1a_{1h}-\dfrac{1}{2}b\pi(a_{2h})^2$；③$k_2q_2a_{2l}+\mu_1k_2q_2a_{2h}-\dfrac{1}{2}b\pi(a_{2l})^2$；④$k_2q_2a_{2h}+\mu_2k_1q_1a_{1h}-\dfrac{1}{2}b\pi(a_{2h})^2$。

企业 1 和企业 2 可最大化自身收益，分别为

$$\max_{a_{1h}}\alpha+\beta(\pi(a_{1h})+\mu_1\pi(a_{2h}))-\frac{1}{2}b\pi(a_{1h})^2 \tag{8-1}$$

$$\max_{a_{2h}}\alpha+\beta(\pi(a_{2h})+\mu_2\pi(a_{1h}))-\frac{1}{2}b\pi(a_{2h})^2 \tag{8-2}$$

根据最优性一阶条件，企业 1 和企业 2 各自的最优努力水平为

$$a_{1h}(\alpha,\beta)=\frac{\beta}{bk_1q_1} \tag{8-3}$$

$$a_{2h}(\alpha,\beta)=\frac{\beta}{bk_2q_2} \tag{8-4}$$

如果激励参数 α 和 β 给定，则能描测出企业的最优行动，那么就能设计出最

大化自身收益的最优激励策略。

风险中性企业互补性知识共享的激励优化模型为

$$\max_{\alpha,\beta} U(\alpha,\beta) = (1-\beta)[\pi(a_{1h}(\alpha,\beta)) + \mu_1\pi(a_{2h}(\alpha,\beta))$$
$$+ \pi(a_{2h}(\alpha,\beta)) + \mu_2\pi(a_{1h}(\alpha,\beta))] - 2\alpha \tag{8-5}$$

$$\text{s. t. } \alpha + \beta[\pi(a_{1h}(\alpha,\beta)) + \mu_1\pi(a_{2h}(\alpha,\beta))] - \frac{1}{2}b\pi(a_{1h}(\alpha,\beta))^2 \geqslant v_0 \tag{8-6}$$

$$\alpha + \beta[\pi(a_{2h}(\alpha,\beta)) + \mu_2\pi(a_{1h}(\alpha,\beta))] - \frac{1}{2}b\pi(a_{2h}(\alpha,\beta))^2 \geqslant v_0 \tag{8-7}$$

$$\alpha + \beta[\pi(a_{1h}(\alpha,\beta)) + \mu_1\pi(a_{2h}(\alpha,\beta))] - \frac{1}{2}b\pi(a_{1h}(\alpha,\beta))^2$$
$$> \alpha + \beta[\pi(a_{1l}(\alpha,\beta)) + \mu_1\pi(a_{2l}(\alpha,\beta))] - \frac{1}{2}b\pi((a_{1l}(\alpha,\beta))^2 \tag{8-8}$$

$$\alpha + \beta[\pi(a_{2h}(\alpha,\beta)) + \mu_2\pi(a_{1h}(\alpha,\beta))] - \frac{1}{2}b\pi(a_{2h}(\alpha,\beta))^2$$
$$> \alpha + \beta[\pi(a_{2l}(\alpha,\beta)) + \mu_2\pi(a_{1l}(\alpha,\beta))] - \frac{1}{2}b\pi(a_{2l}(\alpha,\beta))^2 \tag{8-9}$$

其中，约束(8-6)和约束(8-7)称为参与约束，用于保证每一个企业专业知识共享收益高于专业知识共享成本；约束(8-8)和约束(8-9)称为激励相容约束，用于保证企业努力共享知识的净收益高于不努力(偷懒)共享知识的净收益。

根据知识互补效应系数 μ，分别给出两种最优激励策略。

第一种情况为 $\mu_2 \geqslant \mu_1$。根据最优化条件，可知不必向企业 1 支付额外报酬，即参与约束(8-6)成立，意味着只要企业 1 接受策略，企业 2 也接受策略。将参与约束(8-6)、激励相容约束(8-8)和激励相容约束(8-9)代入目标函数，可得

$$\max U(\beta) = \frac{\beta(1-\beta)(2+\mu_1+\mu_2)}{b} - 2\left[v_0 + \frac{1}{2}b\pi(a_{1h}(\alpha,\beta))^2\right.$$
$$\left. - \beta\pi(a_{1h}(\alpha,\beta)) + \mu_1\pi(a_{2h}(\alpha,\beta))\right] \tag{8-10}$$

对式(8-10)求关于 β 的导数，令其为零，得出 $\bar{\beta} = \dfrac{2+\mu_1+\mu_2}{2(1+\mu_2-\mu_1)}$。进而可得最优激励系数和固定报酬，分别为

$$\beta^* = \min\left\{\frac{2+\mu_1+\mu_2}{2(1+\mu_2-\mu_1)},\ 1\right\} \tag{8-11}$$

$$\alpha^* = v_0 - \frac{1+2\mu_1}{2b}[\beta^*]^2 \tag{8-12}$$

将最优激励系数代入 $a_{1h}(\alpha,\beta) = \dfrac{\beta}{bk_1q_1}$ 和 $a_{2h}(\alpha,\beta) = \dfrac{\beta}{bk_2q_2}$，可得两个企

业的最优努力水平，分别为

$$a_{1h}^*(\alpha,\ \beta)=\frac{1}{b\,k_1 q_1}\min\left\{\frac{2+\mu_1+\mu_2}{2(1+\mu_2-\mu_1)},\ 1\right\} \tag{8-13}$$

$$a_{2h}^*(\alpha,\ \beta)=\frac{1}{b\,k_2 q_2}\min\left\{\frac{2+\mu_1+\mu_2}{2(1+\mu_2-\mu_1)},\ 1\right\} \tag{8-14}$$

第二种情况为 $\mu_2<\mu_1$。根据最优化条件，可知不必向企业 2 支付额外报酬，即参与约束(8-7)成立，意味着只要企业 2 接受策略，企业 1 也会接受策略。将参与约束(8-7)、激励相容约束(8-8)和激励相容约束(8-9)代入目标函数，可得

$$\max U(\beta)=\frac{\beta(1-\beta)(2+\mu_1+\mu_2)}{b}-2\left[v_0+\frac{1}{2}b\pi(a_{2h}(\alpha,\ \beta))^2-\beta\pi(a_{2h}(\alpha,\ \beta))\right.$$
$$\left.+\mu_2\pi(a_{1h}(\alpha,\ \beta))\right] \tag{8-15}$$

对式(8-15)求关于 β 的导数，令其等于零，得出 $\bar\beta=\frac{2+\mu_1+\mu_2}{2(1+\mu_1-\mu_2)}$。进而可得最优激励系数和固定报酬，分别为

$$\beta^*=\min\left\{\frac{2+\mu_1+\mu_2}{2(1+\mu_1-\mu_2)},\ 1\right\} \tag{8-16}$$

$$\alpha^*=v_0-\frac{1+2\mu_2}{2b}[\beta^*]^2 \tag{8-17}$$

将最优激励系数代入 $a_{1h}(\alpha,\ \beta)=\frac{\beta}{b\,k_1 q_1}$ 和 $a_{2h}(\alpha,\ \beta)=\frac{\beta}{b\,k_2 q_2}$，可得两个企业的最优努力水平，分别为

$$a_{1h}^*(\alpha,\ \beta)=\frac{1}{b\,k_1 q_2}\min\left\{\frac{2+\mu_1+\mu_2}{2(1+\mu_1-\mu_2)},\ 1\right\} \tag{8-18}$$

$$a_{2h}^*(\alpha,\ \beta)=\frac{1}{b\,k_2 q_2}\min\left\{\frac{2+\mu_1+\mu_2}{2(1+\mu_1-\mu_2)},\ 1\right\} \tag{8-19}$$

基于优化模型(8-5)～模型(8-9)，可得关于最优激励策略的定理，如下所述。

定理 8.1 最优激励系数、固定报酬和风险中性企业最优努力水平表示如下。

(1)当 $\mu_2>3\mu_1$ 时，则 $\beta^*=\frac{2+\mu_1+\mu_2}{2(1+\mu_2-\mu_1)}$，$\alpha^*=v_0-\frac{1+2\mu_1}{2b}[\beta^*]^2$，$a_{1h}^*=\frac{\beta^*}{b\,k_1 q_1}$，$a_{2h}^*=\frac{\beta^*}{b\,k_2 q_2}$。

(2)当 $\mu_2<\frac{1}{3}\mu_1$ 时，则 $\beta^*=\frac{2+\mu_1+\mu_2}{2(1+\mu_1-\mu_2)}$，$\alpha^*=v_0-\frac{1+2\mu_2}{2b}[\beta^*]^2$，$a_{1h}^*=\frac{\beta^*}{b\,k_1 q_1}$，$a_{2h}^*=\frac{\beta^*}{b\,k_2 q_2}$。

(3) 当 $\frac{1}{3}\mu_1 \leqslant \mu_2 \leqslant 3\mu_1$ 时，则 $\beta^* = 1$，$\alpha^* = v_0 - \dfrac{1+2\min\{\mu_1+\mu_2\}}{2b}$，$a_{1h}^* =$

$\dfrac{\beta^*}{bk_1q_1}$，$a_{2h}^* = \dfrac{\beta^*}{bk_2q_2}$。

定理 8.1 给出最优激励策略的解析形式 (α^*, β^*)。该定理解释了风险中性企业专业知识互补性效应对最优激励策略 (α^*, β^*) 的影响。风险中性企业的最优激励策略 (α^*, β^*) 必须满足 $a_{ih} \geqslant 1$。根据 $a_{ih}^* = \dfrac{\beta^* k_i q_i}{b}$，可得 $\beta^* \geqslant \dfrac{b}{k_i q_i}$，根据 $\beta \leqslant 1$，可得 $\dfrac{b}{k_i q_i} \leqslant 1$，进而得 $k_i q_i \geqslant b$。也就是说，企业 i 专业知识共享的成本系数 (b) 不高于专业知识量 (q_i) 和能够共享的专业知识比率 (k_i) 的乘积。否则，企业 i 不愿在共享专业知识时付出努力。

根据定理 8.1，可以得到风险中性企业专业知识共享最优激励策略的特性，如定理 8.2 所述。

定理 8.2　最优激励策略（定理 8.1）满足下列性质。

(1) 当 $\mu_2 > 3\mu_1$，μ_2 一定时，β^* 是 μ_1 的增函数；μ_1 一定时，β^* 是 μ_2 的减函数。

(2) 当 $\mu_2 < \dfrac{1}{3}\mu_1$，$\mu_2$ 一定时，β^* 是 μ_1 的减函数；μ_1 一定时，β^* 是 μ_2 的增函数。

(3) 当 $\dfrac{1}{3}\mu_1 \leqslant \mu_2 \leqslant 3\mu_1$ 时，$\beta^* = 1$，表示不必激励企业。

在定理 8.2 中，当 $\mu_2 > 3\mu_1$ 时，最优激励系数 (β^*) 随企业 1 的专业知识互补效应 (μ_1) 的增加而增加，随企业 2 的专业知识互补效应 (μ_2) 的增加而减少。对于相同的专业知识共享产出，企业 2 获得的收益高于企业 1 获得的收益。较小的 β 就能够激励企业 2 共享自身的专业知识，而较大的 β 才能够激励企业 1 共享自身的专业知识。这一现象反映了风险中性企业的心理效应和最优激励策略的公平效应。当 $\mu_2 < \dfrac{1}{3}\mu_1$ 时，最优激励系数随着企业 2 的专业知识互补效应的增加而增加，随企业 1 的专业知识互补效应的增加而减少。对于相同的专业知识共享产出，企业 1 获得的收益高于企业 2。较小的 β 就能够激励企业 1 共享专业知识，而较大的 β 才能够激励企业 2 共享专业知识。当企业 2 专业知识互补效应约等于企业 1 专业知识互补效应，即 $\dfrac{1}{3}\mu_1 \leqslant \mu_2 \leqslant 3\mu_1$ 时，风险中性企业专业知识共享努力水平与激励系数无关。最优激励策略中的风险中性企业专业知识共享努力水平与完全信息条件下风险中性企业专业知识共享努力水平相同。此时，风险中性企业承担所有风险。在该条件下，风险分担模式是最优的，因此不必激励风险中性

企业共享专业知识。

　　总之，必须根据专业知识互补效应来设计最优激励策略。例如，企业 1 和企业 2 共同协作开发某一软件项目，其中企业 1 富有商业分析技能，企业 2 能够熟练使用 Java 开发程序，这两个企业拥有的知识之间具有较大的互补性。在该例子中，当设计最优激励策略时，必须考虑知识的这一特性。

　　两个风险中性企业专业知识共享的期望收益可用矩阵表示，见表 8-1。其中，每一单元格中上面的表达式为企业 1 的期望收益，下面的表达式为企业 2 的期望收益。

表 8-1　互补性专业知识共享的期望收益矩阵

企业 1 收益 ＼ 企业 2 收益		企业 2	
		努力	不努力
企业 1	努力	$\left(\alpha+\beta(\pi(a_{1h})+\mu_1\pi(a_{2h}))-\dfrac{1}{2}b\pi\,(a_{1h})^2,\right.$ $\left.\alpha+\beta(\pi(a_{2h})+\mu_2\pi(a_{1h}))-\dfrac{1}{2}b\pi\,(a_{2h})^2\right)$	$\left(\alpha+\beta(\pi(a_{1h})+\mu_1\pi(a_{2l}))-\dfrac{1}{2}b\pi\,(a_{1h})^2,\right.$ $\left.\alpha+\beta(\pi(a_{2l})+\mu_2\pi(a_{1h}))-\dfrac{1}{2}b\pi\,(a_{2l})^2\right)$
	不努力	$\left(\alpha+\beta(\pi(a_{1l})+\mu_1\pi(a_{2h}))-\dfrac{1}{2}b\pi\,(a_{1l})^2,\right.$ $\left.\alpha+\beta(\pi(a_{2h})+\mu_2\pi(a_{1l}))-\dfrac{1}{2}b\pi\,(a_{2h})^2\right)$	$\left(\alpha+\beta(\pi(a_{1l})+\mu_1\pi(a_{2l}))-\dfrac{1}{2}b\pi\,(a_{1l})^2,\right.$ $\left.\alpha+\beta(\pi(a_{2l})+\mu_2\pi(a_{1l}))-\dfrac{1}{2}b\pi\,(a_{2l})^2\right)$

对于任一 $a_{1h}\in[a_{1l},\ a_{1h}(\alpha,\ \beta)]$ 与任一 $a_{2h}\in[a_{2l},\ a_h(\alpha,\ \beta)]$，有

$$\alpha+\beta(\pi(a_{1h})+\mu_1\pi(a_{2h}))-\frac{1}{2}b\pi\,(a_{1h})^2>\alpha+\beta(\pi(a_{1h})+\mu_1\pi(a_{2l}))-\frac{1}{2}b\pi\,(a_{1h})^2$$

$$>\alpha+\beta(\pi(a_{1l})+\mu_1\pi(a_{2l}))-\frac{1}{2}b\pi\,(a_{1l})^2$$

$$(8\text{-}20)$$

$$\alpha+\beta(\pi(a_{1h})+\mu_1\pi(a_{2h}))-\frac{1}{2}b\pi\,(a_{1h})^2>\alpha+\beta(\pi(a_{1l})+\mu_1\pi(a_{2h}))-\frac{1}{2}b\pi\,(a_{1l})^2$$

$$>\alpha+\beta(\pi(a_{1l})+\mu_1\pi(a_{2l}))-\frac{1}{2}b\pi\,(a_{1l})^2$$

$$(8\text{-}21)$$

　　从式(8-20)和式(8-21)中可以看出，企业 1 努力地共享专业知识，企业 2 同样努力地共享专业知识，说明两个企业在知识互补效应条件下同时共享专业知识时，(努力，努力)是纳什均衡解，且两个企业都会获得较高的期望收益。如果两个企业偷懒或者不共享专业知识，则会获得较低的期望收益。因此，(努力，努力)是两个风险中性企业共享自身互补性专业知识的帕累托最优解。

8.1.3　有限理性互补性知识共享激励优化模型

　　有限理性条件假设企业 1 和企业 2 均为风险规避企业，同时假设风险规避度

是常数，即 $v(w_i) = -e^{-\rho w_i}$，其中 ρ 表示 Arrow Pratt 绝对风险规避度，ρ 值越大企业越害怕风险。企业的风险成本为 $\lambda = \frac{1}{2}\rho \times \text{var}(s) = \frac{1}{2}\rho\beta^2\sigma^2$。企业确定性等价收益等于风险收益均值减去风险成本($Ew_i - \lambda$)。当 $\beta = 0$ 时，风险成本为零。最大化企业期望效用函数($Ev(w_i) = -E\,e^{-\rho w_i}$)等于最大化确定性等价收益。假定 $b\rho\sigma^2 \leqslant 1$，风险规避企业 1 专业知识共享的净产出分别是

$$k_1 q_1 a_{1l} + \mu_1 k_2 q_2 a_{2l} - \frac{1}{2}b\pi\,(a_{1l})^2 - \frac{1}{2}\rho\beta^2\sigma^2$$

$$k_1 q_1 a_{1h} + \mu_1 k_2 q_2 a_{2h} - \frac{1}{2}b\pi\,(a_{1h})^2 - \frac{1}{2}\rho\beta^2\sigma^2$$

$$k_1 q_1 a_{1l} + \mu_1 k_2 q_2 a_{2h} - \frac{1}{2}b\pi\,(a_{1l})^2 - \frac{1}{2}\rho\beta^2\sigma^2$$

$$k_1 q_1 a_{1h} + \mu_1 k_2 q_2 a_{2l} - \frac{1}{2}b\pi\,(a_{1h})^2 - \frac{1}{2}\rho\beta^2\sigma^2$$

风险规避企业 2 专业知识共享的净产出分别是

$$k_2 q_2 a_{2l} + \mu_2 k_1 q_1 a_{1l} - \frac{1}{2}b\pi\,(a_{2l})^2 - \frac{1}{2}\rho\beta^2\sigma^2$$

$$k_2 q_2 a_{2h} + \mu_2 k_1 q_1 a_{1h} - \frac{1}{2}b\pi\,(a_{2h})^2 - \frac{1}{2}\rho\beta^2\sigma^2$$

$$k_2 q_2 a_{2l} + \mu_2 k_1 q_1 a_{1h} - \frac{1}{2}b\pi\,(a_{2l})^2 - \frac{1}{2}\rho\beta^2\sigma^2$$

$$k_2 q_2 a_{2h} + \mu_2 k_1 q_1 a_{1l} - \frac{1}{2}b\pi\,(a_{2h})^2 - \frac{1}{2}\rho\beta^2\sigma^2$$

给定 α 和 β，风险规避企业 1 和风险规避企业 2 可最大化各自收益，即

$$\max_{a_{1h}}\alpha + \beta(\pi(a_{1h} + \mu_2\pi(a_{2h}))) - \frac{1}{2}b\pi\,(a_{1h})^2 \tag{8-22}$$

$$\max_{a_{2h}}\alpha + \beta(\pi(a_{2h} + \mu_2\pi(a_{1h}))) - \frac{1}{2}b\pi\,(a_{2h})^2 \tag{8-23}$$

根据最优性一阶条件，企业 1 和企业 2 各自的最优努力水平是

$$a_{1h}(\alpha,\ \beta) = \frac{\beta}{b\,k_1 q_1} \tag{8-24}$$

$$a_{2h}(\alpha,\ \beta) = \frac{\beta}{b\,k_2 q_2} \tag{8-25}$$

风险规避企业互补性知识共享的激励优化模型为

$$\max_{\alpha,\beta}U(\alpha,\ \beta) = (1-\beta)\big[\pi(a_{1h}(\alpha,\ \beta)) + \mu_1\pi(a_{2h}(\alpha,\ \beta)) \\ + \pi(a_{2h}(\alpha,\ \beta)) + \mu_2\pi(a_{1h}(\alpha,\ \beta))\big] - 2\alpha \tag{8-26}$$

$$\alpha + \beta [\pi(a_{1h}(\alpha, \beta)) + \mu_1 \pi(a_{2h}(\alpha, \beta))] - \frac{1}{2} b\pi (a_{1h}(\alpha, \beta))^2 - \frac{\rho \beta^2 \sigma^2}{2} \geqslant v_0$$

$$\text{(8-27)}$$

s. t.

$$\alpha + \beta [\pi(a_{2h}(\alpha, \beta)) + \mu_2 \pi(a_{1h}(\alpha, \beta))] - \frac{1}{2} b\pi (a_{2h}(\alpha, \beta))^2 - \frac{\rho \beta^2 \sigma^2}{2} \geqslant v_0$$

$$\text{(8-28)}$$

$$\alpha + \beta [\pi(a_{1h}(\alpha, \beta)) + \mu_1 \pi(a_{2h}(\alpha, \beta))] - \frac{1}{2} b\pi (a_{1h}(\alpha, \beta))^2$$

$$> \alpha + \beta [\pi(a_{1l}(\alpha, \beta)) + \mu_1 \pi(a_{2l}(\alpha, \beta))] - \frac{1}{2} b\pi (a_{1l}(\alpha, \beta))^2 \quad \text{(8-29)}$$

$$\alpha + \beta [\pi(a_{2h}(\alpha, \beta)) + \mu_2 \pi(a_{1h}(\alpha, \beta))] - \frac{1}{2} b\pi (a_{2h}(\alpha, \beta))^2$$

$$> \alpha + \beta [\pi(a_{2l}(\alpha, \beta)) + \mu_2 \pi(a_{1l}(\alpha, \beta))] - \frac{1}{2} b\pi (a_{2l}(\alpha, \beta))^2 \quad \text{(8-30)}$$

其中，约束(8-27)和约束(8-28)称为参与约束，用于保证每一个风险规避企业专业知识共享收益高于专业知识共享成本。约束(8-29)和约束(8-30)称为激励相容约束，用于保证企业努力共享知识的净收益高于不努力共享知识的净收益。

同样，根据知识互补效应系数，给出两种最优激励策略

第一种情况为 $\mu_2 \geqslant \mu_1$。根据最优化条件，可知不必向企业 1 支付额外报酬，即参与约束(8-27)成立，意味着只要企业 1 接受策略，企业 2 也接受策略。将参与约束(8-27)、激励相容约束(8-29)和激励相容约束(8-30)代入目标函数，可得

$$\max U(\beta) = \frac{\beta(1-\beta)(2+\mu_1+\mu_2)}{b} - 2 \left[v_0 - \beta(\pi(a_{1h}) + \mu_1 \pi(a_{2h})) \right.$$

$$\left. + \frac{1}{2} b\pi (a_{1h})^2 + \frac{\rho \beta^2 \sigma^2}{2} \right]$$

$$\text{(8-31)}$$

对式(8-31)求 β 的导数，令其为零，得出 $\hat{\beta} = \frac{2+\mu_1+\mu_2}{2(b\rho\sigma^2+1+\mu_2-\mu_1)}$。进而可得最优激励系数和固定报酬，分别为

$$\beta^* = \min \left\{ \frac{2+\mu_1+\mu_2}{2(b\rho\sigma^2+1+\mu_2-\mu_1)}, \ 1 \right\}$$

$$\text{(8-32)}$$

$$\alpha^* = v_0 - \frac{(\beta^*)^2(1+2\mu_1-b\rho\sigma^2)}{b}$$

$$\text{(8-33)}$$

将最优激励系数代入 $a_{1h}(\alpha, \beta) = \frac{\beta}{b k_1 q_1}$ 和 $a_{2h}(\alpha, \beta) = \frac{\beta}{b k_2 q_2}$，可分别得企

业 1 和企业 2 的最优努力水平，即

$$a_{1h}^* = \frac{1}{b\,k_1\,q_1}\min\left\{\frac{2+\mu_1+\mu_2}{2(b\rho\sigma^2+1+\mu_2-\mu_1)},\ 1\right\} \tag{8-34}$$

$$a_{2h}^* = \frac{1}{b\,k_2\,q_2}\min\left\{\frac{2+\mu_1+\mu_2}{2(b\rho\sigma^2+1+\mu_2-\mu_1)},\ 1\right\} \tag{8-35}$$

第二种情况为 $\mu_2<\mu_1$。根据最优化条件，可知不必向企业 2 支付额外报酬，即参与约束(8-28)成立，意味着只要企业 2 接受策略，企业 1 也接受策略。将参与约束(8-28)、激励相容约束(8-29)和激励相容约束(8-30)代入目标函数，可得

$$\max U(\beta)=\frac{\beta(1-\beta)(2+\mu_1+\mu_2)}{b}-2\big(v_0-\beta(\pi(a_{2h})+\mu_2\pi(a_{1h}))$$

$$+\frac{1}{2}b\pi\ (a_{2h})^2+\frac{\rho\beta^2\sigma^2}{2}\big) \tag{8-36}$$

对式(8-36)求 β 的导数，令其等于零，得出 $\hat{\beta}=\dfrac{2+\mu_1+\mu_2}{2(b\rho\sigma^2+1+\mu_1-\mu_2)}$。进而可得最优激励系数和固定报酬，分别为

$$\beta^* = \min\left\{\frac{2+\mu_1+\mu_2}{2(b\rho\sigma^2+1+\mu_1-\mu_2)},\ 1\right\} \tag{8-37}$$

$$\alpha^* = v_0-\frac{(\beta^*)^2(1+2\mu_2-b\rho\sigma^2)}{b} \tag{8-38}$$

将最优激励系数代入 $a_{1h}(\alpha,\ \beta)=\dfrac{\beta}{b\,k_1\,q_1}$ 和 $a_{2h}(\alpha,\ \beta)=\dfrac{\beta}{b\,k_2\,q_2}$，可分别得企业 1 和企业 2 的最优努力水平，即

$$a_{1h}^* = \frac{1}{b\,k_1\,q_1}\min\left\{\frac{2+\mu_1+\mu_2}{2(b\rho\sigma^2+1+\mu_1-\mu_2)},\ 1\right\} \tag{8-39}$$

$$a_{2h}^* = \frac{1}{b\,k_2\,q_2}\min\left\{\frac{2+\mu_1+\mu_2}{2(b\rho\sigma^2+1+\mu_1-\mu_2)},\ 1\right\} \tag{8-40}$$

由以上分析可得描述最优激励策略的定理 8.3，如下所述。该定理给出存在互补性知识条件下的两条结论。第一条结论是风险规避企业专业知识共享的激励策略。第二条结论是每一个风险规避企业选择的最优知识共享努力水平。

定理 8.3　最优激励系数、固定报酬和风险规避企业最优努力水平的表示如下。

(1)当 $\mu_2\geqslant3\mu_1-2b\rho\sigma^2$ 时，则

$$\beta^* = \frac{2+\mu_1+\mu_2}{2(b\rho\sigma^2+1+\mu_2-\mu_1)},\qquad \alpha^* = v_0-\frac{(\beta^*)^2(1+2\mu_1-b\rho\sigma^2)}{b}$$

$$a_{1h}^* = \frac{\beta^*}{b\,k_1\,q_1},\qquad a_{2h}^* = \frac{\beta^*}{b\,k_2\,q_2}$$

(2)当$\mu_2 < \dfrac{\mu_1 + b\rho\sigma^2}{3}$时，则

$$\beta^* = \frac{2 + \mu_1 + \mu_2}{2(b\rho\sigma^2 + 1 + \mu_1 - \mu_2)}, \qquad \alpha^* = v_0 - \frac{(\beta^*)^2(1 + 2\mu_2 - b\rho\sigma^2)}{2b}$$

$$a_{1h}^* = \frac{\beta^*}{bk_1q_1}, \qquad a_{2h}^* = \frac{\beta^*}{bk_2q_2}$$

(3)当$\dfrac{\mu_1 + 2b\rho\sigma^2}{3} < \mu_2 < 3\mu_1 - 2b\rho\sigma^2$时，则

$$\beta^* = 1, \qquad \alpha^* = v_0 - \frac{1 + 2\min(\mu_1, \mu_2) - b\rho\sigma^2}{2b}$$

$$a_{1h}^* = \frac{\beta^*}{bk_1q_1}, \qquad a_{2h}^* = \frac{\beta^*}{bk_2q_2}$$

定理8.3给出最优激励策略的解析形式(α^*, β^*)。从定理8.3可知，知识互补效应系数(μ_2, μ_1)、绝对风险规避度(ρ)、专业知识共享成本系数(b)和环境不确定因素(σ)均对最优激励系数(β^*)产生影响。风险规避企业专业知识共享努力水平与最优激励系数无关。根据风险分担原则，风险中性企业为了激励风险规避企业达到帕累托最优状态，应该承担一定的风险。且无论风险规避企业采取何种努力共享专业知识，总能获得固定报酬。非对称信息意味着风险规避企业专业知识共享的努力水平是不可观测的。在没有监督的情况下，风险规避企业共享专业知识时常采取偷懒行为。因此，最优激励系数应该取决于风险规避企业专业知识共享的产出。但这样就违背了最优风险分担原理。如此一来，这一现象不仅导致知识共享产出的成本增加，还易造成保险和激励的冲突。在这种情况下，达不到帕累托最优状态。风险中性企业需要在最优激励系数和企业互补性专业知识共享努力水平之间进行最佳匹配，其目的是平衡企业与企业间的收益。为了达到最佳匹配状态，在设计最优激励机制时需考虑多个因素的影响。除了绝对风险规避度、成本系数和环境不确定因素，尤其需要考虑的是风险规避企业专业知识共享的互补效应。在激励机制中纳入固定报酬和绩效报酬，这样最优激励策略才能促进风险规避企业专业知识的共享。这里需强调的是，最优激励机制取决于专业知识互补效应和风险两种因素。当风险规避企业1专业知识互补效应(μ_1)近似等于风险规避企业2的专业知识互补效应(μ_2)时，如定理8.3中第(3)条所述，最优激励系数是常数$(\beta^* = 1)$。此种情况并不意味风险规避企业会承担所有的风险。这是因为风险中性企业通过一部分固定报酬承担了风险成本。这也进一步证明了风险中性企业由于风险和风险规避企业等原因而自愿地、主动地承担了风险成本，在某种程度上遵循了风险分担原理。

从定理8.3中可以看出，专业知识共享成本系数(b)不高于风险规避企业i

的专业知识量(q_i)和风险规避企业 i 能够共享的专业知识比率(k_i)的乘积。否则，风险规避企业将在共享专业知识时不情愿付出努力。风险规避企业的最优激励策略(α^*，β^*)必须满足 $a_{ih} \geqslant 1$。根据 $a_{ih}^* = \dfrac{\beta^* k_i q_i}{b}$，可得 $\beta^* \geqslant \dfrac{b}{k_i q_i}$。根据 $\beta \leqslant 1$，可得 $\dfrac{b}{k_i q_i} \leqslant 1$，进而得 $k_i q_i \geqslant b$。

根据定理 8.3，可以得到风险规避企业专业知识共享最优激励策略的特性，如定理 8.4 所述。

定理 8.4 最优激励策略(定理 8.3)满足如下性质。

(1)β^* 分别是 b、ρ、σ 的非增函数。

(2)当 $\mu_2 \geqslant 3\mu_1 - 2b\rho\sigma^2$ 时，μ_2 一定时，β^* 是 μ_1 的增函数；μ_1 一定时，β^* 是 μ_2 的减函数。

(3)当 $\mu_2 \leqslant \dfrac{\mu_1 + 2b\rho\sigma^2}{3}$ 时，μ_2 一定时，β^* 是 μ_1 的减函数；μ_1 一定时，β^* 是 μ_2 的增函数。

(4)当 $\dfrac{\mu_1 + 2b\rho\sigma^2}{3} \leqslant \mu_2 \leqslant 3\mu_1 - 2b\rho\sigma^2$ 时，$\beta^* = 1$ 不依赖于 μ_1、μ_2。

定理 8.4 表明最优激励系数(β^*)随着专业知识共享成本系数(b)、绝对风险规避度(ρ)和随机因素(σ)的增加而降低。专业知识共享的固定成本随着专业知识共享成本系数的增加而增加。同时，专业知识共享风险成本随着绝对风险规避度和随机因素的增加而增加。固定成本和风险成本的增加均造成了净收益的降低。当 $\mu_2 \geqslant 3\mu_1 - 2b\rho\sigma^2$ 时，最优激励系数(β^*)随风险规避企业 1 的专业知识互补效应(μ_1)的增加而增加，同时最优激励系数(β^*)随风险规避企业 2 的专业知识互补效应(μ_2)的增加而降低。对于相同的专业知识共享产出，风险规避企业 2 获得的收益高于风险规避企业 1 获得的收益。较小的 β 就能够激励风险规避企业 2 共享自身的专业知识，而较大的 β 才能够激励风险规避企业 1 共享自身的专业知识。上述现象反映出风险规避企业的心理效应和最优激励策略的公平效应。当 $\mu_2 \leqslant \dfrac{\mu_1 + 2b\rho\sigma^2}{3}$ 时，最优激励系数随着风险规避企业 2 专业知识互补效应的增加而增加。同时，最优激励系数随着风险规避企业 1 专业知识互补效应的增加而降低。对于相同的专业知识共享产出，风险规避企业 1 获得的收益高于风险规避企业 2 的收益。较小的 β 就能够激励风险规避企业 1 共享专业知识，而较大的 β 才能够激励风险规避企业 2 共享专业知识。当 $\dfrac{\mu_1 + 2b\rho\sigma^2}{3} \leqslant \mu_2 \leqslant 3\mu_1 - 2b\rho\sigma^2$ 时，风险规避企业 1 专业知识互补效应近似等于风险规避企业 2 的专业知识互补效应，最优激励系数为常数($\beta^* = 1$),这意味着收益并不依赖于专业知识互补效应(μ_1, μ_2)。该种情况下,风险中性企业只需在制定固定报酬时考虑专业知识互补效应,不必在设计最优激励系数时考虑专业知识互补效应。

两个风险规避企业专业知识共享的期望收益可用矩阵表示,如表 8-2 所示。其中,每一单元格中上面的表达式表示风险规避企业 1 的期望收益,下面的表达式表示风险规避企业 2 的期望收益。

表 8-2　互补性专业知识共享的收益矩阵

企业1收益 ＼ 企业2收益		企业 2	
		努力	不努力
企业1	努力	$\left(\alpha+\beta(\pi(a_{1h})+\mu_1\pi(a_{2h}))-\frac{1}{2}b\pi(a_{1h})^2-\frac{b\beta^2\sigma^2}{2}, \alpha+\beta(\pi(a_{2h})+\mu_2\pi(a_{1h}))-\frac{1}{2}b\pi(a_{2h})^2-\frac{b\beta^2\sigma^2}{2}\right)$	$\left(\alpha+\beta(\pi(a_{1h})+\mu_1\pi(a_{2l}))-\frac{1}{2}b\pi(a_{1h})^2-\frac{b\beta^2\sigma^2}{2}, \alpha+\beta(\pi(a_{2l})+\mu_2\pi(a_{1h}))-\frac{1}{2}b\pi(a_{2l})^2-\frac{b\beta^2\sigma^2}{2}\right)$
	不努力	$\left(\alpha+\beta(\pi(a_{1l})+\mu_1\pi(a_{2h}))-\frac{1}{2}b\pi(a_{1l})^2-\frac{b\beta^2\sigma^2}{2}, \alpha+\beta(\pi(a_{2h})+\mu_2\pi(a_{1l}))-\frac{1}{2}b\pi(a_{2h})^2-\frac{b\beta^2\sigma^2}{2}\right)$	$\left(\alpha+\beta(\pi(a_{1l})+\mu_1\pi(a_{2l}))-\frac{1}{2}b\pi(a_{1l})^2-\frac{b\beta^2\sigma^2}{2}, \alpha+\beta(\pi(a_{2l})+\mu_1\pi(a_{1l}))-\frac{1}{2}b\pi(a_{2l})^2-\frac{b\beta^2\sigma^2}{2}\right)$

对于任一 $a_{1h} \in [a_{1l}, a_{1h}]$ 与任一 $a_{2h} \in [a_{2l}, a_{2h}]$,有

$$\alpha+\beta(\pi(a_{1h})+\mu_1\pi(a_{2h}))-\frac{1}{2}b\pi(a_{1h})^2 > \alpha+\beta(\pi(a_{1h})+\mu_1\pi(a_{2l}))-\frac{1}{2}b\pi(a_{1h})^2$$
$$> \alpha+\beta(\pi(a_{1l})+\mu_1\pi(a_{2l}))-\frac{1}{2}b\pi(a_{1l})^2 \tag{8-41}$$

$$\alpha+\beta(\pi(a_{1h})+\mu_1\pi(a_{2h}))-\frac{1}{2}b\pi(a_{1h})^2 > \alpha+\beta(\pi(a_{1l})+\mu_1\pi(a_{2h}))-\frac{1}{2}b\pi(a_{1l})^2$$
$$> \alpha+\beta(\pi(a_{1l})+\mu_1\pi(a_{2l}))-\frac{1}{2}b\pi(a_{1l})^2 \tag{8-42}$$

由此可知,风险规避企业 1 努力地共享专业知识。类似地,可知风险规避企业 2 也同样努力地共享专业知识。当风险规避企业 1 和风险规避企业 2 共享专业互补性知识时,(努力,努力)是专业知识共享的帕累托最优解。

图 8-1 显示了最优激励系数与风险规避度的关系,风险规避度 $\rho=0$ 表示定

理 8.1 中的风险中性企业，风险规避度 $\rho \neq 0$ 表示定理 8.3 中的风险规避企业。

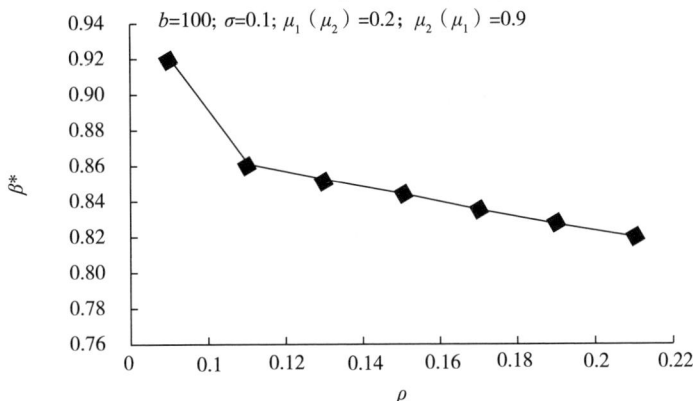

图 8-1　最优激励系数 β^* 与风险规避度 ρ 的函数关系

图 8-2 显示了最优激励系数与定理 8.2 中风险中性企业（$\rho = 0.00$）的知识互补效应系数和定理 8.4 中风险规避企业（$\rho = 0.20$）的知识互补效应系数的关系。

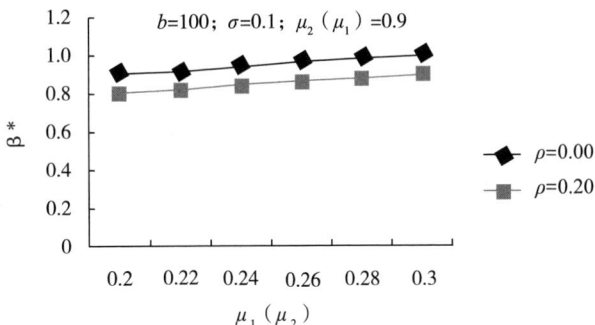

图 8-2　最优激励系数 β^* 与互补效应系数 $\mu_1(\mu_2)$ 的函数关系

本小节中的模型和相关结论可以推广到多个企业专业知识共享时的激励和约束模型。只要存在企业专业知识互补效应产出，（努力，…，努力）就是多个企业专业知识共享的帕累托最优解。

■8.2　生产计划中的优化调度方法

现代工业企业生产环节多，协作关系复杂，生产连续性强，情况变化快，某一局部发生故障，或某一措施没有按期实现，往往会波及整个生产系统的运行。因此，生产计划需随时调整并适时优化。本节将连续性生产活动的计划与调度问题抽象为工件和机器的排序问题，针对两种情形，即加工时间恶化环境和具有学习效应的流水作业环境，分别给出寻找最优排序的策略与方法。

8.2.1　加工时间恶化环境下的单机调度方法

在经典排序问题中，工件的加工时间为常数，但在许多实际问题中，工件的加工时间可能与其开工时间有着某种联系，由此产生一些新型排序问题。这类问题在钢铁工业、塑料工业、军事及医疗等方面有着广泛的应用。例如，在军事方面，当天气渐渐变坏或者天色渐渐变黑时，探测目标开始的时间越晚，所花费的时间就越长；在消防工程中，救火的开始时间一旦被耽搁，火势就会难以控制，这样救火的时间将会变长，所付出的代价也会变大[2]。

这里定义的加工时间恶化是指工件的加工时间与其开工时间是非线性函数。在此条件下的工件调度问题就转化为恶化工件的调度问题。所谓恶化工件是指工件的实际加工时间是其开工时间的非线性函数，且所有工件的恶化率相同。

关于线性恶化条件下的单机工件排序问题，即恶化函数是线性函数的情形，已取得一定的研究成果[3]。下面针对非线性恶化条件，给出最小化单机总完工时间的优化算法[4]。

1. 问题描述

给定一台机器和 n 个工件 $J=\{J_1, J_2, \cdots, J_n\}$，假定工件各自独立且无优先权，在同一时刻机器只能加工一个工件，且不允许中断。

令 $p_j^A(t)$ 为工件 J_j 的实际加工时间，假定工件加工时间是非线性的，工件 J_j 的实际加工时间可定义为

$$p_j^A(t)=p_j(a+bt)^c \tag{8-43}$$

其中，p_j 为工件 J_j 的正常（基本）加工时间，t 为工件的开工时间，$a>0$、$b>0$、$c \geqslant 0$ 为恶化指数。

对工件的一个排序 $\pi=[J_1, J_2, \cdots, J_n]$，令 $C_j=C_j(\pi)$，C_j 表示工件 J_j 的完工时间，$C_{\max}=\max\{C_j \mid j=1, 2, \cdots, n\}$ 表示最长完工时间，$\sum C_j$ 表示总完工时间。

接下来的目标是确定一个最优排序，使单个工件的完工时间最短，以及总完工时间也最短。

2. 最小化完工时间

针对最小化 $p_j^A(t)=p_j(a+bt)^c$ 的问题，首先，给出几个引理；其次，证明对于给定问题存在一个最优排序。

引理 8.1　如果 $c \geqslant 1$ 且 $x \geqslant 0$，存在 $(1-(1+x)^c)+cx(1+x)^{c-1} \geqslant 0$。

证明：令 $h(x)=(1-(1+x)^c)+cx(1+x)^{c-1}$。可知，$h(x)$ 关于 x 的导数为 $h'(x)=c(c-1)x(1+x)^{c-2}>0$，$(c \geqslant 1, x \geqslant 0)$。由此可得，当 $c \geqslant 1$、$x \geqslant 0$ 时，$h(x)$ 是增函数，且 $h(x) \geqslant h(0)=0$。

引理 8.2　如果 $\lambda \geqslant 1$，$c \geqslant 1$ 且 $x \geqslant 0$，存在 $\lambda(1-(1+x)^c)-(1-(1+\lambda x)^c) \geqslant 0$。

证明：令 $f(\lambda)=\lambda(1-(1+x)^c)-(1-(1+\lambda x)^c)$，可知 $f'(\lambda)=(1-(1+x)^c)-cx(1+\lambda x)^{c-1}$，且 $f''(\lambda)=c(c-1)x^2(1+\lambda x)^{c-2} \geqslant 0$。由此可得，当 $\lambda \geqslant 1$，$c \geqslant 1$，$x \geqslant 0$ 时，$f''(\lambda) \geqslant 0$，且 $f'(\lambda)$ 是增函数。

此外，由引理 8.1 可知，$f'(1)=(1-(1+x)^c)+cx(1+\lambda x)^{c-1} \geqslant 0$。故当 $\lambda \geqslant 1$、$c \geqslant 1$、$x \geqslant 0$ 时，$f'(\lambda) \geqslant f'(1) \geqslant 0$。可知，当 $\lambda \geqslant 1$，$c \geqslant 1$，$x \geqslant 0$ 时，$f(\lambda)$ 是增函数，且 $f(\lambda) \geqslant f(1)=0$。

引理 8.3　当 $\lambda \geqslant 1$，$0 \leqslant c \leqslant 1$，$x \geqslant 0$ 时，存在 $\lambda(1-(1+x)^c)-(1-(1+\lambda x)^c) \leqslant 0$。

证明过程与引理 8.2 的证明类似，此处略过。

定理 8.5　对于问题 $1 \mid p_j^A(t)=p_j(a+bt)^c \mid C_{\max}$

(1) 如果 $c \geqslant 1$，最优排序可通过对工件进行非递减的排序得到[最短加工时间 (shortest processing time, SPT) 优先规则]。

(2) 如果 $0 \leqslant c \leqslant 1$，最优排序可以通过对工件进行非递增的排序得到[最长加工时间 (longest processing time, LPT) 优先规则]。

证明：设 π 和 π' 表示两个加工排序，它们的区别在于对相邻两个工件 J_j 和 J_k 进行成对地交换，其中，$\pi=[S_1, J_j, J_k, S_2]$，$\pi'=[S_1, J_k, J_j, S_2]$，$S_1$ 和 S_2 是局部的序列。另外，设 t 表示 S_1 中最后一个工件的完工时间。为了证明 π 优于 π'，如 $C_{\max}(\pi) \leqslant C_{\max}(\pi')$，必须满足 $C_k(\pi) \leqslant C_j(\pi')$。在 π 中，工件 J_j 和 J_k 的完工时间是

$$C_j(\pi)=t+p_j(a+b)^c \tag{8-44}$$

$$C_k(\pi)=t+p_j(a+bt)^c+p_k(a+b(t+p_j(a+bt)^c))^c \tag{8-45}$$

在 π' 中，工件 J_j 和 J_k 的完工时间是

$$C_k(\pi')=t+p_k(a+bt)^c \tag{8-46}$$

$$C_j(\pi')=t+p_k(a+bt)^c+p_j(a+b(t+p_k(a+bt)^c))^c \tag{8-47}$$

根据式 (8-44)～式 (8-47) 可得

$$C_j(\pi')-C_k(\pi)=(p_k-p_j)(a+bt)^c+p_j(a+bt+bp_k(a+bt)^c)^c$$
$$-p_k(a+bt+bp_j(a+bt)^c)^c \tag{8-48}$$

假设 $p_j \leqslant p_k$

将 $x=bp_j(a+bt)^{c-1}$ 和 $\lambda=p_k/p_j$ 代入式 (8-48) 中，可得

$$\frac{C_j(\pi')-C_k(\pi)}{(a+bt)^c p_j}=\lambda(1-(1+x)^c)-(1-(1+\lambda x)^c) \tag{8-49}$$

由引理 8.2 可知，$C_j(\pi')-C_k(\pi) \geqslant 0$，即 π 优于 π'，情形 (1) 得证。

至于情形 (2)：$p_j > p_k$，与情形 (1) 的证明过程类似，借助引理 8.3 可得情形 (2) 成立。

推论 8.1　对于最小化 $1 \mid p_j^A(t) = p_j(a+bt)^c \mid C_{\max}$ 的问题，如果 $c=0$ 或 $c=1$，最优排序可通过对工件的任意排序得到。

3. 最小化总完工时间

使工件加工的总完工时间最短的问题可定义为最小化问题 $1 \mid p_j^A(t) = p_j(a+bt)^c \mid \sum C_j$。

定理 8.6　如果 $c \geqslant 1$，对应最小的 $1 \mid p_j^A(t) = p_j(a+bt)^c \mid \sum C_j$ 的最优排序可通过对工件的非减排序得到（SPT 规则）。

证明：证明过程与定理 8.5 类似，除了以下方面，即

假设 $p_j \leqslant p_k$，对于

$$\begin{aligned} C_k(\pi') + C_j(\pi') - C_j(\pi) - C_k(\pi) = {} & (p_k - p_j)(a+bt)^c + (p_k - p_j)(a+bt)^c \\ & + p_j(a+bt+bp_k(a+bt)^c)^c \\ & - p_k(a+bt+bp_j(a+bt)^c)^c \end{aligned} \tag{8-50}$$

由 $p_k - p_j \geqslant 0$ 和 $(a+bt)^c > 0$ 可知，式(8-50)中的 $(p_k - p_j)(a+bt)^c$ 是非负的。由式(8-48)和式(8-49)可知，式(8-50)余下部分之和也是非负的，因此下式成立。

$$C_k(\pi') + C_j(\pi') \geqslant C_j(\pi) - C_k(\pi)$$

证明完毕。

由定理 8.5 和定理 8.6 可知，对应最小化 $1 \mid p_j^A(t) = p_j(a+bt)^c \mid C_{\max}$ 和最小化 $1 \mid p_j^A(t) = p_j(a+bt)^c \mid \sum C_j$ 的最优排序可以通过 $O(n \times \log n)$ 步排序算法得到。但当 $0 < c < 1$ 时，对应最小化 $1 \mid p_j^A(t) = p_j(a+bt)^c \mid \sum C_j$ 的排序不能通过对工件的非减排序得到（SPT 规则），也不能通过对工件的非增排序得到（LPT 规则）。下面用一例题来说明此现象。

【例 8.1】　假定 $n=3$，$p_1=20$，$p_2=21$，$p_3=22$，$a=1$，$b=1$，当恶化指数 $c=0.5$ 时，得到的 SPT 序列是 $[J_1, J_2, J_3]$，$\sum C_j$（SPT）$=490.6725$；得到的 LPT 序列是 $[J_2, J_1, J_3]$，$\sum C_j$（LPT）$=489.8772$。很明显，最优的排序应该是 $[J_2, J_1, J_3]$，$\sum C_j$（OPT）$=487.3680$。

通过例 8.1 可知，当 $0 < c < 1$ 时，可以看到典型的 SPT 规则和 LPT 规则在处理最小化总完工时间的问题上得不到最优解。

实际上，最小化 $1 \mid p_j^A(t) = p_j(a+bt)^c \mid \sum C_j$ 的问题有一个重要的性质，就是其最优排序具有 V 形特征。

定义 8.1　将工件按照其实际加工时间以降序排列，即具有最短加工时间的工件排在最后，或者反过来，将具有最短加工时间的工件排在前面，然后按照工

件的实际加工时间升序排列，这样的排序就具有 V 形特征。

很明显，SPT 排序和 LPT 排序是 V 形排序的特例。

定理 8.7　对于最小化 $1\,|\,p_j^A(t)=p_j(a+bt)^c\,|\,\sum C_j$ 的问题，其最优排序存在且符合 V 形特征。

证明：考虑三个连续工件 (J_i,J_j,J_k) 的排序 π 问题，如 $\pi=[S_1,J_i,J_j,J_k,S_2]$，$p_j>p_i$ 且 $p_j>p_k$。假定 J_i 和 J_j 之间或 J_j 和 J_k 之间的互换会使总完工时间减少。设 π_1 是将 π 中的工件 J_i 和 J_j 互换后得到的排序，即 $\pi_1=[S_1,J_j,J_i,J_k,S_2]$，$\pi_2$ 是将 π 中的工件 J_j 和 J_k 互换后得到的排序，即 $\pi_2=[S_1,J_i,J_k,J_j,S_2]$。设 t 为 S_1 中排在最后的工件的完工时间，则三个工件的总完工时间是

$$\begin{aligned}\Delta(\pi)&=3t+3p_i(a+bt)^c+2p_j(a+b(t+p_i(a+bt)^c))^c\\&\quad+p_k(a+b(t+p_i(a+bt)^c+p_j(a+b(t+p_i(a+bt)^c))^c))^c\\&=3t+3p_i(a+bt)^c+2p_j(a+bt+bp_i(a+bt)^c)^c\\&\quad+p_k(a+bt+bp_i(a+bt)^c+bp_j(a+bt+bp_i(a+bt)^c)^c)^c\end{aligned}\tag{8-51}$$

π_1 和 π_2 的总完成时间分别是

$$\begin{aligned}\Delta(\pi_1)&=3t+3p_j(a+bt)^c+2p_i(a+bt+bp_j(a+bt)^c)^c\\&\quad+p_k(a+bt+bp_j(a+bt)^c+bp_i(a+bt+bp_j(a+bt)^c)^c)^c\end{aligned}\tag{8-52}$$

$$\begin{aligned}\Delta(\pi_2)&=3t+3p_i(a+bt)^c+2p_k(a+bt+bp_i(a+bt)^c)^c\\&\quad+p_j(a+bt+bp_i(a+bt)^c+bp_k(a+bt+bp_i(a+bt)^c)^c)^c\end{aligned}\tag{8-53}$$

那么调序后的完工时间差是

$$\begin{aligned}\Delta(\pi)-\Delta(\pi_1)&=3(p_i-p_j)(a+bt)^c+2p_j(a+bt+bp_i(a+bt)^c)^c\\&\quad-2p_i(a+bt+bp_j(a+bt)^c)^c+p_k[(a+bt+bp_i(a+bt)^c\\&\quad+bp_j(a+bt+bp_i(a+bt)^c)^c)^c]\\&\quad-(a+bt+bp_j(a+bt)^c+bp_i(a+bt+bp_j(a+bt)^c)^c)^c\end{aligned}\tag{8-54}$$

$$\begin{aligned}\Delta(\pi)-\Delta(\pi_2)&=2(p_i-p_k)a+bt+bp_j((a+bt)^c)^c+p_k(a+bt+bp_i(a+bt)^c\\&\quad+bp_j(a+bt+bp_i(a+bt)^c)^c)^c-p_j(a+bt+bp_i(a+bt)^c\\&\quad+bp_k(a+bt+bp_i(a+bt)^c)^c)^c\end{aligned}\tag{8-55}$$

令，$\lambda=p_j/p_i$，$x=bp_i(a+bt)^{c-1}$，从式 (8-54) 可以得

$$\begin{aligned}\frac{\Delta(\pi)-\Delta(\pi_1)}{(a+bt)^cp_i}&=3-3\lambda+2\lambda(1+x)^a-2(1+\lambda x)^a\\&\quad+p_k[(a+bt+bp_i(a+bt)^c+bp_j(a+bt+bp_i(a+bt)^c)^c)^c\\&\quad-(a+bt+bp_j(a+bt)^c+bp_i(a+bt+bp_j(a+bt)^c)^c)^c]\end{aligned}\tag{8-56}$$

令 $\mu=p_j/p_k$，$\theta=bp_k(a+bt+bp_i(a+bt)^c)^{c-1}$，从式 (8-55) 可以得

$$\frac{\Delta(\pi)-\Delta(\pi_1)}{p_k(a+bt+b\,p_i(a+bt)^c)^c}=2\mu-2+(1+\mu\theta)^a-\mu\,(1+\theta)^a \qquad (8\text{-}57)$$

依据定理 8.5，可得

$$p_k[(a+bt+bp_i(a+bt)^c+bp_j(a+bt+bpi(a+bt)^c)^c)^c$$
$$-(a+bt+bp_j(a+bt)^c+bp_i(a+bt+bp_j(a+bt)^c)^c)^c]\geqslant0$$

现令 $\Delta(\pi)-\Delta(\pi_1)$ 为负值，根据式(8-56)和引理 8.3 可得

$$3-3\lambda+2\lambda\,(1+x)^a-2\,(1+\lambda x)^a<0$$
$$\Rightarrow2-2\lambda+\lambda\,(1+x)^a-(1+\lambda x)^a+[1-\lambda+\lambda\,(1+x)^a-(1+\lambda x)^a]<0$$
$$\Rightarrow2-2\lambda+\lambda\,(1+x)^a-(1+\lambda x)^a<0$$
$$\Rightarrow2\mu-2+(1+\mu\theta)^a-\mu\,(1+\theta)^a>0$$

因此，存在 $\Delta(\pi)-\Delta(\pi_2)>0$。

现令 $\Delta(\pi)-\Delta(\pi_2)$ 为负值，根据式(8-57)和引理 8.3，可得

$$2\mu-2+(1+\mu\theta)^a-\mu\,(1+\theta)^a<0$$
$$\Rightarrow2\mu-2+(1+\mu\theta)^a-\mu\,(1+\theta)^a+[\mu-1+(1+\mu\theta)^a-\mu\,(1+\theta)^a]$$
$$+p_k[(a+bt+b\,p_j(a+bt)^c+b\,p_i(a+bt+b\,p_j(a+bt)^c)^c)^c$$
$$-(a+bt+b\,p_i(a+bt)^c+b\,p_j(a+bt+b\,p_i(a+bt)^c)^c)^c]<0$$
$$\Rightarrow3\mu-3+2\,(1+\mu\theta)^a-2\mu\,(1+\theta)^a+p_k[(a+bt+b\,p_j(a+bt)^c$$
$$+b\,p_i(a+bt+b\,p_j(a+bt)^c)^c)^c-(a+bt+b\,p_i(a+bt)^c$$
$$+b\,p_j(a+bt+b\,p_i(a+bt)^c)^c)^c]<0$$
$$\Rightarrow3-3\lambda+2\lambda\,(1+x)^a-2\,(1+\lambda x)^a+p_k[(a+bt+b\,p_j(a+bt)^c$$
$$+b\,p_i(a+bt+b\,p_j(a+bt)^c)^c)^c-(a+bt+b\,p_i(a+bt)^c$$
$$+b\,p_j(a+bt+b\,p_i(a+bt)^c)^c)^c]>0$$

因此，存在 $\Delta(\pi)-\Delta(\pi_2)>0$，可以推断出最优排序具有 V 形特征。

可以很容易地证明，定理 8.7 对于完工时间和总完工时间的任意线性组合是有效的。

推论 8.2　当 $\alpha\geqslant0$，$\beta\geqslant0$ 时，对于问题 $1\mid p_j^A(t)=p_j\,(a+bt)^c$，$0<c<1\mid\alpha C_{\max}+\beta\sum C_j$ 的问题，其最优排序是 V 形的。

4. 关于最小化 $1\mid p_j^A(t)=p_j\,(a+bt)^c$，$0<c<1\mid\sum C_j$ 的启发式算法

由例 8.1 可知，当 $0<c<1$ 时，典型的 SPT 或者 LPT 规则无法对最小化总完工时间的问题给出最优解。下面介绍一个两阶段启发式算法来解决使 $1\mid p_j^A(t)=p_j\,(a+bt)^c$，$0<c<1\mid\sum C_j$ 最小化的问题[4]。第一阶段，利用 SPT 规则或 LPT 规则寻找最优排序。第二阶段，对两个邻近的工件进行两两交换，如果交换后得到的排序不满足 V 形特征，则放弃此次交换，接着考察下一次交换的结果，直至没有工件可以交换位置。启发式算法的具体步骤如下。

算法 8.1

阶段一

步骤 1　在 J 中选择加工时间最短的工件 J_j，并标注为 J_k。

步骤 2　移除 J 中加工时间最长的工件并标注为 J_i，然后建立仅包含 J_k 的局部排序 S。

步骤 3　将 J_i 插入 J_k 的左侧，并建立局部排序 S'；再将 J_i 插入 J_k 的右侧，并建立局部排序 S''。从 S' 到 S''，选择总完工时间最短的排序作为新的排序 S，将工件 J_i 从 J 中删除。

步骤 4　如果 J 非空，返回步骤 2，否则，停止。

阶段二

步骤 1　将从阶段一得到的排序设为初始排序，用 S_0 表示，同时，将完工时间最短工件的位置设为 v。

步骤 2　设 $i=1$。

步骤 3　如果 $i<v$，执行步骤 4，否则停止。

步骤 4　令 $j=v+1$。

步骤 5　如果 $j\leqslant n$，执行步骤 6，否则，执行步骤 8。

步骤 6　互换工件 i 与工件 j 的位置，并建立新的排序 S_1。如果 S_1 不是 V 形的，执行步骤 7。如果 S_1 总完工时间小于 S_0，则用 S_1 代替 S_0。

步骤 7　令 $j=j+1$，返回步骤 5。

步骤 8　令 $i=i+1$，返回步骤 3。

为了检测算法 8.1 的效果，进行数值实验。对于任一工件 J_j，其加工时间 p_j 由从 1 到 100 的整数均匀分布产生。在每一次测试中，选用 11 个不同的工件数量（$n=10$，12，14，16，18，20，22，24，26，28，30）和 5 个不同的恶化率（$c=0.05$，0.25，0.45，0.65，0.85），同时令 $a=b=1$，组合起来，共有 18 个实验情形，每一个情形重复实验 50 次，共测试了 2 750 个排序问题，算法 8.1 的错误率如表 8-3 所示。

从表 8-3 中可以看出，对于所有的情形，算法 8.1 的误差百分数均小于 2%，误差百分数是通过公式（Heur-Opt）/Opt 计算，Heur 表示由算法 8.1 产生的总完工时间，Opt 表示由最优排序产生的总完工时间。算法 8.1 的计算复杂度为 $O(n^2)$，实验中最长的 CPU 处理时间不超过 1.92 毫秒（实验环境：VC++6.0 编程，处理器为奔腾 4、内存为 1G 的个人电脑）。此外，当 $c=0.05$、0.25、0.45 和 0.65 时，算法 8.1 给出了较好的测试结果，当 $c=0.85$ 时，算法 8.1 给出了较差的测试结果。这些足以证明算法 8.1 是有效的。

表 8-3　对应 5 个恶化率算法 8.1 的错误率

n	$c=0.05$			$c=0.25$			$c=0.45$			$c=0.65$			$c=0.85$		
	运行时间/毫秒	平均误差/%	最大误差/%	运行时间/毫秒	平均误差/%	最大误差/%	运行时间/毫秒	平均误差/%	最大误差/%	运行时间/毫秒	平均误差/%	最大误差/%	运行时间/毫秒	平均误差/%	最大误差/%
10	0.0000	0.0006	0.0132	0.0000	0.0049	0.0362	0.0000	0.0056	0.0160	0.0000	0.0018	0.0216	0.0000	0.0161	0.0451
12	0.0000	0.0032	0.0261	0.0000	0.0054	0.0359	0.0000	0.0065	0.0279	0.0000	0.0096	0.0621	0.3000	0.0136	0.0773
14	0.3200	0.0034	0.0189	0.0000	0.0065	0.0293	0.0000	0.0038	0.0226	0.0000	0.0156	0.0848	0.3200	0.0182	0.0878
16	1.6000	0.0044	0.0192	0.0000	0.0039	0.0097	0.0000	0.0027	0.0149	0.0000	0.0092	0.0201	0.0000	0.0184	0.0553
18	1.5000	0.0084	0.0196	0.0000	0.0081	0.0339	0.0000	0.0064	0.0204	0.0000	0.0095	0.0367	0.0000	0.0151	0.0486
20	1.6000	0.0086	0.0201	0.0000	0.0091	0.0368	0.0000	0.0075	0.0223	0.0000	0.0105	0.0376	0.0000	0.0168	0.0897
22	1.7100	0.0091	0.0236	0.0000	0.0093	0.0379	0.0000	0.0069	0.0284	0.0000	0.0123	0.0397	0.0000	0.0191	0.0702
24	1.7600	0.0093	0.0265	0.0000	0.0096	0.0392	0.0000	0.0071	0.0289	0.0000	0.0132	0.0407	0.0000	0.0112	0.0621
26	1.8200	0.0098	0.0286	0.0000	0.0095	0.0397	0.0000	0.0079	0.0298	0.0000	0.0143	0.0426	0.2200	0.0125	0.0442
28	1.8500	0.0097	0.0291	0.0410	0.0096	0.0387	0.0210	0.0075	0.0229	0.2300	0.0154	0.0453	0.4100	0.0152	0.0491
30	1.9200	0.0096	0.0296	0.0510	0.0094	0.0399	0.0780	0.0080	0.0311	0.3400	0.0151	0.0461	0.3200	0.0165	0.0661

8.2.2　具有指数学习效应的流水作业调度方法

在经典的排序问题中，工件的加工时间通常被认为是确定的常数，然而在实际生产中，工件的加工时间会随着机器磨合度的增加、技术工人熟练度的提升等的变化而缩短，这个现象被称为学习效应[5]。换句话说，学习效应是指在一个排序中，被加工的工件越在后面，处理所需时间越少。学习效应有两种表现形式，一种是基于位置的学习，另一种是基于时间的学习。基于位置的学习发生在加工过程中的独立操作上，如对复杂设备的安装调试。基于时间的学习是指员工在完成任务时获得经验的过程。由于任务的反复性，员工在重复生产过程中会不断地积累经验，这些经验用于再生产时，就表现为较晚被调度的工件的加工时间会缩短。

这里考虑一种比较复杂的学习效应情况，即指数学习效应。所谓指数学习效应是指工件的加工时间是加工位置的指数函数。针对具有指数学习效应的 n 个工件和 m 个机器的流水作业调度问题，采用总完工时间、总加权完工时间、总加权折扣完工时间和二次作业完工时间的总和作为目标函数进行优化。

1. 符号与假设

设有 n 个工件 J_1, J_2, $\cdots$, J_n 和 m 台机 M_1, M_2, $\cdots$, M_m，工件 J_j 的连续加工工序为 $(O_{1j}$, O_{2j}, $\cdots$, $O_{mj})$，工序 O_{ij} 只能由机器 $M_i(i=1, 2, \cdots, m)$ 完成，工序 $O_{i+1,j}$ 只能排在工序 O_{ij} 之后，每个工件一次只能被一台机器加工，每台机器一次最多只能加工一个工件的一道工序，所有机器都在 0 时刻就绪且以同样的工序进行加工作业，工序 O_{ij} 所需的（正常）加工时间记为 p_{ij}，工件 J_j 的实际加工时间记为 p_{ijr}，它是加工位置 r 的函数。具有指数学习效应的工件 J_j 的实际加工时间可定义为

$$p_{ijr} = p_{ij}\alpha^{r-1}, \quad i=1, 2, \cdots, m; r; j=1, 2, \cdots, n \quad (8\text{-}58)$$

其中，$\alpha(0 < \alpha \leqslant 1)$ 为学习因子。

对于给定的排序 π，$C_{ij} = C_{ij}(\pi)$ 表示工序 O_{ij} 的总完工时间，$C_j = C_{mj}$ 表示作业完工时间，$\pi = ([1], [2], \cdots, [n])$ 表示 1, 2, $\cdots$, n 排列，$f(C) = f(C_1, C_2, \cdots, C_n)$ 表示目标函数。这里考虑四个目标函数：①总完工时间 $\sum\limits_{j=1}^{n} C_j$；②总加权完工时间 $\sum\limits_{j=1}^{n} \omega_i C_j$，其中，$w_j > 0$ 为与工件 J_j 相关的作业的权重；③总加权折扣完工时间 $\sum\limits_{j=1}^{n} \omega_i(1 - e^{-\gamma C_j})$，$\gamma \in (0, 1)$ 为折扣因子；④二次作业完工时间的总和 $\sum\limits_{j=1}^{n} C_j^2$。

2. 两台机器流水作业排序问题

下面，针对两台机器流水作业的排序问题进行分析，即 $F2 \mid p_{ijr} = P_{ij}\alpha^{r-1} \mid$

$\sum C_j$。

先给出单机排序问题的两个引理。

引理 8.4　针对问题 $1 \| \sum C_j$，通过对 p_j 的非递减排序，可获得一个最佳排序方案，即 SPT。

引理 8.5　针对问题 $1 \mid p_{jr} = P_j \alpha^{r-1} \mid \sum C_j$，SPT 规则将产生最优的解决方案。

然而，针对问题 $F2 \mid p_{ijr} = P_{ij} \alpha^{r-1} \mid \sum C_j$，由于其是一个 NP-complete 问题，因此很难找到最优解，只能退而求其次。Hoogeveen 和 Kawaguchi 针对问题 $F2 \| \sum C_j$ 曾提出一个关于顺序非递减 $L_j (L_j = a_j + b_j)$ 的 SPT 启发式算法，解决了两台机器流水作业的排序问题[6]。结合 Hoogeveen 的研究及引理 8.4 和引理 8.5 可知，SPT 规则是解决问题 $F2 \mid p_{ijr} = P_{ij} \alpha^{r-1} \mid \sum C_j$ 的一种近似算法。

为便于对比，令 $a_j = p_{1j}$，$b_j = p_{2j}$，且假设 $L_1 \leqslant L_2 \leqslant L_3 \leqslant \cdots \leqslant L_n$。

引理 8.6　令 S^* 是最优排序方案，那么存在不等式：

$$2 \sum_{j=1}^{n} C_j(S^*) \geqslant \sum_{j=1}^{n} (n-j+1)(a_j + b_j) \alpha^{j-1} + \sum_{j=1}^{n} b_j \alpha^{n-1} + n \min_{1 \leqslant j \leqslant n} \{a_j\}, \quad j = 1, 2, \cdots, n$$

证明：对任一排序方案 S，$J_{[j]}$ 表示工件 J_j 在第 j 个位置，$C_{[j]}$、$a_{[j]}$ 及 $b_{[j]}$ 中 $[j]$ 的含义相同。接下来确定两个下界。从 $C_{2[j]} = \max \{ C_{2[j-1]}, C_{1[j]} \} > C_{2[j-1]} + b_{[j]} \alpha^{j-1}$ 可得第一个下界，表明 $C_{[j]} \geqslant a_1 + \sum_{k=1}^{j} b_{[k]} \alpha^{k-1}$，$j = 1, 2, \cdots, n$，由此可得

$$\sum_{j=1}^{n} C_j \geqslant n a_{[1]} + \sum_{j=1}^{n} \sum_{k=1}^{j} b_{[k]} \alpha^{k-1} = n a_{[1]} + \sum_{j=1}^{n} (n-j+1) b_{[j]} \alpha^{j-1}$$

从 $C_{2[j]} = \max \{ C_{2[j-1]}, C_{1[j]} + b_{[j]} \alpha^{j-1} \} \geqslant C_{1[j]} + b_{[j]} \alpha^{j-1}$ 可得第二个下界，表明 $C_{[j]} \geqslant b_{[j]} \alpha^{j-1} + \sum_{k=1}^{j} a_{[k]} \alpha^{k-1}$，$j = 1, 2, \cdots, n$，由此可得

$$\sum_{j=1}^{n} C_j \geqslant \sum_{j=1}^{n} \sum_{k=1}^{j} a_{[k]} \alpha^{k-1} + \sum_{j=1}^{n} b_{[j]} \alpha^{j-1} = \sum_{j=1}^{n} (nj+1) a_{[j]} \alpha^{j-1} + \sum_{j=1}^{n} b_{[j]} \alpha^{j-1}$$

由以上两个下界，可得

$$2 \sum_{j=1}^{n} C_j(S) \geqslant \sum_{j=1}^{n} (n-j+1)(a_{[j]} + b_{[j]}) \alpha^{j-1} + \sum_{j=1}^{n} b_{[j]} \alpha^{j-1} + n a_{[1]}$$

$$\geqslant \sum_{j=1}^{n} (n-j+1)(a_j + b_j) \alpha^{j-1} + \sum_{j=1}^{n} b_j \alpha^{n-1} n \min_{1 \leqslant j \leqslant n} \{a_j\}$$

不等式右边的第一项 $(n-j+1)(a_{[j]} + b_{[j]}) \alpha^{j-1}$ 可通过匹配最大的 $(a_{[j]} + b_{[j]})$ 使其达到最小。

引理 8.7　存在不等式

$$|a_{k+1}\alpha^k - b_k\alpha^{k-1}| \leqslant \frac{(\beta-\delta)(a_{k+1}\alpha^k + b_k\alpha^{k-1})}{\beta+\delta}, \quad k=1, 2, \cdots, n-1$$

其中，$\delta = \min\{a_1, a_2, \cdots, a_n; b_1, b_2\cdots, b_n\}\alpha^{n-1}$；$\beta = \max\{a_1, a_2, \cdots, a_n; b_1, b_2\cdots, b_n\}$。

证明：首先考虑 $|a_{k+1}\alpha^k - b_k\alpha^{k-1}| = a_{k+1}\alpha^k - b_k\alpha^{k-1}$ 的情形，假设存在 k 使

$$|a_{k+1}\alpha^k - b_k\alpha^{k-1}| > \frac{(\beta-\delta)(a_{k+1}\alpha^k + b_k\alpha^{k-1})}{\beta+\delta}$$，这个不等式还可表示为 $\beta b_k\alpha^{k-1} < \delta a_{k+1}\alpha^k$，由于 $\delta a_{k+1}\alpha^k < \delta\beta$，这与假设 $b_k\alpha^{k-1} < \delta$ 矛盾，由此可证引理 8.7 成立。其次考虑 $|a_{k+1}\alpha^k - b_k\alpha^{k-1}| = b_k\alpha^{k-1} - a_{k+1}\alpha^k$ 的情形，类似地可证明引理 8.7 成立。

定理 8.8　令 S^* 是最优排序方案，S 是问题 $F2 \mid p_{ijr} = P_{ij}\alpha^{r-1} \mid \sum C_j$ 的任一排序方案，那么存在不等式 $\left[\sum\limits_{j=1}^{n} C_j(S) \Big/ \sum\limits_{j=1}^{n} C_j(S^*)\right] \leqslant 2\beta/(\delta+\beta)$，且边界是紧致的。

证明：由 $C_1 = a_1 + b_1$ 可得

$$C_j = \max\{C_{1j}, C_{2, j-1}\} + b_j\alpha^{j-1}$$
$$\leqslant \max\{C_{1, j-1} + a_j\alpha^{j-1}, \max\{C_{2, j-2}, C_{1, j-1}\} + b_{j-1}\alpha^{j-2}\} + b_j\alpha^{j-1}$$
$$\leqslant \max\{C_{2, j-2}, C_{1, j-1}\} + \max\{a_j\alpha^{j-1}, b_{j-1}\alpha^{j-2}\} + b_j\alpha^{j-1}$$
$$\leqslant a_1 + \sum_{k=1}^{j-1}\max\{a_{k+1}\alpha^k, b_k\alpha^{k-1}\} + b_j\alpha^{j-1} \tag{8-59}$$

其中，$j >= 2$，将等式 $2\max\{a_{k+1}\alpha^k, b_k\alpha^{k-1}\} = a_{k+1}\alpha^k + b_k\alpha^{k+1} + |a_{k+1}\alpha^k - b_k\alpha^{k-1}|$ 代入式 (8-59) 中可得

$$2C_j \leqslant a_1 + \sum_{k=1}^{j}(a_k + b_k)\alpha^{k-1} + b_j\alpha^{j-1} + \sum_{k=1}^{j-1}|a_{k+1}\alpha^k - b_k\alpha^{k-1}|, \quad \forall j=1, 2, \cdots, n$$

对于所有的 j 可得

$$2\sum_{j=1}^{n} C_j \leqslant \sum_{j=1}^{n}\sum_{k=1}^{j}(a_k + b_k)\alpha^{k-1} + na_1 + \sum_{j}^{n} b_j\alpha^{j-1} + \sum_{j=1}^{n-1}\sum_{k=1}^{j}|a_{k+1}\alpha^k - b_k\alpha^{k-1}|$$

由引理 8.7 知

$$2\sum_{j=1}^{n} C_j \leqslant \sum_{j=1}^{n}\sum_{k=1}^{j}(a_k + b_k)\alpha^{k-1} + na_1 + \sum_{j}^{n} b_j\alpha^{j-1} + \sum_{j=1}^{n-1}\sum_{k=1}^{j}|a_{k+1}\alpha^k - b_k\alpha^{k-1}|$$
$$\leqslant \frac{2\beta}{\delta+\beta}\sum_{j=1}^{n}\sum_{k=1}^{j}(a_k + b_k)\alpha^{k-1} + na_1\frac{2\beta}{\delta+\beta} + \frac{2\beta}{\delta+\beta}\sum_{j}^{n} b_j\alpha^{j-1}$$

由于 $\delta a_1 \leqslant \delta\beta \leqslant \beta\min_{1\leqslant j\leqslant n}\{a_j\}$，因此最终可得

$$2\sum_{j=1}^{n}C_j \leqslant \frac{2\beta}{\delta+\beta}\sum_{j=1}^{n}\sum_{k=1}^{j}(a_k+b_k)\alpha^{k-1}+\frac{2n\beta}{\delta+\beta}\min_{1\leqslant j\leqslant n}\{a_j\}+\frac{2\delta}{\delta+\beta}\sum_{j=1}^{n}b_j\alpha^{j-1}$$

$$\leqslant \frac{2\beta}{\delta+\beta}\Big(\sum_{j=1}^{n}\sum_{k=1}^{j}(a_k+b_k)\alpha^{k-1}+n\min_{1\leqslant j\leqslant n}\{a_j\}+\sum_{j=1}^{n}b_j\alpha^{j-1}\Big)$$

Hoogeveen 和 Kawaguchi[6] 的研究结果表明对于问题 $F2\parallel\sum C_j$ 其边界 $2\beta/(\delta+\beta)$ 是紧致的，由此可推断出问题 $F2\mid p_{ijr}=P_{ij}a^{r-1}\mid\sum C_j$ 的边界也是紧致的。定理 8.8 得证。

推论 8.3 令 S^* 为最优排序方案，S 是问题 $F2\mid p_{ijr}=p_{ij}(a-br)\mid\sum C_j$ 的 SPT 排序方案，那么存在不等式 $\big(\sum_{j=1}^{n}C_j(S)\big/\sum_{j=1}^{n}C_j(S^*)\big)\leqslant 2\beta/(\delta+\beta)$，且边界是紧致的。其中，$\delta=\min\{a_1,a_2,\cdots,a_n;b_1,b_2,\cdots,b_n\}(a-bn)$，$\beta=max\{a_1,a_2,\cdots,a_n;b_1,b_2,\cdots,b_n\}$。

推论 8.4 令 S^* 为最优排序方案，S 是问题 $F2\mid p_{ijr}=p_{ij}r^c\mid\sum C_j$ 的 SPT 排序方案，那么存在不等式 $\big(\sum_{j=1}^{n}C_j(S)\big/\sum_{j=1}^{n}C_j(S^*)\big)\leqslant 2\beta/(\delta+\beta)$，且边界是紧致的。其中，$\delta=\max\{a_1,a_2,\cdots,a_n;b_1,b_2,\cdots,b_n\}n^c$，$\beta=\max\{a_1,a_2,\cdots,a_n;b_1,b_2,\cdots,b_n\}$。

3. 多台机器流水作业排序问题

多台机器的流水作业排序问题可表示为 $Fm\mid p_{ijr}=p_{ij}\alpha^{r-1}\mid f(C)$。为解决此问题，先给出单机排序问题的几个引理。

引理 8.8 对问题 $1\parallel\sum\omega_jC_j$，通过对 p_j/ω_j 的非减排序可获得最优的排序方案[加权最短加工时间(weighted shortest processing time，WSPT)规则]。

引理 8.9 对问题 $1\parallel\sum\omega_j(1-e^{-rC_j})$，通过对 $\dfrac{1-e^{-rp_j}}{\omega_je^{-rp_j}}$ 的非减排序可获得最优的排序方案[加权折扣最短加工时间(weighted discounted shortest processing time，WDSPT)规则]。

引理 8.10 对问题 $1\parallel\sum C_j^2$，通过对 p_j 的非减排序可获得最优的排序方案(SPT 规则)。

实际上，问题 $Fm\mid p_{ijr}=p_{ij}\alpha^{r-1}\mid\sum C_j(m\geqslant2)$，$Fm\mid p_{ijr}=p_{ij}\alpha^{r-1}\mid\sum\omega_jC_j(m\geqslant2)$，$Fm\mid p_{ijr}=p_{ij}\alpha^{r-1}\mid\sum\omega_j(1-e^{-rC_j})(m\geqslant2)$ 和 $Fm\mid p_{ijr}=p_{ij}\alpha^{r-1}\mid\sum C_j^2(m\geqslant2)$ 都是 NP-complete 问题，它们的最优解很难获得，只能寻找近似算法。

定理 8.9　令 S^* 为最优排序方案，S 是问题 $Fm \mid p_{ijr} = p_{ij}\alpha^{r-1} \mid \sum C_j$ 的任意一个排序方案，那么存在不等式 $\left(\sum\limits_{j=1}^{n} C_j(S) \Big/ \sum\limits_{j=1}^{n} C_j(S^*)\right) \leqslant n/\alpha^{n-1}$，且边界是紧致的。

证明：令 $L_j = \sum\limits_{i=1}^{m} p_{ij}$，$\sum\limits_{j=1}^{n} L_j = T$，同时假设 $L_1 \leqslant L_2 \leqslant \cdots \leqslant L_n$，$C_i(S)$ 为 S 方案中工件 J_i 的完工时间。对于 $C_i(S) \leqslant \sum\limits_{j=1}^{i} L_j \alpha^{j-1}$，存在 $\sum\limits_{i=1}^{n} C_i(S) \leqslant \sum\limits_{i=1}^{n}\sum\limits_{j=1}^{i} L_j \alpha^{j-1} \leqslant \sum\limits_{i=1}^{n}\sum\limits_{j=1}^{i} L_j \leqslant nT$。

令 $(J_{[1]}, J_{[2]}, \cdots, J_{[n]})$ 是最优排序方案 S^* 中的排序。对于 S^*，有 $C_{[i]}(S^*) \geqslant L_{[i]}\alpha^{i-1}$ 且 $\sum\limits_{i=1}^{n} C_i(S^*) \geqslant \sum\limits_{i=1}^{n} L_{[i]}\alpha^{i-1} \geqslant \sum\limits_{i=1}^{n} L_{[i]}\alpha^{n-1} = T\alpha^{n-1}$，于是可得

$$\frac{\sum\limits_{j=1}^{n} C_j(S)}{\sum\limits_{j=1}^{n} C_j(S^*)} \leqslant \frac{n}{\alpha^{n-1}}$$

定理 8.9 得证，同时可证明边界 n/α^{n-1} 是紧致的[7]。

推论 8.5　令 S^* 是最优的排序方案，S 是问题 $Fm \mid p_{ijr} = p_{ij}\alpha^{r-1} \mid \sum C_j$ 的任意一个排序方案，那么存在不等式 $\left(\dfrac{\sum\limits_{j=1}^{n} C_j(S)}{\sum\limits_{j=1}^{n} C_j(S^*)}\right) \leqslant \dfrac{n(a-b)}{a} - bn$，且边界是紧致的。

推论 8.6　令 S^* 是最优的排序方案，S 是问题 $Fm \mid p_{ijr} = p_{ij}r^c \mid \sum C_j$ 的任意一个排序方案，那么存在不等式 $\left(\sum\limits_{j=1}^{n} C_j(S) \Big/ \sum\limits_{j=1}^{n} C_j(S^*)\right) \leqslant n/n^c$，且边界是紧致的。

定理 8.10　令 S^* 是最优的调度方案，S 是问题 $Fm \mid p_{ijr} = p_{ij}\alpha^{r-1} \mid \sum \omega_j C_j$ 的 WSPT 排序方案，那么存在不等式 $\left(\sum\limits_{j=1}^{n} \omega_j C_j(S) \Big/ \sum\limits_{j=1}^{n} \omega_j C_j(S^*)\right) \leqslant m/\alpha^{n-1}$，且边界是紧致的。

证明：令 $L_j = \sum\limits_{i=1}^{m} p_{ij}$，同时假设 $L_1/\omega_1 \leqslant L_2/\omega_2 \leqslant \cdots \leqslant L_n/\omega_n$，$C_i(S)$ 表示

WSPT 排序方案 S 中工件 J_i 的完工时间。于是有 $C_i(S) \leqslant \sum\limits_{j=1}^{i} L_j\, \alpha^{j-1}$ ，且 $\sum\limits_{i=1}^{n} \omega_i$

$c_i(S) \leqslant \sum\limits_{j=1}^{n} \omega_i \sum\limits_{j=1}^{i} L_j\, \alpha^{j-1} \leqslant \sum\limits_{j=1}^{n} \omega_i \sum\limits_{j=1}^{i} L_j$ 。

令 $(J_{[1]}, J_{[2]}, \cdots, J_{[N]})$ 是最优排序方案 S^* 中的一个排序。对于 S^* ，有 $C_{[i]}(S^*) \geqslant \sum\limits_{j=1}^{i} L_{[j]}\, \alpha^{j-1}/m$ 。加入权重后可得

$$\sum_{i=1}^{n} \omega_i\, C_i(S^*) \geqslant \sum_{i=1}^{n} \omega_{[i]} \sum_{j=1}^{i} L_{[j]}\, \alpha^{j-1}/m \geqslant \alpha^{n-1} \sum_{i=1}^{n} \omega_{[i]} \sum_{j=1}^{i} L_{[j]}/m$$
$$\geqslant \alpha^{n-1} \sum_{i=1}^{n} \omega_i \sum_{j=1}^{i} L_j/m$$

最小化 $\sum\limits_{i=1}^{n} \omega_{[i]} \sum\limits_{j=1}^{i} L_{[j]}$ ，可通过 L_j/ω_j 的递增排序实现（引理 8.8），最终得

$$\frac{\sum\limits_{j=1}^{n} \omega_j\, C_j(S)}{\sum\limits_{j=1}^{n} \omega_j\, C_j(S^*)} \leqslant \frac{m}{\alpha^{n-1}}$$

Koulamas 和 Kyparisis[8] 的研究结果表明，对于问题 $F2 \parallel \sum C_j$ ，其 SPT 规则的边界 m/α^{n-1} 是紧致的，由此可得问题 $Fm \mid p_{ijr}=p_{ij}\,\alpha^{r-1} \mid \sum \omega_j C_j$ 的边界也是紧致的。定理 8.10 得证。

引理 8.11　若 $0 \leqslant \gamma \leqslant 1$ 且 $0 \leqslant \alpha \leqslant 1$ ，则有
$$1-e^{-\gamma a} \geqslant \alpha(1-e^{-\gamma})$$

由引理 8.9 可知，WDSPT 规则（关于 $\dfrac{1-e^{-r p_j}}{\omega_j e^{-r p_j}}$ 递增的排序）可作为问题 $Fm \mid p_{ijr}=p_{ij}(a-br) \mid \sum(1-e^{-\gamma C_j})$ 的近似算法。

定理 8.11　令 S^* 是最优排序方案，S 是问题 $Fm \mid p_{ijr}=p_{ij}\alpha^{r-1} \mid \sum \omega_j(1-e^{-\gamma C_j})$ 的 WDSPT 排序方案，那么存在不等式 $\left[\sum\limits_{j=1}^{n} \omega_j(1-e^{-\gamma C_j(S)})\right] \Big/ \left[\sum\limits_{j=1}^{n} \omega_j(1-e^{-\gamma C_j(S^*)})\right] \leqslant m/a^{n-1}$ ，且边界是紧致的。

证明：证明过程类似于定理 8.10。令 $L_j = \sum\limits_{i=1}^{m} p_{ij}$ ，同时假设 $\dfrac{1-e^{-\gamma L_1}}{\omega_1 e^{-\gamma L_1}} \leqslant \dfrac{1-e^{-\gamma L_2}}{\omega_2 e^{-\gamma L_2}} \leqslant \cdots \leqslant \dfrac{1-e^{-\gamma L_n}}{\omega_n e^{-\gamma L_n}}$ 。令 $C_i(S)$ 是 WDSPT 排序方案 S 中工件 J_i 的完工时间，

有 $C_i(S) \leqslant \sum_{j=1}^{i} L_j\, \alpha^{j-1}$，且 $\sum_{i=1}^{n} \omega_i(1-\mathrm{e}^{-\gamma C_j(S^*)}) \leqslant \sum_{i=1}^{n} \omega_i(1-\mathrm{e}^{-\gamma \sum_{j=1}^{i} L_j \alpha^{j-1}}) \leqslant$

$\sum_{i=1}^{n} \omega_i(1-\mathrm{e}^{-\gamma \sum_{j=1}^{i} L_j})$ 。

令 $(J_{[1]}, J_{[2]}, \cdots, J_{[N]})$ 是最优排序方案 S^* 中的一个排序。对于 S^*，有

$C_{[i]}(S^*) \geqslant \sum_{j=1}^{i} L_{[j]}(a-b_j)/m$，并且

$$
\begin{aligned}
\sum_{i=1}^{n} \omega_i(1-\mathrm{e}^{-\gamma C_j(S^*)}) &\geqslant \sum_{i=1}^{n} \omega_{[i]}\left(1-\mathrm{e}^{-\gamma \sum_{j=1}^{i} \frac{L_{[j]} a^{j-1}}{m}}\right) \\
&\geqslant \sum_{i=1}^{n} \omega_{[i]}\left(1-\mathrm{e}^{-\gamma \frac{a^{n-1}}{m}\sum_{j=1}^{i} L_{[j]}}\right) \\
&\geqslant \frac{\alpha^{n-1}}{m}\sum_{i=1}^{n} \omega_{[i]}\left(1-\mathrm{e}^{-\gamma \sum_{j=1}^{i} L_{[j]}}\right) \\
&\geqslant \frac{\alpha^{n-1}}{m}\sum_{i=1}^{n} \omega_i\left(1-\mathrm{e}^{-\gamma \sum_{j=1}^{i} L_j}\right)
\end{aligned}
$$

前两个不等式由 $1\,\mathrm{e}^{-\gamma C_j}$ 导出，它们是关于 C_j 的递增函数，第三个不等式由引理 8.11 得到，最后一个不等式由引理 8.9 推出，最终可得

$$
\frac{\sum_{i=1}^{n} \omega_i(1-\mathrm{e}^{-\gamma C_i(S)})}{\sum_{i=1}^{n} \omega_i(1-\mathrm{e}^{-\gamma C_i(S^*)})} \leqslant \frac{m}{\alpha^{n-1}}
$$

由 Koulamas 和 Kyparisis 的研究结果可知，问题 $Fm \parallel \sum \omega_j(1-\mathrm{e}^{-\gamma C_j})$ 在 WDSP 规则的边界 m 是紧致的，因此问题 $Fm \mid p_{ijr}=p_{ij}\,\alpha^{r-1} \mid \sum \omega_j(1-\mathrm{e}^{-\gamma C_j})$ 的边界也是紧致的。定理 8.11 得证。

由引理 8.10 可知，SPT 规则可作为问题 $Fm \mid p_{ijr}=p_{ij}\,\alpha^{r-1} \mid \sum \omega_j(1-\mathrm{e}^{-\gamma C_j})$ 的近似算法。

定理 8.12 令 S^* 是最优排序方案，S 是问题 $Fm \mid p_{ijr}=p_{ij}\,\alpha^{r-1} \mid \sum \omega_j(1-\mathrm{e}^{-\gamma C_j})$ 的 SPT 排序方案，那么存在不等式 $\left(\sum_{j=1}^{n} C_j^2(S) \middle/ \sum_{j=1}^{n} C_j^2(S^*)\right) \leqslant (m/\alpha^{n-1})^2$，且边界是紧致的。

证明：证明过程类似于定理 8.8。令 $L_j = \sum_{i=1}^{m} p_{ij}$，同时假设 $L_1 \leqslant L_2 \leqslant \cdots \leqslant L_n$，用 $C_i(S)$ 表示 SPT 排序方案 S 中工件 J_i 的完工时间，那么有 $C_i(S) \leqslant \sum_{j=1}^{i} L_j$

α^{j-1}，且 $\sum\limits_{i=1}^{n} C_i^2(S) \leqslant \sum\limits_{i=1}^{n} \left(\sum\limits_{j=1}^{i} L_j \, \alpha^{j-1} \right)^2 \leqslant \sum\limits_{i=1}^{n} \left(\sum\limits_{j=1}^{i} L_j \right)^2$。

令 $(J_{[1]}, J_{[2]}, \cdots, J_{[N]})$ 是最优排序方案 S^* 中的一个排序，对于 S^* 有 $C_{[i]}(S^*) \geqslant \sum\limits_{j=1}^{i} L_{[j]} \, \alpha^{j-1} / m$，并且

$$
\begin{aligned}
\sum_{i=1}^{n} C_i^2(S^*) &\geqslant \sum_{i=1}^{n} \left(\sum_{j=1}^{i} L_{[j]} \, \alpha^{j-1} / m \right)^2 \\
&\geqslant \frac{(\alpha^{n-1})^2}{m^2} \sum_{i=1}^{n} \left(\sum_{j=1}^{i} L_{[j]} \right)^2 \\
&\geqslant \frac{(\alpha^{n-1})^2}{m^2} \sum_{i=1}^{n} \left(\sum_{j=1}^{i} L_j \right)^2
\end{aligned}
$$

最小化项 $\sum\limits_{i=1}^{n} \left(\sum\limits_{j=1}^{i} L_{[j]} \right)^2$ 可通过对 L_j 递增排序来实现。根据引理 8.10 可得

$$
\frac{\sum\limits_{j=1}^{n} C_j^2(S)}{\sum\limits_{j=1}^{n} C_j^2(S^*)} \leqslant \left(\frac{m}{\alpha^{n-1}} \right)^2
$$

Koulamas 和 Kyparisis[8] 已经证明问题 $Fm \parallel \sum C_j^2$ 的 SPT 规则的边界 m^2 是紧致的，由此可证问题 $Fm \mid p_{ijr} = p_{ij} \, \alpha^{r-1} \mid \sum C_j^2$ 的边界也是紧致的。定理 8.12 得证。

定理 8.12 给出了一种非常有效的求解流水作业生产调度问题的方法。为了清晰，我们将我们的求解方法和结果与文献中已存在的方法和结果进行比较，见表 8-4。

表 8-4　具有指数学习效应的流水作业排序算法的比较

流水作业问题 $Fm \parallel F(c)$	$Fm \parallel F(c)$ 的紧致界	规则	计算复杂度	文献
$Fm \mid p_{ijr} = p_{ij}(a-br) \mid C_{\max}$	m	SPT	$O(n \log n)$	Wang 和 Xia(2005)[9]
$Fm \mid p_{ijr} = p_{ij}r^c \mid C_{\max}$	m	SPT	$O(n \log n)$	同上
$Fm \mid p_{ijr} = p_{ij}x^{r-1} \mid C_{\max}$	m	SPT	$O(n \log n)$	同上
$Fm \mid p_{ijr} = p_{ij}(a-br) \mid \sum C_j$	m	SPT	$O(n \log n)$	同上
$Fm \mid p_{ijr} = p_{ij}r^c \mid \sum C_j$	m	SPT	$O(n \log n)$	同上
$Fm \mid p_{ijr} = p_{ij}x^{r-1} \mid \sum C_j$	m	SPT	$O(n \log n)$	同上
$Fm \mid p_{ijr} = p_{ij}x^{r-1} \mid \sum C_j$	$2\beta/(\delta+\beta)$	SPT	$O(n \log n)$	定理 8.8
$Fm \mid p_{ijr} = p_{ij}(a-br) \mid \sum C_j$	$2\beta/(\delta+\beta)$	SPT	$O(n \log n)$	推论 8.1

续表

流水作业问题 $Fm \parallel F(c)$	$Fm \parallel F(c)$ 的紧致界	规则	计算复杂度	文献
$Fm \mid p_{ijr}=p_{ij}r^c \mid \sum C_j$	$2\beta/(\delta+\beta)$	SPT	$O(n \log n)$	推论 8.2
$Fm \mid p_{ijr}=p_{ij}x^{r-1} \mid \sum C_j$	n/x^{n-1}	ARB	$O(n \log n)$	定理 8.9
$Fm \mid p_{ijr}=p_{ij}(a-br) \mid \sum C_j$	$n(a-b)/a-bn$	ARB	$O(n \log n)$	推论 8.3
$Fm \mid p_{ijr}=p_{ij}r^c \mid C_{\max}$	n/n^c	ARB	$O(n \log n)$	推论 8.4
$Fm \mid p_{ijr}=p_{ij}(a-br) \mid \sum w_jC_j$	$m(a-b)/a-bn$	WSPT	$O(n \log n)$	Xu 等 (2008)[10]
$Fm \mid p_{ijr}=p_{ij}r^c \mid \sum w_jC_j$	m/n^c	WSPT	$O(n \log n)$	同上
$Fm \mid p_{ijr}=p_{ij}x^{r-1} \mid \sum w_jC_j$	m/x^{n-1}	WSPT	$O(n \log n)$	定理 8.10
$Fm \mid p_{ijr}=p_{ij}(a-br) \mid \sum w_j(1-e^{-rcj})$	$m(a-b)/a-bn$	WDSPT	$O(n \log n)$	同上
$Fm \mid p_{ijr}=p_{ij}r^c \mid \sum w_j(1-e^{-rcj})$	m/n^c	WDSPT	$O(n \log n)$	同上
$Fm \mid p_{ijr}=p_{ij}x^{r-1} \mid \sum w_j(1-e^{-rcj})$	m/x^{n-1}	WDSPT	$O(n \log n)$	定理 8.11
$Fm \mid p_{ijr}=p_{ij}(a-br) \mid \sum G_j^2$	$(m(a-b)/a-bn)^2$	SPT	$O(n \log n)$	同上
$Fm \mid p_{ijr}=p_{ij}r^c \mid \sum G_j^2$	m/n^c	SPT	$O(n \log n)$	同上
$Fm \mid p_{ijr}=p_{ij}x^{r-1} \mid \sum G_j^2$	$(m/x^{n-1})^2$	SPT	$O(n \log n)$	定理 8.12

8.3　敏感生产信息保护方法

为实现有效的协同生产，各行为主体会选择共享一部分数据或信息。这种共享行为的好处是显而易见的，整合的数据和信息有助于生产效率的提高，但同时核心数据或信息也面临着泄露或被盗取的风险。如何做到在合作的同时，对自身的敏感生产信息进行有目的的保护，除了制度和法律的约束及信息拥有者的主观意识之外，还需借助一定的技术手段予以实现。

本节介绍一种基于多目标整数规划模型的信息隐藏方法[11,12]，以此来保护企业的敏感生产与经营信息。

8.3.1　敏感信息保护模型

敏感信息有两层含义，一是指信息内容敏感，二是指信息拥有者敏感。本小节仅关注前者，即针对敏感信息内容实施保护。敏感信息保护策略一般在数据层实施，具体的手段有基于数据干扰技术的保护策略、基于数据增删的保护策略、基于安全多方计算的保护策略及基于匿名化的保护策略等。

下面介绍的敏感信息保护模型是基于数据增删技术的。数据增删技术主要针对数据项进行操作，其基本思想是改变敏感规则的支持度和置信度。隐藏敏感规则的策略主要包括增加规则前件的支持度，或者降低规则后件的支持度，或者删除某些敏感数据项，以此来降低敏感规则的支持度。当敏感规则的支持度被降低到一定程度，即小于最小支持度阈值时，真正的规则就被隐藏了。通过删除数据项来降低敏感规则支持度的方法也被称为数据净化方法。由于增加数据项有可能会引入原始数据集中不存在的规则（又叫虚假规则），所以大多数情况下建议采用删除数据项的方法。

1. 模型描述

模型中的参数定义如下。

(1)数据集合。

T 表示记录集合。

F 表示频繁项集集合。

S 表示敏感数据项的集合，简称敏感项集。

N 表示非敏感数据项的集合，简称非敏感项集。

J_j 表示构成项集 j 的所有数据项组成的集合。

(2)参数。

b_{kj}。如果项集 j 包含项 k，则参数 $b_{kj}=1$，否则 $b_{kj}=0$。

x_{ik}。如果记录 i 中包含项 k，则 $x_{ik}=1$，否则 $x_{ik}=0$。

r_{ij}。如果记录 i 中包含项集 j，则 $r_{ij}=1$，否则 $r_{ij}=0$。

s_j 表示项集 j 的支持度。

$\sigma_{\min}$ 表示挖掘阈值。

M 表示一个很大的正实数。

(3)决策变量。

第一，精度。$z_i = \begin{cases} 1, & \text{如果处理后记录 } i \text{ 保持不变} \\ 0, & \text{其他} \end{cases}$。

第二，信息损失率。$y_i = \begin{cases} 1, & \text{如果项集 } j \text{ 被隐藏} \\ 0, & \text{其他} \end{cases}$。

第三，隐藏程度。$q_{ij} = \begin{cases} 1, & \text{如果记录 } i \text{ 中的项集 } j \text{ 的支持度降低} \\ 0, & \text{其他} \end{cases}$。

第四，数据项的隐藏程度。$p_{ik} = \begin{cases} 1, & \text{如果记录 } i \text{ 中的项 } k \text{ 被净化} \\ 0, & \text{其他} \end{cases}$。

从记录的完整性、净化后的信息损失及过度隐藏三个方面构建如下的多目标整数优化模型。

$$\max \sum_{i \in T} z_i \tag{8-60}$$

$$\min \sum_{j \in N} y_i \tag{8-61}$$

$$\min \sum_{j \in S} \sum_{i \in T} q_{ij} \tag{8-62}$$

$$\text{s.t.} \sum_i q_{ij} \geqslant s_j - \sigma_{\min} + 1, \quad \forall j \in S \tag{8-63}$$

$$\sum_i q_{ij} \leqslant s_j - \sigma_{\min} + M \times y_j, \quad \forall j \in N \tag{8-64}$$

$$z_i = \prod_k (1 - p_{ik}), \quad \forall i \in T \tag{8-65}$$

$$q_{ij} = 1 - \prod_{k \in J_j} (1 - p_{ik}), \quad \forall i \in T, \quad \forall j \in F \tag{8-66}$$

$$q_{ij}, \ p_{ik}, \ y_j, \ z_i \in \{0, 1\} \tag{8-67}$$

其中，z_i 表示记录精度可用未改变的记录条数占整个记录条数的比例来度量。y_i 表示信息损失率可通过损失掉的非敏感项集的个数来度量，它主要用来衡量净化对非敏感项集产生的副作用。显然，如果将所有敏感项集的支持度降为 0，则可在最大限度上隐藏敏感信息，但这势必导致过度隐藏问题。因此，只需将敏感项集的支持度降低到刚好小于能够被挖掘的阈值即可，也就是说，在能达到隐藏敏感项集这一目的的前提下，对敏感项集的改变越小越好。因此选择最大化记录精度(8-60)、最小化信息损失率(8-61)及最小化隐藏程度(8-62)作为模型的目标函数。

接下来分析上述模型的约束条件。约束(8-63)确保所有的敏感项集都被隐藏。约束(8-64)表示如果非敏感项集的支持度低于挖掘阈值，则该项集损失。约束(8-65)刻画了变量 z_i 与 p_{ik} 之间的关系。如果至少有一个项从一条记录中移除，则表明该记录被净化。如果处理数据集合后记录被净化，则说明至少从该记录中删除了一个项。约束(8-66)刻画了变量 q_{ij} 和 p_{ik} 间的关系。如果删除某条记录中项集的某个项，则该项集的支持度将下降。反之，如果某个项集的支持度下降，则表明它是由于删除了某条记录中该项集的某个项导致的。约束(8-67)表明所有的决策变量取值为 0 或 1。

针对不同的共享协议，不同的数据拥有者对上述三个需求目标存在不同的偏好，因此可赋予三个目标不同的权重 w_1、w_2、w_3，以此来刻画数据拥有者对记录精度、信息损失率及过度隐藏情况的重视程度。特别地，为了方便处理，将三个权重设为等值，即数据拥有者对记录精度、信息损失率及过度隐藏情况的重视程度相当。随后将模型转换为如下所示的单目标整数规划模型。

$$\max w_1 \times \sum_{i \in T} z_i - w_2 \times \sum_{j \in S} \sum_{i \in T} q_{ij} - w_3 \times \sum_{j \in N} y_j \tag{8-68}$$

$$\text{s.t.} \sum_i q_{ij} \geqslant s_j - \sigma_{\min} + 1, \quad \forall j \in S \tag{8-69}$$

$$\sum_i q_{ij} \leqslant s_j - \sigma_{\min} + M \times y_i, \quad \forall j \in N \tag{8-70}$$

$$z_i = \prod_k (1 - p_{ik}), \quad \forall i \in T \tag{8-71}$$

$$q_{ij} = 1 - \prod_{k \in J_j}(1 - p_{ik}), \quad \forall i \in T, \quad \forall j \in F \tag{8-72}$$

$$q_{ij}, \ p_{ik}, \ y_j, \ z_i \in \{0, \ 1\} \tag{8-73}$$

上述模型中约束条件的数量将使求解该模型的过程变得十分复杂，因此，需要找到一个合理可行的求解方法。遵循这个原则，将原模型划分为一个两阶段模型。在第一阶段，首先针对记录制定净化策略；其次将得到的净化结果作为已知参数输入到第二阶段。在第二阶段，利用第一阶段优化得到的一部分信息来指导第二阶段约束条件的删减。两个阶段的净化任务各有不同，第一阶段的目标是最大化记录精度，第二阶段的目标是最小化信息损失。第一阶段的净化模型 FIH-1如下：

$$\max \sum_{i \in T}\left(z_i - \sum_{j \in S}q_{ij}\right) \tag{8-74}$$

$$\text{s. t. } \sum_{i \in T}q_{ij} \geqslant s_j - \sigma_{\min} + 1, \quad \forall j \in S \tag{8-75}$$

$$z_i = \prod_{j \in S}(1 - q_{ij}), \quad \forall i \in T \tag{8-76}$$

$$z_i, \ q_{ij} \in \{0, \ 1\} \tag{8-77}$$

FIH-1 模型以最大化数据精度为目标函数。这里有两层含义，一是最大化记录精度，二是避免出现过度隐藏情况。对任意敏感项集 j 来说，约束(8-74)可确保至少包含该项集的 $s_j - \sigma_{\min}$ 条记录被净化，这样所有的敏感项集将被隐藏。从约束(8-75)可以得出变量 z_i 与 q_{ij} 的关系，如果在任意记录 i 中，存在某个敏感项集支持度下降的情况，则该记录 i 为净化记录。在模型 FIH-1 的求解结果中，$z_i = 0$ 对应的记录 i 为净化记录。

第二阶段的最小化信息损失模型 FIH-2 是建立在第一阶段处理结果的基础上的。通过模型 FIH-1 的求解可以得到由净化记录构成的集合 T'，即 $T' = \{i \mid z_i = 0\}$。因此，第二阶段使用的数据集(库)D' 是由净化记录组成的。从直观上理解，如果敏感项集与非敏感项集不相交，则对敏感项集做任何处理都不会影响到非敏感项集。因此定义 $\tilde{N}$ 为与敏感项集 S 相关的非敏感项的集合。也就是说，$\tilde{N}$ 中至少包含一项敏感项。显然，在第二阶段只需在 D' 中考虑 $\tilde{N}$ 的信息损失即可。模型 FIH-1 中敏感项集的支持度下降是由于删除了项集中的项，通过选择如何删除项可以控制净化数据集对相关非敏感项集的影响。模型 FIH-2 将考虑如何在净化过程中使信息损失最小，即非敏感项集被隐藏的个数最少。模型 FIH-2 的目标函数及约束如下：

$$\min \sum_{j \in \tilde{N}}y_j \tag{8-78}$$

$$\text{s. t. } \sum_{k}b_{kj} \times p_{ik} \geqslant 1, \quad \forall i \in T', \ \forall j \in S: q_{ij} = 1 \tag{8-79}$$

$$\sum_{i \in T'} \left(1 - \prod_{j \in S} (1 - p_{ik}) \right) \leqslant s_j - \sigma_{\min} + M \times y_i, \qquad \forall j \in \tilde{N} \tag{8-80}$$

$$y_{ij}, \ p_{ik}, b_{kj} \in \{0, \ 1\} \tag{8-81}$$

模型 FIH-2 的目标函数为最小化信息损失率。由于保护策略为删除某些项，因此净化数据集后不会产生新的项或是项集，所以信息损失的唯一来源是被隐藏的非敏感项集。隐藏所有的敏感项集这一要求可以通过约束(8-79)来实现，因为约束(8-79)表明需要净化的敏感项集中至少有一项被移除。约束(8-80)用于判断信息损失情况。如果有超过 $s_j - \sigma_{\min}$ 条包含项集 j 的记录被净化，则项集 j 的支持度将低于挖掘阈值，这意味着有些非敏感项集损失了。在 FIH-2 模型的求解结果中，可以通过集合 $Y = \{j \mid y_j = 1\}$ 判断出项集的损失情况，并通过决策变量 p_{ik} 的取值判断净化操作对记录中具体项的处理情况。

两阶段敏感项集净化算法如图 8-3 所示。

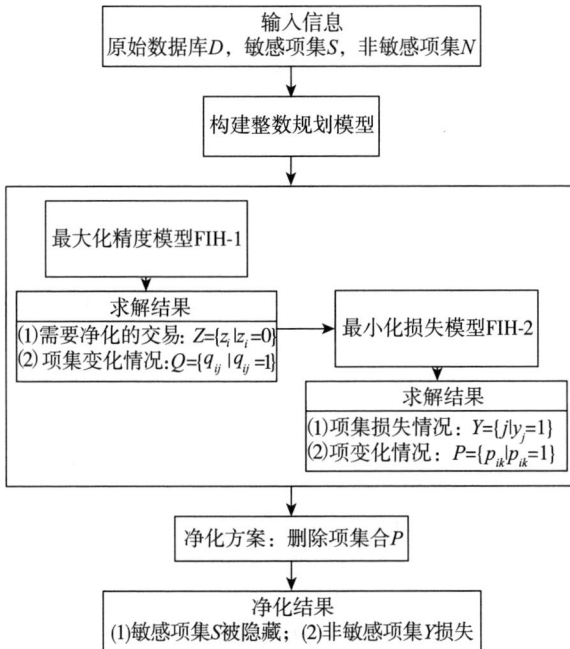

图 8-3　两阶段敏感项集净化算法

2. 模型的定性分析

对上述模型进行定性分析，可以得出一些一般性的命题与结论。

命题 8.1　对任意 i、k 和 j，一定有 $p_{ik} \leqslant x_{ik}$，$q_{ij} \leqslant r_{ij}$。

证明：显然，如果记录中不包含项 k，则不会存在删除该条记录中项 k 的情况。同理，如果记录中不包含项集 j，则不会出现项集 j 的支持度在该记录中下降的可能。换句话说，如果 $x_{ik}=0$，则 $p_{ik}=0$。如果 $x_{ik}=1$，则 $p_{ik}=0$ 或 $p_{ik}=1$。所以命题 8.1 成立

命题 8.1 可用于分析是否需要净化项集和项。

命题 8.2　若记录 i 中不含任何敏感项集，则 $z_i=1$ 为模型 FIH-1 的最优解。

证明：如果记录 i 中不包含任何敏感项集，则说明 $r_{ij}=0$，$\forall j\in S$。从命题 8.1 中知，$q_{ij}<r_{ij}=0$，故 $q_{ij}=0$，$\forall j\in S$。已知 FIH-1 模型的目标函数为最大化 z_i 的求和，由约束(8-76)可知，最优解为 $z_i=1$。

命题 8.2 说明如果某条记录中不含任何敏感项集，则不应该对该记录做任何改变，即预处理阶段可将该记录删除。

在净化操作前的预处理阶段，命题 8.1 和命题 8.2 适用于判断是否存在冗余记录或项。在净化操作的第二阶段前，可以采用下面介绍的命题 8.3 和命题 8.4 来分析非敏感项集的损失情况。

命题 8.3　若 $\sum\limits_{i\in T'}r_{ij}\leqslant s_j-\sigma_{\min}$，　$\forall j\in\tilde{N}$，则 $y_j=0$ 为模型 FIH-2 的最优解，即该项集 j 净化后被保留。

证明：从命题 8.1 可得 $\sum\limits_{i\in T'}q_{ij}\leqslant\sum\limits_{i\in T'}r_{ij}$，又由 $q_{ij}=1-\prod\limits_{k\in J_j}(1-p_{ik})$，可得

$$\sum_{i\in T'}(1-\prod_{k\in J_j}(1-p_{ik}))\leqslant\sum_{i\in T'}r_{ij}\leqslant s_j-\sigma_{\min}$$

显然即使 $y_j=0$，约束(8-80)仍成立。已知 FIH-2 的目标函数为最小化变量 y_j，因此，命题 8.3 成立。

命题 8.4 说明，如果非敏感项集 j 在非净化记录中出现的个数大于挖掘阈值 $\sigma_{\min}$，则项集 j 一定不会损失(即不会被隐藏掉)。

虽然某个项集被标记为敏感项集，但并不是所有覆盖该项集的频繁项集也是敏感的。例如，$\{i_1,i_2\}$ 被标记为敏感项集，但 $\{i_1,i_2,i_4\}$ 可能被标记为非敏感项集。这是因为 $\{i_1,i_2,i_4\}$ 项集作为一种信息，不能完全被数据使用者精确判断出 $\{i_1,i_2\}$ 是否为敏感信息。利用前文中提出的净化策略，则类似于上述的非敏感项集 $\{i_1,i_2,i_4\}$ 也会随着净化敏感项集 $\{i_1,i_2\}$ 而被隐藏。为了分析这种情况，给出敏感项集 S 的频繁超集的概念。

定义 8.2　敏感项集 S 的频繁超集为 $F_{\sup}(S)=\{J\in N\mid\exists J_0\in S,J_0\subseteq J\}$。

直观上讲，敏感频繁项集 j 的支持度大于等于它的频繁超集的支持度(由先验定理)。一旦敏感频繁项集被隐藏，则意味着它的支持度将降低到挖掘阈值 $\sigma_{\min}$ 以下。由频繁超集的定义可知项集 j 的频繁超集的支持度也会低于 $\sigma_{\min}$。故 j 的频繁超集也被隐藏。命题 8.4 给出严格的证明。

命题 8.4　若 $j\in F_{\sup}(S)$，则 $y_i=1$。

证明：对任意敏感频繁项集 J_0，由约束(8-69)可得 $\sum_{i \in D} q_{iJ_0} \geqslant S_{J_0} - \sigma_{\min} + 1$。令 $J \in F_{\sup}(S)$，$J_0 \subseteq J$，定义 D_{J_0} 为包含项集 J_0 的记录的集合，D_J 为包含项集 J 的记录的集合，$D_{J_0 \setminus J}$ 为只包含项集 J_0 但不包含项集 J 的记录的集合。

显然，有

$$\sum_{i \in D} q_{iJ_0} = \sum_{i \in D_{J_0}} q_{iJ_0} = \sum_{i \in D_{J_0 \setminus J}} q_{iJ_0} + \sum_{i \in D_J} q_{iJ_0} \tag{8-82}$$

将式(8-82)代入约束(8-69)可得

$$\sum_{i \in D_{J_0 \setminus J}} q_{iJ_0} + \sum_{i \in D_J} q_{iJ_0} \geqslant S_{J_0} - \sigma_{\min} + 1 \tag{8-83}$$

因为 $0 \leqslant q_{iJ_0} \leqslant 1$，所以有

$$S_{J_0} - S_J = \sum_{i \in D_{J_0}} 1 \sum_{i \in D_j} 1 = \sum_{i \in D_{J_0 \setminus J}} 1 \geqslant \sum_{i \in D_{J_0 \setminus J}} q_{iJ_0} \tag{8-84}$$

将式(8-83)与式(8-84)相加，可得

$$\sum_{i \in D_J} q_{iJ_0} \geqslant S_J - \sigma_{\min} + 1 \tag{8-85}$$

由于对任意的 $i \in D_j$，有 $q_{iJ} \geqslant q_{iJ_0}$，因此，

$$\sum_{i \in D_J} q_{iJ} = \sum_{i \in D_j} q_{iJ} \geqslant S_J - \sigma_{\min} + 1 \tag{8-86}$$

只有在 $y_J = 1$ 时，约束(8-70)才满足。由于 J_0 和 J 的任意性，可得命题 8.4 成立。

考虑到 FIH-1 和 FIH-2 模型中都存在非线性约束条件。为简化问题，需将其转化为线性约束条件。根据频繁项集隐藏问题的特点，这里介绍一种将非线性约束条件转化为简单的线性约束条件的方法，见命题 8.5 和命题 8.6。

命题 8.5 模型(FIH-1)中的约束(8-76)

$$z_i = \prod_{j \in S} (1 - q_{ij}), \quad \forall j \in T \tag{8-87}$$

$$等价于 \max_{\forall j \in S} q_{ij} + z_i = 1, \quad \forall i \in T \tag{8-88}$$

$$等价于 0 < \sum_{j=1}^{m_i} q_{ij} + m_i z_i \leqslant m, \quad \forall i \in T \tag{8-89}$$

其中，m_i 为记录 i 中 q_{ij} 的个数，$j \in S$。

证明：显然约束(8-76)等价于：对任意 $i \in T$，如果存在 $q_{ij} = 1$，根据 z_i 的定义，可知 $z_i = 0$。对任意项集 j，如果 $q_{ij} = 0$，显然 $z_i = 1$。因此约束(8-76)等价于式(8-88)。

接下来证明约束(8-76)等价于式(8-89)。

充分性证明如下：

先对 $\sum\limits_{j=1}^{m_i} q_{ij}$ 的值分情况进行讨论。因为 $q_{ij}\in\{0,1\}$，如果 $\sum\limits_{j=1}^{m_i} q_{ij}=0$，那么任意的 q_{ij} 均为 0，相应地，$z_i=1$，故 $m_i\times z_i=m_i$。如果 $0<\sum\limits_{j=1}^{m_i} q_{ij}\leqslant m$，则存在某个 $q_{ij}=1$，相应地，$z_i=0$，故 $m_i\times z_i=0$。所以充分性成立。

必要性证明如下：

如果 $\sum\limits_{j=1}^{m_i} q_{ij}=0$，由式(8-89)知，$0<z_i\leqslant1$，由于 $z_i\in\{0,1\}$，所以 $z_i=1$。

如果 $0<\sum\limits_{j=1}^{m_i} q_{ij}\leqslant m$，则至少存在一个 $q_{ij}=1$，显然$\max_{\forall j\in s}q_{ij}=1$。如果 $0<\sum\limits_{j=1}^{m_i} q_{ij}\leqslant m$，由式(8-89)得 $m_i\times z_i\leqslant m_i-1$，又由于 $z_i\in\{0,1\}$，故 $z_i=0$，因此式(8-89)成立，故必要性成立。已证约束(8-76)与式(8-88)等价。综上所述，约束(8-76)等价于式(8-88)和式(8-89)，证毕。

命题 8.6　模型(FIH-2)中的约束(8-80)为
$$\sum_{i\in T'}(1-\prod_{j\in S}(1-p_{ik}))\leqslant s_j-\sigma_{\min}+M\times y_i,\quad \forall j\in\tilde{N}$$
等价于 $\sum\limits_{i=1}^{|T'|}(1-t_i)\leqslant s_j-\sigma_{\min}+M\times y_j,\quad \forall j\in\tilde{N}$

等价于 $0<\sum\limits_{k=1}^{m_i^j} p_{ik}+m_i^j t_i\leqslant m_i^j,\quad \forall i\in T',\ \forall j\in\tilde{N}$

其中，$|T'|$ 表示 T' 中记录的个数；$m_i^j=|J_j|$ 表示记录 i 中项集 j 的长度。

证明：证明过程与命题 8.5 类似，此处不再重复论述。令
$$t_i=\prod_{k\in J_j}(1-p_{ik}),\quad \forall i\in T'$$
由命题 8.5 知，它等价于
$$0<\sum_{k=1}^{m_i^j} p_{ik}+m_i^j t_i\leqslant m_i^j,\quad \forall i\in T'$$
故命题成立。

8.3.2　信息隐藏策略

下面介绍一种应用边界理论来处理频繁项集集合的方法，其主要思想是通过生成频繁项集集合格状结构的边界来加快处理项集的速度。首先，针对频繁项集隐藏问题给出项集的正负边界的概念。

定义 8.3　项集的集合 U 的正界，记为U^+，为 U 的一个子集，满足：①U^+为一个反链集；②对 $\forall X\in U$ 至少存在一个项集 $Y\in U^+$，满足 $X\subseteq Y$。

定义 8.4　项集的集合 U 的负界，记为 U^-，为 U 的一个子集，满足：① U^- 为一个反链集；②对 $\forall X \in U$ 至少存在一个项集 $Y \in U^{\pm}$，满足 $X \supseteq Y$。

举例来说，如果项集集合 $U = \{\{i_1, i_2\}, \{i_1, i_2, i_4\}, \{i_2, i_4\}\}$，则 U 的正界集合为 $U^+ = \{\{i_1, i_2\}, \{i_1, i_2, i_4\}\}$，$U$ 的负界集合为 $U^- = \{\{i_1, i_2\}, \{i_2, i_4\}\}$。

基于边界理论，可得到可用于解决频繁项集隐藏问题的命题 8.7 和命题 8.8。

命题 8.7　若任意敏感项集 $j \in S^-$ 被隐藏，则任意敏感项集 $j \in S$ 被隐藏。

证明：对任意 $X \in S$，至少存在一个项集 $Y \in S^-$，满足 $X \supseteq Y$，由 Apriori 定理可知，项集 Y 的支持度大于等于项集 X 的支持度。如果项集 Y 被隐藏，即项集 Y 变为非频繁项集(项集 Y 的支持度小于挖掘阈值 $\sigma_{\min}$)，那么项集 X 的支持度也小于挖掘阈值 $\sigma_{\min}$，即项集 X 被隐藏，由于 X 的任意性，可得命题 8.7 成立。

命题 8.8　若非敏感频繁项集 $j \in N^+$ 未被隐藏，则项集 j 覆盖的频繁项集也不会被隐藏。

证明：假设项集 j 覆盖的任意频繁项集 i，已知 $j \supseteq i$，由 Apriori 定理，项集 i 的支持度大于等于项集 j 的支持度。因为项集 j 未被隐藏，则处理后的数据集中项集 j 的支持度大于等于挖掘阈值 $\sigma_{\min}$，因此项集 i 的支持度也大于等于 $\sigma_{\min}$。由项集 i 的任意性知，命题 8.8 成立。

基于边界理论，对隐藏频繁项集的两个模型进行修正，可得修正模型，即 BFIH-1 模型和 BFIH-2 模型。

BFIH-1 模型的目标函数及约束如下：

$$\max \sum_{i \in T} \left(z_i \sum_{j \in S^-} q_{ij} \right) \tag{8-90}$$

$$\text{s.t.} \sum_{i \in T} q_{ij} \geqslant s_j - \sigma_{\min}^i + 1, \quad \forall j \in S^- \tag{8-91}$$

$$z_j = \prod_{j \in S^-} (1 - q_{ij}), \quad \forall i \in T \tag{8-92}$$

$$z_j, \ q_{ij} \in \{0, 1\} \tag{8-93}$$

与 FIH-1 模型类似，BFIH-1 模型以最大化数据精度为目标，但与 FIH-1 模型不同的是，BFIH-1 模型中以敏感项集集合的负边界集合代替敏感项集集合。由命题 8.7 可知，如果敏感集合的负边界内的所有项集被隐藏，则所有的敏感项集被隐藏。因此，BFIH-1 模型中的约束(8-91)可以达到隐藏所有敏感项集的目标，同时由于所需处理的项集个数在减少(项集负边界集合中项集的个数不多于原项集集合中项集的个数)，因此可降低模型约束条件的个数，进而提高模型的求解效率。从 BFIH-1 模型的求解结果中，可以确定被净化的记录 T^* 的集合，

即 $T^* = \{i \mid z_i = 0\}$。

BFIH-2 模型用于确定由于净化操作而被错误隐藏的非敏感项集集合。BFIH-2 模型的处理对象为：通过求解 BFIH-1 模型得到的净化记录 T^* 及在该阶段涉及的相关非敏感项集集合 $\tilde{N}$。由命题 8.8 可知，如果相关非敏感项集正界集合中的项集没有被隐藏，则由该项集覆盖的相关非敏感项集也不会被隐藏。如果在确定相关非敏感项集的损失情况时，需依次考虑相关非敏感项集正界集合中项集的被隐藏情况，最终可利用已处理的结果直接得出某些相关非敏感项集一定不会被隐藏的结论。这样就不用针对所有的相关非敏感频繁项集判断其是否会损失。换句话说，可以利用已净化操作得到的知识来指导下次净化的执行操作。由于相关非敏感频繁项集的正边界集合包含项集的个数远远少于原集合中项集的个数，因此将一次性净化数据操作转化为修正模型与执行净化交替的多次迭代净化处理，可以提高原操作的效率。具体地，可将相关非敏感项集划分为多个不相交的子集，将被隐藏的相关非敏感频繁项集转化为针对相关非敏感频繁项集正边界集合，据此来判断相关非敏感项集的损失情况，随后再利用项集的边界理论修剪相关非敏感频繁项集，反复这一过程直到所有相关非敏感频繁项集被分析完毕。BFIH-2 模型的目标函数及约束如下：

$$\min \sum_{j \in \tilde{N}} y_j \tag{8-94}$$

$$\text{s.t.} \sum_k b_{kj} \times p_{jk} \geqslant 1, \quad \forall i \in T^*, \ \forall j \in S^-: q_{ij} = 1 \tag{8-95}$$

$$\sum_{i \in T^*} q_{ij} \leqslant s_j - \sigma_{\min} + M \times y_i, \quad \forall j \in (\tilde{N})^+ \tag{8-96}$$

$$q_{ij} = 1 - \prod_{k \in J_j} (1 - p_{ik}), \quad \forall i \in T^*, \ \forall j \in (\tilde{N})^+ \tag{8-97}$$

$$y_j, \ p_{ik}, \ q_{ij} \in \{0, \ 1\} \tag{8-98}$$

BFIH-2 模型以最小化非敏感频繁项集的损失为目标。约束(8-95)确保净化项集中至少有一个项被移除。约束(8-96)用于判断信息损失情况。如果非敏感频繁项集正边界中的某个项集损失，则该项集对应的 y_j 值为 1；反之，如果该项集在净化操作处理后仍然可被挖掘，则该项集对应的 y_j 值为 0。

下面选用如表 8-5 所示的数据集作为一个实例来解释上述的频繁项集的隐藏策略。

表 8-5　数据集 D

记录序号	记录中的项
$t1$	$i1, i2, i3, i4, i5, i6, i8$
$t2$	$i1, i2, i6, i7, i8$

续表

记录序号	记录中的项
t3	i1, i2, i5
t4	i1, i2, i3, i4, i5
t5	i2, i3, i4
t6	i6, i8
t7	i4, i5, i6, i8

在挖掘阈值设定为 3 的条件下，得到非单频繁项集，如表 8-6 所示。假定频繁项集 $\{i4, i5\}\{i6, i8\}\{i2, i3, i4\}$ 为敏感频繁项集（表 8-6 中加粗部分），其余为非敏感项集。

表 8-6　非单频繁项集

项集序号	频繁项集	支持度（计数）	项集序号	频繁项集	支持度(计数)
1	$\{i1, i2\}$	4	6	$\{i3, i4\}$	3
2	$\{i1, i5\}$	3	7	$\{\mathbf{i4, i5}\}$	3
3	$\{i2, i3\}$	3	8	$\{\mathbf{i6, i8}\}$	4
4	$\{i2, i4\}$	3	9	$\{\mathbf{i2, i3, i4}\}$	3
5	$\{i2, i5\}$	3	10	$\{i1, i2, i5\}$	3

执行频繁项集隐藏策略时，先构建最大化记录精度的模型。因为第三条记录中不包含任何敏感项集，由命题 8.2 可知其一定为非净化记录，即 $z_3 = 1$。

构建的 FIH-1 模型如下：

$$\max z_1 + z_2 + z_3 + z_4 + z_5 + z_6 + z_7 - (q_{17} + q_{18} + q_{19})$$
$$- q_{28} - (q_{47} + q_{49}) - q_{59} - q_{68} - (q_{77} + q_{78})$$

$$\text{s. t.}\begin{cases} q_{17} + q_{47} + q_{77} \geqslant 3 - 3 + 1 \\ q_{18} + q_{28} + q_{68} + q_{78} \geqslant 4 - 3 + 1 \\ q_{19} + q_{49} + q_{59} \geqslant 3 - 3 + 1 \\ 0 < q_{17} + q_{18} + q_{19} + 3 \times z_1 \leqslant 3 \\ z_2 = 1 - q_{28} \\ 0 < q_{47} + q_{49} + 2 \times z_4 \leqslant 2 \\ z_5 = 1 - q_{59} \\ z_6 = 1 - q_{68} \\ 0 < q_{77} + q_{78} + 2 \times z_7 \leqslant 2 \\ z_1,\ z_2,\ z_3,\ z_4,\ z_5,\ z_6,\ z_7,\ q_{17},\ q_{18},\ q_{19},\ q_{28},\ q_{47},\ q_{49},\ q_{59},\ q_{68}, \\ q_{77},\ q_{78} \in \{0,\ 1\} \end{cases}$$

应用命题 8.5 将上述非线性整数规划问题转化为如下所示的线性整数规划问题，即

$$\max z_1 + z_2 + z_3 + z_4 + z_5 + z_6 + z_7 - (q_{17} + q_{18} + q_{19})$$
$$- q_{28} - (q_{47} + q_{49}) - q_{59} - q_{68} - (q_{77} + q_{78})$$

$$\text{s. t.} \begin{cases} q_{17} + q_{47} + q_{77} \geq 3 - 3 + 1 \\ q_{18} + q_{28} + q_{68} + q_{78} \geq 4 - 3 + 1 \\ q_{19} + q_{49} + q_{59} \geq 3 - 3 + 1 \\ z_1 = (1 - q_{17}) \times (1 - q_{18}) \times (1 - q_{19}) \\ z_2 = 1 - q_{28} \\ z_4 = (1 - q_{47}) \times (1 - q_{49}) \\ z_5 = 1 - q_{59} \\ z_6 = 1 - q_{68} \\ z_7 = (1 - q_{77}) \times (1 - q_{78}) \\ z_1, z_2, z_3, z_4, z_5, z_6, z_7, q_{17}, q_{18}, q_{19}, q_{28}, q_{47}, q_{49}, q_{59}, \\ q_{68}, q_{77}, q_{78} \in \{0, 1\} \end{cases}$$

求解可得 $z_1 = z_7 = 0$，$q_{17} = q_{18} = q_{19} = q_{78} = 1$，即记录 $t1$ 和记录 $t7$ 会被处理。记录精度为 $5/7 \approx 71.4\%$。被处理的项集为：记录 $t1$ 中的 $\{i4, i5\}$、$\{i6, i8\}$、$\{i2, i3, i4\}$，记录 $t7$ 中的 $\{i4, i5\}$。基于求得的结果构建最小化信息损失率的 FIH-2 模型。由命题 8.2 可知，项集 $\{i1, i2\}$ 一定不会被隐藏，即 $y_1 = 0$。建立的最小化信息损失模型如下，其中，相关非敏感项集集合为 $\widetilde{N} = \{\{i1, i5\}, \{i2, i3\}, \{i2, i4\}, \{i2, i5\}, \{i3, i4\}, \{i1, i2, i5\}\}$。

$$\min y_2 + y_3 + y_4 + y_5 + y_6 + y_{10}$$

$$\text{s. t.} \begin{cases} p_{1i4} + p_{1i5} \geq 1 \\ p_{1i6} + p_{1i8} \geq 1 \\ p_{1i2} + p_{1i3} + p_{1i4} \geq 1 \\ p_{7i6} + p_{7i8} \geq 1 \\ 1 - (1 - p_{1i5}) \leq 3 - 3 + 3 \times y_2 \\ 1 - (1 - p_{1i2}) \times (1 - p_{1i3}) \leq 3 - 3 + 3 \times y_3 \\ 1 - (1 - p_{1i2}) \times (1 - p_{1i4}) \leq 3 - 3 + 3 \times y_4 \\ 1 - (1 - p_{1i2}) \times (1 - p_{1i5}) \leq 3 - 3 + 3 \times y_5 \\ 1 - (1 - p_{1i3}) \times (1 - p_{1i4}) \leq 3 - 3 + 3 \times y_6 \\ 1 - (1 - p_{1i2}) \times (1 - p_{1i5}) \leq 3 - 3 + 3 \times y_{10} \\ y_2, y_3, y_4, y_5, y_6, y_{10}, p_{1i2}, p_{1i3}, p_{1i4}, p_{1i5}, p_{1i6}, p_{1i8}, \\ p_{7i6}, p_{7i8} \in \{0, 1\} \end{cases}$$

类似地，应用命题 8.6 将上述非线性整数规划转化为如下所示的线性整数规划。

$$\min y_2 + y_3 + y_4 + y_5 + y_6 + y_{10}$$

$$\text{s. t.} \begin{cases} p_{1i4} + p_{1i5} \geq 1 \\ p_{1i6} + p_{1i8} \geq 1 \\ p_{1i2} + p_{1i3} + p_{1i4} \geq 1 \\ p_{7i6} + p_{7i8} \geq 1 \\ 1 - (1 - p_{1i5}) \leq 3 - 3 + 3 \times y_2 \\ 0 < p_{1i2} + p_{1i3} + 2 \times t_1 \leq 2 \\ -t_1 - 3 \times y_3 \leq -1 \\ 0 < p_{1i2} + p_{1i4} + 2 \times t_2 \leq 2 \\ -t_2 - 3 \times y_4 \leq -1 \\ 0 < p_{1i2} + p_{1i5} + 2 \times t_3 \leq 2 \\ -t_3 - 3 \times y_5 \leq -1 \\ 0 < p_{1i3} + p_{1i4} + 2 \times t_4 \leq 2 \\ -t_4 - 3 \times y_6 \leq -1 \\ 0 < p_{1i2} + p_{1i5} + 2 \times t_5 \leq 2 \\ -t_5 - 3 \times y_{10} \leq -1 \\ y_2, \ y_3, \ y_4, \ y_5, \ y_6, \ y_{10}, \ p_{1i2}, \ p_{1i3}, \ p_{1i4}, \ p_{1i5}, \ p_{1i6}, \ p_{1i8}, \ p_{7i6}, \\ p_{7i8}, \ t_1, \ t_2, \ t_3, \ t_4, \ t_5 \in \{0, \ 1\} \end{cases}$$

求解可得 $y_4 = y_6 = 1$，$p_{1i4} = p_{1i6} = p_{7i6} = 1$，即应该删除第一条记录中的 $i4$、$i6$ 项和第七条记录中的 $i6$ 项，此操作会损失两个项集，分别为第 4 个项集 $\{i2, i4\}$ 和第 6 个项集 $\{i3, i4\}$，信息损失率为 $2/7 \approx 28.6\%$。

如果采取修正模型对频繁项集进行隐藏，发现 BFIH-1 模型与 FIH-1 模型的记录精度相同，这是因为敏感项集的负边界集合与原项集集合相同。进一步，生成相关非敏感频繁项集的正边界集合，即 $(\tilde{N})^+ = \{\{i2, i3\}, \{i2, i4\}, \{i3, i4\}, \{i1, i2, i5\}\}$，在第一次迭代过程中得到的 BFIH-2 模型为

$$\max y_3 + y_4 + y_6 + y_{10}$$

$$
\text{s. t.}\begin{cases}
p_{1i4}+p_{1i5}\geqslant 1 \\
p_{1i6}+p_{1i8}\geqslant 1 \\
p_{1i2}+p_{1i3}+p_{1i4}\geqslant 1 \\
p_{7i6}+p_{7i8}\geqslant 1 \\
1-(1-p_{1i2})\times(1-p_{1i3})\leqslant 3-3+3\times y_3 \\
1-(1-p_{1i2})\times(1-p_{1i4})\leqslant 3-3+3\times y_4 \\
1-(1-p_{1i3})\times(1-p_{1i4})\leqslant 3-3+3\times y_6 \\
1-(1-p_{1i2})\times(1-p_{1i5})\leqslant 3-3+3\times y_{10} \\
y_3, y_4, y_6, y_{10}, p_{1i2}, p_{1i3}, p_{1i4}, p_{1i5}, p_{1i6}, p_{1i8}, p_{7i6}, p_{7i8}\in\{0, 1\}
\end{cases}
$$

类似地，转化为线性整数规划问题后求解得 $y_4=y_6=1$，$p_{1i4}=p_{1i6}=p_{7i6}=1$。因为 $y_{10}=0$，即 $\{i1, i2, i5\}$ 项集不会被损失，由命题 8.8 可知，其覆盖的非敏感项集也不会被损失，即 $y_2=y_5=0$。更新相关非敏感项集后，得出其为空集，因此迭代终止。综上可知，采用修正的模型策略执行一次迭代过程，删除三个项，获得的记录精度为 71.4%，信息损失率为 28.6%。

8.3.3　敏感信息保护模型效果验证

评价数据库采用的是公开数据库，可以从 FIMI(frequent intemset mining implementations)存储仓库中得到(http：//fimi. cs. helsinki. fi/)。下面的实验选用两个数据库，分别是 Chess 和 Mushroom，它们由 Roberto Bayardo 通过 UCI 数据集和 PUMSB 编制所得。选用这两个数据库是因为它们各自具有不同的特征，两个数据库的具体属性见表 8-7。

表 8-7　数据库信息

数据库名称	记录条数	项个数	平均记录长度	数据库密度/%	挖掘阈值	非单频繁项集个数
Chess	3 196	75	37	49.3	2 877(90%)	609
Mushroom	8 124	119	23	19.3	3 250(50%)	544

表 8-7 中，平均记录长度是指平均每条记录拥有的项的个数。数据库密度为平均记录长度占项个数的比例，它可用来度量数据库中数据的稠密度，数据库中数据越稠密则数据密度越高，反之越低。针对不同的数据库，设定的最小支持度阈值也有所不同，稀疏数据库给定的 $\sigma_{\min}$ 值偏低，稠密数据库给定的 $\sigma_{\min}$ 值偏高。具体地，Chess 数据库的挖掘阈值设定为 2 877，对应的非单频繁项集的个数为 609；Mushroom 数据库的挖掘阈值设定为 3 250，对应的非单频繁项集的个数为 544。

实验环境包括：①硬件环境为 4G 内存、酷睿 2 处理器、WindowsXP 操作系统的计算机；②代码编写环境为 MatlabR2007b；③整数规划求解的应用软件为 ILOG CPLEX 12.1。

敏感频繁项集由随机选取的隐藏参数确定。隐藏参数$(a，b)$是指隐藏敏感频繁项集的个数为 a，敏感频繁项集的平均长度为 b(即项集包含项的个数)，特别地，为了方便处理，假设敏感频繁项集长度一致。

不同的数据库、在不同的隐藏参数情况下，均存在净化记录个数不大于项集改变个数的结论，如表 8-8 所示。这一结论反映了建立最大记录精度模型的初衷，即希望保证记录的完整性，故而尽量在同一记录中改变项集，而不是在改变相同个数项集的条件下改变多个记录。

表 8-8　基于 FIH-1 模型的净化结果

隐藏参数	Chess			Mushroom		
	净化记录个数	净化项集个数	运行时间/秒	净化记录个数	净化项集个数	运行时间/秒
(3，3)	118	160	0.064	579	581	0.074
(7，3)	186	247	0.095	1 523	2 033	0.078
(3，5)	107	115	0.061	458	485	0.068
(7，5)	190	385	0.162	1 025	1 981	0.125

Mushroom 数据库净化的记录个数较多，这是因为针对稀疏数据库来讲，项集的分布比较分散。为了达到隐藏敏感项集的目的，需处理的记录比较分散，故净化记录个数较多。Mushroom 数据库设定的挖掘阈值较低也意味着隐藏敏感项集要处理的项集会较多。从运行时间来看，两个数据库在不同的隐藏参数条件下，其计算效率相对而言均较高。

图 8-4 给出不同数据库、在不同隐藏参数下净化后记录的精度情况。Chess 数据库在各个隐藏参数情况下的记录精度均高于 Mushroom 数据库。从表 8-8 中的数据也可以看出，Chess 数据库净化的记录个数相对较少，占总记录的个数也相对较少。这说明稠密数据库在进行隐藏敏感项集的过程中对数据库整体的影响比稀疏数据库的影响要小。从图 8-4 中可以看出，采用修正模型针对 Chess 数据库所获得的记录精度可达 94%以上，即使是稀疏数据库 Mushroom 记录精度也较高，达到了 80%以上，说明了上述方法的有效性。

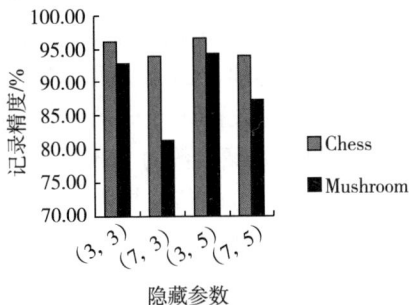

图 8-4　基于模型的隐藏策略净化记录精度结果

下面针对 Chess 及 Mushroom 两个数据库来分析不同的隐藏参数对隐藏操作的影响。从表 8-9 中可以看出，对于相同的敏感项集长度，敏感项集的个数越多，隐藏操作需要净化的记录就越多，需要删除的项的个数也越多。这种差异在 Mushroom 数据库中表现得更为明显。

表 8-9　隐藏参数对净化操作的影响

隐藏参数	Chess		Mushroom	
	净化记录个数	净化项个数	净化记录个数	净化项个数
(3，3)	118	118	579	582
(7，3)	186	200	1 523	1 574
(3，5)	107	107	458	511
(7，5)	190	222	1 025	1 031

图 8-5 为项集超集的长度与隐藏参数的关系。

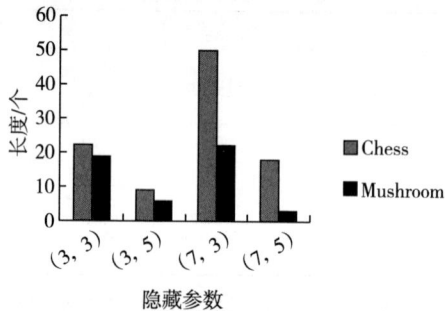

图 8-5　项集超集的长度与隐藏参数的关系

从图 8-5 中可以看出，在敏感项集个数相同的情况下，敏感项集越长，对应的频繁超集的个数越少。由此可得，敏感项集的频繁超集的产生与敏感项集的选取有着必然的联系。这是因为敏感项集的频繁超集的长度必然会大于敏感项集，因此敏感项集的长度较短时，它的频繁超集的可选范围相对会大，最终的频繁超集个数也多。

图 8-6 和图 8-7 分别展示了不同参数条件下，两个数据库净化后的信息损失情况。从图 8-6 和图 8-7 中可以看出，采用两阶段隐藏敏感项集的方法可使数据库的总信息损失率控制在 10％以内，也就是说这种方法对数据库造成的副作用较小。那么信息损失到底是由什么原因造成的呢？这里从隐藏参数的个数和净化操作两个方面来考虑。从图 8-6 和图 8-7 中可以看出，大部分的信息损失是由频繁超集导致的。至于净化处理导致的信息损失，对于两个数据库可以得到同样的结论：敏感项集长度越长，净化造成的损失越小。

前面还提出一种将非线性约束条件转化为线性约束条件的方法，它与其他方法的对比结果如表 8-10 所示。以转化约束(8-80)为例，虽然两种方法引入相同数量的变量，但采用本小节方法在线性变换后得到的新约束个数较少，从新约束数量级上可以看出，这种优势会随着数据库规模的变大而明显地表露出来。

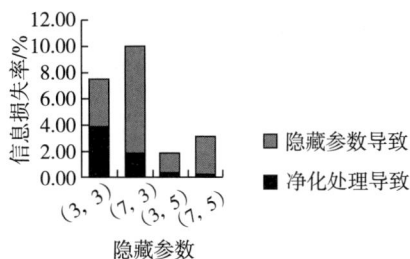

图 8-6 不同参数下 Chess 数据库的信息损失率

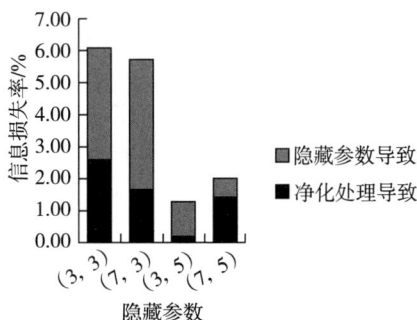

图 8-7 不同参数下 Mushroom 数据库的信息损失率

表 8-10 与文献[13]的约束转化方法对比

项目	本小节方法	文献[13]方法
引入变量个数	$|D'|$	$|D'|$
新约束个数	$2 \times |D'|$	$|D'|^2 \times (|J_j| + 1)$
新约束数量级	$O(|D'|)$	$O(|D'|^2)$

针对修正模型的隐藏策略，分别随机选取 2~10 个项集设定为敏感频繁项集。净化操作的结果见表 8-11。

表 8-11 基于修正模型的净化结果

敏感项集/个数	记录精度/%	信息损失率/%	运行时间/秒	敏感项集/个数	记录精度/%	信息损失率/%	运行时间/秒
2	99.34	0.99	0.36	7	95.15	7.55	562.32
3	98.56	3.45	25.53	8	99.09	2.13	0.81
4	98.75	1.97	1.46	9	96.96	1.81	2.97
5	96.06	9.03	386.42	10	95.65	8.70	477.17
6	98.22	2.79	4.23				

图 8-8 和图 8-9 为不同数量的敏感项集对记录精度和信息损失率的影响。从

图 8-8 和图 8-9 中可以看出，在不同的频繁项集隐藏需求下，采用修正模型的净化策略处理后的记录精度可达 95％以上，而信息损失率则低于 5％。

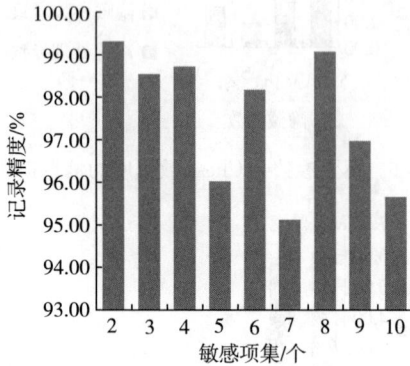

图 8-8　不同数量的敏感项集对记录精度的影响

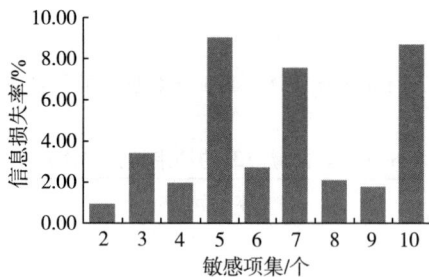

图 8-9　不同数量的敏感项集对信息损失率的影响

　　修正模型的隐藏策略之所以可以快速执行，是因为相比于原始模型，修正后的策略减少了模型的约束个数，进而提高了求解效率。从图 8-10 中可以看出，BFIH-1 模型基本上可以减少 FIH-1 模型中一半的约束个数。在敏感项集个数为 2 的情况下，将 BFIH-2 模型与 FIH-2 模型进行对比，结果如图 8-11 所示。由于 FIH-2 模型未采用迭代方式求解，故约束个数不发生变化，而采用基于边界的频繁项集隐藏策略可以很快满足迭代终止条件(约束个数为 0)，并且每次迭代 BFIH-2 模型所生成的约束条件个数远远低于 FIH-2 模型。因此，采用修正模型的净化策略能大大提升相应的整数规划模型的求解效率。在敏感项集个数分别为 3～9 的条件下，FIH-2 模型与 BFIH-2 模型的约束个数对比如图 8-12～图 8-19 所示。

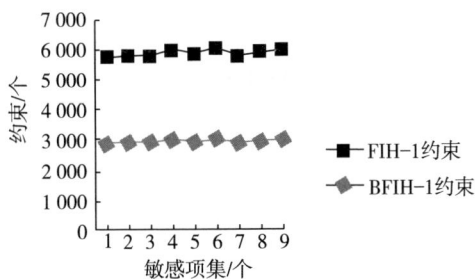

图 8-10　FIH-1 与 BFIH-1 模型的约束条件对比

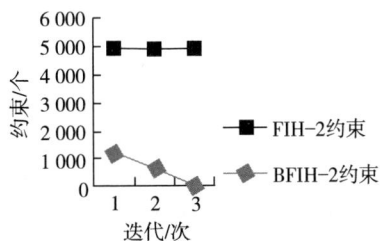

图 8-11　FIH-2 与 BFIH-2 模型的约束个数对比（敏感项集个数＝2）

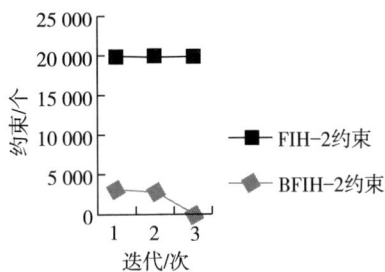

图 8-12　FIH-2 与 BFIH-2 模型的约束个数对比（敏感项集个数＝3）

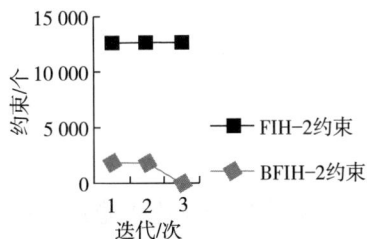

图 8-13　FIH-2 与 BFIH-2 模型的约束个数对比（敏感项集个数＝4）

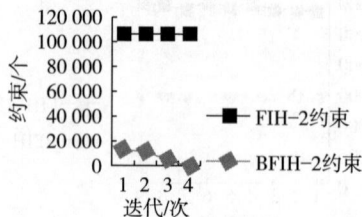

图 8-14　FIH-2 与 BFIH-2 模型的约束个数对比（敏感项集个数＝5）

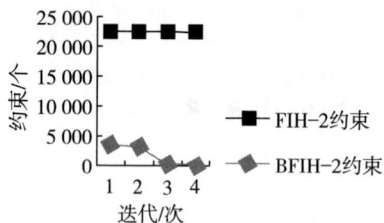

图 8-15　FIH-2 与 BFIH-2 模型的约束个数对比（敏感项集个数＝6）

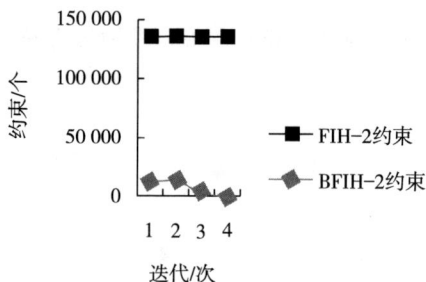

图 8-16　FIH-2 与 BFIH-2 模型的约束个数对比（敏感项集个数＝7）

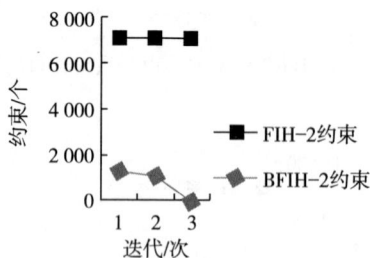

图 8-17　FIH-2 与 BFIH-2 模型的约束个数对比（敏感项集个数＝8）

　　从实验结果中可以看出，在稠密数据库中隐藏敏感项集对原记录数据库的影响较小（即稠密数据库更容易保证记录的完整性）；而无论是稀疏数据库还是稠密数据库，敏感项集长度越长则所对应的信息损失越小。

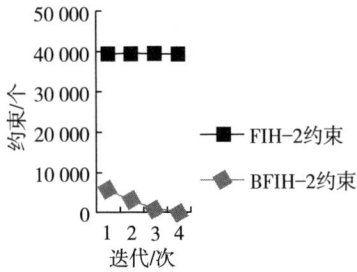

图 8-18　FIH-2 与 BFIH-2 模型的约束个数对比(敏感项集个数＝9)

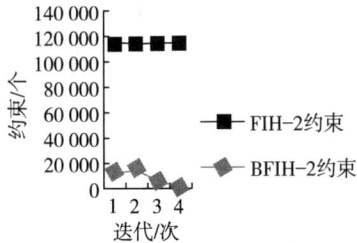

图 8-19　FIH-2 与 BFIH-2 模型的约束个数对比(敏感项集个数＝10)

8.4　本章小结

在协同生产过程中,离不开对各种资源的利用,如原材料资源、仪器设备资源、人力资源、资金资源等。本章首先对知识资源的共享问题进行了分析与建模,给出具有不同风险承受能力的企业在共享互补性知识时的激励策略和优化模型,用以鼓励企业在积极参与知识交流与共享的同时获得较大收益。其次,对设备资源的利用,主要考虑了机器的最佳配置或调度问题。再次,对两种复杂的生产状况,即工件加工时间与工件加工开工时间是非线性函数的情形和工件加工时间是加工位置的指数函数的情形,分别给出最优排序方案。最后,考虑到在合作生产过程中,各行为主体根据自身利益有保护其数据和信息的需求,给出一个基于多目标整数规划模型的信息隐藏方法,并在不同数据集上验证了该方法的有效性。

参考文献

[1]邵长艳. 面向绩效的服务商选择及其知识共享策略研究. 大连理工大学硕士学位论文, 2011.

[2]Gawiejnowicz S. Time-Dependent Scheduling. Berlin: Springer, 2008.

[3]Zhao C L, Tang H Y. A note on two-machine no-wait flow shop scheduling with deteriora-

tion jobs and machine availability constraints. Optimization Letters，2011，5(1)：183-190.

[4]Wang J B，Wang M Z. Single-machine scheduling with nonlinear deterioration. Optimization Letters，2012，6：87-98.

[5]Badiru A B. Computational survey of univariate and multivariate learning curve models. IEEE Transactions on Engineering Management，1992，39(2)：176-188.

[6]Hoogeveen J A，Kawaguchi T. Minimizing total completion time in a two-machine flowshop：analysis of special cases. Math Operations Research，1999，24(4)：887-910.

[7]Gonzalez T，Sahni S. Flowshop and jobshop schedules：complexity and approximation. Operations Research，1978，26(1)：36-52.

[8]Koulamas C，Kyparisis G J. Algorithms with performance guarantees for flow shops with regular objective functions. IIE Transactions，2005，37(12)：1107-1111.

[9]Wang J B，Xia Z Q. Flow shop scheduling with a learning effect. The Journal of the Operational Research Society，2005，56(11)：1325-1330.

[10]Xu Z Y，Sun L Y，Gong J T . Worst-case analysis for flowshop scheduling with a learning effect. International Journal of Production Economics，2008，113(2)：748-753.

[11]Wang J B，Wang M Z. Worst-case analysis for flow shop scheduling problems with an exponential learning effect. Journal of the Operational Research Society，2012，63（1）：130-137.

[12]贺悦. 基于数据净化的敏感信息保护策略研究. 大连理工大学硕士学位论文，2013.

[13]Gkoulalas-Divanis A，Verykios V S. An integer programming approach for frequent itemsethiding. Proceedings of the 2006 ACM Conference on Information and Knowledge Management，2006：748-757.

第 9 章

知识协调管理的共享概念——多维本体

为使参与产品生命周期循环的社会主体和企业能够协调一致地进行知识积累与知识创造，他们之间必须使用"共同语言"进行沟通，即在达成共识的概念平台上进行知识的交流与共享。共同语言的本质是共享概念，也就是说在产品生命周期中参与知识活动的所有主体所使用概念的内涵是明确的、公认的、无歧义的。如此一来，各方才能依据共同语言进行知识互动，减少由于概念不同、用词不当、术语不统一而造成的交流障碍和冲突。共享概念的使用还有助于知识交流效率和效益的提高，因而降低由于沟通不畅而产生的企业成本。本体作为共享概念模型明确的形式化规范说明，它可发挥共同语言的作用。本书针对产品生命周期多主体、多阶段等特点，提出多维本体的概念，它是不同主体在不同阶段进行知识积累、交流、共享和协调管理时所使用的"共同语言"。

本体(ontology)是一种形式化的、对于共享概念体系明确而又详细的说明，它提供一组术语和概念来描述某个领域。无论是本体还是多维本体，其目的都是通过对概念及其相互关系的规范化描述，来勾画出某一领域的基本知识体系。

本体构建可以采取两种方式，即人工手动构建方式和利用计算机自动(半自动)构建方式，后者称为本体学习。关于本体学习一般是采用某一领域的大量显性化的知识源来自动(半自动)获取领域本体对象。知识源可以是结构化的关系型数据库，非结构化的文本库，也可以是半结构化的 XML 或 HTML 文本。

对于企业而言，在产品生命周期中会产生大量的，与产品研发、设计、生产和销售有关的，以文本形式存在的数据，从这些非结构化的文本数据中获取本体是一项极具挑战性的任务。本章从文本术语提取、领域概念学习、本体关系学习三个方面介绍各自的方法，来解决本体构建问题。

■9.1 本体概述

9.1.1 本体定义与分类

1. 本体的定义

本体最初是哲学上的一个概念，是对现实世界中的客观存在(being)的一个系统化描述与说明，于 20 世纪 90 年代被逐渐引入人工智能、生物医药、情报学、语义 Web 等领域，广泛应用于知识工程、自然语言处理和信息检索等方面，至今已取得了显著的成果。

关于本体的定义尚没有统一的说法，人工智能领域最早提出本体概念的是Neches 等[1]，他们将本体形容为"给出构成相关领域词汇的基本术语和关系，以及利用这些术语和关系构成的规定这些词汇外延的定义"。1993 年，美国斯坦福大学知识系统实验室(Knowledge Systems laboratory，KSL)的 Gruber 提出一个被广泛接受的本体定义[2]，即"本体是得到大多数人认同的、关于概念体系的明确的、形式化的规范说明"。

德国卡尔斯鲁厄大学的 Studer 等学者对本体的定义进行了深入研究，认为本体是共享概念模型明确的形式化规范说明，具体包括四个方面的含义，即概念化(conceptualization)、明确(explicit)、形式化(formal)和共享(share)[3]。

(1)"概念化"是指通过抽象得出客观世界中一些现象(phenomenon)的概念模型。概念化所表现的含义独立于具体的环境状态。

(2)"明确"是指所使用的概念及使用这些概念的约束都有明确的定义。

(3)"形式化"是指本体是计算机可读的(即能被计算机处理)。

(4)"共享"是指本体中体现的是共同认可的知识，反映的是相关领域中公认的概念集，即本体针对的是团体而非个体的共识。

虽然关于本体的定义没有一个统一的说法，但都是提供对某领域知识的共同理解，确定该领域内共同认可的词汇，并从不同层次的形式化模式上给出这些词汇(术语)和词汇之间相互关系的明确定义。本体作为共享的概念模型，在现实中其实属于一个理想化的概念。如果认为其可以达到一种广泛的共识，应该是有限制条件的，即在某个领域、某个组织或者某个团体范围内的共享，若脱离了领域、组织或者团体的限制，则不再具有共享这一特性，这里的原因很简单，作为认识主体的人，在认识上存在着差异。

领域本体的构成对象(objects)包括概念(concepts)、概念间类属关系(taxo-nomic relations 或 hierarchical relations 或 ontological relations)、非类属关系(non-taxonomic relations 或 non-hierarchical relations)和规则(rules 或 axioms)

四种。

一个领域本体可以形式化为一个四元组，即 $O:=\{C,R_h,R_c,A\}$，其中，C 为领域概念集合，每一个概念由表示概念的一个术语（或一组同义术语）及术语的解释词条组成；R_h 为定义在 C 上的概念间类属关系的集合，描述概念间的上下位关系，即"is-a"关系；R_c 为定义在 C 上的非类属关系的集合；A 为规则（或称公理）集合，规则对概念和关系的定义施加约束，用于推导出本体中没有显性说明的知识。

2. 本体的分类

本体有很多类型，根据本体不同方面的属性（如形式化程度、目的和描述对象），可以对本体进行不同的分类。例如，根据本体的形式化程度不同，可以把本体分为高度非形式化的（highly informal）本体、结构非形式化的（structured-informal）本体、半形式化的（semi-formal）本体和严格形式化的（rigorously formal）本体。根据本体的描述对象不同，可以把本体分为特殊领域本体（如医药、地理、金融等）、一般世界知识本体、问题求解本体和知识表示语言本体等。

若按通用程度由高到低，可以将本体划分为通用本体（generic ontology）、核心本体（core ontology）和领域本体（domain ontology）三类。通用本体又称上层本体或顶层本体，其定义了状态、事件、过程、动作、组件等多领域通用的概念，如 WordNet 和 HowNet 等。核心本体定义了在几个领域内通用的概念，介于通用本体和领域本体之间，用于帮助领域本体互操作，如 Core Ontology of Software 等。领域本体定义了在某一领域内通用的概念及其相互间的关系，如 Gene Ontology 等。领域本体中的概念是通用本体和核心本体中概念的特殊化，通用本体和核心本体的存在能够促使领域本体的有效构建。

领域本体是某一领域（或某一应用）的共享概念模型形式化的明确说明。一个领域本体描述该领域的概念模型，提供了对该领域知识的共同理解；确定领域内共同认可的词汇，统一领域概念的术语并确定了概念之间的关系；捕获并形式化领域知识，澄清了领域的知识结构，在知识共享和重用方面有着广阔的应用前景和重要的应用意义。此处，所谓领域是指对某一科目分类划分后的范围，如技术开发的范围、商业活动的范围、业务工作的范围、科学研究的学科范围等。由于知识具有显著的领域特性，所以领域本体能够更为合理而有效地进行知识的表示。领域本体可以表示某一特定领域范围内的特定知识。这里的"领域"是根据本体构建者的需求来确立的，它可以是一个专业技术领域、业务工作范围和商业活动领域等，也可以是某几个领域的一种结合，还可以是一个领域中的一个小范围，视应用者的活动范围而定。

领域本体最主要的作用是为人与人之间及企业与企业之间的交流提供共同的词汇，帮助不同知识背景的人们进行沟通。在解决知识协调管理问题时，可采用领域本体对领域知识进行有效的分类,以提高知识传递和共享的性能,达到知识重用和知识创新的目的。知识传递与共享最普遍的形式是通过人际交流和纸面上交流进行,但是效率较低;通过信息网络,利用电子媒体进行传播与共享是最快且最容易进行的方式。至于传递什么知识,需要先对知识进行分类。企业的知识库包含大量数字化的显性知识,包括文本、数据库、多媒体文件等各种类型的数据形式。这些不同类型的知识需要一个统一的、规范化的上层表示机制。应用领域本体可以对这些显性知识进行统一管理,促进知识的获取与共享。领域本体在企业内外的知识活动中起着非常重要的作用,因此成为本章关注的重点。

9.1.2　本体构建原则与方法

1. 本体构建原则

出于对各自问题域和具体工程的考虑,构建本体的过程各不相同。尽管没有标准的本体构建方法,但在构建过程中须遵循一些原则。比较有影响的是Gruber 于 1993 年提出的构造本体的五个原则[4]。

(1)清晰(clarity)。本体必须有效地说明所定义术语的含义。定义应该是客观的,与背景独立的。当定义可以用逻辑公理表达时,它应该是形式化的。定义应该尽可能的完整,所有定义应该用自然语言加以说明。

(2)一致(coherence)。本体应该是一致的,也就是说,它应该支持与它定义相一致的推理。它所定义的公理及用自然语言进行说明的文本都应该具有一致性。

(3)可扩展性(extendibility)。本体应该为可预料到的任务提供概念基础。它应该可以支持在已有的概念基础上定义新的术语,以满足特殊的需求,而无须修改已有的概念定义。

(4)编码偏好程度最小(minimal encoding bias)。概念的描述不应该依赖于某一种特殊符号层的表示方法。因为实际的系统可能采用不同的知识表示方法。

(5)本体约定最小(minimal ontological commitment)。本体约定应该最小,只要能够满足特定的知识共享需求即可。这可以通过定义约束最弱的公理及只定义通信所需的词汇来保证。一个公认的观点是在构造特定领域本体的过程中需要领域专家的参与。

此外,还应考虑以下几方面内容。

(1)尽可能地使用共同认可的标准性概念。

(2)处于同一层次上的概念之间的语义距离应该尽可能的小。

(3)允许使用多个概念层次、多种继承机制来提高本体的表达能力。

事实上,所有的本体构建原则都是抽象的、指导层面的,并没有具体的、明确的操作实施步骤。因此,在构建本体的具体过程中,不必严格拘泥于上述原则，而应根据实际情况，尽可能多地满足这些原则。

2. 本体构建方法

本体构建(ontology building)借鉴于软件工程，一般遵循"领域知识建模——模型形式化——本体评价"的工程化步骤。被认为比较成熟的方法有 TOVE 法、METHONTOLOGY 法、斯坦福七步法等。

(1)TOVE 法。TOVE 法又称 Gruninger&Fox 评价法。TOVE 是指多伦多虚拟企业(Toronto Virtual Enterprise)，专用于构建 TOVE 本体，由多伦多大学企业集成实验室研制。TOVE 本体包括企业设计本体、工程本体、计划本体和服务本体。TOVE 法的流程如图 9-1 所示。

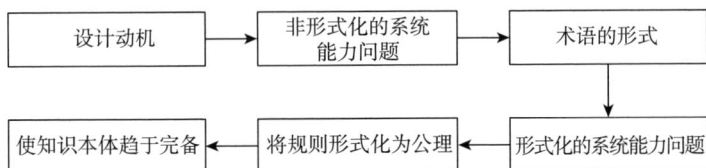

图 9-1　TOVE 法流程

(2)骨架法(skeletal methodology)。骨架法又称 Enterprise 法，专门用来构建企业本体(enterprise ontology)，是有关企业建模过程的本体，它是由爱丁堡大学人工智能研究所开发的。

骨架法构建本体的基本步骤如下。

步骤 1　确定本体应用的目的和范围。

步骤 2　进行本体分析，即定义本体内所有术语的意义及术语之间的关系(即定义"类"和"关系")。

步骤 3　表示本体，即用相应的表示语言(又称标记语言)来表示本体。

步骤 4　对本体评价，即评价本体质量。

步骤 5　建立本体，即对所有本体按步骤 4 中的标准进行检验，符合要求的即可保存于本体库中。

(3)METHONTOLOGY 法。METHONTOLOGY 法是由西班牙马德里理工大学人工智能实验室提出的，其目的是在知识层上构造本体。该方法构建本体的步骤如下。

步骤 1　建立规格说明书(specification)。这一阶段要产生一份以自然语言编写的非形式化的、半形式化的或者形式化的本体规格说明书。本体规格说明书至少包括构建本体的目的、实现本体的形式化程度和范围等信息。

步骤 2　进行知识获取(knowledge acquisition)。知识获取与规格说明阶段的工作基本同时进行。这是一个非说明性的过程，由于知识源类型多种多样，可以是专家、书籍、手册、数字、表格，甚至是其他的本体，因此获取知识的方法也不尽相同，如可以通过咨询专家获取知识，也可以通过文本分析获取知识。

步骤3 概念化。该步骤是将领域知识组织成概念模型，即将领域术语识别为概念、实例、关系、属性，然后用便于应用的非形式化方式表示出来。

步骤4 集成(integration)。集成是指重用已有本体时，可借鉴已有本体中的定义，使新建本体与已有本体保持一致的形式，以便于本体的共享。

步骤5 实现(implementation)。实现是指用任何一种形式化的语言编码实现本体。这需要一套开发环境的支持，其中至少包括词法和语法分析器、翻译器、编辑器、浏览器、搜索器、评价器和自动维护工具。

步骤6 评价(evaluation)。评价是指在本体生命周期的每个阶段和阶段之间，利用某种参考框架对本体、软件环境和文档进行技术判断。评价既包括正确性，也包括有效性。

步骤7 文档化(documentation)。文档化是指在本体建设的每个阶段都应该有对应的文档。

(4)IDEF5法。IDEF5法是美国KBSI公司开发的用于描述和获取企业本体的方法。用IDEF5法构建本体有定义课题并组织队伍、收集数据、分析数据、本体初步开发、本体优化和验证五个主要步骤。在构建本体时，确定领域内的核心概念是首要的、中心的任务。为了完成这个任务，必须完成三项工作：一是对领域内的术语进行编目；二是获取用这些术语描述这一领域时的限制条件；三是建立一个模型，当在模型中加入一条特定的描述时，就会产生"适当的"附加声明。

(5)斯坦福七步法。由斯坦福大学医学院开发的七步法，是目前应用最广泛、步骤最详细、应用领域较广的本体构建方法，它的七个步骤如下所述。

第一步，确定本体的专业领域和范畴。

第二步，考查复用现有本体的可能性。如果自己的系统需要与其他应用平台进行互操作，而这个应用平台又与特定的本体或受控词表结合在一起，那么复用现有本体就是最行之有效的方法。

第三步，列出该领域本体的重要术语。具体实施时可以先列出最全的术语表，而不考虑概念间的交叉或重复，然后完善等级体系并定义概念属性，这是构建本体最重要的步骤。

第四步，定义类(class)和类的等级体系(hierarchy)。完善等级体系可以有以下三种方法：①自顶向下法，由某一领域中最大的概念开始提取，然后逐渐细化；②自底向上法，由底层最小的类开始定义，然后将这些细的类组织在一个更加概括的、综合的概念之下；③综合法，综合以上两种方法。

第五步，定义类的属性，即定义类之间的内在结构。从术语列表中选择一些类后，其余的可作为这些类的候选属性。

第六步,定义属性的分面(facets)。一个属性由多个分面组成,属性的分面就是属性取值的类型(value type)、允许的取值(allowed values)等有关属性取值的其他特征。

第七步,创建实例。

9.1.3　本体学习方法

手工构建本体工作量巨大,费时费力,且易产生不一致性问题。其解决方案是采用机器学习技术从数据源中自动或半自动地提取本体对象以获得概念集合、关系集合和相应的规则,这一过程称为本体学习。本体对象是指本体概念、概念间关系等本体的构成对象。机器学习(machine learning)是指计算机采用归纳和综合的方法来获取新的知识或技能,并重新组织和完善已有知识结构的过程。本体学习的目标是使计算机模拟人类领域专家的行为,自动或者半自动地构建本体,缩短构建本体的工作周期并提高构建质量。

完全自动化地构建领域本体的步骤如下。

步骤 1　基于数据源自动提取术语集合,一般采用文本术语提取方法来实现。

步骤 2　自动提取术语集合中的领域专有术语,合并其中的同义术语,形成领域概念集合。一般采用领域概念学习方法来实现。

步骤 3　在得到领域概念集合的基础之上,自动提取概念间的类属关系和非类属关系,形成本体关系集合。一般采用本体关系学习方法来实现。

步骤 4　自动地处理由提取得到的本体对象所构成的领域概念模型,将其形式化为领域本体。

本体学习一般采用某一领域的大量显性化知识源来自动获取领域本体对象。知识源可以是结构化的关系型数据库、非结构化的文本库,也可以是半结构化的XML、HTML 文本等。根据所采用的学习源,本体学习方法可以分为基于结构化数据的方法、基于非结构化数据的方法和基于半结构化数据的方法。

基于结构化数据的本体学习从结构化数据中学习获得本体对象。结构化数据主要是指面向对象数据库和关系数据库中的数据。面向对象的数据模型与本体有许多相似之处,因此,从面向对象数据库中的数据来获取本体的方法比较简单。基于关系数据库中数据学习本体的方法一般是,对关系模式进行语义分析来自动获取本体的概念和关系。由于关系模式中蕴涵的语义不够丰富,这类方法只能用于构建轻量级本体。

基于半结构化数据的本体学习是从半结构化数据中学习获得本体对象。半结构化数据是指具有隐含结构,但缺乏固定或严格结构的数据,如 HTML 网页和XML 网页等。对于 HTML 网页,可以直接使用那些从非结构化的纯文本中学习本体的方法。而 XML 网页类似于结构化数据，因此通常采用映射技术来获得本体，即利用一些映射规则将 XML 元素映射为本体对象。

基于非结构化数据的本体学习从非结构化数据中学习获得本体对象。非结构化数据是指没有固定结构的数据，如纯文本。目前，基于非结构化数据的本体学习方法主要用于解决从纯文本中获取本体的问题。纯文本依据一定的造句法表达特殊的语义，使读者可以基于一定的背景知识来理解文本中的含义和知识。然而，由于缺乏一定的结构，要使机器能够自动地理解纯文本并从中获取需要的知识，必须采用自然语言处理(natural language processing，NLP)技术对其进行预处理，然后利用统计学、机器学习等方法从中学习本体。

由于结构化数据和半结构化数据的来源不够丰富，一般不将其作为主要的处理对象。而非结构化数据是大量存在的一类数据，是企业最主要的一类可以用来获取领域本体的数据源。因此，下面重点介绍从非结构化数据源中获取本体的方法。

领域本体学习主要包括三方面内容，即术语提取、领域概念学习和本体关系学习。

1. 术语提取方法

自动提取文本中的所有术语是本体学习、自然语言处理等领域的一项基础工作。文本中的术语(word 或 term)依据是否遵循意义组合原理[5]分为两种，即原子词(atomic word，aw)和合成词(compound word，cw)。原子词是指语言中用于组合形成其他新词的短词，不遵循意义组合原理，如"系统""知识"等。合成词是指由多个原子词组成的面向内容的长词，这些词的构成一般遵循意义组合原理，如"系统工程""知识管理"等。

原子词的自动提取可以基于电子词典轻松完成。由于原子词比较稳定，较少出现新词，所以，基于汉语主题词表或者中国分类主题词表等词典就可提取到，并且准确率和召回率均令人满意。

合成词的提取方法主要有两类：一类是基于统计的方法，如基于串频与串长的切词方法等；另一类是基于词性分析的方法，如依据词性构词规则提取合成词的方法等。这两类方法各有优缺点。

基于统计方法提取合成词的基本思想为：相邻汉字共现的频率越高，其组成术语的概率越大。该方法的一般过程为：首先，依据某一算法切分得到语料中的每一个子串；其次，统计该子串的出现频率或者其左右子串单独出现的概率等判断指标；最后，依据该指标是否达到某一阈值来确定这一子串是否"成词"，即在短语或句子中是否独立成词。

基于统计方法的优点为：不基于机器词典，因此不受词典限制，一般召回率较高，能够提取到新词。但缺点也很明显：第一，由于是统计的方法，所以一般仅适用于大语料下的术语提取；第二，不能同时保证准确率和召回率，为追求高准确率而设定的阈值必然会导致较低的召回率。原因在于切分获得子串时不考虑语法和词法，从而导致最终将一部分"不成词"的子串也错误地列入词汇提取结果，如"系统工""识管理"等。

基于词性分析的方法一般基于原子词词典对语料进行原子词切分，然后取这些原子词及某些原子词的组合，如 N 元名词等作为术语。所谓原子词切分是指扫描文本并将其切分为原子词序列的自然语言处理技术。目前，最具代表性的中文原子词切分系统有中国科学院计算技术研究所基于统计方法和简单语法分析研发的 ICTCLAS 系统，以及哈尔滨工业大学信息检索研究室基于统计方法研发的 IRLAS 系统。这两个分词系统都能达到 90% 以上的准确率。

基于词性分析的方法不同程度地依赖于词典，而且受制于词性标注的性能，其优点是准确率高，缺点是召回率极低。

2. 领域概念学习方法

领域概念学习分为两个步骤，即学习领域专有术语集合和合并同义术语。前者自动学习得到领域专有术语（即领域概念的语词）的集合，后者将这一术语集合中的每一组同义词合并为一个概念。通过这两个步骤，将本体概念集合显性化为表示概念语词的集合。

由于文本语料易于获得，领域专有术语学习一般基于文本语料进行。从文本语料中提取领域概念集合的方法主要分为三类，即基于语言学的方法、基于统计学的方法和混合方法。

基于语言学的方法首先根据领域专有术语在真实语料中出现的特殊词法结构得到模板；其次抽取符合这些模板的术语作为领域专有术语。由于这些模板大多与具体语言相关，因此，这类方法需要针对具体的语言实施不同的处理。

基于统计学的方法主要根据领域专有术语与非专有术语在真实语料中出现的不同统计特征识别得到领域专有术语。在已有的中文领域概念学习方法中，基于统计学的方法是主流。

混合方法结合使用了语言学和统计学的方法与技术，以期获得更好的学习结果。不同混合方法的策略有所不同。有的混合方法在统计处理之后采用语法过滤器，抽取出经过统计计算有意义的且与给定词法模板匹配的术语组合。有的混合方法首先采用语言学方法选出候选项，其次再用统计方法对这些候选项进行计算。

3. 本体关系学习方法

根据学习得到的本体关系类型，本体关系学习方法可以分为类属关系学习方法和非类属关系学习方法。

1）类属关系学习方法

类属关系学习方法主要分为三类，即基于文本的方法、概念语词法和综合方法。由于电子文本语料大量存在，大部分的学习方法是基于文本语料来获得类属关系的。基于文本的类属关系学习方法主要有两类，即基于模板的方法和层次聚类方法。

基于模板的方法依据预先制定的类属关系模式(patterns，即模板，如"B 是一种 A"，"A 分为⋯类：B，C，⋯和 D")从文本语料中发现与给定模式相匹配的概念对，将其作为类属关系。基于模板的方法是得到较多关注和研究的一类类属关系学习方法。一般说来，这类方法的准确率较高，但其召回率则依赖于语料库的质量。

层次聚类方法包括基于 FCA(formal concept analysis，即形式概念分析)的方法和基于统计分析的方法。FCA 是一种依据数据集合基于格理论来识别概念结构的数据分析理论，也是一种广泛应用的概念聚类技术[6]。基于统计分析的方法根据概念的语境(context)采用统计分析手段进行概念的层次聚类以建立概念树，同时还可获得概念的类属关系集合。其中，概念语境一般是从一个文本语料库中获得的。层次聚类方法的初衷是将语义相近的概念聚为一类，而不是确定概念之间的类属关系，因此在类属关系学习方面的性能表现一般。

除了基于文本的方法，还有两类主要的本体类属关系学习方法，即概念语词法和综合方法。

概念语词法，即基于概念语词学习类属关系的方法，也称串包含(string inclusion 或 head-matching heuristic)法。该方法依据表示概念的语词来判断这一概念是否与其他概念存在类属关系。判断的实现方法为：两个语词分别为"AB"和"B"的概念 AB 和 B，AB 是 B 的下位概念(即子概念)，B 是 AB 的上位概念(即父概念)。概念语词法实现起来较为简单，同时也被认为是除综合方法之外性能最好的一种本体类属关系学习方法。

综合方法是结合使用了上述几种类属关系学习方法的方法，具有较好的学习性能。一般说来，该方法能够达到最佳的学习准确率和召回率；但是其实现过程复杂，时空复杂度高。

2)非类属关系学习方法

非类属关系集合的人工构建和自动化获得都比类属关系更为困难。非类属关系学习方法主要分为三类，即基于文本的方法、概念语词法和综合方法。由于文本语料大量存在且容易获得，非类属关系学习方法大多也基于文本语料实现。基于文本的方法主要分为两类，即基于模板的方法和基于统计分析的方法。

基于模板的方法是主流的非类属关系学习方法。该方法一般步骤为：首先，预定义关系模板；其次，提取与模板匹配的概念对；最后，由领域专家人工修正概念对之间的关系。由于非类属关系是多样化的，模板无法定义完备，这一局限导致了该类方法学习结果的召回率较低。对此，可以采取通过对语料进行语法分析来找出关系的主导动词以制定关系模板的本体学习方法。基于模板的方法由于仅仅考察了在一个句子中共现的本体概念之间的关系，而这些概念往往会在更大的窗口(如同一文本内)共现，因此该类方法学习结果召回率往往较低。

基于统计分析的方法首先提取在文本语料库中同一窗口内共现率较高的概念对，计算其相关度；其次命名相关度较高的概念对之间的关系，将其作为学习得到非类属关系。基于统计分析的非类属关系学习方法的结果性能与所使用的语料库的质量密切相关，且往往由于数据稀疏问题，学习结果的准确率和召回率均难以令人满意。

除了基于文本的方法之外，还有两类主要的非类属关系学习方法，即概念语词法和综合方法。

概念语词法，即基于概念语词的非类属关系学习方法，该方法依据表示概念语词的词汇组成情况计算概念之间的相关程度，相关程度高于阈值的概念对存在关系。该方法的基础假设是：两个概念的语词所拥有的相同字越多，它们之间存在关系的可能性就越大。

综合方法是结合了多种本体非类属关系学习方法的方法，旨在提高学习效果和效率。

为明晰起见，图 9-2 列出两类本体关系的不同的本体学习方法。

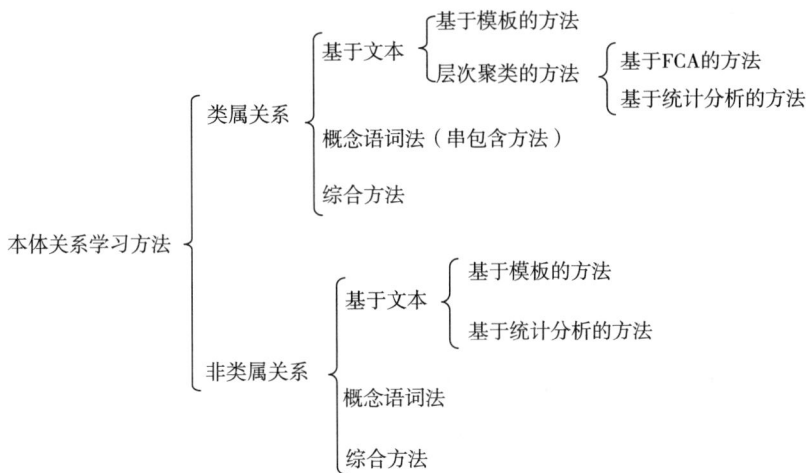

图 9-2　本体关系学习方法

由图 9-2 可见，本体关系学习主要可以在词汇、语法和语义三个层面上进行。

词汇层面上的本体关系学习方法的基础理论为意义组合原理，即一个复杂表达式的意义由各个组成部分的意义及其组合结构决定。该层面的方法通过分析表示概念语词的组成情况来判断概念之间是否存在关系。类属关系可以通过判断概念语词是否存在串包含关系获得，非类属关系可以通过计算语词的词汇组成相似程度来获得。词汇层面的方法不结合使用统计算法，不基于语料。

语法层面的方法采用自然语言理解技术学习本体关系。该层面的方法先利用语法分析器处理包含有一对本体概念的句子，得到由这对概念分别作为主语和宾语的句子之后，将句中的主、谓、宾语分别对应为关系的施者、动作和受者，据此得出这对概念之间的关系。语法层面上的本体关系学习方法容易受到语料准确性和语法分析器性能的限制，有时还需要结合统计算法判断学习得到的关系的普适性，以提高学习结果的准确率。

语义层面的本体关系学习方法基于分布语义原理（Harris' distributional hypothesis）[7]，即术语的语义由其语境决定。人类可以通过阅读文献了解概念及其对应的语词含义，因此，出现了利用计算机模拟人类阅读领域语料以获取概念间关系的方法。该层面的方法又称基于语境的方法，需要结合相应的统计算法。基于模板的方法和基于归纳关联规则的方法等都是该层面的本体关系学习方法。

词汇层面的方法主要用于学习类属关系，而语法和语义层面的方法可以学习得到类属和非类属两类关系。后两个层面的本体关系学习方法一般基于文本语料完成。表 9-1 为本体关系学习方法的三个层面。

表 9-1　本体关系学习方法的三个层面

方法层	类属关系	非类属关系	是否结合统计分析方法	相关方法
词汇	是	是	否	基于串包含关系的方法
语法	是	是	一部分	
语义		是	是	基于模板的方法和基于归纳关联规则的方法

9.2　多维本体

9.2.1　多维本体的基础架构

制造业中的产品生命周期是围绕产品的诞生和消亡而展开的，在不同的阶段围绕产品的不同组成部分和不同侧面开展工作，而产品结构树是协调各项工作的基础，它不仅是物料计算、成本核算、工时预估等的基础，也是信息集成的基础。对于企业的知识管理而言，产品结构树更是产品生命周期中知识协调管理的核心。

所谓产品结构是指产品零部件之间组成关系的总和，是产品与零部件之间的包含，即装配的逻辑关系，可以用具有层次结构的树状图表示，称为产品结构树。产品结构树中的中间节点表示部件或组件，叶子节点代表零件。产品结构树可以用于表示产品生命周期中不同阶段的零部件之间的关系，由于各个阶段的"工艺"不同，因此零部件之间的关系并不都是装配的逻辑关系，还有可能是某种工艺关系。例如，一辆汽车可出上万个零件组成，自上而下可以分为总成、部件、组件、零件等多个层级，根据上下级的包含关系可以画出一颗"树"，但由于组成的逻辑关系与工艺关系并不是一一对应的，因此在不同阶段、面对不同制造商时，对应于它们的是不同的总成、部件或零件，也就是说产品工艺结构或业务结构与逻辑结构之间由于状况不同会产生不同的映射关系，本书将其称为产品结构树的不同视图。又如，汽车车身冲压件，冲压加工时主要考虑冲压模具的工艺要求，把某些没有逻辑（装配）关系的冲压件组合在一套模具中一起冲压成型；而在焊装加工时，根据焊装机械手和夹具的工艺要求又有了不同的工艺组合。因此，在基本的按照零部件装配的逻辑关系的基础上，再考虑产品生命周期中不同阶段的工艺特点，就会产生产品结构树的不同"视图"，每个视图可反映一个阶段的工艺特点或一个专业的特点。这样一来，广义的产品结构树实质上是一个以基本的产品结构树为核心的"树簇"，如图 9-3 所示。

图 9-3 仅是一个抽象的描述，意在说明其中心是基本的产品结构树，处在中心的产品结构树是完整的，反映装配结构的逻辑关系，称为"核心产品结构树"。核心外围的树表示由核心产品结构树按照产品生命周期不同阶段的产品结构特点"映射出来"的阶段性视图，是对产品生命周期某个阶段产品结构的反映，称为"阶段产品结构树"。每个产品的阶段产品结构树既可以展示产品的全部零部件及其关系，也可以仅仅包含部分零部件及其之间的关系，但这并不是装配的逻辑关系，而是根据阶段产品的工艺要求而组合在一起的结构。

产品结构树除了可以描述零部件的组成关系之外，还可以依托产品结构树描述与零部件及物料相关的各种数据、信息的组成和经费、人工成本的组成等，以及反映生产工艺和商务需求等的信息。可以说在产品生命周期中各种活动的数据和信息都可以依托产品结构树进行描述，其作用十分广泛。产品结构树是企业制定产品物料清单的主要依据，也是零部件和原材料库存管理的依据。产品结构树在企业的诸多系统中都发挥着重要作用。例如，在产品数据原理系统中，产品结构与配置管理是 PDM 的核心内容，它以创建产品结构树为核心，从集成应用系统中自动捕捉产品结构信息建立产品结构树，将零部件按照它们之间的装配关系组织起来，使有关产品的所有数据联系在一起。同时，通过产品结构树联系在一起的产品数据又可反向自动生成各类物料清单表。在计算机辅助工艺设计（computer aided process planning，CAPP）系统和 ERP 系统中，产品结构树都是最重要的产品信息组织的数据模型。在 CAPP 系统中，利用计算机的数值计算、逻辑判断和推理等功能来制定零件机械加工工艺过程，以解决手工工艺设计效率低、一致性差、质量不稳定、不易达到优化等问题。传统的 CAPP 系统只面向单

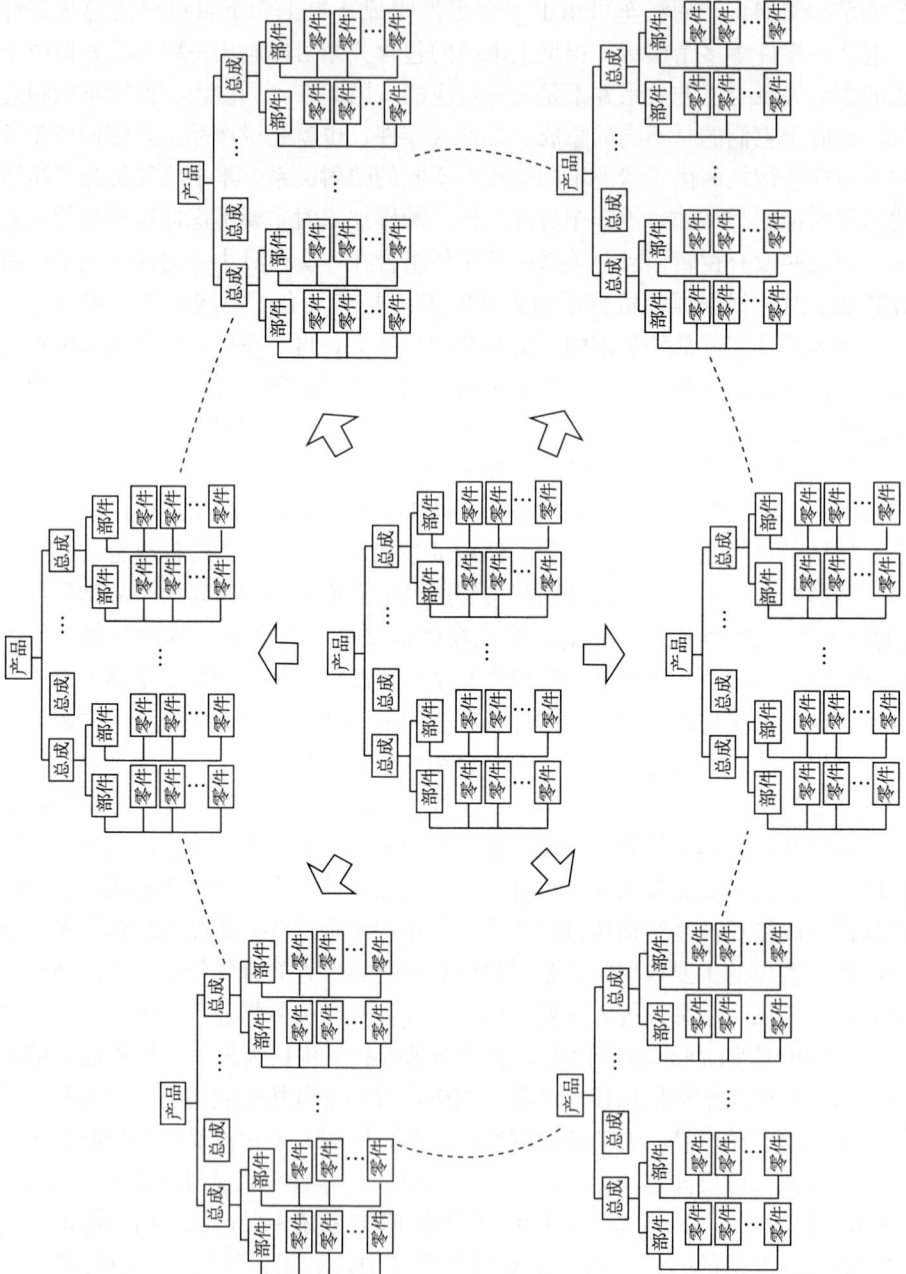

图19-3 以基本产品结构构树为核心的树簇

个零件，随着近几年计算机技术的发展，基于产品结构树建模的 CAPP 系统不断得到拓展。在 ERP 系统中，将产品结构树作为核心纳入系统管理中，通过与产品生命周期各阶段的业务，如设计、采购、生产、库存、销售等的对接，可实现企业的高效管理。

在企业的知识管理系统(knowledge management system，KMS)中，产品结构树同样起着基础和核心的作用。针对产品生命周期的各个阶段或各项任务中所使用或产生的知识，可以建立如物料清单表一样的知识表，本书称为知识清单(bill of knowledge，BOK)表。BOK 表不是孤立存在的，而是依附于已经建立的产品结构树，BOK 表中的知识分挂于产品结构树中的各个节点之上。如此一来，可利用 BOK 表进行知识积累和存储，便于在产品生命周期中实施知识的协调管理。BOK 表与物料清单表一样，如果产品在设计过程中发生改变，需及时更新BOK 表中的内容，并将更新的知识快速传递到产品的生产系统中。

为使知识能够在产品生命周期中的各个阶段、各个部门及人与人之间有效地传递，达成共识的概念可起到协调的作用。这些概念依托核心产品结构树或阶段产品结构树进行组织。在操作层面，对于共享概念及概念间关系的提取和建构可借助本体技术实现。

9.2.2　多维本体的总体结构

多维本体是面向产品生命周期的知识协调管理的重要基础。多维本体由核心本体和产品生命周期中各个阶段的阶段本体作为"骨架"构成。核心本体依托核心产品结构树构建，阶段本体依托阶段产品结构树构建，即多维本体以图 9-3 所示的产品结构树簇为基础而建立。它们都具有多维、多层和多元的特征。所谓多维是指每个本体都具有多个维度，无论核心本体还是阶段本体都是如此，每个维度代表依托于核心产品结构树或阶段产品结构树的一个专业领域、业务领域等，每个专业领域或业务领域所对应的本体就是领域本体，即核心本体、阶段本体可以具有多个领域本体，每个领域本体就是一个维度本体。多层是指本体概念之间的层次关系或上下级关系。而多元则反映本体概念在功能和性能内涵上的差异性。多维本体在总体结构上与图 9-3 的"产品结构树簇"具有相似性，如图 9-4 所示。

根据本体的定义及产品生命周期中知识的特点，多维本体是对产品全生命周期中共享的概念、关系、属性、规则和实例等要素明确的形式化规范描述。多维本体除具有一般本体的要素和特征外，在结构上还有新的特征。由图 9-4 可见，多维本体具有由一个"核心本体"和若干个"阶段本体"组成的两层结构。无论是核心本体还是阶段本体都由两部分构成，一部分称为"结构本体"，另一部分称为"维度本体"。结构本体反映产品零部件概念和关系，维度本体反映一个专业领

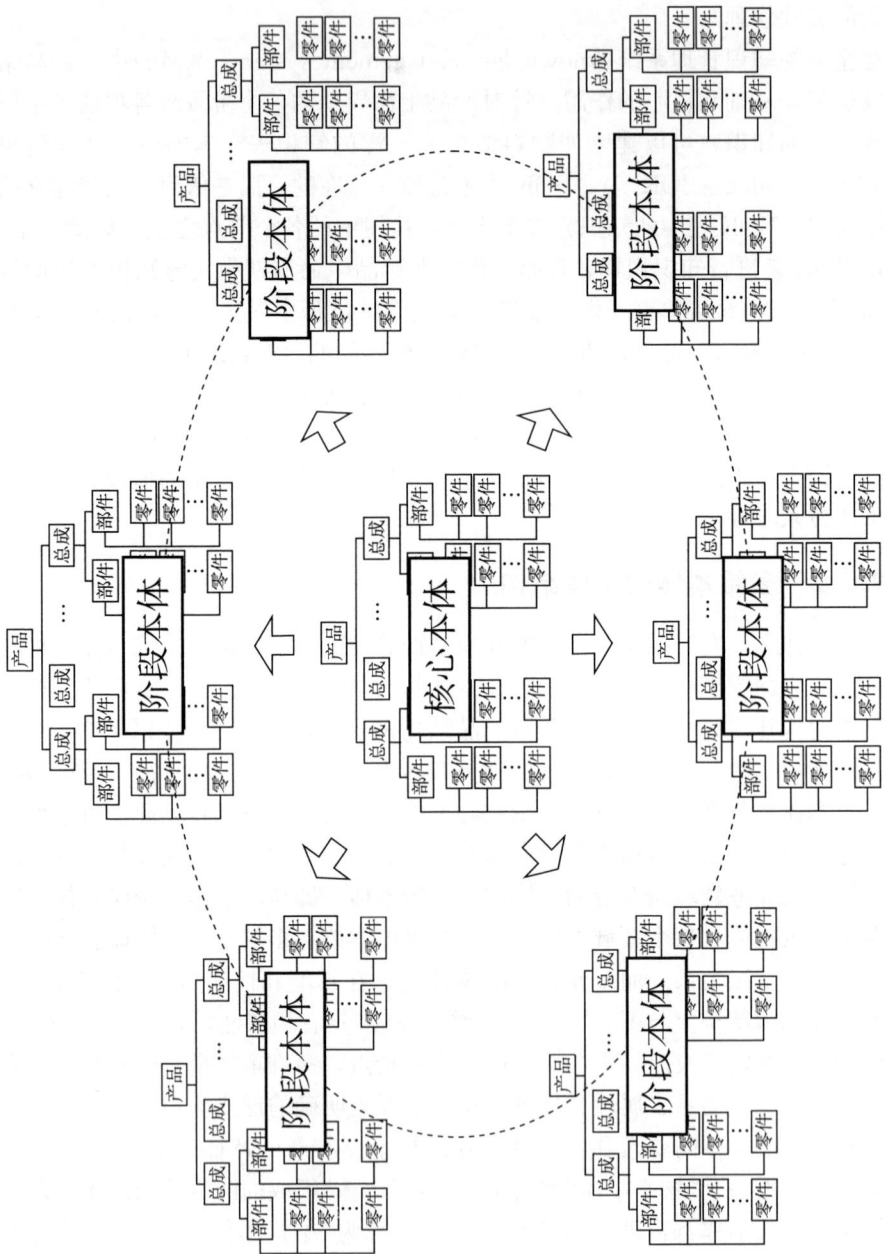

图9-4　多维本体的总体结构

域、业务领域的领域概念及其关系。核心本体以核心产品结构树为基础建立，因此核心本体的作用是为产品生命周期中的所有阶段、所有领域（维）提供共享概念和通用术语，并且协调所有阶段本体之间的关系。阶段本体以阶段对应的产品结构树为基础建立，它可为产品生命周期中的某个阶段提供共享概念和通用术语，用于辅助这个阶段领域本体（维）的互操作。

多维本体是消除"知识孤岛"、进行知识集成的基础，更是达成共识、进行知识交流和知识协调管理的模板。

9.2.3　核心本体

PDM/PLM 中的核心模型是"产品结构树"，简称"产品树"，但是目前的PDM/PLM 缺少完善的知识管理功能，其中的产品树模型也不包含知识。对于以产品为核心的制造业，特别是对于离散制造业来说，知识通常与产品的组成相关，产品可以分解为部件、组件，直到最小的、独立的零件等不同层次的单元，每个单元对应产品结构树中的一个节点。产品结构树的层次结构对应核心本体的层次性。多元性主要体现为产品结构树中的节点具有不同的功能和性能，从而使节点相互区别为不同的零部件类别，即节点是多元的，这就是核心本体多元性的体现。

核心本体中节点与多维知识的关系如图 9-5 所示。

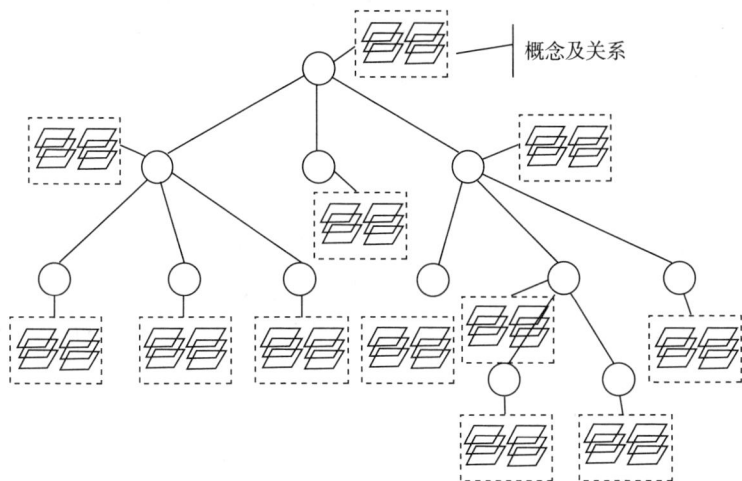

图 9-5　核心本体示意图

其中，所有节点及其关系构成了核心本体的"结构本体"，在结构本体的每个节点上挂接的术语文件可以具有多个领域，同一领域的术语文件构成一个领域本体。每个领域本体就是一个维度，有多少个领域本体，则多维本体就有多少维。

核心本体的结构如图 9-6 所示。

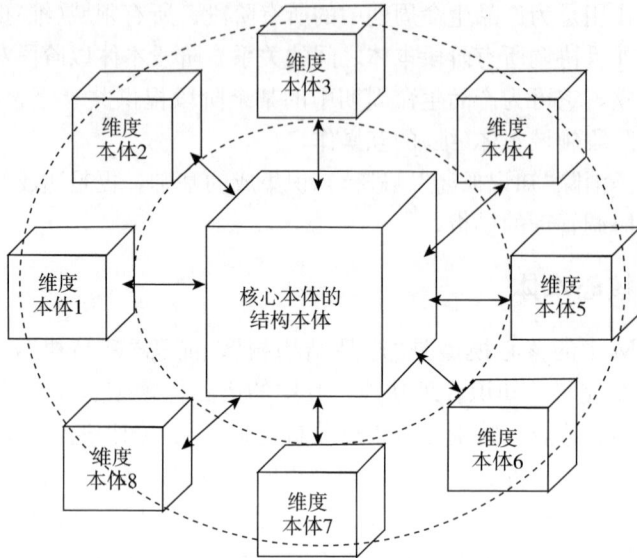

图 9-6　核心本体的体系结构示意图

1. 核心本体的结构本体

核心本体中的结构本体是各个阶段本体的结构本体的高度概括，是将产品生命周期各阶段产品结构树的专业性、工艺性、业务性等特征抽象后，仅保留纯粹的产品逻辑结构，再进一步概括而形成的纯粹的产品整体逻辑结构。

专业性、工艺性和业务性结构是指考虑了具体领域特点而形成的产品树的结构。

产品生命周期的不同阶段所涉及的产品零部件之间的关系是不同的。例如，在汽车制造中，冲压工艺阶段的冲压件组合与焊装工艺中的组合是不同的，它取决于冲压工艺中模具、焊装工艺中的夹具和焊接工具，以及生产线设备和工艺流程。所以，各个阶段中的结构关系主要是根据产品加工的工艺和业务要求来构建的。

2. 核心本体的维度本体

维度本体就是领域本体。知识维度是对产品知识的一种分类，一个类别表示一个领域的知识，对应一个维度。例如，组织知识、设备知识、工具知识、工艺知识、加工流程知识、性能知识、质量知识、销售知识、设计知识等，都可形成一个维度本体。

每个知识维度对应一个维度本体，维度本体是对一个维度知识的共同概念和术语及概念之间关系的共识性描述，起到标准性、共识性的作用。每一维的知识都在结构本体上挂接一个维度本体，每一维也就是核心本体的一个维度，多个维度本体与结构本体可共同构成核心本体。

具体维度如何对应实际的专业、工艺或业务的含义，需根据具体产品、具体工艺、具体企业进行具体问题具体分析。

9.2.4　阶段本体

产品生命周期每一个阶段都具有自己的特点，与其对应的产品结构树也有很大的区别。例如，在概念设计阶段，只有整车的造型没有零部件的具体结构，所以相当于产品结构只有"根节点"。而在产品工艺设计和加工制造阶段，产品结构树则拥有很多层次，可以直达最小的零件，工艺参数十分周详。对应的知识也具有差异性，所以用阶段本体作为产品生命周期特定阶段的概念、术语及关系的知识表示模型。每个阶段本体的总体结构与核心本体的体系结构相同，也包括结构本体和维度本体。每个阶段本体的节点与多维知识的关系如图 9-7 所示。

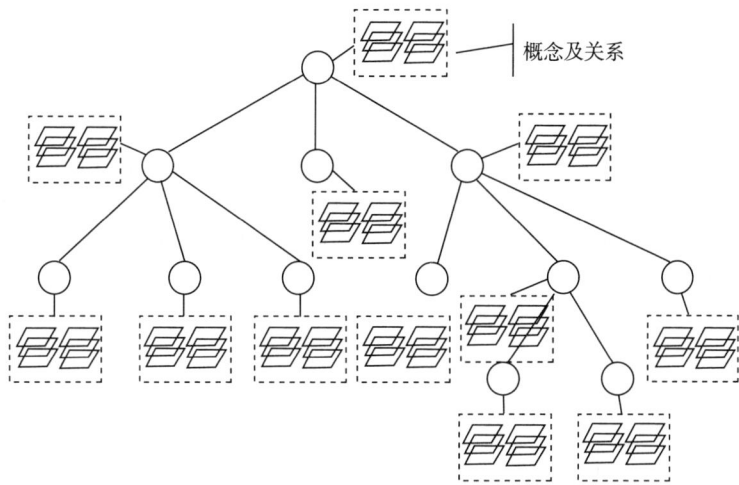

图 9-7　阶段本体示意图

阶段本体的体系结构如图 9-8 所示，它与核心本体具有相似的结构，是由一个结构本体和若干个维度本体构成的。

1）阶段本体的结构本体

阶段本体的结构本体是与对应阶段的产品零部件的工艺关系对应的，反映的是工艺结构，它既可以对应一个完整的核心本体的结构本体，也可以是其中的一个子结构（子树）。但是，一般来说其不与核心本体的结构本体同构，这是因为核心本体的结构本体只是零部件之间逻辑结构的反映，而阶段本体的结构本体则是工艺关系的反映。

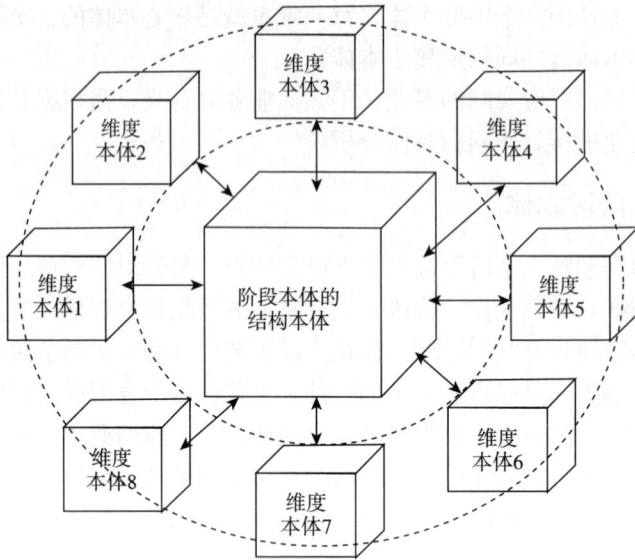

图 9-8　阶段本体的体系结构示意图

2)阶段本体的维度本体

阶段本体的维度本体与核心本体的维度本体一一对应，即核心本体包含的维度，阶段本体同样拥有。只不过阶段本体的维度本体是对应阶段的具体知识描述，而核心本体的维度本体是对各个阶段的维度本体的抽象和概括。

9.2.5　多维本体中的关系

多维本体中存在很多关系，如表 9-2 所示。

表 9-2　多维本体中的关系

本体关系 本体层次		核心本体与阶段本体的相似关系	
		核心本体	阶段本体
结构本体 与维度本 体的关系	结构本体	核心本体包括 结构本体	阶段本体包括 结构本体
	维度本体	核心本体包括 维度本体	阶段本体包括 维度本体

1)结构本体与维度本体是"树干与果实"的关系

无论核心本体，还是阶段本体，都有结构本体与维度本体的关系问题。

维度本体与结构本体之间是"属于关系"，即维度本体属于结构本体。维度本体与结构本体的关系可以形象地表述为"挂接"，即结构本体是"树"，维度本体是"果"，一个维度本体是一种"果"，多个维度本体就是多种"果"。因此，可以说维度本体挂接在结构本体上。两者的关系可以类比为一棵果树上可以结多种水果，每一种水果就是一个"维度"，有几种水果就有几个"维度"。

2)核心本体与阶段本体是"抽象与具体"的关系

核心本体是对产品生命周期所有阶段产品结构的抽象和概括，抽掉了阶段特性，只从产品零部件之间的纯粹逻辑组成关系(包含关系)上形成具有层次关系的树状结构。同时，核心本体又是各个阶段本体所共同具有的概念、术语及关系的共享知识模型。因此，核心本体与阶段本体是"抽象与具体"的关系，核心本体是抽象的，阶段本体是具体的。

核心本体与阶段本体的关系，可以区分为外部关系和内部关系两种。

外部关系是指核心本体作为一个整体与阶段本体之间的关系，如图 9-9 所示。

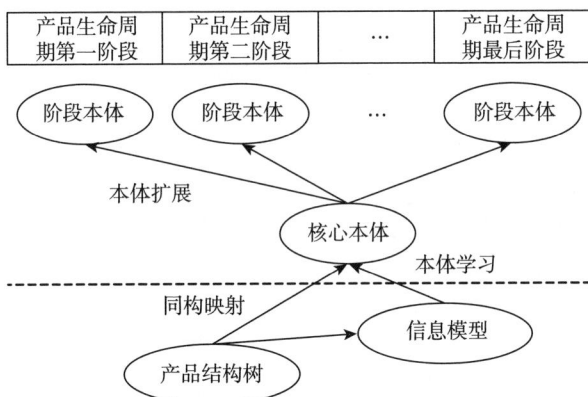

图 9-9 核心本体与阶段本体的外部关系

外部关系是一种"一对多"的关系，即一种(一类)产品具有一个核心本体，但是具有多个阶段本体，这就意味着知识可以在不同阶段中协调，也意味着知识可以在同类产品或相似产品中共享，这是因为不同阶段、不同产品之间拥有"共同语言"。

内部关系是指核心本体的结构本体与阶段本体的结构本体之间的关系，核心本体的维度本体与阶段本体的维度本体的关系。

核心本体的结构本体与阶段本体的结构本体之间是一般与个别的关系；核心本体的维度本体和阶段本体的维度本体之间是抽象与具体的关系，如图 9-10 所示。

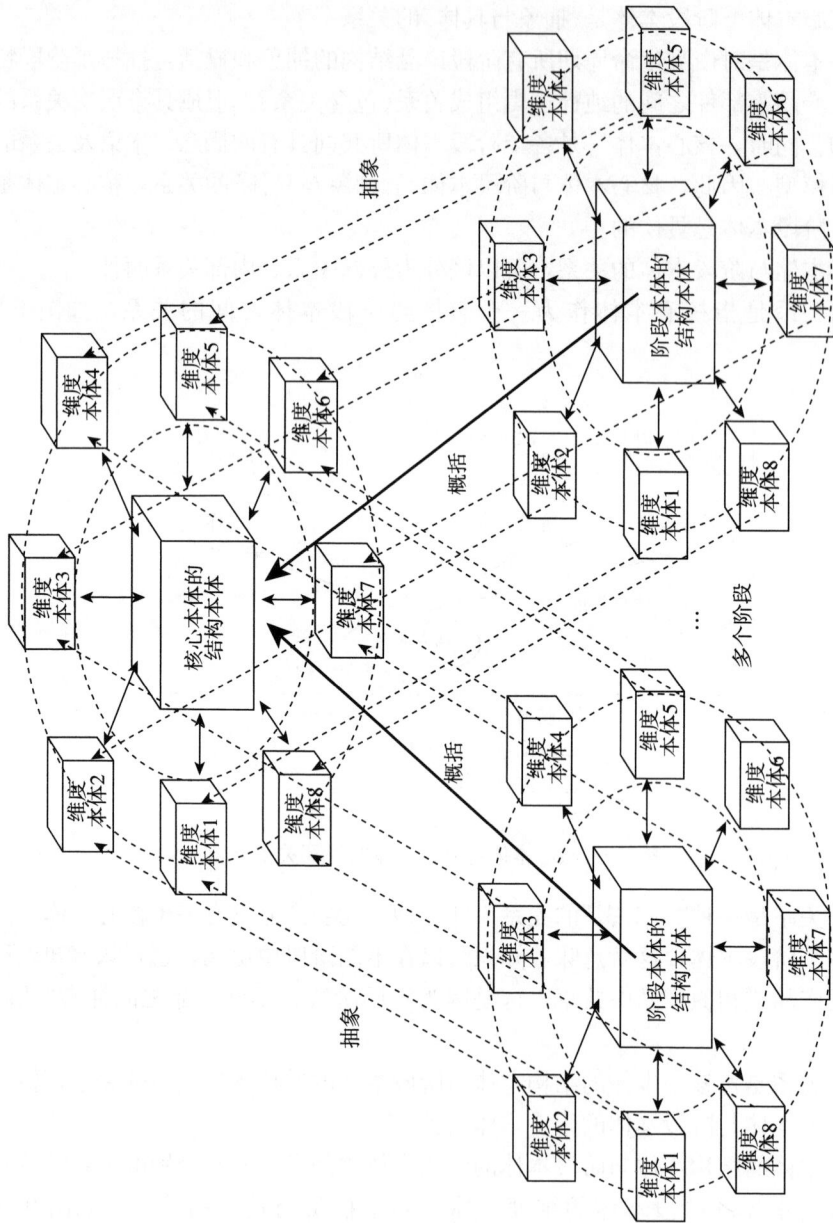

图9-10 核心本体与阶段本体的关系

　　多维本体是与产品相关的所有知识中的基本概念、术语和关系的一个综合集成体系。多维本体也是对本体知识进行组织的一种多维的集成模式，可以将某一产品对应领域的相关知识组织起来，其具有基础性、领域性的特点。

　　按照上述的模式为某一产品建立多维本体，在产品生命周期过程中以多维本体为"标准"，接收来自产品生命周期各个阶段活动中产生的经验性知识，经过知识加工处理形成产品生命周期中的知识体系。这个知识体系是经验性的，是每一个员工在工作中对问题处理过程中所形成的经验知识的积累。多维本体和知识协调管理相互配合，起到了共享概念的作用。另外，知识体系又是产品生命周期中各种活动的知识来源，每当在活动中遇到问题时，都可以从知识体系中获得相应的知识，并提高设计、制造、生产运作管理等所有与产品生命周期有关的业务和活动的智能水平。例如，可以在知识体系的基础上，建立智能型生产计划系统、智能型排产系统、智能型库存管理系统、智慧型产品设计辅助支持系统、智慧型生产运作管理决策支持系统等。知识的产生和使用形成良性循环，使产品生命周期中的知识资源不断地积累、创新和增长，知识资源的价值逐步体现出来从而成为企业竞争优势的源泉。同时知识体系还是知识共享、学习和知识交流的平台。

　　多维本体与经验性知识共同组成面向产品生命周期的知识体系——以多维本体为基础的知识体系，如图 9-11 所示。

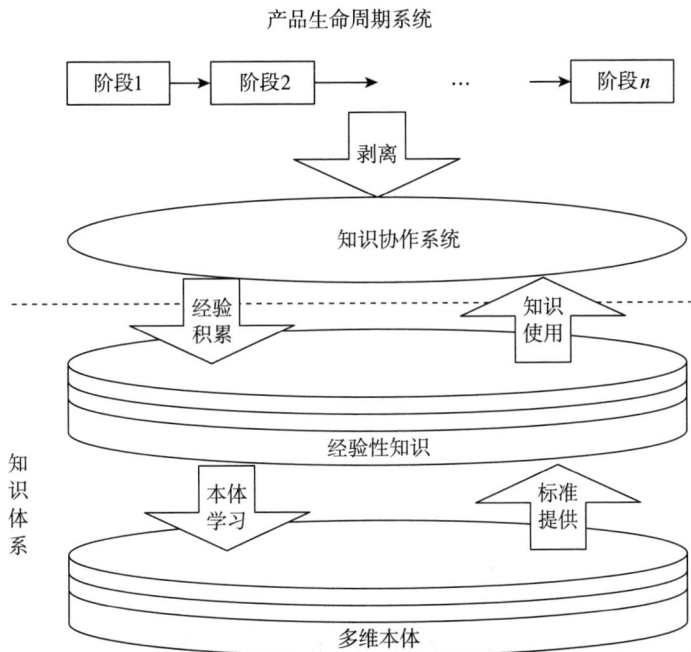

图 9-11　以多维本体为基础的知识体系

由图 9-11 可知，知识的产生来源于产品生命周期中企业组织和个人的实践活动，经过采集、存储、加工和建构形成的"经验性知识"，可以利用 BOK 对经验性知识进行组织。积累起来的知识可以反过来支持产品生命周期中各项活动的有效进行。无论知识的采集、存储、加工及建构，还是知识的使用，都需要有共同的标准，即本体。无论是在人与人之间进行知识交流，还是在计算机及各种智能设备之间传递和使用，都需要根据产品生命周期的阶段性和多领域性提供共同概念和共同语言，即多维本体。多维本体需要事先建立并在使用过程中不断地进行学习和修正。无论是建立、学习，还是修正，都需要一定的理论和方法，下面各节将详细讨论与多维本体构建相关的方法。

9.3　多维本体术语获取方法

多维本体术语大致可从两类文本中获取：一类是企业内部信息系统中的电子文本；另一类是所谓的外部文本。近年来，随着科技、经济、互联网等领域的迅速发展，与产品生命周期相关的各种电子文本的数量加速增长。如何快速有效地处理并利用这些文本数据资源已成为信息检索、知识管理、服务管理等的关键任务之一。在文本自动处理过程中，自动提取电子文本中所包含的术语集合是一项基础工作。

9.3.1　原子词步长法

所谓原子词步长法是指结合原子词词性分析与原子词串频统计而进行词汇提取的方法。这一方法能够克服原子词被不当切分及构词率低的原子词在结果中频繁出现而导致的错误词汇提取的缺陷。

下面首先介绍原子词步长法的原理与流程框架，并结合实例说明其实现过程。其次将该方法与已有的具代表性的词汇提取方法进行对比分析，以证明该方法的有效性。以下如无特殊说明，"文本"均指"中文文本"，"术语"均指"中文术语"。

1. 方法描述

原子词步长法的工作过程为：首先自动提取术语集合；其次人工删除无监督词汇提取结果中的错误结果，最终得到术语集合。其中，自动词汇提取算法的基本思想是：特定词性的原子词参与构词的概率较高，并且出现频率较高的汉字串"成词"的可能性较大。

原子词步长法的具体流程是将电子文本处理为标准化文本后，采用既有的分词和词性标注系统将文本切分为原子词并标注原子词的词性；剔除那些不可能构词的原子词(如"哎呀""需要"等)之后，将剩下的词串以原子词为步长取其子串并应用统计方法计算该子串是否符合成词的标准，符合标准的词串(包括单个原子词)作为候选术语集合；经由不成词词典的自动筛选后，再提交后人工审定得到最终的词汇提取结果。原子词步长法的流程如图 9-12 所示。

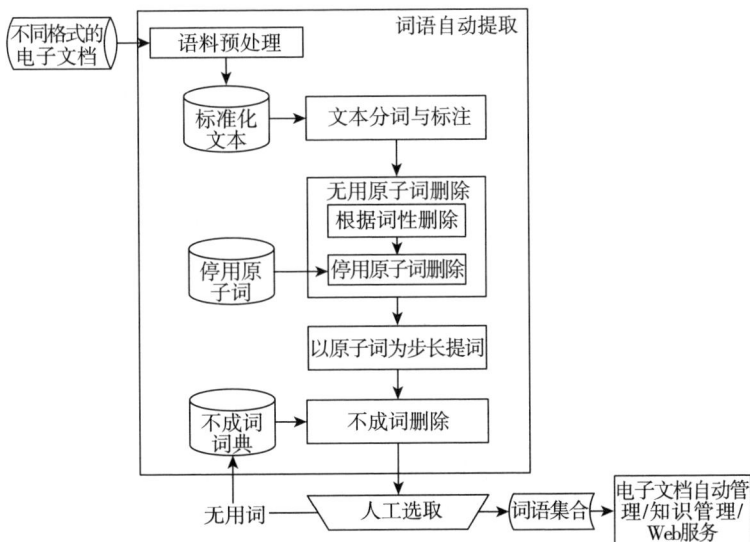

图 9-12　原子词步长法的流程

关于图 9-12 的说明包括以下几点。

(1)不同格式的电子文本是指包括文本文件、Microsoft Word 文件、HTML 网页、数据库字段等在内的电子语料。

(2)语料预处理模块将不同格式的语料标准化为统一格式的纯文本。

(3)文本分词与标注模块遍历文本，将文本切分为原子词并标注原子词的词性。

(4)无用原子词删除模块遍历经过切分和词性标注的文本，分两步删除无法构词的原子词。

(5)以原子词为步长，提词模块对剩余原子词构成的词串提取其子串，采用统计的方法判断子串是否成词，保存符合条件的子串作为候选术语。

(6)不成词删除模块依据不成词词典删除自动提取的候选术语，结果由人工挑选审定。

2. 实验与结果分析

1)语料预处理

语料预处理模块是将初始输入的电子文本标准化成统一格式的文本。去除图片、公式等无法自动处理的元素及空行等无意义的符号。输出仅保留字符、标点符号、换行符的标准化文本。对标准化文本的格式要求为：一是半角标点符号统一改为全角符号；二是文字保存格式为 utf-8。

图 9-13 为一段经过预处理后的标准化文本的示例。该文本为某一普通的电子文本经过标准化后的部分结果，不具有特殊性，能够代表其他标准化文本。因此，后续对该例的处理结果可以普遍地代表其他文本的处理。

> 　本专业培养具备现代管理学理论基础、计算机科学技术知识及应用能力，掌握系统思想和信息系统分析与设计方法以及信息管理等方面的知识与能力，能在国家各级管理部门、工商企业、金融机构、科研单位等部门从事信息管理以及信息系统分析、设计、实施管理和评价等方面的高级专门人才。本专业学生主要学习经济、管理、数量分析方法、信息资源管理、计算机及信息系统方面的基本理论和基本知识，受到系统和设计方法以及信息管理方法的基本训练，具备综合运用所学知识分析和解决问题的基本能力。

图 9-13　一段经过预处理后的标准化文本示例

2）文本分词与标注

文本分词与标注模块对标准化文本进行原子词切分，并标注每个词的二级词性。目前，最具代表性的中文原子词切分系统有两个：一个是基于统计方法和简单语法分析的 ICTCLAS 系统，另一个是基于统计方法的 IRLAS 系统。

下面采用 ICTCLAS 系统实现文本分词与原子词词性标注。图 9-13 中的标准化文本经过 ICTCLAS 1.0 系统切分和词性标注后的结果如图 9-14 所示。

> 　本/r 专业/n 培养/v 具备/v 现代/t 管理/v 学/v 理论/n 基础/n 、/w 计算机/n 科学技术/n 知识/n 及/c 应用/vn 能力/n ，/w 掌握/v 系统/n 思想/n 和/c 信息/n 系统/n 分析/vn 与/c 设计/vn 方法/n 以及/c 信息/n 管理/vn 等/u 方面/n 的/u 知识/n 与/c 能力/n ，/w 能/v 在/p 国家/n 各级/r 管理/vn 部门/n 、/w 工商/n 企业/n 、/w 金融/n 机构/n 、/w 科研/n 单位/n 等/u 部门/n 从事/v 信息/n 管理/vn 以及/c 信息/n 系统/n 分析/vn 、/w 设计/vn 、/w 实施/v 管理/vn 和/c 评价/v 等/u 方面/n 的/u 高级/a 专门/b 人才/n 。/w 本/r 专业/n 学生/n 主要/d 学习/v 经济/n 、/w 管理/vn 、/w 数量/n 分析/vn 方法/n 、/w 信息/n 资源/n 管理/vn 、/w 计算机/n 及/c 信息/n 系统/n 方面/n 的/u 基本/a 理论/n 和/c 基本/a 知识/n ，/w 受到/v 系统/n 和/c 设计/vn 方法/n 以及/c 信息/n 管理/vn 方法/n 的/u 基本/a 训练/vn ，/w 具备/v 综合/vd 运用/v 所/u 学/v 知识/n 分析/vn 和/c 解决/v 问题/n 的/u 基本/a 能力/n 。/w

图 9-14　经过切分和词性标注的文本示例

ICTCLAS 1.0 版本是源代码公开的、免费的测试版本。该版本对原子词的词性标注有两种：一种是一级词性标注，即名词标注为 n、动词标注为 v 等；另一种是二级词性标注，将一级标注细化为不同的细分词性，如名词被细分为名词性语素(ng)、人名(nr)、地名(ns)等。

3）无用原子词删除

无用原子词删除模块处理经过原子词切分和词性标注的文本，分两步删除一般不参与组成合成词的原子词，输出由保留原子词组成的一组词串的集合。该模块首先根据词性删除无法构词的原子词，将标注为特定词性的词删除，如介词、语气词等；其次删除停用原子词，即那些从词性上判断有可能构成合成词但实验证明一般不参与构词的词，如"是""把握""进行""不少"等。

为了方便后续说明，做如下定义。

定义 9.1　中文原子词串（Chinese atomic word string，AWS）是一个由一个或多个中文原子词构成的有限序列。

一个原子词串的长度是指构成该原子词串的原子词的个数。

原子词串中的相邻原子词之间使用半角空格作为分隔符。为了叙述明晰，采用下划线"_"表示空格。

将原子词串记为 AWS＝"aw_1 _ aw_2 _ $\cdots aw_n$ _ "。AWS 是原子词串的名，aw_1 _ aw_2 _ $\cdots aw_n$ _ 是原子词串的值。$aw_i (1 \leqslant i \leqslant n)$ 是一个原子词。

定义 9.2　原子词串的子串是由原子词串中任意几个连续的原子词组成的子序列。

第一，根据词性删除。

根据词性删除原子词。在该步骤中，输入经过切分和词性标注的文本后，无用原子词删除模块保留那些标注为特定词性的原子词，将不能构词或者实验证明构词率低于阈值的原子词替换为换行符。这样，该步骤输出的是一个原子词串的有序集合，原子词串由保留词性的原子词构成。输出结果中，原子词之间采用单个空格作为间隔，原子词串之间采用换行符作为间隔。

该步骤采用两种标准决定词性是否保留：①经验确定不参与构词的词性，如介词、助词等；②大量实验结果证明构词率（word-formation ratio）过低（指低于0.05）的词性。所谓构词率是指包含该词性原子词的原子词串是术语的概率，即

$$构词率 = \frac{词语的数目}{包含该词性原子词的原子词串的数目} \tag{9-1}$$

表 9-3 列举了所有保留的词性，包括一级词性及其细分的二级词性。表 9-4列举了被删除的词性。表 9-4 中的个别词性在特殊情况下也参与构词，但因其构词率极低，保留这些词性将大幅降低整个词汇提取方法的准确率，因此，在小幅影响召回率的情况下，选择排除这些词性。

表 9-3　保留的词性

一级词性	表示符号	几级词性	构词率	举例
名词	n	一级	$\gg 0.05$	功能/n　强大/a

一级词性	表示符号	几级词性	构词率	举例
名词性语素	ng	二级	>>0.05	DNA/nx 断/v 链/ng 反应/v
人名	nr	二级	>>0.05	贝叶斯/nr 方法/n
地名	ns	二级	>>0.05	四川/ns
机构团体名	nt	二级	>>0.05	卫生部/nt
未知词	nx	二级	>>0.05	ATM/nx
其他专名	nz	二级	>>0.05	海尔/nz 集团/n
动词	v	一级	>>0.05	知识/n 产权/n 滥用/v
副动词	vd	二级	0.13	智能/n 辅助/vd 决策/v
动词性语素	vg	二级	0.09	中国/ns 企业/n 集/vg 群/ng
名动词	vn	二级	>>0.05	安全/an 管理/vn
副词性语素	dg	二级	0.095	产品/n 差/dg 异化/v
形容词	a	一级	0.086	独立/a 董事/n
副形词	ad	二级	0.074	信息/n 系统/ad 集成/v
形容词性语素	ag	二级	0.087	知/ag 性/ng
名形词	an	二级	>>0.05	危险/an 源/ng
区别词	b	一级	>>0.05	中小/b 投资者/n
前缀	h	一级	>>0.05	非/h 负/b 矩阵/n
后缀	k	一级	>>0.05	学习/v 型/k 组织/v
惯用语	l	一级	>>0.05	自然规律/l
处所词	s	一级	0.077	地下/s 水资源/n
状态词	z	一级	>>0.05	随机/z 变量/n

表 9-4　删除的词性

一级词性	表示符号	几级词性	构词率	举例
时间词	t	一级	<<0.05	瞬间/t
时间词性语素	tg	二级	0.03	供货/v 商/tg
方位词	f	一级	0.026	经济/n 背景/n 下/f
代词	r	一级	<<0.05	我们/r
数词	m	一级	<<0.05	二/m 叉/n 树/v

续表

一级词性	表示符号	几级词性	构词率	举例
量词	q	一级	$\ll 0.05$	多/m　年/q
副词	d	一级	$\ll 0.05$	随机/d　分析/v
介词	p	一级	$\ll 0.05$	根据/p
连词	c	一级	$\ll 0.05$	和/c
助词	u	一级	$\ll 0.05$	地/u
叹词	e	一级	$\ll 0.05$	唉/e
语气词	y	一级	$\ll 0.05$	啊/y
拟声词	o	一级	$\ll 0.05$	咔/o　嚓/o
字符串	x	一级	$\ll 0.05$	豆/n　苕/x　矸/nr
标点符号	w	一级	$\ll 0.05$	)/w　。/w

表 9-3 和表 9-4 将二级标注的词性分为保留词性和删除词性两种。对比需要说明以下几点。

(1)表 9-3 中，区别词、前缀、后缀、惯用语、状态词等词性是基于多次实验结果得出的需要保留的词性。

(2)表 9-3 和表 9-4 中，列出构词率的词性是那些对于是否删除存在争议的词性。其中，实验证明构词率高于 0.05 的词性被保留。

(3)表 9-3 和表 9-4 列举了 ICTCLAS 1.0 中使用到的所有的一级和二级词性。

(4)尽管 ICTCLAS 1.0 是一个原子词切分系统。但是个别词性也会出现合成词，如惯用语，这不会对原子词步长法的性能产生影响。

图 9-14 中的文本经过该步骤处理后生成一个原子词串的有序集合，如图 9-15 所示。图 9-15 的左侧是图 9-14 中所展示的经过 ICTCLAS 1.0 系统切分和词性标注后的结果，图 9-15 右侧是删除构词率低的词性的原子词后的处理结果。在图 9-15 的左侧，双删除线删除的词是被 ICTCLAS 1.0 系统标注为删除词性的原子词。该步骤除了删除这些原子词外，还负责删除标点符号和词性标注，输出结果为由保留词性的原子词构成的词串的有序集合。

第二，停用原子词删除。

依据停用原子词词表进一步删除原子词。这一步骤将停用原子词替换为换行符，由此生成新的原子词串的有序集合。停用词词表中的词是标注为保留词性但一般不能构词的原子词，如是(v)、要(v)、提供(v)、不少(a)等。本小节依据项目小组以前工作中积累的停用词词表及试验结果建立该方法的停用原子词词表。

图 9-15 中的原子词串集合经过停用原子词删除的处理后形成了新的原子词

本/r 专业/n 培养/v 具备/v ~~现代/t~~ 管理/v 学/n 理论/n 基础/n 、/w 计算机/n 科学技术/n 知识/n ~~及/c~~ 应用/vn 能力/n ,/w 掌握/v 系统/n 思想/n ~~和/c~~ 信息/n 系统/n 分析/n ~~与/c~~ 设计/vn 方法/n ~~以及/c~~ 信息/n 管理/vn 等/u 方面/n 的/u 知识/n ~~与/c~~ 能力/n ,/w 能/v 在/p 国家/n ~~各级/r~~ 管理/vn 部门/n 、/w 工商/n 企业/n 、/w 金融/n 机构/n 、/w 科研/n 单位/n 等/u 部门/n 从事/v 信息/n 管理/vn ~~以及/c~~ 信息/n 系统/n 分析/vn 、/w 设计/n 、/w 实施/v 管理/vn ~~和/c~~ 评价/n 等/u 方面/n 的/u 高级/a 专门/b 人才/n 。/w 本/r 专业/n 学生/n ~~主要/d~~ 学习/v 经济/n 、/w 管理/vn 、/w 数量/n 分析/vn 方法/n 、/w 信息/n 资源/n 管理/vn 计算机/n ~~及/c~~ 信息/n 系统/n 方面/n 的/a ~~基本/a~~ 理论/n ~~和/c~~ ~~基本/a~~ 知识/n ,/w 受到/v 系统/n ~~和/c~~ 设计/vn 方法/n ~~以及/c~~ 信息/n 管理/vn 方法/n 的/u ~~基本/a~~ 训练/vn 、/w 具备/v 综合/vd 运用/v ~~所/u~~ 学/v 知识/n 分析/vn ~~和/c~~ 解决/v 问题/n 的/u ~~基本/a~~ 能力/n 。/w	专业培养具备 管理学理论基础 计算机科学技术知识 应用能力 掌握系统思想 信息系统分析 设计方法 信息管理 方面 知识 能力 能 国家 管理部门 工商企业 金融机构 科研单位 部门从事信息管理 信息系统分析 设计 实施管理 评价 方面 专门人才 专业学生 学习经济 管理 数量分析方法 信息资源管理 计算机 信息系统方面 理论 知识 受到系统 设计方法 信息管理方法 训练 具备综合运用 学知识分析 解决问题 能力

图 9-15　删除构词率低的词性的原子词后的文本示例

串集合,如图 9-16 所示。图 9-16 的左侧是输入的中间结果,即图 9-15 右侧展示的中间结果,其中被双删除线删除的是停用原子词;图 9-16 的右侧是删除停用原子词后新的原子词串集合。

4)以原子词为步长的词汇提取

经过以上三个模块可将初始输入的电子文本处理为一组原子词串的有序集合。词汇提取模块的任务是提取原子词串的子串,输出在文本中多次出现的子串,作为候选术语。这些候选术语包括原子词、合成词及部分不成词的汉字串。

词汇提取算法的思想是:由构词率较高的原子词相邻共现所组成的词串,在文本中出现的频率越高,越有可能成词。

专业 培养 具备	专业 培养 具备
管理 学 ~~理论~~ 基础	管理 学 基础
计算机 科学技术 知识	计算机 科学技术 知识
~~应用~~ 能力	能力
~~掌握~~ 系统 思想	系统 思想
信息 系统 ~~分析~~	信息 系统
~~设计 方法~~	信息 管理
信息 管理	知识
~~方面~~	能力
知识	国家
能力	管理 部门
~~能~~	工商 企业
国家	金融 机构
管理 部门	科研 单位
工商 企业	部门 信息 管理
金融 机构	信息 系统
科研 单位	管理
部门 ~~从事~~ 信息 管理	评价
信息 系统 ~~分析~~	专门 人才
~~设计~~	专业 学生
~~实施~~ 管理	学习 经济
评价	管理
~~方面~~	数量
专门 人才	信息 资源 管理
专业 学生	计算机
学习 经济	信息 系统
管理	知识
数量 ~~分析方法~~	系统
信息 资源 管理	信息 管理
计算机	训练
信息 系统 ~~方面~~	具备 综合
~~理论~~	学 知识
知识	能力
~~受到~~ 系统	
~~设计 方法~~	
信息 管理 ~~方法~~	
训练	
具备 综合 ~~运用~~	
学 知识 ~~分析~~	
~~解决~~ 问题	
能力	

图 9-16　删除停用原子词后的文本示例

算法步骤如下。

步骤 1　对于集合中的每一个原子词串 AWS，执行步骤 2。

步骤 2　对于原子词串的每一个原子词，按顺序执行步骤 3 和步骤 4。

步骤 3　切分得到以该原子词为首的 AWS 的所有子串。

步骤 4　对于每一个子串，执行步骤 5。

步骤 5　判断子串在语料中出现的次数是否超过 N 次（N 为阈值），如果超过，则执行步骤 6；否则，执行步骤 7。

步骤 6　去除子串中的间隔符形成汉字串，作为候选术语保存并记录其出现的频率。

步骤 7　返回步骤 2 开始下一原子词。

即对于 AWS＝"aw_1 _ aw_2 _ …aw_n _"，判断顺序为：

①aw_1 _

②aw_1 _ aw_2 _

⋮

i aw_1 _ aw_2 _ … aw_n _

i＋①aw_1 _ aw_2 _ … aw_{i+1} _ 出现次数小于 N 次

i＋②aw_2 _

i＋③aw_2 _ aw_3 _

⋮

对图 9-16 中的原子词串集合使用该算法，得到的候选术语如表 9-5 所示。

表 9-5　原子词步长法对术语的抽取结果

序号	术语	在语料中出现的频率（词频）
1	管理	8
2	信息	7
3	系统	5
4	知识	4
5	信息管理	3
6	信息系统	3
7	能力	3
8	部门	2
9	计算机	2
10	具备	2
11	专业	2
耗时/秒	0.28	

5）不成词删除

不成词删除模块自动删除词汇提取结果中包含在不成词词典中的候选术语。删除不成词的候选术语，可提高自动提取的准确率。

人工挑出的不成词（如"系统需求""模糊加权神经"等）还要加入不成词词典中，以防在以后的计算中再次将其列为候选术语，导致人工的重复劳动。如此反复，自动提取结果的准确率将随着不断丰富的不成词词典而持续提高。

6）人工选取

自动词汇提取的结果作为候选术语集合进行人工审定，选取其中的一个子集合作为最终的术语提取结果。子集合之外的候选术语添加到不成词词典中，用于提高后续计算的准确率。

7) 结果分析

为验证原子词步长法的性能，将该方法与当前具有代表性的词汇提取方法作对比分析。各个方法均在同样的硬件和软件环境下进行测试。

实验一 对于图 9-12 中的文本，采用文献[8]提出的长度优先的术语提取方法进行处理，得到的结果如表 9-6 所示。

表 9-6 长度优先切词方法结果

序号	术语	词频
1	管理	5
2	知识	4
3	方面	3
4	信息管理	3
5	信息系统	3
6	能力	3
7	系统	2
8	本专业	2
9	部门	2
10	计算机	2
11	具备	2
12	理论	2
耗时/秒	0.047	

实验二 采用文献[8]中的语料来比较原子词步长法与长度优先切词方法。该实验对两个领域的大语料进行了处理，得到信息领域的文本为 482 篇，字数为90 845；管理领域的文本为 245 篇，字数为 46 325。表 9-7 是在停用词相同的情况下原子词步长法与长度优先切词方法的实验结果比较。

表 9-7 原子词步长法与长度优先切词方法的结果比较

语料及其处理方法	信息		管理	
	原子词步长法	长度优先切词方法	原子词步长法	长度优先切词方法
耗时/秒	93	86	29	19
自动词汇提取数目/个	4 728	4 463	2 281	2 338
成词数目/个	4 154	3 545	1 984	1 940
准确率	0.88	0.79	0.87	0.83

由表 9-7 可以看出以下内容。

(1)"自动词汇提取数目"一行展示的是自动提取的汉字串的数目;原子词步长法未将过往词汇提取的人工积累结果记入,列出的是尚未经过不成词词典删除的结果;"成词数目"为自动提取所得汉字串中经由人工选取确定为术语的数目。

(2)原子词步长法表现出较高的准确率。由于长度优先切词方法在切分获得汉字串子串时未考虑词法,以致最终将部分不成词的子串误列入自动词汇提取结果,如"系统工""识管理"等;而原子词步长法则避免了这一问题。

(3)在这两项实验中,原子词步长法同时也表现了较高的召回率,成词数目均高于长度优先切词法。

(4)原子词步长法是一种综合了词性分析与统计的方法,在处理相同文本时,该方法比传统的仅基于统计和仅基于词性分析的方法的速度慢。

另外,对一个215K的大语料,同时采用原子词步长法及由Lee-Feng Chien提出的词汇提取方法作比较。结果表明,原子词步长法在兼顾准确率和召回率方面表现优良,在新词提取方面的准确率和召回率尤为突出。

实验结果证明,原子词步长法性能优越,提高了自动词汇提取技术的准确率,降低了获取术语过程中所需的人工修正的工作量。在无监督的情况下,该方法能够保证自动词汇提取结果的高召回率,准确率也令人满意。基于原子词切分技术的原子词步长法所使用的切词和词性标注系统仅能处理中文文本和标注中文原子词的词性,所以原子词步长法目前仅适用于提取中文文本中的术语。该方法基本不受电子文本大小的影响。

术语的自动提取技术作为文本自动处理的基础,是信息检索与知识管理等的关键技术之一。优良的自动词汇提取结果能够保证文本自动处理的性能,进而提高相关领域的自动化程度与性能。原子词步长法能够以令人满意的性能自动化地提取文本中的术语集合。在维度本体的构建、知识协调管理、自然语言处理、信息检索等领域使用该方法可以提高自动化的程度和性能。

9.3.2　信息熵和词频分布变化法

用于获取术语的信息熵和词频分布变化法不需要人工标注语料,它是一种基于统计量的术语抽取方法。信息熵体现了术语的完整性,词频分布变化体现了术语的领域相关性。通过应用信息熵,即将信息熵结合到词频分布变化的公式中进行术语抽取,再应用简单语言学规则过滤普通字符串,可对术语进行有效抽取。这种方法对低频术语有更好的抽取效果,同时抽取出的术语结构也更完整。

1. 术语抽取方法

术语抽取由三部分组成,即文本切分、基于词频分布和信息熵的候选术语抽取及规则过滤,具体流程如图9-17所示。

(1)文本切分。使用Nihao[9]分词系统对语料进行分词处理,该分词系统采

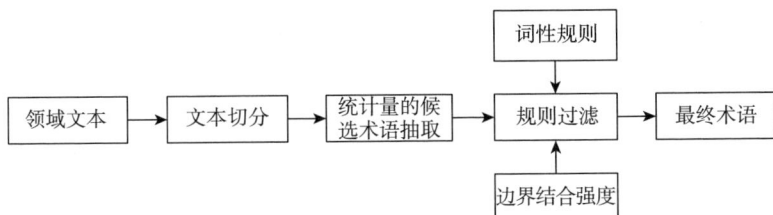

图 9-17　术语抽取流程

用了基于字和词的条件随机场(conditional random fields，CRF)模型。使用该分词系统切分出的词相对较短，有利于召回术语。分词后，用停用词表将文本切分成字符串。

(2)基于统计量的候选术语抽取。对于每一个字符串，统计其在各个文本中出现的频率，计算频率分布信息。结合字符串的信息熵，计算出字符串的术语领域相关程度和术语完整程度，从而得到候选术语。

(3)规则过滤。使用词性规则、边界结合强度和是否为普通词进行规则过滤，进一步提高术语的抽取结果。

下面分别对三部分内容进行详细描述，并将结果与基于词频分布的方法进行对比分析。

1)文本切分

采用 Heritrix 爬虫工具抓取相关语料，使用的语料来源于"太平洋汽车网"网站。先对网页进行去除 html 标签等预处理工作，得到纯文本语料。发现部分网页之间有相互引用，为了消除重复内容对抽取效果的影响，进行去重操作，最终获得大小为 0.817M 的纯文本语料，共 402 815 个字。在去除 html 标签之后，进行分词和词性标注。与一般词汇不同，术语的词性种类较少，一般只有名词、形容词、动词和副词等类型，因此词性标注可以对候选术语的过滤起到重要作用。

先利用分词工具对汽车语料进行分词，分词后应用人工收集的停用词将语料中的每一个句子切分成相对较小的片段。其中，停用词主要包含标点符号、代词、语气词、助词、连词等。这些停用词一般没有特殊的意义，术语一般不会包含这些词，可以用于切分句子。停用词示例为"啊"、"它"、"以及"、"并且"、"咦"、"大多数"、"可是"和"所以"等。停用词可以将语料切割成较小的片段，减少候选术语的数量，从而提高术语抽取的效率。例如，对于句子"底板部件由底板、充电线圈、控制盒、电容器等组成。"经过分词后的结果是"底板 \ t 部件 \ t 由 \ t 底板 \ t、 \ t 充电 \ t 线圈 \ t、 \ t 控制 \ t 盒 \ t、 \ t 电容器 \ t 等 \ t 组成 \ t。"。而其中的"由"、标点符号(包括顿号和句号)、"组成"是停用词表中已收录的停用词。这些词将被去掉，得到"底板 \ t 部件""底板""充电 \ t 线圈""控制 \ t 盒""电容器 \ t 等"五个分句，这些分句将以一句一行的格式输出到一个文本文件中，这样便得到了以词为基本单位组成的文本文件。

由于汽车语料中存在英文字母及英文汽车术语，将英文字母统一转换成半角，有利于术语的抽取。经过观察发现，语料中存在大量的单位计量的短语，如"50千瓦"、"2吨"、"4个"和"100kg"；同时，语料中还有如"如图1"、"图a1"、"2010年"和"约为5.3"的短语。以上这些短语不可能是术语，也不可能构成术语的成分。用正则表达式将这些短语去除，将字符串进一步分割，起到相当于停用词的作用。图9-18展示了一个原始字符串经过文本切分和词性标注后得到的结果。

> 处理前："2.无触点磁电机无触点可控硅磁电机（图86）由飞　　轮、底板部件和点火线圈组成。"
> 处理后："无\v 触\v 点\qb 磁\Ng 电机\n 无\v 触\v 点\qb 可　　控硅\n 磁\Ng 电机\n"
> "飞\v 轮\Ng"
> "底板\n 部件\n"
> "点火\vn 线圈\n"

图9-18　一个原始字符串经过文本切分和词性标注后的结果

2)基于词频分布和信息熵的术语抽取

基于统计量的方法需要统计每一个字符串的频率信息，应用Pat-tree[10]作为索引结构，对每一个网页对应的文本建立Pat-tree，用于统计字符串的频率信息。

在术语抽取过程中，需要反复地统计字符串出现的频率，若采用直接比较后计数的统计方法，则统计单个字符串频率算法的复杂度将达到$O(n)$，其中，n为所有文本包含的字符的总数。抽取所有术语的复杂度将达到$O(n\times m\times L)$，其中，m为所有文本包含的句子的总数，L为句子的平均长度，即每个句子所含字符的平均个数。将n换成$m\times L$，则算法的复杂度将会是$O((m\times L)^2)$。为了降低算法的复杂度，使实验可行，经过研究发现，建立Pat-tree索引可以快速访问任意长度的字符串并得到相应的频率，提高系统的效率。Pat-tree是Patricia Tree的简称，是trie结构的一种特殊形式。Pat-tree在字符串子串匹配统计计数上有着优异的性能，在全文检索上是一种高效的算法，广泛应用于自然语言处理领域。利用Pat-tree可以快速地检索语料，检索任意长度的字串及其出现的频次。

采用基于词的术语抽取的方法，不仅能减少所要统计的字符串的频率信息，而且能初步过滤掉一些边界不合理的字符串。例如，对于切分后的字符串"点火/线圈/固定"，只需将"点火""线圈""固定""点火线圈""线圈固定""点火线圈固定"作为候选术语，计算相应的统计量信息。假如以字为单位组合候选术语，则会出现类似"点火线"和"火线圈"这样一些结构不完整的候选术语，这不仅会使精确率下降，而且由于候选术语的增加会降低效率。

第一，词频分布变化方法。

由于术语具有领域相关性，因此一个术语在领域间分布不均匀，即一个术语在相关领域内出现频率较高，而在不相关邻域内很少出现或几乎不出现。同时，周浪等研究表明在同一个领域内的不同场景下（文本中），术语的词频信息分布也有很大差别[11]。因为在不同的场景中，讨论的话题不同，用到的术语自然也不同。例如，在汽车语料中，术语"共轨式喷油系统"总共出现了 5 次，且只在 2 个文本中出现，其中一个文本中出现了 4 次。

术语频率在各个文本间的波动变化可以区分术语和一般词，而样本方差是反映检验样本和总体分布波动程度的最直接的方法。方差的值越小，表明候选术语在文本间的频率变化越小，其是术语的可能性也越小。周浪等[11]提出的词频分布公式为

$$\text{DV-termhood}\,(s)=\frac{\text{tf}(s)}{\text{df}(s)}\times\sigma=\frac{\text{tf}(s)}{\text{df}(s)}\times\sqrt{\frac{1}{N-1}\sum_{i=1}^{N}(\text{tf}_i(s)-\overline{\text{tf}(s)})^2}$$

(9-2)

其中，s 表示候选术语；$\text{tf}(s)$ 表示 s 在整个语料中的出现频率；$\text{df}(s)$ 表示 s 出现的文本频率；$\text{tf}_i(s)$ 表示 s 在第 i 篇文本中的出现频率；$\overline{\text{tf}(s)}$ 表示在各个文本中出现的平均频率。该公式中不考虑候选术语出现频率为 0 的文本。考虑到有些术语只在一个文本中出现或在少数几个文本中出现的频率相同，在每个术语的分布中引入一个均值点，相当于虚构出一个文本，术语在该文本中的频率为 $\text{tf}(s)/M$。修正后的文本数为 $N+1$，其中 N 为修正前包含该术语的文本数。修正后的公式为

$$\text{DV-termhood}\,(s)=\frac{\text{tf}(s)}{\text{df}(s)}\times\sigma=\frac{\text{tf}(s)}{\text{df}(s)}\times\sqrt{\frac{1}{N}\sum_{i=1}^{N+1}(\text{tf}_i(s)-\overline{\text{tf}^*(s)})^2}\quad(9\text{-}3)$$

其中，$\overline{\text{tf}^*(s)}=\dfrac{\text{tf}(s)+\text{tf}(s)/M}{N+1}=\dfrac{(M+1)\text{tf}(s)}{M(N+1)}$，$M$ 为总的文本数。

第二，信息熵方法。

信息论中的信息熵表示单个随机变量的不确定性。随机变量越不确定，其熵值越大。当信息熵用于术语抽取时，主要用于计算字符串的边界不确定性。字符串的边界越不确定，信息熵越高，则其越可能是一个完整的词。

一般通过计算字符串的左信息熵和右信息熵来衡量字符串左右边界的不确定性。在汽车语料中，在"底板上只有一根引出线接在点火线圈上，点火线圈中心有磁性棒，高压点火线拧紧在点火线圈的木螺钉上。"中，"点火线圈"出现了 3

次，它的左邻接字有"在"和"，"，右邻接字有"上"、"中"和"的"。在整个语料中，字符串"点火线圈"总共出现了 30 次，不同的左邻接字有 19 个，右邻接字有 21 个，可见"点火线圈"的左右搭配词都很不固定，因此"点火线圈"很有可能是一个完整的词，进而可能是汽车术语。而在考察"点火线"是否完整时，发现"点火线"在整个语料中出现了 33 次，其不同的左邻接字有 21 个，右邻接字只有 3 个，则"点火线"不适合作为一个完整的词。

左信息熵和右信息熵的公式分别为

$$\mathrm{LE}(s) = -\sum_{l \in L} p(\mathrm{ls} \mid s) \log_2 p(\mathrm{ls} \mid s) \tag{9-4}$$

$$\mathrm{RE}(s) = -\sum_{r \in R} p(\mathrm{sr} \mid s) \log_2 p(\mathrm{sr} \mid s) \tag{9-5}$$

其中，s 为候选字符串；ls 为 s 的左邻接字 l 和 s 结合所构成的字符串；$p(\mathrm{ls} \mid s)$ 表示在语料中出现 s 的情况下，s 的左邻接字是 l 的条件概率。sr 为 s 和 s 的右邻接字 r 结合构成的字符串；$p(\mathrm{sr} \mid s)$ 表示在语料中出现 s 的前提下，s 的右邻接字为 r 的条件概率。LE(s)为字符串 s 的左信息熵；RE(s)为字符串 s 的右信息熵。LE(s)和 RE(s)越大，说明左右邻接字越不固定，则 s 独立成词的可能性越大。为了综合评价 s 独立成词的可能性，任禾和曾售芳通过给左信息熵和右信息熵设定相同的阈值来过滤不能独立成词的词[12]，即

$$\mathrm{RE}(s) \geqslant E_{\min} \text{且 } \mathrm{LE}(s) \geqslant E_{\min} \tag{9-6}$$

其中，$E_{\min}$ 为人工设定的阈值。

第三，词频分布与信息熵相结合的方法。

在基于信息熵的术语抽取方法中，分别为左信息熵和右信息熵设定阈值存在局限性。不仅在阈值调节时会比较烦琐，而且也不能很好地处理字符串左信息熵和右信息熵的不平衡。假如字符串的左信息熵较低，同时右信息熵较大，字符串仍有可能是候选术语。例如，术语"共轨系统"的左信息熵为 2.09，右信息熵为 3.45；术语"油压"的左信息熵为 3.53，右信息熵为 2.23。在结合左信息熵和右信息熵的同时，综合考虑左信息熵和右信息熵的不平衡性，将得到如下的信息熵公式。

$$\mathrm{Entropy} = \mathrm{LE}(s) \times \mathrm{RE}(s) \tag{9-7}$$

在基于词频分布的术语抽取方法中，词频分布只考虑了术语的领域相关性，而没有考虑术语是否独立成词，因此很可能会抽取出一些结构不完整的字符串，如"手动变速箱系统"，而语料中正确的术语应该是"自动变速箱系统"。词频分布公式中引入了平均词频，但用信息熵代替平均词频能很好地对术语是否独立成词加以判断，由此可得

$$\mathrm{DV\text{-}entropy}(s) = \mathrm{Entropy} \times \sigma = \mathrm{Entropy} \times \sqrt{\frac{1}{N} \sum_{i=1}^{N+1} (\mathrm{tf}_i(s) - \overline{\mathrm{tf}^*(s)})^2}$$

$$\tag{9-8}$$

3）规则过滤

过滤规则主要有词性规则、普通词过滤、边界判定是否合理、是否在其他语料中出现次数较多等。只考虑词频大于 2 的候选术语，且候选术语的长度小于10。使用的词性规则主要是术语词性的组合方式。

所采用的规则说明如下。

（1）词性规则主要包括：①术语中不能包含叹词、代词、处所词、状态词；②术语不能以助词、连词、后缀开头；③术语不能以前缀、方位词、连词、助词结尾；④术语中必须含有名词、动词或量词成分。这些词性规则是在周浪等的词性规则[11]基础上改进的，以符合汽车术语的词性规律。

（2）由于绝大多数的普通词都不是术语，用分词字典构建一个普通词列表，用于过滤候选术语中的普通词，如"上课"、"下雨"和"春天"等。

（3）虽然应用了信息熵，但还是有些候选术语不能独立成词。通过进一步的边界判定进行过滤，算法过程如图 9-19 所示。

（1）语料经过停用词分割后的字符串集为 A。

（2）遍历字符串集 A，找出包含候选术语 s 的所有字符串 B。

（3）对 B 中每一个字符串分词。

（4）ld=0，rd=0，遍历每一个分词后的字符串 $a_1, a_2, \cdots, a_n$，其中 $s = a_i \cdots a_j$。计算 $a_{i-1} a_i$ 的互信息值 MI $(a_{i-1}\ a_i)$，计算 $a_i a_{i+1}$ 的互信息值 MI $(a_i a_{i+1})$。若 MI $(a_{i-1}\ a_i)$ <MI $(a_i a_{i+1})$，则 ld+=1，反之 ld=1。同理，若 MI $(a_j a_{j+1})$ <MI $(a_{j-1} a_j)$，则 rd+=1，反之 rd=1。

（5）过滤 ld<0 ‖ rd<0 的候选字符串。

图 9-19　边界判定算法

（4）应用辅助的计算机语料，在同样规模语料的情况下，若候选术语在计算机语料中的词频超过在汽车语料中词频的一半，则将候选术语过滤。

2. 实验及结果分析

为了得到精确率高的术语，将规则过滤后的术语按其 DV-entropy 值从高到低排序。DV-entropy 值越高的词汇，其是术语的可能性也越高。本书实验使用的语料较小，只有 0.817M，周浪等使用的语料大小为 1.27M，他主要评价了前2 000 个抽取出的术语[11]。为了与周浪等的方法进行比较，只评价前 1 300 个抽取出的术语。实验结果的评价标准采用精确率、召回率和 F-值，分别如式(9-9)~式(9-11)所示。

$$精确率(P) = \frac{抽取出的正确术语总数}{抽取出的术语总数} \tag{9-9}$$

$$召回率(R) = \frac{抽取出的正确术语总数}{语料中的术语总数} \tag{9-10}$$

$$F\text{-值} = \frac{2 \times 精确率 \times 召回率}{精确率 + 召回率} \tag{9-11}$$

在使用相同的语言学规则和语料的情况下,表 9-8 对比了词频分布方法和信息熵方法的术语抽取性能。在抽取相同数量术语的前提下,比较术语的精确率、召回率和 F-值。分别比较了抽取 100、200、500、800、1 000、1 300 个术语时,两种方法熵值由高到低排序的结果。

表 9-8   词频分布方法(DV-termhood)和信息熵方法(DV-entropy)的比较(单位:%)

方法	精确率/召回率/F-值					
	100	200	500	800	1 000	1 300
DV-entropy	94.0/1.6/3.1	92.5/3.1/5.9	84.8/7.0/13.0	79.1/10.5/18.5	76.8/12.7/21.8	73.7/15.9/26.1
DV-termhood	74.0/1.2/2.4	72.5/2.4/4.7	66.4/5.5/10.1	62.8/8.3/14.7	63.1/10.5/17.9	59.5/12.8/21.1

表 9-8 表明随着抽取出的术语数量的增加,术语的精确率在降低,召回率在增加,F-值也在增加。从总体上看,在抽取出相同数量的术语时,信息熵方法的精确率、召回率和 F-值都要比词频分布方法高。由于抽取的术语相对于语料含有的术语量较少,信息熵和词频分布方法的召回率和 F-值区分不大,下面进一步分析精确率。

表 9-8 表明前 100 个抽取的术语的精确率远高于前 1 300 个抽取的术语的精确率,因而可以得出,字符串的 DV-entropy 值越高,则字符串是术语的可能性越大。从 0.817M 的语料中抽取出 1 300 个术语,术语相对稀疏,由此可知本方法对低频术语具有较好的识别能力。由表 9-8 可以看出,改进后的方法比基于词频分布的方法的精确率要高 14%~20%。这是因为改进后的方法能很好地判断抽取出的术语是否完整,同时又结合了术语的领域分布不平衡特征。周浪等的基于词频分布的方法会抽取出一些在少数文本中出现频率较高的字符串[11]。例如,"公式下"只出现在一个文本中,因而其 DV 值相对较高,从而引入错误。信息熵可以度量字符串"公式下"的完整性,因此结合信息熵和词频分布变化的方法可以避免类似的错误。

改进后结果得到了提高,但也存在一些错误。

(1)对于文本中那些结构完整、出现频次高的字符串,其信息熵值一般会随着频次的增加而增加。虽然其词频分布变化较小,但最终的 DV-entropy 值会比较高。例如,"制动时"的频次为 67,信息熵为 13.8,其对应的方差值为 2.0,最终其 DV-entropy 值高达 27.6,而使用的词性规则不足以过滤它,因此会引入错误。类似的识别的错误串有"汽车经过设计"、"传递动力"和"总质量"等。

(2)原本属于同一个文本中的内容,经过分页后,会存在于多个网页中,而本实验在处理的过程中,并没有将这些网页合并。这会使公式中词频分布变化部分降低方差值，从而降低 DV-entropy 值。因此，文本分页问题会影响所提出的方法的性能。

在使用相同的语料和语言学规则的情况下，进一步比较 DV-entropy 方法和 DV-termhood 方法对整个语料的抽取精度和计算时间（参见表 9-9）。可以看出，信息熵方法的精确率、召回率和 F-值分别比 DV-termhood 方法提高了 6.19%、3.08% 和 4.38%。同时对两种方法的计算时间进行了对比实验，DV-termhood 方法的执行时间为 143.75 秒，而 DV-entropy 方法的执行时间为 330.11 秒，后者大约是前者的两倍。

表 9-9　两种方法的比较

方法	精确率/%	召回率/%	F-值/%	计算时间/秒
DV-termhood	40.84	34.71	37.52	143.75
DV-entropy	47.03	37.79	41.90	330.11

词频分布变化表示术语的领域相关性，信息熵表示术语的完整性。在词频分布变化中加入信息熵值，对低频术语有较好的识别能力。

9.4　多维本体领域概念获取方法

多维本体领域概念的获取就是建立维度本体所对应的领域本体的概念集合。考虑到不同的术语在内涵上可能对应同一个概念，因此需要对获取的术语集合进行处理，从中提取出领域概念。建立领域本体概念集合（domain ontology concept set 或 domain-specific concept set）是确定领域（或应用）后进行领域本体构建的关键步骤，是在文本语料或已获得的术语集合的基础上完成的。领域概念集合是领域本体的基础，决定着所构建的本体能否完整地描述领域的能力。因此，领域概念学习方法和技术是一种基本的和重要的支持本体构建的方法。

本节介绍一种人机结合的从文本语料库提取领域本体概念集合的本体学习方法——领域隶属同义词分析法。该方法首先从领域语料中提取术语集合，删除其中非领域专有的术语，得到领域专有术语集合；其次合并该集合中的同义词，得到候选领域本体概念集合。

9.4.1　领域隶属同义词分析法

领域本体描述了该领域的概念模型，统一领域概念的术语，提供了对该领域知识的共同理解。领域概念模型的基础是领域概念的集合。一个领域概念是描述一组领域对象的共同特征的知识单元。构建领域概念集合是一项困难的任务，依靠领域专家进行人工构建费时费力，且结果易受到专家知识面等主观因素的影响而无法在领域内达成一致。

采用本体学习方法和技术可以有效解决领域概念集合构建的问题。在本体学习方面，领域概念学习方法主要用于支持构建领域概念语词的集合，辅助领域专家收集领域概念和统一概念的词语（领域术语），即构建领域概念所唯一对应的术语的集合。在构建领域本体概念集合时，可以采用领域概念学习方法，从词典、文本语料等数据源中自动获取概念集合。由于中文没有一个如英文的 WordNet 一样的电子词典，中文本体学习方法一般都是不基于词典的方法。基于专业词典的方法领域独立性差，即通用性差；而不基于词典的方法性能不稳定，结果无法令人满意，需要领域专家对自动学习的结果做大量人工修正才能得到相对较好的领域本体的概念集合。

为进一步提高领域本体概念学习方法的性能，降低领域专家人工修正的工作量，下面介绍一种基于文本语料库的领域概念学习方法——领域隶属同义词分析法。该方法是一种人机结合构建领域本体概念集合的方法，其核心思想是采用同义词合并法消除术语集合中的同义词现象。在给定文本语料库和术语集合获取方法的条件下，采用该方法能够半自动地获取领域本体的概念集合。

领域本体概念集合构建的工作步骤为：首先自动提取得到候选领域概念；其次将学习结果交给领域专家进行挑选、修改、细化概念说明等工作步骤，最终得到领域本体的概念集合。在自动提取领域概念时，可采取领域隶属同义词分析法。该学习方法由两个子方法组成，即基于文本语料库的领域专有术语学习方法和基于意义组合原理的同义词合并方法，前者自动提取所有领域概念的语词（领域术语）的集合，后者合并集合中的同义词，实现概念与术语的一一对应。在给定合适语料库的前提下，该方法按照图 9-20 所示的流程来半自动化地构建领域本体的概念集合。

(1)术语获取模块处理领域语料（即前景语料），获得其中所包含的术语的集合。该模块既可以采用词汇提取方法自动提取术语集合，也可以由领域专家通过人工阅读前景语料手工获得。由于目前已出现了效果良好的自动词汇提取方法，一般说来，术语集合可以通过词汇提取方法获得，如前文介绍的原子词步长法。

(2)领域概念学习模块自动处理术语获取模块所得到的术语集合，输出候选领域概念。该模块首先分析每一个术语隶属于领域的程度，自动删除其中的非领域专有术语，得到一个领域专有术语的集合；其次消除集合中的同义词现象，将一组同义词合并为一个概念，便可得到候选领域概念的集合。

(3)在人工修正模块，领域专家手工处理前一模块计算得到的候选领域概念集合，删除不正确的结果，添加遗漏的概念，修改不正确的同义词合并结果，细化概念的说明，从而得到最终的领域本体概念集合。

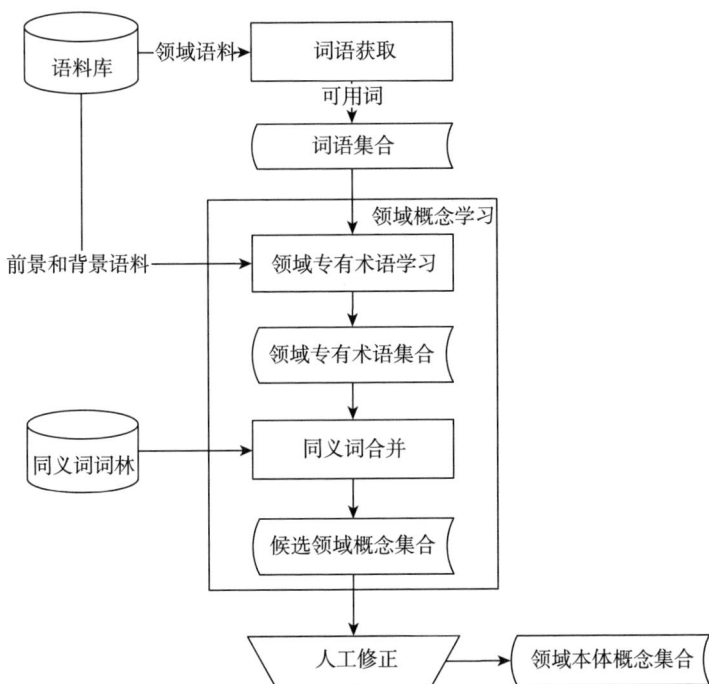

图 9-20 领域本体概念集合构建方法流程图

9.4.2 领域专有术语学习方法

领域专有术语(domain-specific term,简称领域术语)是能够描述领域的最恰当的术语,是代表领域概念的标准化术语。进一步讲,称一个领域中的所有领域术语组成的集合为领域专有术语集合(domain-specific term set,简称领域术语集合)。领域术语集合是能够代表领域特点的最小术语集合。

属于同一领域的电子文本中包含着相同的术语,因此,可以从领域文本中获取这些术语作为领域术语。获取的方式有三种,即手工方式、自动学习方式及半自动化方式。手工方式仅靠领域专家手工完成所有领域术语收集与挑选过程,耗时耗力且易受到不同观点的影响而造成不一致;自动方式可以提高效率,但是由于自然语言的复杂性,一般来说效果并不尽如人意。

下面介绍一种以半自动化的方式、自动提取领域术语集合、由领域专家最终审定的方法。该方法能够依据由前景语料和背景语料组成的文本语料库半自动地获取领域术语集合。方法描述之前,先给出领域隶属度(domain membership degree,DMD)的定义。

定义 9.3 领域隶属度是指某一术语隶属于该领域的程度。

定义 9.4 领域术语是指能够表示领域主题的术语。例如,$t_{i,k}$ 为领域 D_k 的一个领域术语，它对于 D_k 的领域隶属度记为 $\mathrm{DMD}_{i,k}$。同一术语可以用不同的隶属度隶属于不同的领域。

定义 9.5　领域术语集合是指该领域的所有领域术语组成的集合，是能够代表领域特点的最小术语集合。

领域术语集合可以表示领域主题，其意义在于：①辅助领域文本表示、文本聚类和文本检索等文本挖掘和知识发现工作；②规范领域术语，有助于领域内部顺畅交流和学者国际间交流；③构成领域本体的基础。

1. 方法描述

本书中的领域术语学习方法为无词典的学习方法，本方法能够从文本语料库中提取得到领域术语。该方法基于从领域语料中提取到的术语集合，分析每一个术语的领域隶属度，将术语以隶属度降序排列提供给领域专家，由人工确定最终的领域术语集合。基于文本语料库的领域术语学习方法的流程如图 9-21 所示。

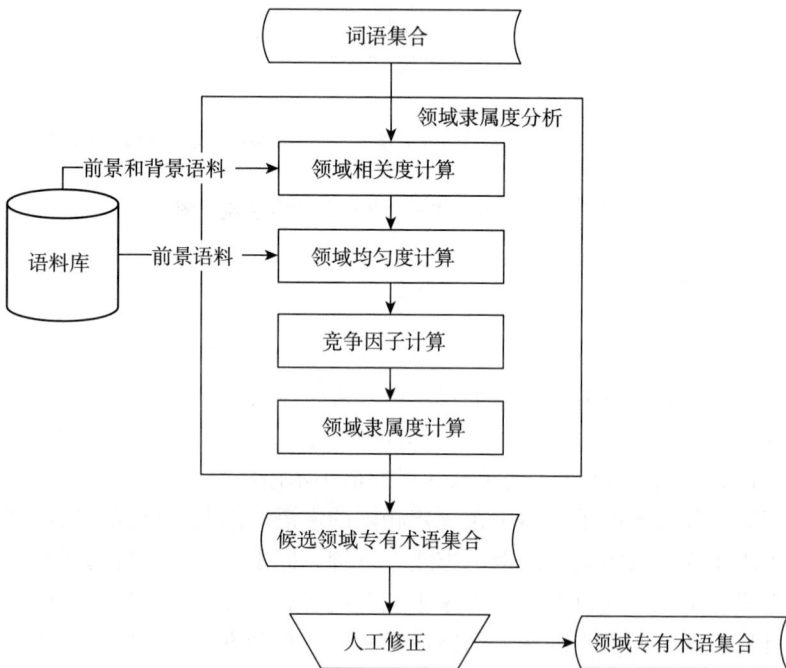

图 9-21　基于文本语料库的领域术语学习方法

（1）语料库。该方法使用前景语料（foreground corpora）和背景语料（background corpora）获取领域术语。前景语料是包含丰富领域术语的领域文本库，一般应由若干标准化的领域文本文件组成；背景语料是用来与前景语料作对比以突显领域术语在领域文本与非领域文本中表现的不同的统计特征的电子文本库，由三个以上不同领域的若干个领域文本组成。

语料库 C 由 $m(m\geqslant3)$ 个领域的前景语料共同构成。学习领域 D_k 的术语时，前景语料为 Cf_k，背景语料 Cb_k 由语料库中其他 $m-1$ 个领域的前景语料 $\mathrm{Cf}_l(1\leqslant l\leqslant m，l\neq k)$ 构成。要求前景语料（即领域语料）Cf_k 完全包含 D_k 的所有术语，并且反映术语的真实使用状况。

（2）术语集合是前景语料（即领域语料）中的专有术语和其他通用词的集合。

（3）领域隶属度分析模块对前一模块提取的术语进行统计分析以提高准确率，经过筛选，输出候选领域术语集合及其领域隶属度值。

该模块使用领域隶属度算法计算每一术语的领域隶属度值。该算法借鉴并改进了 Navigli 在本体构建工作中设计并实现的术语自动学习的算法[13]。领域隶属度分析算法采用三个指标衡量术语的领域隶属度，即领域相关度（domain relevance，DR）、领域均匀度（domain consensus，DC）和竞争因子（competition factor，CF）。其中，领域相关度衡量术语与领域的相关程度；领域均匀度衡量术语在领域语料中分布的均匀程度；竞争因子是一个调整领域隶属度的因子。该模块能够自动删除领域不相关（领域相关度 $\leqslant0$）及在领域语料中分布得不均匀（领域均匀度 $\leqslant0$）的术语。

（4）人工修正。该模块基于前述自动学习的结果采用人机交互的方式最终确定领域术语集合。以领域隶属度值降序排列，将候选领域术语提供给领域专家，确定一个子集作为领域术语集合。专家可以手工添加候选术语之外的术语。该模块的输入为候选领域术语集合及每一术语的领域隶属度，输出为领域术语集合。

在实际的领域本体概念集合的构建过程中，人工修正模块的工作也可以在执行完同义词合并模块步骤之后进行。

人工修正模块是一个专家手动修改领域术语集合的过程，易于理解，这里不再详细介绍。后文将重点介绍领域隶属度分析模块的算法。

2. 领域隶属度计算

领域隶属度分析模块分析术语隶属于领域的程度。该模块的输入是从前景语料提取得到的术语集合及术语的出现频率、前景语料和背景语料；输出为候选领域术语及其领域隶属度值。该模块基于文本语料库，采用统计方法，自动删除非领域专有的术语。试验证明，领域隶属度值较高的术语是领域术语的概率较大。

该模块所采用的统计算法的基础为：如果某术语在前景语料 Cf_k 中出现的概率比在背景语料 Cb_k 中出现的概率高且在前景语料中分布均匀，那么就有可能是 D_k 的领域术语。

领域隶属度由三个指标构成，即领域相关度、领域均匀度和竞争因子。

1）领域相关度

领域相关度衡量术语与领域是否相关及其相关的程度。术语 t 与领域 D_k 的领域相关度计算公式为

$$DR_{t,k} = \lg\left(\frac{P(t \mid Cf_k)}{P(t \mid Cb_k)}\right)\lg(TF_{t,k}) \qquad (9\text{-}12)$$

其中，$P(t \mid Cf_k)$ 和 $P(t \mid Cb_k)$ 分别为 t 在前景语料 Cf_k 和背景语料 Cb_k 中出现的概率。在实际计算时，将其分别估计为

$$E(P(t \mid Cf_k)) = \frac{TF_{t,k}}{mf_k} \qquad (9\text{-}13)$$

$$E(P(t \mid Cb_k)) = \frac{\sum_{Cf_1 Cb_k} TF_{t,1}}{mb_k} \qquad (9\text{-}14)$$

$$TF_{t,i} = \sum_{c_j \in Cf_i} tf_{t,j} \qquad (9\text{-}15)$$

其中，$TF_{t,i}$ 为术语 t 在前景语料 Cf_i 中出现的频率；mf_i 为 Cf_i 中的文本数目；mb_k 为背景语料 Cb_k 中的文本数目；$tf_{t,j}$ 为 t 在文本 c_j 中出现的次数。

领域相关度算法与 TFIDF（term frequency-inverse document frequency）[14] 有些类似。由两部分构成：第一，$\lg\left[\dfrac{P(t \mid Cf_k)}{P(t \mid Cb_k)}\right]$ 指示当术语在前景语料（即领域语料）的出现概率高于背景语料（即非领域语料）时，称该术语与该领域正相关；否则，与领域不相关。不相关的术语不作为领域术语。第二，$\lg(TF_{t,k})$ 使高词频的术语领域相关度值高，即与领域的相关度高。

因此，如"作用""企业"等通用词，尽管其在前景语料中出现频率较高且分布均匀度高，但由于该类术语在背景语料中也均匀分布，所以在绝大多数领域中的领域相关度值为负或零。领域相关度表示其与领域无关。

实验结果表明，以前景语料中所包含的术语集合作为输入时，领域相关度算法能够自动删除术语集合中 40%～50% 的术语。

计算所有术语的领域相关度值时，时间复杂度为 $O(n' \times mf_k \times mb_k)$，$n'$ 为从领域语料中提取得到的术语的数目，mf_k 和 mb_k 分别为前景语料和背景语料中的文本数目。

2）领域均匀度

领域均匀度反映领域正相关（领域相关度＞0）的术语在领域语料的各个文本中分布的均匀程度。术语 t 在领域 D_k 的领域均匀度计算公式为

$$DC_{t,k} = \sum_{c_j \in Cf_k}(P(t \mid c_j))\lg\frac{1}{P(t \mid c_j)} \qquad (9\text{-}16)$$

其中，$P(t \mid c_j)$ 为 t 在文本 c_j 中出现的概率，c_j 为前景语料 Cf_k 中的一个文本。在实际计算时，将 $P(t \mid c_j)$ 估计为

$$E(P(t \mid C_j)) = \frac{tf_{t,j}}{TF_{t,k}} \qquad (9\text{-}17)$$

其中，$\mathrm{tf}_{t,j}$ 为术语 t 在领域前景语料 Cf_k 中的第 j 个文本中出现的频率。

可以看到，领域均匀度的定义类似于信息熵。领域均匀度指示术语在 Cf_k 中的分布是否均匀。领域均匀度值越高，在领域语料中分布得越均匀，也就是说，在 Cf_k 中较多的领域文本中出现，是领域术语的可能性较大。领域均匀度值为 0 是指该术语仅在前景语料的一个领域文本中出现过，不列入候选领域术语集合中。

领域均匀度指标使那些在前景语料（即领域语料）中分布不均匀的术语的领域隶属度值较低，从而在提供给领域专家人工选择的候选领域术语集合中排序靠后，甚至不作为候选领域术语。例如，在学习"知识管理"领域的术语时，由于前景语料中包含 1 篇煤炭企业知识管理的文本，而在背景语料的其他领域语料中没有出现，所以"煤炭企业"的领域相关度值为正；但由于其领域均匀度值为 0，因此，不会将其误列入知识管理领域的候选领域术语集合中。

实验结果表明，以前景语料中所包含的术语集合作为输入时，领域均匀度算法能够自动删除术语集合中 $20\%\sim30\%$ 的术语。

计算所有术语的领域均匀度值时，其时间复杂度为 $O(n''\times\mathrm{mf}_k)$，$n''$ 为术语集合中经领域相关度算法筛选后剩余术语的数目。

3）竞争因子

竞争因子是指术语在领域前景语料中的出现概率与在其他领域语料中的最大出现概率的比值。术语 t 在领域 D_k 的竞争因子计算公式为

$$\mathrm{CF}_{t,k}=\frac{P(t\mid\mathrm{Cf}_k)}{\max_{\mathrm{Cf}_1\in C}P(t\mid C)} \tag{9-18}$$

其中，$C=\mathrm{Cf}_k\bigcup\mathrm{Cb}_k$。

可以看到，当 $P(t\mid\mathrm{Cf}_k)=\max_{\mathrm{Cf}_1\in C}P(t\mid C)$ 时，$\mathrm{CF}_{t,k}=1$，术语 t 在领域 D_k 的前景语料中出现的概率比其他领域的高。$\mathrm{CF}_{t,k}=1$ 表示 t 更可能是 D_k 的领域术语。$\mathrm{CF}_{t,k}<1$ 时，尽管 t 与 D_k 正相关，但 t 对于领域 D_k 的隶属度大幅降低。例如，术语"信息技术""决策支持系统"等在知识管理领域的前景语料中出现概率较高，但比管理信息系统领域中的概率低。那么，该术语为管理信息系统领域的专有术语，而同时也以较低的领域隶属度隶属于知识管理领域。

竞争因子通过对领域相关度和领域均匀度的值施加约束来调整领域隶属度领域隶属度值，增加了领域隶属度衡量术语为领域专有的程度的功能。

计算所有术语的竞争因子的时间复杂度为 $O(n\times l\times\mathrm{mf}_l)$，其中，$n$ 为术语集合中经领域相关度和领域均匀度算法筛选后剩余的术语的个数，l 为语料库中领域的个数，mf_l 为 Cf_l 中的文本数目。在实际计算中，为了降低竞争因子算法的时间复杂度，仅将 $P(t\mid\mathrm{Cf}_k)$ 值与已计算并学习了领域术语的领域的值相比较，实际计算公式为

$$\mathrm{CF}'_{t,k} = \frac{P(t \mid \mathrm{Cf}_k)}{\max_{\mathrm{Cf}_l \in C'}(P(t \mid C'))} \tag{9-19}$$

其中，C' 为已学习领域术语的领域的领域前景语料的并集。

由于 $P(t \mid \mathrm{Cf}_k)$ 与 $P(t \mid \mathrm{Cf}_l)$ 在领域相关度算法中已经计算得出，竞争因子算法的时间复杂度降为 $O(n \times l')$，l' 为 C' 中的领域的个数。

4）领域隶属度

领域隶属度计算算法将领域相关度、领域均匀度和竞争因子三个因素综合起来，衡量候选领域术语的领域隶属度。领域隶属度的计算公式为

$$\mathrm{DMD}_{t,k} = \mathrm{CF}'_{t,k} \times (\alpha \times \mathrm{DR}_{t,k}^{\mathrm{norm}} + (1-\alpha) \times \mathrm{DC}_{t,k}^{\mathrm{norm}}) \tag{9-20}$$

其中，$0 \leqslant \alpha \leqslant 1$。$\mathrm{DR}_{t,k}^{\mathrm{norm}}$ 和 $\mathrm{DC}_{t,k}^{\mathrm{norm}}$ 分别为标准化后的 $\mathrm{DR}_{t,k}$ 和 $\mathrm{DC}_{t,k}$，分别定义为

$$\mathrm{DR}_{t,k}^{\mathrm{norm}} = \frac{\mathrm{DR}_{t,k} - \min(\mathrm{DR}_k)}{\max(\mathrm{DR}_k) - \min(\mathrm{DR}_k)} \tag{9-21}$$

$$\mathrm{DC}_{t,k}^{\mathrm{norm}} = \frac{\mathrm{DC}_{t,k} - \min(\mathrm{DC}_k)}{\max(\mathrm{DC}_k) - \min(\mathrm{DC}_k)} \tag{9-22}$$

该算法的输入为经由领域相关度与领域均匀度因子过滤后余下的领域相关且分布均匀的术语；输出为各个术语的领域隶属度。

实验结果表明：当背景语料足够大时，α 的最佳取值为 0.8；相对较小时，α 取 0.95。

3. 方法性能分析

为验证领域术语学习方法的性能，选择知识管理领域进行术语学习。采用的前景语料是知识管理领域的项目建议书摘要，共有 317 个文本，8 万汉字；背景语料包含 75 个领域，共有项目建议书摘要 37 443 篇，约 1 000 万汉字。

先提取出前景语料所包含的术语，共得到 4 431 个术语，其中，2 059 个术语与知识管理领域不相关（领域相关度≤0），因而先被自动删除；2 597 个术语或者与领域不相关或者仅在一个领域的文本中出现过（领域相关度≤0 或领域均匀度＝0），也不将其列入候选领域术语集合中；剩余的 1 834 个术语中，有 441 个术语的竞争因子为 1。

表 9-10～表 9-12 展示了领域隶属度分析方法所获得的领域术语，其中术语按照表头中带有"↓"符号的列中的数值倒序排列。

表 9-10　知识管理领域领域相关度值最大的前 10 个术语

术语	竞争因子	领域相关度 ↓	领域均匀度	领域隶属度
知识管理	1	1	0.90	0.98
知识	0.98	0.99	1	0.99
企业知识	1	0.83	0.86	0.83

续表

术语	竞争因子	领域相关度 ↓	领域均匀度	领域隶属度
知识共享	1	0.79	0.67	0.76
隐性知识	1	0.78	0.52	0.73
知识转移	1	0.72	0.50	0.68
知识创新	1	0.71	0.56	0.68
企业知识管理	1	0.71	0.83	0.73
隐性	1	0.70	0.52	0.67
知识资本	1	0.70	0.54	0.67

表 9-11　知识管理领域领域均匀度值最大的前 10 个术语

术语	竞争因子	领域相关度	领域均匀度 ↓	领域隶属度
知识	0.98	0.99	1	0.99
企业	0.446	0.54	0.97	0.28
通过	0.45	0.13	0.93	0.19
管理	0.48	0.52	0.91	0.29
知识管理	1	1	0.90	0.98
知识管理理论	1	0.60	0.90	0.66
因素	0.39	0.18	0.89	0.13
过程	0.69	0.25	0.88	0.26
基础	0.587	0.15	0.88	0.21
主要	0.62	0.12	0.87	0.18

表 9-12　知识管理领域领域隶属度值最大的前 10 个术语

术语	竞争因子	领域相关度	领域均匀度	领域隶属度 ↓
知识	0.98	0.99	1	0.99
知识管理	1	1	0.90	0.98
企业知识	1	0.83	0.86	0.83
知识共享	1	0.79	0.67	0.76
企业知识管理	1	0.71	0.83	0.73
隐性知识	1	0.78	0.52	0.73
知识创新	1	0.71	0.56	0.68
知识转移	1	0.72	0.50	0.68

续表

术语	竞争因子	领域相关度	领域均匀度	领域隶属度 ↓
隐性	1	0.70	0.52	0.67
知识资本	1	0.70	0.54	0.67

表9-10～表9-12的说明如下。

(1)在不影响结果展示的前提下，为了使数据简洁明了，表9-10～表9-12中对应领域相关度、领域均匀度、竞争因子和领域隶属度列中的数据分别进行了四舍五入。

(2)表9-10中的术语与知识管理领域的相关度较高，在知识管理领域语料中出现的频率高且远高于背景语料。但个别术语，如"知识转移"出现的均匀度差。

(3)表9-11中的术语在前景语料中分布均匀度较高，几乎在前景语料的每一个文本中都有出现。但一些术语，如"企业""管理"等的领域相关度值低，导致领域隶属度值较低。

(4)表9-12仅列出领域隶属度值最高的前10个术语，从表9-12中可以看到领域隶属度值能够为专家确定领域术语集提供较好的决策支持。

(5)由于与领域紧密相关的术语在领域语料中出现概率都较高，因此，相关度与隶属度值均高的术语，其领域竞争因子几乎都为1。

图9-22比较了在学习知识管理领域的领域术语时，领域隶属度方法与常用的TFIDF算法的召回率，X轴为按照领域隶属度由大到小的术语的序列，Y轴为召回率。

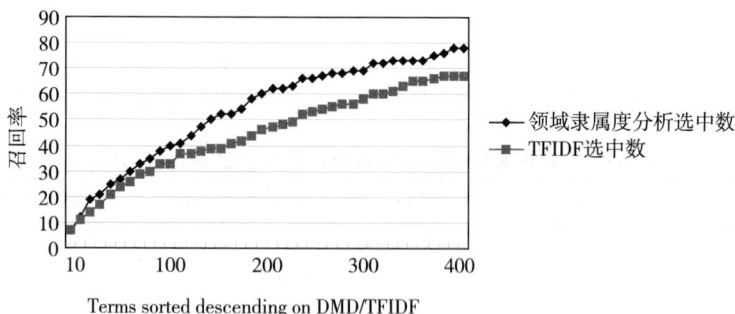

图9-22　领域术语提取方法性能

表9-13比较了领域隶属度方法和IFIDF算法的准确率。准确率是以每10个术语为单位的区间准确率。例如，领域隶属度方法获得的前10个术语中，如有7个最终被人工挑选为知识管理领域的专有术语，那么该算法的区间准确率为0.7。

表 9-13　被选中的术语个数比较

术语	领域隶属度方法	TFIDF 算法
1~10	7	7
11~20	5	4
21~30	7	3
31~40	2	3
41~50	4	4
51~60	2	3
61~70	3	2
71~80	3	3
81~90	2	1
91~100	3	3
101~110	2	0
111~120	1	4
121~130	3	0
131~140	3	1
141~150	3	1
151~160	2	0
161~170	0	2
171~180	2	1
181~190	4	2
191~200	2	2
总计	60	46

由图 9-22 和表 9-13 可以看出，领域隶属度方法优于常用的 TFIDF 算法。需要说明的是，图 9-22 和表 9-13 中所列的术语均是从领域语料中自动提取的，是无监督学习的结果，未经人工修正。因此，一些"不成词"的术语，如"企业知识""隐性"等，降低了两种方法的准确率，但这不影响比较的公平性。

领域隶属同义词分析方法的结果依赖于所使用的文本语料库的质量。实验结果表明：第一，前景语料和背景语料对领域隶属度值有着重要影响，前景语料必须完全包含领域术语，并且反映术语的真实使用情况；第二，背景语料最好包含三个以上领域的前景语料，否则，无法采用统计学方法区别领域专有的术语与其他通用术语。

9.4.3　同义词合并方法

领域概念集合的构建结果要求领域中的每一个概念应与领域术语一一对应。这不仅要将所有的领域概念都收录进集合中，还要求集合内的概念不能够重复。在该集合中，每一个领域概念仅存在唯一的、共享的形式化领域术语。利用领域术语学习模块可以得到领域的所有专有术语的集合，即所有概念的所有可能的形式化描述。但是在这个术语集合中，存在诸多同义词现象，即一个领域概念被映射为多个领域术语，也就是说，一个概念被形式化为多个不同的语词。

因此，在构建领域概念集合时，还需要进一步处理已经得到的领域术语集合，消除其中的同义词，才能得到最终的构建结果。下面介绍的同义词合并模块是采用同义词合并方法将每组同义术语合并为一个领域概念，以保证领域本体中的每一个概念仅存在一个形式化表示。该模块实现了概念与术语的一一对应，达成领域内术语的一致，即每一个概念仅形式化为一个公认的术语。

同义词合并方法的基本思想是：基于同义词词林，结合一个语言学定理——意义组合原理（the principle of compositionality，一个复杂表达式的意义由各个组成部分的意义及其组合结构决定），来判断两个术语是否同义。

1. 方法描述

同义词合并模块的输入为领域专有术语集合，输出为候选领域的概念集合。该模块采用同义词自动学习方法得到同义术语，将每一组同义的领域术语合并为一个候选领域本体概念，然后将结果交由领域专家审定，确定最终的领域概念集合。同义词合并方法的实现步骤如图 9-23 所示。

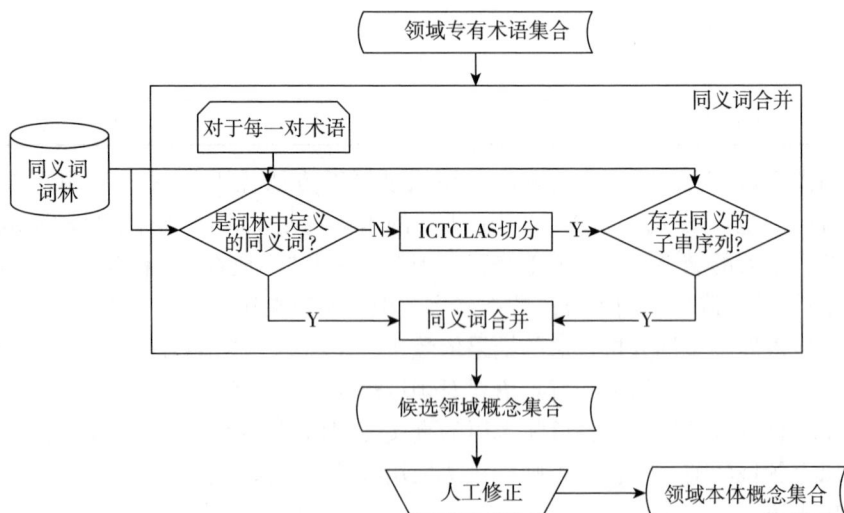

图 9-23　同义词合并方法

同义词合并方法判断两个术语是否同义的标准为：两个术语是同义词词林中声明的同义词，或者它们有两个同义的子串序列。其中，同义词词林是一个中文同义词词典，是最全面的中文原子词同义词词典之一。子串序列同义的判断标准是：长度相等且对应位置的子串是同义词词林中声明的同义词。

在合并每一组同义术语时，将其中领域隶属度最高者确定为领域概念规范化的语词，其他术语作为同义词列出，即经过合并所形成的新的本体概念的领域隶属度为同义词组中术语的领域隶属度的最高值。

2. 方法实现

同义词合并方法在判断两个术语是否同义时，先判断它们是否为同义词词林中所声明的同义词，如果是，那么它们同义；如果不是，那么判断它们是否存在同义的子串序列，如果存在，则它们同义，否则，它们不是同义词。在判断子串序列是否同义时，需要首先利用 ICTCLAS 系统将这两个术语切分为原子词串；其次建立子串序列的集合。

图 9-24 是实现同义词合并方法的伪代码。

```
Synonymous(A,B)
{
  If(TongyiciCilin _ Synonymous(A,B))
    Synonym_Merge(A,B);
  Else
  {
    AWSA=ICTCLAS(A);
    AWSB=ICTCLAS(B);
    SCSetA[Pow(2, Len(AWSA)-1)]=Build_exhaustive_SC_set(A);
    SCSetB[Pow(2, Len(AWSB)-1)]=Build_exhaustive_SC_set(B);
    For(int i=0; i<=Pow(2, Len(AWSA)-1; i++)
      For(int j=0; j<=Pow(2, Len(AWSB)-1; j++)
        If(SC_Synonymous(SCSetA[i], SCSetB[j]))
          {Synonym_Merge(A,B);     Break; }
  }}
```

图 9-24 实现同义词合并方法的伪代码

其中，判断子串序列是否同义的公式为

$$SC \_ Synonymous(SC_A，SC_B)$$
$$=\begin{cases} \prod_{i=0}^{SCLenA} TongyiciCilin \_ Synonymous(substring_{Ai}，substring_{Bi})，SCLen_A \\ 0，other \end{cases}$$
$$=SCLen_B \tag{9-23}$$

其中，$TongyiciCilin \_ Synonymous(A，B)=1$ 是指 A 和 B 是同义词词林声明的同义词。

3. 性能分析

为验证同义词合并方法的自动学习性能，将该方法应用到知识管理领域术语集合的同义词自动发现中，表 9-14 展示了知识管理领域领域隶属度值最大的前 10 个候选领域概念的同义词。

表 9-14　知识管理领域领域隶属度值最大的前 10 个候选领域概念的同义词

概念		同义词	
候选概念	被选中	候选同义词	被选中
知识	Y	知识，文化	N
知识管理	Y	知识管理，知识经营	Y
企业知识	N	企业知识，企业文化	N
知识共享	Y	知识共享	
企业知识管理	N	企业知识管理，公司知识管理	Y
隐性知识	Y	隐性知识	
知识创新	Y	知识创新	
知识转移	Y	知识转移，知识转换，知识生成	Y, N
隐性	N	隐性	
知识资本	Y	知识资本，知识资产	Y

关于表 9-14 的说明包括以下几点。

(1)每一个术语与其自身都是同义的。

(2)"被选中"列的数据是指经过领域专家人工修正后，自动学习得到的领域概念是否正确或者同义词是否正确。"Y"是正确，"N"是不正确。

(3)实验结果表明该同义词合并方法是有效的。

基于意义组合原理的同义词合并方法具有令人满意的召回率和良好的性能。在领域本体概念集合的自动学习过程中，使用该方法能够以很高的效率发现领域术语集合中的同义词现象，从而简化领域专家对学习结果的人工修正工作。

4. 学习结果分析

将同义词分析方法应用于管理领域的领域概念集合的构建，并以全国科学技术名词审定委员会(简称全国科技名词委)公布的领域概念集合为金标准，将自动学习所得到的结果与金标准进行比较。

实验使用的语料库是我国基础科学研究项目建议书的题目、关键词和摘要。实验中采用 39 个领域的研究项目建议书的摘要作语料库，项目建议书摘要中包含丰富的领域术语及新涌现的科技术语，且由人工分为不同的领域。属于同一领域的项目建议书摘要组成一个领域语料（即前景语料），其他领域的语料作为背景语料。在该语料库中逐步实施领域隶属度分析和同义词合并的步骤。

表 9-15 展示了领域隶属同义词分析方法在学习三个随机挑选的管理领域的本体概念集合时的结果及其所表现出的性能。

表 9-15　三个领域的本体概念集合的学习结果

领域			知识管理	金融理论	组织行为与组织理论
语料库	Cf	mf	317	485	240
		中文字符数	78 487	143 024	68 274
	Cb	mb	37 443	37 275	37 520
		中文字符数	9 779 717	9 715 180	9 789 930
术语集合	基		4 431	6 074	3 686
领域专有术语学习	领域相关度≤0		2 059	2 744	1 834
	删除率		0.46	0.45	0.50
	领域相关度≤0 ‖ 领域均匀度＝0		2 597	3 438	2 251
	删除率		0.59	0.57	0.61
	竞争因子＝1		441	696	271
领域术语集合	基		1 834	2 636	1 435
同义词合并	学习得到的同义词对		224	300	197
	学习得到的同义词组		152	223	146
	选中数		167	210	148
	错误率		0.25	0.30	0.25
候选领域概念集合	基		1 610	2 336	1 238
人工修正	选中数		95	209	182
	错误删除数		12	11	9
领域本体概念集合	基		107	220	191
学习性能	错误率		0.004	0.003	0.004
	召回率		0.89	0.95	0.95

关于表 9-15 的说明包括以下几点。

(1)"语料库"栏显示的是使用文本语料库的情况。Cf 指前景语料，Cb 指背景语料。mf 是前景语料中文本的个数，mb 是背景语料中文本的个数。"中文字符数"为语料中的中文字符的个数。每个文本（即一篇建议书的题目、关键词和摘要）大约由 250 个中文字符构成。

(2)"术语集合"是采用原子词步长法从前景语料中自动提取出的术语，该术语集合尚未经过领域专家的人工修正，是无监督学习的结果。术语集合是隶属度分析模块的输入数据。

（3）"领域专有术语学习"栏内的数据反映了领域隶属度分析算法的性能。"领域相关度≤0"是指领域相关度值小于零的术语个数。"领域相关度≤0‖领域均匀度＝0"是指领域相关度值小于0或者领域均匀度值为0的术语个数。"删除率"是指被删除的术语的个数与"术语集合"的比值。"竞争因子＝1"是指竞争因子值为1的术语的个数。在该实验中，领域隶属度分析模块自动删除了大约60%的已提取出的术语，大大降低了领域专家在进行人工修正时的工作量。

（4）"领域术语集合"对应的数据是领域术语集合的基，该行数据未经人工修正，是经过领域隶属度分析算法过滤后自动形成的术语集合。

（5）"同义词合并"栏中的数据反映了同义词合并方法的性能。"学习得到的同义词对"是指自动学习得到的同义的领域术语的对数（注："自同义"的同义词对不计入"学习得到的同义词对"）。"学习得到的同义词组"是指自动学习得到同义的术语组数，即被合并为一个领域概念的情况。"选中数"是指自动学习的结果被领域专家人工确定为同义词的数目。"错误率"等于"学习得到的同义词组"除"错误学习的同义词对数"。

（6）"候选领域概念集合"一栏展示的是采用领域本体概念集合学习方法提取得到的领域概念的数目。该结果是在完全无监督的情况下学习得到的，即在术语获取模块，术语集合是采用自动词汇提取方法得到的，未经人工修正；在领域专有术语学习模块和同义词合并模块的学习结果都尚未经过人工修正。

（7）"人工修正"栏中的"选中数"是指候选领域本体概念集合中，经领域专家确定为领域概念的数目。"错误删除数"是指在领域隶属度分析或者同义词合并的步骤中，被自动删除或者合并，而在人工修正步骤中又被领域专家手工添加进领域概念集合的领域术语的数目。

（8）"领域本体概念集合"是指领域本体概念集合的基。需要说明的是，此处所列数据是全国科技名词委公布的且在语料库中出现的领域概念（语词）数目，而非全国科技名词委公布的所有的领域概念的数目。

（9）"学习性能"一栏的数据总结了领域隶属同义词分析方法在本实验中的性能。其中，"错误率"等于"错误删除"与被删除或同义合并的术语的数目（即"术语集合"与"候选领域本体概念集合"的差值）的比值。"错误率"考察领域概念学习方法在领域隶属度分析及同义词合并模块中，对术语集合的错误删除程度；召回率等于"人工修正"中的"选中数"与"领域本体概念集合"的比值。召回率的计算不计入自动词汇提取算法的召回率，即不考虑由于词汇提取算法没有从领域语料中提取出应有的概念语词而造成的概念学习遗失。

实验结果表明，在给定合适的文本语料库的情况下，领域隶属同义词分析法能够在无词典的情况下，从中文文本语料中学习得到中文领域本体概念集合，结果令人满意。该方法是领域独立的，学习结果不受领域的影响。本体概念集合是构建领域本体的基础，优良的领域概念学习方法能够降低构建领域本体概念集合过程中所需的领域专家的工作量及其困难程度，同时也能够保证构建完成后的领域本体的质量。

除了用于构建领域本体的概念集合之外，领域隶属同义词分析法还可以用于观察领域研究热点的转变趋势。此外，领域相关度算法还可以作为文本特征词权重的计算算法。

9.5　多维本体关系获取方法

构建本体关系是一项困难的任务，完全依赖人工完成费时费力，而采用本体学习技术能够实现一定程度的自动化。

本体中的关系根据节点所代表的含义，有术语关系和概念间关系之分。

术语关系有多种类型，根据术语间的相似性，可将术语关系分为同一关系、属种关系、交叉关系、全异关系、否定关系等。根据代表术语的个体在空间或时间上的连接性可分为空间上的整体部分关系，如引擎是汽车的一部分；时间上的连续关系，如在生物体的发育过程中，蚕会从幼虫生长为蛹。根据国家标准，术语间关系可分为层级关系和非层级关系。层级关系包括属种关系(is-a)和整体部分关系(part-of)，同一层级间为并列关系；非层级关系有序列关系和联想关系，序列关系即空间、时间、因果、源流及发展关系，联想关系有推理、形式—内容、物体—属性、结构—功能、行为—动机、行为—客体、生产者—产品及工具—操作关系等。

概念关系大致分为两类，即类属关系和非类属关系。

下面分别介绍术语间层级关系的学习方法和概念间类属关系的学习方法。

9.5.1　层级关系获取方法

层级关系中的整体部分关系和属种关系是构建本体的基础，同义关系是构建概念的重要依据，并列关系是关系过滤和关系扩展的重要依据。为从语料中获取上述关系，下面介绍一个多策略组合模型，以此对层级关系进行抽取，抽取过程如图 9-25 所示。

其中多策略分别指语言学规则、无监督机器学习和统计信息三种策略。具体抽取过程是：利用语言学规则获取同义关系和并列关系；通过依存分析从语法结构的角度选择特征，使用基于聚类的无监督机器学习和统计信息相结合的方法过滤掉不包含目标关系的实例；根据整体部分关系和属种关系的差异性再一次选择特征并进行聚类，最终获得整体部分关系和属种关系。在抽取的四类关系中，属种关系和整体部分关系用来确定本体的骨架；同义关系用于对同义术语进行合并进而形成概

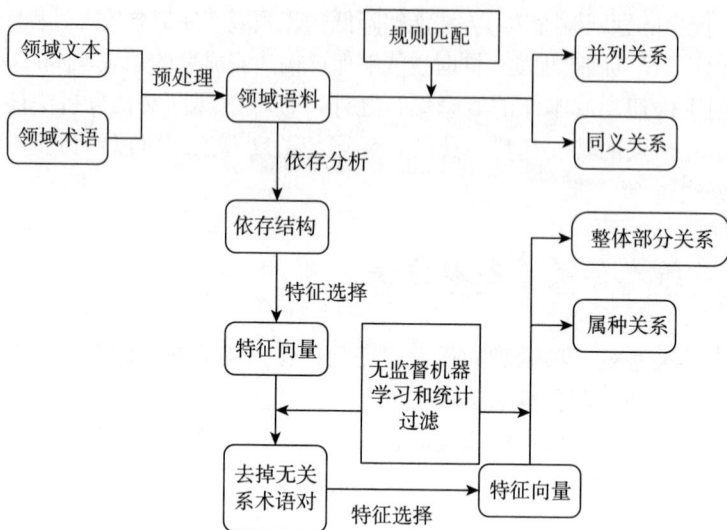

图 9-25 组合多策略的层级关系抽取过程

念；并列关系在实际问题中常常作为一个中间结果，起到关系过滤和扩展的作用。

每一种关系可以用一个三元组表示，即关系＝{术语 1，关系，术语 2}。

下面分别介绍利用三种策略获取层级关系的方法。

1. 基于语言学规则的同义关系和并列关系获取方法

对领域语料中大量的关系经人工分析后发现，同义关系术语一般满足以下三种规则中的一种。

规则 1 TERM（TERM）。

规则 2 TERM（同义指示词 TERM）。

规则 3 TERM 同义指示词 TERM。

其中，同义指示词包括叫做｜又叫做｜也叫做｜还叫做｜又称为｜还称为｜也称为｜也称作｜又称作｜还称作｜即是｜也就是｜即｜就是等。

并列关系术语满足以下规则

规则 4 TERM 并列指示词 TERM［并列指示词 TERM［…］］。

其中，并列指示词包括、｜，｜和｜与｜或｜以及｜还有｜或者等。

通过与规则匹配可提取出术语间的同义或并列关系。如图 9-26 中所列句子，它们均满足上述规则中的一种。在例句 1 和例句 2 中，依据规则 1～规则 3 可判断出"自动变速器"和"电控机械式自动变速器"具有同义关系，同理"电子油门"与"egas"也具有同义关系。在例句 3 和例句 4 中，依据规则 4 可判断出例句 3 中的"节温器""水泵""水泵皮带""散热器""散热风扇""水温感应器""蓄液罐""采暖装置"是属于并列关系的术语，而例句 4 中的术语"曲柄连杆机构""配气机构""冷却系""燃油系""润滑系""电气系""机体"同样也属于并列关系。

例句1　"半自动变速器又称为电控机械式自动变速器，该技术是指在……"

例句2　"在日新月异的汽车电子技术发展形势下，以后总电子油门（egas）应运而生。"

例句3　"在整个冷却系统中冷却介质是冷却液（或者水），主要零部件有节温器、水泵、水泵皮带、散热器、散热风扇、水温感应器、蓄液罐、采暖装置（类似散热器）。"

例句4　"汽车发动机是由曲柄连杆机构，配气机构，冷却系，燃油系，润滑系，电气系和机体等组成大大小小零件有近千个，它们之中最具有代表性的就是凸轮轴了。"

图 9-26　符合某种规则的句子举例

2. 基于聚类的整体部分关系和属种关系获取方法

有监督的机器学习需要大量的标注语料，其结果对于标注集有较大的依赖，而且标注语料需付出很大代价。因此选择无监督的聚类学习方法和基于统计的方法对不包含属种关系和整体部分关系的实例进行过滤。在聚类前，需对自然语言描述的实例进行预处理，包括依存句法分析、特征选取等。

1) 依存句法分析

依存句法分析是对每一个句子进行依存关系解析的过程。常用的解析器有哈尔滨工业大学 LTP 平台提供的解析器和 Stanford 解析器。Stanford 解析器是针对英文开发的句法分析工具，它在解析某些中文句子，尤其是长句子时会出现错误。如图 9-27 所示的句子，将例句 5 中最后一个"的"字删除后则可正常解析，否则将不能正常解析。在处理较长句子和带有省略成分的句子时，LTP 平台能更出色地完成解析工作。

例句5　"柴油机可燃混合气的形成和燃烧都是直接在燃烧室内进行的。"

例句6　"在日常行驶中肯定不可能保持燃油量的多少，乘客的胖瘦，直接影响到前后轴的配重问题。"

图 9-27　Stanford 解析器解析错误句子举例

LTP 平台提供的解析器可以流畅地解析中文句子成分间的依存关系。LTP 平台提供的依存分析模块 GParser 全称为 Graph-Based Parser，即基于图模型的依存句法分析器。LTP 平台的解析结果以 XML 文件的形式将句子各个组成部分的依存关系展现出来，如图 9-28 所示。

在 GParser 的解析结果中（图 9-28），各个符号的含义如表 9-16 所示。

```
<sent cont="我们知道，操纵节气门开度就能控制可燃混合气的流量，
改变发动机的转速和功率，以 适应汽车行驶的需要。" id="0">
    <word cont="我们" id="0" pos="r" parent="1" relate="SBV" />
    <word cont="知道" id="1" pos="v" parent="-1" relate="HED" />
    <word cont="，" id="2" pos="wp" parent="-2" relate="WP" />
    <word cont="操纵" id="3" pos="v" parent="1" relate="VOB" />
    <word cont="节气门开度" id="4" pos="n" parent="7" relate="SBV" />
    <word cont="就" id="5" pos="d" parent="7" relate="ADV" />
    <word cont="能" id="6" pos="v" parent="7" relate="ADV" />
    <word cont="控制" id="7" pos="v" parent="9" relate="DE" />
    <word cont="可燃混合气" id="8" pos="n" parent="7" relate="VOB" />
    <word cont="的" id="9" pos="u" parent="10" relate="ATT" />
    <word cont="流量" id="10" pos="n" parent="3" relate="VOB" />
    <word cont="，" id="11" pos="wp" parent="-2" relate="WP" />
    <word cont="改变" id="12" pos="v" parent="1" relate="VOB" />
    <word cont="发动机" id="13" pos="n" parent="14" relate="DE" />
    <word cont="的" id="14" pos="u" parent="15" relate="ATT" />
    <word cont="转速" id="15" pos="n" parent="12" relate="VOB" />
    <word cont="和" id="16" pos="c" parent="17" relate="LAD" />
    <word cont="功率" id="17" pos="n" parent="15" relate="COO" />
    <word cont="，" id="18" pos="wp" parent="-2" relate="WP" />
    <word cont="以" id="19" pos="c" parent="20" relate="CNJ" />
    <word cont="适应" id="20" pos="v" parent="12" relate="VV" />
    <word cont="汽车" id="21" pos="n" parent="22" relate="ATT" />
    <word cont="行驶" id="22" pos="v" parent="23" relate="DE" />
    <word cont="的" id="23" pos="u" parent="24" relate="ATT" />
    <word cont="需要" id="24" pos="n" parent="20" relate="VOB" />
    <word cont="。" id="25" pos="wp" parent="-2" relate="WP" />
</sent>
```

图 9-28　句子各成分间的依存关系

表 9-16　依存分析标注体系及含义

关系	符号	关系	符号
定中关系	ATT(attribute)	"的"字结构	DE
数量关系	QUN(quantity)	"地"字结构	DI
并列关系	COO(coordinate)	"得"字结构	DEI
同位关系	APP(appositive)	"把"字结构	BA
前附加关系	LAD(left adjunct)	"被"字结构	BEI
后附加关系	RAD(right adjunct)	状中结构	ADV(adverbial)
比拟关系	SIM(similarity)	动宾关系	VOB(verb-object)
语态结构	MT(mood-tense)	主谓关系	SBV(subject-verb)
独立结构	IS(indep. structure)	连动结构	VV(verb-verb)
动补结构	CMP(complement)	关联结构	CNJ(conjunctive)
介宾关系	POB(prep-obj)	独立分句	IC(indep. clause)
核心	HED (head)	依存分句	DC(dep. clause)

　　GParser 解析器共设定了 24 种依存关系。图 9-28 中"<word cont='流量'
id='10' pos='n' parent='3' relate='VOB' />"表示操纵和流量之间存在着

动宾关系。

句子的依存解析结果可以表示成一棵树，树中的每个节点都是句子中的组成成分，包括标点符号和词，树中的边表示两个节点之间的依存关系。图 9-28 中的部分依存树如图 9-29 所示。

图 9-29 中，－1 是虚拟的根节点，另外还有虚拟节点－2，专门作为标点符号的虚拟父节点。

经过句法解析，可以得到任意一对术语之间的依存路径。如图 9-28 中，术语"节气门开度"和术语"可燃混合气"之间的依存路径是

节气门开度 SBV 控制 VOB 可燃混合气

在实际使用中，可去掉依存关系的标记符号，只保留路径中的中文词组，即

节气门开度控制可燃混合气

2）特征选取

选取实例中的特征，表 9-17 给出七种不同的特征及举例。由于在整体部分关系和属种关系提取过程中，需要进行两次聚类，而每一次聚类的目的不同，因此针对每一次聚类选取的特征集合则有所不同。具体而言，第一次聚类时选取的特征有术语名称、术语前词性、句子长度、依存路径长度、特殊符号特征；第二次聚类时选取的特征包括依存路径长度、词袋特征和中间词特征。

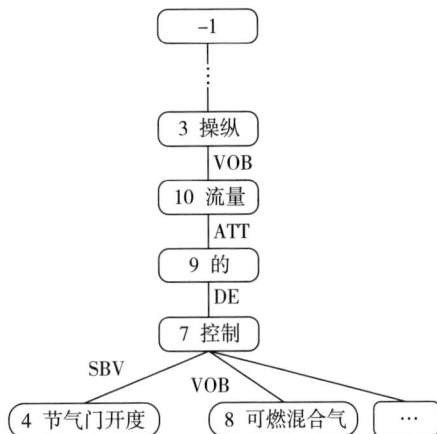

图 9-29　依存解析树示例

表 9-17　选取的特征

特征名称	特征说明	举例	权重
术语名称	一个实例中两个术语的名字	节气门开度、可燃混合气	1
术语前词性	一个实例中两个术语前方两个词的词性	wp, v	1
句子长度	一个实例所包含的词的个数	20	1
依存路径长度	依存路径包含的词数	15	1
特殊符号特征	两个术语之间是否存在断句符号，如句号、分号等。存在即为 1，否则为 0	1	1
词袋特征	依存路径上是否包含"部分"、"组成"、"构成"、"装配"、"安装"、"设有"、"含"、"装有"、"内"、"上"、"里"和"中"等关键词中的一个，有则为 1，无则为 0	1	2

续表

特征名称	特征说明	举例	权重
中间词特征	在依存路径上术语对之间的最左边六个非停用词的词，不足六个的补为 NULL	制动主缸，相连，组成，由，组成	1

3) K-means 聚类

K-means 聚类又称作 K 均值聚类，其大体思想为：每次迭代过程中计算每个样本点到每个中心点的距离，并将样本划入距离该样本最近的中心点所在的类，然后重新计算中心点继续迭代，直到每个类不再发生变化为止。K-means 算法的具体步骤如下。

输入：n 个样本和 K 个中心点。

输出：K 个类。

步骤 1　计算样本点 i 到中心点 K_j 的距离（$0 \leqslant i \leqslant n$，$0 \leqslant j \leqslant K$）。

步骤 2　根据最小距离重新对相应样本点进行划分。

步骤 3　重新计算每个类的中心点。

步骤 4　重复步骤 1、步骤 2、步骤 3，直到每个类所含的样本点不再变化为止。

这里，任意两个样本点间采用欧氏距离进行度量。考虑到特征在数值化后值域范围可能出现不均衡的现象，因此需对特征进行正规化处理，即将特征取值维持在一个范围之内。

$$V_{i,j} = \alpha_j \frac{V_{i,j}}{\max V_j - \min V_j} \tag{9-24}$$

其中，$V_{i,j}$ 表示第 i 个实例的第 j 个特征值；$\max V_j$，$\min V_j$ 分别为第 j 个特征值中的最大值和最小值；α 表示权重因子，为经验值。

将每个实例看做一个样本，对每个实例提取特征后使用 K-means 算法聚类。在关系抽取任务中，总共进行两次 K-means 聚类，分别采用不同的特征。

第一次聚类的目的是去掉不存在关系的术语对。首先选择术语名称、术语前词词性、句子长度、依存路径长度、特殊符号特征；其次利用 K-means 算法将存在整体部分关系或属种关系的实例聚为一类，将不存在关系的实例聚为另一类。

经过第一次聚类，过滤掉大多数不存在关系的术语对。表 9-18 给出部分聚类结果，其中表 9-18 左边的术语具有整体部分或者属种关系的可能性明显要比右边的大。

表 9-18　第一次聚类的部分结果

含整体部分关系和属种关系的术语对		不含整体部分关系和属种关系的术语对	
术语 1	术语 2	术语 1	术语 2
进气管	多点电控燃油喷射装置	转向节	转向车轮
二冲程汽油机	汽缸体	二冲程汽油机	换气口
水冷发动机	水套	防撞杆	侧面
电控汽油喷射系统	节气门位置传感器	前硬轴	双 a 臂加扭力杆
曲轴位置传感器	曲轴皮带轮	前硬轴	2.3 升 4 缸柴油机
房车	地台	纵梁	碰撞吸能结构
转向齿条	转向横拉杆	现代柴油车	油路清洗产品
转向节	球铰链	油水分离器	贮气筒
夜视监测系统	前风挡	踏板力	制动缸
商用汽车	斜交胎	调节器	抗侧倾杆
汽缸体	换气口	前硬轴	5 速变速箱
液压部件	主控制阀	和气缸盖	冷却水套
无内胎轮胎	商用汽车	液压式自动离合器	发动机 ecu
气囊装置	小型轿车	手刹	棘轮
充气轮胎	胎冠	洗车店	无骨雨刮
t 型车	发动机汽缸体	防抱制动系统	汽车微电脑
前驱动汽车	半轴外侧万向节	拉杆	用电动机
警车	工程救险车	汽车变速器	发动机曲轴
输入传动盘	传动盘	被动带轮凹槽	被动带轮
冰雪轮胎	冰雪专用轮胎	防抱制动控制系统	减速门限
液压式自动离合器	膜片离合器	制动压力调节分装置	后制动压力调节分装置
救护车	工程救险车	激光雷达装置	警示灯
夹层玻璃	区域钢化玻璃	活塞杆	下腔
无内胎轮胎	子午线轮胎	汽车用品店	汽车玻璃
半挂大卡车	拖车	非增压柴油机	增压柴油机
高压共轨腔	共轨腔	四点式安全带	安全超车雷达
行李箱锁	车门锁	号志系统	第三煞车灯
制动防抱死装置	驱动防滑装置	鼓风机导线	连接器
充气轮胎	外胎	电控悬架传感器	速度传感器

续表

含整体部分关系和属种关系的术语对		不含整体部分关系和属种关系的术语对	
术语 1	术语 2	术语 1	术语 2
前轮驱动汽车	大型汽车	点火装置	怠速控制装置
分动器	轴间差速器	右前轮	左后轮
中央底盘控制器	动力传动	万向节叉	转向轴

　　第二次聚类的目的是将属种关系和整体部分关系的实例分开。选取了与第一次聚类不同的特征集合，即依存路径长度、词袋特征和中间词特征。这些特征更能表征一个实例中所涉及的两个术语是整体部分关系还是属种关系。第二次聚类的部分结果见表 9-19。

表 9-19　第二次聚类的部分结果

含整体部分关系和术语对		含属种关系的术语对	
术语 1	术语 2	术语 1	术语 2
滑板式驱动机构	钢索带	汽车安全玻璃	区域钢化玻璃
轻型车	三元催化转化器	汽车安全玻璃	钢化玻璃
多杆纱前悬架系统	第三连杆	前桥	转向桥
涡轮增压车	偏时点火系统	消防车	工程救险车
安全汽车	乘员保护系统	自动离合器	机械电机式自动离合器
无触点可控硅磁电机	底板部件	等速万向节	球笼式万向节
独立悬吊	街车	车载导航设备	车载设备
上连杆	上连杆支架	安全驾驶系统	车距监控防撞系统
电动车	电池组	经济轿车	大型轿车
轻型货车	渐变刚度钢板弹簧	车顶盖	轿车顶盖
车厢内饰件	车间衬	三元催化器	催化器
车用柴油机	转子分配式喷油泵	冷却水套	水套
轿车内饰	变速杆头	汽车变速器	无级自动变速器
汽车用品店	贴膜	前翼子板	翼子板
活塞杆	液压元件	量产车	竞技用车
机油温度表	性能跑车	运动型多用途车	休闲车
怠速工况	车用汽油机	雾灯	后雾灯
abs/asr	欧洲新载货车	里程表	短途表
柱塞套	柱塞套装	车门把手	扶手

续表

含整体部分关系和术语对		含属种关系的术语对	
术语 1	术语 2	术语 1	术语 2
液压部件	电磁控制阀	电热式机油压力表	油压表
前桥	右梯形臂	排放控制系统	车载诊断系统
三缸径向柱塞泵	压油单元	车辆自主导航设备	车载通信设备
行李舱盖	敞篷车	冰雪轮胎	冰雪专用胎
液力自动变速器	电子自动控制装置	雾灯	前雾灯
汽车轮胎	胎壁	运动车	家用轿车
高压共轨管	液流缓冲器	车头雷达	雷达
万向节	万向节传动装置	传动部件	机械传动部件
膜片离合器	离合器油缸活塞	车顶盖	敞篷式顶盖
轻型载货车	牵引驱动	四轮驱动装置	传动装置
中高档轿车发动机	多气门	轿跑车	运动轿车
变速操纵机构	主轴	欧洲新载货车	重型车
接收机	车载通信设备	预燃室燃烧室	主燃室
车门把手	储物盒	经济轿车	运动车
锁环	外花键齿	防弹车	防弹轿车
后驱动汽车	万向节	量产车	双座跑车
轮辋	双式车轮	电控机械式自动变速器	机械变速器
商用汽车	子午线轮胎	电控悬架	空气弹簧元件
电子油门控制系统	数据总线	无内胎轮胎	斜交胎

3. 基于统计信息的关系筛选方法

具有紧密联系的术语对往往会在同一句子中共同出现，反言之，在句子中不经常共现的术语对往往没有紧密联系。基于这个假设，可按照式(9-24)对术语对进行过滤。

$$\text{sim}(t_1,\ t_2) = \frac{2 \times \text{df}(t_1,\ t_2)}{\text{df}(t_1) + \text{df}(t_2)} \tag{9-25}$$

其中，$\text{df}(t_1,\ t_2)$表示术语 t_1、t_2 共同出现的句子数；$\text{df}(t)$表示术语 t 出现的句子数。该式通过基于术语共现的规律得到两个术语之间的相似度。实验表明，当 sim 小于 0.3 时往往不存在关系，因此取 0.3 作为阈值，将相似度低于 0.3 的术语对过滤掉。

4. 关系抽取实验及结果分析

1)语料及预处理

语料来自太平洋汽车网，经过去 HTML 标签、符号标准化、句子切分等预处理之后，总共得到 12 058 个句子，其中 6 539 个术语共出现了 25 680 次。对每个术语的出现频度进行统计，术语的频次累积分布如图 9-30 所示(其中横坐标只显示了部分术语)。

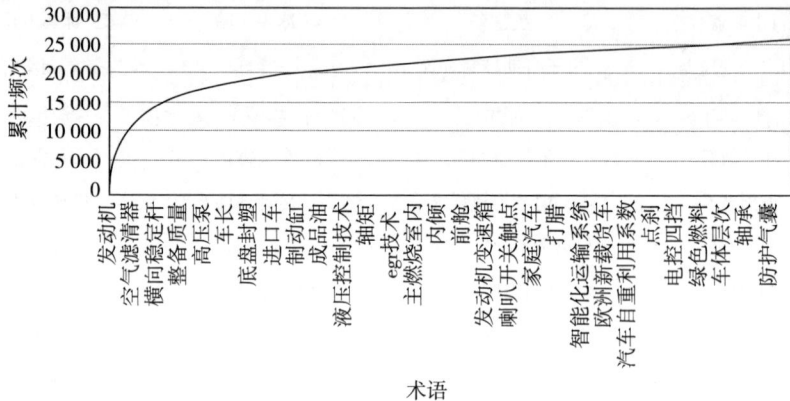

图 9-30　术语频次累积分布图

经统计分析，在 6 539 个术语当中，有 3 937 个术语仅出现过一次，这些术语过于稀疏应被舍弃。对于剩余的 2 602 个合格术语，有 3 557 个句子包含两个或两个以上的合格术语。最终，总共形成了 136 903 个术语对。基于这些术语对抽取整体部分关系和属种关系。

2)实验结果分析

实验中分别抽取四种关系，实验结果见表 9-20。最终得到的术语对个数分别为 130、165、716 和 2 561，共计 3 572 个；经人工判断，同义关系、属种关系、整体部分关系和并列关系错误的术语对个数分别为 36、48、178 和 68，共计 330 个；各自的精确率分别为 72.3%、70.9%、75.1% 和 97.3%，平均精确率为 90.8%。

表 9-20　术语关系抽取的实验结果

结果内容	同义关系	属种关系	整体部分关系	并列关系	合计
总数/个	130	165	716	2 561	3 572
正确数/个	94	117	538	2 493	3 242
精确率/%	72.3	70.9	75.1	97.3	90.8

从实验结果的分析中可以看出，使用规则的方法能较为准确地提取同义关系

和并列关系，但属种关系和整体部分关系难以从语料中归纳出规则，因为同义关系和并列关系术语之间往往挨得较近，规律比较容易发现；而属种关系和整体部分关系的术语则相对较远，从语料中总结出的规则太细致导致召回率太低，太泛化又导致精确率太低。因此，实验中采用聚类的方法来获取整体部分关系和属种关系。

在实验中曾尝试使用一次聚类来达到分开整体部分关系、属种关系和其他关系的效果，但实验结果并不令人满意。因为 K-means 算法的聚类结果易受初始中心点的影响，易使聚类结果收敛于局部最优值。而在实验中，初始中心点是随机生成的，若判断一次聚类的结果是不是局部收敛，就需要进行多次人工判断。由于大多数术语对都不存在整体部分关系和属种关系，因此在对结果进行分析的时候需要耗费大量的人力，而且大部分工作都浪费在了没有整体部分关系和属种关系的术语对上，因此从实验成本上来说一次聚类难以实施。经过反复实验，发现二次聚类更适合对层级关系抽取的任务。

在整个关系抽取过程中，首先使用规则提取同义关系，并将同义关系的术语合并为概念；其次提取并列关系，被认定为并列关系的术语对不能再被划为其他关系，并列关系的提取起到相当大的过滤作用；最后经过第一次聚类和第二次聚类，过滤掉无用的关系对，并得到整体部分关系和属种关系。

9.5.2　类属关系与非类属关系抽取方法

本体关系中还有类属关系和非类属关系。前者是概念间的上下位关系，即父概念与子概念之间的继承关系，能够描述领域的概念层次体系。后者包括概念间除了类属关系之外的其他各种关系，能够描述概念间的关系网络。

下面介绍一种半自动构建本体关系集合的方法，它是一种合成的本体关系学习方法，该方法一方面采用基于概念语词的方法(简称概念语词法)学习类属关系；另一方面采用基于概念特征词模型的方法(简称概念特征词法)学习非类属关系。其具体过程是：首先采用本体关系学习方法自动提取存在关系的"概念对"的集合；其次将自动学习结果交由领域专家完成挑选、确定关系属性等工作，得到最终的本体关系集合。图 9-31 显示的是本体关系集合构建方法的流程。

1. 类属关系学习方法——概念语词法

1)方法描述

在学习类属关系时，概念语词法将概念与表示概念的语词对应起来，以语言学领域的意义组合原理为基础，根据语词的串包含关系发现概念之间的类属关系。该方法的输入为领域本体的概念集合，输出为这些概念之间的类属关系的集合。类属关系集合的元素为由父概念和子概念构成的概念对(父概念，子概念)。

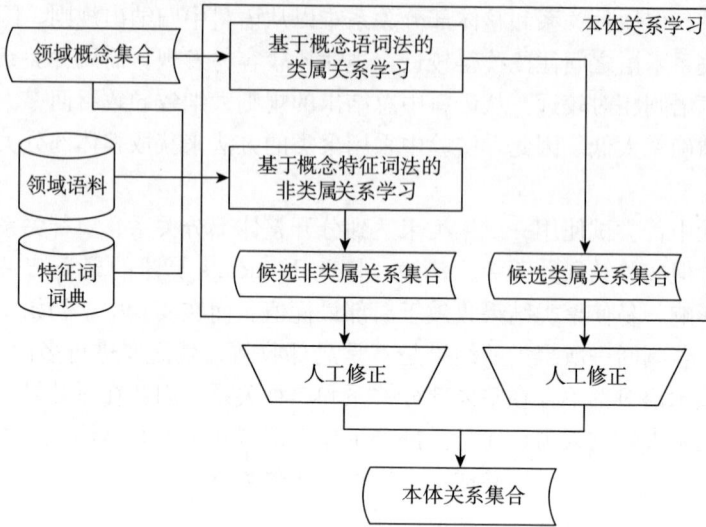

图 9-31　本体关系集合构建方法的流程

2)方法实现

概念语词法判断概念之间存在类属关系的依据为：两个语词分别为"AB"和"B"的概念 AB 和 B，AB 是 B 的下位概念（即子概念），B 是 AB 的上位概念（即父概念）。

以概念语词法应用在知识管理领域的本体构建时所得到的本体关系来说明该方法。图 9-32 展示了知识管理领域本体的部分类属关系，即类属关系集合的一个子集。表 9-21 展示的是图 9-32 中概念之间的类属关系。

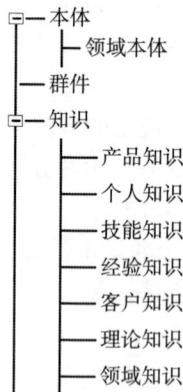

图 9-32　知识管理领域本体的部分类属关系

表 9-21　图 9-32 中概念之间的类属关系

父概念	子概念
本体	领域本体
知识	产品知识
知识	个人知识
知识	技能知识
知识	经验知识
知识	客户知识
知识	理论知识
知识	领域知识

2. 非类属关系学习方法——概念特征词法

1)方法描述

概念特征词法基于领域语料，首先依据概念的语境将其表示为特征词向量模型；其次计算向量模型的相似度来确定概念之间的相关程度。在表示概念模型时采用互信息算法，在计算相似度时采用夹角余弦公式。

图 9-33 为基于概念特征词法的非类属关系学习流程。

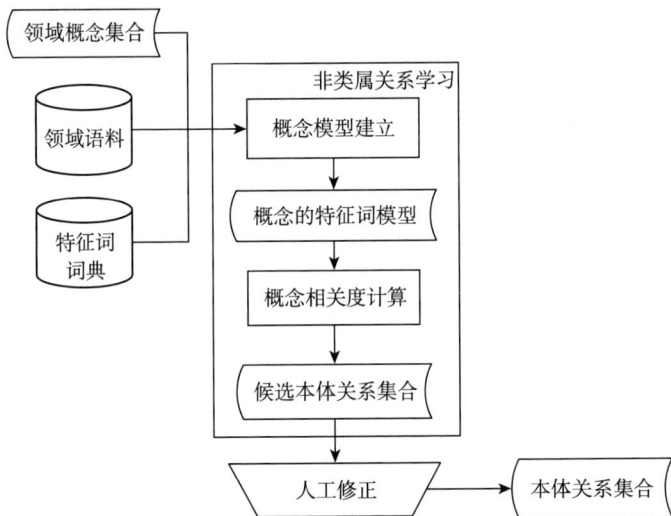

图 9-33　基于概念特征词法的非类属关系学习

关于图 9-33 的说明包括以下几点。

(1)该方法的输入为领域概念集合、一个领域语料和一个特征词词典，输出为一个描述领域概念间关系的本体关系集合。

(2)领域概念集合，即领域本体的概念集合，是领域专有概念的全集，是构建领域本体的基础。领域概念集合可以由领域专家人工给出，也可以借助一些机器学习方法采用半自动化的方式获得。

(3)领域语料是一个领域文本库，一般由若干标准化的领域文本文件组成。理想的领域语料完全描述了该领域中概念之间的所有本体关系。

(4)特征词词典是用于表示概念的特征词的集合。后面实验中使用的集合是一个经过多年科研工作积累形成的主题词词典，由超过 19 万个经过人工选取的术语构成，其中包含领域概念集合。

(5)概念模型建立模块基于领域语料与特征词词典，为领域概念集合中的每一个概念建立特征词模型。

(6)概念的特征词模型是向量。向量的维度等于特征词词典的基数，向量中的每一分量是一个特征词的权重值。

(7)概念相关度计算模块依据概念模型计算两两概念之间的相关程度，将符合条件的概念对作为候选本体关系推荐给专家进行人工修正。

(8)候选本体关系集合临时保存所有符合条件的相关概念对及其之间的相关度。该集合是采用提出的概念特征词法进行无监督地非类属关系学习所得到的自动学习的结果。

(9)在人工修正模块中，领域专家对上述步骤得到的候选本体关系集合进行手工修正，删除不重要的相关概念对，命名余下的概念对的关系，并添加未经过算法学习得到而实际存在的本体关系。该模块输出最终的本体关系集合。

2)方法实现

第一，概念模型建立模块。

概念模型建立模块的输入为领域本体的概念集合、领域语料和特征词词典，输出为概念的特征词向量模型。该模块针对每一个概念，依据该概念在领域语料中出现时的语境，将其表示为一个由特征词词典中的特征词描述的概念模型。概念模型是一个向量，向量中的每一分量为一个特征词的权重值，这个权重值是该特征词描述该概念的程度。

采用概念与特征词的互信息量作为特征词的权重，共现窗口为一个完整的句子。特征词的互信息越大，说明概念与特征词传递的信息越一致，特征词越能够反映概念的特征。

例如，对于一个已知的领域概念 C_i，其概念模型为

$$\bar{C}_i = (\mathrm{MI}_{i,1}, \ \mathrm{MI}_{i,2}, \ \cdots, \ \mathrm{MI}_{i,k}, \ \cdots, \ \mathrm{MI}_{i,n})^{\mathrm{T}}$$

其中，$\bar{C}_i$ 是一个特征词向量；n 为特征词词典的基数；$\mathrm{MI}_{i,k}$ 为特征词 t_k 能够表示概念 C_i 的程度，$1 \leqslant k \leqslant n$。

采用 CT_i 表示 C_i 的语词，即此概念在该领域中所对应的唯一的领域术语。

CT_i 的同义词一律视为 CT_i 进行处理。如此，特征词描述概念的程度被转化为概念语词与特征词之间的互信息量。互信息 $MI_{i,k}$ 的计算公式为

$$MI_{i,k} = \log \frac{P(CT_i, t_k)}{P(CT_i) \times P(t_k)} \tag{9-26}$$

其中，$P(CT_i, t_k)$ 为 CT_i 和 t_k 在语料的同一个句子中共现的概率；$P(CT_i)$ 和 $P(t_k)$ 分别为概念 CT_i 和特征词 t_k 在语料的句子中出现的概率。

建立概念的特征词模型算法的伪代码如图 9-34 所示。

```
建立概念的特征词模型( )
{
  输入领域概念集合、领域语料和特征词词典;
  统计领域语料所含句子的总数目l;
  对于特征词词典中每一特征词tk
  {
    统计并暂存tk在领域语料中出现的句子数目|{s|tk∈s}|;
  }
  对于每一个概念Ci
  {
    将领域语料中Ci的同义词替换为经过标准化的统一的术语;
    从领域语料中提取包含Ci的句子;
    统计Ci在领域语料中出现的句子数目|{s|Ci∈s}|;
    对于每一|{s|tk∈s}|>0的特征词tk
    {
      统计tk与Ci共现的句子数目;
      If( )
      {
        计算MIi,k;
      }
      Else
      {
        MIi,k=0;
      }
      输出(Ci,tk,MIi,k);
    }
  }
}
```

图 9-34　特征词模型算法的伪代码

该算法为领域概念集合中的每一个概念建立了特征词向量模型。在语料足够多的情况下，该算法建立所有概念模型的时间复杂度约为 $O(n \times l)$，n 为特征词词典的基数，l 为领域语料中句子的数目。

第二，概念相关度计算模块。

概念相关度计算模块的输入为所有概念的特征词模型，输出为存在关系的概

念对及其相关度的集合。依据概念的向量模型，该模块采用夹角余弦公式计算每一对概念间的相关度，将相关度大于阈值的概念对及其相关度值输出为候选本体关系。候选本体关系的阈值为候选本体关系集合所描述的概念完全包含领域概念集合的最大相关度值。

对于两个已经建立了概念模型的领域概念 $\bar{C}_i$ 和 C_j，其概念模型分别为一个特征词向量。

$$\bar{C}_i = (\mathrm{MI}_{i,1}, \mathrm{MI}_{i,2}, \cdots, \mathrm{MI}_{i,k}, \cdots, \mathrm{MI}_{i,n})^{\mathrm{T}}$$

$$\bar{C}_j = (\mathrm{MI}_{j,1}, \mathrm{MI}_{j,2}, \cdots, \mathrm{MI}_{j,k}, \cdots, \mathrm{MI}_{j,n})^{\mathrm{T}}$$

概念 C_i 和 C_j 的相关度计算公式为

$$\mathrm{Relevance}(C_i, C_j) = \mathrm{Relevance}(C_j, C_i) = \cos(\bar{C}_i, \bar{C}_j) \tag{9-27}$$

$$\cos(\bar{C}_i, \bar{C}_j) = \frac{\sum_{1 \leqslant k \leqslant n} \mathrm{MI}_{i,k} \times \mathrm{MI}_{j,k}}{|\bar{C}_i| \times |\bar{C}_j|} \tag{9-28}$$

$$|\bar{C}_i| = \sum_{1 \leqslant k \leqslant n} \mathrm{MI}_{i,k} \times \mathrm{MI}_{i,k} \tag{9-29}$$

$$|\bar{C}_j| = \sum_{1 \leqslant k \leqslant n} \mathrm{MI}_{j,k} \times \mathrm{MI}_{j,k} \tag{9-30}$$

其中，$\mathrm{Relevance}(C_i, C_j)$ 为概念 C_i 和 C_j 的相关程度，是无向的；$\cos(\bar{C}_i, \bar{C}_j)$ 是向量 $\bar{C}_i$ 与 $\bar{C}_j$ 的夹角余弦值；$|\bar{C}_i|$ 和 $|\bar{C}_j|$ 分别是特征词向量 $\bar{C}_i$ 和 $\bar{C}_j$ 的模。

相关度值越大，概念间存在关系的可能性越大。相关度为 0，则这两个概念不相关。多次实验结果表明：①候选本体关系的相关度阈值一般为 0.3。②该算法在计算领域内概念间的相关度时，极少出现相关度为 0 的情况；而在计算两个分属于不相关领域的概念的相关度时，相关度为 0 的概率大幅提升。

概念相关度计算算法的伪代码如图 9-35 所示。

该算法基于概念的特征词向量模型计算概念之间的相关程度。算法复杂度约为 $O(m^2)$，m 为领域概念的数目。

3）性能分析

如何衡量本体关系学习方法的好坏是本体学习研究领域中的一个难题。解决方法一般可分为三种[15]：第一种是在实际应用中对所构建的本体关系集合进行定量评价；第二种是与本体学习方法领域内公认的金标准进行比较以决定其优劣[16]；第三种是与专家人工构建的本体相比较进行定量评价。在本体构建初期，第一种评价方法不方便也不实际；此外，本体学习领域还没有公认的金标准，所以，第二种方法也不可行。因此，可以采用第三种方法。

方法的具体验证过程是，首先请领域专家人工定义概念对的相关度值，以此作为评价本体关系学习方法的标准；其次计算该标准与概念特征词法，以及传统的基于归纳关联规则的学习方法（简称归纳关联规则法）得到的关系权重值的平均绝对误差。平均绝对误差值越小，说明学习结果与专家定义的标准越接近，方法

```
概念相关度计算( )
{
  输入概念的特征词模型;
  对于每一个已建立模型的概念Ci
  {
    计算并暂存|Ci|;
  }
  对于每一个已建立模型的概念Ci
  {
    对于每一个还没有计算过Ci与Cj之间相关度的概念
    {
      计算相关度值cos(Ci, Cj);
      暂存候选本体关系(Ci, Cj, cos(Ci, Cj));
    }
  }
  Threshold=候选本体关系集合所描述的概念完全包含领域概念集合
            的最大相关度值;
  删除相关度值低于Threshold的候选本体关系;
  输出候选本体关系集合。
```

图 9-35　概念相关度计算算法伪代码

也就越有效。

归纳关联规则法是目前通用的非类属关系学习方法。该方法基于文本语料，通过统计两个本体概念是否在同一窗口(一般是一句话、一段话或者是同一篇文本)共现确定其是否存在关系，计算公式为

$$\text{Relevance}(C_i, C_j) = \text{support}(C_i, C_j) \oplus \text{confidence}(C_i, C_j) \quad (9\text{-}31)$$

$$\text{support}(C_i, C_j) = \frac{|\{s \mid C_i \in s\} \bigcap \{s \mid C_j \in s\}|}{l} \quad (9\text{-}32)$$

$$\text{confidence}(C_i, C_j) = \frac{|\{s \mid C_i \in s\} \bigcap \{s \mid C_j \in s\}|}{\{s \mid C_i \in s\}} \quad (9\text{-}33)$$

其中，s 为句子；l 为领域语料所含句子的总数目。

表 9-22 给出与"知识管理"这一概念相关的 80 个概念，其中包括由领域专家定义的标准相关度，以及由概念特征词法和归纳关联规则法计算出的相关度值。

表 9-22　与"知识管理"相关的概念(概念特征词法与归纳关联规则法)

序号	专家定义		概念特征词法		归纳关联规则法	
	相关概念	相关度	相关度	绝对误差	相关度	绝对误差
1	SECI 模型	1	0.100 777 002	0.899 222 998	0.001 709 402	0.998 290 598
2	本体	1	0.558 668 911	0.441 331 089	0.013 675 214	0.986 324 786

续表

序号	专家定义		概念特征词法		归纳关联规则法	
	相关概念	相关度	相关度	绝对误差	相关度	绝对误差
3	产品知识	0.9	0.233 683 972	0.666 316 028	0.005 128 205	0.894 871 795
4	创新激励机制	0.9	0.351 297 875	0.548 702 125	0.001 709 402	0.898 290 598
5	个人知识	0.5	0.414 660 409	0.085 339 591	0.010 256 41	0.489 743 59
6	客户知识	0.7	0.383 256 933	0.316 743 067	0.020 512 821	0.679 487 179
7	领域本体	0.9	0.014 945 989	0.885 054 011	0	0.9
8	领域知识	0.95	0.309 481 722	0.640 518 278	0.001 709 402	0.948 290 598
9	企业知识管理	1	0.915 256 674	0.084 743 326	0.160 683 761	0.839 316 239
10	群体知识	1	0.271 882 724	0.728 117 276	0.003 418 803	0.996 581 197
11	认知过程模型	0.7	0.219 688 63	0.480 311 37	0.003 418 803	0.696 581 197
12	数据挖掘	0.98	0.301 675 299	0.678 324 701	0.010 256 41	0.969 743 59
13	文本挖掘	0.98	0.179 203 683	0.800 796 317	0.003 418 803	0.976 581 197
14	系统体系结构	0.4	0.255 703 523	0.144 296 477	0.001 709 402	0.398 290 598
15	显性知识	1	0.595 383 761	0.404 616 239	0.011 965 812	0.988 034 188
16	显性知识管理	1	0.260 731 523	0.739 268 477	0.001 709 402	0.998 290 598
17	虚拟企业	0.2	0.117 365 213	0.082 634 787	0.001 709 402	0.198 290 598
18	学习型组织	0.95	0.554 504 732	0.395 495 268	0.042 735 043	0.907 264 957
19	意会知识	1	0.198 274 088	0.801 725 912	0.008 547 009	0.991 452 991
20	隐性知识	1	0.764 707 077	0.235 292 923	0.049 572 65	0.950 427 35
21	隐性知识管理	1	0.522 069 253	0.477 930 747	0.025 641 026	0.974 358 974
22	知识	1	1	0	1	0
23	知识保护	0.8	0.255 310 603	0.544 689 397	0	0.8
24	知识表示	1	0.537 016 141	0.462 983 859	0.018 803 419	0.981 196 581
25	知识产品	1	0.295 139 089	0.704 860 911	0.001 709 402	0.998 290 598
26	知识产权	0.9	0.369 921 422	0.530 078 578	0.003 418 803	0.896 581 197
27	知识产业	0.8	0.139 995 22	0.660 004 78	0.001 709 402	0.798 290 598
28	知识传播	1	0.375 725 237	0.624 274 763	0.005 128 205	0.994 871 795
29	知识传播机制	1	0.193 811 293	0.806 188 707	0.001 709 402	0.998 290 598
30	知识创新过程	1	0.398 447 386	0.601 552 614	0.003 418 803	0.996 581 197
31	知识创新模式	1	0.135 019 157	0.864 980 843	0	1

续表

序号	专家定义		概念特征词法		归纳关联规则法	
	相关概念	相关度	相关度	绝对误差	相关度	绝对误差
32	知识创新能力	1	0.409 533 826	0.590 466 174	0.001 709 402	0.998 290 598
33	知识创造	1	0.826 482 313	0.173 517 687	0.059 829 06	0.940 170 94
34	知识创造场	1	0.742 933 585	0.257 066 415	0.027 350 427	0.972 649 573
35	知识存储	1	0.250 321 909	0.749 678 091	0.001 709 402	0.998 290 598
36	知识存量	0.97	0.092 927 51	0.877 072 49	0	0.97
37	知识地图	1	0.310 733 194	0.689 266 806	0.003 418 803	0.996 581 197
38	知识度量	0.94	0.195 813 976	0.744 186 024	0.005 128 205	0.934 871 795
39	知识发现	0.8	0.514 709 821	0.285 290 179	0.013 675 214	0.786 324 786
40	知识服务	0.8	0.503 060 917	0.296 939 083	0.003 418 803	0.796 581 197
41	知识服务业	0.8	0.303 809 253	0.496 190 747	0.001 709 402	0.798 290 598
42	知识工作者	0.6	0.343 452 662	0.256 547 338	0.003 418 803	0.596 581 197
43	知识供应链	0.9	0.097 931 699	0.802 068 301	0.001 709 402	0.898 290 598
44	知识共享	1	0.798 798 486	0.201 201 514	0.066 666 667	0.933 333 333
45	知识共享机制	1	0.426 516 73	0.573 483 27	0.006 837 607	0.993 162 393
46	知识共享模式	1	0.014 660 294	0.985 339 706	0	1
47	知识管理方法	1	0.135 118 024	0.864 881 976	0.010 256 41	0.989 743 59
48	知识管理技术	1	0.059 011 53	0.940 988 47	0.010 256 41	0.989 743 59
49	知识管理理论	1	0.515 025 953	0.484 974 047	0.076 923 077	0.923 076 923
50	知识管理模式	1	0.190 580 222	0.809 419 778	0.023 931 624	0.976 068 376
51	知识管理实践	1	0.263 817 836	0.736 182 164	0.025 641 026	0.974 358 974
52	知识管理水平	1	0.141 004 782	0.858 995 218	0.018 803 419	0.981 196 581
53	知识管理体系	1	0.169 502 369	0.830 497 631	0.015 384 615	0.984 615 385
54	知识管理系统	1	0.522 703 678	0.477 296 322	0.099 145 299	0.900 854 701
55	知识管理战略	1	0.194 128 089	0.805 871 911	0.020 512 821	0.979 487 179
56	知识获取	1	0.342 867 569	0.657 132 431	0.017 094 017	0.982 905 983
57	知识集成	1	0.183 462 444	0.816 537 556	0.006 837 607	0.993 162 393
58	知识交流	1	0.034 824 973	0.965 175 027	0.003 418 803	0.996 581 197
59	知识结构	0.9	0.023 847 98	0.876 152 02	0	0.9
60	知识经济	0.8	0.532 390 187	0.267 609 813	0.044 444 444	0.755 555 556

续表

序号	专家定义		概念特征词法		归纳关联规则法	
	相关概念	相关度	相关度	绝对误差	相关度	绝对误差
61	知识经营	0.8	0.085 905 999	0.714 094 001	0.003 418 803	0.796 581 197
62	知识库	1	0.239 920 614	0.760 079 386	0.013 675 214	0.986 324 786
63	知识联盟	0.7	0.194 722 675	0.505 277 325	0.001 709 402	0.698 290 598
64	知识流	0.9	0.442 648 497	0.457 351 503	0.025 641 026	0.874 358 974
65	知识密集型服务	0.6	0.099 891 703	0.500 108 297	0.003 418 803	0.596 581 197
66	知识生产	1	0.189 391 69	0.810 608 31	0.006 837 607	0.993 162 393
67	知识网络	1	0.238 475 115	0.761 524 885	0.006 837 607	0.993 162 393
68	知识吸收	1	0.004 843 063	0.995 156 937	0	1
69	知识系统	1	0.317 345 433	0.682 654 567	0.018 803 419	0.981 196 581
70	知识型企业	0.7	0.379 639 461	0.320 360 539	0.022 222 222	0.677 777 778
71	知识型组织	0.7	0.070 516 591	0.629 483 409	0.010 256 41	0.689 743 59
72	知识重用	1	0	1	0.010 256 41	0.989 743 59
73	知识转化	1	0.320 767 452	0.679 232 548	0.018 803 419	0.981 196 581
74	知识转移	1	0.337 146 674	0.662 853 326	0.013 675 214	0.986 324 786
75	知识资本	0.8	0.491 882 673	0.308 117 327	0.023 931 624	0.776 068 376
76	知识资源	1	0.370 425 901	0.629 574 099	0.018 803 419	0.981 196 581
77	智力资本	0.9	0.277 421 152	0.622 578 848	0.013 675 214	0.886 324 786
78	组织学习	1	0.399 010 89	0.600 989 11	0.032 478 632	0.967 521 368
79	组织知识	1	0.436 726 097	0.563 273 903	0.039 316 239	0.960 683 761
80	组织知识管理	1	0.025 883 611	0.974 116 389	0.011 965 812	0.988 034 188
	平均绝对误差		0.598 548 229		0.886 120 726	

关于表 9-22 的说明包括以下几点。

(1)表 9-22 中所列的 80 个概念是知识管理领域专家认为在此领域中与"知识管理"这一概念相关度较高的领域概念。

(2)表 9-22 中对应概念特征词法和归纳关联规则法的相关度均做了标准化处理,标准化公式为

$$\text{Relevance}^{\text{norm}} = \frac{\text{Relevance}(C_i, C_j) - \min_{1 \leqslant i,j \leqslant m, i \neq j}(\text{Relevance}(C_i, C_j))}{\max_{1 \leqslant i,j \leqslant m, i \neq j}(\text{Relevance}(C_i, C_j)) - \min_{1 \leqslant i,j \leqslant m, i \neq j}(\text{Relevance}(C_i, C_j))}$$

$$(9\text{-}34)$$

(3)表 9-22 中最后一行给出运用两种方法计算得到的概念间相关度值与专家

定义的标准之间的平均绝对误差值。根据平均绝对误差值可知，采用概念特征词法得到的概念间相关度明显优于归纳关联规则法。

除了将运用概念特征词法计算得到的相关度与归纳关联规则法进行定量比较之外，还可将学习结果与全国科技名词委公布的知识管理领域的术语进行比较。全国科技名词委公布的领域术语将一个领域细分为不同的主题，每一领域术语隶属不同的领域主题。可以合理推测，同一主题内的领域术语之间的相关度高于不同主题间术语的相关度。

表 9-23 为两种方法与全国科技名词委公布结果的比较。表 9-24 和表 9-25 分别给出了两种方法在不同主题内的学习情况。

表 9-23 两种方法与全国科技名词委公布结果的比较

内容条目	概念特征词法	归纳关联规则法
候选关系数目	3 418	855
主题内的候选关系数目	644	207
概念数目	114	114
主题内本体关系总数	1 151	1 151
准确率	0.188	0.242
召回率	0.560	0.180

表 9-24 知识管理领域各主题内概念间关系的学习情况(概念特征词法)

知识管理主题	概念数	关系数	候选关系数	准确数	准确率	召回率
知识	23	253	759	128	0.168 642 951	0.505 928 854
知识处理	17	136	503	79	0.157 057 654	0.580 882 353
知识服务	3	3	92	3	0.032 608 696	1
知识管理	33	528	1 099	298	0.271 155 596	0.564 393 939
知识活动主体	10	45	202	24	0.118 811 881	0.533 333 333
知识经济	4	6	83	3	0.036 144 578	0.5
知识系统	6	15	187	12	0.064 171 123	0.8
知识循环	21	210	493	97	0.196 754 564	0.461 904 762

表 9-25　知识管理领域各主题内概念间关系的学习情况(归纳关联规则法)

知识管理主题	概念数	关系数	候选关系数	准确数	准确率	召回率
知识	23	253	262	56	0.213 740 458	0.221 343 874
知识处理	17	136	94	24	0.255 319 149	0.176 470 588
知识服务	3	3	15	1	0.066 666 667	0.333 333 333
知识管理	33	528	241	71	0.294 605 809	0.134 469 697
知识活动主体	10	45	41	4	0.097 560 976	0.088 888 889
知识经济	4	6	20	4	0.2	0.666 666 667
知识系统	6	15	31	2	0.064 516 129	0.133 333 333
知识循环	21	210	151	45	0.298 013 245	0.214 285 714

关于表 9-23～表 9-25 的说明包括以下几点。

(1)表 9-23 中,"概念特征词法"一列中的数据为高于阈值(即候选本体关系集合所描述的概念完全包含领域概念集合的最大相关度值)的本体关系。"归纳关联规则法"一列中的数据为基于归纳关联规则的方法学习得到的所有关系,不计方向。

(2)与归纳关联规则法相比,概念特征词法在保证准确率的同时,大幅提高了学习结果的召回率。

(3)表 9-24 和表 9-25 中所列的数据均为由全国科技名词委公布且在语料库中出现的领域概念(语词)之间的相关关系,而非由全国科技名词委公布的所有领域概念间的关系。

需要补充说明的是:第一,在学习非类属关系集合时,概念特征词法得到的本体关系是二元、无向且"匿名"的,必须由领域专家对自动学习的结果进行人工修正,确定关系的方向和名称;第二,由于非类属关系学习依赖于文本语料,概念特征词法的性能将受到语料的影响;第三,概念特征词法基于文本语料,但不基于语法分析。该方法的实现过程与所使用的语料的语言无关,因此可以将该方法应用于其他语言的本体关系学习。

总之,实验结果表明概念特征词法与归纳关联规则法相比召回率较高,说明此方法的自动化程度较高,在构建领域本体的关系集合时,能够为领域专家提供较好的推荐结果,降低人工修正的工作量。

本体关系集合是领域本体的主要构成成分之一,性能优越的关系集合构建方法能够简化本体构建过程,提高构建效率和结果的质量。由本体关系学习方法获得的关系集合可以广泛应用于本体构建、文本挖掘和自然语言处理等诸多领域。

9.6 实体关系抽取方法

对于本体构建中关系的抽取，较少使用有监督的机器学习方法，因为领域中人工标注术语关系语料库是一项费时费力的工作。但对于某些已有标注语料的领域，采用有监督的机器学习方法可以获得较高的召回率和精确率。例如，在新闻领域的实体关系抽取中，MUC(message under standing conference)给出实体关系抽取的子任务评测的标准语料库。虽然该语料库是针对现实世界中实体对之间的关系抽取建立的，目的是为信息抽取等服务，但实体关系的抽取方法与概念世界中的术语关系抽取方法异曲同工。下面介绍两种针对新闻语料的实体关系抽取方法，即基于组合核函数的方法和结合分布式和元学习策略的方法。

9.6.1 基于组合核函数的方法

基于组合核函数的中文实体关系抽取的基本思想是：分别构造基于特征向量的平面核和基于结构的卷积树核，再将两者进行线性组合。

1. 基于特征向量的平面核

从实体对所在句子中抽取出的词特征，总的来说可以分为两大类，分别为实体信息和实体周围的词信息，如表 9-26 所示。

表 9-26　构造特征向量的词特征

实体信息	实体周围的词特征
实体大类	BWM1F(实体 1 前面倒数第二个术语)
实体子类	BWM1L(实体 1 前面第一个术语)
实体类别	MW1(实体 1 的术语)
实体引用类型	BWF(两个实体间的第一个术语)
实体 GPE 角色	BWO(两个实体之间除去 BWF 和 BWL 之外的术语)
实体核心词	BWL(两个实体间的最后一个术语)
实体扩展词	MW2(实体 2 的术语)
实体的位置信息	BWM2F(实体 2 后面的第一个术语) BWM2L(实体 2 后面的第二个术语)

在抽取出词特征的基础上，构建基于特征向量的平面核函数，其数学表达为

$$K_L(R_1, R_2) = \sum_{i=1,2} K_E(R_1 E_i, R_2 E_i) \tag{9-35}$$

其中，R_1 和 R_2 分别代表两个关系实例；E_i 为关系实体的第 i 个实体；K_E 为计算特征相似度的简单函数。K_E 可表示为

$$K_E(E_1,\ E_2)=\sum_i C(E_1 f_i,\ E_2 f_i) \tag{9-36}$$

其中，f_i 代表实体的第 i 个特征，当实体 E_1 和实体 E_2 的特征 f 相同时，函数 C 的值为 1；当实体 E_1 和实体 E_2 的特征 f 不同时，函数 C 的值为 0。因此，式(9-36)左部函数 K_E 的值为两个实体的相同特征的个数。

2. 基于结构的卷积树核

1) 卷积树核

卷积树核函数[17]的作用是通过计算两棵树之间的相同子树的数目来得到它们之间的相似度。卷积树核函数为

$$K_T(T_1,\ T_2)=\sum_{n_1\in N_1,\ n_2\in N_2}\Delta(n_1,\ n_2) \tag{9-37}$$

其中，N_1 和 N_2 分别代表树 T_1 和 T_2 的节点集合，通过递归方法计算 $\Delta(n_1,\ n_2)$ 可以得到以 n_1 和 n_2 为根的两棵子树间的相似度。

利用卷积树核方法求解本体结构树相似度的方法步骤如下。

步骤 1　如果 n_1 和 n_2 的产生式(采用上下文无关方法)不同，则 $\Delta(n_1,\ n_2)=$ 0；否则转步骤 2。

步骤 2　如果 n_1 和 n_2 是词性(POS)标记，则 $\Delta(n_1,\ n_2)=1\times\lambda$；否则转步骤 3。

步骤 3　递归计算

$$\Delta(n_1,\ n_2)=\lambda\prod_{k=1}^{\#\mathrm{ch}(n_1)}(1+\Delta(\mathrm{ch}(n_1,\ k),\ \mathrm{ch}(n_2,\ k)))$$

其中，$\mathrm{ch}(n,k)$ 为节点 n 的第 k 个子节点；$\lambda(0<\lambda<1)$ 为衰减因子，用来防止子树的相似度过度依赖于子树的大小。

2) 构造卷积树核的关系实例

先通过使用 Stanford Parser 工具包对实体对所在句子进行完全句法解析，得到句法解析树。完整的句法解析树结构过于复杂，冗余信息很多，因此，需要对完全句法解析树进行裁剪。Zhang 等证明卷积树核函数有较好的分类性能，同时，在所有的树结构中最短路径包含树(shortest path tree，SPT)的分类效果最好[18]。SPT 是指句法树中两个实体之间的最短路径所包含的子树部分，即以两个实体的最近公共祖先节点为根，将第一个实体左边和第二个实体右边的所有节点裁剪掉所剩下的树结构。抽取 SPT 的流程如图 9-36 所示。

抽取 SPT 的具体步骤如下。

步骤 1　使用 Stanford Parser 工具包对包含两个实体的句子进行完全句法解析，生成完全句法解析树结构。

步骤 2　在完全句法解析树中定位两个实体位置，并在其词性节点的父节点处加入实体节点 E_1 和实体节点 E_2。

步骤 3　找出节点 E_1 和节点 E_2 之间最近的公共父节点。

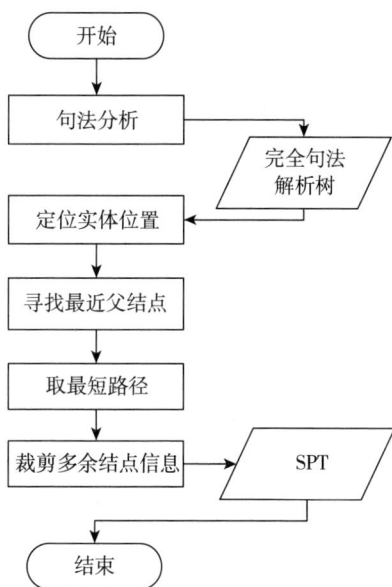

图 9-36　抽取 SPT 的流程

步骤 4　取两个节点间的最短路径。

步骤 5　删除位于节点 E_1 左侧的父节点的其他子节点的路径信息，同时删除节点 E_2 右侧与 E_2 同一父节点的其他子节点的路径信息。

步骤 6　输出最终的 SPT。

图 9-37 SPT 结构：为完全句法解析树修剪后的结果，图 9-37 中两个实体分别为"左丽卡"和"中产阶级"。

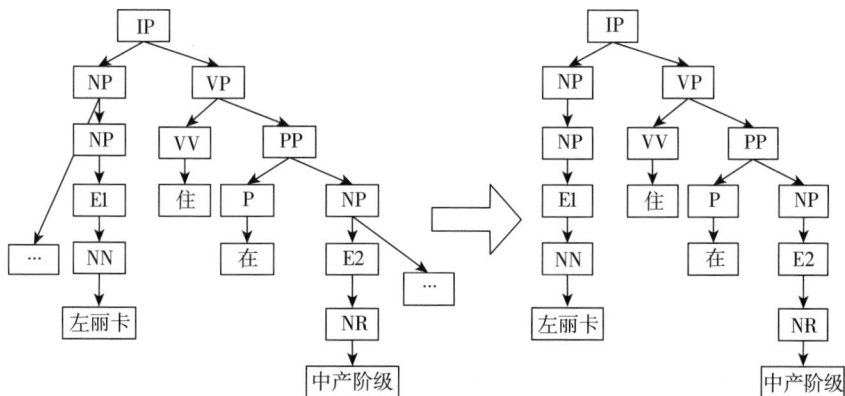

图 9-37　SPT 结构

3. 组合核方法

基于特征向量的平面核与基于句法分析树的卷积树核所采用的特征各有侧重

点，前者利用的是句子中的词汇特征，后者利用的是关系实例所在句子的句法结构特征。所谓组合核函数是指上述两个核函数的线性组合，即

$$K(R_1, R_2)=\lambda K_V(\boldsymbol{V}_1, \boldsymbol{V}_2)+(1-\lambda)K_T(T_1, T_2) \tag{9-38}$$

其中，R_1 和 R_2 分别代表两个关系实例；$\boldsymbol{V}_1$ 和 $\boldsymbol{V}_2$ 分别为 R_1 和 R_2 的特征向量；T_1 和 T_2 为 R_1 和 R_2 所在句子的 SPT 结构。通过平面核函数 $K_V(\boldsymbol{V}_1, \boldsymbol{V}_2)$ 计算两个特征向量的相似度，通过卷积树核函数 $K_T(T_1, T_2)$ 计算两个 SPT 结构的相似度。λ 和 $1-\lambda$ 为核函数的权重。基于组合核方法的关系抽取流程如图 9-38 所示。

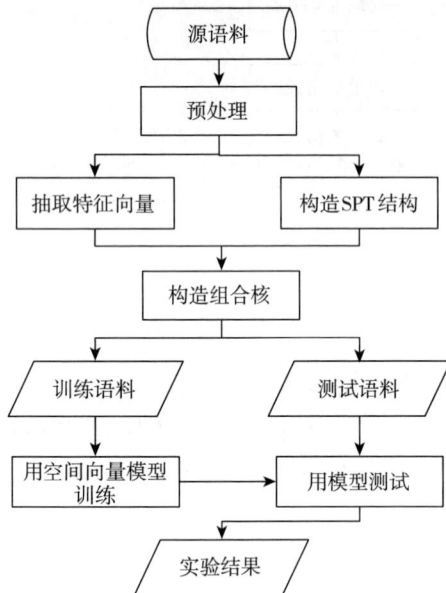

图 9-38   基于组合核函数的关系抽取流程

首先，对源语料进行预处理，包括提取文本、文本断句、分词、句法分析（使用 Stanford Parser 工具包）、构建特征；其次，对预处理后的语料构建特征向量和 SPT 结构，得到标准的训练语料和测试语料；最后，将语料利用空间向量模型（space vector model，SVM）进行训练并测试得到最终结果。

9.6.2   基于分布式和元学习策略的方法

1. 分布式策略与元学习框架

在以往的中文实体关系抽取方法中，对于每一种关系类型，机器学习方法都采用单一的学习算法和特征集合。由于每种关系类型有不同的组成特点，不同的关系类型受影响的因素也不同，因此单一的学习算法和特征集合并不一定适用于所有关系类型的抽取。为解决这一问题，可以利用"分而治之"的思想，采用分布式策略对中文实体关系进行抽取。

分布式策略是指为每个关系类型构造一个学习器，这些学习器既可以独立抽取某种关系类型，又可以相互通信以提高系统整体性能。其中，学习器的学习算法是统一的(如采用基于组合核函数的空间向量模型)，但每个学习器的特征集合不同，即针对不同关系类型，选择相应的敏感特征集。在此基础上，各学习器分别进行实体关系抽取，然后每个学习器之间进行通信以调整各分类器的结果。基于分布式策略的实体关系抽取框架如图 9-39 所示。

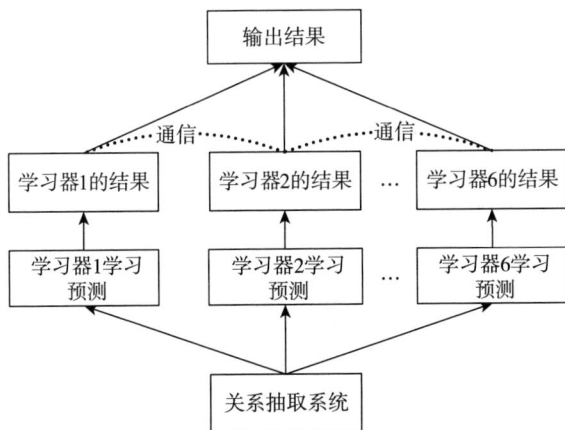

图 9-39 基于分布式策略的实体关系抽取框架

在实体关系抽取的过程中，为了进一步提高学习器的学习能力，引入元学习概念。所谓元学习是指采用集成学习的方法来生成最终的学习模型。元学习的主要思想是利用已有的知识进行再学习，从而得到最终的全局学习模型。利用分布式策略学习到的知识进行再学习，并加入其他辅助信息，最终可生成全局学习预测模型。

元学习的框架如图 9-40 所示。为了区分分布式策略得到的结果与元学习得到的结果，将分布式所在阶段称为基层，将元学习阶段称为元层。在元学习框架中，首先构建基层分类器；其次将基层所有学习器的结果组合在一起，作为元层训练语料的特征。为使元层学习器的学习内容更加丰富，可以考虑加入其他有效的信息作为特征。元层学习器可以进行元学习，并对测试语料进行测试，最终生成预测结果。

集成分布式策略与元学习概念的中文实体关系抽取框架如图 9-41 所示。关系抽取的具体过程是：首先为每个关系类型选择局部特征集合和学习器，构造基于组合核函数的空间向量模型基层学习器；其次组合每个基层的关系抽取结果，添加辅助信息作为元学习的特征，构成元层学习器的训练语料；最后将元层学习器的输出再输入元学习器中进行重新学习，获得最终的学习预测结果。

2. 基层学习器的构建

用于构建基层学习器的特征集合包括局部特征集和全局特征集。局部特征

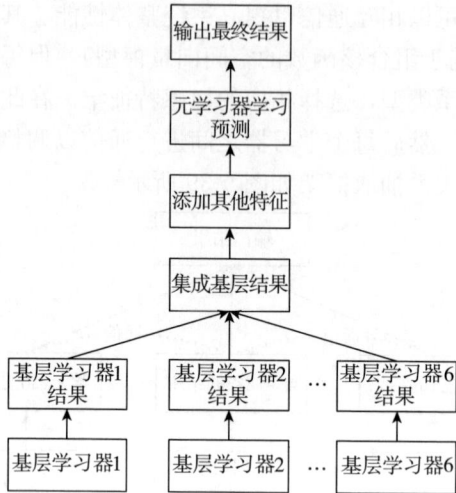

图 9-40 元学习框架

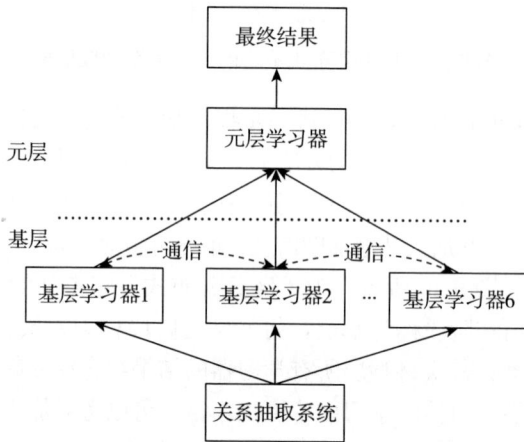

图 9-41 集成分布式策略与元学习概念的中文实体关系抽取框架

集，即敏感特征集合；全局特征集，即每个基层学习器都采用相同的全局特征集合和相应的局部特征集合。敏感特征集合需根据不同的关系类型特征进行选取，可采用基于组合核函数的空间向量模型作为基层的学习算法。特征集合不同，学习效果也不同，表 9-27 和表 9-28 分别展示了两组不同的特征集合。

表 9-27　第一组特征集合

基层学习器	局部特征集合	全局特征集合
学习器 1	Part-Whole 的实体大类特征，实体子类特征，实体类别特征，实体 GPE 角色，实体 LDC 属性	实体词信息（核心词、扩展词、开始位置、结束位置），SPT
学习器 2	ORG-AFF 的实体大类特征，实体子类特征，实体类别特征，实体 GPE 角色，实体 LDC 属性	
学习器 3	GEN-AFF 的实体大类特征，实体子类特征，实体类别特征，实体 GPE 角色，实体 LDC 属性	
学习器 4	PHYS 的实体大类特征，实体子类特征，实体类别特征，实体 GPE 角色，实体 LDC 属性	
学习器 5	PER-SOC 的实体大类特征，实体子类特征，实体类别特征，实体 GPE 角色，实体 LDC 属性	
学习器 6	ART 的实体大类特征，实体子类特征，实体类别特征，实体 GPE 角色，实体 LDC 属性	

表 9-28　第二组特征集合

基层学习器	局部特征集合	全局特征集合
学习器 1	Part-Whole 的实体大类组合特征，实体子类组合特征，实体类别组合特征，引用类型组合特征，GPE 角色组合特征	实体大类、实体子类、实体类别、引用类型、GPE 角色、实体词信息，SPT
学习器 2	ORG-AFF 的实体大类组合特征，实体子类组合特征，实体类别组合特征，引用类型组合特征，GPE 角色组合特征	
学习器 3	GEN-AFF 的实体大类组合特征，实体子类组合特征，实体类别组合特征，引用类型组合特征，GPE 角色组合特征	
学习器 4	PHYS 的实体大类组合特征，实体子类组合特征，实体类别组合特征，引用类型组合特征，GPE 角色组合特征	
学习器 5	PER-SOC 的实体大类组合特征，实体子类组合特征，实体类别组合特征，引用类型组合特征，GPE 角色组合特征	
学习器 6	ART 的实体大类组合特征，实体子类组合特征，实体类别组合特征，引用类型组合特征，GPE 角色组合特征	

3. 基层学习器之间的通信

各基层学习器的学习结果会产生冲突，为此需制定启发式规则来消除这些冲突，从而实现基层学习器之间的通信。

解决关系类型冲突的三条启发式规则如下。

(1)如果 $\text{sum}(x)=1$，且 $C_i(x)=i$，$i=1,2,\cdots,6$，则被测试的关系实例的关系类型预测为 i。

(2)如果 $\text{sum}(x)>1$，则该测试样本 x 的预测关系类型为

$$(\text{Con}_i(x)>\text{Con}_j(x))?\ i:j$$

其中，$\mathrm{Con}_i(x)$ 表示空间向量模型将测试样本 x 预测为类型 i 的置信度。

(3)如果 $\mathrm{sum}(x) = 0$，那么采用投票的方式为预测样本选择关系编号类型，即

$$\mathrm{sum}(x) = \sum_{k=1,\,2,\,\cdots,\,K} f_k(x)$$

$$f_k(x) = \begin{cases} 1, & C_k(x) = k \\ 0, & \mathrm{other} \end{cases}$$

其中，$f_k(x)$ 为分类器 k 对关系实例 x 的预测值，若预测结果是关系类型 k，则函数 $f_k(x)$ 的值为 1；否则函数 $f_k(x)$ 的值为 0。$\mathrm{sum}(x)$ 表示将关系实例 x 预测为学习器所对应关系类型的基层学习器的个数。

这里用编号 1~6 表示六大关系类型，规定编号为 k 的关系类型用第 k 个分类器进行分类($k = 1,\ 2,\ \cdots,\ 6$)，$C_k(x) = k$ 表示关系实例 x 被第 k 个分类器划分为编号为 k 的关系类型。

4. 元学习

元学习是利用已有的知识进行再学习，从而得到最终模型的机器学习过程。在基层，根据每个功能节点的性质和任务，为每个节点选择适合的学习算法和敏感特征集合。在元层，系统将每个功能节点的处理结果组合起来，形成元层的训练语料，而元层学习器则在这个训练语料的基础上，结合其他的一些有效信息做出最后的决策。

(1)构建元学习训练语料。首先是基层学习器的 N 倍交叉验证过程，其中 N 的取值为 5。已知给定数据集合 $D = \{(\mathrm{class}(x_1),\ \mathrm{features}(x_1)),\ \cdots,\ (\mathrm{class}(x_m),\ \mathrm{feature}(x_m))\}$ 和 K 个不同的学习算法(K 的取值为 6，分别对应六类实体关系类型)，其中，x_m 表示一个实体关系实例，$\mathrm{class}(x_m)$ 表示该关系实例的正确标注，$\mathrm{feature}(x_m)$ 表示关系实例的特征集合，K 个学习算法对应 K 组不同的特征集合。将数据集合平均分为 N 份，每次选取 N 份中的一份作为测试语料，其余 $N-1$ 份作为训练语料，可以构成 N 组训练和测试语料。每组都用 K 个算法对训练语料进行学习，得到 K 个不同的模型，再用这 K 个不同的模型对测试语料进行预测，得到 K 个预测结果。经过 N 次这样的过程，便可获得对于整个数据集合 D 的 K 个不同的预测结果。其次，将 K 个预测结果作为 K 类不同的特征，并与数据集合 D 的正确标注一起组成新的数据集合。除了用 K 个预测结果作为特征以外，还可添加一些其他有用的信息作为特征，构成最终的元层训练语料 D'。

(2)构建元层测试语料。用 K 个学习算法直接在数据集 D 上进行学习，用学习到的模型对测试数据 T 进行预测，将 K 个预测结果作为 T 的 K 个不同的特征，另外加上构建元层训练语料时添加的其他有用信息，这样新组织的语料

T' 就是元测试语料。

构建完元层训练语料和测试语料后，就可以选择学习算法对元层训练语料 D' 进行学习，并生成元学习模型，然后用元测试语料 T' 进行预测，获得最终标注结果。这里元层学习算法可采用基于组合核函数的空间向量模型。

5. 基于分布式元学习策略的关系抽取方法

基于分布式元学习方法的关系抽取流程图如图 9-42 所示。

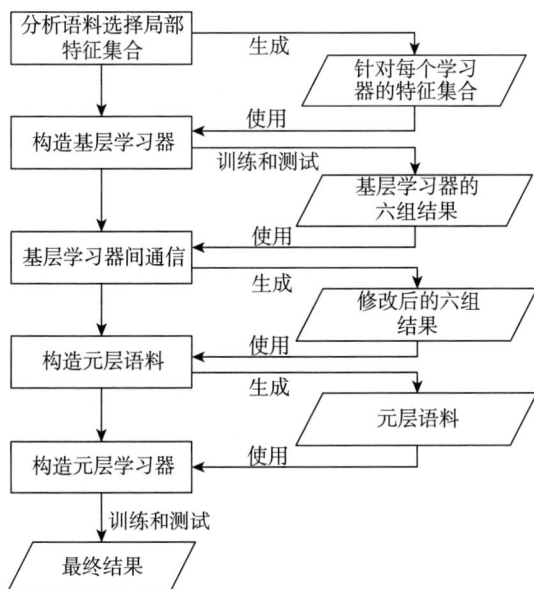

图 9-42　基于分布式元学习方法的关系抽取流程图

基于分布式元学习框架的关系抽取基本步骤如下。

步骤 1　对实验语料的所有关系类型的关系实例进行分析总结，得出各种关系类型的局部特征集合。

步骤 2　根据步骤 1 选择的局部特征集合，为每个类型的关系构造一个针对该关系类型的基层学习器。

步骤 3　每个基层学习器对实验语料进行多类划分。

步骤 4　当基层识别完后，组织基层通信，进行信息交换，以修正每个基层的识别结果。

步骤 5　将六个基层学习器的结果作为元层学习器的训练语料，在此基础上，为元层学习器选择其他的信息，以帮助元层学习器制定最佳的决策。

步骤 6　使用元层学习器进行训练与测试。

6. 实验及结果分析

实验使用的语料是 ACE RDC(automatic content extraction relation detection and characterization)2005 中文语料库。其中定义的实体关系类型有 physical 关系、part-whole 关系、social-personal 关系、org-affiliation(雇佣)关系、agent-artifact(机构和代理之间的)关系、general-affiliation(附属)关系等。实体关系的类型及含义见表 9-29。

表 9-29   ACE 定义的语义关系类型及含义

ACE 中的实体关系大类	实体关系类型的含义
PHYS(physical)	表示实体所在的地理位置的近似性
PART-WHOLE(part-whole)	描述实体间的从属关系,如地理位置关系
PER-SOC(person-social)	描述两个人物实体之间的关系,如商业关系等
ORG-AFF(org-affiliation)	包括人物和各种组织之间的雇佣关系、拥有关系等
ART(agent-artifact)	描述施事者和施事对象之间的关系
GEN-AFF(general-affiliation)	人物和组织之间不能归入其他类别关系的关系, 如民族、意识形态等

实验中按照以下步骤进行实体关系的抽取。首先,通过分析实验语料,为基层的每个基层学习器(针对六大关系类型)选择局部特征集合;其次,通过分析基层的结果,制定通信规则,以方便基层之间互相交换信息,调整自身的策略;再次,将各个基层的结果组合起来构造元层学习器的训练语料,为了提高元层学习器的分类精度,给元层学习器添加其他辅助信息;最后,利用元层学习器进行训练和预测。

下面利用分布式和元学习方法基于 ACE RDC 2005 中文语料库进行关系抽取实验。

1)组合核实验

将基于特征向量的平面核与使用 SPT 树结构的结构核组合,进行实体关系抽取实验。基于 ACE RDC 2005 中文语料库的实验共分三组,分别是只用基于特征的平面核、只用基于最短路径依存树的结构核及两者的组合核,用前两组实验作为组合核实验的对照实验。实验结果见表 9-30,其中,P 代表准确率,R 代表召回率。

表 9-30   组合核方法的实验结果

关系类型	基于特征向量的方法			结构核方法			组合核方法		
	P/%	R/%	F-值/%	P/%	R/%	F-值/%	P/%	R/%	F-值/%
PHYS	65.64	23.53	34.64	47.73	7.26	12.61	62.17	31.28	41.62
PER-SOC	80.58	36.96	50.68	69.26	33.83	45.45	79.87	40.59	53.83

续表

关系类型	基于特征向量的方法			结构核方法			组合核方法		
	P/%	R/%	F-值/%	P/%	R/%	F-值/%	P/%	R/%	F-值/%
PART-WHOLE	79.78	63.54	70.74	64.18	56.14	59.89	79.86	71.32	75.35
ORG-AFF	86.38	66.41	75.09	77.23	58.32	66.46	87.87	71.47	78.83
ART	73.89	23.09	35.19	58.73	12.85	21.08	76.25	31.77	44.85
GEN-AFF	83.90	64.94	73.21	70.32	44.25	54.32	84.24	70.78	76.93
均值	81.15	53.03	64.14	68.68	40.73	51.13	80.66	59.52	68.50

从表 9-30 中可以看出，对于每一种实体关系大类的识别，其结果都是基于特征向量的方法要比基于最短路径依存树的结构核的方法要好；对六种实体关系大类的识别效果取平均值发现，基于特征向量方法的 F-值比结构核方法的 F-值高出 13.01%，说明在中文关系抽取任务上，基于特征向量的方法比结构核方法更具优势。

从表 9-30 中还可看出，组合核方法在所有实体关系大类的识别上都具有较大的优势，六种关系类型的 F-值比基于特征向量的方法分别高 6.98%、3.15%、4.61%、3.74%、9.66% 和 3.72%。组合核方法的平均 F-值为 68.50%，比基于特征向量的方法和结构核方法分别高 4.36% 和 17.37%。

基于以上分析可以得出组合核方法在中文关系抽取中效果最佳的结论。

2）分布式策略实验

为验证选取不同的特征集合会对基层学习器产生影响这一事实，分别用两组基层特征集合（表 9-27 和表 9-28）进行实验。通过基层之间的通信，学习器之间可以互相交换信息，调整自身策略，从而提高关系抽取的整体性能。在基层只使用特征而无通信的基础上，又做了逐条添加通信规则的实验，以验证每条通信规则对关系抽取性能的影响。基于两组特征集合基层间通信的实验结果见表 9-31，其中，P 代表准确率，R 代表召回率。

表 9-31 基于两组特征集合基层间有无通信的实验结果比较

方法	第一组基层特征集合			第二组基层特征集合		
	P/%	R/%	F-值/%	P/%	R/%	F-值/%
组合核方法	80.66	59.52	68.50	80.66	59.52	68.50
基层学习器通信（一条规则）	78.39	61.83	69.13	79.18	61.57	69.28
基层学习器通信（二条规则）	78.38	61.82	69.12	79.26	61.67	69.37
基层学习器通信（三条规则）	75.95	63.23	69.01	78.11	62.96	69.72

从实验结果可以看出，在组合核的基础上使用分布式学习策略的关系抽取与只使用组合核的关系抽取相比，当使用第一条规则时，基于两组特征的实验，其

F-值均有明显的提高；继续使用第二条规则，第一组的 F-值提高了 0.62%，第二组提高了 0.87%，第二组提高的幅度更大一些，说明第一组选取的特征集合没有第二组的效果好；继续在前两条通信规则的基础上使用第三条通信规则（即投票规则），第一组的 F-值略有下降，比只使用前两条规则时降低了 0.11%。

简单分析如下：由于在使用通信规则前，第一组中每个基层学习器的特征集合不是特别有效，识别性能不高，所以采用投票规则后，并不能提高关系抽取的性能；而第二组实验中，因为每个基层学习器的识别效果都较好，所以在加入第三条规则后，学习器的性能又有了一定程度的提高，F-值为 69.72%，比使用前两条规则时提高了 0.35%。

对于两组特征集合，使用三条规则后，第一组的 F-值为 69.01%，第二组的 F-值为 69.72%，相比单纯的组合核方法分别提高了 0.51% 和 1.22%，且第二组提高的幅度要优于第一组。从表 9-31 中还可看出，对于第一组实验，前两条规则是有效的；而在第二组中，三条规则都是有效的。以上事实可以说明两点：①若采取分布式策略，基层每个学习器特征集合的选取都是非常重要的，特征集合的正确与否直接影响着关系抽取的效果；②通信规则的选用对关系识别效果也起到重要的作用。

3）元学习及特征选择实验

在分布式和元学习的整体框架中，每个基层学习器单独运行各自的任务并在基层之间进行互相通信以解决抽取的类型冲突。然后，将每个基层的执行结果组合起来作为元学习的训练语料。元学习器利用该训练语料学习预测模型，并使用该模型对测试语料进行预测。

特征选择的步骤为：首先，依次将实体特征加入关系抽取系统中，考察每个特征对关系抽取系统性能的影响。其次，将实体特征按照前一步实验的结果进行排序，当单独加入该特征后系统抽取性能与没有加入任何特征的系统性能相比没有下降，则以累加的方式将该特征加入关系抽取系统中，考察组合特征对关系抽取系统性能的影响。基于两组基层特征集合的元学习特征选择实验结果分别见表 9-32 和表 9-33，其中，P 代表准确率，R 召回率。

表 9-32　基于第一组基层特征集合的元层特征选择实验结果

特征	$P/\%$	$R/\%$	F-值$/\%$
分布式元学习策略	79.02	62.00	69.49
＋实体大类	79.16	62.47	69.83
实体 GPE 角色	79.07 (79.27)	62.04 (62.05)	69.52 (69.61)

特征	$P/\%$	$R/\%$	F-值$/\%$
LDC 值	79.12 (79.22)	61.88 (61.94)	69.45 (69.52)
实体子类	79.06 (78.91)	61.88 (61.55)	69.43 (69.16)
实体类别	78.97 (79.07)	61.90 (62.06)	69.40 (69.54)
两实体大类组合特征	79.16	61.93	69.49

表 9-33　基于第二组基层特征集合的元层特征选择实验结果

特征	$P/\%$	$R/\%$	F-值$/\%$
分布式元学习策略	78.11	62.96	69.72
＋实体大类	78.32	62.89	69.76
＋实体子类	78.15 (78.36)	62.96 (62.89)	69.74 (69.78)
＋实体类别	78.11 (78.36)	62.96 (62.89)	69.72 (69.78)
引用类型	78.11	62.94	69.70
实体 GPE 角色	78.16	62.85	69.67
两实体大类组合特征	78.50	62.85	69.81

关于表 9-32 和表 9-33 的两点说明：①带括号的值为累计加入特征的结果，不带括号的值为单独加入特征的结果；②"＋"表示该特征是有效的，并加入下一轮的关系抽取中。

第一组实验：加入元层是在基层使用前两条通信规则的基础上进行的，因为表 9-31 的结果已经说明第三条规则对第一组的学习性能并不起作用。从表 9-32 中可以看出，加入元层后，F-值为 69.49%，比基层通信结果（69.12%）略有提高。而通过元层特征选择，发现当只加入实体大类特征时，元层学习器的学习性能最好，F-值达到 69.83%，比未加入元学习时提高了 0.71%。

第二组实验：加入元层是在基层使用三条规则的基础上进行的。从表 9-33 中可以看出，只加入元学习策略，F-值仍为 69.72%，与基层通信的结果一样，并没有提高；而进一步进行一系列的特征选择后发现，特征选择实验对元层学习器的影响并不大，这是因为三条通信规则已将六个学习器的识别结果进行了调整，达到了较优的程度。

采用分布式元学习策略，第一组的 F-值为 69.83%，比组合核方法的 F-值提高了 1.33%，第二组的 F-值为 69.81%，比组合核方法的 F-值提高了 1.31%。两组实验结果表明，分布式元学习方法与组合核方法相比在关系抽取方面具有一定的优势。

　　4)分布式策略与元学习策略的比较

　　分布式策略与元学习策略的对比实验结果如表 9-34 所示，其中，P 代表准确率，R 代表召回率。

表 9-34　分布式策略与元学习策略的对比实验结果

方法	第一组基层特征集合			第二组基层特征集合		
	P/%	R/%	F-值/%	P/%	R/%	F-值/%
组合核方法	80.66	59.52	68.50	80.66	59.52	68.50
分布式学习策略	78.38	61.82	69.12	78.11	62.96	69.72
分布式元学习无辅助特征策略	79.02	62.00	69.49	78.11	62.96	69.72
分布式元学习有辅助特征策略	79.16	62.47	69.83	78.50	62.85	69.81

　　在分布式策略的实验中，与组合核方法相比，第一组的 F-值最多提高了 0.62%，第二组的 F-值最多提高了 1.22%，虽然第一组没有第二组提高的幅度大，但也都说明基层分布式策略是有效的，并且不同的特征集合及选用不同的通信规则对系统性能的提高也有着不同的影响。

　　当加入元学习而无辅助特征策略时，可以看出，第一组的 F-值提高了 0.37%，而第二组没有变化。当进一步加入辅助特征后，第一组的 F-值提高了 0.34%，达到 69.83%；而第二组的 F-值只提高了 0.09%，为 69.81%。可以说，元学习策略对第一组的效果更明显，这是因为第二组在基层通信后通过第三条投票规则将六个学习器的识别结果进行了调整，已选择了较优的识别结果作为最后的预测结果，而第一组还存在改进的空间。从而说明元学习有辅助特征策略对提高关系抽取系统的整体性能是有帮助的。

　　一般而言，当基层特征选取不理想时，元学习有辅助特征策略对提高系统的整体性能起较大的作用；而在基层本身特征选取合适的情况下，基层间的通信则起相对更大的作用。

　　5)与其他方法的比较

　　进行实体关系抽取的方法有很多，表 9-35 列出组合核方法和基于分布式元学习策略的关系抽取方法与其他三种方法的比较结果，其中分布式元学习策略采用的是第二组的实验结果，P 代表准确率，R 代表召回率。

表 9-35　与其他方法的比较

方法	P/%	R/%	F-值/%
组合核方法	80.66	59.52	68.50
基于分布式元学习策略的关系抽取方法	78.50	62.85	69.81
文献[19]的方法	81.83	49.78	61.91
文献[20]的方法	74.10	51.88	61.03
文献[21]的方法	75.30	60.43	67.00

文献[19]采用的是将两个独立的核进行组合的方法，其中一个是建立在上下文无关特征基础上的实体核，另一个是与上下文信息相关的字符串语义相似核。该方法对关系大类预测的 F-值为 61.91%，而分布式元学习策略的关系抽取方法的 F-值比其高 7.9%。文献[20]在提取出中文词法、实体、句法和语法的基本特征后，提出采用特征组合的方法，使用空间向量模型进行学习，在关系大类的识别上，F-值为 61.03%，分布式元学习策略的关系抽取方法比其高 8.78%。文献[21]提出了一种基于卷积树核函数的中文实体关系抽取方法，在关系实例的结构化信息中加入实体语义信息，从而构造了实体语义关系树。将分布式元学习策略的关系抽取方法与文献[21]的预测结果进行对比，前者的 F-值比后者高 2.81%。从以上的对比结果可知，分布式元学习策略对于实体关系的抽取是十分有效的。

在分布式元学习策略的关系抽取方法中，总共有两次训练过程，即基层和元层。从基层过渡到元层时，首先在基层有一个预测过程；其次预测结果相互通信；最后用元层训练得到的模型进行测试。从整体训练测试过程来看，训练的时间是两层训练时间、基层预测时间及通信时间的叠加。正是由于存在两层训练过程，因此训练的时间代价比较大。尽管训练模型的时间较长，但测试的时间复杂度不变。

9.7　汽车制造领域本体构建实例

本节以国家自然科学基金重点项目为研究背景，以某汽车制造企业的领域本体构建为例，讨论前述本体学习方法在汽车领域本体构建中的应用。汽车领域本体构建过程如图 9-43 所示。

构建汽车领域本体主要有四个步骤。首先，对汽车领域语料进行预处理，即实施去噪、断句和分词三个子过程。其次，基于得到的标准的领域语料生成领域概念集合。采用基于条件随机场(conditional random fields，CRF)和主动学习相结合的方法获取汽车术语集合。使用基于规则的方法提取语料中的同义关系，并依此将同义关系的术语合并形成概念。人工筛选概念集合，以确保概念集合的正

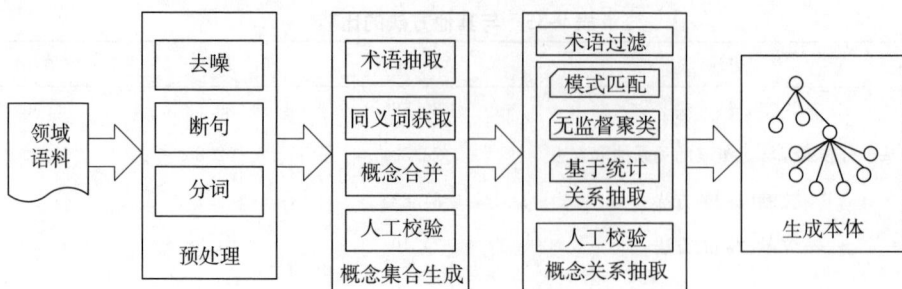

图 9-43　汽车领域本体构建流程图

确性。再次，在得到概念集合的基础上利用组合多策略的关系抽取方法获取概念之间的关系，生成概念关系集合。在自动抽取过程结束之后，通过人工校验确定最终的本体关系集合。最后，采用 Protégé 工具生成本体。

9.7.1　领域概念集合的获取

1. 领域术语及概念的确定

1）确定术语标准

全国科技名词委在《科学技术名词审定的原则及方法》中制定了详细的术语选择原则，即"3.1.1 专有名词是指具有本学科学术特点、构成本学科概念体系的名词；3.1.2 本学科的专有名词应系统收录，从其他学科渗入或借用的名词应尽量少收，应注意协调一致的原则。3.2 注意选收科学概念清楚、相对稳定的新词，使审定工作能反映当前学科发展水平。3.3 已淘汰的、无现实意义的名词一般不审定"。

根据上述原则进行术语标准化。针对汽车领域术语，目前还没有一个统一的明确的标准。通过对《汽车行业名词术语汇编》中与汽车零部件相关的术语的统计分析发现，复杂术语（即由 2~4 个单词组成的术语）占全部术语的 81%，单词型术语占 9%，五、六个词组成的术语分别占 6% 和 2%，七个词及以上组成的术语占 2%。基于汽车领域术语的特点，并且结合之前一些对术语特点的研究成果及《科学技术名词审定的原则及方法》中的术语选择原则，制定了汽车领域术语的标准，凡是符合标准的都被视为汽车领域的术语，标准如表 9-36 所示。

表 9-36　汽车领域术语标准

标准	举例
随着汽车领域的产生发展出现的词	两驱车、跑车
表示汽车术语的英文缩写	RV（休闲车）
表示汽车零部件或组成成分的词	排气阀、车底、花键齿

续表

标准	举例
表示与汽车相关的系统或结构的词	高压共轨系统
一些通用领域中的词，但在汽车领域表示特定含义	备胎、抬头
英文缩写与中文译文联合使用的词，分别作为两个术语	ABS(防抱死制动系统)
遵循术语要尽可能的详细和完整原则的词	1.6 升 5 缸发动机

2)确定概念标准

术语是在特定专业领域中一般概念的术语指称。术语和概念之间一一对应，一个术语只表示一个概念(单义性)；一个概念只有一个指称，只由一个术语来表示(单名性)。否则会出现异义、多义和同义现象。对抽取的术语进行标准化，通过半自动的方式进行同义词合并、多义词消歧等工作，最后获得汽车领域本体中的概念集合。

2. 领域概念集合的获取

汽车领域概念集合获取流程如图 9-44 所示。

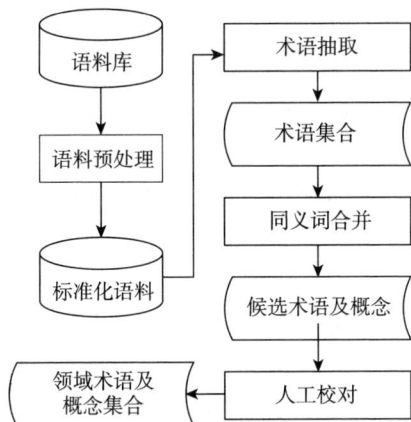

图 9-44　汽车领域概念集合获取流程

考虑到抽取精度和人工代价之间的平衡，首先，利用主动学习策略与 CRF 模型相结合的方法从汽车语料中抽取汽车术语集合。其次，通过同义词合并方法将多个同义词合并获得概念。最后，通过人工校对确定最终的汽车术语及概念集合。

(1)语料预处理。通过对语料库预处理得到标准化语料。语料库是用于收集术语的大量的电子文本。使用爬虫工具从"太平洋汽车网"的"汽车知识"版块抓取约 500 篇网页。通过去噪、去重、断句和分词等预处理工作，得到约 1M 大小的标准化领域语料。标准化汽车领域语料并不需要全部由人工标注，只需要人工标注或修正其中一少部分，从而极大地减轻了人工工作量。在获取过程中，只对40％的汽车领域标准语料进行人工标注和修正，另外又单独抽取约 1M 包含69 802 个术语的汽车领域标准语料，其中包含 5 735 个汽车术语，在这些汽车语料上进行术语抽取。

（2）术语抽取。利用主动学习策略同 CRF 模型结合的方法从汽车知识语料中抽取汽车术语集合，从而实现术语抽取的半自动化。首先用 CRF 模型在初始少量已标注语料中学习一个抽取汽车领域专业术语的模型，用此模型预测未标注的语料，根据主动学习样本选择策略选择出最不确定的一部分样本，进行人工修正，再将其重新加入已标注语料中，更新已标注语料，重新学习模型。如此迭代循环直到模型预测结果达到预定要求。用最终学习出的术语抽取模型抽取汽车术语，获得一个术语集合。

（3）同义词合并。通过分析抽取出的汽车术语，总结同义词之间的规律，进行同义词合并，形成一个概念。例如，若一个术语后紧跟着括号，则括号中的词就是该术语的同义词；若一个术语后出现特定指示词（如"即""又称为""又称作"等），则指示词后的术语就是指示词前的术语的同义词。对候选术语集合中术语所在的句子应用以上规则，用程序自动进行同义词合并，不需要人工干预。

（4）人工校对。人工校对候选汽车术语及概念，剔除不正确的汽车术语及概念，确定最终的汽车领域术语及概念集合。人工校对所遵循的原则有三条：其一，《科学技术名词审定的原则及方法》中对全部科技语选择的通用性质的原则，即既要是具有学科特点的名词，又是能清楚地、稳定地表达科学概念的新词。其二，大部分复杂汽车术语是由 2～4 个词组成的，也有一部分由单个单词构成，由七个词以上构成的汽车术语很少。其三，制定的汽车术语标准，如表9-36 所示。根据这些原则，从候选的汽车术语中获得最终确定的汽车术语集合。最后，根据自动抽取获得的术语同义关系，人工确定同义词中哪个术语作为概念，在利用认知经验的同时，要保证作为概念的术语尽可能的详细、完整。

3. 领域概念集合获取结果

通过主动学习与 CRF 相结合的方法和同义词合并方法，半自动地确定汽车领域术语及概念集合是有效的，能够减少人工工作量，再加上人工修正，可确保获取的概念集合的正确性。

由表 9-37 中几种术语抽取方法的比较可以看出，当采用主动学习方法时，只需要 40％的人工标注量就可以达到和 100％标注量时相差不多的抽取性能。因此，在获取汽车领域概念集合中，采用主动学习和 CRF 相结合的方法抽取术语，其中仅对 40％的汽车领域标准语料进行人工标注，大大地减少了人工标注量。在包含 5 735 个汽车术语的汽车语料库上进行抽取，模型预测出 5 439 个术语，但其中只有 4 539 个是正确的术语。对抽取出的 4 539 个术语去重后得到术语集合，总共包含 1 138 个术语。通过同义词合并和人工校对，最终确定概念 1 049 个。

表 9-37　汽车术语抽取结果

内容	术语总数	抽取术语	正确术语
术语个数	5 735	5 439	4 539

9.7.2　领域本体关系的获取

1. 关系集合获取框架

概念关系的抽取框架如图 9-45 所示。

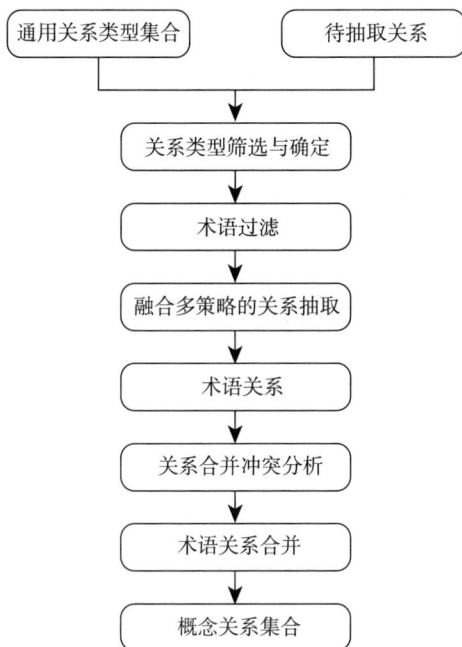

图 9-45　概念关系抽取框架图

概念关系的抽取框架主要包括以下几方面。

(1)关系类型筛选与确定。根据其他本体中存在的概念关系类型，并结合汽车领域语料概念关系的特点，筛选确定待抽取的关系类型。例如，整体部分关系既普遍存在于大多数本体当中又广泛存在于语料当中，因此整体部分关系被选作待抽取的关系；而对于反义关系等关系，虽然在很多其他领域的本体中存在，但在本汽车领域语料中并不具有普遍性，因此不考虑纳入最终本体当中。

(2)术语过滤。经过分析，由于最终生成的本体中的概念关系主要是整体部分关系和属种关系，而在语料当中，有很多术语不能与其他术语形成这两种关系之一，因此不会被加入本体当中。这些术语符合某些特定的规则，通过找出这些规则并获取一个规则集合，过滤掉这些不会被纳入最终本体的术语。在使用规则过滤之后，再人工对结果进行校验，以保证术语过滤的质量。

（3）融合多策略的关系抽取。采用基于规则的方法、基于无监督聚类的方法和基于统计的方法对语料进行术语关系提取，在术语关系抽取的基础之上再进一步进行合并以得到概念关系。

（4）术语关系分析及合并，包含图 9-45 中后四个框。首先对术语关系进行分析，主要是观察分析同一概念中的不同术语和另一概念中的不同术语是否存在冲突。其次，根据术语关系和概念集合进行术语关系合并，最终得到概念之间的关系的集合。

2. 关系类型筛选与确定

经过对汽车语料的分析，并参照中华人民共和国国家标准 GB-T 15237.1—2000，可抽取的术语间的关系类型包括属种关系、整体部分关系、功能关系等。其中，属种关系和整体部分关系属于层级关系，其他关系属于非层级关系。从549 676 个实例中随机抽取 2 801 个实例并人工分析判断这些实例所涉及的术语对属于哪种关系，统计结果如表 9-38 所示。

表 9-38　关系类型统计（单位：个）

关系类型	数量	关系类型	数量	关系类型	数量
属种	45	状态	72	无关系	1 680
并列	358	功能	22	整体部分	223
功能	43	空间	46	作用	4
源流	65	同义	18	其他	225

从表 9-38 可以看出，大多数实例中的术语并不存在关系，并列关系和整体部分关系的实例所占比重较大，属种关系也占有一定比重。同时，经过对目前多个较为成熟本体的调研，如 HowNet、WordNet、Gene Ontology 等，发现在大多数本体中都存在着属种关系、整体部分关系和同义关系。并列关系的提取作为一个中间结果虽然最终不加入本体当中，但对整个提取过程的意义重大；属种关系和整体部分关系广泛存在于语料当中，且符合多数本体的需要；同义关系虽然所占比重较小，但其在本体当中是一个不可或缺的组成部分。

3. 术语过滤

最终形成的本体结构中主要包含属种关系和整体部分关系。可能有一些术语注定不会被纳入本体中，如："vvt-i 技术""上止点""两轮驱动""串联式动力"等。尽管这些术语是汽车领域术语，但由于本实例的本体针对的是汽车实体部件，而实体部件与这类术语之间不存在属种关系或者整体部分关系，因此选出这些"不合格"的术语并将其忽略掉。

经过对术语集合的分析发现，不合格术语具有十分鲜明的特点：它们大都以曲线、剂、水、比、转向、技术、光盘、正时、压力、喷射、油耗、量、号、因素、速度、油、区域、化合物、排放、期、距、间隙、方式、性、性能、系数、指标、径、数、温、压、模式、转速、马力、角、率等字或词组结尾。根据这一特点，使用规则筛选掉这类术语之后，经过进一步地人工校对，最终从总共6 539 个术语中过滤掉 1 596 术语。

4. 组合多策略的术语关系抽取

采用多策略组合方法，抽取同义关系、属种关系和整体部分关系（并列关系作为一个中间结果本身不会被加入本体当中）。

图 9-46 和图 9-47 分别给出同义关系、整体部分和属种关系的示例。从图 9-46 中可以看出，同义术语往往是术语的别名或者英文名，甚至是俗称。原因在于互联网上名词使用的不规范，不同用户有着不同的用词偏好，因此对于同一个术语，不同用户可能使用不同的叫法。同义关系的识别有助于将这些别名进行规范化，并且进而生成概念。图 9-47 将部分术语通过属种关系或者整体部分关系连接起来，形成一个网状的结构。

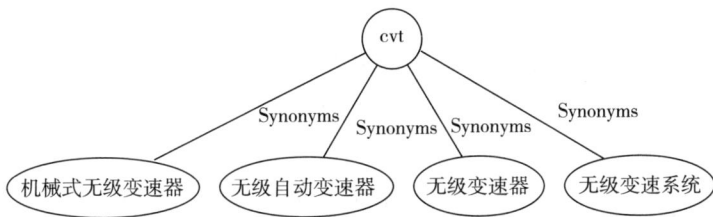

图 9-46　同义关系示例

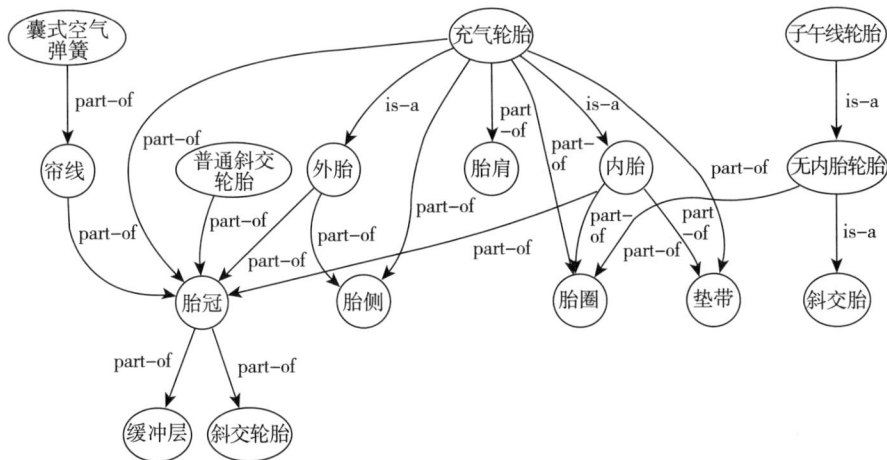

图 9-47　整体部分和属种关系示例

part-of 表示整体部分关系，is-a 表示属种关系

5. 概念关系的生成

概念间的关系基本上与术语间的关系一致，由于使用同义词将同义术语合并为一个概念，因此理论上存在部分概念关系存在冲突。例如，概念 A 的术语 1 与概念 B 的术语 2 存在属种关系，概念 A 的术语 3 与概念 B 的术语 4 存在整体部分关系，但实际操作中并没有此冲突。因此概念间的关系与术语间的关系保持一致。

出现这种无冲突情况的原因可能是所使用的语料规模不够大。例如，概念"无级变速系统"的同义术语有无级变速器、cvt、无级自动变速器；另一个概念"汽车变速器"，根据之前抽取的术语关系结果，在"无级变速系统"概念的四个术语(无级变速系统、无级变速器、cvt、无级自动变速器)中与"汽车变速器"具有属种关系的只有"无级变速器"一个，其他三个术语与"汽车变速器"不存在关系。

经过统计，在所有概念中只有三个概念含有大于一个的同义术语与某个其他概念的术语同时存在关系，分别是乘员保护系统(srs)、液流缓冲器(限流器)和单顶置凸轮轴(sohc)。

从表 9-39 可以看出，虽然这三个概念都有多个同义术语与其他概念存在关系，但其关系类型是一致的，因此在术语关系映射到概念关系的时候，没有发生相悖的冲突。从术语关系到概念关系，中间有 94 个关系被简化，最终概念间的关系共 655 个。

表 9-39　三个特殊的概念关系

概念 1	概念 2	关系
安全汽车	乘员保护系统	整体部分关系
安全汽车	srs	整体部分关系
高压共轨管	液流缓冲器	整体部分关系
高压共轨管	限流器	整体部分关系
单顶置凸轮轴	中高档轿车发动机	整体部分关系
Sohc	中高档轿车发动机	整体部分关系

9.7.3　汽车领域本体实例

OWL(web ontology language，即网络本体语言)是用来定义和实例化本体的语言。根据不同本体的表达能力和推理能力，OWL 可分为 OWL Lite、OWL DL 和 OWL Full。OWL 的基本元素包括类(class)、个体(individual)和属性(property)。OWL 可以表示概念的组成及概念间的联系。

在本体构建中，首先将生成的概念和概念间的关系使用 Protégé 表示成 OWL 文件；其次使用 Protégé 以树状图的形式展示出来。例如，对于抽取出的概念，"防抱死制动系统"的同义词包括"abs""防抱死""防抱制动系统""防抱制动控制系统""防抱死系统"，它们的 OWL 文件如图 9-48 所示，这些概念间的关系用 OWL 表示出来之后如图 9-49 所示。

```
......
<Declaration>
  < Class IRI ="#充气轮胎"/>
</Declaration>
<Declaration>
  < Class IRI ="#内胎"/>
</Declaration>
<Declaration>
  < Class IRI ="#冰雪轮胎"/>
</Declaration>
<Declaration>
  < Class IRI ="#前轮"/>
</Declaration>
<Declaration>
  < Class IRI ="#后轮"/>
</Declaration>
<Declaration>
  < Class IRI ="#商用汽车"/>
</Declaration>
<Declaration>
  < Class IRI ="#垫带"/>
</Declaration>
<Declaration>
  < Class IRI ="#外胎"/>
</Declaration>
<Declaration>
  < Class IRI ="#子午线轮胎"/>
</Declaration>
<Declaration>
  < Class IRI ="#帘布层"/>
</Declaration>
<Declaration>
  < Class IRI ="#帘线"/>
</Declaration>
<Declaration>
  < Class IRI ="#斜交轮胎"/>
</Declaration>
<Declaration>
  < Class IRI ="#无内胎轮胎"/>
</Declaration>
<Declaration>
  < Class IRI ="#汽车"/>
</Declaration>
......
```

图 9-48　部分概念的 OWL 文件

```
......
< SubClassOf>
  < Class IRI ="#斜交轮胎 "/>
  < ObjectSomeValuesFrom >
    < ObjectProp erty IRI="#part-of"/>
    < Class IRI ="#缓冲层 "/>
  < /ObjectSomeValuesFrom >
< /SubClassOf>
< SubClassOf>
  < Class IRI ="#斜交轮胎 "/>
  < ObjectSomeValuesFrom >
    < ObjectProp erty IRI="#part-of"/>
    < Class IRI ="#胎冠 "/>
  < /ObjectSomeValuesFrom >
< /SubClassOf>
< SubClassOf>
  < Class IRI ="#无内胎轮胎 "/>
  < ObjectSomeValuesFrom >
    < ObjectProp erty IRI="#part-of"/>
    < Class IRI ="#胎圈 "/>
  < /ObjectSomeValuesFrom >
< /SubClassOf>
< SubClassOf>
  < Class IRI ="#汽车 "/>
  < ObjectSomeValuesFrom >
    < ObjectProp erty IRI="#part-of"/>
    < Class IRI ="#轮胎 "/>
  < /ObjectSomeValuesFrom >
< /SubClassOf>
< SubClassOf>
  < Class IRI ="#轮胎 "/>
  < ObjectSomeValuesFrom >
    < ObjectProp erty IRI="#is-a"/>
    < Class IRI ="#充气轮胎  "/>
  < /ObjectSomeValuesFrom >
< /SubClassOf>
< SubClassOf>
  < Class IRI ="#轮胎 "/>
  < ObjectSomeValuesFrom >
    < ObjectProp erty IRI="#is-a"/>
    < Class IRI ="#前轮 "/>
  < /ObjectSomeValuesFrom >
< /SubClassOf>
......
```

图 9-49　部分概念间关系的 OWL 文件

　　将得到的概念及关系组织成 OWL 文件的格式，并最终采用 Protégé 可视化，其形式如图 9-50 所示。

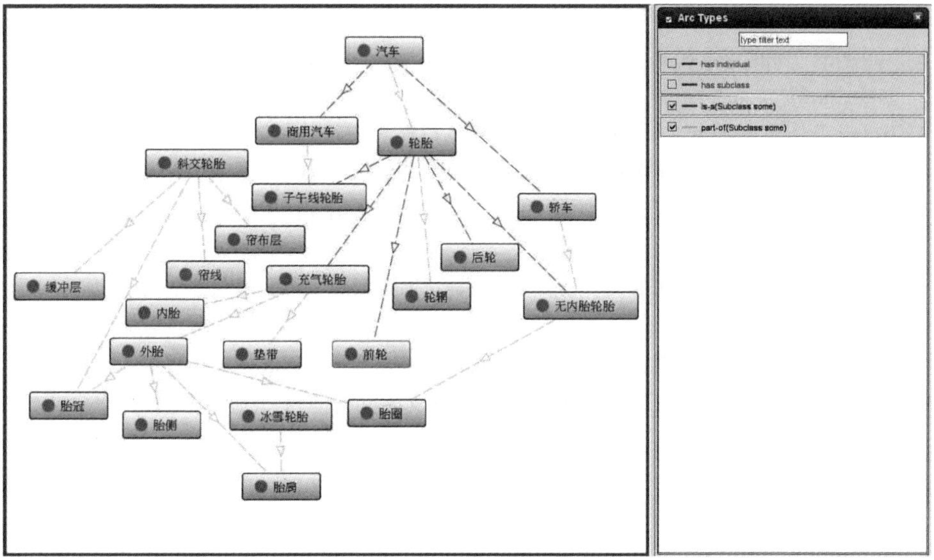

图 9-50　汽车领域本体的部分关系示例

9.8　本章小结

在知识协调管理中，涉及众多知识主体(人、组织、计算机)之间的沟通、交流与协调，需要一种"共同语言"作为交流和协调的公共标准。由于产品生命周期既围绕产品这个共同核心而展开，又需要多阶段性、多专业性、多组织等异质性主体之间的相互协调，所以本章提出一个将产品(树)作为核心，各个阶段、各个专业等作为"维度"，既有联系又有区别的共同的本体，即多维本体。

本章给出多维本体的体系结构，包括结构本体、维度本体、核心本体和阶段本体的概念；多维本体术语获取的两种方法——原子词步长法和信息熵词频分布变化法；进一步给出在术语集合基础上的领域概念的获取方法；还给出概念之间类属关系、非类属关系和实体关系的获取方法。这些方法除了可以构建面向产品生命周期的多维本体之外，还具有一般性意义。本章最后以汽车制造领域本体的构建为例展示了上述方法的应用过程。多维本体理论和构建方法目前还很不成熟，本章仅介绍了部分阶段性成果，对此还需进一步深入研究与完善。

参考文献

[1]Neches R，Fikes R E，Gruber T R，et al. Enabling technology for knowledge sharing. AI Magazine，1991，12(56)：80-91.

[2]Gruber T R. A translation approach to portable ontology specifications. Knowledge Acquisi-

tion, 1993, (5): 199.

[3]Studer R, Benjamins V R, Fensel D. Knowledge engineering, principles and methods. Data and Knowledgeing. 1998, 25(122): 161-197.

[4]Gruber T R. Towards principles for the design of ontologies used for knowledge sharing. International Journal Human-Computer Studies, 1993, 43: 907-928.

[5]王淑华. 意义组合原理及汉语中的"词"处理. 宁夏大学学报(人文社会科学版), 2007, 29(3): 15-20.

[6]Ganter B, Wille R. Formal Concept Analysis: Mathematical Foundation. Berlin: Springer Verlag, 1999.

[7]Harris Z. Mathematical Structures of Language. New York: Wiley-Interscience, 1968.

[8]姜韶华, 党延忠. 基于长度递减与串频统计的文本切分算法. 情报学报, 2006, 25(1): 74-79.

[9]Huang D G, Tong D Q, Luo Y Y. HMM revises low marginal probability by CRF for Chinese word segmentation. Proceedings of CIPS-SIGHAN Joint Conference on Chinese Processing, 2010: 216-220.

[10]Frakes W B, Baeza-Yates R. Information Retrieval Data: Structures & Algorithms. Prentice: Prentice Hall PTR, 1992: 66-82.

[11]周浪, 张亮, 冯冲, 等. 基于词频分布变化统计的术语抽取方法. 计算机科学, 2009, 36(5): 177-180.

[12]任禾, 曾隽芳. 一种基于信息熵的中文高频词抽取算法. 中文信息学报, 2006, 20(5): 40-43.

[13]Navigli R, Velardi P. Learning domain ontologies from document warehouses and dedicated Web sites. Computational Linguistics. 2004, 30(2): 151-179.

[14]Salton G, Buckley C. Term-weighting approaches in automatic text retrieval. Information Processing & Management, 1988, 24(5): 513-523.

[15]Dellschaft K, Staab S. On how to perform a gold standard based evaluation of ontology learning. Proceedings of International Semantic Web Conference (ISWC-2006), 2006, 9: 228-241.

[16]Spyns P, Reinberger M L. Lexically evaluating ontology triples generated automatically from texts. Proceedings of the Second European Conference on the Semantic Web (ESWC 2005), 2005, 5: 563-577.

[17]Collins M, Duffy N. Convolution kernels for natural language. Proceedings of the NIPS, 2001, 21: 625-632.

[18]Zhang M, Zhang J, Su J, et al. A composite kernel to extract relations between entities with both flat and structured features. Proceedings of the 21st International Conference on Computational Linguistics and the 44th Annual Meeting of the Association for Computational Linguistics, 2006: 825-832.

[19]Zhang J, Ouyang Y, Li W J, et al. A novel composite kernel approach to Chinese entity

relation extraction. Proceedings of the ICCPOL 2009，2009，5459：236-247.

[20]黄鑫，朱巧明，钱龙华，等．基于特征组合的中文实体关系抽取．微电子学与计算机，2010，27(4)：198-200.

[21]虞欢欢，钱龙华，周国栋，等．基于合一句法和实体语义树的中文语义关系抽取．中文信息学报，2010，24(5)：17-23.

第 10 章

知识协调管理的共性技术——数据挖掘

制造业的整个价值链、制造业产品的整个生命周期都涉及诸多的数据。制造企业的运营越来越依赖信息技术，因此制造企业的数据也呈现出爆炸性增长的趋势。当前，全球主要发达国家均掀起了新一轮的工业革命，而信息技术与工业技术的融合是共同的特征。在欧美一些国家重振制造业的过程中，制造业大数据被作为一项重要的内容。而在中国制造业转型升级的过程中，制造业大数据也将发挥重要的作用。大数据技术的战略意义不在于掌握庞大的数据信息，而在于对这些含有意义的数据进行专业化处理、分析与挖掘。换言之，如果把大数据比作一种产业，那么这种产业实现盈利的关键在于提高对数据的"加工能力"，通过"加工"实现数据的"增值"。

当企业信息化逐步深入、数据积累到一定量之后，数据分析和挖掘很自然地会提上企业管理者的议事日程。因为借助数据分析和挖掘，企业可以制定出更有针对性的市场营销手段和战略，赢得竞争优势。数据挖掘是一门新兴的信息处理技术，主要用于从大量的数据中发现隐藏于其后的规律或数据间的关系，分析得出的规律与业务实现很好的结合，提升业务洞察力。制造业大数据包含制造企业在产品生命周期各阶段运营的各种数据，如果能及时有效地对产品生命周期各个阶段的数据进行整理、分析和挖掘，就可形成满足各部门和企业高层管理者需要的信息和知识，迅速有效地帮助企业进行业务决策，响应客户需求，提升竞争力。

在产品生命周期管理的各个阶段中都涉及诸多的时间序列数据，如各类工业传感器数据就是典型的时间序列数据。时间序列是一种重要的高维数据类型，它是由客观对象的某个物理量在不同时间点的采样值按照时间先后次序排列而组成的序列。利用时间序列数据挖掘，可以获得数据中蕴涵的与时间相关的有用信息，实现知识的提取。

在大数据的背景下，传统 CRM 的一些手段所依托的理论也发生了改变。了解客户需求一般通过市场调研、访谈的方式进行，为了控制成本，往往需要选取一个较小但足够反映整体市场特征的样本，这样做的不足之处是数据的分析结果很难真正地反映目标分析市场的真实面目，误差所带来的决策失败往往令企业难以承受。随着大数据时代的来临，样本越来越接近于整体，因而收集到的大数据用于分析整体市场所产生的结果离真实情况更近。对企业来说，除了能够收集和分析历史交易数据，还可通过增加与客户的接触点来获取更多的有关客户特征的信息，这些由接触点所生成的信息和数据也可用于客户细分。利用数据挖掘技术对客户进行分类，可以避免人为因素带来的数据偏差，为企业提供更为完整的客户细分解决方案，提高客户细分的科学性和准确性。

10.1　制造业进入大数据时代

大数据浪潮，汹涌来袭，与互联网的发明一样，这绝不仅仅是信息技术领域的革命，更是在全球范围内启动透明政府、加速企业创新、引领社会变革的利器。随着大数据时代的来临，大数据在制造业的影响作用逐渐凸显。产品生命周期管理系统贯穿需求分析、概念设计、产品设计、工艺设计、加工制造、市场营销、售后服务、回收重用的全过程，制造业进入大数据时代，产品生命周期管理也迎来崭新的挑战。在大数据时代，制造企业应借力制造业智能技术，充分发掘隐藏在数据背后的巨大商业价值，满足客户需求，提升产品品质，降低运营成本，以期在激烈的市场竞争中脱颖而出。

10.1.1　大数据的时代背景与特征

在过去的数年中，信息技术在社会、经济、生活等各个领域不断渗透和推陈出新。在移动计算、物联网、云计算等一系列新兴技术的支持下，社交媒体、众包、虚拟服务等新型应用模式持续拓展着人类创造和利用信息的范围和形式。当今信息技术的发展及创新正使各个产业发生改变，在信息爆炸时代产生了海量数据[1]。

2010 年 2 月，《经济学人》杂志发表了《数据洪流》作为封面文章。文章指出，当今世界上的信息数量正快速递增，随着这股数据洪流的不断增加，存储这些数据，提取并分析有用信息将变得更困难。商业、政府、科学及人们的日常生活，都已经显现数据泛滥的前兆。处理数据泛滥的最好方法就是让更多数据被用到正确的地方，但这个过程可能会十分漫长，毕竟人类学习处理数据洪流，寻找如何管理它们的过程，才刚刚开始。

2011 年 6 月，麦肯锡咨询公司发布了《大数据：下一个竞争、创新和生产力的前沿领域》研究报告。麦肯锡在研究报告中指出，数据正渗透到当今每一个行业和业务职能领域，并成为重要的生产因素。各行各业海量数据的挖掘和运用，预示着新一波生产率增长和消费者盈余浪潮的到来，大数据时代已经降临。

2012 年 3 月，美国政府宣布投资 2 亿美元发起"大数据研究和发展倡议"，致力提高从大型复杂数据集中提取信息和知识的能力，并服务于能源、健康、金融和信息技术等领域的高科技企业。2012 年 4 月，英国、美国、德国、芬兰和澳大利亚研究者联合推出"世界大数据周"活动，旨在促使政府制定战略性的大数据措施。联合国也在 2012 年 5 月发布了《大数据促发展：挑战与机遇》白皮书，指出大数据对于联合国和各国政府来说是一个历史性的机遇，人们如今可以使用极为丰富的数据资源，来对社会经济进行前所未有的实时分析，帮助政府更好地响应社会和经济运行。

越来越多的政府部门和企事业单位开始意识到数据正在成为组织中最重要的资产，数据分析能力正在成为组织的核心竞争力。大数据时代对政府管理转型来说是一个历史性机遇；对于企业来说，海量数据的运用将成为未来竞争和增长的基础。同时，大数据也已引起学术界的广泛研究兴趣。2008 年和 2011 年，《自然》与《科学》杂志分别出版专刊《大数据：千万亿字节时代的科学》和《处理数据》，从互联网技术、互联网经济学、超级计算、环境科学、生物医药等多个方面讨论大数据处理和应用专题。

大数据是指无法使用传统流程或工具处理或分析的大量数据的集合。大数据既是数据量的一个激增，也是数据复杂性的提升。大数据同过去的海量数据有所区别，其基本特征可以用 3 个 V 开头的英文关键词来描述，即体量大（Volume）、类型多（Variety）、速度快（Velocity）。

大数据的第一特征是数据体量巨大。大数据的数据量是非常庞大的，数据存储的计量单位从 TB 量级跃升到 PB 量级。当前，典型个人计算机硬盘的容量为 TB 量级，而一些大企业的数据量已经接近 EB 量级。

大数据的第二特征是数据类型繁多，包括结构化的数据表和半结构化的网页，以及非结构化的文本、图像、视频、地理位置等。物联网、云计算、移动互联网、车联网、手机、平板电脑，以及遍布地球各个角落的各种各样的传感器，无一不是数据来源或者承载的方式。这些多类型多来源的数据对数据处理能力提出更高要求。

大数据的第三个特征是数据增长与处理速度快。数据源增加，数据通信的吞吐量提高，数据生成设备的计算能力提高，使数据产生和更新的速度非常快。传统数据仓库、商务智能应用都采用的是批处理方式，但对于大数据应用，必须进行实时数据流处理。

产业界对大数据特征的定义普遍采用上述 3V 特征来描述，不过也有人认为除了 3V 特征，还应该增加 1 个 V，即价值（Value），它是大数据处理与分析的最终意义，即获得洞察力和价值。日本野村综合研究所认为，"所谓大数据，是一个综合型概念，它包括因具备 3V(Volume/Variety/Velocity)特征而难以进行管理的数据，对这些数据进行存储、处理、分析的技术，以及能够通过分析这些数据获得实用意义和观点的人才和组织"[2]。这实际是在广义层面上为大数据下的一个定义，如图 10-1 所示。

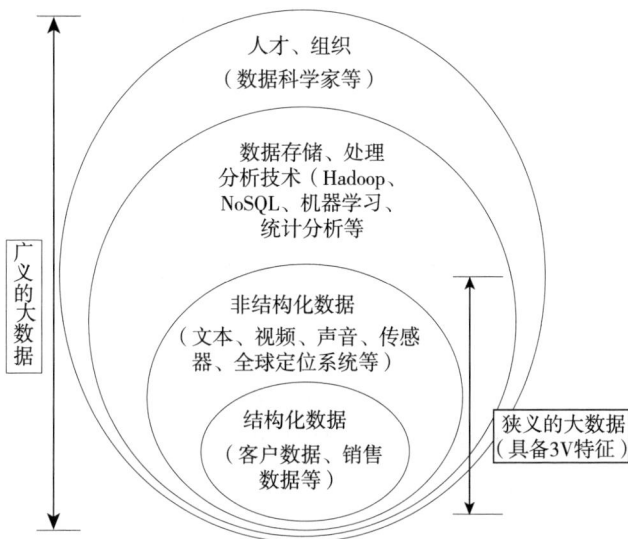

图 10-1　广义的大数据

所谓"存储、处理、分析的技术"是指用于大规模数据分布式处理的框架 Hadoop，具备良好扩展性的 NoSQL 数据库，以及机器学习和统计分析等。所谓"能够通过分析这些数据获得实用意义和观点的人才和组织"是指目前在世界各地十分短缺的"数据科学家"这类人才，以及能够对大数据进行有效运用的组织。

迈尔-舍恩伯格认为大数据有三个主要的特点，即全体性、混杂性和相关性[3]。第一，全体性是指去收集和分析有关研究问题的更多、更全面的数据。数据量的绝对数字并不重要，重要的是有多少数据是和研究的现象相关。通过有关研究问题更多、更全面的数据可以看到很多细节，这些细节在以前通过随机抽样方式获取少量样本数据的条件下是得不到的。第二，混杂性是指必须接受混杂的数据。在小数据时代人们总试图收集一些非常干净的数据、高质量的数据，花费很多金钱和精力来确定这些数据是好数据，是高质量的数据。可是在大数据时代，就不用去追求特别的精确性。虽然微观上失去了精确性，宏观上却能获得准确性。第三，相关性。因为大数据的混杂性特点，要求人们从小数据时代寻求因果关系转向大数据时代发现相关关系。人们不要认为可以真正地、容易地找到因果关系，其实多数情况下只是发现相关关系。

10.1.2　制造业中的大数据

制造业面对的是海量的庞大数据，从数据链上说是包括产品相关的生产数据、供应商相关的物流数据、销售相关的客户数据、售前售后相关的服务性数据等。下面简要介绍传感器数据、无线射频识别（rdio frequency identification，RFID）数据、时间数据与位置数据、车载信息服务数据、智能电网数据、网络数据、文本数据、社交网络数据八种大数据源及每种数据源在制造业和商业中的应用和启示[4]。

(1)传感器数据。世界各地安装了许多复杂的机器和发动机，如飞机、火车、卡车、建筑设备、钻孔设备等。因为造价昂贵，保持这些设备的稳定运转非常重要。近些年来，从飞机发动机到坦克等各种机器上也开始使用嵌入式传感器，目标是以秒或毫秒为单位来监控设备的状态。如果大量传感器都长时间重复着传感器数据收集流程，必然会产生大量丰富的分析数据。只要认真地分析这些数据，就能发现设备的缺陷，有机会主动解决这些问题，并可以把设备中的弱点先行识别出来；随后，可以制定好修复流程，缓解这些发现带来的问题。这些措施带来的收益不仅仅是安全级别的提升，还能够使成本下降。使用传感器数据，发动机和设备都会更加安全，能够提供稳定服务的时间大大增长，运营就会比较平稳，成本也会比较低。

(2)RFID数据。RFID标签是安装在装运托盘或产品外包装上的一种微型标签，RFID标签上有一个唯一的序列号。RFID读卡器发出信号，RFID标签返回响应信息。如果多个标签都在读卡器读取范围内，它们同样会对同一查询做出响应，这样辨识大量物品就会变得比较容易。即使当这些东西堆叠在一起或者放到了墙后面，只要信号可以穿透，就能得到响应信息。在零售业和制造业，RFID数据开始支持新的分析应用，从库存分析到欺诈分析，再到员工绩效分析。物联网作为我国重点培育的战略性新兴产业，被纳入"十二五"规划，为加快物联网产业发展，各地纷纷建设物联网产业基地、产业园，出台物联网产业扶持鼓励政策，在可以预见的未来，RFID将会对制造业和零售业产生巨大影响。RFID标签价格持续下跌，标签和读卡器的质量不断上升，从经济的角度考虑，RFID的应用将会更加广泛。

(3)时间数据与位置数据。随着全球四大核心卫星导航系统(美国的全球定位系统、欧洲的伽利略系统、俄罗斯的格洛纳斯系统及中国的北斗导航系统)、移动通信设备和智能手机的出现，时间和位置的相关信息在迅猛增加，并且影响力越来越大。为了在某个时间和地点给客户提供针对性的信息服务，企业必须要利用更复杂的信息。许多企业已经开始意识到掌握客户的时间与位置数据的威力，并开始尝试从客户那里收集这类信息。当然，这类信息必须建立在筛选的基础上，并且必须制定明确的隐私政策，并严格地遵守这些政策。有些企业推出令人难以抗拒的位置价值服务，吸引用户把时间和位置信息授权给它们。预计未来几年，时间和位置数据的应用会经历爆炸性的增长，面向消费者的选择流程和激励措施终将成熟。

（4）车载信息服务数据。车载信息服务数据是指通过汽车内置的传感器和黑盒来收集和掌握车辆的相关信息，可以监测车速、行驶里程及汽车是否安装了紧急制动系统等。车载信息服务数据能够帮助保险企业更好地理解客户的风险等级，并设置合理的保险费率，针对汽车保险政策提供更好的定价策略。假如彻底地忽略隐私问题，车载信息服务装置实际上可以追踪到汽车去过的所有地点、何时到达的、以多快的速度、使用了汽车的哪些功能等信息。在普及安装车载通信装置的前提下，可以发现任何交通拥堵的地点。城市道路和交通管理系统的革新，以及城市道路建设规划都将惠及普通大众。车载通信在刚开始出现时仅仅是为了满足保险定价的需求，但有了它之后，发现它还可以缓解交通压力和放松堵车时驾驶员焦急的心情，它的存在使高速公路的管理模式发生了革命性的改变。

（5）智能电网数据。智能电网是下一代电力基础设施，具有非常复杂的监控、通信和发电系统，可以提供稳定如一的服务，如果出现停电和其他问题，能够更好更快地恢复供电服务。智能电网中各类传感器和监控设备记录了电网本身和流经电流的许多信息。例如，智能电网中的智能电表就是一种传统电表的替代品。以前抄表人员只能每隔几周或几个月逐户进行抄电表的工作，而智能电表就可以自动地每隔一定时间间隔(如 15 分钟、30 分钟或其他时间间隔)从每一个家庭或企业收集大量数据，乃至于跨区域或者跨电网收集数据，从此不再受人工抄表每月一次的限制，用电相关信息会以秒或分钟为间隔被测量。智能电网中遍布电网的传感器，使数据的使用变得与以往完全不同。在此基础上开展的数据分析会在费率套餐、用电管理等诸多方面产生很多创新。智能电网不但能使电力企业更好地管理电网，而且消费者也可以更好地控制自己的用电量。

（6）网络数据。网络数据是指用户浏览互联网所产生的日志信息，是等待分析和挖掘的信息宝库。少部分横跨于大量不同行业中的企业已经把那些来自网站有关客户行为的数据源和自身企业数据分析环境整合在一起。然而，大多数企业仍然还没有把在线交易所产生的数据进行网络整合。传统的网络数据分析商只提供以网络数据的点击率、流量来源和度量标准为基础的运维报告。除了网络报告的内容之外，人们并没有利用记录着详细网络行为的历史数据。网络数据可以帮助企业了解详细的客户购物、搜索和反馈行为，以及整个购买过程，能在诸如最优产品推荐、客户流失建模、客户响应建模、客户群体划分、付费搜索和在线广告宣传等数据分析领域中产生更有价值的结果。

（7）文本数据。文本数据是广泛使用的一类大数据源。通常情况下，人们关心的是如何从文本中提取到重要的事实，以及如何使用这些事实作为其他分析流程的输入。文本分析一般从解析文本开始，然后给各种单词、短语及部分文本赋予语义。简单的词频统计或者更复杂的操作都可以用来进行文本分析。文本分析既是一门艺术，也是一门科学，存在一定的不确定性。文本分析往往会有分类错误和含义模糊的问题。一种目前很流行的文本分析应用是所谓的情感分析。情感分析是指从大量人群中挖掘出群体观点，并提供市场对某个企业或产品的评论、看法和感受等相关信息。情感分析通常使用社会化媒体网站的文本数据。文本数据可能会对所有的行业都产生影响。对企业来讲，掌握如何收集、解析和分析文本非常重要。

(8)社交网络数据。与传统客户数据相比，社交网络数据本身就是一种很好的大数据源。社交网络数据滋生出很多种新的客户评价方法。在电信行业，社交网络分析已经把焦点从账户盈利分析转向了社交网络盈利分析。社交网络分析流行度和影响度的持续使社交网络分析流程本身保持指数级的增长态势，因而数据源就会变得比初始构想的要大得多。从未来的发展来看，社交网络数据分析最有效的功能也许是提供关于客户整体影响和价值的洞察，这种洞察可以完全颠覆企业对客户的看法。

■ 10.2　面向产品生命周期的数据挖掘技术

目前的数据挖掘研究主要是从企业的某个角度或是某个层面上对一些问题进行分散和孤立的研究与应用，并没有深入思考如何与企业的产品生命周期的实际需求相结合，形成一个针对企业产品生命周期中不同阶段或者集成的商业问题的整体解决方案。另外，企业的数据掌握者与数据挖掘结果需求者往往不是同一人，或不是同一部门的人。于是造成了这样一种局面：掌握企业数据的人不知道该数据有什么用，束之高阁，白白浪费这些宝贵资源；需要数据挖掘结果的人不知道从何处可以得到这些结果，并且往往由于没有这些结果的支持，在决策中处于被动地位。

因此，如何从产品生命周期的角度，对企业各个环节的数据进行分析和挖掘，发现隐含在大量数据背后的信息和知识，将基础数据转化为满足各部门和企业管理者需要的信息和知识，支持他们的决策，同时针对很多不同的挖掘需求和挖掘方法，如何快速地找到合适的挖掘方法，得到想要的挖掘结果，是制造企业数据挖掘的一个重要研究方向，也是数据挖掘技术在制造企业应用过程中所面临的一个重要问题[5]。

10.2.1　数据挖掘与知识发现简介

计算机技术和通信技术的迅猛发展将人类社会带入了信息时代。近些年来，数据库中存储的数据量急剧增大，大量的数据在给人们提供方便的同时也带来一系列问题。由于数据量过大，超出人们掌握、理解数据的能力，因而给正确运用这些数据带来了困难。数据挖掘和知识发现是 20 世纪 90 年代兴起的一门信息处理技术，它是在数据和数据库急剧增长、远远超过人们对数据处理和理解能力的背景下产生的，也是数据库、统计学、机器学习、可视化与高性能计算技术等多学科发展融合的结果[1]。

知识发现是指从大量数据中提取有效的、新颖的、潜在有用的、最终可被理解的模式的非平凡过程。数据挖掘是整个知识发现过程中的一个重要步骤，它运用一些算法从数据库中提取用户感兴趣的知识。由于数据挖掘对于知识发现的重要性，目前大多数知识发现的研究都集中在数据挖掘的算法和应用上，因此很多研究者往往对数据挖掘与知识发现不作严格区分，而是把两者等同使用。

数据挖掘涉及各种各样的算法来完成不同的任务。所有这些算法都试图为数据建立合适的模型，利用算法来分析数据，并确定与所分析数据的特征最符合的模型。如图 10-2 所示，数据挖掘模型在本质上可分为预测型模型和描述型模型两类。在图 10-2 中可以看到，每类模型都用来完成一些数据挖掘任务。

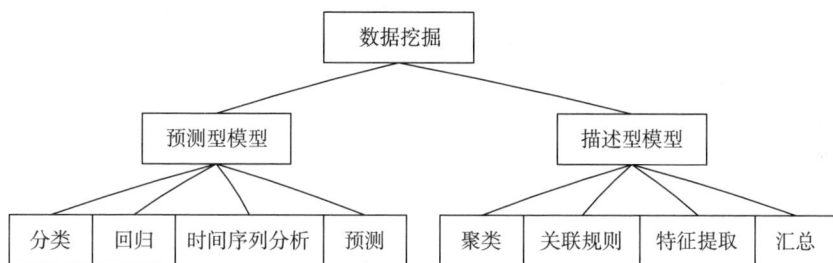

图 10-2　数据挖掘模型与任务

利用从不同数据中发现的已知结果，预测型模型对数据的值进行预测。它能够完成的数据挖掘任务包括分类、回归、时间序列分析和预测等。描述型模型对数据中的模式或关系进行辨识。与预测型模型不同的是，描述型模型提供了一种探索被分析数据性质的方法，而不是预测新的性质。聚类、关联规则、特征提取和汇总都通常被视为描述型的数据挖掘任务。

知识发现是一个包含许多不同步骤的一个过程，这个过程输入的是原始数据，而输出的则是用户期望的有用信息和知识。然而，由于挖掘目标可能是不清楚或不准确的，因此过程本身是人-机交互的，而且可能要花费大量的时间。为了保证知识发现过程最终结果的有用性和准确性，整个过程都离不开交互作用，并且需要领域专家和技术专家的参与。图 10-3 列出知识发现的全过程。

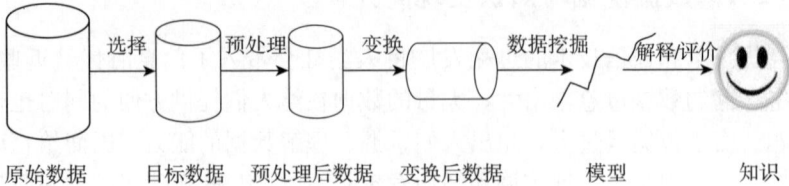

原始数据　　　目标数据　预处理后数据　变换后数据　　　模型　　　知识

图 10-3　知识发现过程

整个知识发现过程由以下五个基本步骤组成。

步骤 1　选择。数据挖掘过程所需的数据可能从不同的异构数据源获取，因此，第一步就是从各种数据库、文件和非电子数据源中获取数据。

步骤 2　预处理。初始数据中可能会有一些错误的或者缺失的数据。由于数据源、数据类型及度量的多样性，可能会有一些不规则数据，还会有一些同时实施的不同操作。错误的数据可以被修正或剔除，但缺失的数据必须被补充或者预测（通常使用数据挖掘工具）。

步骤 3　变换。为了便于挖掘，从不同数据源获取的数据必须转换成统一的格式。一些数据可能需要编码或者变换成更容易使用的格式。可能需要采用数据约简来减少所考虑的数据属性值的数量。

步骤 4　数据挖掘。这一步骤就是基于所进行的数据挖掘任务，应用算法计算分析变换后的数据来产生期望的挖掘结果。

步骤 5　解释/评价。数据挖掘的结果如何提交给用户是一个非常重要的问题，这是因为数据挖掘结果的有用性主要取决于这一步。在知识发现最后一步，通常使用各种可视化工具和图形用户界面来展现结果。

为了使数据适于挖掘和更加有用，以及提供更有意义的结果，需要使用数据变换技术。即时数据的实际分布需要一定的变换，以便要求特殊类型数据分布的技术更容易使用。在某些情况下将实值属性离散化可能更适于处理。有些数据可能还需要剔除，如异常点和不经常发生的极端值等。还可以利用函数对数据进行变换。例如，一个常用的变换函数就是对数函数，即使用数值的对数而不是数值本身。无论是降低维数（属性数），还是减轻数据值的可变性，以上这些技术都使数据挖掘任务更加容易进行。异常点的剔除实际上可以提高挖掘结果的质量。但在整个知识发现过程中，进行变换时一定要谨慎小心。如果错误地使用变换改变了数据，则数据挖掘的结果就会不准确。

这里所说的可视化是指数据的视觉展现。当考查数据结构的时候，可视化是非常有用的技术。例如，一个展现数据变量分布的折线图要比用公式表示的数据变量分布更容易理解，并可能提供更多的信息。将挖掘结果的数学符号表示与文本型描述相比，可视化技术使用户更容易概括、抽取和掌握复杂的结果。可视化工具不但可以作为一项数据挖掘技术来汇总数据，而且数据挖掘任务的复杂结果也可用可视化技术来展现。

数据挖掘过程本身也很复杂。有许多不同的数据挖掘应用方法和算法。为了使算法更加有效，每种算法都要谨慎地使用。而为了保证挖掘结果的准确和有意义，一定要正确地解释和恰当地评价发现的模式。

10.2.2　面向产品生命周期的数据挖掘体系结构

随着制造业的快速发展和人们生活水平的提高，产品需求越来越个性化，产品生命周期越来越短，产品更新速度越来越快，单纯的数据共享和各部门各自为政的管理模式已经不能满足企业快速响应市场和激烈的市场竞争的需要，制造企业需要产品全生命周期内的不同部门、不同系统的信息集成，以便相互了解，协同工作。例如，研发部门需要市场部门提供市场信息，指导设计适合市场需要的产品；设计部门需要与制造维修部门沟通，提高产品设计的可制造性和可维修性；制造部门需要通过销售部门的预测数据来进行计划排产；等等。各部门之间的交互信息很大程度上来自于数据挖掘所获得的知识，因此需要面向产品生命周期管理进行集成数据挖掘，实现企业产品全生命周期内的知识共享。

数据挖掘与知识发现作为知识协调管理的重要共性技术，如图 10-4 所示，可以促进产品生命周期中知识的共享和集成，帮助不同部门的管理者集成其他部门挖掘出的知识进行决策，加大产品生命周期内各阶段的协调和优化。

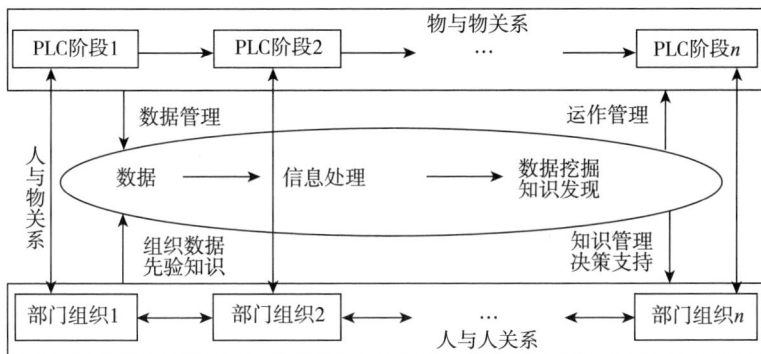

图 10-4　知识协调管理的共性技术——数据挖掘与知识发现
PLC 表示产品生命周期

徐河杭等[5,6]建立了一个面向整个产品生命周期的数据挖掘体系结构，包括数据层、方法层、结果层和应用层。从应用需求出发，提出对挖掘结果的需求，然后查找相关的方法和数据，最后将所选择的数据，通过适当的数据挖掘方法，得出相应的挖掘结果,满足应用需求。

(1)数据层包括产品生命周期过程中各个阶段的各种数据,如市场数据、专利数据、设计数据、供应商数据、生产过程数据、销售数据、维修服务数据和成本数据等。

(2)方法层包括聚类、关联规则发现、分类、多维分析、异常点分析、预测、维修预警、评价分析等各种不同的挖掘模型和方法。针对不同的挖掘目标和应用,从中选择不同的方法。

(3)结果层针对不同的挖掘需求,查找历史的市场数据、设计知识、生产数据、销售数据和服务数据,选择合适的源数据和挖掘方法模型,最终得到时间维(研发设计阶段、生产制造阶段和销售服务阶段)、空间维(部门员工、部门领导和企业领导)和参数维(创新、成本、实际、质量、服务和社会责任)上各自所需的挖掘结果。

(4)应用层又可看做需求层。数据挖掘的目的是应用挖掘得到的结果,帮助企业实现各种目标。应用层中的各种应用不一定来自于独立的一个阶段的挖掘结果,可能来自于不同阶段挖掘结果的集成与共享。

10.2.3　面向传感器数据的时间序列数据挖掘

随着物联网技术的快速发展,各种传感器网络所产生的传感器数据已经成为制造业大数据的一种重要来源。在制造企业产品生命周期的各个阶段,都会用到各种复杂的机器设备,因为造价昂贵,保持这些机器设备的稳定运转是非常重要的。为了实现对机器设备的实时安全检测并及时提供维修服务,许多企业都在机器设备上部署了大量传感器来采集机器设备的运行数据,并存储和分析这些数据,将其转化为有意义的信息和知识,为管理和决策提供支持。

例如,三一重工股份有限公司(简称三一重工)在其销往全球各地的工程机械(关键部位或关键部件)上加装数据采集终端,机械的运行数据通过电信运营商网络汇总到三一重工的企业控制中心(enterprise control center,ECC),实现对工程设备作业状况的实时监控。ECC 随时发现设备运行中存在的问题,一旦发现异常情况,立即指导客户排除故障或派出维修人员上门服务。当必须通过现场服务排除设备故障时,ECC 立刻通过定位系统搜寻客户故障设备的确切位置及最近的服务车辆,并计算出最佳路线,派一线服务工程师迅速赶往故障现场,并将最佳路线图发送至工程师和司机的手机上。ECC 还可以通过定位系统实时跟踪服务车辆运行轨迹,以确定服务人员是否在最短时间内到达客户现场实现对客户的快速反应。通过提高产品的信息化和智能化,三一重工销往全球各地的设备实现了远程的服务能力,一方面形成了新的服务产品,给企业创造了新的收入;另一方面也提高了品牌形象和客户满意度。

　　各类机械设备的动力通常来源于发动机，发动机是一种能够把化学能转化为机械能的装置。发动机既适用于动力发生装置，也可指包括动力装置的整个机器（如航空发动机、汽车发动机等）。发动机是机械设备正常运转的"心脏"，它的制造技术水平直接影响着机械的生产水平及社会生产发展的速度。从发动机的发展过程可以看出，以发动机为基石的动力系统是相关产业革命的前提与决定性力量。它广泛地应用在社会生产生活的各个重要方面，如与人们生活息息相关的汽车工业、产品制造业及机械加工业等，是机械的生命之源，同时也是人类社会机械文明的力量之源。发动机制造技术的数次革新都引领了社会生产力的大发展。

　　发动机作为机械设备的动力来源，如果出现问题，会严重影响机器的正常运转，同时维修成本也会很高。只有发动机工作正常，整个设备才会完美表现它的价值。近年来，各类工业发动机也开始使用嵌入式传感器，来监控发动机的运转状态，特别是在发动机的研发和测试阶段。当新的发动机被研发出来，研发和测试人员就需要依靠采集到的足够多的细节数据和信息，来检查发动机是否可以按照预期设定的方式工作。发动机传感器可以收集到从温度到每分钟转数、燃料摄入率再到油压级别等信息，而数据可以根据预先设定的频率获取。当读数频率、读取指标数量和监控参数增加时，数据量会迅速增加。

　　发动机的结构复杂，部件众多，必须在高温下运转，会经历各种各样的运转状况。通过提取和分析海量的发动机运转数据，可以精确地定位那些会导致立即失效的某些模式，发现设备的缺陷。从发动机传感器数据中提取出有用信息是非常重要的工作，但由于发动机传感器数据都是时间序列数据，给数据分析带来艰巨的挑战。虽然收集到的传感器时间序列数据是结构化的，独立的性能参数数据元素也很好理解，但性能参数之间的时间关系和关联模式却很难识别出来，延时和无法测量的外部因素进一步增加了问题的复杂性。如果要考虑所有的信息，识别各种性能参数长期的作用效果，这个过程会很复杂[4]。

　　由于发动机传感器数据是典型的时间序列数据，需要采用时间序列数据挖掘方法对其深入分析和挖掘。时间序列是一种重要的高维数据类型，它是由客观对象的某个物理量在不同时间点的采样值按照时间先后次序排列而组成的序列，在工程及经济管理领域具有广泛应用。利用时间序列数据挖掘，可以获得数据中蕴涵的与时间相关的有用信息，实现知识的提取[1]。由于时间序列数据本身具备高维性、复杂性、动态性、高噪声特性及容易达到大规模的特性，因此时间序列挖掘是数据挖掘研究中最具有挑战性的研究方向之一。目前重点的研究内容包括时间序列的模式表示、时间序列的相似性度量和查询、时间序列的聚类、时间序列的异常检测、时间序列的分类、时间序列的预测等。

　　由于时间序列数据的特性，直接在时间序列上进行数据挖掘，不但在储存和计算上要花费高昂代价，而且可能会影响算法的准确性和可靠性。时间序列的模式表示是一种对时间序列进行抽象和概括的特征表示方法，是在更高层次上对时间序列的重新描述。时间序列的模式表示具有压缩数据、保持时间序列基本形态的功能，并且具有一定的降噪能力。常用的时间序列模式表示方法主要包括频域表示法、分段线性表示法、符号表示法及主成分分析表示法等。频域表示的基本思想是将时间序列从时域通过傅立叶变换或小波变换映射到频域，用很小的低频系数来代表原来的时间序列数据。这种方法虽然数据浓缩的效率很高，但是对噪声敏感，而且不直观。分段线性表示法的基本思想是用 k 个直线段来近似代替原来的时间序列，这种方法能够实现数据压缩的目的，而且允许在时间轴上进行缩放，但实现过程较复杂，且要求事先给出直线段数 k。k 值的选择是一个关键因素，太小则丢失有用信息，太大又会产生过多的冗余信息。时间序列的符号化表示就是通过一些离散化方法将时间序列的连续实数值或者一段时间内的时间序列波形映射到有限的符号表上，将时间序列转换为有限符号的有序集合。符号化表示的优点是可以利用许多字符串研究领域的成果，难点在于如何选择合适的离散化算法，解释符号的意义，以及定义符号之间的相似性度量。主成分分析是一种常见的降维方法。在时间序列的模式表示中，通过对整个时间序列数据库的整体表示实现对整个时间序列数据库的特征提取和压缩。其优点是计算精度高且对噪声数据的鲁棒性强，但由于在奇异值分解过程中涉及特征值计算，因此计算开销较大。

时间序列的相似性度量是时间序列数据挖掘的基础。时间序列由于具有特定的形状特征，使得目前常用的一些相似性度量和聚类方法失去了原有的优越性，而几乎所有的时间序列挖掘算法都涉及计算序列之间的相似性问题。目前，时间序列的相似性度量主要采用 L 范数(如欧氏距离)、动态时间弯曲(dynamic time warping，DTW)距离、最长公共子序列、编辑距离、串匹配等方法。前两种相似性度量方法应用较为广泛，但是欧氏距离不支持时间序列的线性漂移和时间弯曲，动态时间弯曲距离的计算量很大，不适合直接应用于海量时间序列的挖掘，从而限制了其在时间序列数据挖掘上的广泛应用。

虽然各种聚类方法已经在数据挖掘领域中得到较为深入的研究，但这些方法大多是针对关系数据库中的静态数据对象提出的。然而在现实世界中，越来越多的应用涉及流数据和时间序列数据等随时间变化的复杂动态数据对象的聚类分析。由于时间序列数据与静态数据有着极大的不同，故对其进行聚类分析有着很大的复杂性。近年来，涌现出许多时间序列数据聚类方法，这些时间序列数据聚类方法大体上可以分为三种，即基于原始数据的聚类、基于特征的聚类和基于模型的聚类。其中，后两种方法的核心思想是利用时间序列的模式表示方法把时间序列数据转化为静态的特征数据或者模型参数，然后再直接应用静态数据的聚类方法来完成聚类任务。

在对时间序列进行分析时，经常希望能够发现这些时间序列在不同时间段的形态有何关联关系。这种关联关系一般表现为时间序列中频繁出现的变化模式和极少出现的变化模式。这种极少出现的变化模式称为异常模式。在某些领域，异常模式的发现对人们来说往往更有价值。例如，医院可以从病人的心电图序列中发现异常模式从而进行诊断和治疗。按照异常的表现形式不同，线性时间和空间上时间序列的异常主要可以分为点异常和模式异常两种，它们都是用于发现一条时间序列上的异常情况的。模式异常是指在一条时间序列上与其他模式之间具有显著差异的模式。事实上，点异常也可以认为是长度为 1 的模式异常。目前已经提出多种时间序列异常检测方法，如基于人工免疫系统的时间序列异常检测、基于支持向量聚类的时间序列异常检测及后缀树和马尔可夫模型的时间序列异常检测。

时间序列分类是时间序列数据分析中的重要任务之一。不同于时间序列分析中常用的算法与问题，时间序列分类是要把整个时间序列当做输入，目的是要赋予这个序列某个离散标记。它比一般分类问题困难，这主要在于要分类的时间序列数据不等长，使得一般的分类算法不能直接应用。即使是等长的时间序列，由于不同序列在相同位置的数值一般不可直接比较，一般的分类算法也不适合直接应用。解决这些难点，通常有两种方法：第一，定义合适的距离度量（最常用的距离度量是 DTW 距离），使在此度量意义下相近的序列有相同的分类标签，这类方法属于领域无关的方法；第二，首先对时间序列建模（利用序列中前后数据的依赖关系建立模型），其次用模型参数组成等长向量来表示每条序列，最后用一般的分类算法进行训练和分类。这类方法属于领域相关的方法。

预测是指对尚未发生或目前还不明确的事物进行预先的估计和推测，是在现时对事物将要发生的结果进行探讨和研究，简单地说就是指从已知事件测定未知事件。进行预测的总原则是：认识事物的发展变化规律，利用规律的必然性进行科学预测。时间序列预测主要包括三种基本方法，即内生时间序列预测技术、外生时间序列预测技术、主观时间序列预测技术。时间序列分析与预测在制造业传感器数据分析领域有着广泛的应用，研究成果也极为丰富。

10.3   基于分段聚合时间弯曲距离的时间序列挖掘

由于时间序列的维度会随着时间的推移而递增，因此对数据挖掘算法的扩展极其不利。通常情况下，时间序列的数据压缩变换是缓解扩展性问题的重要手段。目前较为成熟的时间序列数据压缩变换方法已得到广泛应用，比较流行的方法是分段聚合近似（piecewise aggregate approximation，PAA）方法[7,8]。另外，时间序列的相似性度量也是至关重要的步骤。欧氏距离和 DTW 距离是两种常用的距离度量方法。欧氏距离对异常数据敏感,不能够很好地描述高维时间序列的整体关系;DTW的主要思想是通过调整时间点之间的对应关系,找出两个任意长时间序列中数据之间的最佳匹配路径,从而更为有效地度量时间序列的相似性。然而,计算DTW距离的时间复杂度较高,在一定程度上阻碍了它的应用范围[9,10]。

文献[10]提出一种基于分段时间弯曲距离的时间序列挖掘(feature points segmented time warping distance,FPSTWD)算法。该方法采用分段处理方法并提取关键点,再利用DTW对关键点进行相似性距离计算,进而达到提高算法效率的目的。但是这种方法只对具有明显特征的序列才能取得较好的效果,对特征不明显的时间序列效果一般。而分段聚合时间弯曲距离(piecewise aggregate time warping distance,PA_TWD)方法[11],不仅能够实现有效降维和特征表示,而且算法过程简单,在相同压缩比的情况下,PA_TWD算法的运行效率和数据挖掘结果都要优于FPSTWD算法。

10.3.1　分段聚合近似和DTW距离

给定长度为 m 的时间序列 $Q=\{q_1, q_2, \cdots, q_m\}$,将它平均分成 w 个时序段,第 i 个时序段用一个特征数值 q'_i 来表示,那么由 w 个特征数值构成了新的数据序列 $Q'=\{q'_1, q'_2, \cdots, q'_w\}$,其中 $w\leqslant m$,这种方法就是分段聚合近似方法。分段聚合近似方法是一个实现压缩比为 $k=m/w$ 的时间序列数据降维处理过程,同时新数据序列 Q' 中的元素 q'_i 必须满足:

$$q'_i = \frac{1}{k} \sum_{j=(i-1)k+1}^{k\times i} q_j \tag{10-1}$$

通过上面的方法,将原时间序列 Q 转化为以序列段均值为基本对象的数据序列 Q'。分段聚合近似方法将时间序列平均分成 w 序列段,用每段中 k 数据元素的均值来表示该序列段,进而实现数据压缩变换过程,达到特征提取和降维的目的。如图10-5所示,将长度为60的时间序列平均分成10段,每段序列都由该序列的数据均值来描述,这样原序列就变成长度为10的数据序列。

假设有两个时间序列 Q 和 C,且 $Q=\{q_1, q_2, \cdots, q_n\}$ 和 $C=\{c_1, c_2, \cdots, c_m\}$,那么两个时间序列数据点之间形成的距离矩阵 $\boldsymbol{D}_{n\times m}=\{d(i,j)\}_{n\times m}$,其中 $1\leqslant i\leqslant n$ 和 $1\leqslant j\leqslant m$。$d(i,j)$ 的值由 q_i 和 c_j 之间的欧氏距离的平方来确定,即 $d(i,j)=(q_i-c_j)^2$。也就是说,矩阵 $\boldsymbol{D}$ 存储了两个时间序列不同时间点上数据之间的距离。如图10-6所示,图中的每个方格相当于 $\boldsymbol{D}$ 中元素值,那么DTW要做的就是从该矩阵中找到一条连续的路径 $P=\{p_1, p_2, \cdots, p_s\}$,使路径上的元素值加和最小。而且这条路径必须满足三个条件,即边界限制、连续性和单调性[9]。

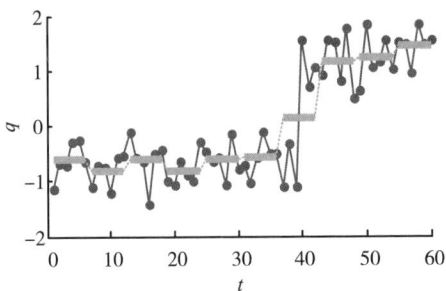

图 10-5　分段聚合近似

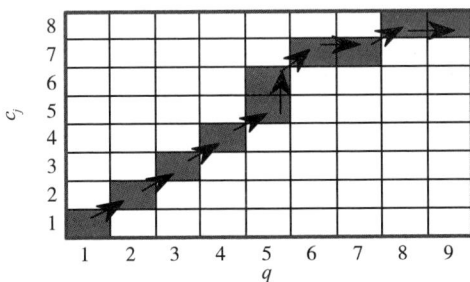

图 10-6　DTW 路径

在矩阵 $\boldsymbol{D}$ 中，满足以上三个条件的路径有很多，但只需要一条最短路径作为 DTW 距离，即

$$L_{\mathrm{DTW}}(Q,C) = \min_{p} \frac{1}{s} \sqrt{\sum_{l=1}^{s} p_l} \tag{10-2}$$

同时，最优路径的查找方法是通过动态规划来实现的，通过定义一个累计矩阵 $= \{r(i,j)\}_{n \times m}$ 来记录从起始位置到结束位置的最短路径，即

$$r(i,j) = d(i,j) + \min \begin{cases} r(i,j1) \\ i-1, j-1 \\ i-1, j \end{cases} \tag{10-3}$$

最终两个时间序列的 DTW 距离可由累计距离表示，即 $\mathrm{DTW}(Q,C) = r(n,m)$。由上述算法可以知道，实现长度分别为 m 和 n 的两个时间序列之间的 DTW 距离的时间复杂度为 $O(nm)$。

10.3.2　分段聚合时间弯曲距离

对于高维时间序列来说，若用动态时间弯曲方法进行相似性距离度量，消耗的时间太长，不利于大规模时间序列的数据挖掘。因此，在进行 DTW 距离计算之前，通常先对时间序列数据进行预处理，使处理后的数据信息不仅能进行数据降维，而且还能保证近似的准确性。

PA＿TWD 的基本思想是：首先对各个时间序列进行 PAA 计算，得到以时序段平均值为元素的特征序列；其次，对这些序列进行 DTW 距离计算[12]。

假设有时间序列 $Q=\{q_1, q_2, \cdots, q_m\}$ 和 $C=\{c_1, c_2, \cdots, c_n\}$，按 PAA 分别把它们平均分成 w_q 和 w_c 个时序段，并且计算各个时序段中所有元素的平均值，用这些平均值来代表相应时序段的特征，分别可以得到两个特征序列 $Q'=\{q_1', q_2', \cdots, q_{w_q}'\}$ 和 $C'=\{c_1', c_2', \cdots, c_{w_c}'\}$。再根据特征序列 Q' 和 C' 的元素值建立元素距离矩阵 $\boldsymbol{D}$，随后利用动态规划方法建立距离累计矩阵 $\boldsymbol{r}$，最终可以得到两个时间时序的距离度量 $L_{\mathrm{DTW}}(Q, C)=\boldsymbol{r}(m, n)$。

PA＿TWD 算法如下。

输入：时间序列 $Q=\{q_1, q_2, \cdots, q_m\}$ 和 $C=\{c_1, c_2, \cdots, c_n\}$，分段数目 w_q 和 w_c。

输出：距离度量 $L_{\mathrm{PA\_TWD}}(Q, C)$。

步骤 1　计算 $k_q=m/w_q$ 和 $k_c=n/w_c$。

步骤 2　计算 $q_i'=\mathrm{mean}(Q((i-1)\times k_q+1:i\times k_q))$ 和 $c_i'=\mathrm{mean}(C((j-1)\times k_c+1:j\times k_c))$，得到特征序列 $Q'=\{q_1', q_2', \cdots, q_{w_q}'\}$ 和 $C'=\{c_1', c_2', \cdots, c_{w_c}'\}$。其中，$i=1, 2, \cdots, w_q$，$j=1, 2, \cdots, w_c$；$Q(\tau_1, \tau_2)$ 表示由连续时间序列数据 $q_{\tau_1}, q_{\tau_1+1}, q_{\tau_1+2}, \cdots, q_{\tau_2-1}, q_{\tau_2}$ 构成的时序段；$\mathrm{mean}(\bullet)$ 为平均值函数。

步骤 3　建立元素距离矩阵 $\boldsymbol{D}_{w_q w_c}=\{d(i, j)\}_{w_q\times w_c}$，其中，$d(i, j)=(q_{i'}-c_{j'})^2$。

步骤 4　初始设定 $i=1$，$j=1$，建立距离累积矩阵 $\boldsymbol{r}$，且 $\boldsymbol{r}(1, 1:w_c)=\boldsymbol{D}(1, 1:w_c)$，$\boldsymbol{r}(1:w_q, 1)=\boldsymbol{D}(1:w_q, 1)$。

步骤 5　$i=i+1$，$j=2$。

步骤 6　计算 $\boldsymbol{r}(i, j)=d(i, j)+\min(\boldsymbol{r}(i-1, j), \boldsymbol{r}(i-1, j-1), \boldsymbol{r}(i, j-1))$。

步骤 7　若 $i=w_q$，则执行步骤 9；否则，执行步骤 8。

步骤 8　若 $j<w_c$，则 $j=j+1$ 并返回步骤 6；否则，返回步骤 5。

步骤 9　$L_{\mathrm{PA\_TWD}}(Q, C)=\boldsymbol{r}(w_q, w_c)$，算法停止。

如图 10-7 所示，两个时间序列先被转化成特征序列，再利用 DTW 算法对特征序列进行距离计算。由算法可知，PA＿TWD 算法时间复杂度为 $O(w_q\times w_c)$，由于 $w_q\ll m$ 和 $w_c\ll n$，PA＿TWD 的时间复杂度要远小于传统的 DTW 方法。同时可知，压缩比 k 越大，w 就越小，那么 PA＿TWD 的时间复杂度相应降低。

时间序列的预处理在对时间序列实现降维变换的同时，既要保证变换后近似的准确性，还要保证数据挖掘算法的效率。这里对原时间序列进行 K 时间近邻均值化预处理（K 为最近邻的个数），以期进一步提高 PA＿TWD 时间序列数据

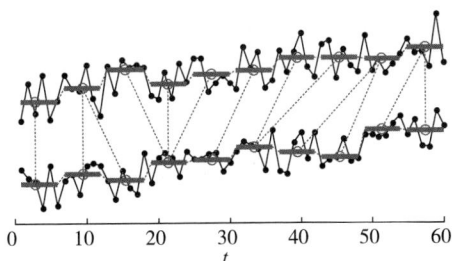

图 10-7　分段聚合时间弯曲距离

挖掘的性能。

K 时间近邻均值化数据预处理方法是通过事先设定时间最近邻的个数 K，在时间序列 Q 中，将任意一点 $q_i \in Q$ 左右各 K 个元素所组成的序列的均值作为预处理后该点的值，即 $q''_i = \text{mean}(Q(i-K : i+K))$。这种方法可以克服异常点对 DTW 算法的影响，同时，由于预处理后新时间序列中的每个点都是它左右附近各 K 个点的平均值，因此，可以更好地反映相邻时间点上各数据之间的联系，还可对时间序列起到平滑的作用，如图 10-8 所示。对于时间序列中前 K 个数据点和最后 K 个数据点少于 K 个邻居数时，需要特殊处理，即取尽可能多的邻居作为均值化处理的对象。K 时间近邻均值化数据预处理具体过程为

$$q''_i = \begin{cases} \dfrac{1}{i+K} \displaystyle\sum_{j=1}^{i+K} q_j, & i \leqslant K \\[3mm] \dfrac{1}{n-i+K+1} \displaystyle\sum_{j=i-K}^{n} q_j, & i \geqslant n-K \\[3mm] \dfrac{1}{2K+1} \displaystyle\sum_{j=i-K}^{i+K} q_j, & \text{其他} \end{cases} \tag{10-4}$$

其中，n 为原序列的长度；通常情况下 $K = m \times u$，$u \in [0.01, 0.05]$，称 u 为平滑长度系数。

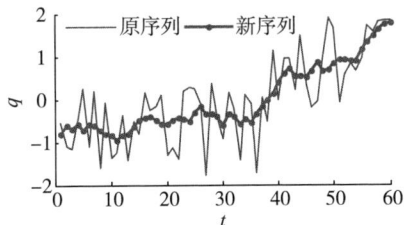

图 10-8　数据预处理后的时间序列（$K=3$）

时间序列 Q 和 C 经过上述方法进行预处理，便可得到新的时间序列 Q'' 和 C''，再利用 PA_TWD 对新时间序列 Q'' 和 C'' 进行相似性计算，最终可以得到基

于时间序列数据的预处理分段聚合时间弯曲距离（preprocessed piecewise aggregate time warping distance，PPA_TWD)的计算结果，即 PA_TWD(Q'', C'')作为时间序列 Q 和 C 的近似距离。

10.3.3　时间序列聚类和分类的数值实验

时间序列聚类和分类是时间序列数据挖掘中常见的两种技术，挖掘结果的好坏能够很好地说明算法的性能。因此，下面通过聚类和分类两个实验来证明 PA_TWD 和 PPA_TWD 的可行性。同时，通过与传统的 DTW 距离[9,10]及 FPSTWD[10]作比较，来进一步体现 PA_TWD 和 PPA_TWD 两种算法性能的优越性。

1. 时间序列聚类数值实验

层次聚类法能够较好地反映数据对象之间相似性关系，通常用来比较不同距离度量算法的性能。因此采用层次聚类算法分别对经典的 DTW、FPSTWD 及本节提出的 PA_TWD 和 PPA_TWD 利用 UCR 数据集（control chart)[13]进行实验并作比较分析。实验中选取的数据集包括 600 个长度为 60 的时间序列，共有 6 类，每 100 个时间序列为一类。为了比较算法的性能，从数据集中随机选取 17 个时间序列作为聚类对象，它们在数据集中的序号为 ID＝{20，30，60，120，150，180，215，265，281，318，370，460，472，486，490，509，550}。同时，在 ID 序列中，{1，2，3}、{4，5，6}、{7，8，9}、{10，11}、{12，13，14，15}、{16，17}各为一类。

由于 PA_TWD、PPA_TWD 和 FPSTWD 都是属于分段弯曲距离算法，因此，必须在同一压缩比的条件中进行比较。实验中选取的压缩比为 $k＝10$，即分段数目（segments number）为 $w＝60/10＝6$。DTW、PPA_TWD、PA_TWD 和 FPSTWD 四种算法对上述时间序列的聚类结果分别如图 10-9～图 10-12 所示，其中 PPA_TWD 中的参数 u 取值为 0.05。

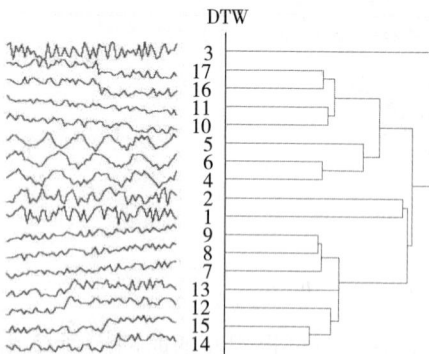

图 10-9　基于经典 DTW 的层次聚类结果　　图 10-10　基于 PPA_TWD 的层次聚类结果

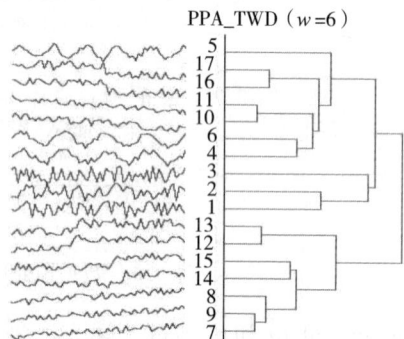

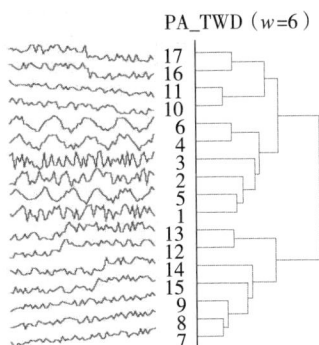

PA_TWD（w=6）

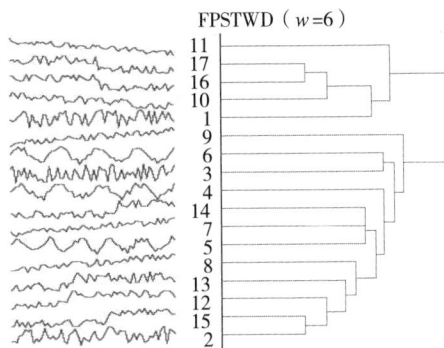

FPSTWD（w=6）

图 10-11　基于 PA_TWD 的层次聚类结果　　图 10-12　基于 FPSTWD 的层次聚类结果

从聚类结果中可以发现，经典 DTW 和 PPA_TWD 的聚类结果较好，其次是 PA_TWD，这三种算法的聚类结果非常相似，如{7,8,9}、{10,11}和{16,17}优先被聚成一类。同时，从时间序列 14 和 15 的聚类情况来看，PPA_TWD 的聚类结果与 DTW 一样，并且 PPA_TWD 能够将时间序列 1、2 和 3 聚成一类。因此，PPA_TWD 的聚类性能要优于 PA_TWD，甚至超过经典 DTW，这恰好说明了预处理算法具有可行性。然而，FPSTWD 的聚类结果明显不如 PA_TWD 和 PPA_TWD 两种算法。虽然随着 w 的增大，FPSTWD 聚类结果会越来越趋向于 DTW 的结果，但它在同等分段数目 w 的情况下，聚类结果也不如 PA_TWD，直到分段数目与原时间序列长度相等时，PA_TWD 和 FPSTWD 都退化成经典 DTW，三者的分类效果才相同，但同时也失去了提高算法运行速度的功能。因此，与 FPSTWD 相比，PA_TWD 和 PPA_TWD 是一种更为高效的相似性距离度量算法。

2. 时间序列分类数值实验

为了进一步验证 PA_TWD 和 PPA_TWD 算法的性能，通过分类实验来比较四种算法在时间序列分类数据上的挖掘效率。采用最近邻分类算法，利用 DTW、PA_TWD、PPA_TWD 和 FPSTWD 对六个时间序列数据集在不同压缩比的情况下进行分组实验，其中参数 u 取 0.05 时，PPA_TWD 算法可以取得较好的性能。从 Keogh 等提供的分类实验 UCR 时间序列数据集[13]中随意选取六组数据作为实验数据，具体情况如表 10-1 所示，其中分段数目(w)指时间序列被降维处理后的维度，也指特征序列的维度。

表 10-1　UCR 时间序列数据集信息

序号	数据名称	训练集规模/条	测试集规模/条	类别个数/个	序列长度/个	分段数目(w)
1	CBF	30	900	3	128	[4,8,16]

序号	数据名称	训练集规模/条	测试集规模/条	类别个数/个	序列长度/个	分段数目(w)
2	ECG200	100	100	2	96	[4, 8, 16]
3	Coffee	28	28	2	286	[13, 26]
4	Beef	30	30	5	470	[10, 47]
5	Olive oil	30	30	4	570	[10, 19, 57]
6	Synthetic_control	300	300	6	60	[6, 10, 15]

对每个数据利用四种算法在不同分段数目下进行分组实验,最后通过比较每组实验分类错误率的平均值和消耗 CPU 时间代价的平均值来说明四种算法的性能。这四种算法在六种数据集下的实验分类错误率和 CPU 时间代价结果如表 10-2 所示。

表 10-2 时间序列分类实验结果

序号	分类错误率/%				平均时间消耗/s			
	DTW	PAA_TWD	PA_TWD	FPSTWD	DTW	PAA_TWD	PA_TWD	FPSTWD
1	0.367	0.119	0.367	0.500	9.513	0.124	0.104	0.236
2	0.200	0.216	0.230	0.280	1.471	0.096	0.084	0.227
3	0.000	0.071	0.018	0.143	3.310	0.065	0.051	0.133
4	0.059	0.333	0.141	0.403	0.761	0.034	0.025	0.079
5	0.167	0.177	0.167	0.478	13.819	0.130	0.107	0.200
6	0.047	0.051	0.061	0.237	1.891	0.303	0.273	0.727
平均值	0.140	0.161	0.164	0.340	5.128	0.125	0.107	0.267

从分类结果来看,PPA_TWD 和 PA_TWD 的分类错误率要明显低于 FPSTWD 的分类结果,并且在一些数据集中 PPA_TWD 分类结果要优于 PA_TWD。同时,算法 PPA_TWD 和算法 PA_TWD 与 DTW 的分类结果较为接近。从 CPU 时间消耗来看,DTW 的时间复杂度最大,其次是 FPSTWD。从平均时间消耗来看,FPSTWD 的 CPU 时间消耗大约为 PA_TWD 的两倍,而 DTW 的 CPU 时间代价约为 PA_TWD 的 50 倍,同时,PPA_TWD 的 CPU 时间代价与 PA_TWD 相近。因此,综合考虑分类结果的精度和 CPU 的时间消耗,可以认为基于 PA_TWD 和 PPA_TWD 的时间序列分类算法的效率总体上要优于 FPSTWD 和 DTW。

10.4 基于数据挖掘技术的客户细分

自 20 世纪 90 年代以来,随着以客户为中心的管理思想的发展,由 Gartner

Group 提出的 CRM 受到广泛的关注。CRM 是一种经营战略,该战略通过应用信息技术将企业的客户资料进行整合,为企业提供一种全面、可靠而完整的认识,从而使客户与企业间所有的过程和互动能够有助于维系和拓展这种互利的关系。任何高效的 CRM 都需要以扎实的客户细分为基础。客户细分是指企业在明确的战略、业务模式和特定的市场中,根据客户的属性、行为、需求、偏好及价值等因素对客户进行分类,并提供有针对性的产品、服务和营销模式的过程。正确地评估客户价值的企业能够对不同客户提供个性化的服务,在有效地进行CRM 的同时会增加企业的利润。

随着信息技术的发展,知识发现和数据挖掘技术在 CRM 中的应用成为世界经济中的一个新兴趋势。分析和理解客户的行为及特点是企业开展竞争性的CRM 策略的基础,并且能够帮助企业获得和维护有潜力的客户,使客户价值最大化。合适的数据挖掘技术因擅长从大量的客户数据中提取和鉴别有用的信息及知识而成为制定 CRM 决策的最好支持技术之一。

10.4.1　客户细分

传统的 CRM 分析单一的客户信息,如人口统计因素、心理因素等,只能描述模糊、片面的客户轮廓,无法让企业正确了解客户真实的、全面的需求,更不能作为精确营销的决策依据。随着计算机和信息技术的发展,新的客户分析技术与方法被应用到 CRM 中。其中,数据挖掘技术能从大量冗杂的、琐碎的数据中提取出有价值的、可靠的信息和知识,其在现代 CRM 中作为重要的分析工具得到了广泛应用。

基于数据挖掘技术,企业在构建客户细分模型时,通常需要五个步骤[14]。

(1)建立客户数据库,生成目标数据集。将企业中的客户信息以客户 ID 等信息为主键进行抽取、转换装载到一个集中的数据库中,将每个客户的所有历史记录有机地组织成一条记录——样本,并按照设计的样本属性、属性的数据来源、属性的转换逻辑将样本进行整合,得到的所有客户的样本集合就是目标数据集。这一客户数据管理过程可以准确地将客户的数据信息经过收集、整理存储到一条逻辑记录上,其是实现客户细分的必要条件。

(2)客户分群及理解。客户分群是将客户分成小的不同的群体,在每个群体内部,客户的特征相似性较高,而不同群体之间,客户的特征差异性较大。根据这样的客户分群,对客户群体进行分析和描述。描述分为两种:一种是基本描述,如基本变量的水平、构成和趋势等;另一种是深入描述,即根据实际销售情况进行分析。最终形成的客户特征描述是活生生的、形象的客户体现,而非枯燥单一的数据。客观、全面、深入并结合企业实际的客户群体特征分析是指定合适、贴切的营销策略的基础。然而,由于客户本身是不断变化的,因此客户群体也是动态的。所以，CRM人员需要进行多次、规律性的客户细分，并以动态的思想理解客户群体，这样才能得出正确的结论。

（3）营销方案设计。根据客户分群的分析结果，结合企业战略、企业能力、市场环境等因素进行营销方案设计。一般来说，企业不可能为所有客户提供全面个性化的服务和营销方案，因此从客户战略和当前营销工作的重点出发，筛选出目标客户群体。根据该群体特征和营销目标，设计针对特定客户的营销活动，如产品组合定价、渠道组合等，并对方案的效益进行预估，从中选出最佳营销方案。然后利用数据挖掘的预测模型对客户打分，选出在此营销方案下购买可能性较高的客户，以提高营销活动的命中率。

（4）营销方案实施。按照营销方案的计划，执行相关的营销活动，如利用交叉销售执行营销活动、处理产品或服务的订单、获得反馈信息等。

（5）营销结果反馈。根据营销活动中收集到的数据，对营销方案的渠道、广告等有效性和回报率进行评估和分析，寻找营销活动成功或需要改进的关键地方，获取实施过程中的经验和教训，做到自我学习。

10.4.2　RFM指标体系

根据客户细分的内容和需求不同，构建模型时需采用不同的属性指标，最常用的是RFM（recency，frequency，monetary）指标体系。

RFM应用在营销领域已有几十年的历史，这一分析技术是由市场分析人员在日常应用中发展起来的，它的三个变量与客户回应特殊的促销优惠有一定的关联[15]。RFM的三个变量分别是：R（recency，近度）表示客户的最近购买行为；F（frequency，频率）表示客户购买行为的频次；M（monetary，金额）表示客户的消费额度。

RFM可以较为动态地显示一个客户的全部轮廓，为个性化的沟通和服务提供依据；同时，如果与该客户打交道的时间足够长，也能够较为精确地判断该客户的长期价值，通过改善三项指标的状况，从而为更多的营销决策提供支持。在营销领域，CRM人员以多种不同的方式使用RFM，对不同的CRM人员来说，RFM的意义也不同。RFM常用的途径是通过对R、F、M三个变量分配不同的权重，来计算数据库中每个客户的加权得分[16]。

RFM通过使用与R、F、M相关的信息对企业现有的客户进行细分，而这并不适用于预测新的客户，因为CRM人员没有未来客户的交易信息。RFM非常适合销售多种商品的企业（如超市），而且这些商品，如消费品、化妆品、小家电、录像带等的单价相对不高；它也适合应用于一个企业内只有少数耐久商品，但是该商品中有一部分属于消耗品，如复印机、打印机、汽车维修等；RFM对于加油站、旅行保险、运输、快递、快餐店、电信、银行、证券公司等也很适合。

10.4.3　基于聚类分析的客户细分

下面利用 RFM 作为属性变量来研究聚类分析在汽车 4S 店 CRM 中的应用，将 R、F、M 简单设置为相同的权重。根据连续几年某汽车品牌某一地区 4S 店的销售数据和最后一年的维修记录，整理得到样本数据集，对样本数据集进行聚类分析，确保得到的客户群体覆盖每位客户。针对客户分群结果及其维修记录，描绘每个群体的具体消费特征，以及群体与群体之间的特征差异；并针对每个客户群体的特征，结合汽车行业的特点，制定可行的营销策略。

汽车 4S 店的原始维修记录中包含的属性信息有 VIN、车系、车主、ASC 代码、工单号、结算单号、保险公司、送修人、送修人性别、进厂里程、工单类型、维修类型、开单日期、结算日期、结算模式、工时费、维修材料费、销售材料费、附加费、辅料管理费、结算金额、收款金额、减免金额，每次维修都产生这样的一条记录。本小节选用 RFM 指标体系。上述属性信息中与 RFM 三个属性相关的是结算日期、结算金额。

CRM 中对客户细分的主体是客户，一条记录应该代表一个客户的所有车辆的所有维修状况。而原始记录中每条记录是一次维修，而非客户，这就会出现一人多车、一车多修的情况，因此需要先对原始数据进行数据预处理。为避免将姓名相同的不同客户整合到一条记录中，将销售记录与维修记录通过数据库表的连接，把车主姓名和电话作为主键，两者相同的客户为同一客户。然后将同一客户的所有维修记录整合到同一条记录中，即同一车主不同车辆的所有维修记录，并记下最近一次维修时间，即最近一次结算日期作为属性 R，将维修记录次数相加作为维修次数 F，然后将结算金额相加作为消费额度 M。其中，R 以月为单位，M 以元为单位。本小节随机选取处理后的 5 000 条记录作为样本数据集。

将文献[17]提出的基于 k 调、均值和微粒群优化的自动聚类算法应用到样本数据集中进行聚类，该算法能够自动确定数据集的聚类数目，因此得到的聚类结果能够客观刻画数据集的内部特征，自动形成合理数目的客户群体，并使同一客户群体内部具有相似的特征，而不同的客户群体具有不同的特征。具体来说，自动聚类算法将样本数据集聚成四个不同的簇，基本上将客户划入这四个群体中。

将样本数据集进行客户分群以后，对每个群体的三个属性都进行统计和主观描述，此外还需要对聚类算法得到的客户分群的结果进行解释，统计每个群体的属性特征，并提出合理的营销策略。其中在属性统计过程中，R、F 属性本身是整数，数值范围为 0～25，因此未做大的数据处理，此处将 R 称作近度，以月为单位记录时间间隔；而 M 属性的数值范围较大，在 0 到几万之间，但经过统计发现数值超过 5 000 的样本仅有 500 个左右，这与 5 000 个样本数据集相比，算是小额数据，因此本小节做了这样的数据处理，将 M 属性的数值按照 100 的长度进行离散化，如 0～100 均算做 0，100～200 均算做 1，而超过 5 000 的数值都将被视为 50。

10.4.4　客户细分结果及营销策略

将样本数据集进行聚类后，得到了四个客户群体，下面分别进行分析。

图 10-13 展示的是第一个客户群体，该群体中含有 81 个样本数据。图 10-13(a)～图 10-13(c)分别表示 R、F、M 三个属性的统计结果。从图 10-13 中可以看出，该群体几乎所有的客户最近一次进入 4S 店维修的时间是在最近一个月之内，只有几个客户是最近两个月之内进店的；在这一年内维修的频次大都为 15 次，属于较频繁的维修客户；从维修的消费金额上来看，也都是大额维修，花费较高。从 R、F、M 三个属性的统计信息可以推断出，第一群体中的客户对汽车保养较为关注，维修活动属于近期活动，且维修频繁，不惜花费重金进行保养维修，客户可能处于车辆使用初期，属于高品质白金级客户，4S 店应尽力维护并挖掘其消费能力。基于这一分析，4S 店可以针对这些客户，开发一些新的维修保养项目，并重点推销车辆使用初期的汽车维修养护项目，吸引他们进店维修保养。

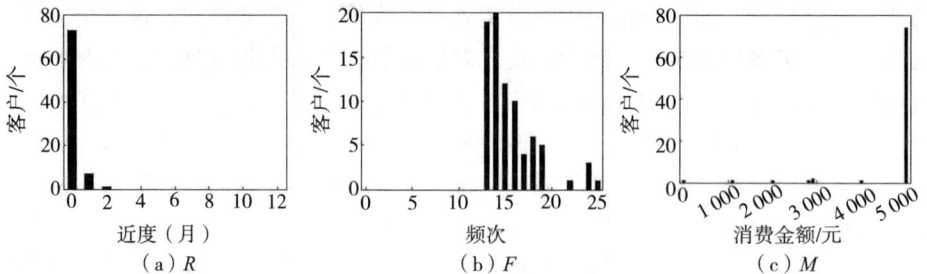

图 10-13　第一个客户群的 RFM 属性特征

图 10-14 展示的是第二个客户群体，该群体中含有 9 个样本数据，它是 4 个客户群中客户数量最少的一个群体，可以将其视为噪声数据，也可作为一个群体进行分析。从最近一次的消费时间来看，多数客户是近一个月之内来消费的，消费频次在 5～10，但是消费金额都非常大，可以推断，这个群体中的客户对汽车的使用较为"粗放"，故障发生频繁且需大修。基于这一分析，4S 店可以将这些客户作为实用车型推销的重点对象，在有合适的车型和新车促销活动时及时与这些客户进行沟通。

图 10-15 展示的是第三个客户群，该群体包含 3 416 个样本数据，大多数客户的最近一次维修记录都在 2 个月内，维修次数较少，为 5 次左右，维修金额跨度较大。从近度上可以推断该群体中客户的车辆属于使用中期，因而维修次数不

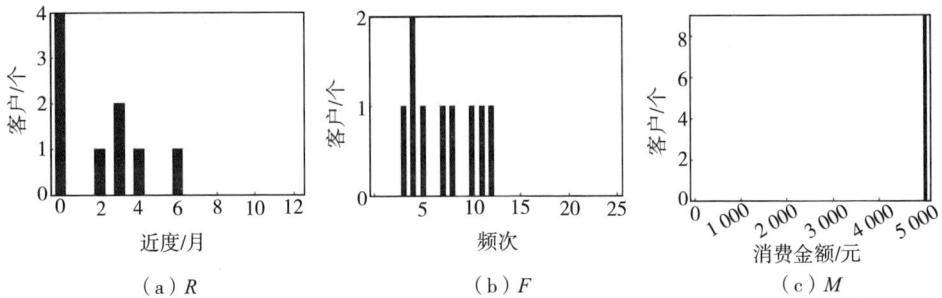

图 10-14　第二个客户群的 RFM 属性特征

多，可以看出车主用车较为小心谨慎，经常对车进行保养，然而一旦维修，则属于大修。针对这类客户，建议 4S 店向车主推出汽车养护方面的促销活动。

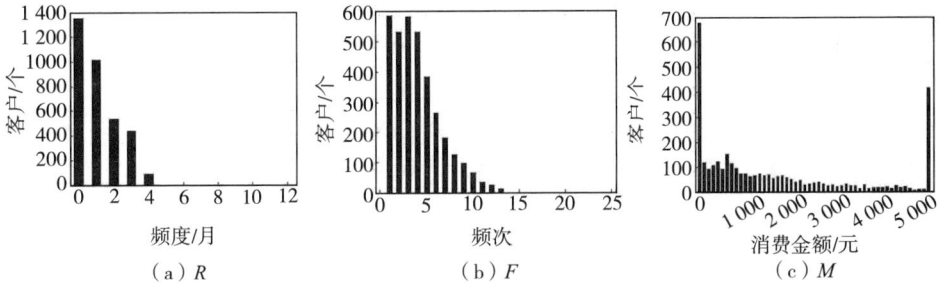

图 10-15　第三个客户群的 RFM 属性特征

图 10-16 是第四个客户群，含有 1 494 个样本数据。该群体中的客户已经有半年左右的时间没有进站维修了，他们的维修次数为 5～10 次，且维修金额较小，大部分属于免费维修或小数额维修。根据车辆总的维修次数较多，可以推断出车辆已经进入使用末期；而由客户近半年来不进行维修可以看出，车主对车辆已经不再重视，近期可能有购车计划。基于这一分析，建议 4S 店将这些客户作为新车的推荐对象，时常介绍新的车辆款型，发放相关信息。

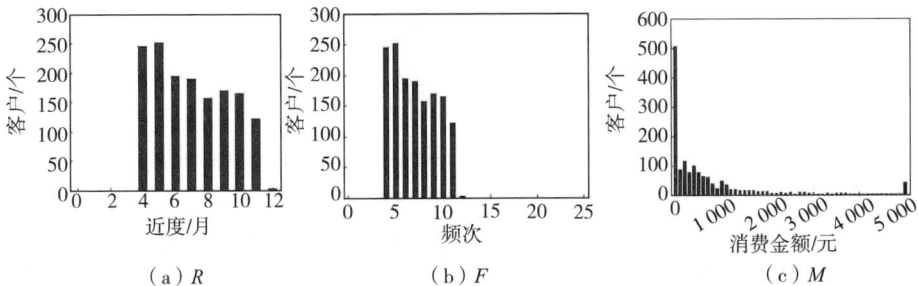

图 10-16　第四个客户群的 RFM 属性特征

10.5　本章小结

中国制造企业随着 ERP、产品生命周期管理等信息化系统的部署完成，管理方式由粗放式管理转为精细化管理，新产品研发速度和设计效率有了大幅提升，企业在实现对业务数据进行有效管理的同时，积累了大量的数据信息，产生了利用现代信息技术收集、管理和展示分析结构化和非结构化的数据和信息的诉求，因此如何利用这些数据创造更大的价值、为领导决策提供有力支撑成为企业下一步思考的问题。数据挖掘与知识发现作为面向产品生命周期管理知识协调管理的重要共性技术，可以提高产品生命周期中知识的共享和集成，帮助不同部门的管理者集成其他部门挖掘出的知识进行决策，加大产品生命周期内各阶段的协调和优化。

本章首先简要介绍了制造业进入大数据时代的背景及面向产品生命周期管理的数据挖掘技术。其次，介绍了面向传感器数据的时间序列数据挖掘技术，并针对经典动态时间弯曲距离算法运行时间代价过大问题，提出一种基于分段聚合的时间弯曲距离算法，综合利用分段聚合和 DTW 算法的主要思想，使所提出的方法能够进行高效的距离度量，较为客观地反映时间序列之间的相似性，从而提高时间序列数据挖掘算法的效率。最后概述了 CRM 的概念、模型构建和体系构建，并利用聚类算法来解决客户分群问题，通过对客户群体的属性信息的统计分析，结合汽车售后维修的领域知识，对结果给予合理的解释并提出可行的营销策略。

本章提出的基于 PA_TWD 的时间序列挖掘算法为研发发动机试验数据挖掘系统奠定了理论和方法基础，在第 12 章中，我们将详细介绍面向发动机研发管理的数据挖掘系统及关键技术。本章初步探讨了应用数据挖掘技术中的聚类算法来解决客户分群问题，在第 13 章中，将进一步深入研究汽车 4S 店的客户细分问题，并针对汽车售后维修服务业的特点，提出适合于该行业的客户细分方法与客户群变化挖掘方法，以帮助企业更高效地进行 CRM。

参考文献

[1]王众托，吴江宁，郭崇慧．信息与知识管理．北京：电子工业出版社，2014．

[2]城田真琴．大数据的冲击．周自恒译．北京：人民邮电出版社，2013．

[3]迈尔-舍恩伯格 V．大数据时代：生活、工作与思维的大变革．盛杨燕，周涛译．杭州：浙江人民出版社，2012．

[4]弗兰克斯 B．驾驭大数据．黄海，车皓阳，王悦，等译．北京：人民邮电出版社，2013．

[5]徐河杭．面向 PLM 的数据挖掘技术和应用研究．浙江大学博士学位论文，2010．

[6]徐河杭，顾新建，祁国宁．面向产品生命周期的数据挖掘技术．2010 全国现代制造集成技术学术会议论文集，2010.

[7]Keogh E，Chakrabarti K，Pazzani M，et al. Dimensionality reduction for fast similarity search in large time series databases. Journal of Knowledge and Information Systems，2000，3(3)：263-286.

[8]Yi B，Faloutsos C. Fast time sequence indexing for arbitraryLp norms. Proceedings of the 26th International Conference on Very Large Data Bases. San Francisso：Morgan Kaufmann，2000：385-394.

[9]Keogh E，Pazzani M. Derivative dynamic time warping. Proceedings of the 2001 SIAM International Conference on Data Mining. Philadelphia：SIAM，2001：1-11.

[10]Keogh E，Ratanamahatana C. Exact indexing of dynamic time warping. Knowledge and Information Systems，2005，7：358-386.

[11]肖辉，胡运发．基于分段时间弯曲距离的时间序列挖掘．计算机研究与发展，2005，42(1)：72-78.

[12]李海林，郭崇慧，杨丽彬．基于分段聚合时间弯曲距离的时间序列挖掘．山东大学学报（工学版），2011，41(5)：57-62.

[13]Keogh E，Xi X，Wei L，et al. The UCR time series classification & clustering home page. http://www. cs. ucr. edu/~eamonn/time _ series _ data/，2014-12-04.

[14]吕巍．精确营销．北京：机械工业出版社，2008.

[15]Chen M C，Chiu A L，Chang H H. Mining changes in customer behavior in retail marketing. Expert Systems with Applications，2005，28：773-781.

[16]Hughes A M. Strategic Database Marketing. New York：McGraw-Hill，2000.

[17]臧运慧．基于微粒群优化的自动聚类算法及应用研究．大连理工大学硕士学位论文，2012.

第 11 章

汽车冲压生产管理中的知识
协调管理应用系统

汽车工业作为制造业重要的产业之一，是高新技术和高素质人才集中的行业，也是技术创新不断、人才流动频繁、竞争日益加剧的行业。汽车企业属于典型的资金密集型、技术密集型和人才密集型的大规模生产企业，在经历了"数量规模时代"、"质量竞争时代"和"多样化营销时代"等阶段之后，随着市场竞争的日益激烈，以及汽车企业对技术创新和管理创新的需求，逐渐进入"知识管理时代"，传统的依靠资本积累的模式开始向知识整合与创新的模式转变。

汽车企业知识管理的实施可先从作业层导入，在知识积累达到一定程度之后，再将知识管理提升到管理层乃至战略层。管理层和战略层的知识管理是在作业层知识管理的基础上通过分析、提炼、升华而形成的，是对作业层的知识管理在中观和宏观层面的再审视。

作业层的知识管理问题相对而言更具体，对汽车企业来说，生产制造过程就是作业层的集中体现。冲压、焊装、涂装和总装是汽车制造过程中的四大工序，冲压排在第一。冲压生产过程涉及的要素较多，包括人员、设备、物料等，产生的问题多种多样，如产品质量问题、模具问题、生产调度问题、库存管理问题、人员配置问题等，因此要求生产人员、技术人员和管理人员能够利用各自的知识和经验对出现的各种问题进行协调解决。这个过程既需要人的参与，也需要技术系统的支持。虽然在其他工序中出现的问题与冲压工序中出现的问题不同，但问题的处理方式和支持问题处理的技术手段基本相同，因此本章以汽车冲压生产为背景，介绍在生产管理中的知识协调管理的部分应用。

■ 11.1 冲压生产管理中的知识协调管理问题

冲压生产及管理大致包括三种活动，即生产活动、技术活动和生产管理活动。生产活动由部门下的生产班组承担，一般分为三个班次，即早班、中班和晚班。每个班次依据工作内容再细分为若干个工段，如板料工段、冲压工段、检验工段、产品修复工段，以及负责维修的模具维修工段、设备维修工段等。技术活动由冲压工程师和技术员承担，完成工艺规划、设备调试、模具调试等技术性工作。除了生产人员和技术人员之外，还有从事计划调度、生产组织、备料和库存、质量检查、工勤考核等工作的相关管理人员，他们主要负责生产管理活动。

在生产活动中，不同班次的工作内容是相似的，甚至是相同的。在相似的工作中会遇到相似的问题，如废品问题、非正常停机问题、模具故障问题、计划失调问题、人员缺岗问题等，这就需要在岗人员能够利用已有的相关知识和经验来快速处理问题，以提高生产效率，降低生产成本。然而，现实中大多数的情况是，处理问题的知识和经验没有被及时、有效地积累起来，既谈不上对已有知识和经验的共享，也谈不上对知识的协调管理与利用。因此，有必要建立一套针对冲压生产管理活动的知识管理机制，并借助技术手段予以实现。

冲压生产管理过程中的知识活动本身是一个多员参与的、复杂的知识管理过程，它与生产活动、技术活动和生产管理活动密切相关。如前所述，在冲压生产管理活动中，既有具有专业背景知识的生产人员和技术人员参与，也有辅助生产的管理人员参与。由于这些人员知识背景和工作经验不同，因此处理问题时矛盾与冲突不断。这不仅仅是认知差异造成的，其深层原因还在于组织氛围和文化的差异。对于汽车冲压生产管理而言，不同的班次在不同的工段、不同的生产线上所积累的经验不尽相同，受边界壁垒影响，各个班次或工段之间很少交流，甚至是零交流，这使沟通氛围和共享文化难以形成，因而造成的后果是显而易见的。例如，一个班次中出现的问题在其他班次依然出现；以往出现的问题在新环境中仍然可见；一个车型中发生的问题在其他车型中还会发生；一个模具上存在的问题在其他模具上还有体现；等等。由于缺乏知识积累、共享和协调，生产工艺水平提升缓慢，生产计划和调度严重依赖于某些关键员工，其他员工解决问题的能力得不到提升。另外，同样的冲压件可能在某一班次中会出现质量问题，但在另一个班次中不出现；在一条生产线上出现的问题，在另一条生产线也不一定出现，同一条生产线上不同的产品有的问题较多，有的问题较少。面对如此复杂的情况，仅靠员工个人的能力来解决上述问题很难奏效，这需要更多的员工参与其中，而且他们之间能够进行有效的沟通与协调。概括起来说，解决生产管理中出现的问题需要依赖于对所使用的知识进行协调管理的方法和技术。

冲压生产管理过程中使用的知识可分为不同的种类，概括为生产性知识、技术性知识和管理性知识。生产性知识是指关于生产线上的员工操作设备和模具进行冲压件生产的操作规范和经验知识；技术性知识是指关于生产准备、设备和模具调试、故障排除方面的技术标准、性能指标和经验知识；管理性知识是指车间、班组长、工段长关于生产组织、计划调度、人员组织安排等方面的规范性和经验性知识。问题处理一般需要多方面的综合知识，往往涉及生产、技术和管理等多个方面，正如问题驱动的知识协调管理一章中所述，包括辨别问题是什么的know-what知识、分析问题原因的know-why知识、问题如何解决的know-how知识和寻求他人帮助的know-who知识四类知识。从知识来源的角度可以分为冲压车间所有员工产生的内部知识和从其他渠道获取的外部知识。这些知识都是知识协调管理所关注的对象。

下面各节将介绍某汽车整车厂冲压生产管理中知识协调管理的应用系统实例，主要包括问题驱动的知识协调管理系统、规范性知识的标签化管理系统、外部知识获取分析与可视化系统及冲压车间生产管理系统等。问题驱动的知识协调管理系统既可以对问题处理知识进行管理，也可以对规范性知识、外部知识和内部的经验性知识进行综合协调管理，并通过交流平台的研讨功能、请教功能、推荐功能和人员管理功能等协调不同知识主体之间的冲突和矛盾。问题驱动的知识协调管理系统、规范性知识的标签化管理系统和外部知识获取分析与可视化系统，既可以相对独立运行和使用，也可以为问题驱动的知识协调提供多种知识来源。冲压车间生产管理系统按照生产运作活动内容，除了在后台集成了上述三个系统的功能之外，还集成了车间生产计划、现场管理、生产日报、模具设备管理、能力管理等多项管理功能。上述所有系统都是以知识为基础进行设计的，具备知识协调管理的功能与作用。

11.2　问题驱动的知识协调管理系统

问题驱动的知识协调管理系统是以在冲压件(覆盖件)上出现的问题为基础建立起的，以问题解决为目标的管理系统。冲压件在汽车产品中占有重要地位，特别是在乘用车中，不仅在构成汽车骨架方面起到承载作用，还具有不可替代的外观装饰性作用。例如，构成汽车车身、驾驶室、覆盖发动机及底盘的覆盖件就具有上述的双重作用。覆盖件的冲压制造是汽车白车身制造的关键环节，经过焊装加工之后形成白车身。同一般冲压件相比，覆盖件具有材料薄、形状复杂、结构尺寸大和表面质量要求高等特点，对其加工具有一定的难度，容易在表面、尺寸形状、刚性是否均匀等方面出现质量问题。表面上任何微小的缺陷都会在涂漆后引起光线的漫反射而损坏汽车的整体外观，因此诸如波纹、皱褶、凸起、凹陷、拉痕、刮伤等不满足功能要求和美观要求的表面缺陷与结构缺陷都是表面的质量问题。覆盖件的形状多为空间立体曲面，其尺寸和形状用所谓的主模型来描述，包括立体曲面形状、孔眼位置尺寸和形状过度尺寸等，由于图纸不能完整准确描述和标注尺寸，常常依赖于主模型量取，因此容易造成错觉和误差，从而产生产品质量问题。所谓刚性问题是由于覆盖件在拉延塑性变形中的不均匀性而造成的，其往往会使一些部位的刚性较差，汽车在高速行驶时容易产生振动，致使覆盖件早期损坏，它也属于冲压过程中产生的质量问题。产生覆盖件质量问题的原因与模具、冲压设备、板料、冲压过程的清洁及人为操作等因素有关系。

一旦出现上述质量问题，生产线一般需要停机处理，而停机必然影响冲压生产计划的正常执行，还会造成成本的增加和效益的降低，从而给整个运作管理造成不良影响。因此，有必要在生产运作过程中不断地积累问题处理的经验与知识，减少停机次数和停机时间，这对提高产品质量、降低生产运作成本与能耗、提高生产效率具有重要的现实意义。

冲压生产中出现的问题往往涉及多个方面，有设备的因素，如冲压机、模具和板料等；也有人的因素，如不同班组、不同员工对问题处理经验与知识的运用存在不当之处。对于后者，其深层原因在于员工的认知差异，这就需要企业有意识地建立沟通渠道，提供相应的技术手段，辅助员工在协同的状态下解决问题。而问题驱动的知识协调管理系统正是这样一种技术手段。它通过对冲压生产问题的半结构化描述，对问题的产生原因、解决方法、处理结果、处理过程评价进行完整的记载，一方面完成对问题处理知识的积累；另一方面给新问题的处理提供解决方案和决策支持。

11.2.1　系统功能

问题驱动的知识协调管理系统由问题管理子系统、人员交流子系统和系统管理子系统组成。总体上具有问题处理知识采集、问题统计分析、员工交流与问题协调和系统管理四项功能。

(1)问题处理知识采集功能。采集记录汽车冲压生产过程中出现的问题和问题的原因、解决方法、处理结果、经验总结等，包括从问题产生到问题解决的问题生命周期中各个阶段的状态，可实现对问题处理知识的积累、分析和建构，还可为新问题的处理提供决策支持。

(2)问题统计分析功能。对系统内各种问题进行统计，对问题所处状态进行分析，同时对问题处理过程进行监控，并及时预警和报警。

(3)员工交流与问题协调功能。人员交流子系统为员工提供多种交流渠道与方式，如短信、请教、研讨、推荐等，帮助员工在处理棘手问题时能够获得他人的帮助，同时消除在问题认知方面的冲突和矛盾。这不仅促进了人与人之间的深入交流，还潜在地刺激了新知识的生成。

(4)系统管理功能。该项功能是对用户、角色、权限及各种系统设置进行配置，以实现对不同角色员工的管理。

问题驱动的知识协调管理系统具有如下特色。

(1)对问题从产生到解决的整个生命周期进行真实记录，实现对问题处理知识的积累和加工处理。问题记录以重现整个处理过程的形式呈现，保持了问题的完整性和处理过程的可重现性，这有利于员工对问题进行连贯记忆或记忆回想。

(2)可对系统内的问题及处理过程进行有效的监控、预警和报警。

(3)通过各种交流方式将更多的与问题处理相关的员工联系在一起，共同解决问题，使问题处理变为多方协调使用知识的过程，达到知识利用价值的最大化。

11.2.2　问题管理子系统

问题管理子系统的主要功能包括：对新出现的问题及其处理过程事实进行记录；对问题处理状态进行跟踪；根据问题的轻重缓急进行预警和报警。

下面按照问题处理流程，介绍问题管理子系统的相关功能。

先登录并进入系统，系统主页面如图 11-1 所示。

图 11-1　问题管理子系统主页面

主页面为用户提供了系统功能的导航及用户负责的问题一览，方便用户对各类问题进行处理。主页面左侧部分的主体为系统工具栏，用户权限不同，工具栏显示的菜单项也有所不同，左侧内容可隐藏。右侧为用户首页，包括用户负责的未提交问题、未销项问题及参与研讨问题三项内容，点击"更多"，可查看全部问题；点击某个问题的标题，可查看该问题的详细信息，并对其进行相应的操作。

1. 新建问题

1)新建问题界面

记录与各个冲压件相关的问题及问题的处理过程。新建问题时，点击工具栏

"问题管理"→"新建问题"，会出现如图 11-2 所示的页面。

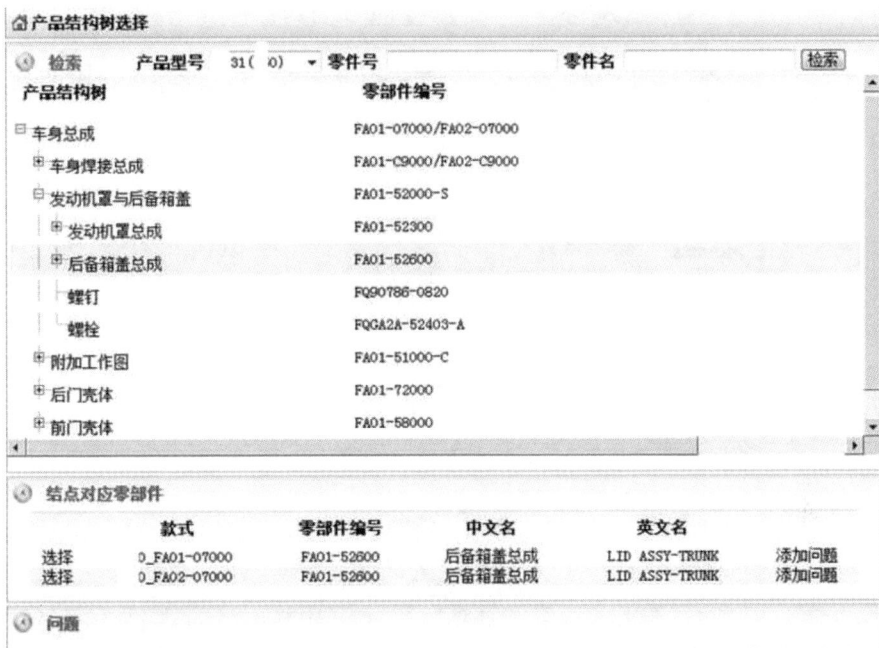

图 11-2　新建问题页面

具体操作步骤如下。

（1）检索零件。选择产品型号，输入零件号或零件名（可选），点击"检索"按钮，页面会显示所选型号的产品结构树（即多维本体中的结构本体）或用户检索的零件节点。点击零件名称前的"＋"和"－"符号可展开或折叠产品结构树。

（2）选择零件。点击产品结构树上的节点，"节点对应零部件"会列出节点所对应所有产品零部件的相关信息，"问题列表"将显示与该零件节点相关的所有已提交的问题。

（3）添加问题。如果问题与树节点对应的零部件及节点所包含的所有零部件相关联，则需在产品结构树的某个节点上添加问题。如果问题只与某个零部件相关联，则需在"节点对应零部件"列出的零部件上添加问题。点击"添加问题"，即可填写问题的详细信息，页面如图 11-3 所示。

该页面包含节点或零部件信息、问题描述、问题产生原因、整改措施、处理结果、经验总结六个部分。第一部分系统自动显示，其他部分由用户自行填写内容。

零部件信息包括产品型号、零件名称等系统自动显示。

2)问题描述

问题描述包括问题情境的描述和问题状况/状态的描述两个部分。

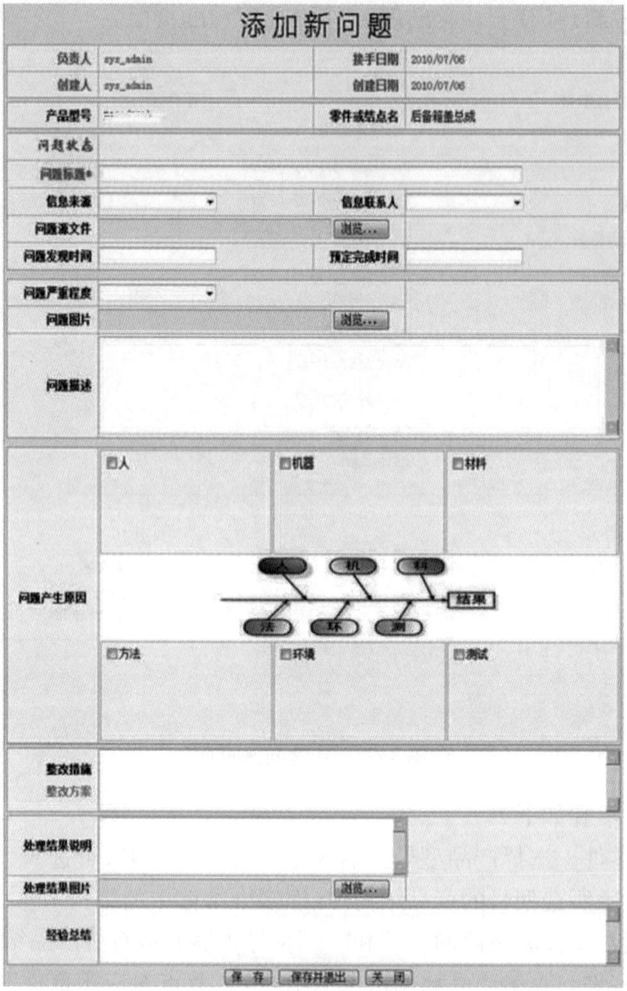

图 11-3　添加新问题页面

（1）问题标题。问题标题是必填项，是一种关键性的提示性信息，同时也是检索问题时一个重要的检索条件。问题标题应能简明扼要地概括出问题的关键信息。

（2）信息来源。信息来源是指最先发现问题的部门，用户可通过下拉列表选择该项内容。

（3）信息联系人。信息联系人掌握着该问题的第一手资料，信息来源部门确定后，用户可在信息联系人下拉列表中列出的人员中进行选择。

（4）问题源文件。问题源文件是指和问题密切相关的一些文档，如图纸、工艺文件等，可辅助用户更清楚地表述问题。点击"浏览"按钮，可在本地选择文件上传。

(5)问题发现时间和预定完成时间。用户通过日历控件，选择这两个时间，系统可自动计算当前时间到预定完成时间的剩余天数，以提醒用户把握问题处理进度。

(6)问题严重程度。该项内容为解决问题的先后顺序及轻重缓急提供决策支持，分为五级，用户可选择输入。

(7)问题图片。为描述问题出现的原因、部位、影响等信息提供更加直接的表现方式，点击"浏览"按钮，可在本地选择图片上传。

(8)问题描述。问题描述应尽量详细、具体，涉及专业术语时，要标准化表述。

3)问题产生原因

通过识别并分析问题产生的原因，为问题解决方案的制订及经验总结提供参考。用户首先需选择一个原因类别；其次在出现的对应文本框中，填写具体的原因描述。

4)整改措施

整改措施体现了解决问题的思路与方法，可为以后类似问题的解决提供依据或借鉴。整改措施中包含着若干个任务和计划，如图 11-4 所示。在整改方案任务列表中(图 11-5)，可为整改方案添加新任务，任务填写页面如图 11-4 所示。点击任务列表中的任务名，可查看该项任务的具体内容。

图 11-4　任务及计划

5)处理结果

处理结果是指描述问题处理之后的结果，显示问题解决成功与否，效果好

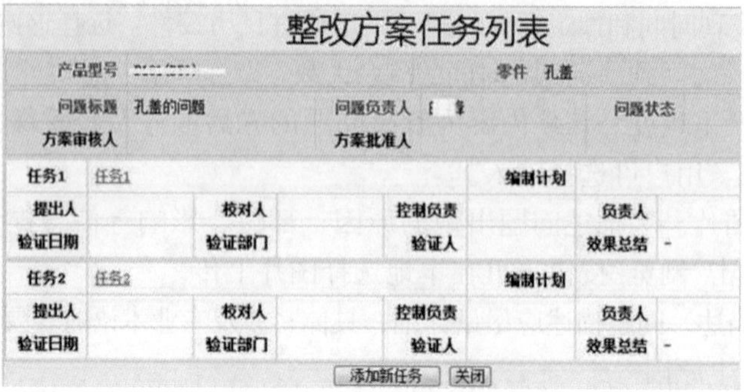

图 11-5　整改方案任务列表

坏。同时，通过浏览本地文件，上传"处理结果图片"，并与"问题图片"对比，从而直观地了解问题处理的效果。

6）经验总结

从问题发现到处理完毕的整个过程中，用户将遇到的问题、解决思路与方法、注意事项等经分析总结后，以文字方式记录在"经验总结"栏目中，它包含了问题处理的专业性知识和经验性知识，这些外显的问题处理知识可为日后解决类似问题提供参考依据。

整个内容填写完毕、保存并退出后，该问题即显示在用户首页的未提交问题列表中。

2. 处理问题

问题从最初创建到最终解决，状态的转变过程为"未提交"→"未销项"→"已销项"。具体处理流程和步骤如下。

第一，用户添加问题并保存后，问题状态即为"未提交"。未提交的问题只对问题创建者可见。问题的创建者可以在解决问题的过程中，不断完善与问题有关的各项信息。在未提交问题列表中，点击问题标题，可查看问题的详细信息，同时可以对问题进行编辑、删除和提交操作。点击"创建研讨厅"按钮，还可建立以该问题为主题的研讨厅，与他人讨论、沟通问题的解决方案。

第二，如果问题创建者填写的问题基本信息较为完备，即可将问题提交。问题提交后，状态由"未提交"变为"未销项"，此时该问题对其他用户可见。处于未销项状态的问题可能尚未完全解决，还可对其进行进一步的操作。

在问题列表中选择一个未销项问题，点击问题标题，可进入查看问题页面，查看问题页面与添加新问题页面（图 11-3）大体相同，不同之处在于第一行会出现"移交"按钮和"创建研讨厅"按钮，如图 11-6 所示。

对未销项问题可进行编辑、删除、销项、移交和创建研讨厅的操作。"移交"功能是指问题当前责任人可将其转交给其他用户进行处理。点击"查看问题"页面

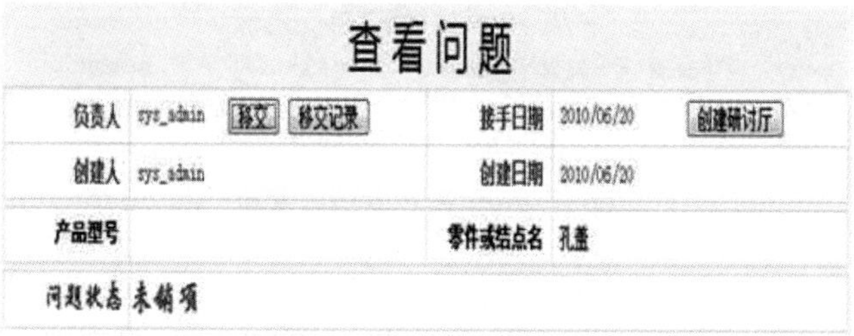

图 11-6　查看问题页面

的"移交"按钮，系统将弹出"问题移交"对话框，如图 11-7 所示。选择新负责人，填写移交原因，点击"确认"后，即可完成问题移交。问题移交后，系统给用户发送系统消息，提示用户移交成功。

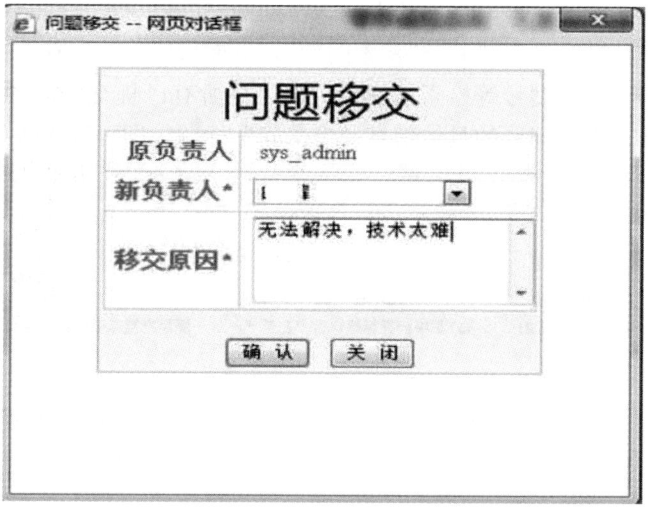

图 11-7　问题移交页面

移交后的问题将显示在新负责人的未销项问题列表中，新负责人点击问题标题，在图 11-8 所示的查看问题页面，点击"移交记录"按钮，可查看该问题的历史移交记录，如图 11-9 所示。

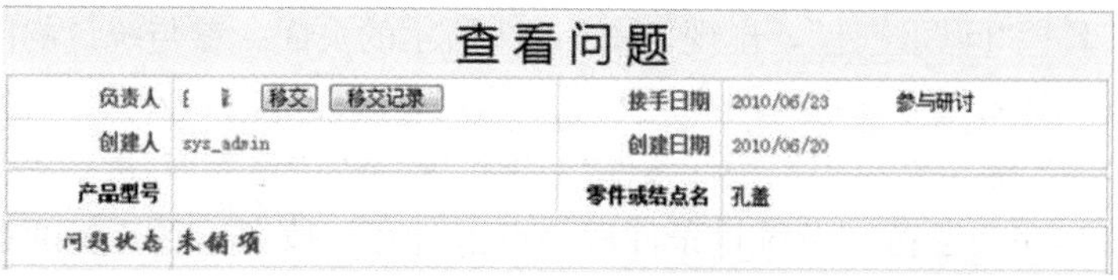

图 11-8　查看移交后问题的页面

第三，如果未销项问题的当前责任人认为该问题已经得到解决，与问题有关

历史移交记录					
原负责人	开始日期	结束日期	新负责人	操作人	移交原因
sys_admin	10-6-20	10-6-23	[illegible]	sys_admin	需要进一步确认问题

图 11-9　历史移交记录页面

的各项信息均已完整，可在查看问题页面点击“销项”按钮，将该问题销项。问题销项后，状态由“未销项”变为“已销项”，表示该问题已经得到解决。此时，用户可以检索、查看问题，但不可以对问题再进行处理并编辑。用户通过检索、查看已销项的问题，借鉴其原因分析、解决方案、经验总结等方面的信息，为新问题的解决积累经验和知识。

3. 检索问题

检索问题功能通过检索条件的设定，帮助用户高效、准确地定位需要了解的问题。点击工具栏“问题管理”→“检索问题”，页面如图 11-10 所示。设定问题标题、问题描述、产品型号等检索条件后，即可在所有已提交的问题中进行检索。若需查看检索结果中问题的具体信息，点击问题标题，即可进入查看问题页面。

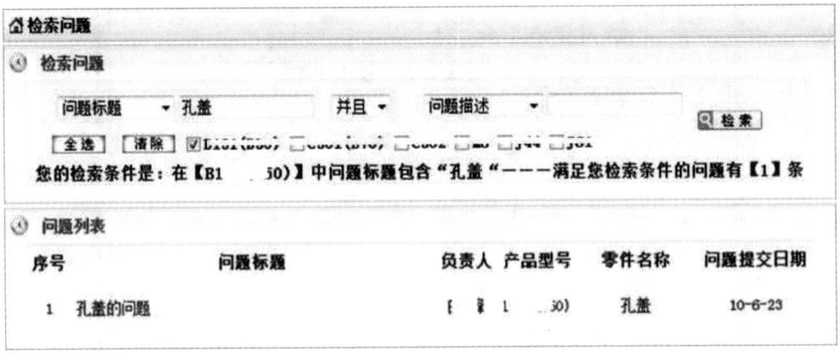

图 11-10　检索问题页面

4. 问题统计分析与监控

问题统计分析功能为用户(往往是管理主管)提供各类问题的整体视图，帮助用户从宏观的角度掌握问题的处理进度和状况，从而监控问题的处理过程。

点击工具栏“问题统计”，出现如图 11-11 所示的页面。参与统计的问题范围由部门、人员和产品型号确定。用户可通过下拉列表选择部门和人员，在复选框中选择若干型号的产品，然后根据统计条件“处理进度”或“严重程度”进行查询筛选。

用户选择完问题范围及统计条件后，点击“检索”按钮，系统将通过雷达图的形式直观地显示各类问题的数目及其所占的比重。问题统计从整体上提供三种分类视图，即所有问题视图、未销项问题视图和未提交问题视图，相关视图都将以雷达图的方式显示在页面中。

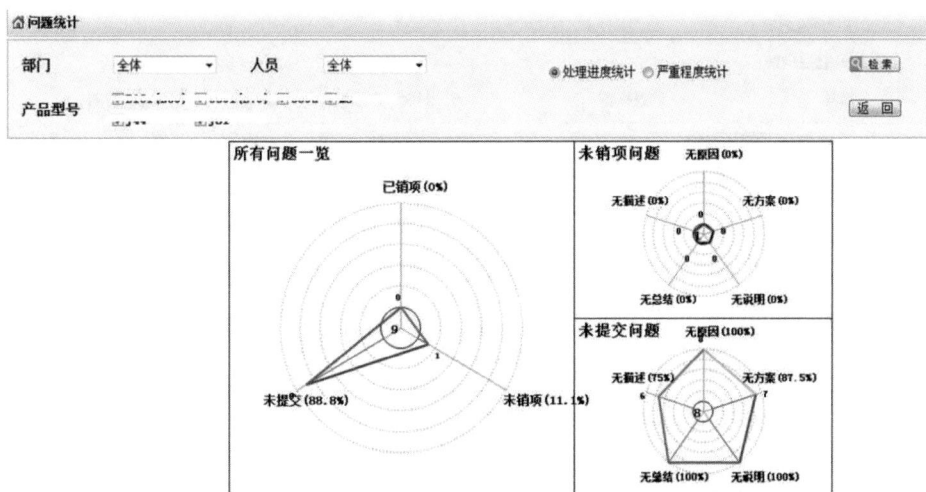

图 11-11　问题统计页面

在问题统计页面点击任意一个图形链接，系统将显示问题统计的详细信息页面。在图 11-11 中，若点击"未销项问题"的雷达图，可进入如图 11-12 所示的页面，将雷达图的信息以列表的形式显示，每个问题的详细信息由此呈现。在该统计页面中，可进一步设定部门、人员等统计条件，点击"检索"按钮，可实现细化查询。表格中有一列为问题处理的剩余期限，它为用户提供预警功能。

图 11-12　问题统计列表

5. 用户问题

用户问题列表显示用户负责的所有问题及其状态。用户需要查看或处理自己负责的问题时，可点击工具栏"用户面板"→"用户问题"，会出现如图 11-13 所示的页面。用户问题列表列出用户负责的各类问题。点击问题标题，即可进入查看问题页面，进而对问题进行相应的操作。

6. 用户信息

用户若想查看个人信息，并对信息进行维护，可点击工具栏"用户面板"→

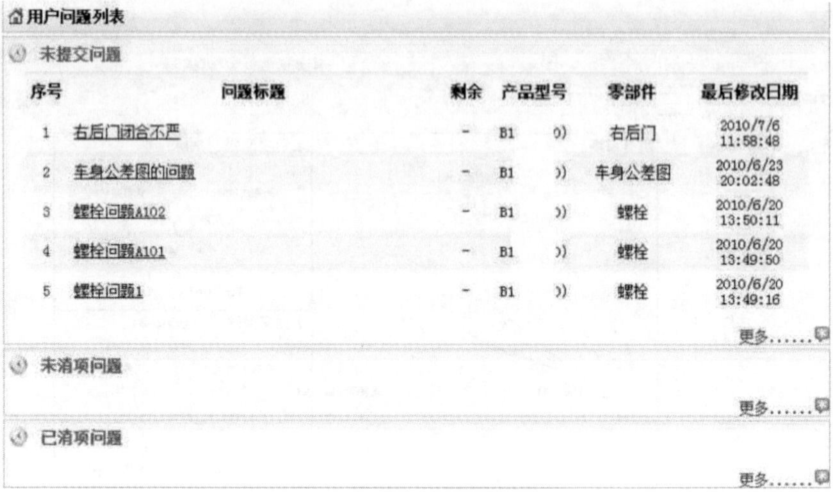

图 11-13　用户负责问题页面

"用户信息"，会出现如图 11-14 所示的页面，它显示了用户的各项基本资料，其中密码可修改。

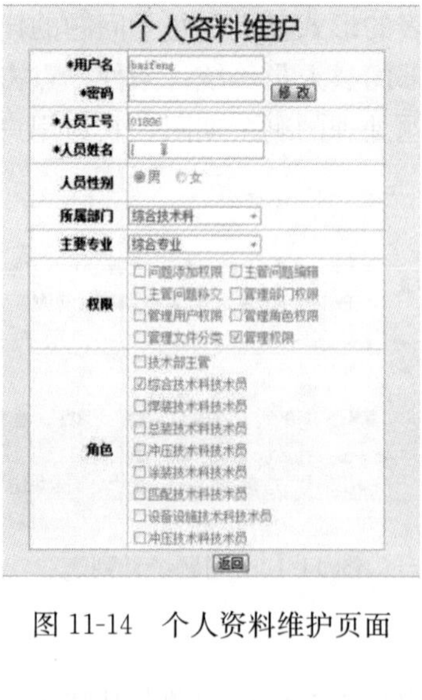

图 11-14　个人资料维护页面

11.2.3　人员交流子系统

　　人员交流子系统的主要功能是通过消息传递、问题推荐、请教和问题研讨等功能实现在问题解决过程中的沟通和知识交流，以达到协调问题相关人员在知识方面冲突和矛盾的目的，最终得到各方均满意的结果。消息传递主要起到相互沟通的目的，使相关的双方或多方建立联系；问题推荐实质上是关于问题处理知识的推荐；请教是指向在问题处理方面比自己高明的人学习；问题研讨是指在问题面前处于平等地位的相关人员相互交流的一种方式。这四个功能都促进人与人之间的互动，通过互动对问题处理知识进行协调管理。

1. 消息传递功能

消息传递功能在系统的使用人员之间建立了一种消息机制，用户之间可以通过发送短消息的方式联络。用户也可收到系统自动发送的系统消息。消息传递功能有助于非正式组织，如兴趣小组的形成，可起到沟通协调的作用。

点击工具栏上方的信封图标，即可进入消息管理页面，如图 11-15 所示。用户收到新的消息时，工具栏上方会给出未读消息提示，点开未读消息，也可进入此页面。在工具栏的图标"✉"下，选择相应的消息列表，再点击消息标题，消息的发件人、发件时间、标题、内容等信息会显示在页面下方，供用户查阅。

图 11-15　消息管理页面

如要新建消息，点击工具栏的"✉"图标，在弹出页面的左侧工具栏点击"新建消息"，如图 11-16 所示，填写相关内容后点击"发送"按钮，即可向收件人发送消息。

2. 问题推荐功能

问题推荐功能可以方便用户之间的信息与知识交流，使用户能够及时了解最有价值的问题及其解决方案和评论。

在左侧工具栏"用户面板"下点击"问题推荐"菜单项，会出现如图 11-17 所示的页面，用户在此页面可查看推荐收藏、历史被推荐的问题和历史推荐的问题。在"推荐收藏"问题列表中选中某个问题，点击"移出推荐收藏"按钮，问题可被移入"历史被推荐问题"列表中。

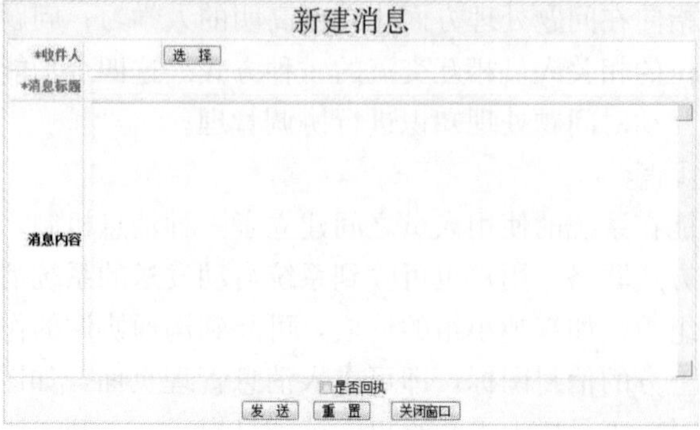

图 11-16　新建消息页面

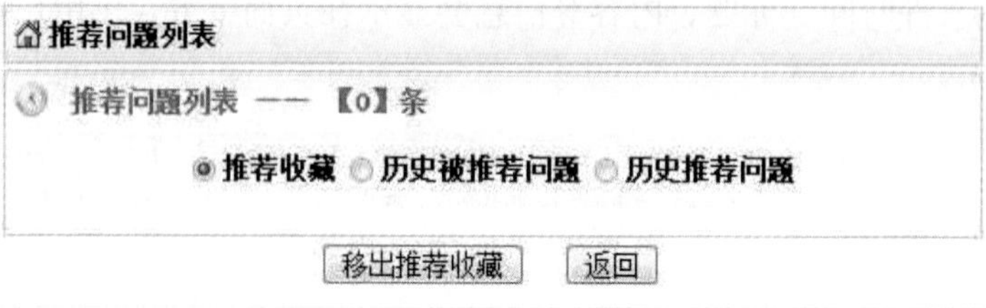

图 11-17　问题推荐页面

3. 请教功能

用户可以利用请教功能，向其指定的人员寻求帮助，以消除在解决问题时遇到的疑问，或获取解决问题的相关知识与经验。

若需查看所有请教信息，可以点击工具栏"用户面板"→"请教系统"，出现如图 11-18 所示页面，在该页面上方单击"回答别人列表"单选钮，可查看他人提出的问题，单击"请教别人列表"可查看自己求助的问题。单击列表中的请教标题，可以在页面下方的表格中查看该问题的详细信息。

如果有新问题请教，可点击请教问题列表左上方"请教新问题"按钮，进入新建请教的页面，如图 11-19 所示。在该页面上单击"选择"按钮可弹出人员选择的对话框，选择若干需要请教的人员，并填写请教标题和请教内容，点击"确认"按钮提交需求助的问题。

如果要回答他人请教的问题，在回答别人列表中单击问题标题，然后在显示详细信息表格的下方单击"回答"按钮，进入回答请教页面，如图 11-20 所示。在表格中填写回答的内容，点击"确认"后即可将回答的内容存入系统，系统会自动发送消息通知提问的用户。

系统设定"如果不回答他人的请教，提示标签会一直存在，不断提醒用户回答"。也就是说系统采用一问一答的机制，保证有一问必有一答。

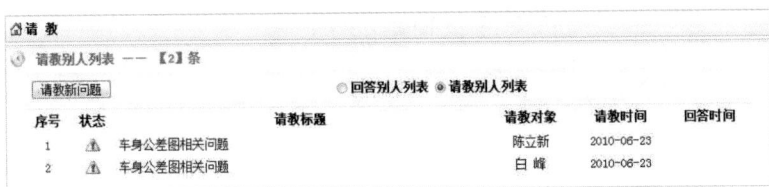

图 11-18　请教问题一览页面

图 11-19　新建请教页面

4. 问题研讨功能

问题研讨功能帮助用户之间针对某一主题进行交流与讨论，分享各自的经验和知识，在研讨过程中消除认知上的冲突，协调参与研讨人员的知识，从而共同解决问题，促进知识积累。

当用户遇到较难解决或具有较大争议的问题时，可通过创建研讨厅的方式对问题进行协商解决。具体操作步骤如下。

(1)创建研讨厅。在查看问题页面，点击"创建研讨厅"按钮，系统弹出创建研讨厅的网页对话框，如图 11-21 所示，其中，"厅名"和"主题标题"必须填写。在权限设定中，如果设为"私有"，意味着只有属于该研讨厅的用户才可以访问；如果设为"公有"，则意味着只要能看到问题的用户都可以访问该研讨厅。填入具体内容后，选择参与对象，点击"新建研讨厅"按钮，完成研讨厅的创建。创建研

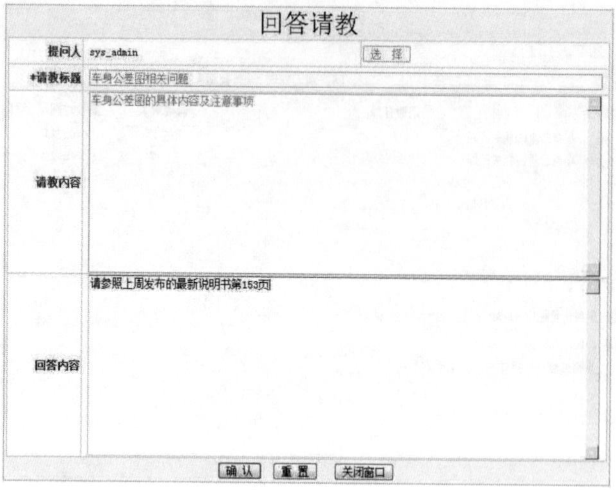

图 11-20　回答请教页面

讨厅所要研讨的问题将出现在参与研讨问题的列表中。同时，系统将发送系统消息给研讨厅的所有参与人员，提醒他们被邀请加入该研讨厅。

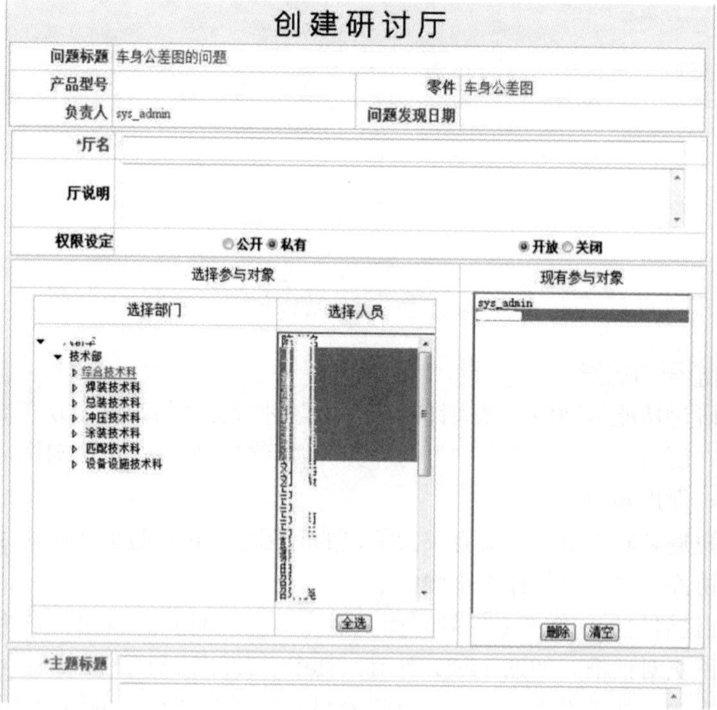

图 11-21　创建研讨厅页面

(2)参与研讨。在用户首页参与研讨的问题列表中，点击问题标题链接，进入研讨平台页面，如图 11-22 所示。点击研讨厅名称链接进入研讨厅后，如图 11-23所示。研讨厅内所有的参与人员均可添加主题并发言。

图 11-22　研讨平台页面

图 11-23　某问题研讨厅页面

(3)问题研讨管理。点击工具栏"用户面板"→"问题研讨"，出现如图 11-24 所示页面，该页面显示了用户参与研讨的问题列表，或历史研讨问题列表(显示已销项的问题)。点击参与研讨的问题进入该问题的专属研讨厅后，用户可进行专题发言，参与集体研讨。

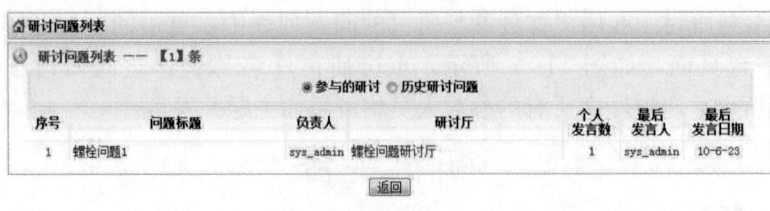

图 11-24 研讨问题列表页面

11.2.4 系统管理子系统

系统管理子系统主要实现对系统使用者的个人、部门及系统中角色的管理功能。每个人和每个部门都是自然的，但是由于不同的人和部门在系统中具有不同的权限，所以需要将每个人和部门界定为不同的角色。

1. 用户管理

具有管理员权限的用户可以利用用户管理功能进行用户信息一览、添加系统用户、修改系统用户信息等操作。

点击工具栏"系统管理"→"用户管理"，可查看系统当前的所有用户列表，如图 11-25 所示。

图 11-25 用户列表

页面上方提供了两个查询条件，即所属部门和有效性。可通过选择下拉列表中的内容，对系统用户进行筛选。

如要添加系统用户，在该页面下方单击"添加新用户"的按钮，进入添加新用户的页面，如图 11-26 所示。在该页面中填入用户信息，点击"保存"按钮，出现

"保存成功"的提示后，即可将新用户信息保存到系统数据库中。

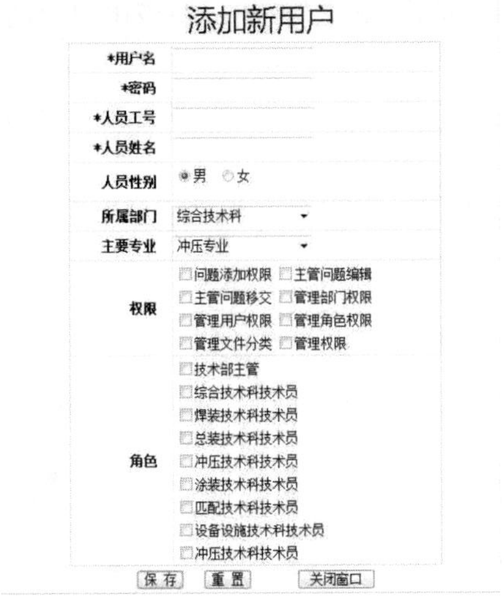

图 11-26　添加新用户

如需查看某个系统用户的详细信息，在用户人员信息页面中点击人员姓名的链接，可进入查看用户信息页面，如图 11-27 所示。

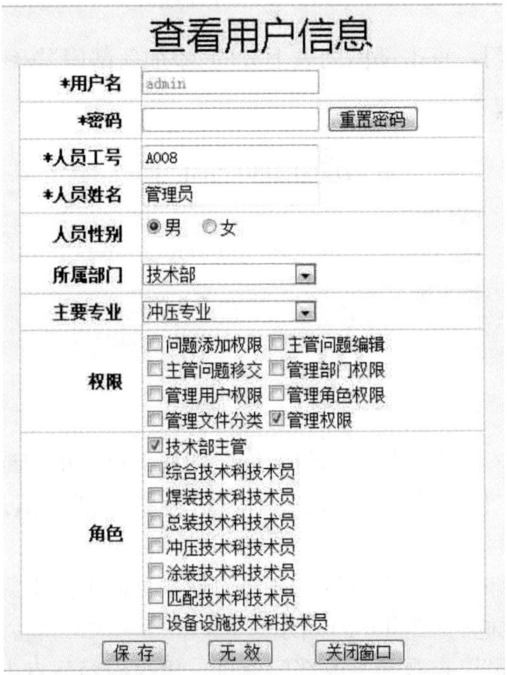

图 11-27　查看用户信息

在该页面中，用户名为只读状态，其他内容可以更改。如需保存更改内容，单击下面的"保存"按钮，单击"无效"按钮可使该用户禁用整个系统。

2. 部门管理

具有管理员权限的用户可以利用部门管理功能查看部门信息、更改部门信息及添加新部门。

点击工具栏"系统管理"→"部门管理"，可查看系统现使用的所有部门信息，页面如图 11-28 所示。

序号	部门编号	部门名称	所属部门	层号	创建者	创建时间	修改者	修改时间	有效
1	0000	XX公司		0					○
2	0400	技术部	XX公司	0	管理员	09-5-23	管理员	09-5-23	○
3	0402	综合技术科	技术部	0	管理员	09-5-23	管理员	09-5-23	○
4	0403	焊装技术科	技术部	0	管理员	09-5-23	管理员	09-5-23	○
5	0404	总装技术科	技术部	0	管理员	09-5-23	管理员	09-5-23	○
6	0405	冲压技术科	技术部	0	管理员	09-5-23	管理员	09-5-23	○
7	0406	涂装技术科	技术部	0	管理员	09-5-23	管理员	09-5-23	○
8	0407	匹配技术科	技术部	0	管理员	09-5-23	管理员	09-5-23	○
9	0408	设备设施技术科	技术部	0	管理员	09-5-23	管理员	09-5-23	○

图 11-28　部门信息

如需添加新部门，点击部门列表下方的"添加新部门"按钮，进入添加新部门的页面，如图 11-29 所示。

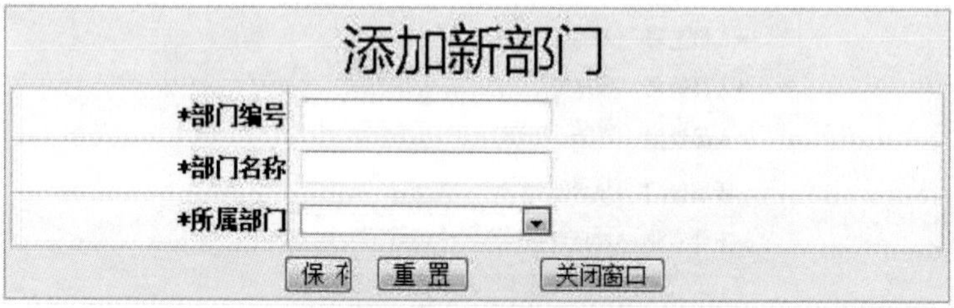

图 11-29　添加新部门

在此页面中填入部门编号、部门名称，并从下拉菜单中选择所属部门，点击"保存"按钮，出现"保存成功"的提示后，即可将新部门信息保存到系统数据库中。

如需查看某个部门的详细信息，在部门信息页面中点击部门名称的链接，进入查看部门信息页面，如图 11-30 所示。

在该页面中，可以查看并更改部门信息。更改内容后点击"保存"按钮即可保存，点击"无效"按钮可使该部门在该系统内无法使用。

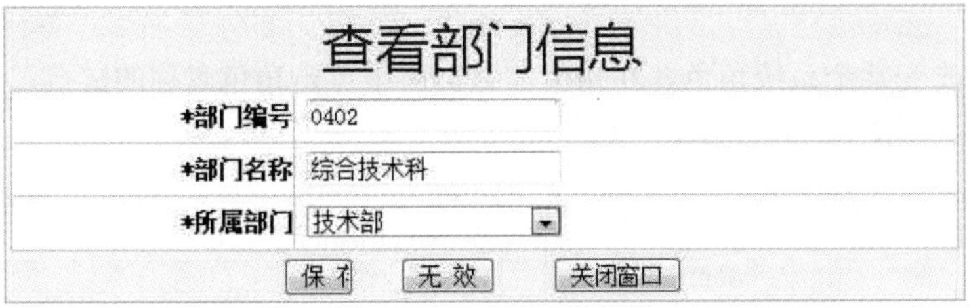

图 11-30　查看部门信息

3. 角色管理

具有管理员权限的用户可以利用角色管理功能查看系统角色信息、更改角色内容及添加新角色。

点击工具栏“系统管理”→“角色管理”，可查看系统当前使用的所有角色列表，如图 11-31 所示。

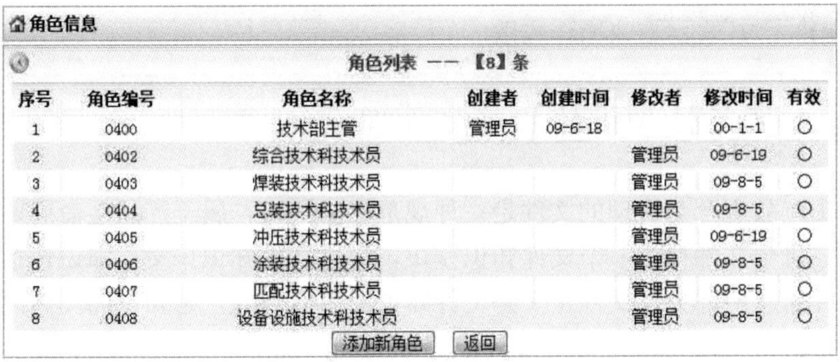

序号	角色编号	角色名称	创建者	创建时间	修改者	修改时间	有效
1	0400	技术部主管	管理员	09-6-18		00-1-1	○
2	0402	综合技术科技术员			管理员	09-6-19	○
3	0403	焊装技术科技术员			管理员	09-8-5	○
4	0404	总装技术科技术员			管理员	09-8-5	○
5	0405	冲压技术科技术员			管理员	09-6-19	○
6	0406	涂装技术科技术员			管理员	09-8-5	○
7	0407	匹配技术科技术员			管理员	09-8-5	○
8	0408	设备设施技术科技术员			管理员	09-8-5	○

图 11-31　角色信息

如需添加新角色，点击角色列表下方的“添加新角色”按钮，进入添加新角色的页面，如图 11-32 所示。

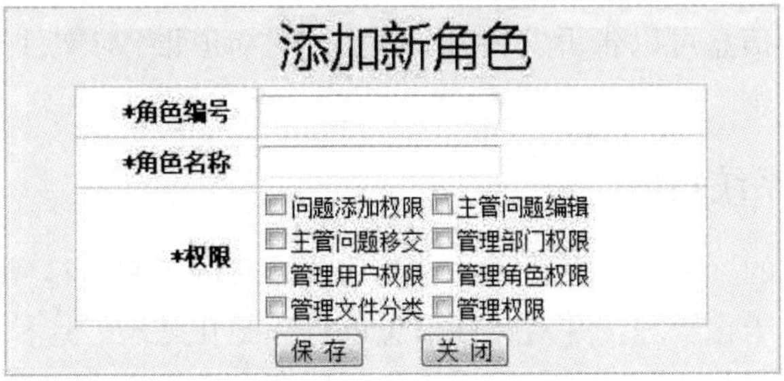

图 11-32　添加新角色

在该页面中填入角色编号和角色名称，并选择相应的系统使用权限，点击“保存”按钮，出现“保存成功”的提示后，即可将新系统角色信息保存到系统数据库中。

如需改变某个系统角色，在角色信息页面中点击角色名称的链接，进入角色编辑页面，如图 11-33 所示。

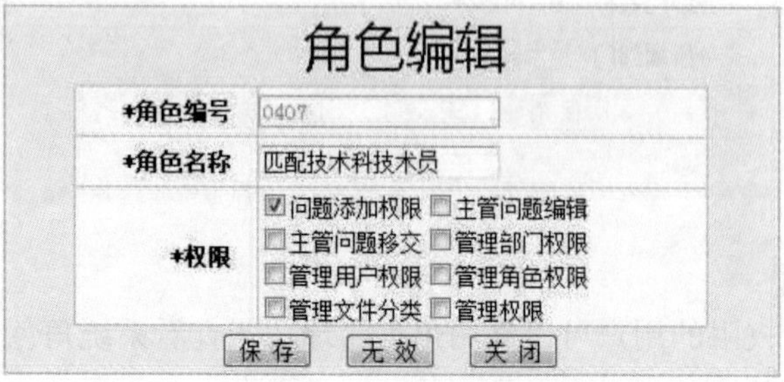

图 11-33　角色编辑

在该页面中，可以更改角色信息。更改内容后点击下面的"保存"按钮即可保存，点击"无效"表示更改操作失败。

11.3　规范性知识的标签化管理系统

用于产品生产与管理的文件是一种规范性的知识，属于产品生命周期中的显性知识，每个文件称为一个文件知识模块，简称文件知识。文件知识包括文件正文和文件信息两部分。文件正文是文件知识的主体部分，是知识的具体内容；文件信息是指与文件属性相关的各种描述，如文件的形成时间、起草人、应用范围，文件主要内容摘要，文件关键词，文件类型，文件涉及领域等。文件信息与文件内容相关，但又不属于文件内容，只对文件的相关属性进行说明。文件信息反映了文件特性和适用条件，即知识的情境，同一个知识在一种情境中是真理，而在另一种情境中有可能就是谬误；文件信息还提供了与文件知识相关的 know-who 知识，这种信息可以告诉文件知识使用者"知道谁"与文件知识相关，从而获得专家的帮助。

11.3.1　系统功能

规范性知识的标签化管理系统的主要功能是对汽车制造过程中使用的技术和管理文件进行电子化管理，并对文件信息进行标签化处理。这种管理方式便于文件的存储、检索、共享和重用。该系统通过用户自定义文件分类、自定义文件标签的方式，使用户可以从多角度、以多方式进行文件的上传与查找。系统具体功能如下。

（1）文件上传。采取文件上传同时添加文件标签的方式，方便文件上传的同时还可表述文件所附带的若干信息。

（2）文件检索。借助文件信息标签，可实现按不同分类、不同角度、不同方向、不同维度的文件快速查询。

（3）文件下载。对拥有相应权限的用户提供已上传文件的下载和使用功能。

（4）文件版本管理。提供对不同版本文件进行管理的功能，如草稿版、试行版、提交版、审核版、发布版等。

（5）自定义文件分类。可根据用户自定义的分类结构对文件进行管理，并可随时调整文件分类。

（6）自定义文件标签。允许用户自定义文件标签，标签的使用依据文件类别决定。

规范性知识的标签化管理系统具有如下特色。

（1）对文件进行电子化管理，方便文件存储、共享和重用。

（2）对文件信息进行标签化管理，方便文件的查找、共享和公用。

（3）用户可自定义文件的分类和标签类型，根据不同需要打造个性化的文件管理方式。

（4）用户在文件管理的同时还对文件版本进行管理。

下面介绍规范性知识的标签化管理系统各功能的具体执行步骤。用户进入文件管理系统后，出现的主页面如图 11-34 所示。主页面为用户提供了系统功能的导航及文件检索功能，方便用户进入系统查询或操作目标文件。主页面左侧部分的主体为系统工具栏，用户权限不同，工具栏显示的菜单项也有所不同，左侧内容可隐藏，右侧为文件检索页面。

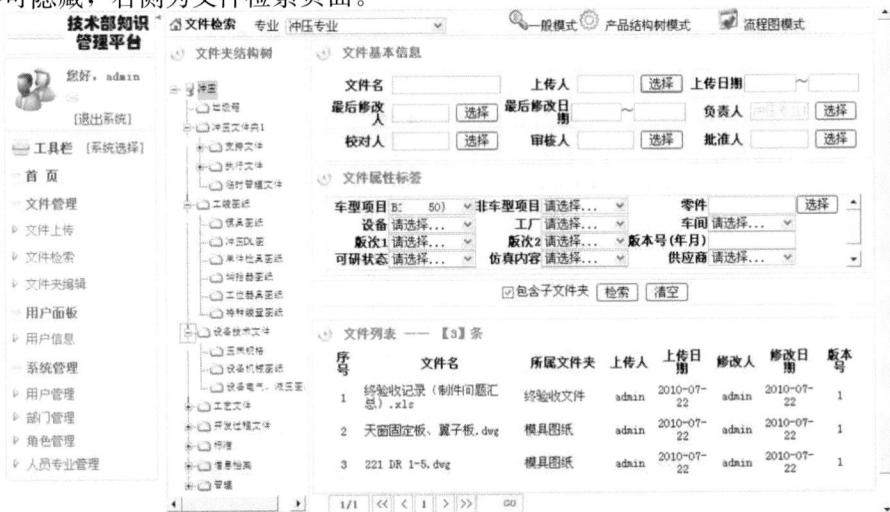

图 11-34　文件管理系统

11.3.2　文件管理

1. 文件上传

文件上传是文件管理的基本功能。用户通过将文件上传至相应的文件夹下，可实现对大量文件的集中、分类管理。本系统支持各类文件格式的上传，可以利用该功能将工艺图纸、图片等文件上传至服务器，以便资料共享或者文件备份。

点击工具栏"文件管理"→"文件上传"，进入文件上传的初始页面，如图 11-35 所示。在页面上端可以从下拉列表中选择专业，点击"切换"按钮，可查看与专业对应的文件夹结构树。点击文件夹结构树中的任意节点，右侧的文件夹列表则显示该节点下的所有子目录，文件列表则显示所有以该节点文件夹为根目录的文件。

图 11-35　文件上传初始

在页面下方点击"上传文件"按钮，页面可切换至上传页面，如图 11-36 所示。

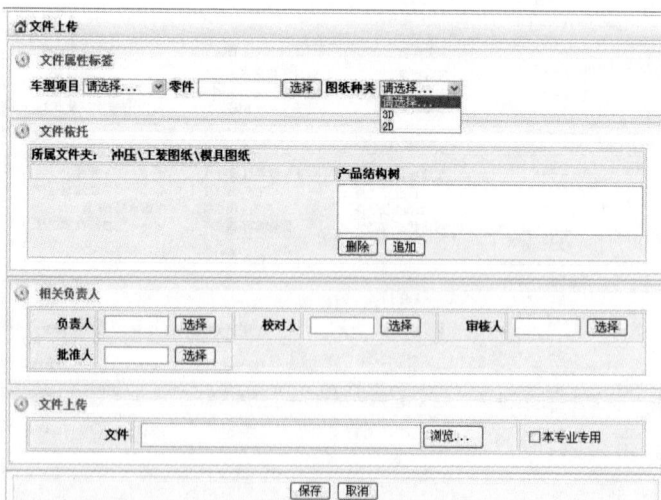

图 11-36　文件上传

　　在该页面中，文件属性标签继承文件夹所有的属性标签，其他需要填写文件所属标签的内容(可选)、文件依托(可选)、相关负责人(可选)等内容，然后选择要上传的文件。在"文件上传"内容右边的"本专业专用"有打钩项，如果选中则只有本专业的系统用户可以查看或对该文件做其他的操作，不选则表示该文件对所有用户公开。

　　2. 文件检索

　　文件检索帮助用户迅速、准确地查找到所需文件，用户可自由设定检索模式和检索条件。

　　系统提供文件夹检索模式、一般检索模式、产品结构树检索模式和流程图检索模式四种检索模式。不同的模式中，检索条件、检索方法及功能意义各有不同。

　　1)文件夹检索模式

　　点击工具栏"文件管理"→"文件检索"，可出现文件检索功能页面，与用户登录系统后的主页面相同(图 11-34)，默认为文件夹模式。用户选定专业后，完整的文件夹结构树可为用户提供该专业文件的全局视图。点击文件夹结构树中的某个节点，即锁定了检索范围在该节点下。若选择"包含子文件夹"选项，则检索该节点文件夹下的所有文件。否则，只检索以该节点文件夹为根目录的文件。检索条件中，文件基本信息是每个文件都具有的信息，包括文件名、上传日期及文件各处理流程的相关负责人。文件属性标签依托于所选择的节点文件夹及其子文件夹。文件会继承所属文件夹的全部属性标签。用户确定检索范围和检索条件后，点击"检索"按钮，文件列表会显示出所有符合检索条件的文件。

　　2)一般检索模式

　　点击文件检索功能页面的"一般模式"图标，可进入一般检索模式页面，如图 11-37所示。

　　文件的检索范围是用户所选专业的全部文件。列出的文件属性标签为该专业下文件夹所包含的全部标签信息。该模式下的检索方法与文件夹检索模式相同，用户输入文件基本信息和属性标签信息后，即可检索符合条件的文件。

　　3)产品结构树检索模式

　　该模式帮助用户管理与产品各零部件有关的各类文件，从产品结构树的角度为用户提供文件分类视图。用户若在上传文件时，在"文件依托"栏内为其添加产品结构树中的某个节点，则该文件即与节点零部件相关联，此时产品结构树成为文件自身的一个属性标签。在此模式下，用户通过选择产品结构树中的节点，可检索到与该节点零部件相关联的所有文件。点击文件检索功能页面的"产品结构树模式"图标，可进入产品结构树检索模式页面，如图 11-38 所示。

　　选择车型，输入零件号或零件名(可选)，点击"检索"按钮，页面会显示所选型号的产品结构树或用户检索的零件节点。点击零件名称前的"＋"和"－"符号可

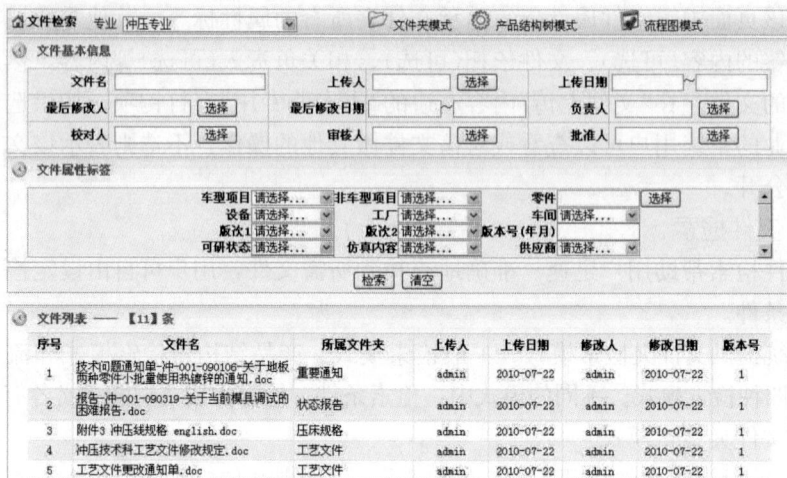

图 11-37　一般检索模式

图 11-38　产品结构树检索模式

展开或折叠产品结构树。点击产品结构树上的节点，"文件列表"即列出与该节点零部件有关的全部文件。

4) 流程图检索模式

流程图检索模式与产品结构树检索模式过程相仿，流程图检索模式主要帮助用户管理与流程相关的各类文件，从流程的角度为用户提供文件分类视图。流程的节点代表活动，用户可在流程图检索模式下检索与某一活动相关的文件信息。

点击文件检索功能页面的"流程图模式"图标，可进入流程图模式文件检索页面，如图 11-39 所示。在"现有流程"下拉列表中，选择一个流程，点击"切换"按钮，页面即显示出该流程的流程图。在流程图中点击某个节点，页面右侧会列出该节点所代表的活动的详细属性信息，文件列表中会显示出与该节点活动相关的文件。

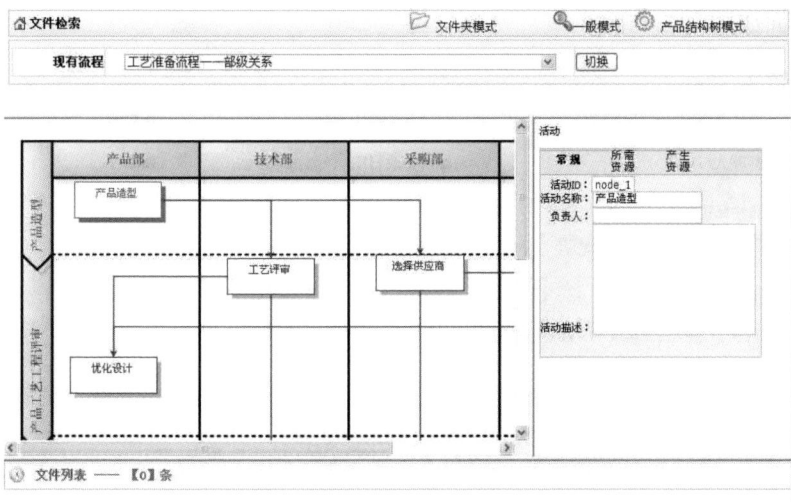

图 11-39　流程图模式文件检索页面

3. 文件处理

对于上传到系统中的某个文件，用户可以对其进行查看、编辑、上传新版本、下载、删除等操作。

用户通过文件检索查找到需要处理的文件后，点击文件标题，即可进入文件查看页面，如图 11-40 所示，该页面默认不可编辑。

图 11-40　文件查看

用户点击"编辑"按钮后，可对文件属性标签、相关负责人等信息进行修改，也可重新上传文件。在文件检索时，文件标题默认为文件最新版本的名称。文件编辑页面如图 11-41 所示。

图 11-41　文件编辑页面

在文件查看页面点击"历史版本"按钮，可对用户上传的文件进行历史版本管理，页面如图 11-42 所示。用户可下载任一版本的文件进行查看，也可设定历史版本对其他用户是否可见。在某一版本的文件信息中，取消"显示"栏中的选中状态，则该版本的文件将不会被其他用户检索到，而仅对上传者可见。

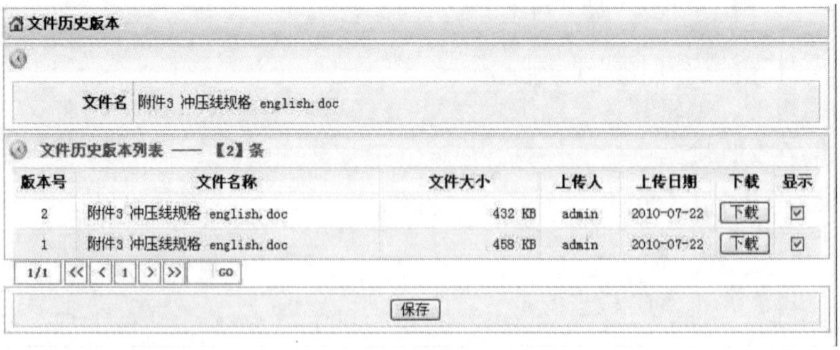

图 11-42　文件历史版本管理页面

　　在文件查看页面，点击"下载"按钮，系统会弹出文件下载对话框，用户选择路径后，即可将文件下载至本地。点击"删除"按钮，则该文件及其所有历史版本将会在用户确认后被删除。

　　4. 文件夹管理

　　用户可以利用该功能对文件夹进行创建或编辑，并自定义各个文件夹的属性标签，从而构造出个性化的文件夹结构树，使用户对文件的管理方式更加灵活便捷。

　　点击工具栏"文件管理"→"文件夹编辑"菜单项，可进入文件夹编辑页面，如图 11-43 所示。

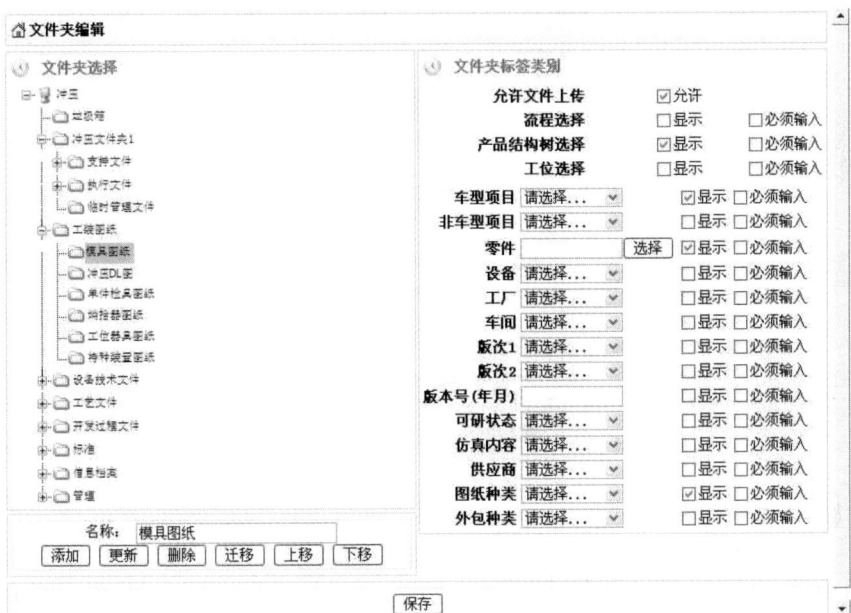

图 11-43　文件夹编辑页面

　　在文件夹结构树上选择任一文件夹，右侧会显示该文件夹已经设定的标签类别，如需更改，编辑其各个属性标签后点击下方的"保存"按钮，即可保存更改。

　　如需在文件夹结构树下任一文件夹下添加新的文件夹，可以选中文件夹节点（如模具图纸），在下面"名称"对应的文本框内输入文件夹名称（如模具图纸说明），点击"添加"按钮，新的文件夹则会出现在选中的原文件夹下，如图 11-44 所示。

　　选中某一文件夹（如模具图纸），在"名称"对应的文本框中键入新的文件夹名（如模具图纸暂存），点击"更新"按钮，可以将选中的文件夹更名，结果如图 11-45 所示。

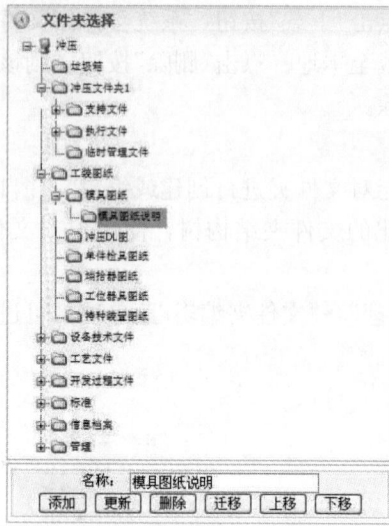

图 11-44　文件夹添加页面

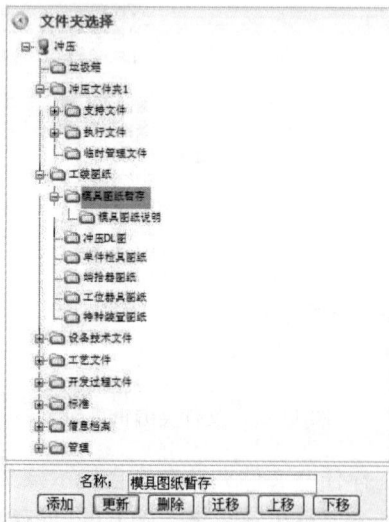

图 11-45　文件夹更新页面

　　对于不包含子文件夹且根目录下没有文件的空文件夹，用户可以将其删除。选中要删除的文件夹，点击"删除"按钮，确认后即可成功删除。若该文件夹下存在子文件夹或文件，系统会给出提示，提醒用户处理该文件夹下的内容，从而防止用户丢失文件，如图 11-46 所示。

　　如需将一个文件夹节点及其内容迁移到其他文件夹下，可选中文件夹后点击下面的"迁移"按钮，此时文件夹结构树将变成如图 11-47 所示的样式，等待用户

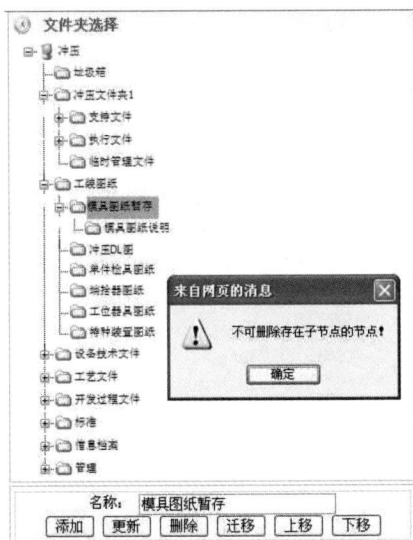

图 11-46　文件夹删除页面

选择迁移目标，用户选择目标文件夹后，原文件夹就会被迁移到新文件夹下，从而调整文件夹之间的结构关系。

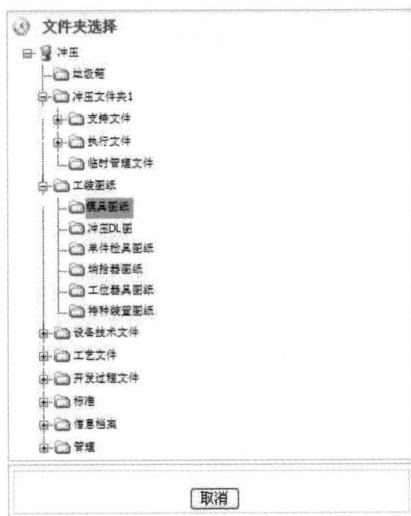

图 11-47　文件夹迁移页面

如需改变某文件夹下子文件夹的顺序，可选中子文件夹后点击"上移"或"下移"的按钮，点击一次，文件夹则向上或向下调整一个顺序单位，如图 11-48 所示。

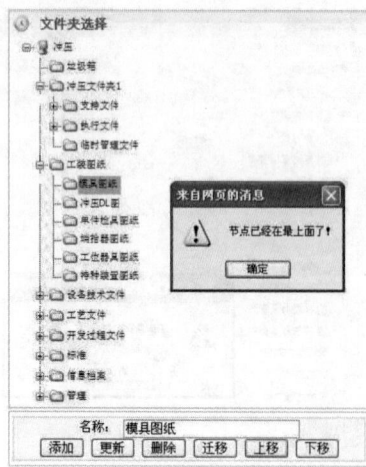

图 11-48　文件夹上移或下移页面

5. 用户信息管理

用户若需查看个人信息，并对信息进行维护，可点击工具栏"用户面板"→"用户信息"，出现如图 11-49 所示的页面。该页面显示了用户的各项基本资料，其中密码可修改。

图 11-49　个人资料维护页面

11.3.3　系统管理

1. 用户管理

具有管理员权限的用户可以利用用户管理功能进行用户信息一览、添加系统用户、修改系统用户信息等操作。

点击工具栏"系统管理"→"用户管理"，可查看系统当前的所有用户列表，如图 11-50 所示。页面上方提供了两个查询条件，即所属部门和有效性。可以通过选择下拉列表中的内容，对系统用户进行筛选。

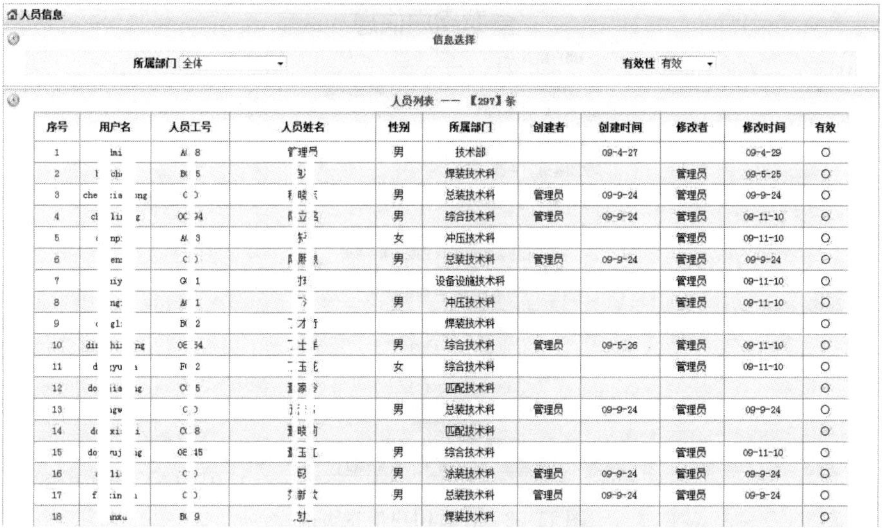

图 11-50　人员信息一览页面

如需添加系统用户，可在该页面下方单击"添加新用户"的按钮，进入添加用户的页面，如图 11-51 所示。

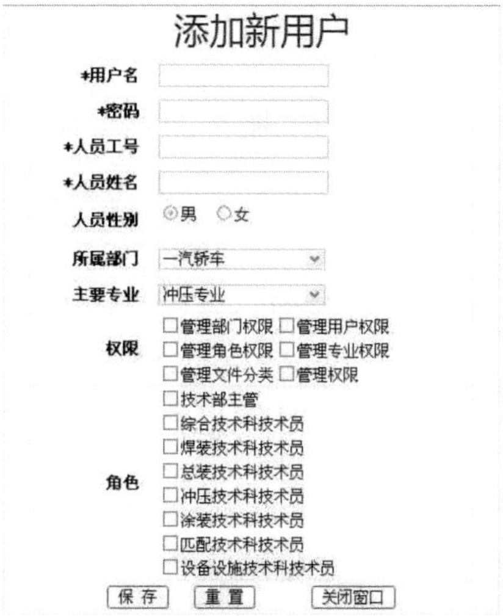

图 11-51　添加新用户页面

在该页面中填入用户信息，点击“保存”按钮，出现“保存成功”的提示后，即可将新用户信息保存到系统数据库中。

如需查看某个系统用户的详细信息，在用户人员信息页面中点击人员姓名的链接，可进入查看用户信息页面，如图 11-52 所示。

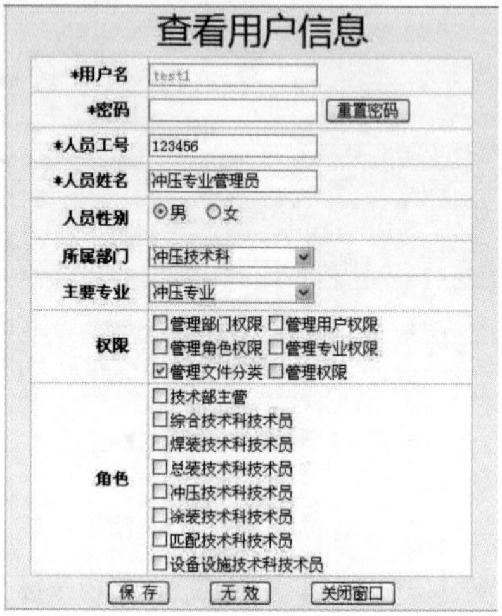

图 11-52 查看用户信息页面

在该页面中，用户名为只读状态，其他内容可以更改。如希望保存更改内容，需单击下面的“保存”按钮，单击“无效”按钮可使该用户禁用整个系统。

2. 部门管理

具有管理员权限的用户可以利用这一功能查看部门信息、更改部门信息及添加新部门。

点击工具栏“系统管理”→“部门管理”，可以查看系统现使用的所有部门信息，页面如图 11-53 所示。

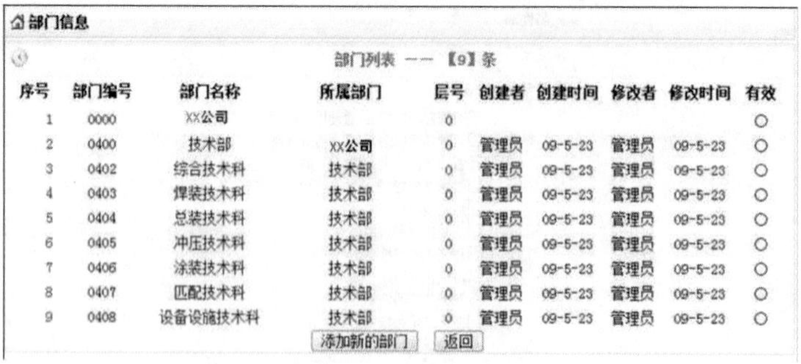
部门信息

部门列表 —— 【9】条

序号	部门编号	部门名称	所属部门	层号	创建者	创建时间	修改者	修改时间	有效
1	0000	XX公司		0					○
2	0400	技术部	XX公司	0	管理员	09-5-23	管理员	09-5-23	○
3	0402	综合技术科	技术部	0	管理员	09-5-23	管理员	09-5-23	○
4	0403	焊装技术科	技术部	0	管理员	09-5-23	管理员	09-5-23	○
5	0404	总装技术科	技术部	0	管理员	09-5-23	管理员	09-5-23	○
6	0405	冲压技术科	技术部	0	管理员	09-5-23	管理员	09-5-23	○
7	0406	涂装技术科	技术部	0	管理员	09-5-23	管理员	09-5-23	○
8	0407	匹配技术科	技术部	0	管理员	09-5-23	管理员	09-5-23	○
9	0408	设备设施技术科	技术部	0	管理员	09-5-23	管理员	09-5-23	○

添加新的部门 返回

图 11-53 部门信息页面

如需添加新部门，点击部门列表下方的“添加新部门”按钮，可进入添加新部门的页面，如图 11-54 所示。

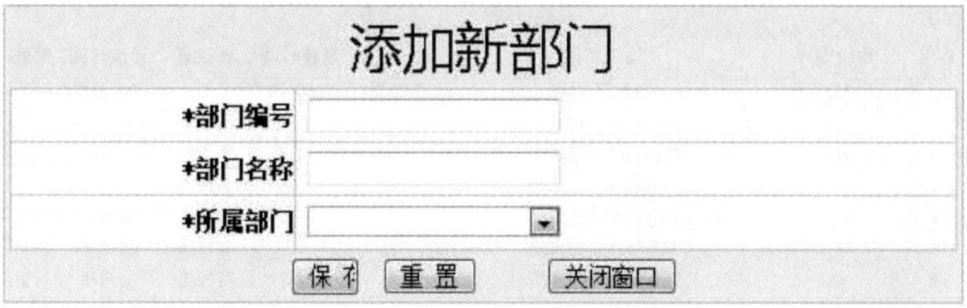

图 11-54　添加新部门页面

在此页面中填入部门编号、部门名称，并从下拉菜单中选择所属部门，点击"保存"按钮，出现"保存成功"的提示后，即可将新部门信息保存到系统数据库中。

如需查看某个部门的详细信息，在部门信息页面中点击部门名称的链接，可进入查看部门信息页面，如图 11-55 所示。

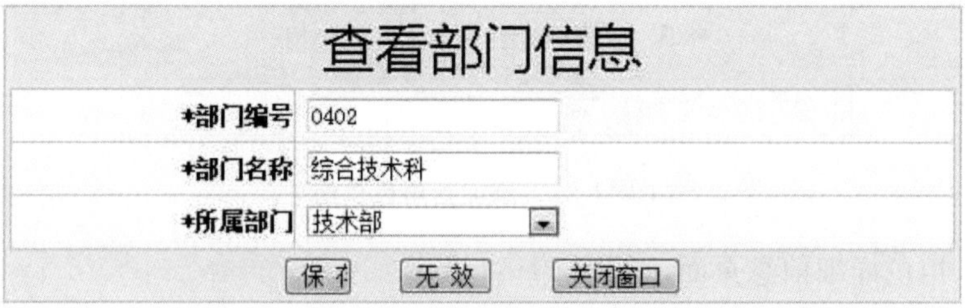

图 11-55　查看部门信息页面

在该页面中，可以查看并更改部门信息。更改内容后点击"保存"按钮即可保存，点击"无效"按钮可使该部门在该系统内无法使用。

3. 角色管理

具有管理员权限的用户可以利用这一功能查看系统角色信息、更改角色内容及添加新角色。

点击工具栏"系统管理"→"角色管理"，可以查看系统现使用的所有角色列表，如图 11-56 所示。

如需添加新角色，点击角色列表下方的"添加新角色"按钮，可进入添加新角色的页面，如图 11-57 所示。

在该页面中填入角色编号和角色名称，并选择相应的系统使用权限，点击"保存"按钮，出现"保存成功"的提示后，即可将新系统角色信息保存到系统数据库中。

如想查看某个系统角色的详细信息，可在角色信息页面中点击角色名称的链

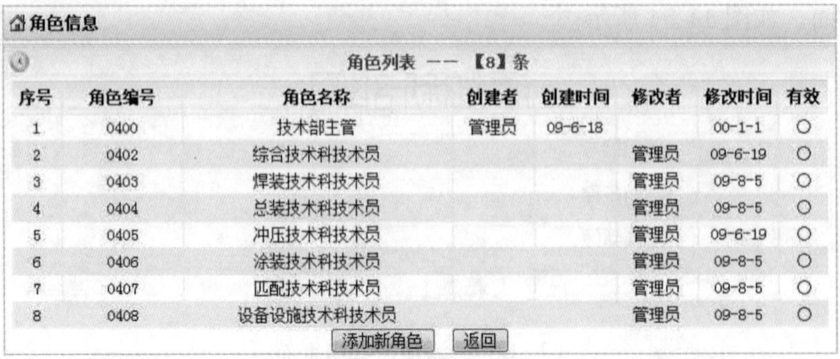

角色信息

角色列表 —— 【8】条

序号	角色编号	角色名称	创建者	创建时间	修改者	修改时间	有效
1	0400	技术部主管	管理员	09-6-18		00-1-1	○
2	0402	综合技术科技术员			管理员	09-6-19	○
3	0403	焊装技术科技术员			管理员	09-8-5	○
4	0404	总装技术科技术员			管理员	09-8-5	○
5	0405	冲压技术科技术员			管理员	09-6-19	○
6	0406	涂装技术科技术员			管理员	09-8-5	○
7	0407	匹配技术科技术员			管理员	09-8-5	○
8	0408	设备设施技术科技术员			管理员	09-8-5	○

添加新角色 返回

图 11-56 角色信息页面

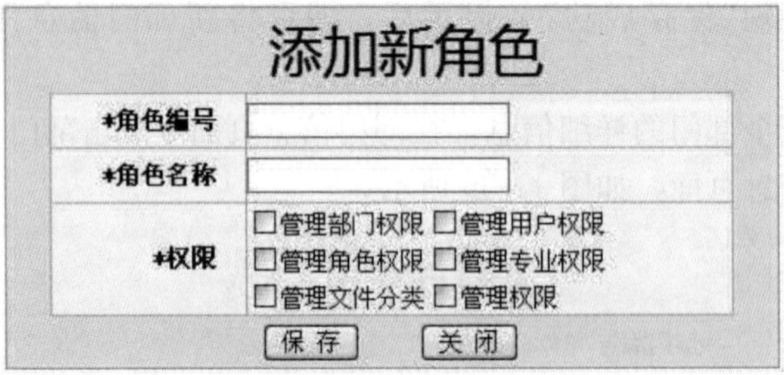

图 11-57 添加新角色页面

接，进入角色详细信息页面，如图 11-58 所示。

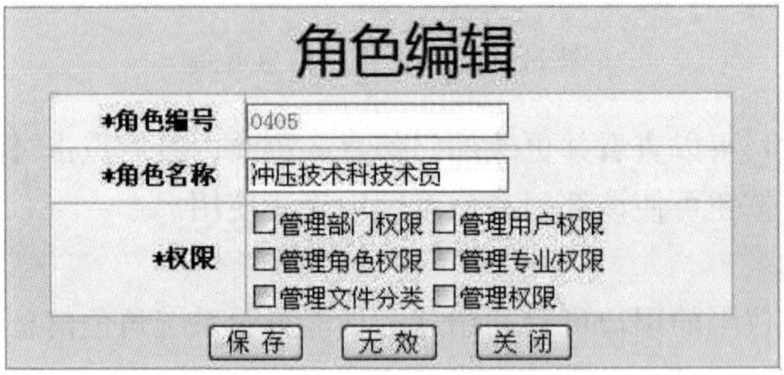

图 11-58 角色编辑页面

在该页面中，可以查看并更改角色信息。更改内容后点击下面的“保存”按钮即可保存，点击“无效”按钮可使该角色在该系统内无法使用。

4. 人员专业管理

该功能可供系统管理员对系统用户进行专业权限的限定。点击工具栏“系统管理”→“人员专业管理”，可进入专业权限设定页面，如图 11-59 所示。

在该页面中，用户可查看或编辑各人员的专业权限。专业权限指用户对该专业文件的操作权限。在页面上方表格中单击任一部门，可以列表显示该部门的所

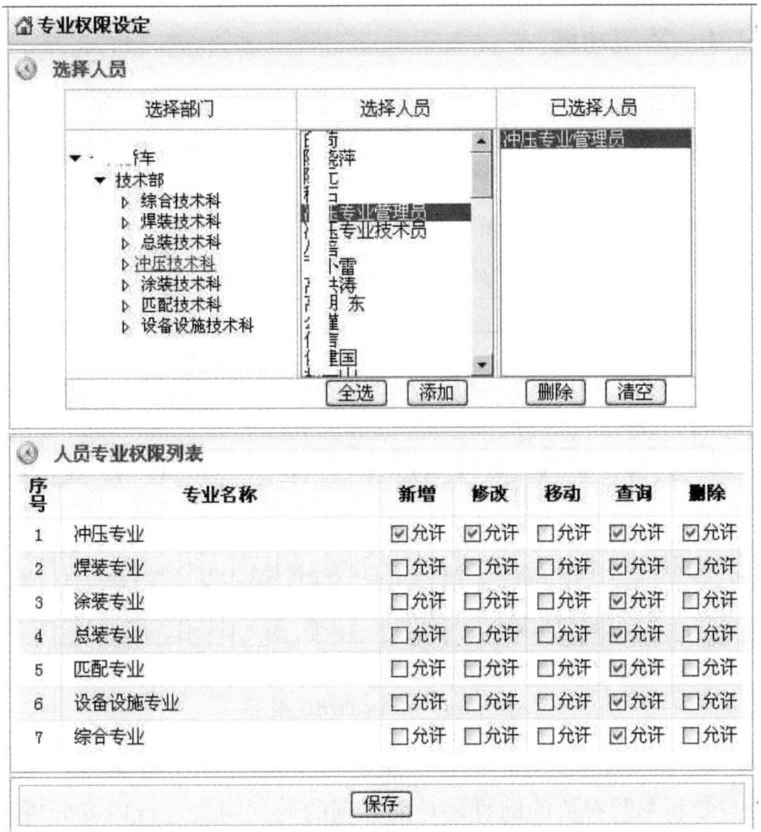

图 11-59　专业权限设定页面

有人员。在"选择人员"列表中选中人员，点击"添加"按钮，相应人员的姓名会显示在"已选择人员"列表中。点击"已选择人员"列表中的某个人员，其专业权限则可在下方的人员专业权限列表中显示出来。如需更改用户的专业权限，在权限列表中勾选若干权限后，点击"保存"按钮，出现"保存成功"的提示后即可完成对人员专业权限的设定。

11.4　外部知识获取分析与可视化系统

外部知识是指不属于企业组织(包括部门、班组等)自身创造出来的知识。企业为了扩大和增加知识的来源，需从外部获取所需知识。本节以外部知识——(中文)专利情报知识为例，介绍利用开发的系统对专利信息采集、对专利知识提取和图形化表达的过程。

11.4.1　系统功能

外部知识获取分析与可视化系统在逻辑上主要包含五大功能，即外部知识采集、外部知识提取、知识构建和检索、知识分析与可视化、知识报告生成，系统的功能架构如图 11-60 所示。

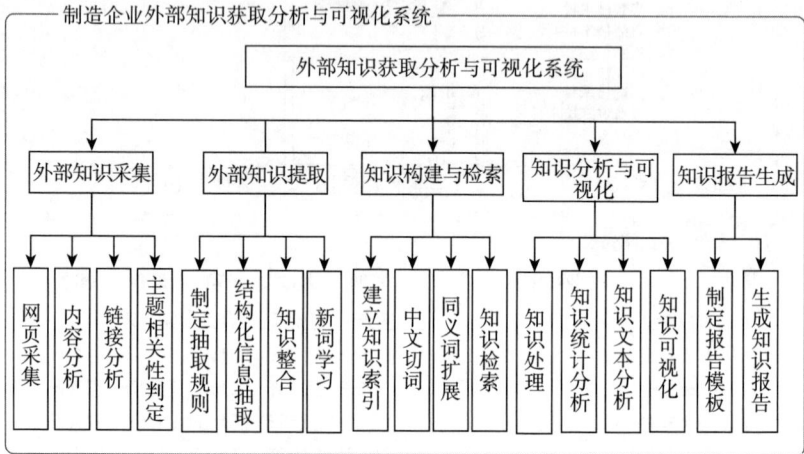

制造企业外部知识获取分析与可视化系统

```
                    外部知识获取分析与可视化系统

    外部知识采集      外部知识提取    知识构建与检索   知识分析与可  知识报告生成
                                                    视化

  网  内  链  主    制  结  知  新   建  中  同  知   知  知  知  知   制  生
  页  容  接  题    定  构  识  词   立  文  义  识   识  识  识  识   定  成
  采  分  分  相    抽  化  整  学   知  切  词  检   处  统  文  可   报  知
  集  析  析  关    取  信  合  习   识  词  扩  索   理  计  本  视   告  识
              性    规  息                索        展         分  分  化   模  报
              判    则  抽                引                    析  析        板  告
              定         取
```

图 11-60　系统的功能框架

（1）外部知识采集是系统的核心功能之一，主要运用网络蜘蛛技术，在互联网中采集与专利主题有关的网页，对采集到的专利网页进行内容分析和链接分析，同时计算网页的主题相关性。

（2）外部知识提取主要是运用网页结构化信息抽取技术，通过分析网页中待抽取元数据的特点，制定相应的抽取规则，从半结构化的专利网页中提取出特定的结构化信息，经过知识整合处理后存入知识库中，供用户查询和检索；同时，新词学习算法与技术将外部知识中的新词存入词典，供知识检索与分析使用。

（3）知识构建与检索也是系统服务的核心功能之一，通过中文分词技术对知识库中的外部知识建立倒排索引，为用户提供外部知识的全文检索服务；用户可以根据不同关键词进行检索，以及按照不同关键词间的组合关系进行条件检索，同时可以选择同义词扩展检索以提高返回结果的召回率，检索结果经过排序后显示给用户。

（4）知识分析与可视化是整个系统的核心功能，系统从微观、中观和宏观三个层次对获取的外部专利知识进行全方位的分析，为用户提供外部知识的可视化分析服务。

微观分析主要是运用中文分词技术对知识文本进行处理，包括停用词的过滤和同义词的归并，通过统计词频提取知识文本的特征向量，用于知识文本的相似性计算。

中观分析是根据一定的维度/指标对外部专利知识进行定量的统计分析，如专利技术生命周期分析、区域技术发展趋势分析、区域发明人构成分析、区域专利权人分析、公司研发能力比较分析、专利权人技术构成分析、发明人分析、IPC 分类构成分析、IPC 趋势分析等，分析结果采用信息可视化技术中的二维图表展现。

宏观分析主要是对外部知识进行文本聚类分析。它是本服务系统的关键，是研发的重点和难点，涉及多种前沿的分析理论与方法，以及复杂的实现技术。通过聚类算法对外部知识进行动态聚类，经过空间映射等处理过程，将分析结果以可交互的三维主题地图、地域地图等形式直观、形象地展现给用户，便于他们从更高的主题层面上浏览外部知识分析结果。同时，利用主题地图的可视化展现方式，用户还能进一步开展竞争对手分析、冷热点分析、寻求机会、进行专利围剿等工作。

(5)知识报告生成是指针对知识分析模块产生的分析结果生成支持决策的分析报告。系统为知识分析产生的统计图表、地域地图和主题地图定义了各种不同的输出模板，用户只需选择相应的报告模板，系统便会根据分析结果自动生成对应的分析报告，从而为决策者提供决策知识支持。

11.4.2　外部知识获取

1. 外部知识采集

外部知识采集主要是采集企业外部的专利情报知识，信息来源是国家知识产权局专利数据库。外部知识采集功能支持多任务、多线程的知识采集。

外部知识采集具体操作步骤如下。

(1)新建采集任务。点击菜单栏中的"任务"→"新建"，或者点击工具栏中的"新建"按钮，弹出"下载页面"。

(2)输入采集条件。在"下载页面"的"检索条件"下，根据需求目的确定采集外部专利知识的条件，并选择合适的目录存放采集的外部专利知识，也可以根据需要配置采集知识的线程数。

(3)进行知识采集。点击"开始"按钮进行知识的自动采集，并根据需要进行"暂停采集"、"恢复采集"和"停止采集"等操作，如图 11-61 所示。

2. 外部知识提取

外部专利知识存在于采集的网页中，需要进行结构化处理才能提取出专利知识，并将其存放于知识库中。

点击主菜单"外部知识获取"→"结构化专利提取"，出现如图 11-62 所示的页面。

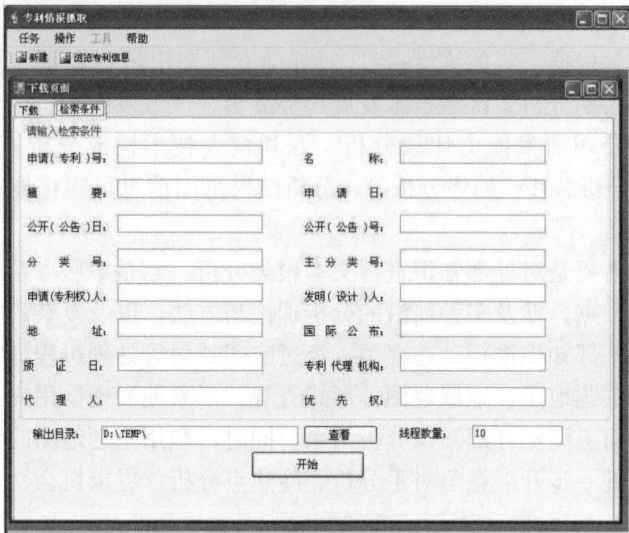

图 11-61　外部知识采集页面

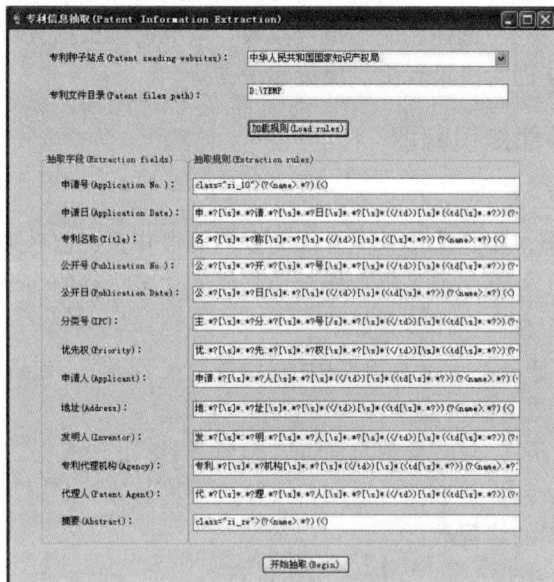

图 11-62　外部专利知识提取页面

结构化处理操作步骤如下。

(1)选择知识源。选择提取的知识源，输入要提取的专利知识所在的目录。

(2)加载提取规则。根据载有专利知识网页的结构制定相应的提取规则，提取规则保存在规则配置文件中，每次提取的时候可以重复使用并可以修改。

(3)知识提取。点击"开始提取"按钮进行知识的自动提取，并将提取的外部专利知识保存入知识库中。

11.4.3 知识构建与检索

1. 知识索引创建

建立知识索引是为存储在知识库中的外部知识建立倒排索引，为用户提供外部知识的全文检索服务。点击主菜单"外部知识检索"→"创建专利索引"，出现如图 11-63 所示的页面。输入预建立的知识索引输出目录，即可创建知识索引。当知识索引创建完成后，系统将显示相关提示信息。

图 11-63　建立知识索引页面

2. 外部专利知识检索

点击主菜单"外部知识检索"→"专利情报知识检索"，出现如图 11-64 所示的界面。

图 11-64　外部专利知识检索页面

外部专利知识检索步骤如下。

(1)检索配置。根据检索需要配置检索专利情报的类型及检索过程是否使用同义词扩展。

(2)输入检索条件。根据专利情报中的几个核心著录项进行条件检索，支持同义词扩展、中英文扩展、模糊匹配。

(3)知识检索。点击“检索”按钮进行外部专利知识的检索，并可以将检索结果输出为 Word 或 Excel 文件，也可查看某一专利情报的具体内容，如图 11-65 所示。

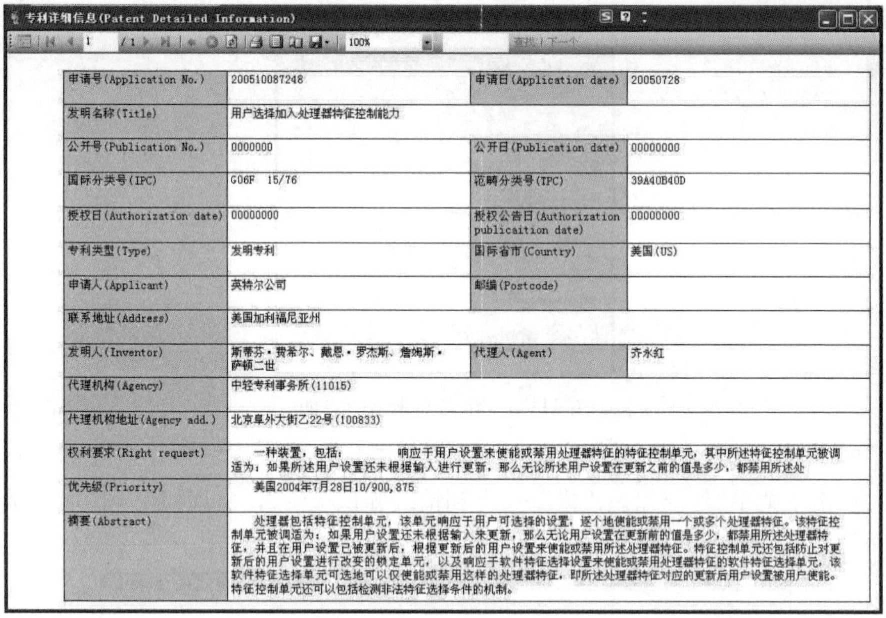

申请号(Application No.)	200510087248	申请日(Application date)	20050728
发明名称(Title)	用户选择加入处理器特征控制能力		
公开号(Publication No.)	0000000	公开日(Publication date)	00000000
国际分类号(IPC)	G06F 15/76	范畴分类号(TPC)	39A40B40D
授权日(Authorization date)	00000000	授权公告日(Authorization publicaition date)	00000000
专利类型(Type)	发明专利	国际省市(Country)	美国(US)
申请人(Applicant)	英特尔公司	邮编(Postcode)	
联系地址(Address)	美国加利福尼亚州		
发明人(Inventor)	斯蒂芬·费希尔、戴恩·罗杰斯、詹姆斯·萨顿二世	代理人(Agent)	齐永红
代理机构(Agency)	中轻专利事务所(11015)		
代理机构地址(Agency add.)	北京阜外大街乙22号(100833)		
权利要求(Right request)	一种装置，包括： 响应于用户设置来使能或禁用处理器特征的特征控制单元，其中所述特征控制单元被调适为：如果所述用户设置还未根据输入进行更新，那么无论所述用户设置在更新之前的值是多少，都禁用所述处		
优先级(Priority)	美国2004年7月28日10/900,875		
摘要(Abstract)	处理器包括特征控制单元，该单元响应于用户可选择的设置，逐个地使能或禁用一个或多个处理器特征。该特征控制单元被调适为：如果用户设置还未根据输入来更新，那么无论用户设置在更新前的值是多少，都禁用所述处理器特征，并且在用户设置已被更新后，根据更新后的用户设置来使能或禁用所述处理器特征。特征控制单元还包括防止对更新后的用户设置进行改变的锁定单元，以及响应于软件特征选择设置来使能或禁用处理器特征的软件特征选择单元，该软件特征选择单元可选地可以仅使能或禁用这样的处理器特征，即所述处理器特征对应的更新后用户设置被用户使能。特征控制单元还可以包括检测非法特征选择条件的机制。		

图 11-65　专利情报知识详细信息页面

11.4.4　知识分析与可视化

1. 分析统计图表管理

点击主菜单“统计分析”→“图表管理”，出现如图 11-66 所示的页面，负责管理中观分析中所使用的各种图表的模板，为统计分析提供可视化的表现形式。

2. 知识统计分析结果可视化

点击主菜单“统计分析”→“统计分析可视化”，出现如图 11-67 的页面。选择“区域专利权人分析”并点击“确定”按钮，将对检索到的专利情报进行区域专利权人分析，并可视化分析结果，如图 11-68 所示。

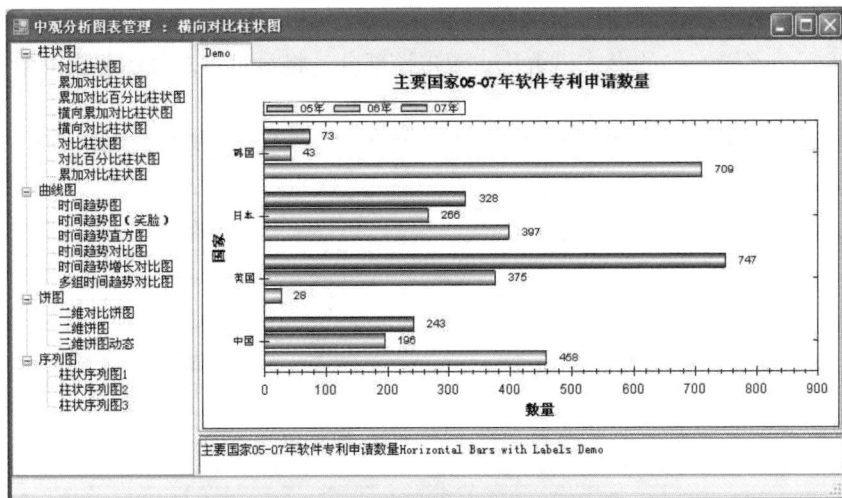

图 11-66　统计分析图表管理页面

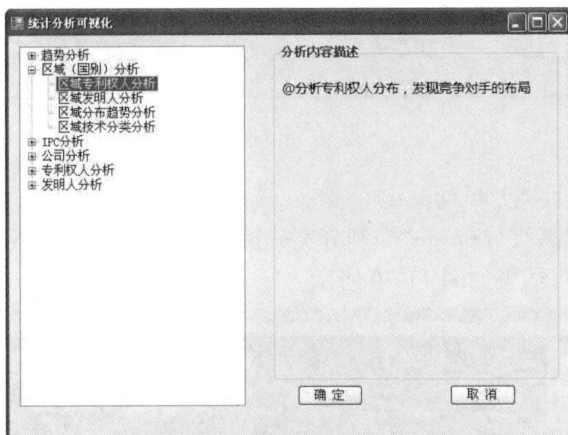

图 11-67　统计分析可视化页面

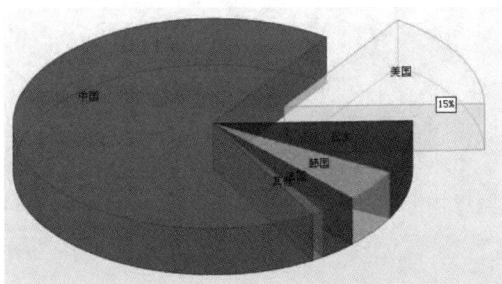

图 11-68　区域专利权人分析结果可视化

在图 11-68 中，鼠标指向"美国"部分，可以显示其所占的比重；单击该部分，该部分将以突出的形式显著化；双击该部分，将显示该部分所包含的专利情报知识列表，如图 11-69 所示。

图 11-69　专利情报知识列表

3. 外部知识分类分析可视化

点击主菜单"高级分析"→"专利分类分析可视化"，将对检索到的专利情报进行分类分析，分析结果如图 11-70 所示。

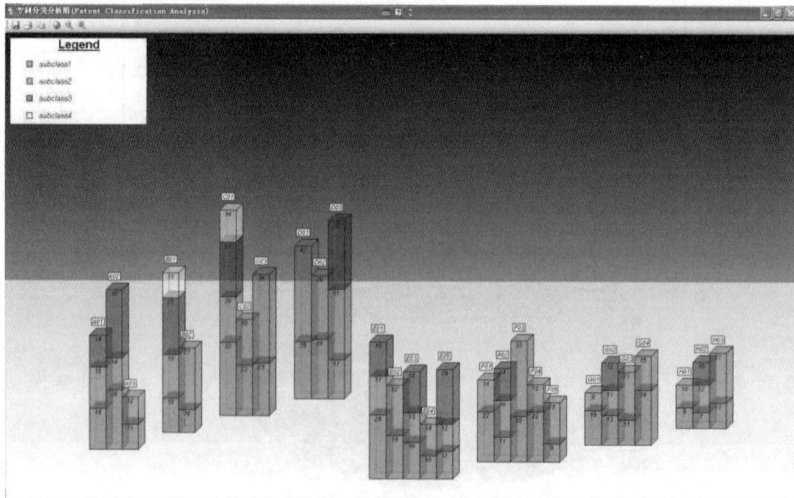

图 11-70　外部知识分类分析与可视化

在图 11-70 中，鼠标指向某部分，将显示其类别；双击该部分，将以图 11-69的形式显示该部分所包含的专利情报知识列表。该可视化方式还具有保存、打印、复制、缩放、拖动等功能。

4. 外部知识主题地图分析可视化

点击主菜单"高级分析"→"专利主题地图分析可视化"，将对检索到的专利情报进行知识文本聚类分析，显示出某领域的专利情报主题聚集情况，分析结果分别如图 11-71 和图 11-72 所示。

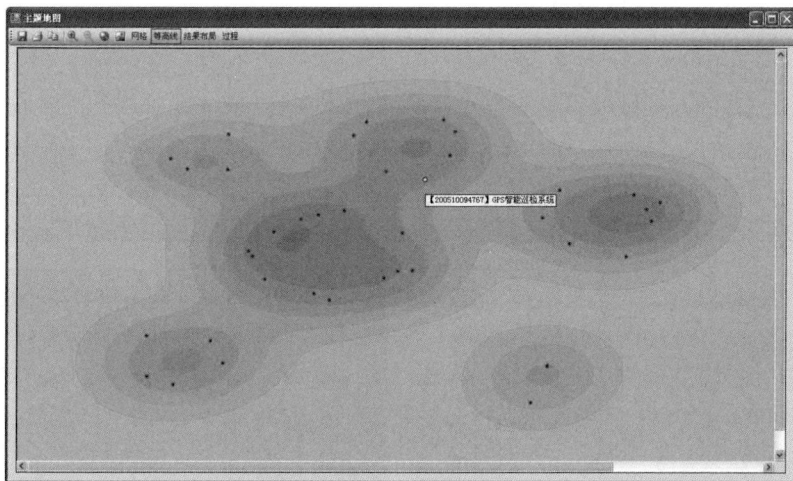

图 11-71　外部知识主题地图分析可视化（专利）

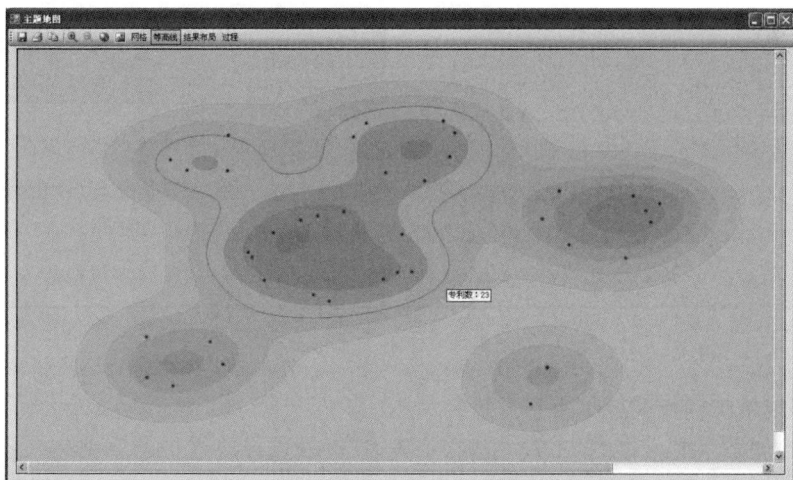

图 11-72　外部知识主题地图分析可视化（主题）

在图 11-71 中，鼠标指向某一专利情报，将显示该专利的申请号与专利名称，并将该专利情报高亮显示；双击某专利情报，将以图 11-65 的形式显示该专利的著录信息。在图 11-72 中，鼠标指向某一主题等值线时，将高亮显示该主题区域，并显示该主题下所包含的专利数目；双击某一主题等值线，将以图 11-69 的形式显示该主题所包含的专利情报知识列表。

该可视化方式还具有导入 GIS 信息、打开 GIS 信息、保存、打印、复制、缩放、拖动及地图标注等功能。

11.4.5　知识报告生成

1. 字典维护

点击主菜单"基础数据管理"→"字典维护"，将对系统中所用到的各种字典进行管理，包括关键词表、字母表、数字表、停用词表、同义词表、过滤词表等，如图 11-73 所示。

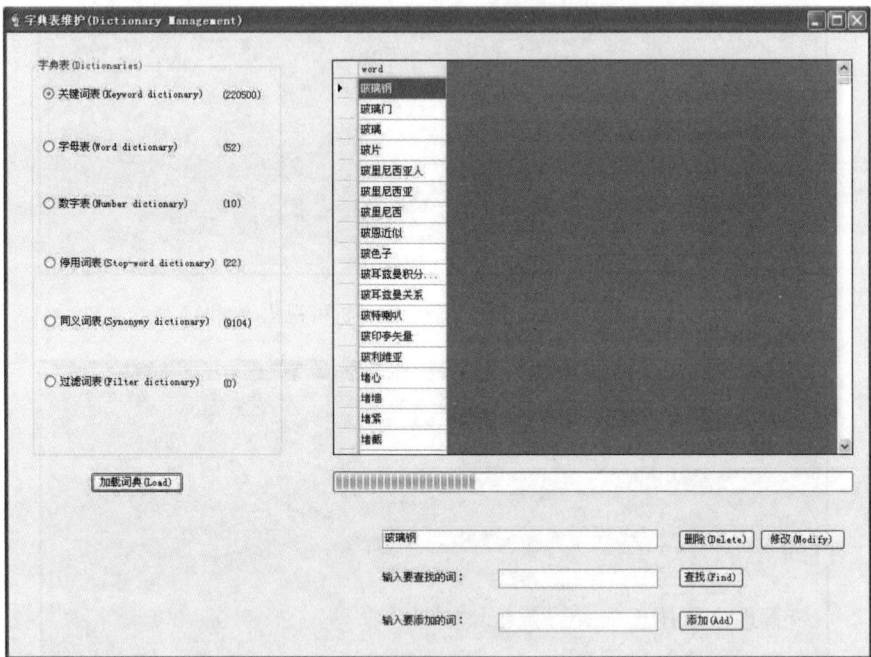

图 11-73　字典表维护页面

字典维护操作功能如下。

(1)加载字典。在图 11-73 左侧"字典表"区域选择要维护的字典表，点击"加载字典"按钮，图 11-73 右侧区域将显示加载的字典表内容，并显示加载进度。

(2)查找词。在图 11-73 下侧的功能输入区，输入要查找的词，点击"查找"按钮，结果将显示在图 11-73 右侧显示区，否则进行提示。

(3)添加词。在图 11-73 下侧的功能输入区，输入要添加的词，点击"添加"按钮，结果将显示在图 11-73 右侧显示区，否则进行提示。

(4)删除＼修改词。在图 11-73 下侧的功能输入区，输入要删除＼修改的词，点击"删除"或"修改"按钮，提示处理结果。

2. 知识报告生成

系统提供的"知识分析报告"功能可以将知识分析结果输出成指定的报告。其中，输出的 Excel 文档储存当前用来知识分析所用的到外部专利知识；输出的 Word 文档存放可供参考的知识报告，包括分析图形和分析的参考结果。

点击菜单栏中的"知识分析报告"→"知识报告生成"，系统弹出如图 11-74 所示的页面。根据需要，选择不同类型的知识报告，既可以选择只生成参考知识报告，也可以选择同时输入相关的外部专利知识。

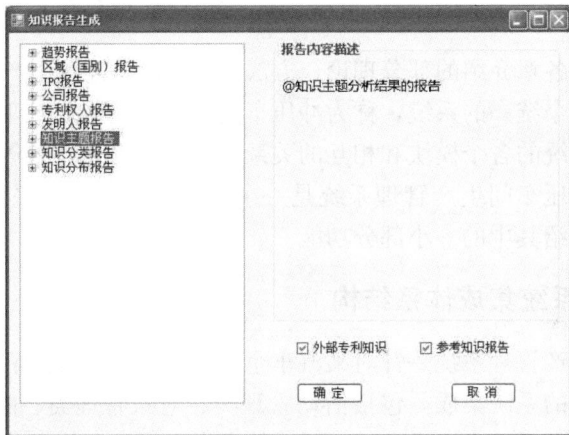

图 11-74　知识报告生成页面

11.4.6　系统管理

系统管理主要用于配置系统使用中的一些基本信息，如数据库配置、初始目录配置、知识采集目录配置、知识索引目录配置等。

具体操作为：点击主菜单"基础数据管理"→"配置管理"，出现如图 11-75 所示的页面。其中的配置信息取自系统的配置文件，可以在输入框中进行相应修改，然后点击"保存设置"按钮将新配置信息保存在配置文件中，点击"取消"将不保存本次修改并退出系统配置。

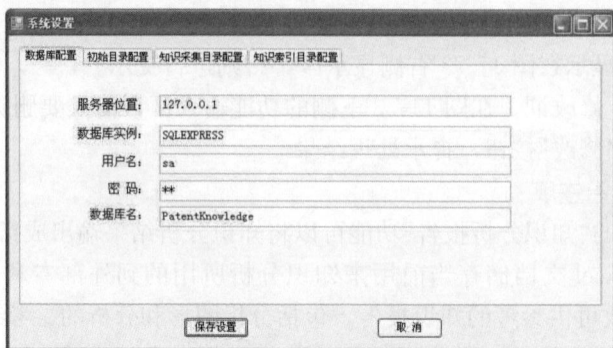

图 11-75　系统配置页面

■ 11.5　集成系统——冲压车间生产管理系统

本书将前面各章介绍的部分理论、方法及针对汽车冲压生产管理实际所开发的工具集成为一个统一的系统，称为冲压车间生产管理系统。理论和方法以隐含的方式集成在系统的各个模块和相互的关系中，前面三节已经介绍的三个系统在此不予赘述。冲压车间生产管理系统是一个应用数年的实际系统，由于篇幅所限，在此只能介绍其中的一小部分功能。

11.5.1　系统集成体系结构

冲压车间生产管理系统是针对某汽车企业冲压车间的具体情况，以冲压生产运作为主线进行的系统集成，包括活动管理类、对象管理类、能力提升管理类、综合查询管理类及系统类五类功能。活动管理类包括计划管理、现场管理和日报管理；对象管理类包括模具管理、设备管理、库存管理；能力提升管理类包括问题驱动的知识协调管理、规范性知识的标签化管理和外部知识获取分析。这三个功能与知识资源管理和知识协调管理相关，集成为系统的后台。综合查询管理类是系统的综合输出，包括用户面板、数据综合查询、数据统计报表生成等；系统类包括系统管理、基础数据维护、基础数据查看等。从信息处理功能的视角来看，前四类功能之间的逻辑关系如图 11-76 所示。图 11-76 左侧是冲压生产管理过程中的相关活动，由活动产生信息和知识，因此也是信息源和知识源；图 11-76 右侧是通过对信息和知识的加工处理得到的分析结果。处理完成的信息和知识再经过员工的进一步决策分析形成对"活动"的反作用。

这个系统按照如图 11-77 所示的体系结构进行集成。

本书只以"活动管理"、"对象管理"和"能力管理"三个功能模块为主进行简单介绍。

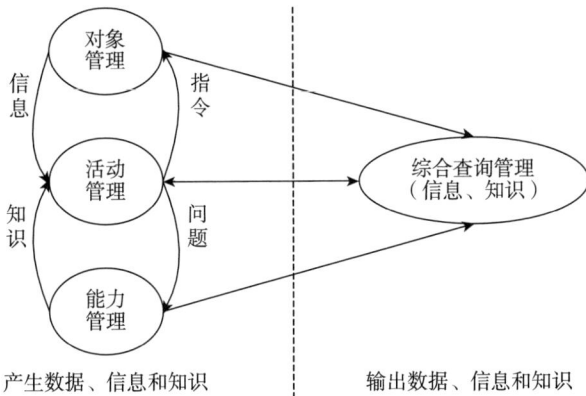

图 11-76　四类系统功能之间的关系

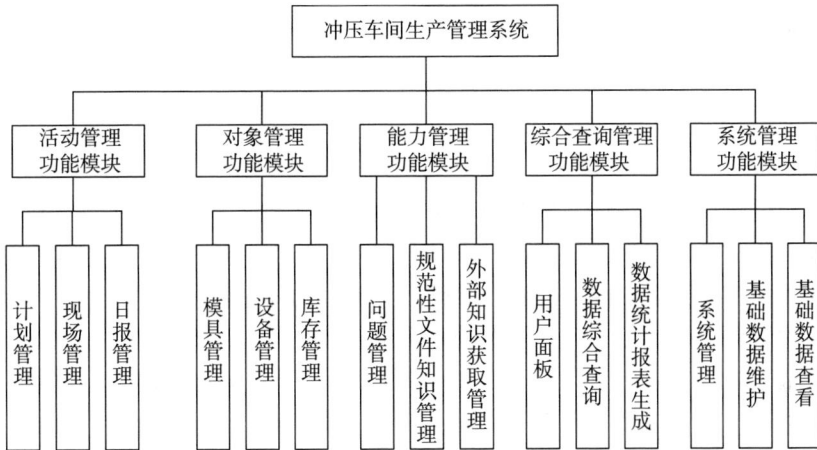

图 11-77　系统集成的体系结构

　　登录系统后可进入用户面板，如图 11-78 所示。系统首先显示用户的工作内容，可见的工作内容与用户的具体权限有关，不同用户的可见部分不同。车间主任、班组长、工段长及不同岗位的员工由于工作内容不同，其所拥有的权限不同，可见内容也不同。

　　用户面板的主要功能是提醒用户任务的完成情况，包括未完成任务、对下属分派的任务等。

11.5.2　活动管理系统功能

1. 生产计划管理

　　生产计划管理系统的功能包括：①依据上级按月下达的车款需求计划，制订冲压加工的月生产计划，并分解到周、天和班次；②适时监控生产计划的执行情

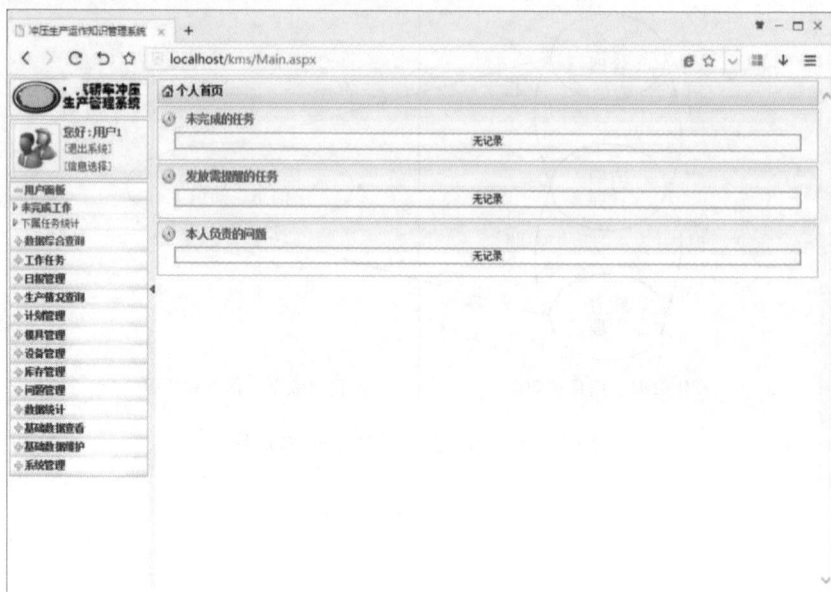

图 11-78　用户面板

况；③根据执行情况与计划的差距提出计划调整和调度方案，目标是保证月计划的完成。当前，汽车生产已逐步进入"用户定制模式"，月需求计划经常由于市场情况变化而发生变化，因此需随时调整月生产计划并重新分解到周、天和班次。

活动管理类系统是一个智能型的决策支持系统，其特点是"专家知识＋计划规则＋优化算法＋人机交互调整"，专家知识来源于经验丰富的计划制订者，计划规则来源于生产特点的分析和提取，并利用数学模型进行优化。由于生产计划和调度的复杂性，数学模型和优化算法不能有效地制订方案，需要计划员依据实际情况对计划方案进行协调并下达生产调度指令。

下面的每一个界面都是一个"人机交互接口"，后台是"规则＋算法"，前台为计划员提供调整计划的功能。

图 11-79 是需求计划第一个周期的部分数据。上级下达的计划是以车为单位的计划，冲压加工则需要根据多维本体中的每个车型的产品结构本体分解为每种车型对应的冲压件，这里的产品结构本体是依据产品（逻辑）结构和模具的冲压件组合预先建立的知识本体。分解之后，再做出各个车型对应的冲压件的需求计划。

计划管理是以"计划方案"为管理对象的知识管理。作为一种知识，每一个计划都包含着制订计划的人的经验性知识，也是各个知识主体和各种因素综合协调的结果，因此对于计划的积累就是对经验性知识的积累。每一个计划也是知识协调管理方案的一个经验型案例，既可以为计划循环和计划调整系统提供智能支

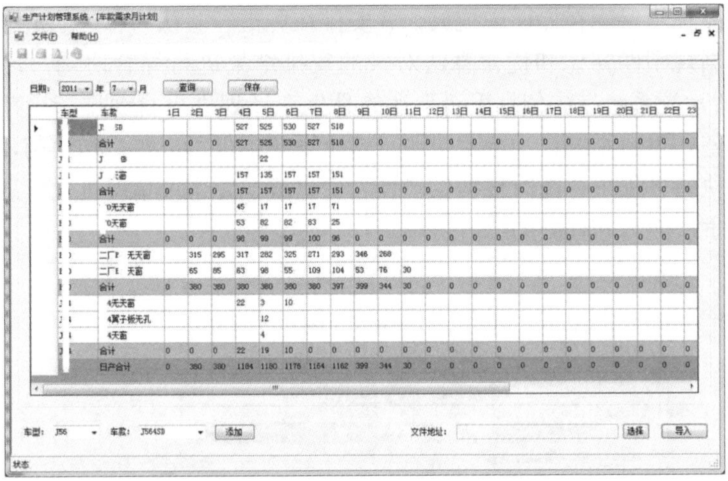

图 11-79　车款需求月计划

持，也可以为后续人机交互的计划制订和调整提供决策支持。

图 11-80 表示计划方案的列表，其中的每一行都对应着一个计划方案。

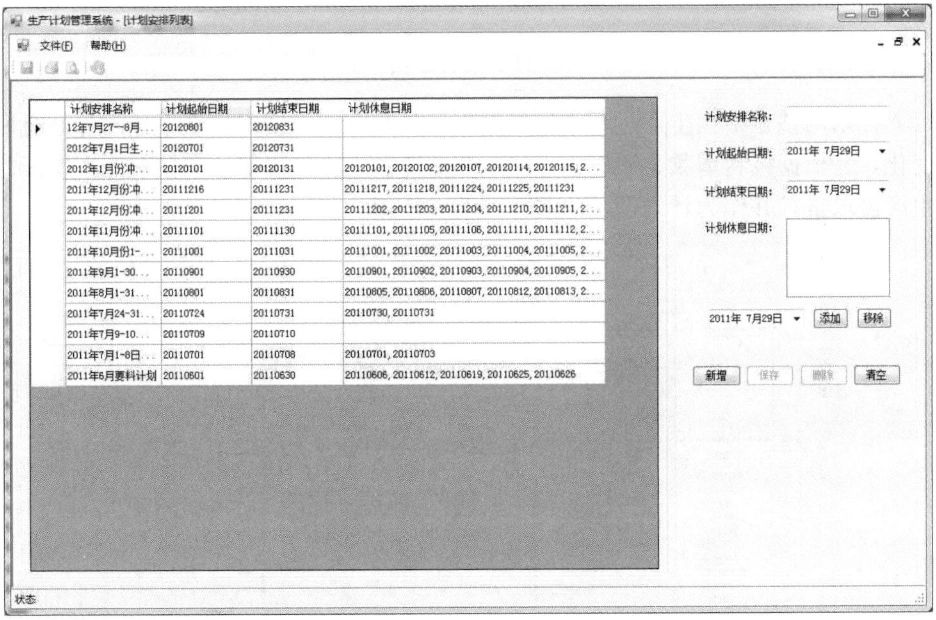

图 11-80　计划方案的列表

计划循环是一个复杂的计划系统，依据冲压生产的特殊性进行周期性计划安排，这个系统分为前台和后台两个层面。前台是一个人机交互界面，每一个品种、数量和时间都可以根据人的经验进行调整，更重要的是人可以根据自己的经验将每个品种用鼠标在界面中拖放，并安排在凭借经验认为合适的地方。后台的作用是根据规则性知识和优化算法对人的安排结果进行综合协调。计划循环如图 11-81 所示，系统首先依据上级下达的月生产计划进行自动排产；其次人机交互进行调整，再由系统自动综合协调。这个系统不仅可以在月初使用，还可以在月中计划执行过程中，随时根据生产计划变更或实际生产情况进行计划和调度调整，达到生产能力和任务的综合协调。

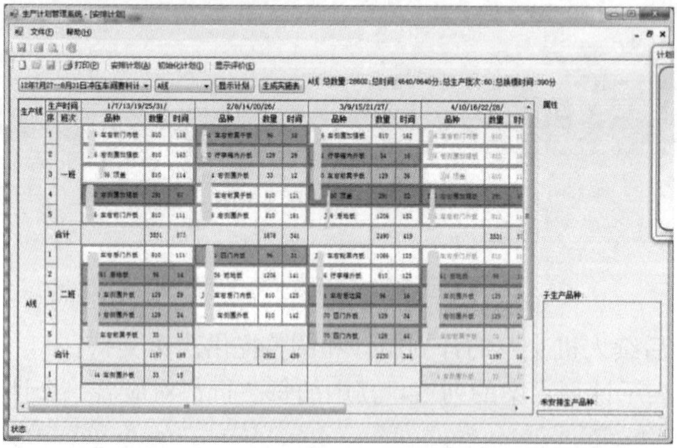

图 11-81　计划循环

　　计划调整是指在生产过程中，根据市场的实际需求情况上级下达的计划有所变化，并根据板料请款、冲压制件的库存情况和生产能力等综合情况产生实际的生产需求量，并作为计划循环的制订和调整依据，如图 11-82 所示。

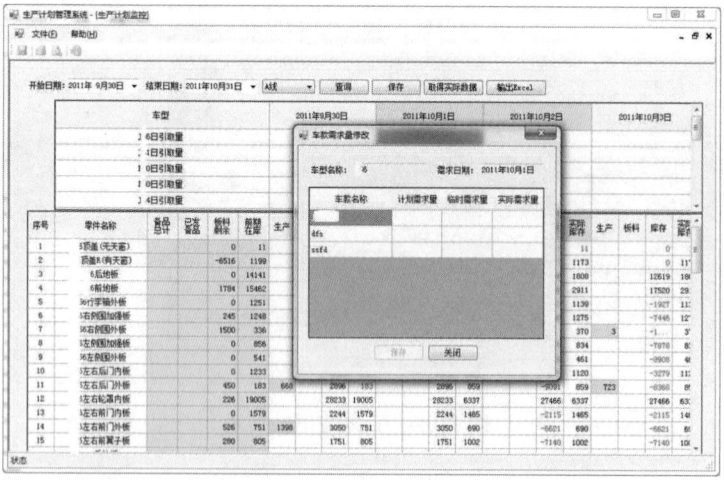

图 11-82　计划调整

计划排产输出结果如图 11-83 所示。

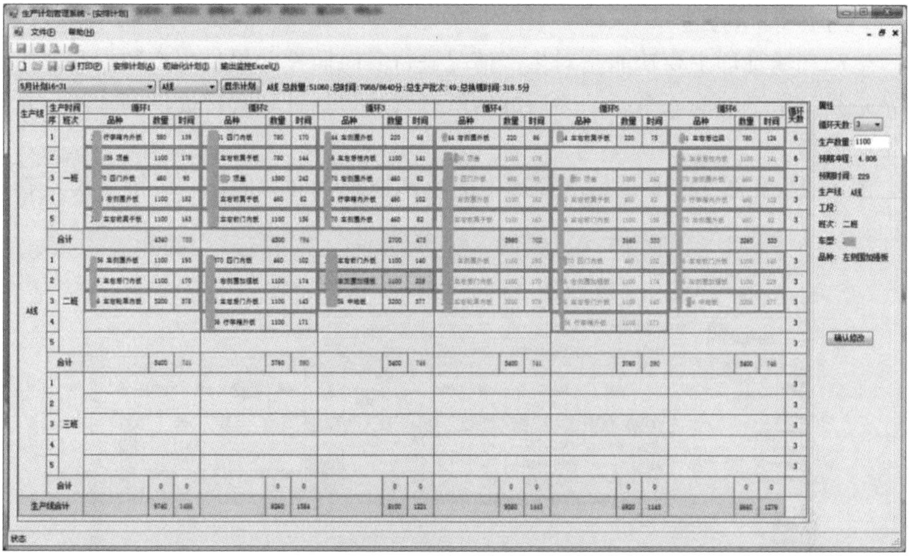

图 11-83 计划排产输出结果

计划制订之后将排产任务下达到每个班次，如白班和夜班，三班倒的则下达到白班、二班和三班，每个班次按照计划执行生产任务，如图 11-84 所示。

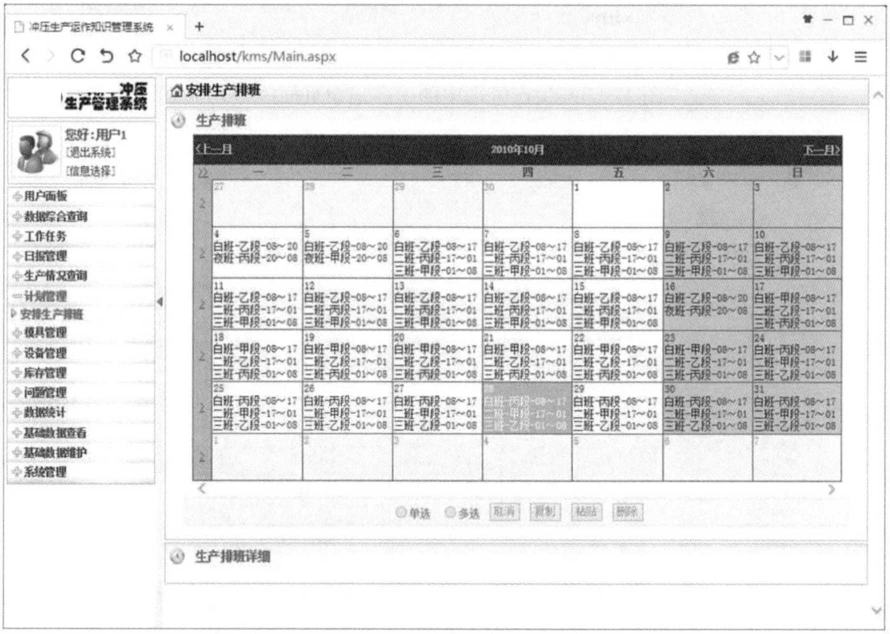

图 11-84 班组计划

2. 生产现场管理

生产现场管理主要功能是对生产情况进行实时监控并采集生产数据和停机数据，是整个系统的输入系统，为后续的所有管理包括计划管理提供基本的、真实的生产数据。

图 11-85 和图 11-86 是生产管理中的生产记录页面，图 11-87 是交接班管理页面。

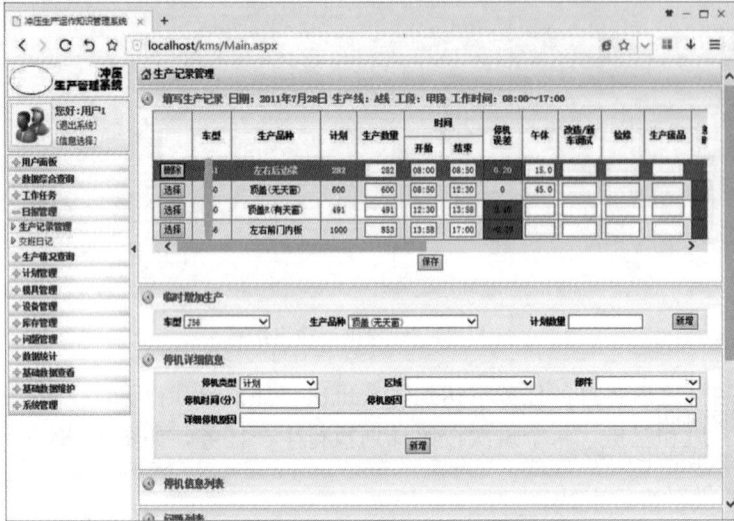

图 11-85　生产管理中的生产记录页面(一)

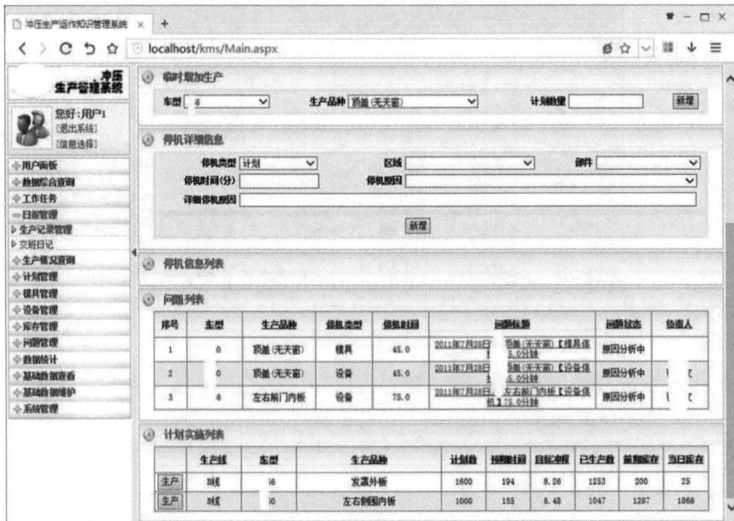

图 11-86　生产管理中的生产记录页面(二)

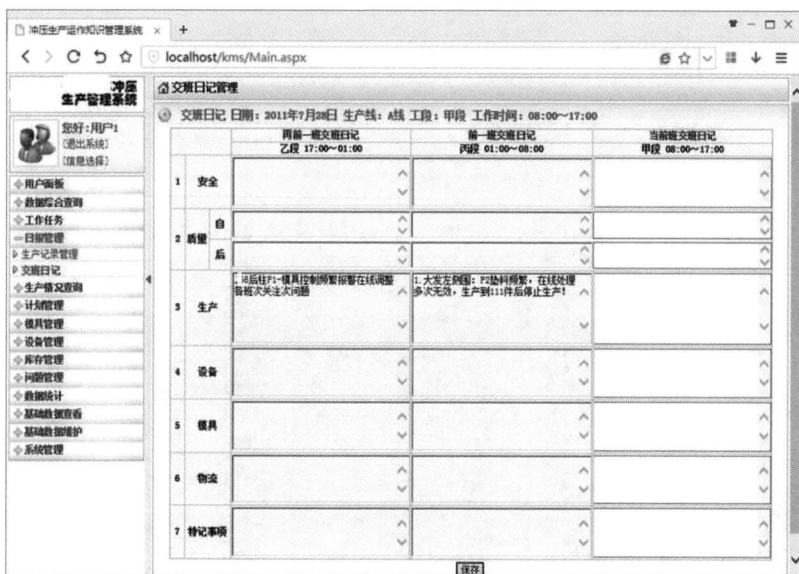

图 11-87　交接班管理页面

3. 日报管理

日报管理是生产情况的输出系统，其后台是一个多维数据模型，可以提供多维度、多层次、多粒度及其组合的各种分析信息，并以一定的图表形式输出。日报的内容和形式丰富，在此仅举几例，如图 11-88～图 11-93 所示。

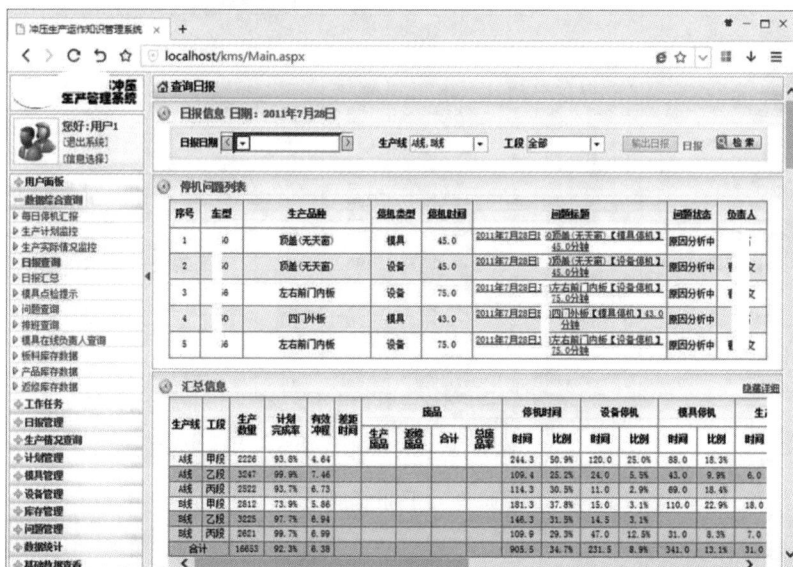

图 11-88　日报管理(一)

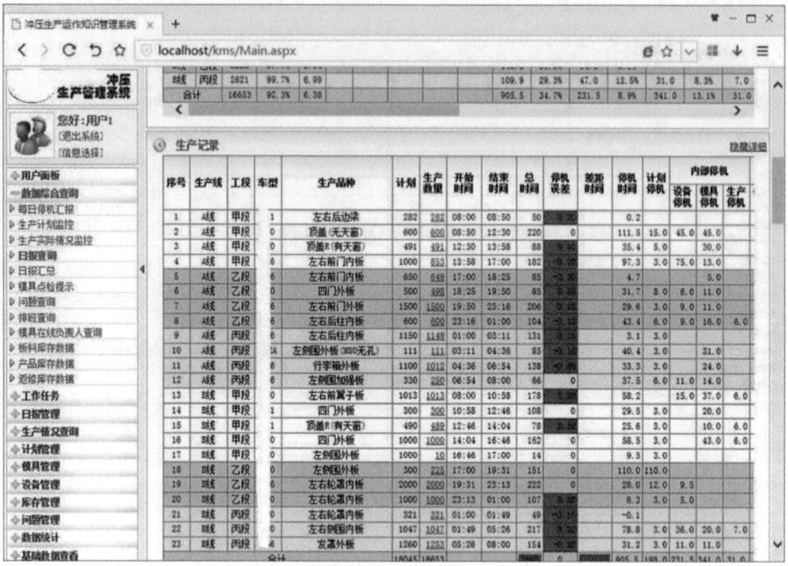

图 11-89   日报管理(二)

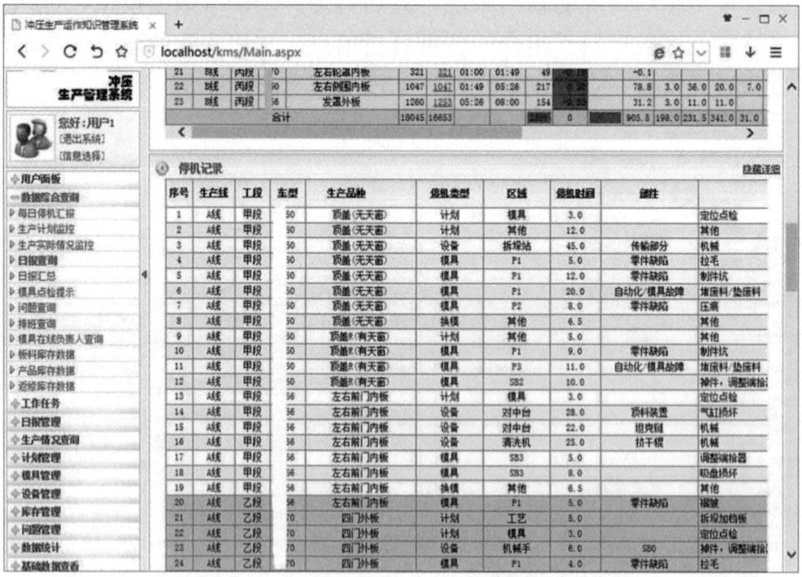

图 11-90   日报管理(三)

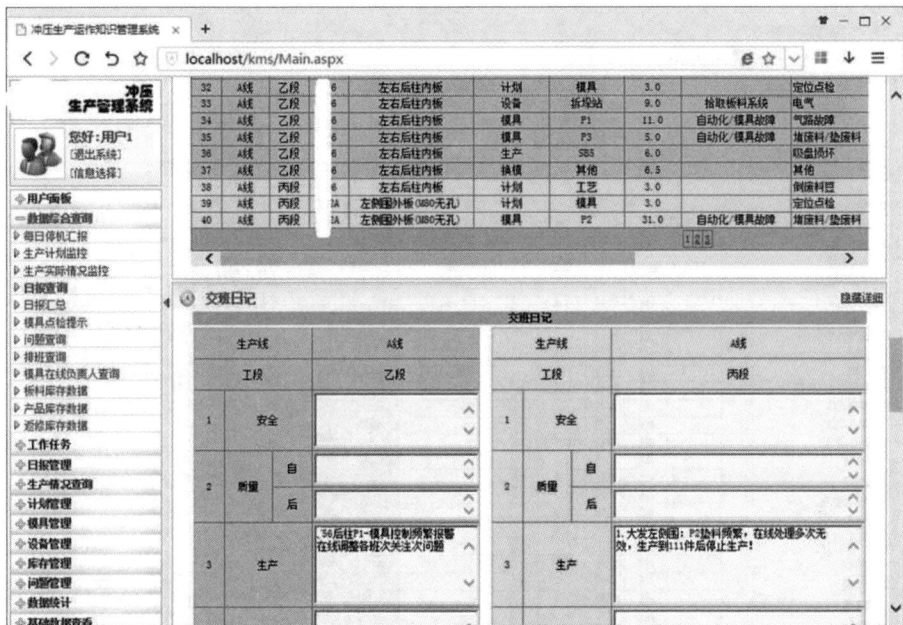

图 11-91　日报管理(四)

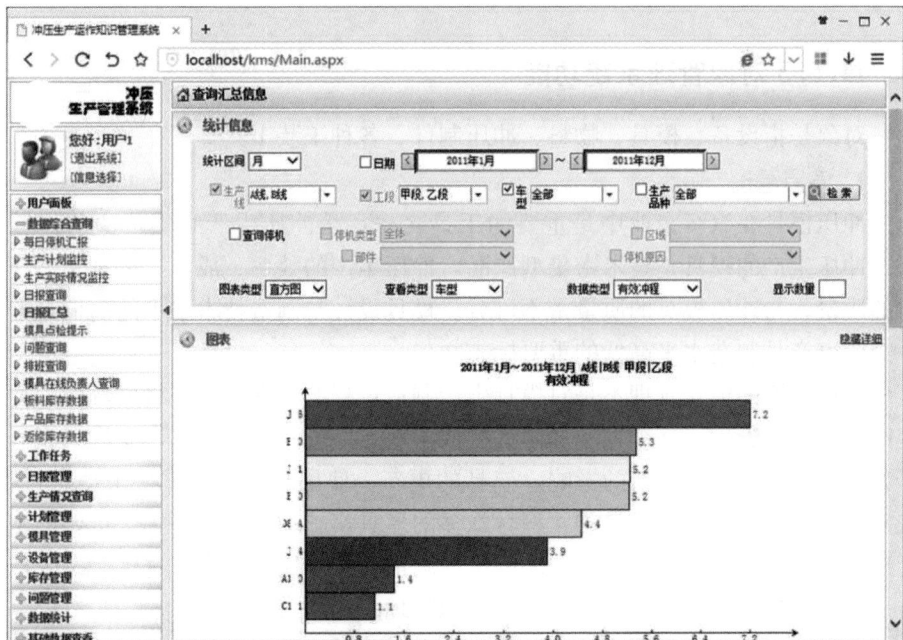

图 11-92　日报管理(五)

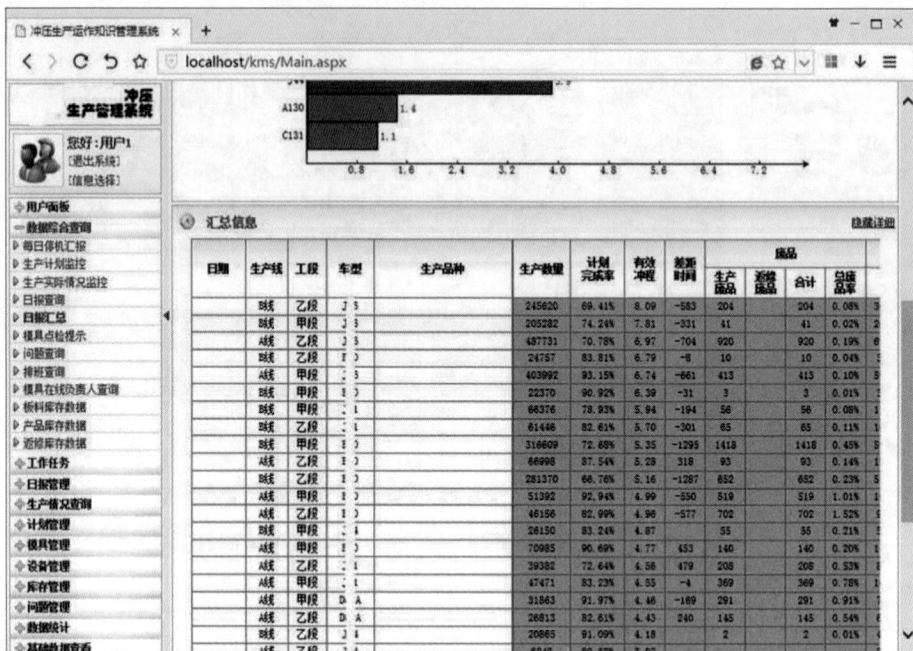

图 11-93　日报管理(六)

11.5.3 对象管理系统功能

对象是指设备、模具、物料、冲压制件、各种工装工具等。

1. 模具管理

冲压模具在汽车企业中是重要的工具之一，是冲压生产必不可少的工艺装备。冲压生产的模具是技术密集型产品，冲压生产的效率、成本，特别是冲压制件的质量，与冲压模具的质量密不可分。模具设计与制造技术水平的高低是衡量一个国家产品制造水平高低的重要标志之一。

这里所说的模具管理不是对模具生产制造过程的管理，而是将模具作为冲压生产的工具的管理。一个冲压部门拥有成千上万甚至几万个模具，受汽车型号和车款的变动、维修、更新的影响，模具的更新、使用和维修都是一个动态过程。在实际工作中，如何对大量的、型号众多的模具实施动态管理是一个重要的生产管理问题，而且冲压生产中的很多停机问题都直接与模具有关，这既是一个产品质量问题和生产效率问题，也是一个知识管理问题。

下面给出一些模具管理的系统界面，在此不做详细介绍。

图 11-94 是模具的档案，其对每一个模具从入库开始，包括使用情况、维修、维护情况，直至报废的整个生命周期进行存档管理。

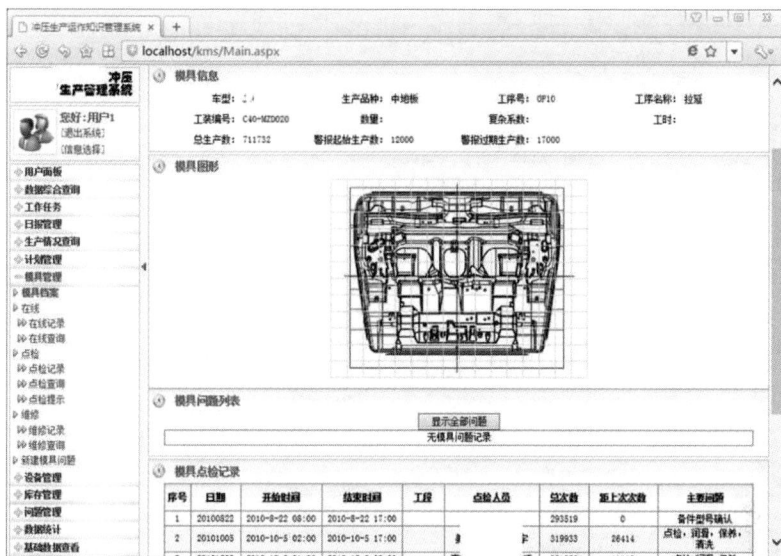

图 11-94　模具的档案

图 11-95 和图 11-96 为对在线使用的模具进行的管理，包括谁在使用、生产什么、使用时间及在线问题的处理过程等。

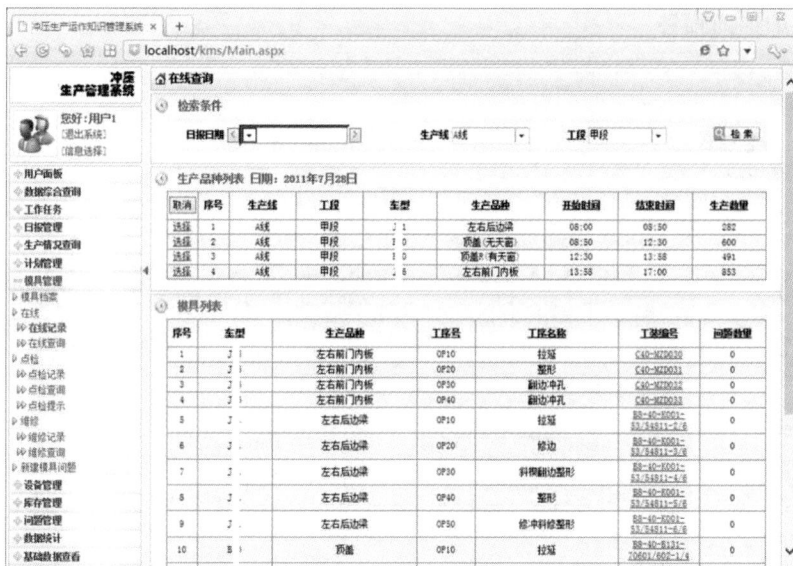

图 11-95　模具在线(一)

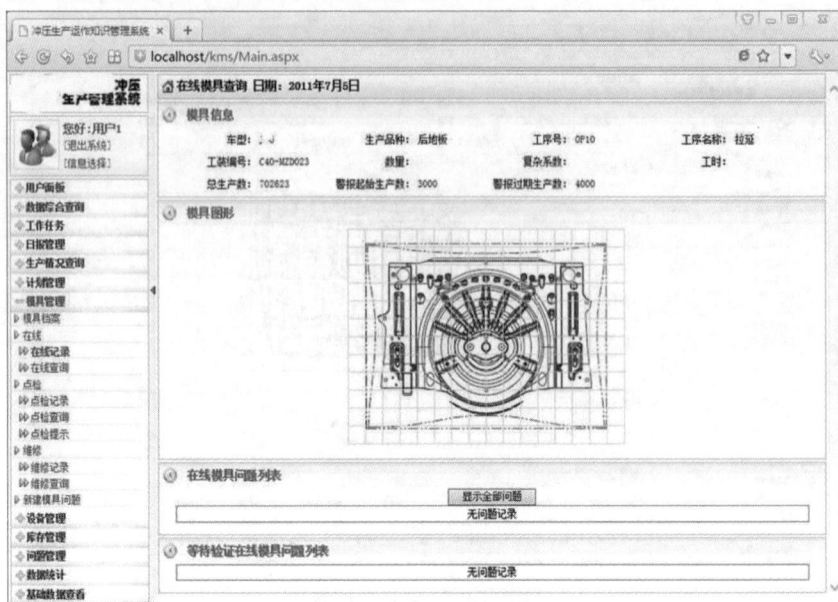

图 11-96   模具在线(二)

图 11-97～图 11-99 是模具点检管理，点检管理包括点击计划的制订和点检提示，即提前预警。

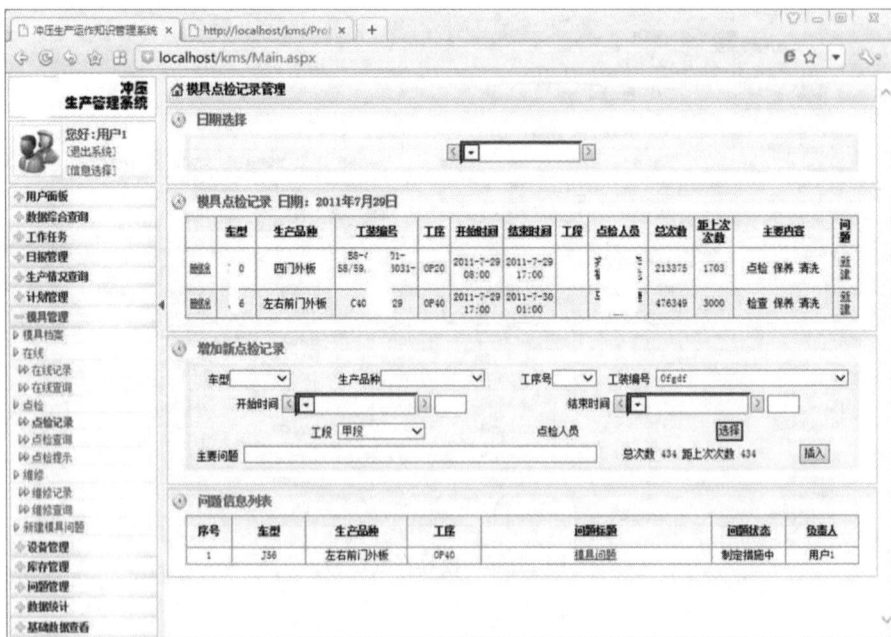

图 11-97   模具点检

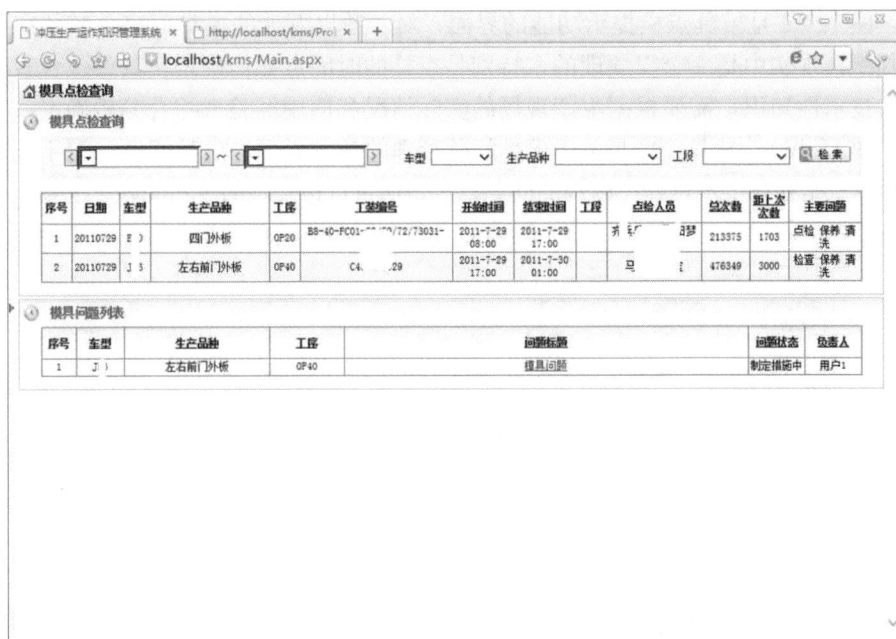

图 11-98　模具点检查询

图 11-99　模具点检提示

图 11-99 是模具点检提示功能的界面，对于数以万计的模具而言，其状态如何判断在现实中是一个很烦琐的，特别是点检的时间点如何确定，其中包含着大量的技术性知识，需要根据生产现场的实际情况和使用经验来综合分析确定。

图 11-100～图 11-102 是关于模具问题管理的功能界面，模具问题来源于三个方面：一是在线生产过程中出现的问题；二是通过点检发现的潜在问题；三是设计制造方提供的设计制造缺陷。这个功能后台包含问题驱动的知识协调管理功能。

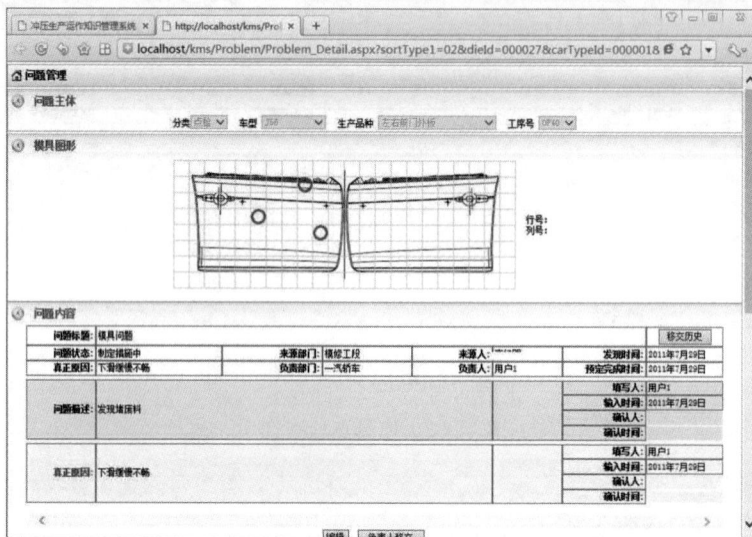

图 11-100　模具问题

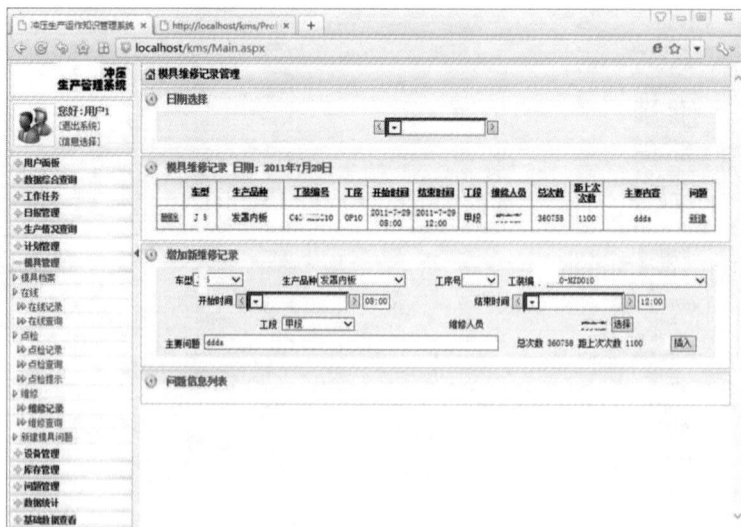

图 11-101　模具维修管理

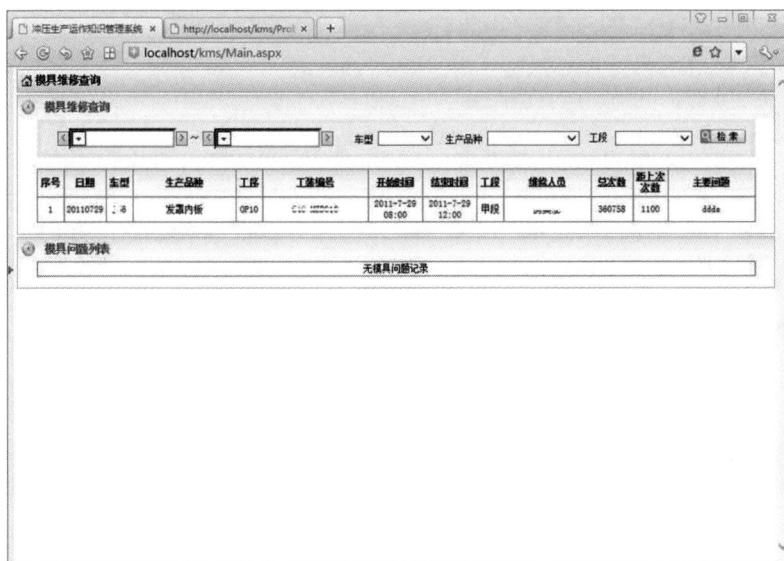

图 11-102　模具维修查询

2. 设备管理

设备管理与模具管理具有类似功能，在此仅举几例，如图 11-103～图 11-106所示，不予赘述。

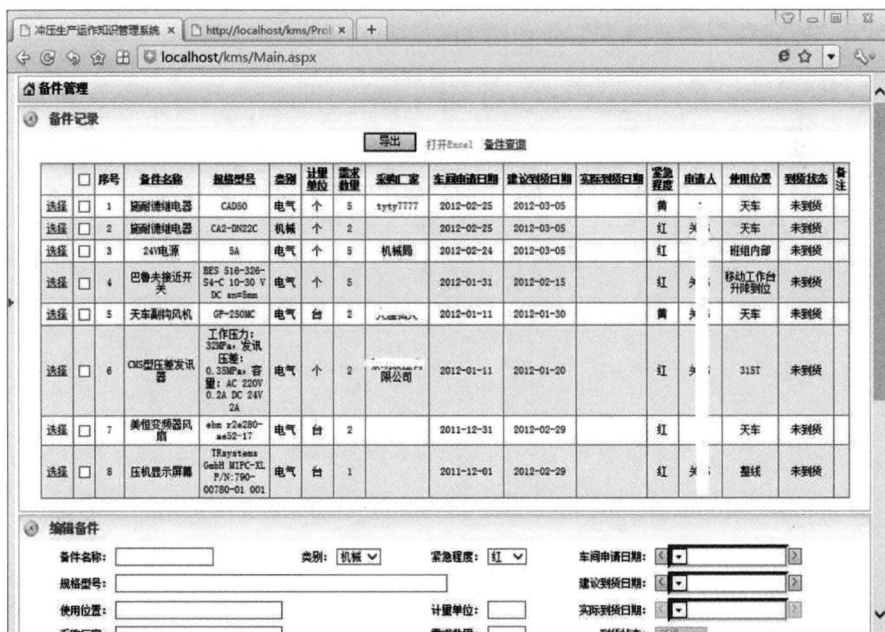

图 11-103　设备备件管理

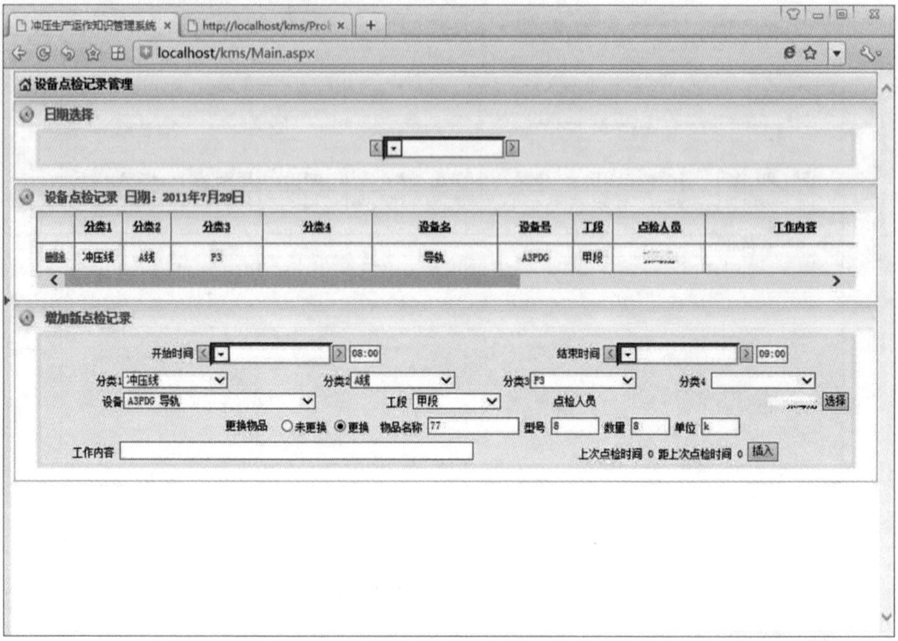

图 11-104 设备点检

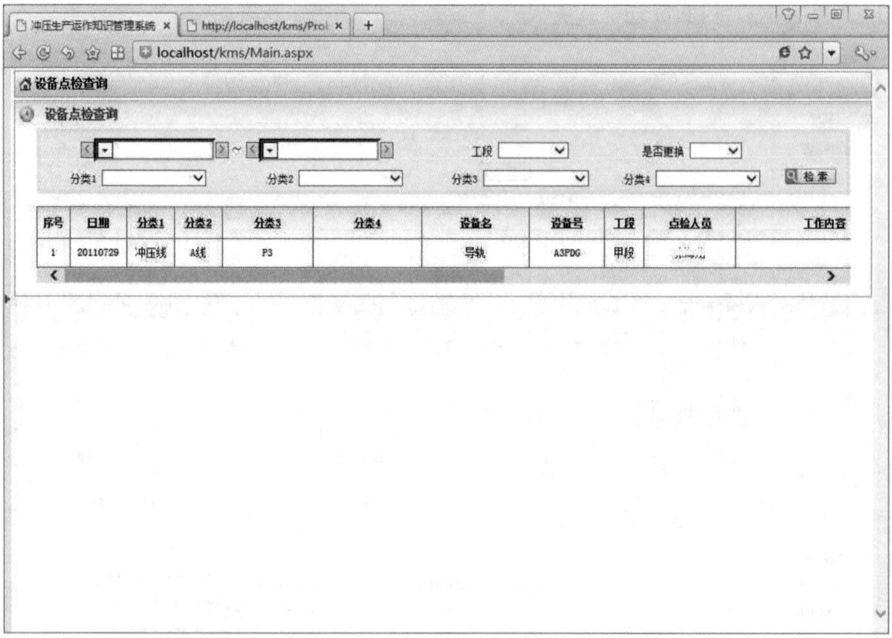

图 11-105 设备点检查询

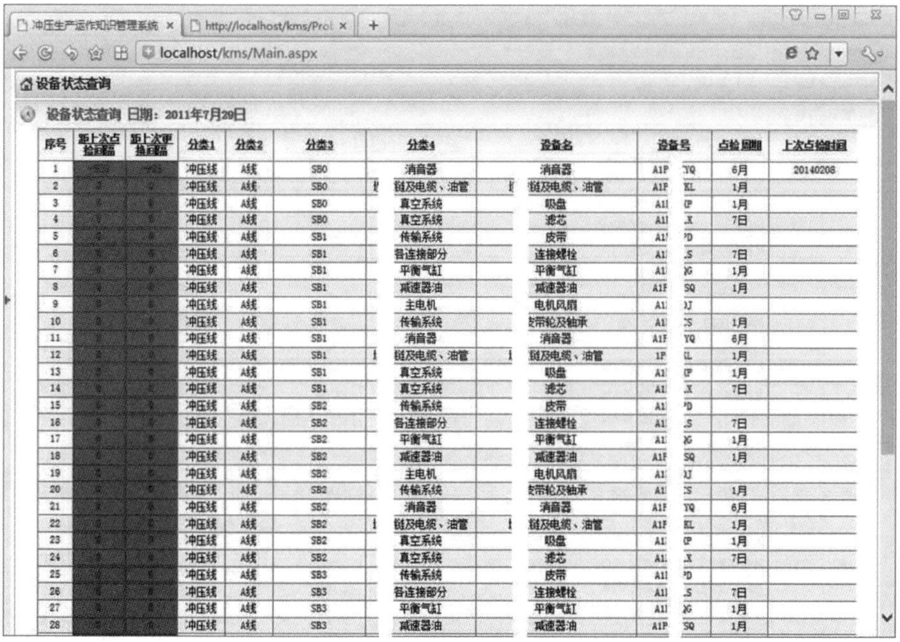

图 11-106　设备点检提示

3. 库存管理

冲压制件的库存与"容器"的数量和空余量密切相关。在汽车生产中，冲压的后道工序是焊装工艺，冲压制件不能直接用手触摸和简单工具搬运，需要通过专用的工具——"容器"进行储存和运输并直接装上焊装生产线。因此，库存管理实质上是对容器状况的管理。不仅不同车型、车款共享容器，冲压生产和焊装生产也共享容器，实际中的库存管理既涉及不同车型、车款的冲压生产安排，也涉及焊装生产安排，更涉及冲压生产和焊装生产之间的协调，因此库存管理也是一个多方关联的复杂管理。

图 11-107～图 11-109 给出库存管理功能的三个界面。

11.5.4　能力管理系统功能

能力管理的目的在于生产能力的提升，这有赖于知识的积累，包括问题处理知识的管理、规范性文件知识的管理和外部知识获取管理，通过对知识的不断积累、总结及使用，可以"持续改进"生产体系的能力。在问题处理知识的管理中，后台是前面提到的"问题驱动的知识管理"理论和方法，基本功能是对"问题处理事实"数据的采集和记录，然后是对问题的原因分析，并在确认正确原因的基础之上拟订问题的解决方案，实施方案并对结果评价。前台实现人机交互功能，后台实现推理和学习功能。图 11-110～图 11-112 为问题管理的部分界面。

序号	车型	品种	零部件	前期回用	下线	入库	出库	待修	品废	修正	可用库存	现有库存
1	J36	发罩内板	发动机罩内板	1680				225			1320	1545
2	J36	发罩外板	发动机罩外板	25	1253			1876			275	2151
3	J36	左右后柱内板	左后柱内板	880	1749			692			640	1332
4	J36	左右后柱内板	右后柱内板	880	1749			766			640	1406
5	J36	顶盖R(有天窗)	顶盖R	180				1314			280	1594
6	J36	顶盖(无天窗)	顶盖	0				11			0	11
7	J36	前地板	前地板	-400				16314			0	16314
8	J36	左右轮罩内板	左轮罩内板	0	2000			23317			0	23317
9	J36	左右轮罩内板	右轮罩内板	0	2000			22192			0	22192
10	J36	行李箱内板	行李箱内板	0							0	0
11	J36	行李箱外板	行李箱外板	-135	1012			832			105	937
12	J36	中地板	中地板	0				19680			0	19680
13	J36	后地板	后地板	-360				14551			0	14551
14	J36	左右前门板	左前门内板	1160	1502			23			920	943
15	J36	左右前门板	右前门内板	920	1502			31			680	711
16	J36	左右后门内板	左后门内板	680				63			1720	1783
17	J36	左右后门内板	右后门内板	1280				305			2320	2625
18	J36	左右前门外板	左前门外板	50	1500			1139			300	1439

图 11-107　冲压制件产品记录

序号	车型	品种	零部件	前期库存	下线	入库	出库	品废	修正	现有库存
1	J36	ddd	sd							0
2	J36	发罩内板	发动机罩内板							0
3	J36	发罩外板	发动机罩外板							0
4	J36	左右后柱内板	左后柱内板							0
5	J36	左右后柱内板	右后柱内板							0
6	J36	顶盖R(有天窗)	顶盖R							0
7	J36	顶盖(无天窗)	顶盖							0
8	J36	前地板	前地板							0
9	J36	左右轮罩内板	左轮罩内板							0
10	J36	左右轮罩内板	右轮罩内板							0
11	J36	行李箱外板	行李箱外板							0
12	J36	中地板	中地板							0
13	J36	后地板	后地板							0
14	J36	左右前门内板	左前门内板							0
15	J36	左右前门板	右前门内板							0
16	J36	左右后门内板	左后门内板							0
17	J36	左右后门内板	右后门内板							0
18	J36	左右前门外板	左前门外板							0

冲压生产管理系统

您好：用户1
[退出系统]
[信息选择]

用户面板
数据综合查询
工作任务
日报管理
生产情况查询
计划管理
模具管理
设备管理
库存管理
　产品库存
　产品库存查看
　板料库存
　板料库存查看
　返修库存
　返修库存查看
问题管理
数据统计
基础数据查看
基础数据维护
系统管理

图 11-108　返修制件记录

序号	车型	品种	板料	前期库存	入库	出库	废品	流转	返厂	理库存	实验库	待定库	可用库存
1	J5	顶盖		2495		1645		1645		850			850
2	J5	发罩内板		0				0		0			0
3	J5	后地板		0				0		0			0
4	J5	前地板		0				0		0			0
5	J5	行李箱外板		0				0		0			0
6	J5	右侧围加强板		451		242		242		209			209
7	J5	右侧围外板		1660	4	1664		1664		0			0
8	J5	中地板		1660	1660	3316		3316		0			0
9	J5	左侧围加强板		1250		1250		1250		0			0
10	J5	左侧围外板			1461	1455		1455	6	0			0
11	J5	左右后门内板		0	1555	1555		1555		0			0
12	J5	左右后门外板		385				0		385			385
13	J5	左右后柱内板		0				0		0			0
14	J5	左右轮罩内板		0				0		0			0
15	J5	左右前门内板		0				0		0			0
16	J5	左右前门外板		325				0		325			325
17	J5	发罩外板		347	6	353		353		0			0
18	J5	左右前翼子板											

图 11-109　板料库存记录

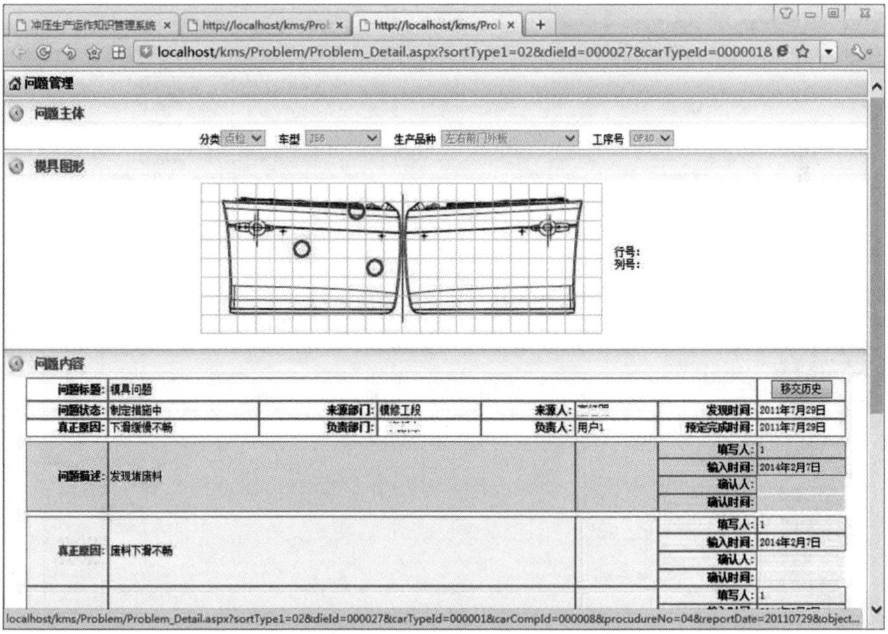

图 11-110　问题管理(一)

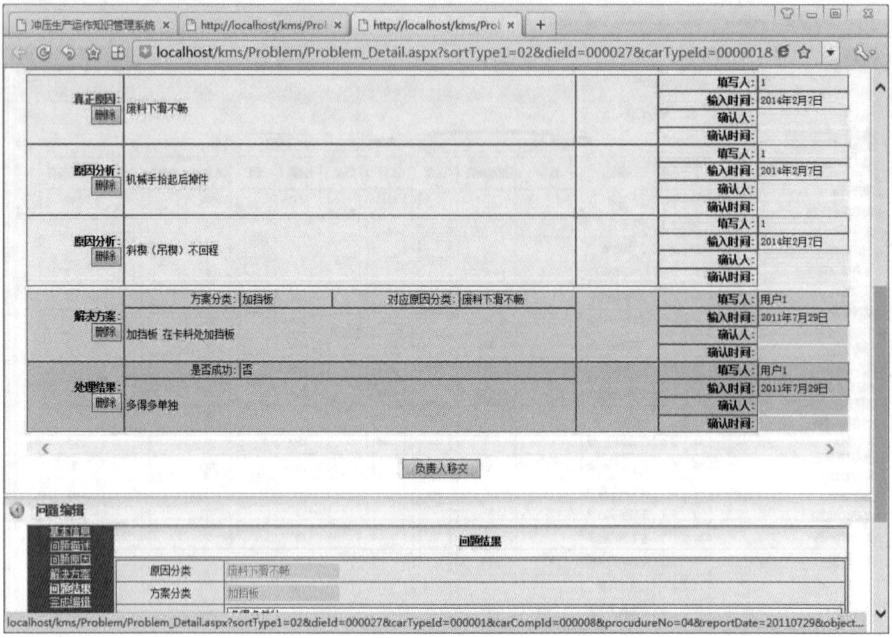

图 11-111 问题管理(二)

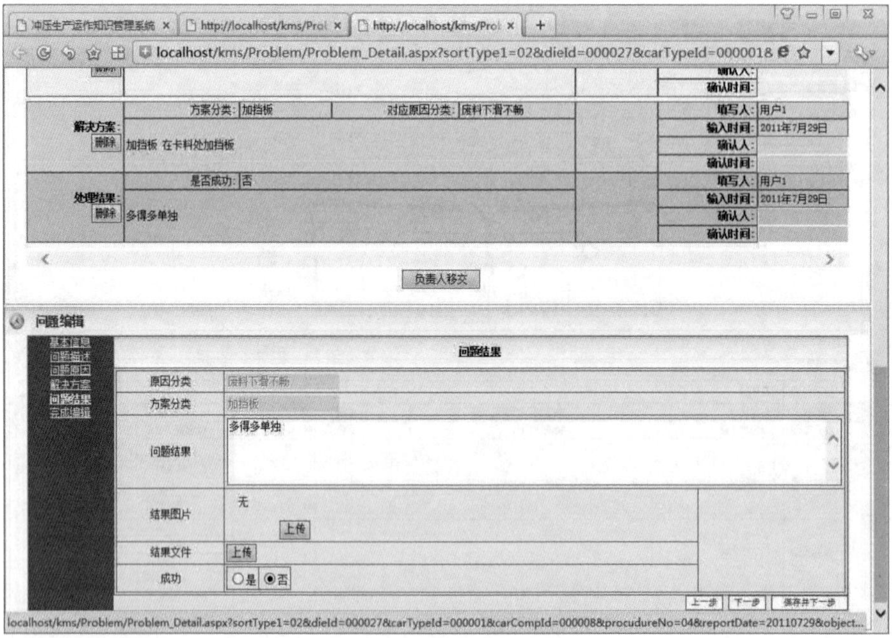

图 11-112 问题管理(三)

图 11-113 展示了多维本体其中一个维度的界面。

图 11-113　多维本体中的一维

图 11-114 和图 11-115 是基于多维本体的问题原因分析和解决方案分析。

图 11-114　基于多维本体的问题原因分析

图 11-115　基于多维本体的解决方案分析

11.6　本章小结

本章简要介绍了基于前面各章理论方法成果所研发的系统，这个系统已经在某汽车企业冲压车间生产过程中得到很好的应用。由于实际系统的功能非常丰富，关系十分复杂，因此不可能在此全部详细介绍。本系统在开发和应用过程中还发现了许多新的问题，将在进一步研究和实践中对理论和方法进行完善。

面向产品生命周期实施知识协调管理是一项漫长而复杂的工作，不可能一蹴而就，应用系统也会随着需求的变化而修改和完善。这些都需要理论研究与实际应用之间的不断相互作用和互相促进。尽管如此，这些系统的实际应用已经证明本书所提出的理念、理论和方法具有实际的应用价值。希望广大的理论和实际工作者不断地通过实践来补充和修正面向产品生命周期知识协调管理的理论、方法和工具。

第 12 章

面向发动机研发管理的数据
挖掘系统及关键技术

随着我国工业事业的迅速发展，如何保障各类工业发动机的日常运行安全成为日益重要的问题。例如，航空发动机是飞机的重要组成部分，其为飞机的飞行提供充足而又必要的动力，通常被称为飞机的"心脏"，由于航空发动机结构复杂，因此对精确度和可靠性的要求非常严格。发动机是一种高度复杂和精密的热力机械。发动机行业具有高技术、高投入、高风险、高壁垒的特性。发动机研发工作的特点是技术难度大、耗资多、周期长。在发动机研发设计中，试验是必不可少的环节，必须通过试验来验证发动机的总体设计、零部件设计是否达到性能要求。发动机试验知识包括试验方案设计、试验件设计、试验数据分析、试验设备操作等内容。在发动机设计知识管理中应用数据挖掘和知识发现技术，可以在凌乱的设计、试验数据中，找到有用的设计知识，不断充实、更新设计知识库。通常情况下，安装在发动机上的传感器可以监控发动机性能，对传感器数据进行分析和挖掘，可以及时发现发动机异常情况并采取措施，防止发动机出现故障。

由于发动机试验全程实时扫描的各种性能测量参数是典型的时间序列数据，因此，有必要应用时间序列数据挖掘方法和技术对其进行深入分析，挖掘出海量数据中蕴涵的丰富信息。利用时间序列数据挖掘，可以获得数据中蕴涵的与时间相关的有用信息，实现知识的提取。现有的时间序列数据分析和挖掘方法与技术大都应用于金融和经济等领域，在工业发动机试验的时间序列数据分析领域中应用还很少，因而有必要针对发动机试验全程实时扫描的各种性能测量参数数据，开展面向整机试验数据分析的时间序列数据挖掘关键技术研究和应用系统开发。

12.1 发动机设计知识分类与获取

现代发动机设计基于知识的设计，知识分类与获取是发动机设计知识管理的起点，也是难点。实施知识获取技术能够使设计知识有效积累，推动设计知识管理实施，从而真正实现基于知识的设计，提高发动机设计水平[1]。

要研究发动机的设计知识，就必须深入了解发动机的设计过程。以航空发动机设计为例，包括预先研究、验证机研制和原型机研制。不同阶段的设计工作内容和程序不完全相同。对于新机设计（包括改型机），整个设计过程分为三个阶段，即初步设计阶段、技术设计阶段、工程图设计阶段。其中工程图设计阶段包含发动机试验过程，最终的发动机工程图纸是在"设计—试验—设计"的多次往返中完成的。航空发动机的设计过程复杂，每个阶段、环节都涉及大量的理论、技术、图纸、手册及经验等信息与知识，其中面向设计全过程的知识获取与管理尤为重要。

12.1.1　发动机设计知识分类

发动机设计知识分类的方法多种多样，结合航空发动机的设计过程及特点，其设计知识有以下几种分类方法[1]。

（1）按知识的明晰表达程度可以分为隐性设计知识和显性设计知识。前者主要包括存在于设计人员大脑中的工作诀窍、设计经验、观点、价值体系等；后者是指以专利、发明创造、设计规范、设计标准、设计手册、设计图、报告、规章制度等形式存在的知识。

（2）按知识来源可以分为已有经验知识、系统仿真知识、试验知识、市场知识和用户反馈。第一，已有经验知识。已有经验知识是指以前设计、生产发动机时所积累的全部知识，包括在设计、制造、安装、运行、维修（包括升级改制），以至报废等每个阶段中的有关经验和知识。第二，系统仿真知识。系统仿真是建立在一系列数学模型基础上，根据给定的系统结构和对系统的输入，预测系统的性能和行为。它是获取关于一种新构想或新设计的知识的有效工具。这种关于新设计或新构思的知识，与经验相比，就属于新知识。第三，试验知识。在航空发动机设计中试验是必不可少的环节，必须通过试验来验证发动机的总体设计、零部件设计是否达到性能要求。发动机试验知识包括试验方案设计、试验件设计、试验数据分析、试验设备操作等内容。第四，市场知识和用户反馈。市场知识和用户反馈包括市场需求信息、成本信息、竞争信息等。用户的意见及对新机所抱有的期望是设计师必须考虑的。

（3）按结构分类。航空发动机有多种类型，如涡喷、涡扇、涡桨、涡轴等，其结构虽不尽相同，但基本结构相似。根据航空发动机基本结构，可以对发动机进行功能结构分解，进而对设计知识按照发动机的功能结构进行分类。

（4）按设计过程可以分为初步设计知识、技术设计知识、工程图设计知识、总体设计知识、零部件设计知识、试验知识。各类知识包括各个设计阶段设计人员应遵循的规范、标准、手册等显性知识，以及设计人员的工作经验等隐性知识。

12.1.2　发动机设计知识获取

知识获取不是所有信息的简单叠加，而是建立在知识分类基础上的综合和提取的过程。知识获取过去由设计人员靠人的思考、分析、加工、处理、存储来完成。由于知识获取的效果取决于设计人员的素质，必然会影响其工作成果和贡献。所以，对发动机设计单位技术主管的要求是，运用组织行为，采取尽可能有效的办法，在现有环境下抓好知识管理和服务，为设计师的知识获取提供有利条件。随着信息技术的迅速发展，发动机设计单位都部署了产品数据管理和产品生命周期管理等管理信息系统及试验数据采集系统。随着数据库的规模不断扩大，试验数据采集系统积累了大量的试验数据。为给决策者及设计人员提供一个统一的全局视角，迫切需要建立发动机试验数据的数据仓库，并进行数据挖掘。

知识获取的关键在于知识获取策略与技术。在发动机设计单位实施知识管理过程中，应遵循以下策略与技术来促进知识的获取[1]。

(1)知识获取一般应由知识工程师来完成。在这个过程中，知识工程师负责显性知识的归纳、总结、数字化；同时其作为中介者，促进隐性知识从有经验的设计专家的头脑中转移到知识库中。

(2)技术交流。组织内部或组织之间应经常开展技术交流活动，以促进知识的流动、共享，从而实现知识的获取。

(3)激励制度。隐性知识是知识获取的重点目标。隐性知识存在于设计人员的大脑中，而人对知识的控制是自私的，所以组织需要采取相应的激励制度来激励有经验的人员贡献其拥有的知识。

(4)数据挖掘与知识发现技术。知识获取工作必须结合现代信息技术进行，随着大数据时代的到来及数据密集型科研范式的兴起，知识工程师需要使用先进的数据挖掘与知识发现技术对海量试验数据进行分析与挖掘，从而实现知识的自动获取。

计算机技术和通信技术的迅猛发展将人类社会带入了信息时代。近些年来，数据库中存储的数据量急剧增大，大量的数据在给人们提供方便的同时也带来一系列问题。由于数据量过大，超出人们掌握、理解数据的能力，因而给正确运用这些数据带来了困难。数据挖掘和知识发现是一门新兴的信息处理技术，是在数据和数据库急剧增长且远远超过人们对数据处理和理解能力的背景下产生的，也是数据库、统计学、机器学习、可视化与高性能计算技术等多学科发展融合的结果。

在发动机设计知识管理中应用数据挖掘和知识发现技术，可以在目前凌乱的设计、试验相关的海量数据中，找到有用的设计知识，不断充实、更新设计知识库。

12.2　发动机试验数据挖掘系统需求分析

在发动机试验过程中，发动机试验全程实时高速扫描时间序列数据的扫描频率一般为 30 次/秒/通道，持续记录时间约 10～120 分钟，因此，这类数据都表现出高维，甚至是超高维的特征。由于"维数灾难"的影响，以及时间序列数据本身所具备的复杂性、动态性、高噪声特性和数据量指数增长的特性，许多原来适用于低维数据的数据挖掘方法并不能直接用于时间序列这种高维结构数据。

针对发动机试验时间序列数据本身所具备的复杂性、动态性、高噪声特性和数据量指数增长的特性，需要研究面向发动机试验数据的时间序列数据特征提取方法，特别地，针对发动机试验时间序列数据的高维和高噪声特性，需要研究开发发动机整机实验时间序列数据稳态特征提取的方法及工具，以对时间序列数据进行有效降维和去噪。

对发动机试车试验中的参数时间序列进行稳态特征提取之后，还需要根据稳态信息对稳态进行归类，目的是将均值相当的稳态划分在一类，以便进行进一步分析。在数据挖掘中，此类问题属于聚类问题。由于稳态聚类结果的效果对后续分析结果至关重要，因此需要采用有效的聚类方法。

发动机试验通常会进行多次，使用稳态参数聚类分析方法会得到不同水平的稳态段。但多次试验提取到的稳态段可能会处于同一水平，对多次试验同一水平的稳态段数据进行进一步分析也很有必要。因此，在对发动机试车稳态参数进行聚类分析之后，有必要对航空发动机多次试车某参数同一水平的稳态特征检索方法进行研究。

通过对发动机参数稳态特征数据的聚类分析，可以得到某参数同一稳态水平的稳态段。为便于用户可以更加直观地理解稳态特征数据及各参数之间的关系，需要对航空发动机参数某一稳态水平下的稳态段数据进行可视化。具体来说，对同一稳态水平下的稳态段数据，使用箱线图对多组稳态段进行比较，给出稳态段数据的相关统计信息；使用参数关系图刻画某稳态水平下参数之间的关系。

发动机试车试验参数数据通常表现为时间序列数据，发动机异常情况先是表现为各个参数的异常，因此，对发动机试车参数时间序列的异常检测进行研究，可以有效地发现发动机的异常，进而避免发动机故障的发生。

考虑到异常检测是基于正常数据基础的异常数据模式发现方法，因此，需要将分别以某段稳态特征子序列和同一水平状态下的稳态特征序列为检测对象，以现有的时间序列数据异常模式发现方法为基础，对发动机试验稳态特征数据异常模式分析方法进行研究和系统开发。

发动机外场试验由于空间、设备和成本的限制，对某些参数的获取难以直接进行，而发动机内场试验的数据采集相对比较容易。因此，若能在对发动机内场试验提取到的参数数据分析的基础上，对内场试验参数之间的关系进行建模，然后使用外场采集到的参数数据对相关参数进行预测，则不但可以节省成本，而且可以为更深层次的数据分析提供参考。

12.3　发动机试验数据挖掘系统设计

为了能够真正实现系统的总体功能，系统往往还要自顶向下分解为若干个子系统，这些子系统继续层层分解，直到分解为最小的基层单位，即程序模块。从整体上讲，上层功能包括下层功能，下层功能是上层功能的具体体现，上层的功能抽象而下层的功能具体。功能模块的分解过程就是一个由抽象到具体、由复杂到简单逐步具体化的过程。

12.3.1　系统功能模块划分及描述

根据系统需求分析，将发动机试验数据挖掘系统分为参数特征识别、稳态参数归纳、可视化、异常识别和预测分析五个子系统。图 12-1 为重要系统功能模块图。

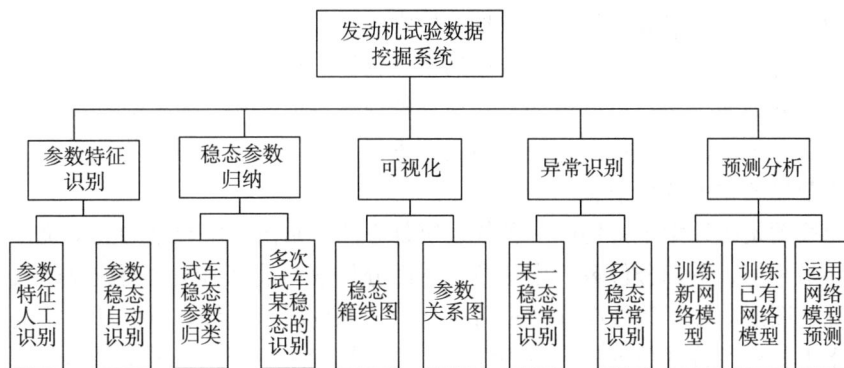

图 12-1　重要系统功能模块图

在对参数时间序列进行数据挖掘之前，需要对发动机试车试验中的参数时间序列进行稳态特征提取。对于发动机参数中稳态特征的提取，可以通过人工识别或计算机算法自动识别来实现。稳态特征人工识别是一种利用人机交互对发动机参数某一水平状态下的稳态进行识别的方法。该方法具有一定的局限性，但针对性较强，能够方便快捷地识别某一参数时间序列在某一水平状态下的稳态特征。

稳态特征自动识别是通过设定相关参数所对应的阈值，限定多参数允许稳态数据波动的范围，利用计算机程序算法自动对不同试车试验数据进行稳定特征识别。

无论是稳态特征人工识别方法，还是稳态特征自动识别方法，都需要根据给定的稳态判定依据对各参数的稳态特征进行有效的识别。因此，对稳态判定依据的设定是研究航空发动机试验参数特征识别的重要内容。

通过发动机参数时间序列数据稳态特征提取，可以获得相关参数的稳态特征数据。根据实际需要，接下来要对这些稳态特征数据进行归类，目的是将均值相当的稳态划分成一类，以便进一步分析。具体到时间序列数据挖掘领域，此类问题属于时间序列聚类问题。所谓聚类是指将物理或抽象对象的集合分成相似对象类的过程。聚类方法包括划分聚类方法、层次聚类方法、基于密度的聚类方法、基于网格的聚类方法和基于模型的聚类方法等。这些方法各有优缺点，如有的方法过于复杂，有的方法过于依赖初始条件，即初始点的设定、初始聚类中心的选取及数据输入次序的变化等都会影响聚类结果。因此，应当针对具体问题，选择合适的聚类分析方法。

发动机试验通常会进行多次，使用稳态参数聚类分析方法会得到不同水平的稳态段。但多次试验提取到的稳态段可能会处于同一水平，因此对多次试验同一水平的稳态段数据进行进一步分析是很有必要的。而进行分析的前提则是，实现对发动机多次试车某参数同一水平的稳态特征数据的检索。具体来说，鉴于稳态段数据具有平稳的特性，需要使用稳态段的均值作为基准，通过设定一定的偏差来实现多次试车的稳态特征归类数据的检索。

通过对发动机参数稳态特征数据的聚类分析，可以得到某参数同一稳态水平的稳态段。为便于用户可以更加直观地理解稳态特征数据，需要对发动机参数同一稳态水平下的稳态段数据，使用箱线图进行可视化，并在可视化的基础上给出稳态段数据的相关统计信息。

箱线图是统计学中常用的一种描述统计方法，是由一组数据的五个统计特征值，即最小值、下四分位数、中位数、下四分位数和最大值绘制而成反映数据分布情况的图形。鉴于箱线图在数据可视化中所表现出的优势，可以利用箱线图对同一水平的稳态特征数据进行可视化。当稳态数据来自于同一试车数据时，绘制箱线图可以帮助用户查看该组数据的分布特征，如数据是否具有对称性，分布的分散程度等。当稳态数据来自于不同的试车数据时，可以通过绘制多个箱线图，对多组数据进行比较，发现数据的差异。

为了使基于内场试验获得的稳态数据对多个参数之间的关系进行建模和预测，有必要对相关参数之间的关系进行初步了解，这样建立的模型才会更加有效。因此，有必要对同一稳态水平下参数之间的关系进行可视化，以辅助用户把握参数之间的关系。二维散点图是描述变量之间关系的一种直观方法，从图中可以大体上看出变量直接的关系形态(线性相关、非线性相关、完全相关和不完全相关等),为数据分析人员了解数据之间的关系提供视觉上的参考。因此,可以使用二维散点图对统一稳态水平下发动机参数之间的关系进行可视化。二维散点图虽然可以从一定程度上反映参数之间的关系,但剔除了稳态段的聚类信息。为了更加明确、清晰地反映参数之间的关系,可以使用三维关系图将参数之间的关系和稳态段的聚类信息进行可视化,给用户提供更多的信息。

发动机试车试验数据中的各个参数都是时间序列数据类型,而且发动机异常情况首先表现为各个参数的异常,因此,对发动机试车参数时间序列的异常检测,能够有效地发现发动机是否存在异常情况,进而避免发动机故障的产生。发现该异常数据后,可以对其进行进一步分析,如查明是什么原因引起该异常的发生,检查其他参数是否在同一时间发生相关的异常情况等,为排除故障提供保障。

由于异常检测是基于正常数据作为基准的异常数据模式发现方法,因此,发动机试车试验数据的异常分析是基于参数时间序列稳态特征数据的一种方法。由于发动机试车试验中的参数时间序列具有不同水平状态的稳态特征数据,那么,异常检测的主要对象是同一水平状态下的稳态特征数据序列。然而,在一次试车试验中,参数时间序列在同一水平状态的稳态特征数据序列是由多个分段稳态子序列构成的。因此,研究对象的不同,需要分别以某段稳态特征子序列和同一水平状态下的稳态特征序列为检测对象,并分别设计两种稳态特征序列异常检测方法,即某一稳态特征异常识别方法和多个稳态特征异常识别方法。

某一稳态特征异常识别方法的主要思想是:根据稳态特征序列的特性,结合数据正态分布的规律,使用"3σ"规则来识别异常数据。异常数据是指在数据集中偏离大部分数据的数据,结合正态分布中"3σ"规则的含义,在"3σ"区间内,包含了约 99.96% 的数据。若将该区间内所对应的分布数据视为正常数据,区间以外的数据则被视为异常数据。因此,根据统计规律,将"3σ"区间以外的数据定义为异常数据。

根据上述思想,对于某一稳态特征序列 X_0,可以通过均值 μ 和标准差 σ 来定义该区间,即$[\mu-3\sigma, \mu+3\sigma]$。逐一判断稳态特征序列 X_0 中的每个数据点是否落入该区间,若在区间内,则将其标识为 1;反之,则将其标识为 0。最终标识为 0 的数据点就为异常数据。

通常情况下,若仅出现一次或较少次异常数据点,则其不一定会使发动机出现异常。该异常点的出现可能是因为发动机某次微小的振动或其他原因造成的,并且这种情况所持续的时间非常短暂,对发动机的正常运行影响较小。数据分析人员通常所关注的是连续出现多个异常数据点的序列片段。若一段序列出现异常的时间较长,则认为该异常比较严重,可能会导致发动机发生故障。因此,在对稳态特征进行异常分析时，着重关注连续 N 次出现异常点的异常片段。

多个稳态特征识别方法的基本思想是将这几个稳态特征序列结合成一个时间序列，分别计算该时间序列的上四分位数和下四分位数，同时定义正常数据的上界和下界，依次对每个稳态特征序列的数据进行异常状态标识，最终把含有最多异常数据的稳态特征序列作为异常序列。

为了提高稳态特征识别和故障检测的质量，还需要利用基于形态特征的时间序列特征表示方法对参数序列进行符号化表示，实现更加精确的参数稳态和过渡态特征识别。对于参数稳态数据序列，利用基于统计特征的时间序列相似性度量方法，结合时间序列异常模式算法来实现参数序列的故障检测。

考虑到 BP(back propagation，即反向传播)神经网络在进行预测过程中所呈现出的优点，发动机试验数据挖掘系统使用 BP 神经网络对航空发动机试验内场稳态特征数据进行神经网络建模，并使用外场数据进行相关参数的预测。基于 BP 神经网络的发动机外场参数预测的流程如图 12-2 所示。

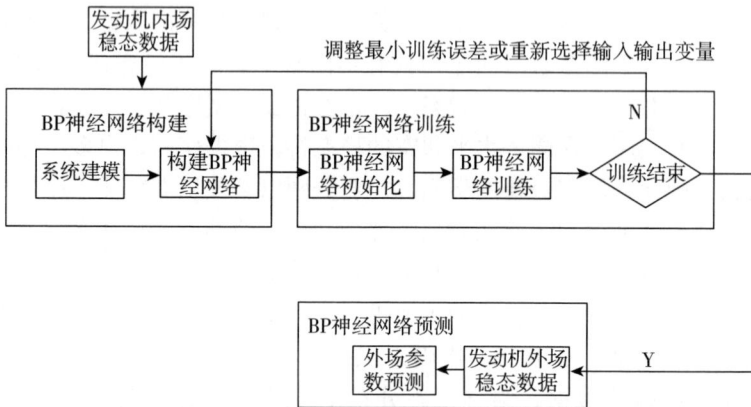

图 12-2　基于 BP 神经网络的发动机外场参数预测的流程图

首先输入发动机内场稳态数据，由相关人员确定输入变量和输出变量，并设定参数组合(主要参数包括隐含层个数和神经元个数)。其次对神经网络进行初始化，对多个参数组合进行 BP 神经网络训练，若训练网络可以达到用户事先设定的最小训练误差，则训练结束，并输出训练得到的神经网络；若对多个参数组合，训练的网络都无法达到用户设定的最小训练误差，则要求用户调整训练误差阈值或者重新选择输入输出变量，继续进行网络训练，直至获得用户满意的神经网络。在完成网络训练之后，输入发动机外场稳态数据，使用训练的神经网络模型对相关参数进行预测，并对结果进行保存。

12.3.2　系统数据流程设计

数据流程设计主要包括对数据的流动、传递、处理、存储等设计。数据流程设计的主要目的是明确每个数据的处理方法，并发现和解决程序设计过程中数据流通不畅、前后数据不匹配、数据处理过程不合理等问题[2]。

数据流图是从数据传递和加工角度，以图形方式来表达系统的逻辑功能、数据在系统内部的逻辑流向和逻辑变换过程，是结构化系统分析方法的主要表达工具及用于表示软件模型的一种图示方法。

数据流图用到四个基本概念，即外部实体、数据处理、数据流和数据存储。外部实体是指系统以外与系统有联系的人或事物。数据处理是指对数据的逻辑处理，也就是数据的变换。数据流是指处理功能的输入或输出，用一个箭头表示，箭头指出数据的流动方向。数据存储表示保存的数据文件。数据流图的图例如图 12-3 所示。

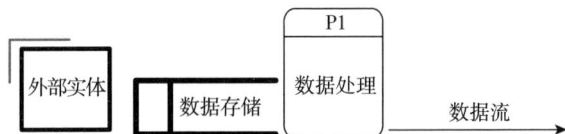

图 12-3　数据流图的图例

1. 系统数据流图的顶层图设计

发动机试验数据挖掘系统的数据流图顶层图设计如图 12-4 所示，它概括描述了系统的轮廓、范围、标出了最主要的外部实体和数据流。

系统操作人员作为发动机试验数据挖掘系统的外部实体，首先需要将发动机试验数据采集系统中的目标数据导入数据挖掘系统中的数据库；其次利用发动机试验数据挖掘系统对目标数据进行分析与挖掘。在对发动机试车试验中的参数时间序列进行数据挖掘之前，需要对参数时间序列进行稳态特征识别，识别出稳态位置信息。根据稳态位置信息，对试车稳态参数归类，然后对稳态归类结果进行预测分析和异常识别。以单次试车稳态归类结果为基础，可以进行多次试车某稳态的识别，并对识别结果进行可视化分析和异常识别。

2. 系统数据流图的展开图设计

由于一层展开图中的各处理过程还比较复杂，需要进行进一步分解。下面按照逐层分解的思路对各处理过程进行二层展开的分析。

(1)稳态特征识别二层展开图(图 12-5)。在对试车数据进行稳态特征识别时，需要先选择稳态提取方法。对于手动稳态提取方法，首先需要选择油门参数；其次根据油门参数的时间序列数据散点图，选择稳态的起始位置和结束位置，存储所选取的稳态段数据，并计算均值和方差；最后根据均值和方差进行全

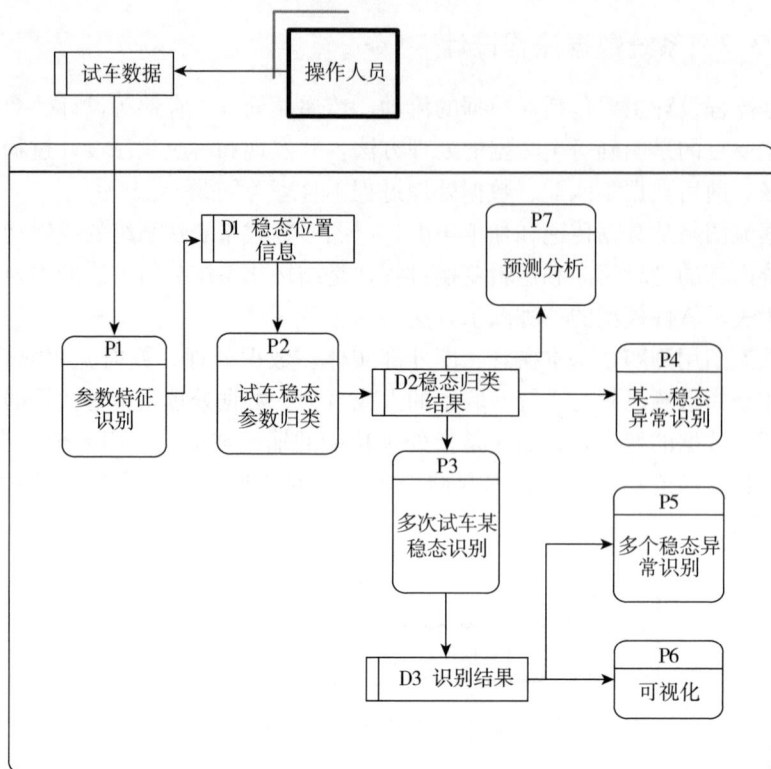

图 12-4　发动机试验数据挖掘系统顶层数据流图

序列的稳态提取。对于自动稳态提取方法，首先需要设定稳态判据参数和阈值，其次进行自动稳态提取。稳态提取完成后，记录并存储稳态位置信息。

（2）试车稳态参数归类二层展开图（图 12-6）。试车稳态参数归类，目的是将均值相近的稳态划分成一类，以便进一步分析。首先需要根据稳态位置信息，对试车数据选择参数计算均值；其次选择归类方法。选择手动归类方法，需要人工设置归类数目，然后经过手动归类处理，得到稳态归类结果。选择自动归类方法，则直接经过自动归类处理，得到稳态归类结果。

（3）多次试车某稳态识别二层展开图（图 12-7）。发动机试验通常会进行多次，使用稳态参数归类会得到不同水平的稳态段。多次试验提取到的稳态段可能会处于同一水平，对多次试验同一水平的稳态段数据进行进一步分析很有必要。而进行分析的前提，则是实现对发动机多次试车某参数同一水平的稳态识别。需要根据对比多次试验同一水平的稳态归类结果，设置水平状态值和波动幅度值，根据水平状态值和波动幅度值，得到识别结果。

（4）预测模块二层展开图（图 12-8）。首先根据稳态归类结果，确定自变量和

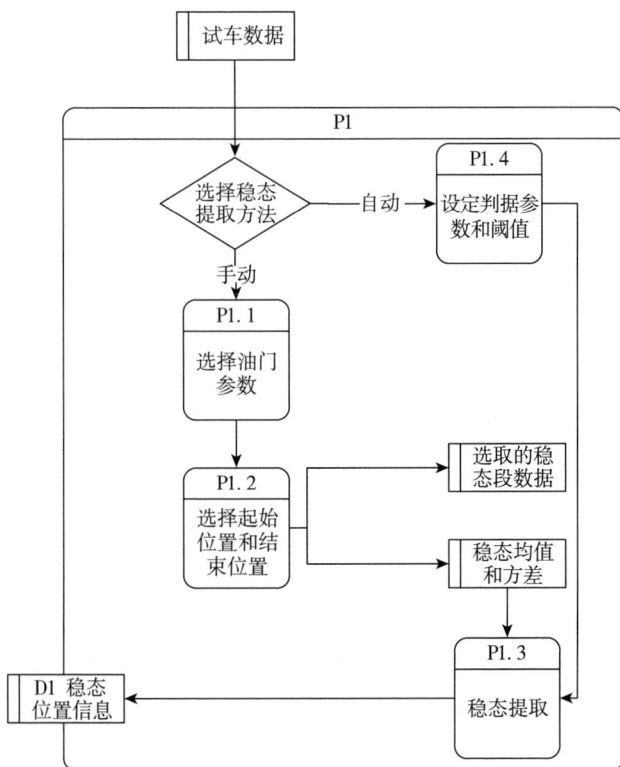

图 12-5　稳态特征识别二层展开图

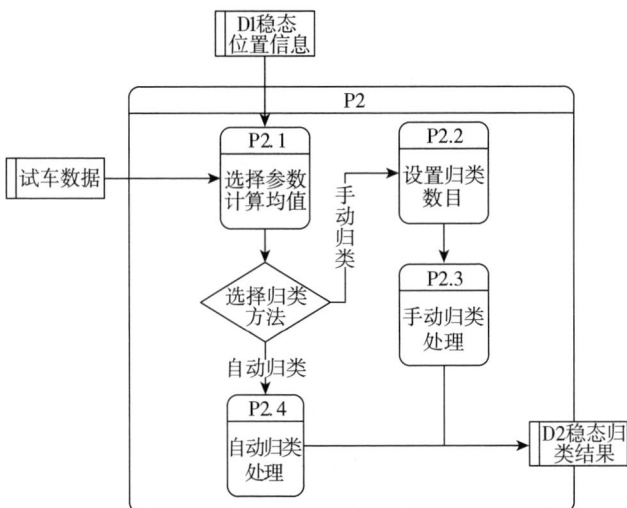

图 12-6　试车稳态参数归类二层展开图

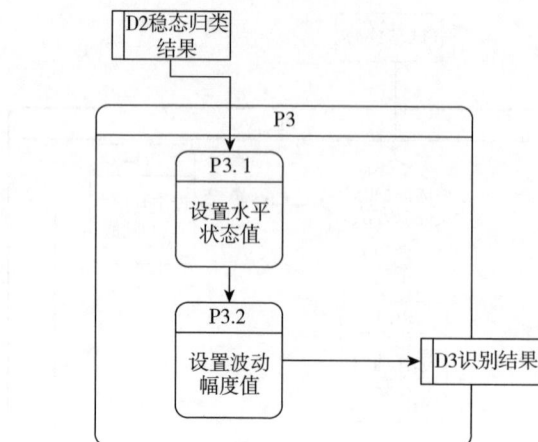

图 12-7 多次试车某稳态识别二层展开图

因变量，并设置允许训练误差；其次训练网络，对训练网络模型进行测试，得到测试结果。如果测试结果满足允许训练误差，则保存网络模型，完成网络训练。在完成网络训练之后，输入发动机外场稳态数据，使用训练好的网络模型对相关参数进行预测，并对结果进行保存。

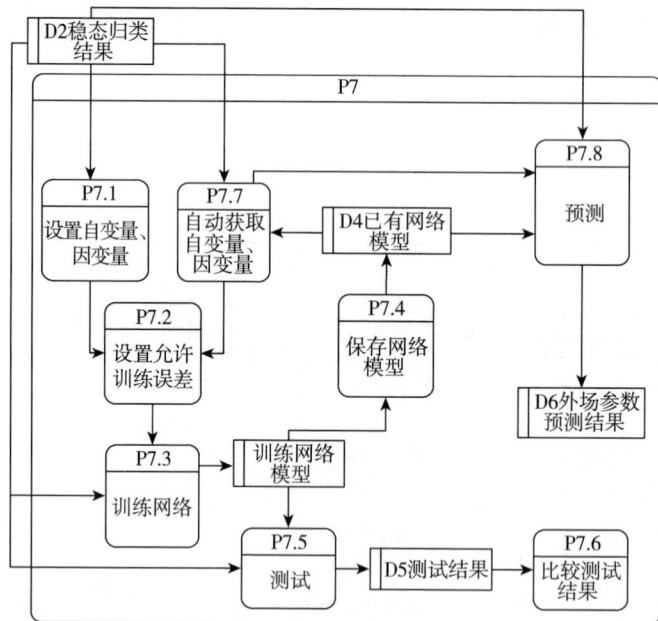

图 12-8 预测模块二层展开图

12.4　发动机试验数据挖掘系统实现的关键技术

在发动机正式投入使用之前，通常需要经过大量的试车试验，通过分析发动机各性能参数的状态数据，确保整个系统的正常运行。除了观察发动机总体运行状态是否正常以外，发动机试车的另一个主要目的是获得可靠的试车数据，利用相关方法从中获取有用的信息和知识。通常可以利用试车数据可视化软件把数据采集系统得到的数据信息，通过数据格式转换，得到易于理解和研究的十进制数值。同时，发动机试车数据表现为发动机自身特征结构及其运行环境以参数形式出现的一种数据，按一定的时间间隔进行信息采集，最终形成一种多维时间序列数据。通过发动机试车试验所得到的多维时间序列数据，实质上是由各个参数分别按时间间隔序列采样得到的单变量(一维)时间序列数据所组成的，如由油门、推力、转速等单变量时间序列数据所组成。

根据试验次数和数据分析的不同目的，将发动机性能参数挖掘研究的数据对象归结为三种类型，即多个参数单次试车数据、单个参数多次试车数据和多个参数多次试车数据。多个参数单次试车数据是指发动机在一次试车试验中得到的多个参数数据；单个参数多次试车数据是指在多次试车试验过程中被观测的同一参数数据；多个参数多次试车数据是针对一组参数，观察它们在不同试车试验中的变化。不管是哪种数据类型，它们的基本元素都是在发动机试车试验中运行的性能参数。因此，对性能参数数据的分析是实现这三种数据类型数据挖掘的重要过程和基本步骤。

发动机试验数据挖掘系统分为参数特征识别、稳态参数归纳、可视化、异常识别和预测分析五个子系统，下面主要介绍发动机试验数据挖掘系统实现中的两种关键技术，即发动机参数特征识别技术和故障检测技术[3]。

12.4.1　基于形态特征的发动机参数特征识别技术

在发动机试车试验中，每个参数都存在各种不同的状态，即稳态数据和过渡态数据。稳态数据表现为相对较为平稳的序列段，过渡态数据表现为具有明显上升或下降趋势的数据段，如图 12-9 所示。图 12-9(a)显示了某发动机某次试车实验中一个参数经过标准化处理后的观测值序列，图 12-9(b)和图 12-9(c)分别为参数序列中子序列片段 b 和 c 的放大视图。由于序列片段 b 的数据波动具有相对的稳定性，因此被视为稳态数据序列。若从图 12-9(a)中观察序列片段 c，容易认为该序列为过渡态序列，然而从放大的子图中易知，该序列同时包含过渡态特征序列和稳态特征序列。

在发动机参数序列中，由于稳态序列和过渡态序列的数据波动较为复杂，其

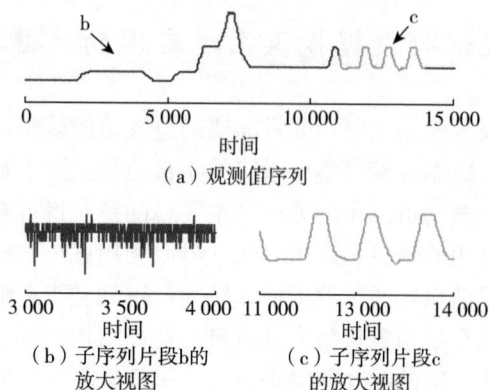

图 12-9　发动机性能参数数据的状态描述

相邻的数据之间没有明显的规律性。例如，从整体上来看，在上升过渡态序列中数据波动呈上升趋势，但相邻的观测数据不一定具有统一的规则，即后一个观测数据值不一定比前一个观测数据值大。因此，为了更好地对发动机试车实验中参数序列进行数据挖掘，需要先进行稳态特征识别和过渡态特征识别。

1. 参数特征识别方法

发动机性能参数数据是一种典型的时间序列数据，可以使用时间序列数据挖掘方法对其进行知识挖掘，以便有效地分析发动机运行的状况。为了更好地对发动机性能参数数据进行故障检测，可以利用基于形态特征的时间序列特征表示方法对发动机性能参数序列进行符号化表示，实现性能参数序列中的稳态特征和过渡态特征识别，进而提取发动机性能参数时间序列的稳态数据和过渡态数据。

符号化表示方法是一种常用的时间序列特征表示方法，其中符号化聚合近似（symbolic aggregate approximation，SAX）是最为典型的时间序列符号化方法[4]。它利用聚合近似方法对时间序列进行特征表示，同时将时间序列数值域按等概率划分成若干个子区域，每个区域由不同的符号来表示，聚合近似方法所得到的均值序列根据所在区域的符号被转化成字符串序列。为了使字符串序列更好地描述时间序列的形态变化特征，可以利用基于形态特征的时间序列符号化表示方法 S_SAX 对时间序列进行形态特征表示。

对时间序列进行形态符号化表示之前，需要进行标准化处理，使数据服从标准正态分布，即标准化后的时间序列数据服从均值为 0、方差为 1 的正态分布。根据标准化后时间序列数据值分布情况，将数据空间进行等概率划分成 h 个区域，再按照传统的符号化方法将 S_PAA 数据序列分别转化成 S_SAX 字符序列，其转化过程如图 12-10 所示。

首先将等间隔时间序列数据的直线斜率转化，得到图 12-10 中的 S_PAA 形

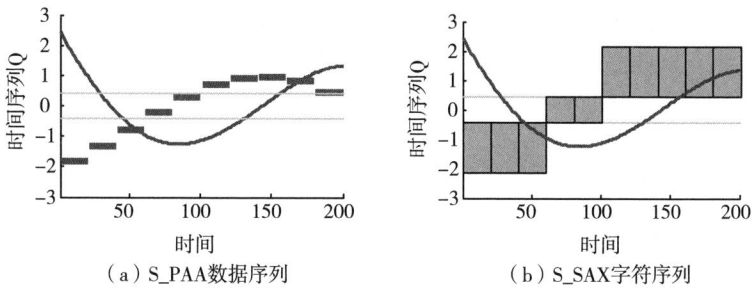

图 12-10　基于形态特征的符号化表示过程

态序列；其次通过符号化过程，把时间序列的形态数据空间按等概率形式划分成三个区域，则 S_PAA 形态数值序列可以用三个字符来表示，即 "a、b、c"，最终时间序列被转化成字符串序列 "$aaabbccccc$"。由 S_SAX 方法得到的符号可以用符合人类思维活动的语义进行描述，如 a 表示下降、b 表示平稳和 c 表示上升。同时，从 S_PAA 的形态数值也易知，分段序列的形态特征越陡，形态数据的绝对值就越大；反之，形态数据的绝对值越接近 0。图 12-10 中的 S_PAA 形态数值和 S_SAX 字符串都反映了该时间序列的变化趋势，即经过了逐步下降、短暂平稳和连续上升三个阶段。

在发动机性能参数时间序列中，由于稳态序列和过渡态序列的数据波动较为复杂，因此相邻的数据之间没有明显的规律性。例如，从整体上来看，在上升过渡态序列中数据波动呈上升趋势，但相邻的观测数据不一定具有统一的规则，即后一个观测数据值不一定比前一个观测数据值大。因此，为了对参数序列进行特征识别，提出基于时间序列形态符号化表示的参数特征识别方法。

基于时间序列形态符号化表示的参数特征识别方法实际上是利用时间序列形态表示方法对参数序列进行分段聚合近似表示，再利用符号化方法将其转化成字符串，最后根据符号的具体意义实现特征识别。在基于形态特征的时间序列符号化表示方法中，首先将整个参数时间序列平均分成 w 条子序列；其次对每个子序列计算其斜率序列 S_PAA，同时设定区域划分数目 $h=3$，相应的符号集 $S=\{a,b,c\}$；最后将 S_PAA 序列根据区域划分的范围转化为字符串。根据符号集 S 中各符号的意义，a 表示下降趋势，b 表示水平趋势，c 表示上升趋势，将字符串中每个符号对应的子序列视为相应的状态特征，即 a 对应下降过渡态特征、b 对应稳态特征、c 对应上升过渡态特征。最终将具有连续相同符号的片段序列合并成该符号所对应的状态特征。

在发动机试车试验中，性能参数之间的变化是相互影响的，这就导致参数的过渡态数据和稳态数据之间没有明显的界线，存在一定的缓冲稳定过程。因此，在进行特征识别过程中，需要进行"掐头去尾"操作，移除处于缓冲稳定过程的稳态数据或过渡态数据。去除头部和尾部的小部分数据，使保留序列片段的波动性更具有规律性。通过形态符号化方法，参数序列被转化为字符串，稳态与过渡态之间的缓冲稳定过程也被转化成字符，且状态过程由 a 逐渐向 b 过渡或由 b 逐渐向 c 过渡，所以可以在字符串中删除相邻且相异的两个字符来实现"掐头去尾"操作。如图 12-10 中所获得的字符串序列通过"掐头去尾"操作，首先将相邻且相异字符 ab 删除；其次删除 bc，得到反映原时间序列状态的符号序列"$aaccc$"；最后将"aa"和"$cccc$"对应原始时间序列片段视为相应的特征序列，即分别为原参数时间序列的下降过渡态序列和上升过渡态序列。

2. 发动机性能参数特征识别数值实验

为了验证参数特征识别方法的可行性和有效性，采用发动机试车试验仿真数据进行发动机性能参数特征识别实验，利用基于时间序列形态符号化表示的参数特征识别算法对该参数序列进行特征识别。

根据发动机性能参数时间序列的数据特征，利用基于时间序列形态符号化表示的参数特征识别方法对其进行稳态特征和过渡态特征识别。在基于时间序列形态符号化表示的参数特征识别方法中，首先需要将整个参数时间序列平均分成 w 条子序列，每条子序列长度为 k。同时，根据区域划分数目 $h=3$，即相应的符号集 $S=\{a, b, c\}$，使最终的发动机参数序列转化为字符串序列。其次根据序号意义，获得相应的特征序列。

若基于时间序列形态符号化表示参数特征识别方法，并且设定算法中的 $k=100$，即每条子序列的长度为 100，则原始参数时间序列数据和最终参数特征识别结果如图 12-11 所示。图 12-11（a）为原始参数时间序列，图 12-11（b）、图 12-11（c）和图 12-11（d）分别为识别出来的稳态特征序列段、上升过渡态特征序列段和下降过渡态特征序列段。

需要说明的是，在参数特征识别算法中，子序列长度 k 的取值通常根据发动机参数试车实验中参数观测值抽样频率来决定。若抽样频率较高，则 k 可以取较大值；否则，k 取较小值。实际上，由于在该算法中需要实现"掐头去尾"操作，因此，k 值可以根据用户需要进行"掐头去尾"的长度来决定。

12.4.2   基于统计特征的发动机故障检测

故障检测通常是保证发动机安全运行的重要预防措施。例如，航空发动机和液体火箭发动机的故障检测可以预防此类发动机在航天航空飞行中出现故障[5,6]，同时在提高发动机的耐用性、降低维修费用等方面具有重要作用。故障检测的主要对象是发动机地面试车试验后的各个参数，并且通常从两个角度来监控发动机的运行状况，即分别以单个参数和多个参数为研究对象的故障检测方法。以单个参数为主要研究对象的故障检测，利用相关方法对单个参数进行局部

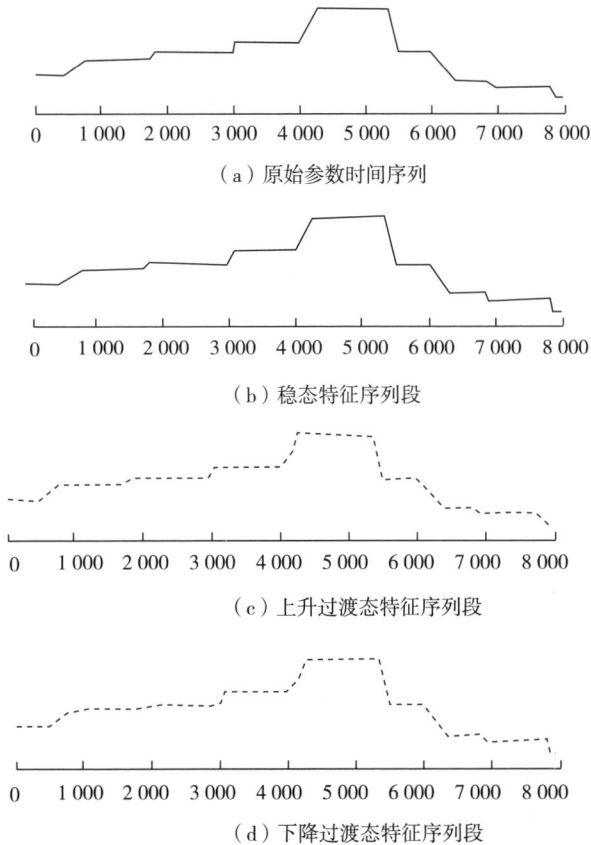

（a）原始参数时间序列

（b）稳态特征序列段

（c）上升过渡态特征序列段

（d）下降过渡态特征序列段

图 12-11 发动机性能参数特征识别结果

异常数据的检测，进而实现发动机的故障检测与诊断；以多个参数为主要研究对象的故障检测，通过对多个参数进行特征分析，利用关联分析或其他智能分析方法对发动机多个参数进行故障关联分析，从中挖掘出故障发生的关联性、因果关系等知识和信息。然而，这两类方法都需要事先对单个参数做数据预处理，如标准化、离散化或符号化等，而且在一定程度上需要对单个参数进行故障分析。因此，对基于单个参数的发动机故障分析是一项基础而又重要的故障检测任务。

近年来，学者们提出多种发动机故障检测的方法，如基于动态数学模型的方法[7]、基于信号处理的方法[8]和基于知识的智能诊断方法[9]等。其中，红线系统故障检测在 20 世纪 90 年代中期具有广泛的应用，但其故障检测能力较低且容易发生故障误检。为此，系统的故障检测异常（system for anomaly and failure detection，SAFD）[10]改进了红线系统的不足，具有一定的自适应能力，但其检测能力的质量依赖于参数阈值的选定，具有一定的局限性。后来，王珉等提出利用一种自适应阈值故障检测方法（adaptive threshold algorithm，ATA）进行参数采样值离散化，并结合模式矩阵实现发动机的故障关联规则挖掘，检测的参数阈值由参数的均值、标准差及自适应带宽系数共同决定[11]。虽然 ATA 在一定程度上解决了 SAFD 方法的不足，但也存在一些缺陷。一方面，参数的过渡态(非稳态)数据对发动机性能参数的均值和标准差影响较大，影响每个参数测量值所对应的阈值；另一方面，ATA 通过检查各个参数测量值是否在各自的参数门限正常区间内来判断是否出现故障，然而无法检测出连续多个参数测量值位于该区间内但其数据波动特征明显与其他测量值不符的情况。

针对上述问题，本书给出一种基于异常模式的发动机故障检测方法，通过利用时间序列数据挖掘方法来对发动机性能参数时间序列进行异常检测。为了提高故障检测的质量，利用基于形态特征的时间序列特征表示方法对参数序列进行符号化表示，实现参数的稳态和过渡态特征识别。对于参数稳态数据序列，利用基于统计特征的时间序列相似性度量方法，结合时间序列异常模式算法来实现参数序列的故障检测。发动机仿真数值实验结果表明，与传统方法相比，本书提出的方法能有效地对发动机性能参数进行故障检测，识别出连续多个参数测量值位于该区间内但其数据波动特征明显与其他测量值不符的情况，具有较强的鲁棒性。

1. 最不相似模式发现算法

异常模式发现算法是时间序列数据挖掘中的重要方法，用于发现时间序列数据集或时间序列片段中的异常序列(子序列)。其中较为流行的是时间序列最不相似模式发现算法[12]，它是一种基于 SAX 的异常子序列发现算法，常被运用于其他时间序列数据挖掘任务中，如提高聚类质量、数据清洗和异常检测等。

传统的异常模式发现算法需要较高的时间复杂度，不利于大量较长时间序列的异常检测。针对此问题，Keogh 等利用 SAX 符号的优势，结合相应的启发式规则，提高了最不相似模式发现算法的计算速度[12]。

基于启发式的最不相似模式发现算法 Heuristic _ Search(Q，n，outer，inner)描述如下。

输入：时间序列 Q，异常序列模式长度 n，启发式规则 outer 和 inner。

输出：最不相似模式 P、P 与其他序列段的最小距离值 d 和 P 在原时间序列 Q 中出现的起始位置信息 loc。

步骤 1　利用 p 和 q 来分别记录两条相互比较子序列在原序列 Q 中的位置，且分别根据启发式规则 outer 和 inner 对本算法的外层循环和内层循环进行控制，以便得到提高算法速度的位置信息 p' 和 q'，初始化 $d=0$ 和 loc＝null。

步骤 2　对于每个位置信息 p'，设定初始最邻近距离为 $d'=+\infty$，且根据每个位置信息 q' 执行内层循环，其具体步骤为：①若 $|p'-q'|>n$，说明当前比较的序列为平凡匹配，执行下一步；否则返回步骤 2。②若 Df($Q(p'$，$n)$，$Q(q'$，$n))<d$，则终止内层循环，返回步骤 2；否则执行下一步。③若 Df(Q

$(p'，n)，Q(q'，n))<d'$，则最邻近距离 $d'=Df(Q(p'，n)，Q(q'，n))$。

步骤 3　若 $d'>d$，则记录最小距离 $d=d'$ 和起始位置信息 $loc=p'$，返回步骤 2，直到完成外循环中的所有 p' 为止。

步骤 4　根据位置信息 loc 获得最不相似模式 P，同时返回最小距离值 d 和起始位置信息 loc。

在该算法中，outer 和 inner 是提高算法速度的启发式规则。文献[12]利用滑窗方法将窗口内的子序列利用 SAX 方法转化为字符串序列，再结合两种特定的数据结构来实现 outer 和 inner 启发式规则，以提高算法速度。

2. 基于非线性统计特征的异常检测

发动机试车试验中的参数序列分别包括稳态特征序列和过渡态特征序列，其中获取稳态特征序列数据是发动机试车试验的主要目的，通常被用来检测发动机参数在某个稳态过程中是否存在异常，进而实现发动机的故障检测。

由于发动机参数中稳态特征序列数据的波动性较为平稳，其明显特征表现为同一水平状态下的稳态特征序列具有近似的均值和标准差，这也是王珉等[11]提出 ATA 的原因，即利用均值、标准差及自适应带宽系数共同决定门限，使超出门限的数据被视为异常数据。然而，ATA 没有对参数中的稳态与过渡态数据进行识别，而是直接对参数序列进行异常检测，导致过渡态特征序列数据会产生较大的均值和标准差，进而影响自适应带宽系数，扩大门限的范围。

本章利用基于非线性统计特征的时间序列特征表示和相似性度量（non-linear statistical feature based piecewise aggregate approximation，NLSF_PAA）方法来对发动机稳态数据进行特征表示和相似性度量。NLSF_PAA 方法利用均值和标准差两个统计量表示某个序列段的特征，并且度量统计特征的距离公式满足下界性，具有较高的下界紧凑性和数据剪枝能力，避免在序列相似性搜索时发生漏报的情况。因此，为了有效地对参数稳态序列进行异常检测，利用基于统计特征的时间序列相似性度量方法，结合最不相似模式发现算法来实现发动机性能参数异常检测，即利用 NLSF_PAA 方法中的距离度量函数代替基于启发式的最不相似模式发现算法中的函数 Df。

在参数稳态特征序列集合 $G=\{g_1，g_2，\cdots，g_K\}$ 中，合并同一水平状态下的稳态特征序列片段，可以得到不同水平状态下的稳态特征序列集合 $G'=\{g'_1，g'_2，\cdots，g'_{K'}\}$，其中，$g$ 表示通过稳态特征识别算法识别出的某个稳态特征序列，g' 表示同一水平状态下的稳态特征序列。G' 中元素按稳态特征序列的均值大小从低到高排列，即 $\forall i，j\ (i<j)$，有 $mean(g'_i)<mean(g'_j)$。

基于非线性统计特征的异常检测算法 NLSF_AbnormSearch$(g'，n)$ 描述如下。

输入：发动机性能参数稳态特征序列 g'，故障异常序列长度 n。

输出：故障异常序列 P 及出现的位置信息 loc。

步骤1　根据文献[12]的方法，利用符号化聚合近似 SAX 方法及相应的数据结构制定启发式规则 outer 和 inner。

步骤2　执行基于启发式的最不相似模式发现算法，并且该算法中的相似性度量函数 Df 被 NLSF_PAA 方法中的距离度量函数替换，最终得到最不相似模式序列 P 和在原始时间序列中出现的位置信息 loc。

步骤3　从参数稳态特征序列 g' 中移除最不相似模式序列 P，若 $\forall g_i'' \in g' - P$，有 NLSF_PAA$(P, g_i'') < \varepsilon$，则把 P 视为故障异常序列；否则，该参数稳态特征序列不存在故障异常序列，即 $P=$ null 和 loc$=$null。

在基于启发式的最不相似模式发现算法中，程序返回最不相似模式 P 可能为异常模式，也可能是与其他序列差异较大的正常模式，因此，在基于非线性统计特征的异常检测算法的步骤3中通过给定阈值 ε 来判断 P 是否为异常模式。ε 值可以人工设定，也可以在移除后的参数稳态特征序列 $g'-P$ 重新搜索最不相似模式，并得到相应的最小距离 d 值，将 ε 值取为在稳态特征序列 $g'-P$ 下的最小距离值，即 $\varepsilon=d$。

3. 发动机故障异常检测数值实验

为了验证算法的可行性和有效性，采用发动机性能参数特征识别实验中的仿真数据进行故障检测实验。利用不同的时间序列相似性特征表示和相似性度量方法来验证基于模式发现的发动机故障检测算法的异常检测效果。同时，通过与传统发动机故障检测算法 ATA 相比，进一步说明算法 NLSF_AbnormSearch 具有优越性。

根据发动机性能参数特征识别实验中的实验结果，可以得到相应的稳态特征序列集合，通过提取同一水平状态下的稳态特征序列，分别利用欧氏距离、基于 PAA 的距离度量和所提出的基于统计特征的相似性度量进行发动机参数稳态特征数据的异常检测，比较结果如图 12-12 所示。

图 12-12(a)显示了某一水平状态下的稳态特征序列中某段子序列超出其他子序列的波动范围，且该子序列为异常模式序列；图 12-12(b)显示了另一水平状态下的稳态特征序列中某段子序列的波动性小于其他子序列的波动性，该子序列应被视为异常模式序列。在图 12-12(a)中，三种方法都可以识别出异常模式，但基于欧氏距离和 PAA 的异常检测无法发现图 12-12(b)中的故障模式。因此，与传统的时间序列特征表示和相似性度量方法相比，在发动机故障检测中，时间序列非线性统计特征具有较好的特征表示能力和相似性度量质量。

同时，利用文献[11]提出的故障检测方法 ATA，对上面两种情况进行故障检测，实验结果如图 12-13 所示。从检测结果中发现，ATA 仅把门限外的数据视为异常点，而不能识别出异常模式序列。然而，NLSF_AbnormSearch 能够准确地识

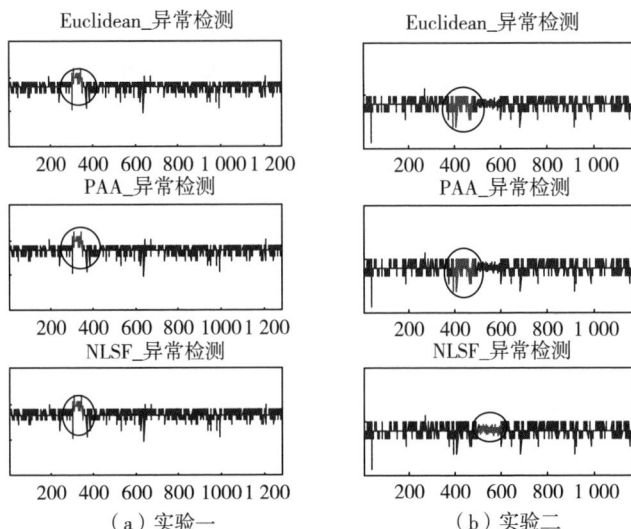

图 12-12　三种方法在某一水平状态下稳态特征数据的异常检测结果

别出参数稳态特征序列中的异常模式，进而实现发动机性能参数的故障检测。

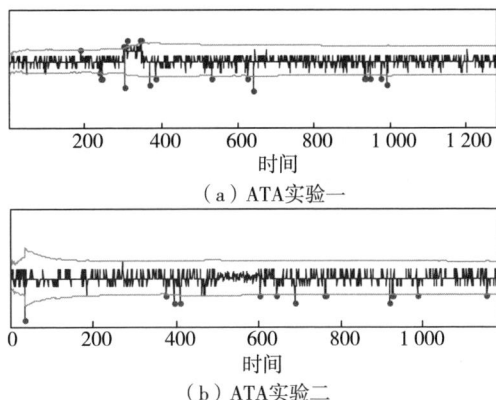

（a）ATA实验一

（b）ATA实验二

图 12-13　ATA算法对两种数据的异常检测结果

通过对传统发动机故障检测方法的分析可知，基于统计特征和异常模式的故障检测方法能够有效地对发动机进行故障检测，并识别出连续多个参数测量值位于该区间内但它们的数据波动特征明显与其他测量值不符的情况，因此具有较强的鲁棒性。

12.5　本章小结

数据挖掘和知识发现技术在发动机设计知识管理中具有重要作用，知识工程师需要使用先进的数据挖掘与知识发现技术对海量发动机试验数据进行分析与挖掘，从而实现知识的自动获取。由于发动机试验全程实时扫描的各种性能测量参数是典型的时间序列数据，因此需要针对发动机试验全程实时扫描的各种性能测量参数数据，开展面向整机试验数据分析的时间序列数据挖掘的应用系统开发和关键技术研究。

根据系统需求分析，将发动机试验数据挖掘系统分为参数特征识别、稳态参数归纳、可视化、异常识别和预测分析五个子系统。在发动机试验数据挖掘系统开发与实现中，发动机参数特征识别和故障检测是两种核心的关键技术。为了完成发动机参数特征识别，以及结合基于统计特征的相似性度量对发动机试验数据进行异常检测。首先利用基于时间序列形态表示的符号化表示方法将发动机参数序列转化为字符串，并根据字符的具体意义对参数进行稳态特征和过渡态特征识别；其次，针对稳态特征序列数据，通过基于统计特征的时间序列相似性度量方法，并结合最不相似模式发现算法，实现发动机试车参数稳态数据的异常检测。最后，通过数值实验验证所提方法进行发动机故障检测的有效性，并通过与传统方法相比，进一步说明了新方法的优越性和鲁棒性。

参考文献

[1]陈永当，任慧娟，王钰鑫，等．基于知识管理的航空发动机设计知识分类与获取．航空制造技术，2011，18：81-85.

[2]黄梯云，李一军，叶强．管理信息系统．第五版．北京：高等教育出版社，2014.

[3]李海林．时间序列数据挖掘中的特征表示与相似性度量方法研究．大连理工大学博士学位论文，2012.

[4]Lin J，Keogh E，Lonardi S，et al. A symbolic representation of time series，with implications for streaming algorithms. In：Halevy A Y，Ives Z G，Doan A H. Proceedings of the ACMSIGMOD International Conference on Management of Data，Workshop on Research Issues in Data Mining and Knowledge Discovery. New York：ACM，2003：2-11.

[5]周东华，孙优贤．控制系统的故障检测与诊断技术．北京：清华大学出版社，1994.

[6]谢廷峰，刘洪刚，黄强，等．液体火箭发动机地面试车实时故障检测算法．航天控制，2008，26(1)：74-78.

[7]陈艳霞，关世玺，唐家鹏．火箭发动机起动过程动力学研究．弹箭与制导学报，2010，30(5)：131-136.

[8]李冰林，魏民祥．基于形态滤波的发动机气缸压力信号处理．传感器与微系统，2009，28(7)：56-58.

[9]陈果，左洪福．基于知识规则的发动机磨损故障诊断专家系统．航空动力学报，2004，19(1)：23-29.

[10]Panossian H V，Kemp V R. Technology test bed engine real time failure control，NASA-CR-192414，1992.

[11]王珉，胡鸢庆，秦国军. 基于模式矩阵的液体火箭发动机试车台故障关联规则挖掘. 宇航学报，2011，32(4)：947-951.

[12]Keogh E，Lin J，Fu A. Hotsax：finding the most unusual time series subsequence：algorithms and applications. Knowledge and Information Systems，2006，11(1)：1-27.

第 13 章

汽车 4S 店客户细分及变化挖掘

随着我国汽车行业的飞速发展，汽车厂家间的竞争日趋激烈，在汽车保有量急剧增长的同时，汽车售后服务的市场也随之变得越来越大。汽车厂家之间的竞争也已经由汽车的销售竞争转为售后服务的竞争。汽车 4S 店的售后维修服务部门作为汽车厂家与车主维系客户关系的重要部门，需要加速建设以客户为中心、以信息系统为基础的 CRM 体系。4S 店售后维修服务部门的服务对象是保有其品牌车系的全部车主，如何对这一庞大的客户群体进行有针对性的客户细分是4S 店售后维修服务部门进行良好 CRM 的基础。随着数据挖掘技术在商业环境中的应用越来越广泛，4S 店售后维修服务部门也希望能够利用先进的数据挖掘技术来支持企业的客户细分和 CRM 政策的制定。

在 10.4 节"基于数据挖掘技术的客户细分"中，针对客户细分问题，以市场营销领域中常用的 RFM 指标作为属性变量，利用聚类算法对汽车 4S 店客户细分进行了尝试，表明应用聚类算法对客户群进行细分是可行的。但是由于 R(Recency，近度)指标在汽车维修服务业的作用不明显及 4S 店客户群经常动态变化，需要重新设计适合刻画 4S 店客户行为的指标体系、适合 4S 店客户细分的聚类方法及客户群变化挖掘方法。

本书将应用数据挖掘技术进行 4S 店客户细分过程看做知识发现过程，针对汽车售后维修服务业的特点，提出适合于该行业企业的客户细分方法与客户群变化挖掘方法，以帮助企业更高效地进行 CRM[1]。

■13.1　汽车 4S 店客户细分的前期准备

开展数据挖掘首先需要了解进行挖掘分析的业务，明确业务所要达到的目的和成功标准；其次将业务问题转换为数据挖掘问题，如采取何种数据挖掘方法来处理该业务问题等。本节首先进行客户细分在 4S 店营销中的需求分析，并对 4S

店客户细分的数据挖掘过程进行整体设计；其次分析 4S 店客户细分的数据基础，建立 4S 店客户细分指标。这些内容可以看做数据挖掘过程中的问题定义及数据准备过程。

13.1.1　汽车 4S 店客户细分的需求分析

进入 21 世纪，我国的汽车行业发展之快是任何发达国家都无法比拟的，在短短的十几年里走过了西方发达国家汽车市场上百年的历程。我国汽车保有量的急剧增加，给汽车售后服务业带来了极大的商机，如果把整车销售作为汽车市场的"前市场"，那么维修保养、配件供应、汽车美容、汽车改装等服务都可以称为汽车"后市场"[2]。在利益驱动下，市场竞争已经从"前市场"转移到售后服务竞争，甚至汽车售后服务业已成为商家赢得市场的关键。随着用户的消费行为渐趋理性，谁能够提供让消费者满意的服务，谁就会加快步伐，占有市场份额。而汽车"后市场"服务客户与汽车"前市场"服务客户的最大区别就在于"前市场"中的客户大多可以看做企业未知的潜在的客户，而"后市场"中的客户则是企业已经获得的客户，且企业掌握着与这些客户接触的大量信息。因此，4S 店售后维修服务应当树立"以客户为中心"的服务理念，提升企业的服务能力，并通过实时监控服务进程和对一线数据的分析和挖掘，为企业决策提供依据，为用户提供高品质和专业化的服务，这样才能强化企业的核心竞争力，从激烈的竞争中脱颖而出。

要做到"以客户为中心"就需要企业加强对客户的了解，面对庞大的客户群体，客户细分则成为企业了解客户的较好的方法。通过客户细分可以把客户分成一个个具有某些相同特征的群体，在每个群体内，客户的特征非常相似，而在群体与群体之间，客户的特征则不尽相同。基于这样的客户细分，企业就可以对每个客户群进行有效的管理，并采取相应的营销手段，提供符合该客户群特征的产品或服务。形成客户群后，对客户群的描述直接影响到营销活动的策划和执行，因此企业还希望对客户的特征做进一步的了解和剖析，形成客户群特征的描述，把枯燥无味的数据变成活生生的客户特性体现，以帮助管理者更好地理解客户群，制定相应的营销决策。

建立良好的客户细分能够帮助企业发现最具有价值的客户，了解他们的需求和行为习惯，从而指导客户服务人员在与客户进行交流的过程中做到有的放矢，因人而异。然而除此之外，企业还希望利用对企业长时间积累下来的客户细分结果来分析客户群的演变规律，以分析不同的客户在不同生命周期中的行为模式改变，动态地对客户采取不同的营销策略。了解了这些变化，企业可以在客户行为即将发生变化时及时地开展不同的营销手段，以确保精准地向客户提供个性化的产品和服务。

13.1.2 汽车 4S 店客户细分的数据挖掘过程总体设计

基于以上的需求分析，可以概括出对 4S 店客户细分进行数据挖掘的主要任务：首先，需要结合汽车维修服务业的特点和数据存储资源特征，构建能够对不同的客户行为进行区分且易于营销人员理解的、适合于汽车维修服务业的客户细分指标，并对企业存储的车主维修交易数据进行处理得到指标的数据形式；其次，采用合适的聚类工具对数据进行建模，并通过对建模结果的分析处理得到易于营销人员理解的客户细分结果；再次，利用合适的分析方法总结不同时间段客户细分结果的变化规律，发现客户分群演变规律的知识；最后，将数据挖掘过程得到的结果以形象的方式展示给管理者。

图 13-1 为客户细分与变化挖掘过程，该图说明了如何利用车主维修交易数据进行客户细分及获得客户群变化知识的简要流程。

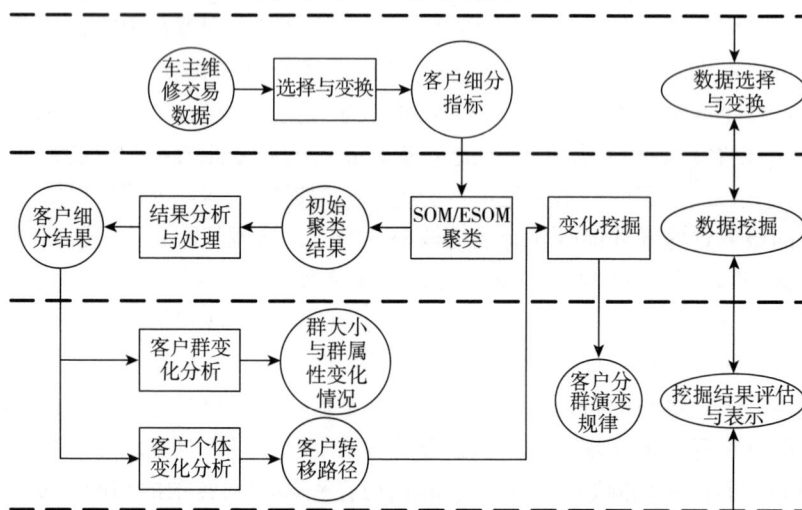

图 13-1　客户细分与变化挖掘过程

13.1.3 汽车 4S 店客户细分的数据基础

随着信息技术的发展，越来越多的企业认识到企业信息化建设的重要性。4S 店每天都有大量的各种业务的数据产生，因此 4S 店的信息化建设大多较早地被企业重视并已有较好的基础。客户数据管理是将准确的客户数据收集和存储到一条逻辑记录上的过程。该过程是实现客户细分和理解的必要条件。这项工作分为以下两步[3]。

（1）建立客户数据库。将分散在企业内部各个信息技术系统中的数据及企业外部数据（如市场调查、第三方数据等）分类后，以客户编号等信息为主键进行抽取、转换并装载到一个集中的数据库中，作为全面客户研究和分析的基础，并为下一步数据挖掘的目标数据集提供可用的数据源。

（2）生成目标数据集。一般来说，日常详细运营数据的组织形式都不是以客户为单位的，这个环节的主要任务就是要将所有与客户相关的历史数据有机地组织成一条记录，所有客户的记录集合就被称为目标数据集。这是在数据挖掘之前一个重要的准备任务。目标数据集的记录是由许多字段组成的，每个字段都反映了客户数据的某个方面。在对目标数据集记录的字段名、字段的数据来源，字段的转换和装载逻辑进行设计后，将原始数据转化为目标数据集。

通常情况下，4S 店会将每个客户每次维修的信息都记录下来，存储在企业的业务数据库中。这些维修交易记录信息通常包括如下字段，即工单编号、车主车辆标识码（vehicle identification number，VIN）、车主信息、汽车进站维修时的里程数、维修类型、维修日期、工时费、材料费等。这些数据为 4S 店对车主进行基于客户行为的细分提供了数据基础。然而要想充分地发挥这些数据的价值，让这些数据能够真正地为管理决策提供支持，就需要对企业数据库中存储的这些大量数据进行整理和转换，以形成有意义的、易于理解与分析的细分指标。

13.1.4　4S 店客户细分指标的选取与生成

根据汽车维修服务业的特点，本书作者提出了新的基于客户行为的客户细分指标，新的指标继承了 RFM 模型中的 F 指标和 M 指标，同时新增 Y 和 K 两个细分指标，以下将其称为 YKFM 模型。其中各客户细分指标的具体含义如下。

（1）Y 指标表示客户的保留时长，以年为单位，即客户在生命周期中第一次维修到最近一次维修所经历的年限长度。该指标可以表示和记录客户的时间历史信息，能一定程度地反映客户所属的生命周期时段和忠诚程度。

（2）K 指标表示客户汽车的行驶里程数。这是针对汽车维修服务业提出的特有指标。由于汽车使用情况的不同、汽车磨损程度的不同，行驶里程数对于汽车维修服务来说具有独特的影响和意义，并可以区分客户的汽车使用方式，如长途运输或短程代步等。

（3）F 指标表示特定时间段内，某客户进站维修的总次数。由于汽车维修消费具有一定的周期性，F 指标可以部分反映客户的保养习惯与重复消费习惯。在店内的重复消费是客户忠诚的基本行为表现[4]。

（4）M 指标表示特定时间段内，某客户进站维修的总消费额。通常来讲，消费额越高的客户对企业来说越重要。但同时，有许多保修期内的客户的消费金额并不高，但具有很高的价值提升空间。

这里将 RFM 模型中的 R 指标去掉，主要原因是文献[5]已经指出 R 指标在运用到汽车服务业时的作用效果并不显著，而且对于 RFM 模型中 R 值越近的客户越可能再次消费的结论在汽车维修服务业中并不适用。考虑到汽车维修消费是有一定周期性的，如果顾客近期在 4S 店进行了汽车的维护或修理，那么短期内再次消费的可能性则很小。因此，R 指标在汽车维修服务业领域不宜采纳。

通过汽车维修交易数据构建 YKFM 模型的具体方法如下：首先，根据维修时间对汽车维修交易数据进行分割，得到 T 时间段的维修交易数据集 $A_t=(I_t, C_t^A, K_t^A, M_t^A)_{n_t\times4}$，$t=1, 2, \cdots, T$。其中，$I_t$ 为交易数据交易号；C_t^A 为交易数据客户编号(有重复值)；K_t^A 为交易数据行车里程，即客户进站维修时汽车的行驶里程数；M_t^A 表示交易数据维修费用，即客户某次维修所消费的金额；n_t 表示第 t 时间段的交易总次数。其次，通过第 t 个时间段的维修交易数据集 A_t 得到第 t 个时间段的客户行为数据集 $B_t=(C_t^B, Y_t^B, K_t^B, F_t^B, M_t^B)_{m_t\times5}$。其中，$C_t^B$ 为第 t 个时间段进站维修过的客户编号(无重复值)；m_t 为第 t 时间段的客户总数；其他符号则分别表示客户在第 t 时间段的 Y、K、F 和 M 指标值。对于第 t 个时间段客户编号为 $C_t^B(i)$，$i=1, 2, \cdots, m_t$ 的客户，各客户细分指标值分别按如下方法计算。

(1) Y 指标值。若 $\exists j\in\{1, 2, \cdots, m_{t-1}\}$，使得 $C_{t-1}^B(j)=C_t^B(i)$，则 $Y_t^B(i)=Y_{t-1}^B(j)+1$，否则 $Y_t^B(i)=1$。

(2) K 指标值。取 A_t 中所有满足 $C_t^A(j)=C_t^B(i)$，$j\in\{1, 2, \cdots, n_t\}$ 对应的 $K_t^A(j)$ 的最大值。

(3) F 指标值。取 A_t 中所有满足 $C_t^A(j)=C_t^B(i)$，$j\in\{1, 2, \cdots, n_t\}$ 的 $C_t^A(j)$ 总个数。

(4) M 指标值。取 A_t 中所有满足 $C_t^A(j)=C_t^B(i)$，$j\in\{1, 2, \cdots, n_t\}$ 对应的 $M_t^A(j)$ 的和。

■ 13.2 基于 SOM 神经网络聚类的 4S 店客户细分

数据挖掘技术在客户细分中的应用主要聚焦于对分类或聚类算法的选择。其中，聚类算法依据算法思想的不同可以分为基于距离的聚类、基于层次的聚类、基于密度的聚类、基于网格的聚类和基于模型的聚类[6]。自组织映射(self-organizing maps，SOM)神经网络聚类属于基于模型的聚类，这种聚类方法常被用于进行客户细分。

下面介绍基于 SOM 神经网络的 4S 店汽车维修客户细分方法。首先，利用客户维修数据训练 SOM 神经网络并通过训练好的网络模型得到模型聚类结果，即初始客户细分结果。这一过程是 CRISP-DM 中较核心的建模过程。其次，在分析客户群类型特点的基础上，构建基于模型聚类结果的客户群类型识别方法，这一过程可以看做 CRISP-DM 中的模式评估过程。最后，依据某 4S 店连续五年的汽车维修记录信息对客户进行细分。

13.2.1 自组织映射聚类方法

SOM 也被称为 Kohonen 网络，最早由芬兰赫尔辛基大学教授 Kohonen 在 1981 年提出的[7]。作为一种非监督的聚类方法，SOM 的目标是用低维（通常是二维或三维）目标空间的点来表示高维源空间中的所有点，同时尽可能地保持点间的邻近关系，进而利用邻居关系和拓扑结构将关联的数据聚到一起。

一个 SOM 神经网络由组织在一个规则的低维网格上的神经元组成。神经元的个数可能从几个到数千不等。每个神经元由一个 d 维的权向量 $w = (w_1,$ $w_2, \cdots, w_d)$ 表示，d 与输入向量的维度相等。神经元和与它邻近的神经元通过邻居关系被连接起来以表示网络的拓扑结构。SOM 类似于矢量量化（vector quantization，VQ）算法，可以看做 K 均值聚类的约束版本。SOM 训练过程采用竞争学习算法，当一个输入模式被输入神经网络后，算法通过计算输入向量和权向量的距离来选择输出节点，权向量最接近当前对象的神经元成为"赢家"或活跃神经元，只有这个获胜的神经元能够从输出层产生输出信号，输出层其他神经元的输出信号为 0。同时，训练过程还包括对权向量进行调整，不仅最佳匹配神经元的权向量会被更新，在网络拓扑结构中其邻居的权向量也会被更新，即在最佳匹配神经元邻域内的神经元也会向输入对象靠近，如图 13-2 所示[7]。最终得到的结果是在网格中的神经元变得有规律了，即相邻的神经元具有相似的权向量。

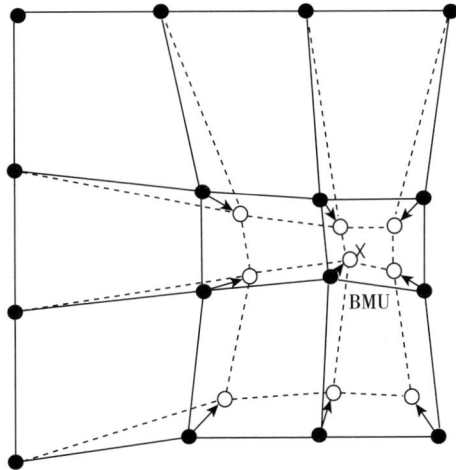

图 13-2 最佳匹配神经元及其邻居向输入样本 x 靠近

SOM 神经网络对于解决各类别特征不明显的、特征参数相互交错混杂的、非线性分布的类型识别问题具有很好的效果。SOM 神经网络的这种特性对于基于客户行为的客户细分和分类问题是相当有效的，因为客户行为识别本身就是一种复杂多变的问题[8]。

利用 SOM 神经网络对客户进行聚类分为两个阶段，即 SOM 神经网络训练阶段和聚类阶段。在 SOM 神经网络训练阶段，为了排除由于各个评价指标因数量级上的差别而造成的影响，使神经网络的计算效果更好，需要先对客户细分指标进行归一化，得到介于 0 和 1 之间的数值，然后将归一化后的各指标值 $x_t^T =$ $(y，k，f，m)_{m_t \times 4}$ 作为 SOM 神经网络的网络训练数据集，其中 y、k、f、m 分别为 B_t 中 Y、K、F、M 各指标值的归一化结果。利用训练数据集对 SOM 神经网络进行训练的步骤如下。

步骤 1　初始化。初始化一个 4×4 的 SOM 神经网络，将网络的连接权值 $W(0)$ 赋以 $[0，1]$ 区间的随机数，设定最大训练次数 $K = 1\,000$，设定学习速率 α $(k) = 0.9(1 - k/1\,000)$，确定初始邻域 $N_\in(0)$。本书的研究使用如下的邻域函数，其中 σ 反映了邻域的大小。

$$h_{ci}(k) = \alpha(k) \times \exp \left(\frac{w_c - w_i^2}{2\sigma^2} \right) \tag{13-1}$$

步骤 2　接受输入。将训练数据集的 m_t 个样本逐一输入网络的输入层，对每一个样本 $x_t(i)$，$i = 1，2，\cdots，m_t$，执行下述步骤。

步骤 3　寻找最佳匹配神经元。计算输入样本与每个输出层神经元 c 之间的距离 $d_c = \sum\limits_{i=1}^{m_t} (x_t(i) - w_{ic})^2$，$c = 1，2，\cdots，16$，取其中最小 d_c 对应的输出神经元 c^* 作为竞争的获胜神经元，即 BMU。

步骤 4　修改权值 w_c，即

$$w_c(k+1) = \begin{cases} w_c(k) + h_{ck}(t)[x_t - w_c(k)]，& c \in N_\in(k) \\ w_c(k)，& c \notin N_\in(k) \end{cases} \tag{13-2}$$

步骤 5　降低学习速率 α，降低邻域大小 $N_\in$。

步骤 6　循环学习。所有样本输入并计算后，完成一次迭代，令 $k = k+1$，返回步骤 2，直至 $k = K$ 或网络收敛为止。

在聚类阶段，利用 SOM 神经网络中经过训练的权值，SOM 神经网络可自动为输入客户 i 的各指标值寻找最相近的输出神经元，找到获胜神经元后，将该神经元所代表的客户群编号 $L(i)$ 添加到 B_t 中该客户编号 $C_t^B(i)$ 对应的记录，得到基于 SOM 神经网络的聚类结果 $O_t = (B_t，L_t)$。

13.2.2　客户群的类型分析与识别

基于 SOM 神经网络得到的聚类结果仅是数据挖掘模型对输入数据的初始划

分结果，若要得到易于管理者理解和营销决策制定的客户细分结果，还需要结合客户群的类型及特点，对SOM神经网络聚类结果进行分析和处理。

1. 客户群类型及特点分析

客户群的类型可通过客户所属的生命周期阶段、汽车行驶里程、客户消费水平三个维度来进行分类。第1维，生命周期阶段，分为考察期、形成期、稳定期及部分衰退期三类；第2维，行驶里程，分为短里程和长里程两类；第3维，消费水平，分为低消费、一般消费和高消费三类。这样就可以将客户群最多划分为 $3 \times 2 \times 3 = 18$ 个类。各客户群的客户类型特点概括如下。

(11 *)客户群。这类客户一般为最近才进入店内进行消费的新车或短途客户。对于低消费的客户(111)，一方面可能由于是新车而较少对车进行维修消费；另一方面可能缺少汽车维护知识和习惯而并没有在汽车维修方面投入更多。这些客户具有巨大的提升潜力，企业可以通过对这些客户进行积极的宣传与促销活动来提升这部分客户的价值，并逐渐把这些客户转化为企业的忠诚客户。但与此同时，这些客户由于大部分还没有形成固定的汽车维修习惯，具有很大的流失风险，应当尽量保留住这些客户。对于高消费的客户(113)，他们是企业新增的高价格客户，应继续维持他们的消费习惯并维护客户关系，逐步使其成为企业稳定的利润点。

(12 *)客户群。这类客户属于汽车已经行驶了较长里程的新客户，一般包括从竞争者处转移过来的客户及突发性故障的临时维修消费客户。通常情况下，这类客户的消费水平不高。但若该类客户的数量有增加的趋势，则可以从侧面体现企业在竞争者中的优势。

(21 *)客户群。这类客户属于形成期客户，他们已经在店内消费了一定时间，具有很大的价值提升趋势，但同时也有部分客户会因为需求没有更好地得到满足而在这一时期流失。

(22 *)客户群。曾经属于群(11 *)的客户进入形成期后，由于汽车使用情况的积累，长里程客户会转化为(22 *)群，他们的消费习惯也会发生变化，应注意对该类客户的新消费需求提供更完善的服务。

(311)、(312)客户群。这类客户虽然已经购车多年，但车行驶的里程仍相对较低，属于短途代步型使用习惯的客户，他们的生命周期一般可持续较长时间，企业应不断挖掘他们的消费潜力。

(321)、(322)客户群。这类客户一般分为两种情况：一种是依然处于稳定期但贡献价值依然较低的客户；另一种是逐渐进入衰退期的客户。企业可向该类客户进行新车推介并尽量保证其在购置新车后依然在本企业进行消费而成为(31 *)客户群的一员。

(3 * 3)客户群。这类客户是对企业具有最高价值的客户。他们已经长期在企业内进行消费，并达到成熟阶段，与此同时，他们还拥有着较强的消费能力与较好的维修习惯，是企业重要且稳定的利润来源。

2. 客户群的类型识别方法

对于客户群的类型识别，本小节通过 Y 指标来识别客户所属的生命周期，结合 Y、K 指标来识别车主的驾驶需求和车辆使用程度，结合 F、M 指标借鉴波士顿矩阵法构建客户价值矩阵来区分不同价值的客户。

具体的客户群类型识别方法如下。

首先分别计算 O_t 中每个客户群的 Y、K、F、M 值的群内均值 $\overline{Y}$、$\overline{K}$、$\overline{F}$、$\overline{M}$ 和所有客户的 Y、K、F、M 值的总均值 $\overline{\overline{Y}}$、$\overline{\overline{K}}$、$\overline{\overline{F}}$、$\overline{\overline{M}}$。其次用三维数字按如下识别规则进行群类型识别与标记。

第 1 维标记客户所处的生命周期阶段。根据行业经验，汽车维修客户的生命周期长度平均为六年[9]。若 $\overline{Y}=1$，则该客户群的客户属于考察期客户，标记为 1；若 $\overline{Y} \in (1, 3]$，则该客户群的客户属于形成期客户，标记为 2；若 $\overline{Y}>1$，则该客户群的客户包括稳定期客户和部分衰退期客户，标记为 3。

第 2 维标记客户汽车的行驶里程长短。若 $\overline{K}<\overline{\overline{K}}$，则该客户群的客户属于短里程汽车客户，标记为 1；若 $\overline{K} \geqslant \overline{\overline{K}}$，则该客户群的客户属于长里程客户，标记为 2。

第 3 维标记客户的消费水平。借鉴波士顿矩阵法对客户的消费水平进行细分，若 $\overline{F}<\overline{\overline{F}}$ 且 $\overline{M}<\overline{\overline{M}}$，则该客户群的客户属于低消费客户，标记为 1；若 $\overline{F}<\overline{\overline{F}}$ 且 $\overline{M} \geqslant \overline{\overline{M}}$ 或 $\overline{M}<\overline{\overline{M}}$ 且 $\overline{F} \geqslant \overline{\overline{F}}$，则该客户群的客户属于一般消费客户，标记为 2；若 $\overline{F} \geqslant \overline{\overline{F}}$ 且 $\overline{M} \geqslant \overline{\overline{M}}$，则该客户群的客户属于高消费客户，标记为 3。

将聚类结果中具有相同标记的客户群进行合并，即得到第 t 时间段的客户细分结果 $D_t=(C_t, S_t)_{m_t \times 2}$ 与客户群信息矩阵 $E_t=(S_t, \overline{Y}_t, \overline{K}_t, \overline{F}_t, \overline{M}_t, N_t)_{l_t \times 6}$，其中，$S_t$ 为客户群标记，N_t 为客户群内的客户总数，l_t 为客户群的类型数。

13.2.3 客户细分结果及解释

下面以某汽车 4S 店近五年的汽车维修交易数据为例，对客户进行细分。维修交易记录数量大概为每年一万条左右，每条记录中包括 VIN、进场里程、结算日期、结算金额等信息，根据 VIN 字段可区分不同客户的维修记录，根据结算日期可划分不同年限的交易记录。此外，采用 YKFM 模型可得五年的客户行为数据集。图 13-3 为某 4S 店近五年每年的客户总数，从图 13-3 中可以看到第二年、第三年的客户数量有明显的提升，处于快速发展阶段，后几年增速放缓，但仍有少量增长。

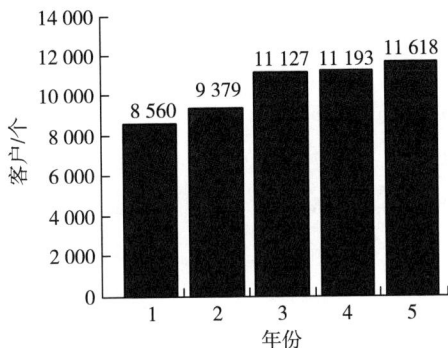

图 13-3　某 4S 店近五年每年的客户总数

不同时间段客户总体的各指标均值如表 13-1 所示。随着老客户的积累保留，该企业客户总体的平均行驶里程数稳步提高，整体平均消费金额也有明显的提升。另外，客户每个时间段内的维护次数保持相对平稳，企业客户形成了较稳定的汽车维护习惯，平均每年进店对车维修保养的次数为 3～4 次。

表 13-1　客户总体各项指标均值

时间段	$\overline{\overline{Y}}$	$\overline{\overline{K}}$	$\overline{\overline{F}}$	$\overline{M}$
第一年	1.0	43 401.1	3.5	2 248.8
第二年	1.6	50 576.5	3.6	2 391.2
第三年	1.9	55 370.4	3.4	2 719.1
第四年	2.4	62 361.6	3.3	3 158.7
第五年	2.8	72 658.4	3.5	3 769.0

聚类过程及结果以第五年为例。将 SOM 神经网络训练阶段得到的数据集 x_5^T 作为 SOM 神经网络聚类的输入，经过 SOM 神经网络聚类及对聚类结果的类型识别可得到客户群信息矩阵和客户细分结果，见表 13-2。表 13-2 中显示了经过 SOM 神经网络聚类后各获胜神经元内客户的各指标均值、总体均值及按照客户群类型识别方法设置的各获胜神经元所代表的客户群的群标记。

表 13-2　第五年 SOM 神经网络聚类结果

C^*	$\overline{Y}$	$\overline{K}$	$\overline{F}$	$\overline{M}$	群标记
1	4.9	247 499.9	11.8	21 421.6	323
2	3.0	118 608.3	9.4	11 503.4	223

C^*	$\overline{Y}$	$\overline{K}$	$\overline{F}$	$\overline{M}$	群标记
3	1.8	96 277.2	12.9	13 996.0	223
4	1.0	34 984.5	5.3	3 892.4	113
5	4.0	103 014.8	6.5	8 547.3	323
6	3.0	49 121.4	3.5	2 754.1	212
7	3.0	57 404.8	5.8	5 385.1	213
8	2.0	56 357.8	7.2	5 661.0	213
9	5.0	157 527.8	5.5	7 603.8	323
10	4.0	63 579.1	2.2	2 667.1	311
11	3.0	48 111.9	1.5	1 350.9	211
12	2.0	36 471.6	3.8	2 588.4	212
13	5.0	93 487.5	2.1	2 735.2	321
15	2.0	44 727.3	1.5	1 329.1	211
16	1.0	70 341.0	1.7	2 149.4	111
均值	2.8	72 658.4	3.5	3 769.0	

将聚类结果中具有相同群标记的客户群进行合并，即可得到第五年基于客户行为与客户生命周期的客户细分结果，见表13-3。从表13-3中可以看到，企业有较多考察期的新客户，这说明企业仍处在不断扩大的高速发展中。另外，经过几年的发展，企业已经积累了数量可观的成熟高端客户群。

表 13-3　第五年客户群信息矩阵

S_5	$\overline{Y}$	$\overline{K}$	$\overline{F}$	$\overline{M}$	N_5
111	1.0	70 341.0	1.7	2 149.4	2 074
113	1.0	34 984.5	5.3	3 892.4	646
211	2.5	46 419.6	1.5	1 340.0	1 286
212	2.5	42 796.5	3.7	2 671.3	1 325
213	2.5	56 881.3	6.5	5 523.0	787
223	2.4	107 442.8	11.1	12 749.7	267
311	4.0	63 579.1	2.2	2 667.1	944
321	5.0	93 487.5	2.1	2 735.2	1 263
323	4.6	169 347.5	7.9	12 524.3	1 106

13.3　汽车 4S 店客户群变化挖掘

根据 T 个时间段的客户细分结果，可以发掘出客户在 T 个时段的变化情况。客户的变化模式可以分别从客户群和客户个体两个层面进行分析。客户群变化模式类型如图 13-4 所示。

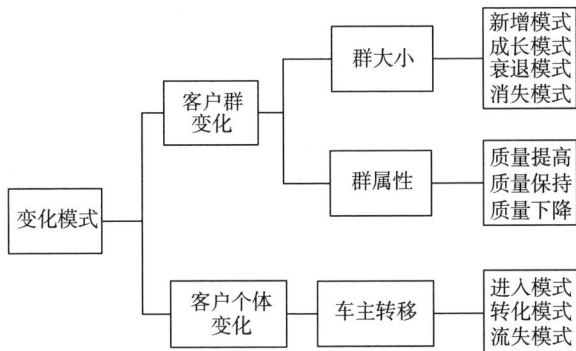

图 13-4　客户群变化模式类型

下面将介绍分析客户变化的方法。首先对希望发现的客户变化模式进行定义；其次分别从客户群和客户个体两个层面进行变化挖掘。在客户群层面主要通过数据处理和可视化的方法分析客户群的变化；在客户个体层面则通过关联规则挖掘来发现客户转移路径的变化规律。通过变化挖掘可帮助企业及时地发现客户行为的变化，掌握客户群的演变规律，为企业营销策略的调整提供依据。

13.3.1　客户群变化挖掘

客户群的变化模式挖掘可以分别从群大小和群属性两个角度进行。客户群大小的比较能够反映客户群在不同时间段客户数量的多少及其变化情况，客户群属性的比较能够反映各个客户群的内部属性随时间发生的变化情况。

1. 客户群大小变化模式定义

从客户群大小的角度定义如下四个变化模式。

(1)新增模式。对于第 t 时间段的某客户群 $S_t(i)$，$i=1,2,\cdots,l_t$，若 $\forall j \in \{1,2,\cdots,l_{t-1}\}$，使 $S_t(i) \neq S_{t-1}(j)$，则 $S_t(i)$ 所表示的客户群在第 t 时间段是新增型客户群。这类客户是企业新形成的一类客户，应及时了解他们的需求变化，更准确地满足他们的需求。

(2)成长模式。对于第 t 时间段的某客户群 $S_t(i)$，$i=1,2,\cdots,l_t$，若 $\exists j \in \{1,2,\cdots,l_{t-1}\}$，使 $S_t(i) \neq S_{t-1}(j)$ 且 $N_t(i) > N_{t-1}(j)$，则 $S_t(i)$ 所表示的客户群在第 t 时间段是成长型客户群。

(3)衰退模式。对于第 t 时间段的某客户群 $S_t(i)$，$i=1,2,\cdots,l_t$，若 $\exists j \in \{1,2,\cdots,l_{t-1}\}$，使 $S_t(i) \neq S_{t-1}(j)$ 且 $N_t(i) < N_{t-1}(j)$，则 $S_t(i)$ 所表示的客户群在第 t 时间段是衰退型客户群。

(4)消失模式。对于第 $t-1$ 时间段的某客户群 $S_{t-1}(j)$，$j=1,2,\cdots,l_{t-1}$，若 $\forall i \in \{1,2,\cdots,l_t\}$，使 $S_t(i) \neq S_{t-1}(j)$，则 $S_{t-1}(j)$ 所表示的客户群在第 t 时间段是消失型客户群。

2. 客户群大小变化模式发现

基于客户细分的结果，采用如下客户群大小变化的表示方法来可视化地发现客户群大小的变化。通过客户群标记的三个维度即可以将各个客户群映射到一个三维空间。以 x 轴表示客户所属生命周期的阶段、y 轴表示客户的行驶里程、z 轴表示客户的消费水平建立坐标系，以群标记所对应的在三维空间中的点为圆心、以 N 的相对大小为半径做圆，就可以清晰地比较同一时段各客户群的大小及同一客户群在不同阶段的大小变化。

通过分别绘制近五年每年的客户群大小比较图来反映客户群大小角度的四个变化模式，如图 13-5 所示。从图 13-5 中可以看出，第二年的(211)客户群、第五年的(321)客户群等为新增型客户群，第三年的(222)客户群、第四年的(212)客户群等为增长型客户群，第二年的(111)客户群、第五年的(311)客户群等为衰退型客户群，(122)客户群在第四年为消失型客户群。最初企业的客户大部分都是考察期的低消费客户，随着时间的不断积累，逐渐形成了新的客户群，如形成期和稳定期的成熟客户，并且高消费客户的数量逐渐增多。

3. 客户群的群属性变化发现

对于具有相同群标记的客户群在不同时间段的各指标值会有所改变。定义群内的各指标均值为该客户群的群中心，群中心的变化可以将群属性(如客户忠诚度、汽车使用情况、客户消费习惯等)的变化分为提高、保持、下降三种变化模式。

对于群标记为 s 的客户群，可通过 T 个时间段的群属性矩阵 $\boldsymbol{E}_t$ 查找 $S_t=s$ 的记录，得到它在 T 个时间段的群中心变化矩阵 $\boldsymbol{F}_s=(\overline{Y_s},\overline{K_s},\overline{F_s},\overline{M_s})_{T\times 4}$，若 t 时段查找不到 $S_t=s$ 的记录，则将 F_s 中对应的各指标值设为 0。通过 F_s 就可以观察群标记为 s 的客户群的群中心在各个不同时间段的值及其变化情况。为了更清楚地发现群中心的变化趋势，可计算各指标值的增长率，并绘制增长率折线图来对其变化进行表示。

群中心的变化以(111)客户群和(212)客户群为例，它们的群中心分别如表 13-4 和表 13-5 所示。图 13-6 分别显示了两个客户群的各指标增长率曲线。从图 13-6 中可以看出，(111)客户群(考察期、短里程、低消费客户)在第二年消费余额有少许

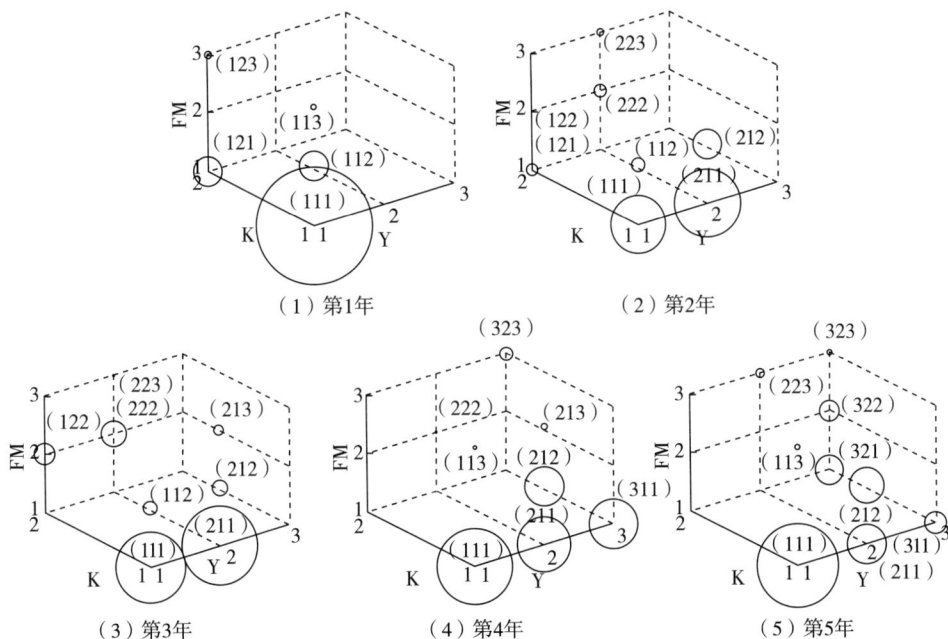

图 13-5　客户群大小比较图

质量下降后，从第三年开始消费余额就在不断提高，特别是第四年该群的消费均值
增长率超过了 200%，并在第五年基本保持住了同样的水平。（212）客户群（形成
期、短里程、一般客户）从第二年开始出现，并在第三年消费余额发生明显下降，
但第四年该客户群客户价值有所回升，并在第五年基本保持住原有水平。

表 13-4　（111）群中心变化

时间段	$\overline{Y}$	$\overline{K}$	$\overline{F}$	$\overline{M}$
第一年	1.0	19 086.2	2.8	795.8
第二年	1.0	11 356.6	2.0	496.6
第三年	1.0	12 518.1	1.9	638.3
第四年	1.0	44 700.5	2.1	1 462.7
第五年	1.0	48 600.5	1.9	1 374.4

表 13-5　（212）群中心变化

时间段	$\overline{Y}$	$\overline{K}$	$\overline{F}$	$\overline{M}$
第二年	2.0	60 037.4	7.3	4 649.2
第三年	2.0	31 940.0	4.8	2 739.1
第四年	2.3	51 423.6	5.3	4 377.5
第五年	2.5	47 109.5	4.6	3 465.0

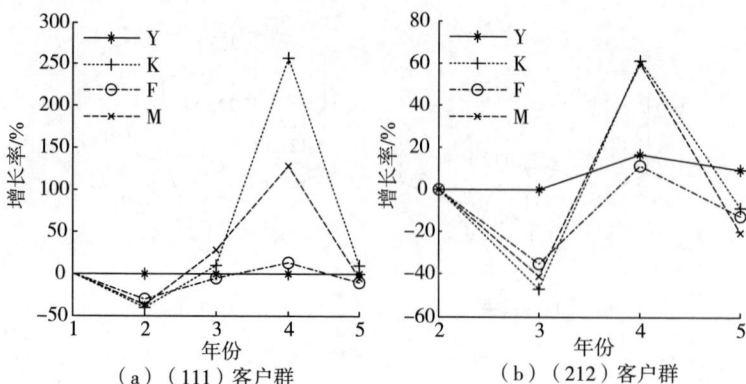

图 13-6 群中心增长率曲线

13.3.2 转移路径及客户转移预测

客户转移是从客户个体角度对客户所属群的变化进行分析的一种方法。客户转移可以分为客户进入汽车维修服务企业、在不同时间段从一个客户群的成员转化成另一个客户群的成员、客户流失三种状态。因此，客户转移的变化模式可分为进入模式、转化模式、流失模式。下面主要分析转化模式的客户变化情况，从分析结果可得到主要的客户转移路径及某一客户群的客户接下来的转移趋势。

1. 客户转移表示

通过客户转移路径来记录和表示客户在不同客户群间的转移情况，客户转移路径的构建方法如下：通过 T 个时间段的客户细分结果 D_t 找到 T 个时间段的所有的客户编号 C^G，再查找各 D_t 中某一编号的客户所对应的群标记，组成客户转移矩阵 $\bm{G}=(C^G，S^1，S^2，\cdots，S^T)_{mG\times(T+1)}$，其中，$m^G$ 为 T 个时间段所有在本店有维修记录的客户数，S^t 表示某客户在第 t 个时间段所在群的群标记，若第 t 个时间段无该客户的记录，则设定 $S^t=0$。

由于群标记中并没有提供客户的流失信息，因此需要对客户转移矩阵设置流失标签。针对汽车维修服务业的特点，定义满 1 年未曾来店维修的客户为流失客户。设置流失标签的规则为：若 $S^q\neq0$，$S^q\neq1$ 且 $S^{q+1}=0$，则设置 $S^{q+1}=1$，$q=1，2，\cdots，T-1$。

将设置了流失标签的客户转移矩阵 $\bm{G}$ 的每行第 k 个非 0 元素设为客户转移路径 P 的该行第 k 列的元素，$k=1，2，\cdots，T$，完成后将该行其他列的元素设为 0，即得到客户转移路径 $P=(p_1，p_2，\cdots，p_T，)_{mG\times T}$。

2. 客户转移分析方法

由于某类转移路径的个数会受该类转移路径长度的影响，简单地统计不同路径的个数来判断主要路径并不合适。关联分析是频繁模式挖掘的一种形式，通过关联分析，可以发现各个路径上某些阶段频繁出现的客户群，这些客户群所连的路径可视为客户转移的主要路径。

通过对 P 中的所有转移路径进行关联分析，得到频繁项集。一般地，从频繁 1 项集中可以得到不同阶段大多数客户所在的群。频繁多项集则可以得到在客户转移路径上大多数客户都会经过的客户群。但是，由于各个路径上客户数的分布不均匀，而经典的 Apriori 关联分析算法是基于支持度提取规则的，这样客户数多的路径就容易把客户数少的路径的信息掩盖而使其不易挖掘出来，因此需要对各个不同的群单独进行分析。

对于一个给定的客户群，通过对客户成为该类客户群成员之后的路径 P^s 进行关联分析，就可以发现该特定客户群的客户接下来的主要转移路径。获得 P^s 的方法是：从 P 的每个行向量中查找第一个值为 s 的元素，将其后的元素作为一个新的行向量储存，最后将这些新的行向量整合成一个矩阵，列数不够的行向量用 0 补齐。

3. 客户转移变化结果及解释

以形成期、长途、高消费客户群(223)为例，对 P^{223} 进行关联分析，Apriori 算法参数设置为最小支持度 0.1、最小置信度 0.6。计算结果为：P^{223} 共有 762 条记录，频繁 1 项集为 $A1=1(458)$、$A2=323(141)$、$A1=223(117)$、$A1=222$ (86)；频繁 2 项集为 $A1=223$，$A2=323(85)$，其中 Ai 表示客户成为(223)客户群成员后的第 i 个时段后该客户所属的客户群，括号内为频数。生成的关联规则为 $A1=223 \Rightarrow A2=323$，其支持度为 0.12，置信度为 0.73。从分析结果中可以看出，该类客户的流失情况较严重，去除已流失客户，形成期、长途、高消费的客户在接下来的时间段内很可能会发展成为成熟的长途高消费客户，而这部分客户是企业最稳定和最丰厚的利润来源，因此企业应尽量保留住形成期、长途、高消费客户，并使之发展成为成熟的长途高消费客户。

13.4　本章小结

本章提出一种基于客户行为和客户生命周期的 4S 店客户细分方法，该方法通过建立 YKFM 客户行为细分模型并应用神经网络对客户维修数据进行聚类来实现对 4S 店的客户细分。YKFM 模型克服了传统 RFM 模型在应用到汽车维修服务业时存在的不足，更加适合于汽车维修服务企业识别不同客户的行为特征，具有潜在的实际应用价值。

在应用数据挖掘技术对 4S 店客户进行细分时，采用了目前研究中较为流行的利用 SOM 神经网络进行聚类的方法。聚类的结果被用来识别客户群的类型及对客户进行细分。

　　为了更加充分地利用不同时间段得到的客户细分结果，本书的研究分别从客户群和客户个体两个层面定义了客户的变化模式，并根据客户细分结果进行了客户变化分析和挖掘。对于客户群的变化，比较了群大小和群属性的变化情况，发现客户群的新增、消失、扩大、缩小及转移模式；对于客户个体的变化，通过构造客户转移路径并从中提取关联规则来挖掘客户在不同时间段的分群演变规律，得到不同类型的客户在其生命周期中的主要转移路径。通过这些变化分析，企业可以从整体和局部上掌握客户行为的变化情况，为企业更好地进行营销决策提供科学依据。

参考文献

[1] 赵作为 . 基于 SOM 的 4S 店客户细分及变化挖掘研究 . 大连理工大学硕士学位论文，2013.

[2] 彭俊松 . 汽车行业销售商业务管理系统 . 北京：电子工业出版社，2010.

[3] 吕巍 . 精确营销 . 北京：机械工业出版社，2008.

[4] Dwyer F R, Schurr P H. Developing buyer-seller relations. Journal of Marketing, 1987, 51 (4)：11-28.

[5] Liang Y H. Integration of data mining technologies to analyze customer value for the automotive maintenance industry. Expert Systems with Applications, 2010, 37 (12)：7489-7496.

[6] Han J, Kamber M, Pei J. Data Mining：Concepts and Techniques. 3rd ed. San Francisco：Morgan Kaufmann Press, 2011.

[7] Kohonen T. Self-Organizing Maps. 3rd ed. Berlin：Springer, 2001.

[8] 陈伯成，梁冰，周越博，等 . 自组织映射神经网络(SOM)在客户分类中的一种应用 . 系统工程理论与实践，2004，24(3)：8-14.

[9] 田同生 . 中国 CRM 实战 . 北京：机械工业出版社，2002.